현대인의 법교양필독서

[제11개정판]

법과 현대생활

——사례식 법학개론——

法學博士

任 忠 熙 著

三 潮 社

제11개정판 머리말

저간의 우리 일상은 큰 소용돌이 속에 있었다. 헌정사상 최초로 대통령이 탄핵심판을 받아 파면되었고, 아울러 지난날 인적 · 제도적 폐단이 쌓이면서 법치주의 원칙이 조롱받기도 하였다.

그러나 이런 때일수록 인적 · 제도적 폐단을 엄단할 법적 안전장치를 만들어 보다 안정된 법치주의를 지속적으로 구현해 나아가야 한다.

이러한 국민의 엄중한 요청은 일반 국민들에게 아픔을 준 이른바 '용산 참사'의 폐단을 「상가건물 임대차보호법」 개정을 통하여 상가권리금을 일정부분 보호하는 제도로 탄생하였다. 또한 서민들의 금전거래 비용을 줄이기 위한 「이자제한법」을 개정하여 최고이자율을 연 24% 이하로 제한하였다. 그리고 성의 자기결정권과 양성평등을 구현하고자 간통죄를 폐지하되, 성폭력 등에 대해서는 더 엄하게 처벌하도록 관련법령의 벌칙조항을 강화하였다. 이번 제11개정판에서는 그 동안 바뀐 여러 법령의 내용과 사례문답을 보충하였다.

법이 제대로 작동하기 위해서는 헌법상 기본권, 자유권, 생존권 보장이 전제되어야 한다. 그러나 그 동안 이를 소홀히 함으로써 많은 폐단이 쌓여왔다.

여기에는 일부 몰지각한 검찰권과 사법권의 오 · 남용에서 기인한 바도 크다. 법을 만드는 이도 사람이고, 법을 해석하고 적용 · 집행하는 이도 사람이다. 그래서 법 이전에 도덕적 인성을 갖춘 사람의 됨됨이가 중요하다. 그래야 법이 제구실을 하고 법적 안정성을 통한 사회안전망이 보장된다.

법은 항상 내 곁에 있다. 내가 잘 지킨 법문화는 이웃과 사회에 전파되고 나아가 나라가 평안해진다. 부디 법과 제도가 인치가 아닌 법치로서 제 구실을 해 나가도록 국민의 법의식이 살아 있어야 함을 강조하고 싶다.

끝으로 독자 여러분의 행복추구권이 제대로 작동되기를 기원하며, 이 개정판이 나오기까지 노고를 아끼지 않으신 삼조사 하인웅 사장님과 직원들에게 심심한 경의를 표한다.

2018. 2. .

일산 우거에서 저자 씀

제10개정판 머리말

지난해에는 우리 일상생활의 법률관계를 규율해왔던 민법 중 일부를 개정하여 그 동안 부모의 학대나 개인적 신념 등으로 자녀의 생명·신체 등에 위해가 발생하는 경우에도 자녀의 보호를 위하여 친권의 상실 선고 외에는 활용할 수 있는 제도가 없었으나, 친권을 일정한 기간 동안 제한하거나 친권의 일부만을 제한하는 제도 등을 마련함으로써 앞으로는 구체적인 사안별로 자녀의 생명 등을 보호하기 위하여 필요 최소한도의 친권 제한 조치가 가능하도록 하였다. 이에 따라 가정법원은 친권자의 동의가 필요한 행위에 대하여 친권자가 정당한 이유 없이 동의하지 아니하여 자녀의 생명·신체 등에 중대한 손해가 발생할 위험이 있는 경우에는 자녀 또는 검사 등의 청구에 의하여 친권자의 동의를 갈음하는 재판을 할 수 있도록 하고, 부모가 친권을 남용하여 자녀의 복리를 현저히 해치거나 해칠 우려가 있는 경우에는 자녀 또는 검사 등의 청구에 의하여 2년의 범위에서 친권의 일시 정지를 선고할 수 있도록 하였으며, 거소의 지정이나 징계, 그 밖의 신상에 관한 결정 등 특정한 사항에 관하여 친권자가 친권을 행사하는 것이 곤란하거나 부적당한 사유가 있어 자녀의 복리를 해치거나 해칠 우려가 있는 경우에는 자녀 또는 검사 등의 청구에 의하여 구체적인 범위를 정하여 친권의 제한을 선고할 수 있도록 하였다.

형법은 장애인에 대한 사회적 인식 개선을 위하여 "심신장애자"라는 표현을 "심신장애인"으로 순화하고, 헌법재판소 위헌결정의 취지에 따라 판결선고 전 구금일수가 형기에 전부 산입됨을 명백히 하며, 무죄판결을 선고받은 피고인의 명예회복을 위하여 무죄판결 공시 취지의 선고를 의무화하였다. 이에 따라 판결선고 전의 구금일수는 그 전부를 유기징역, 유기금고, 벌금이나 과료에 관한 유치 또는 구류에 산입하도록 하고, 무죄판결 공시 취지의 선고를 의무화하되, 피고인이 동의하지 아니하거나 피고인의 동의를 받을 수 없는 경우는 예외로 하도록 개정하였다. 형사소송법에서도 무죄판결 비용보상 청구기간을 무죄판결이 확정된 사실을 안 날부터 3년, 무죄판결이 확정된 때부터 5년으로 연장하였다.

상법도 1963년 시행된 제정 상법에서부터 존재한 무기명주식 제도는 현재까지 발행 사례가 없어 기업의 자본조달에 기여하지 못하고, 소유자 파악이 곤란하여 양도세 회피 등 과세사각지대의 발생 우려가 있으며, 조세 및 기업 소유구조의 투명성 결여로 인한 국가의 대외신인도를 저하시키는 원인이 되는 등으로 더 이상 유지할 실익이 없어 현행 무기명주식 제도를 폐지하여 주식을 기명주식으로 일원화함으로써 조세 및 기업 소유구조의 투명성 제고를 위한 기반을 마련하였다. 아울러 우리나라도 가입한「국제항공운송에 있어서의 일부 규칙 통일에 관한 협약」의 책임한도액 자동 증액규정에 따라 5년간 13.1%의 국제물가상승이 있었다는 이유로 2010년 1월 1일부터 동 협약에 의하여 상향 조정된 항공운송인의 책임한도액을 현행법상 국제항공운송에서의 운송인의 책임한도액에 반영하고, 국제항공운송과 차이가 현저한 국내항공운송에서의 여객 연착 시 운송인의 책임한도액을 상향하였다.

민사소송법은 누구든지 확정된 사건의 판결서를 인터넷 등 전자적 방법으로도 열람 및 복사할 수 있도록 개정함으로써, 판결서에 대한 접근성을 높여 재판의 공개원칙이 실질적으로 보장되고 사법권 행사의 적정성을 높일 수 있도록 하였다.

그 동안「민사집행법」은 국내기업에 대한 외국법원의 판결만을 국내에서 승인·집행하도록 되어 있으나, 한·EU FTA, 한미 FTA 발효 등으로 국내기업에 대한 외국에서의 다양한 법적 소송 또한 증가할 것으로 예상됨에 따라 외국법원의 확정판결뿐만 아니라 이와 동일한 효력이 인정되는 재판도 국내 승인·집행 대상에 포함시켰다.

가정폭력처벌법에서는 가정폭력범죄에 유사강간죄를 추가하고, 가정폭력 신고의무자의 범위에「건강가정기본법」에 따른 건강가정지원센터의 종사자와 그 센터의 장을 추가하며, 피해자에 대한 신변안전조치를 확대하는 등 가정폭력범죄로 인한 피해자와 가족구성원의 인권 보호를 강화하였다.

근로기준법은 최근 난임부부 치료(체외 및 인공 수정시술)가 증가함에 따라 다태아의 출산 비율이 점차 증가하고 있고, 다태아 산모는 2명 이상 동시 출산, 난산, 높은 조산율 등으로 인해 산후 회복에 더 많은 시간이 필요하며 육아부담 또한 일반 산모보다 큰 사정을 고려하여, 다태아를 임신한 여성 근로자에게는 출산전후휴가를 현행 90일에서 120일로 확대하고, 그 중 유급휴가 부분을 60일에서 75일로 확대하도록 개정하였다.

이 외에도 많은 실정법들이 개폐되면서 새로운 제도들이 도입되어 이 책을 대폭 개정하기에 이르렀다. 저자는 개정 내용을 해당 부분에 충실히 반영하면서 관련 사례문답에도 반영하여 독자들이 새로운 제도에 대한 이해를 돕도록 하였다.

끝으로 국내외 경제불황과 함께 갈수록 열악해져 가는 출판계에서 이 책의 출간을 위해 애쓰신 삼조사의 하인웅 사장과 직원들께 감사드린다.

2015. 1.

일산 정발산 우거에서 저 자 씀

제9개정판을 내면서……

지난해에는 제19대 국회의원 선거와 제18대 대통령 선거가 있었다. 각 후보자들의 공약과 국민의 권리의식이 맞물려 갈수록 새로운 법률안들이 봇물을 이룰 태세다.

그동안 일반 국민의 법률관계를 규율해왔던 민법도 많은 개정을 거쳐 오는 7월 1일부터 시행하는 규정들이 사뭇 새롭다. 새로 시행되는 제도의 주요 내용들을 보면, 청소년의 조숙화에 따라 성년연령을 낮추는 세계적 추세와 「공직선거법」 등의 법령 및 사회·경제적 현실을 반영하여 성년에 이르는 연령을 만 20세에서 만 19세로 낮춘 점이다. 또한 획일적으로 행위능력을 제한하는 문제점을 내포하고 있는 구법의 금치산·한정치산제도 대신 더욱 능동적이고 적극적인 사회복지시스템인 성년후견·한정후견·특정후견제도를 도입하고 구법의 금치산·한정치산 선고의 청구권자에 '후견감독인'과 '지방자치단체의 장'을 추가하여 후견을 내실화하고 성년후견 등을 필요로 하는 노인, 장애인 등에 대한 보호를 강화하였다. 피성년후견인 등과 거래하는 상대방을 보호하기 위하여 성년후견계약 등을 등기하여 공시하도록 하였다. 또한 친족회를 폐지하고 그 대신 가정법원이 사안에 따라 후견감독인을 개별적으로 선임할 수 있도록 함으로써 후견인의 임무 해태, 권한 남용에 대한 실질적인 견제가 가능하도록 하였다.

한편 이혼 등으로 단독 친권자로 정해진 부모의 일방이 사망하거나 친권을 상실하는 등 친권을 행사할 수 없는 경우에 가정법원의 심리를 거쳐 친권자로 정해지지 않았던 부모의 다른 일방을 친권자로 지정하거나 후견이 개시되도록 하고, 입양이 취소되거나 파양된 경우 또는 양부모가 사망한 경우에도 가정법원의 심리를 거쳐 친생부모 또는 그 일방을 친권자로 지정하거나 후견이 개시되도록 하여 부적격의 부 또는 모가 당연히 친권자가 됨으로써 미성년자의 복리에 악영향을 미치는 것을 방지하고, 이혼 등으로 단독 친권자로 정해진 부모의 일방이 유언으로 미성년자의 후견인을 지정한 경우라도 미성년자의 복리를 위하여 필요하다고 인정되면 후견을 종료하고 친권자로 정해지지 않았던 부모의 다른 일방을 친권자로 지정할 수 있게 하여 미성년자의 복리를 증진시키도록 하였다. 아울러 현재 미성년자의 입양(入養)과 파양(罷養)은 시·읍·면의 장에 대한 신고만으로 가능하기 때문에 아동학대의 습벽이 있는 사람 등도 손쉽게 입양을 할 수 있고 그 결과 미성년자의 복리에 악영향을 끼치는 사례가 자주 발생하고 있으므로, 이를 방지하기 위하여 미성년자를 입양할 때에는 가정법원의 허가를 받도록 하고, 미성년자에 대한 파양은 재판으로만 할 수 있도록 하며, 부모의 소재를 알 수 없는 등의 경우에는 부모의 동의 없이도 입양이 가능하게 하는 등 입양제도를 개선하고, 친양자 입양 가능 연령을 현행 15세 미만에서 미성년자로 현실에 맞게 완화하였다.

상법도 많은 부분이 개정되어 회사의 유형에 유한책임회사를 추가하고 주식회사에 집행임원 제도를 도입하여 회사의 선택에 따라 업무집행기관으로 집행임원을 둘 수 있도록 하는 등 260여 개의 조문이 개정되었다. 또한 새로 제정된 「협동조합기본법」은 5인 이상의 조합원으로 협동조합을 설립하여 조합원의 권익을 향상하고 지역 사회에 공헌하고자 하는 사업조직을 가능하게 하는 한편 '사회적 기업'과 더불어 '사회적 협동조합'의 설립이 가능하도록 하였다.

이 외에도 많은 실정법들이 개폐되면서 새로운 제도들이 도입되어 이 책을 대폭 개정하기에 이르렀다. 저자는 개정 내용을 해당 부분에 충실히 반영하면서 관련 사례문답에도 반영하여 독자들이 새로운 제도에 대한 이해를 돕도록 하였다.

끝으로 갈수록 열악해져 가는 출판계에서 대폭 개정된 이 책의 출간을 위해 애쓰신 삼조사의 하인웅 사장과 직원들께 감사드린다.

2013. 2.

일산 정발산 우거에서 저 자 씀

차례 Contents

제 1 부 법의 일반이론

제 1 장 서 론

제 1 절 서 설 ······ 3
제 2 절 법학의 분류 ······ 5
Ⅰ. 이론법학 5
Ⅱ. 실용법학 7

제 2 장 법의 발전

제 1 절 서 설 ······ 9
제 2 절 법의 생성 ······ 10
Ⅰ. 토 템 10
Ⅱ. 타 부 10
Ⅲ. 복 수 11
Ⅳ. 탈 리 오 11
Ⅴ. 공권력에 의한 제재 11
제 3 절 법의 변천 ······ 12
Ⅰ. 고대사회의 법 12
Ⅱ. 중세의 법 13
Ⅲ. 근대사회의 법 13
Ⅳ. 현대사회의 법 14

제 3 장 법의 개념과 기능

제 1 절 법의 개념 ……………………………………………………………………15

Ⅰ. 법의 의의 15 Ⅱ. 법의 규범적 특성 16

제 2 절 법과 다른 사회규범과의 관계 ………………………………………………19

Ⅰ. 법과 도덕의 구별 19 Ⅱ. 법과 도덕의 조화 22

Ⅲ. 법과 종교 24 Ⅳ. 법과 관습 25

제 3 절 법의 기능 ……………………………………………………………………26

Ⅰ. 사회유지기능 27 Ⅱ. 통제기능 27

Ⅲ. 평가기능 28

제 4 장 법의 이념

제 1 절 정 의 ……………………………………………………………………30

제 2 절 합목적성 ……………………………………………………………………32

제 3 절 법적 안정성 …………………………………………………………………33

제 4 절 법이념의 상호관계 …………………………………………………………34

제 5 장 법 원(法源)

제 1 절 법원의 의의 …………………………………………………………………36

제 2 절 성 문 법 ……………………………………………………………………36

Ⅰ. 성문법의 개념 36 Ⅱ. 성문법의 분류 37

제 3 절 불 문 법 ……………………………………………………………………42

Ⅰ. 불문법의 개념 42 Ⅱ. 불문법의 분류 42

제 6 장 법의 분류

제 1 절 서 설 ……………………………………………………………………47

제 2 절 자연법과 실정법 ……………………………………………………………48

Ⅰ. 자연법 48　　Ⅱ. 실정법 49
Ⅲ. 자연법과 실정법의 관계 49
제 3 절 실정법의 분류 ……………………………………50
Ⅰ. 국내법과 국제법 50　　Ⅱ. 공법·사법과 사회법 51
Ⅲ. 일반법과 특별법 55　　Ⅳ. 원칙법과 예외법 56
Ⅴ. 실체법과 절차법 57　　Ⅵ. 강행법과 임의법 58
Ⅶ. 행위법과 조직법 59　　Ⅷ. 고유법과 계수법 60
Ⅸ. 재산법과 신분법 60

제 7 장 법의 효력

제 1 절 법의 효력의 양면성 ……………………………………61
제 2 절 법의 실질적 효력 ……………………………………62
Ⅰ. 규범적 타당성 62　　Ⅱ. 법의 실효성 65
Ⅲ. 법의 타당성과 실효성의 관계 65
Ⅳ. 악법의 문제 66
제 3 절 법의 형식적 효력 ……………………………………67
Ⅰ. 법의 시간적 효력 67　　Ⅱ. 법의 대인적(사람) 효력 70
Ⅲ. 법의 장소적 효력 72

제 8 장 법의 해석과 적용

제 1 절 서　　설 ……………………………………73
제 2 절 사실의 확정 ……………………………………73
Ⅰ. 사실의 입증 73　　Ⅱ. 사실의 추정과 간주 75
제 3 절 법의 발견과 해석 ……………………………………76
Ⅰ. 법 발견의 필요성 76　　Ⅱ. 법해석의 의의 76
Ⅲ. 법해석의 방법 77
제 4 절 법의 적용 ……………………………………83

제 9 장 법의 제재

제 1 절 법적 제재의 의미 ……………………………………84

제 2 절 국내법상의 제재 ······ 84
I. 헌법상의 제재 84 II. 행정법상의 제재 85
III. 형법상의 제재 89 IV. 사법상의 제재 95
제 3 절 국제법상의 제재 ······ 97

제 10 장 권리와 의무

제 1 절 법률관계와 권리의무 ······ 98
I. 법률관계 98 II. 법률관계의 변천 99
제 2 절 권 리 ······ 101
I. 권리에 대한 법사상적 배경 101
II. 권리의 본질 102 III. 권리의 개념 104
IV. 권리의 분류 106
제 3 절 의 무 ······ 112
I. 의무의 개념 112 II. 의무의 분류 113
제 4 절 권리의무의 주체와 객체 ······ 115
I. 권리의무의 주체 115 II. 권리의무의 객체 116
제 5 절 권리의 행사와 의무의 이행 ······ 119
I. 권리의 행사 119 II. 의무의 이행 122
제 6 절 권리의무의 변동 ······ 122
I. 권리의무의 변동의 의의 122 II. 권리의무의 변동의 종류 123
III. 권리의무의 변동의 원인 124 IV. 법률행위 126

제 2 부 **實定法**(실정법)**의 理解**(이해)

제 1 장 헌 법

제 1 절 서 설 ······ 139
I. 헌법의 의의 139 II. 헌법의 분류 139
III. 헌법의 제정과 개정 141 IV. 헌법의 보장 142
V. 국 민 143 VI. 정당의 헌법상의 지위 144

제 2 절 우리 나라 헌법의 기본질서 ……145
Ⅰ. 우리 나라 헌법의 제정 145 Ⅱ. 헌법개정의 경과 146
Ⅲ. 우리 헌법의 기본질서 148
제 3 절 기 본 권 ……149
Ⅰ. 기본권의 역사 149 Ⅱ. 기본권의 제한 150
Ⅲ. 기본권의 침해와 구제 150 Ⅳ. 기본권의 내용 151
제 4 절 통치구조 ……166
Ⅰ. 정부형태 166 Ⅱ. 우리 헌법상의 정부형태 167
Ⅲ. 통치기구 168

제 2 장 행 정 법

제 1 절 행정법 총론 ……180
Ⅰ. 행정법의 의의 및 특성 180 Ⅱ. 행정법관계 181
제 2 절 행정작용법 ……183
Ⅰ. 서 설 183 Ⅱ. 행정행위 184
Ⅲ. 행정입법 187 Ⅳ. 비권력적 행정작용 188
Ⅴ. 행정법상의 의무이행확보수단 189
제 3 절 행정구제법 ……189
Ⅰ. 행정구제의 의의 189 Ⅱ. 행정상 손해배상 189
Ⅲ. 행정상 손실보상 190 Ⅳ. 행정쟁송 190
제 4 절 행정조직법 ……191
Ⅰ. 의 의 191 Ⅱ. 국가행정조직법 191
Ⅲ. 자치행정조직법 191 Ⅳ. 공무원 192
제 5 절 특별행정작용법 ……193
Ⅰ. 경찰행정법 193 Ⅱ. 급부행정법 194
Ⅲ. 규제행정법 194 Ⅳ. 공용부담법 195
Ⅴ. 재무행정법 196

제 3 장 민 법

제 1 절 서 설 ……197

Ⅰ. 민법의 의의 197 Ⅱ. 민법전의 구성 197
Ⅲ. 민법의 기본원리 198
제 2 절 총 칙 ······199
Ⅰ. 권리의 주체 199 Ⅱ. 권리의 객체 203
Ⅲ. 권리의 변동 203 Ⅳ. 시 효 203
제 3 절 물 권 ······204
Ⅰ. 물권의 본질 204 Ⅱ. 물권의 변동 204
Ⅲ. 물권의 종류 205
제 4 절 채 권 ······209
Ⅰ. 채권의 의의 209 Ⅱ. 채권의 종류 210
Ⅲ. 채권의 발생원인 210 Ⅳ. 채권의 효력 216
Ⅴ. 채권양도와 채무인수 218 Ⅵ. 다수당사자의 채권관계 219
Ⅶ. 채권의 소멸 219
제 5 절 친 족 ······221
제 6 절 상 속 ······221

제 4 장 상 법

제 1 절 서 설 ······222
Ⅰ. 상법의 의의 222 Ⅱ. 상법의 지위 223
Ⅲ. 상법의 특성 223
제 2 절 총 칙 ······223
Ⅰ. 기업의 주체(상인) 223 Ⅱ. 기업의 보조자(상업사용인) 224
Ⅲ. 상 호 225 Ⅳ. 상업장부 226
Ⅴ. 상업등기 226 Ⅵ. 영업양도 227
제 3 절 상 행 위 ······227
Ⅰ. 의 의 227 Ⅱ. 상행위의 종류 228
Ⅲ. 상호계산 · 익명조합 228 Ⅳ. 각종의 상행위 228
제 4 절 회 사 ······231
Ⅰ. 회사의 의의 231 Ⅱ. 회사의 종류 232
제 5 절 보 험 ······236
Ⅰ. 보험의 의의 236 Ⅱ. 보험계약 237
Ⅲ. 보험의 종류 237

제 6 절 해 상 ······240

Ⅰ. 해상법의 의의 240 Ⅱ. 해상기업의 조직 240
Ⅲ. 해상기업활동(해상운송) 241 Ⅳ. 해상기업의 위험 241
Ⅴ. 해상기업금융 242

제 7 절 어음·수표법 ······243

제 5 장 형 법

제 6 장 소 송 법

제 7 장 사 회 법

제 1 절 사회법의 개념 ······246

제 2 절 노 동 법 ······247

Ⅰ. 노동법의 개념 247 Ⅱ. 노동3권 247
Ⅲ. 근로기준법 248 Ⅳ. 노동조합 및 노동관계조정법 250
Ⅴ. 근로자 참여 및 협력증진에 관한 법률 252

제 3 절 사회보장법 ······253

제 4 절 경 제 법 ······254

제 8 장 국 제 법

제 1 절 서 설 ······255

Ⅰ. 국제법의 개념 255 Ⅱ. 국제법과 국내법 255
Ⅲ. 국제법의 법원(法源) 256

제 2 절 국제법의 주체 ······256

Ⅰ. 국 가 256 Ⅱ. 개 인 257
Ⅲ. 국제기구 257

제 3 절 국가영역과 공해 ······258

Ⅰ. 국가영역 258 Ⅱ. 공 해 259

제 4 절 외교사절과 영사 ······260

Ⅰ. 외교사절 260　　Ⅱ. 영　　사 261

제 5 절 조　　약 ……… 261

Ⅰ. 조약의 의의 261　　Ⅱ. 조약의 체결 262

제 6 절 국제분쟁 ……… 262

Ⅰ. 분쟁의 평화적 해결 262　　Ⅱ. 분쟁의 강제적 해결 263

제 7 절 중　　립 ……… 264

Ⅰ. 중립의 의의 264　　Ⅱ. 중립국의 권리 · 의무 265

Ⅲ. 중립국과 교전국의 관계 265

제 3 부　일상생활과 법률

제 1 장　출생과 법률

제 1 절 법 인 격 ……… 269

Ⅰ. 권리능력 269　　Ⅱ. 태아의 권리능력 269

제 2 절 출생신고와 성명 ……… 270

제 3 절 친자관계 ……… 271

Ⅰ. 친생자 271　　Ⅱ. 양친자 272

Ⅲ. 친권과 후견 275

사례문답

1. 태아의 권리능력　2. 출생신고의 방법　3. 작명 못 한 경우의 출생신고　4. 혼인신고 전 출생한 자녀의 출생신고　5. 친생부인의 주장방법　6. 친자확인을 받기 위한 방법　7. 동의 없이 입적한 첩의 자식　8. 인지의 방법　9. 인공수정자의 법률관계　10. 시험관 아기의 법률관계　11. 씨받이에 의한 자의 법률관계　12. 독신여성의 입양　13. 친양자의 성 · 본과 친족관계　14. 친권자의 권리의무　15. 재출가한 어머니의 재산관리　16. 후견인의 재산탕진

제 2 장　미성년자와 법률

제 1 절 미성년자 보호의 필요 ……… 294

제 2 절 형사상의 보호 ……… 294

Ⅰ. 미성년자가 가해자인 경우 294

Ⅱ. 미성년자가 피해자인 경우 295
제 3 절 민사상의 보호 ······ 295
Ⅰ. 취소할 수 있는 미성년자의 거래행위 295
Ⅱ. 취소할 수 없는 미성년자의 거래행위 296
Ⅲ. 동의 없이 할 수 있는 미성년자의 거래행위 296
제 4 절 미성년자의 근로상의 보호 ······ 296
제 5 절 미성년자와 거래한 상대방의 보호 ······ 297

사례문답

1. 미성년자의 민사·형사상책임 2. 미성년자의 부동산 거래행위 3. 미성년자의 근로계약 4. 미성년자가 낳은 자녀에 대한 친권자

제 3 장 회사생활과 법률

제 1 절 신원보증계약 ······ 303
제 2 절 근로자의 지위 ······ 304
Ⅰ. 근로계약 304 Ⅱ. 근로자의 지위보호 304
Ⅲ. 해 고 304
제 3 절 산업재해보상 ······ 306
Ⅰ. 산업재해의 뜻 306 Ⅱ. 산재보상의 요건 306
Ⅲ. 산재보상의 내용 307 Ⅳ. 민사상 손해배상 309
제 4 절 회사설립 ······ 309
Ⅰ. 주식회사의 설립 310 Ⅱ. 개인기업의 법인으로의 전환 311

사례문답

1. 과로사와 산업재해 2. 회사 회식중 사고와 산재보상 3. 이력서에 허위경력을 기재한 경우 4. 부당한 해고를 당한 경우 5. 수차의 도급사업에서의 임금지급책임 6. 회생절차가 개시된 회사에 임금 등 청구가 가능한지? 7. 일용직 근로자의 퇴직금 청구 8.체불임금을 받아내려면……9. 주주나 대표이사의 개인재산에 강제집행이 가능한지? 10. 개인기업을 법인으로 전환한 후의 절차

제 4 장 가정생활과 법률

제 1 절 친족관계 326

제 2 절 부부관계 329

Ⅰ. 약 혼 329 Ⅱ. 혼 인 330
Ⅲ. 사 실 혼 331 Ⅳ. 이 혼 333

사례문답

1. 촌수계산의 방법 2. 불일치하는 생년월일의 정정절차 3. 개명절차 4. 육체관계 후 약혼해제 5. 계약결혼 6. 처제와의 혼인 7. 남편의 혼인신고 거절 8. 일상가사대리권의 범위 9. 혼인중 남편명의로 취득한 재산 10. 사실혼부부의 보호 11. 혼인 전의 불륜행위 12. 성적 불능과 이혼 그리고 위자료 13. 무단가출과 이혼 14. 재판상 이혼 후 이혼신고기간의 경과 15. 이혼한 사실이 계속 따라 붙나요? 16. 양육권의 변경 17. 이혼시 재산분할 18. 부양의무와 부양받을 권리

제 5 장 금전거래와 법률

제 1 절 서 설 354

제 2 절 소비대차 354

Ⅰ. 소비대차의 의의와 성립 354 Ⅱ. 선이자공제의 문제 355
Ⅲ. 지연이자 355 Ⅳ. 구체적인 금전대차 방법 356

제 3 절 담보방법 363

Ⅰ. 담보제도의 의의와 종류 363 Ⅱ. 저당권 364
Ⅲ. 비전형담보 365 Ⅳ. 보증채무 367

제 4 절 대금회수방법 371

Ⅰ. 보전처분(保全處分) 372 Ⅱ. 특별소송절차 377
Ⅲ. 강제집행절차 380

사례문답

1. 내용증명의 효력 2. 금전대차시 공정증서를 작성한 경우 3. 사채업자가 수령 거부할 경우의 구제방법 4. 제3자 명의 대출약정의 효력 5. 채무면탈 목적

으로 소유권을 이전한 경우 6. 보증인의 멍에 7. 금전대차시 어음도 받아 두면… 8. 어음보증인의 책임 9. 채무자의 봉급도 압류대상 10. 간편한 집행권원 확보방법 11. 소액사건심판법상 이행권고결정에 대한 이의신청 12. 전부명령과 추심명령의 차이 13. 어음의 지급제시 어떻게 하나 14. 부도어음의 회수 15. 어음을 분실·도난당한 경우의 조치 16. 판결확정된 채권의 소멸시효기간을 연장하려면? 17. 소비자(개인)파산제도의 내용과 절차 18. 개인워크아웃제도(개인신용회복제도) 19. 개인회생과 새 삶

제 6 장 임대차와 법률

제 1 절 임대차의 법률관계 ……412

Ⅰ. 임차권과 전세권의 관계 412 Ⅱ. 임대차 기간 413
Ⅲ. 필요비와 유익비 414 Ⅳ. 임대차의 종료 415

제 2 절 주택임대차의 법률관계 ……416

Ⅰ. 주택임대차의 중요성 416 Ⅱ. 주택임대차보호법의 적용범위 417
Ⅲ. 임차인의 대항력 419 Ⅳ. 임대차 기간 423
Ⅴ. 보증금회수의 보장 424

제 3 절 점포임대차의 법률관계 ……429

Ⅰ. 상가건물임대차보호법의 적용범위 429
Ⅱ. 점포임차인의 대항력 430 Ⅲ. 점포임대차기간 431
Ⅳ. 점포임차보증금회수의 보장 432
Ⅴ. 차임증액의 제한 433 Ⅵ. 점포임대인의 권리보장 433
Ⅶ. 점포를 비우지 않는 경우 433
Ⅷ. 권리금 434

사례문답

1. 임시사용의 임대차 2. 중간에 주민등록을 옮긴 경우 3. 주민등록상 다가구주택 지번만 기재했는데…… 4. 다세대주택의 동·호수 표시없는 주민등록의 공시력 5. 가압류등기 후에 대항력 갖춘 주택임차권의 효력 6. 주택소액임차인의 최우선변제와 확정일자에 의한 우선변제방법의 관계 7. 저당권과 경매신청 사이 대항력을 갖춘 주택임차권 8. 동일자에 대항요건을 갖춘 세입자와 근저당권자간의 배당순위 9. 확정일자받은 주택임대차계약서를 분실한 경우 10. 동·호수 기재없는 확정일자의 효력 11. 주택임차인이 경락받은 경우 임차보증금채권의 소멸여부 12. 경매절차에서 배당요구하지 않은 소액임차인의 구제방법 13. 임차한 상가건물이 경매(매각)된다는데……

제 7 장 부동산거래와 법률

제 1 절 부동산 매매계약 ……453
Ⅰ. 매매계약의 뜻 453 Ⅱ. 매매의 성립 453
Ⅲ. 매매의 효력 455

제 2 절 부동산등기제도 ……455
Ⅰ. 의 의 455 Ⅱ. 부동산등기부 456
Ⅲ. 등기의 종류 457 Ⅳ. 등기의 절차 459
Ⅴ. 등기의 효력 461 Ⅵ. 등기에 관한 특수문제 463

사례문답

1. 날인(捺印)없는 계약서는 무효인가? 2. 법률행위의 무효와 취소의 차이 3. 계약의 해제와 해지의 차이 4. 증여한 부동산을 돌려받을 수 있는지? 5. 잔금 지급 전 불에 탄 가옥은? 6. 부동산 이중매매의 경우 7. 실제면적이 등기면적보다 적은데…… 8. 가등기 또는 예고등기된 부동산의 매입효과 9. 명의수탁자가 소유권을 주장하는데… 10. 분규교회 재산의 사용수익 및 귀속관계 11. 등기 후 10년 이상 점유한 경우의 등기부취득시효 12. 등기없이 20년 이상 경작한 토지의 점유취득시효 13. 미등기무허가건물도 명의변경되나…… 14. 계약금과 중도금의 차이 15. 취득세는 언제, 어떻게 내나? 16. 등기이전 때 등록세는 어떻게 내나? 17. 부동산거래시 유의할 점

제 8 장 손해배상과 법률

제 1 절 서 설 ……486
제 2 절 일반적 불법행위의 성립요건 ……487
제 3 절 불법행위의 효과 ……488
Ⅰ. 손해배상의 방법 488 Ⅱ. 손해배상청구권자 488
Ⅲ. 손해배상의 범위 489 Ⅳ. 손해배상액의 산정 489
Ⅴ. 손해배상청구권의 소멸시효 489

제 4 절 특수한 불법행위 ……490
Ⅰ. 감독자 책임 490 Ⅱ. 사용자 책임 490
Ⅲ. 공작물 등의 점유자·소유자의 책임 490
Ⅳ. 동물점유자의 책임 491 Ⅴ. 공동불법행위자의 책임 491

Ⅵ. 교통사고운전자의 책임 491 Ⅶ. 산재사고로 인한 손해배상 495
Ⅷ. 의료과오 495 Ⅸ. 환경오염으로 인한 손해보상 498
Ⅹ. 국가의 불법행위로 인한 손해배상 500

사례문답

1. 인부가 지나가는 행인에게 손해를 입힌 경우 2. 공작물의 설치 하자로 인한 손해배상 3. 도사견에게 물렸는데…… 4. 깡패들에게 집단으로 폭행당한 경우 5. 사관학교 졸업 後 소위로 복무 중 사망한 경우 6. 겸업종사자의 일실소득의 산정기준 7. 자동차 사고시 자동차손해배상보장법과 민법의 관계 8. 중앙선 침범 9. 버스 급정차로 인한 사고발생시 보상청구 10. 공무원이 자기차로 공무수행중 발생한 사고책임 11. 야간에 도로주차 차량과의 충돌 12. 차량 명의이전 전의 사고 13. 자동차보험의 승계 14. 호의(好意) 동승시의 사고 15. 렌터카 임차인의 운전사고 16. 빵소니 운전 17. 지워진 횡단보도 위에서 자전거를 받은 경우 18. 합의공탁금을 찾는 방법 19. 합의의 중요부분에 착오가 있는 경우 합의취소 20. 형사사건 관련 합의금의 손익상계여부 21. 과실상계와 손익상계의 우선순위 22. 형사합의금을 보험회사에 청구할 수 있나요? 23. 산재보상금 수령 후에도 손해배상청구소송이 가능한지? 24. 약관설명의무위반과 고지의무위반의 관계 25. 응급환자와 수련의 26. 의사의 설명의무 27. 공해로 인한 과수목 고사 28. 일조권 침해와 손해배상 29. 분양공동주택의 하자보수 30. 데모진압 차량의 불법행위책임

제 9 장 소비생활과 법률

제 1 절 서 설 ……533
제 2 절 소비자기본법 ……534
Ⅰ. 목 적 534 Ⅱ. 소비자의 기본적 권리 534
Ⅲ. 국가 및 지방자치단체의 책무 535
Ⅳ. 사업자의 책무 535 Ⅴ. 소비자단체와 한국소비자원 536
Ⅵ. 소비자피해의 구제절차 537
제 3 절 할부거래에 관한 법률 ……538
Ⅰ. 목적과 적용범위 538 Ⅱ. 할부계약 539
Ⅲ. 매수인의 계약철회권 539 Ⅳ. 매도인의 할부계약해제 540
Ⅴ. 매수인의 기한이익 상실 540
제 4 절 방문판매 등에 관한 법률 ……541
Ⅰ. 목적과 적용범위 541 Ⅱ. 방문판매 및 전화권유판매 541

Ⅲ. 다단계판매 541 Ⅳ. 계속거래 및 사업권유거래 542
Ⅴ. 청약의 철회와 효과 542

사례문답

1. 할부거래시 청약철회 2. 출판사 영업사원으로부터 구입한 책의 반품여부 3. 다단계 판매계약을 철회하고 싶은데…… 4. 세탁물 훼손에 따른 피해구제 5. 품질보증기간 내 동일하자가 재발한 경우

제 10 장 여성과 법률

제 1 절 서 설 ······ 550
제 2 절 헌법상 여성의 지위 ······ 551
제 3 절 민법상 여성의 지위 ······ 551
제 4 절 노동관계법상 여성의 지위 ······ 554
Ⅰ. 근로기준법상 여성보호규정 554
Ⅱ. 남녀고용평등법상 여성보호규정 557
제 5 절 기타 법규 ······ 558
제 6 절 여성과 범죄 ······ 558
Ⅰ. 여성범죄의 특징 558 Ⅱ. 여성관련 범죄 559
제 7 절 여성이 알아 두어야 할 성범죄 ······ 560
Ⅰ. 성범죄의 의의 560 Ⅱ. 정조에 관한 죄 561
Ⅲ. 풍속을 해하는 죄 566 Ⅳ. 성희롱 570

사례문답

1. 강간으로 임신한 경우 2. 여자가 여자를 강간할 수 있는지? 3. 성전환 여성에 대한 강간죄 성립여부 4. 강간 후 스트레스 장애 5. 순간적으로 스쳐도 강제추행인지 여부 6. SNS 등을 이용한 음란행위를 처벌하고 싶은데... 7. 떼어먹은 성의 대가

제 11 장 죄와 벌

제 1 절 범죄의 성립요건 ······ 580
Ⅰ. 구성요건해당성 581 Ⅱ. 위법성 581

Ⅲ. 책임성 583

제 2 절 미 수 범 584

Ⅰ. 장애미수 584 Ⅱ. 중지범 585

Ⅲ. 불능범 584

제 3 절 공　범 586

Ⅰ. 공범의 의의 586 Ⅱ. 공범의 종류 586

Ⅲ. 공범과 신분 588

제 4 절 범죄의 종류 588

Ⅰ. 국가적 법익에 관한 죄 588 Ⅱ. 사회적 법익에 관한 죄 590

Ⅲ. 개인적 법익에 관한 죄 592

사례문답

1. 불끄려고 남의 차를 부순 경우 2. 보안처분이란…… 3. 형의 실효와 형의 시효 4. 근저당 잡힌 사실을 숨기고 부동산을 매도한 경우 5. 백화점의 변칙세일 6. 할부구매한 물품을 처분한 죄 7. 타인의 오토바이를 잠시 사용 후 가져다 놓은 경우 8. 학생체벌의 관계 9. 대리시험 본 죄밖에…… 10. 몰래 한 사랑과 혼인신고 11. 준공무원의 알선행위 12. 횡단보도상의 보행자 여부 13. 도로교통법상 음주측정불응죄 성립여부 14. 빌려 준 수표가 부도처리되면 누가 처벌받나 15. 훔친 전화카드로 전화한 경우 16. 컴퓨터내장프로그램을 타인이 복제한 경우 17. 가짜 논문에 대한 형벌과 책임

제 12 장 소송과 법률

제 1 절 서　설 615

제 2 절 소송제도 615

Ⅰ. 소송의 종류 615 Ⅱ. 법　원 616

Ⅲ. 소송당사자 617

제 3 절 민사소송절차 618

Ⅰ. 민사소송의 의의 618 Ⅱ. 민사소송절차의 종류 618

Ⅲ. 민사소송의 준비 618 Ⅳ. 소의 제기 619

Ⅴ. 민사소송의 진행 620 Ⅵ. 강제집행 623

Ⅶ. 기타의 민사분쟁해결제도 623

제 4 절 형사소송절차 625

Ⅰ. 형사소송의 주체 625　Ⅱ. 형사소송절차 625

제 5 절 행정소송절차 ……… 635

Ⅰ. 행정소송의 의의 635　Ⅱ. 행정소송의 종류 635
Ⅲ. 행정소송절차 636　Ⅳ. 심리·판결 637
Ⅴ. 행정처분의 집행정지 637

제 6 절 법률구조제도 ……… 638

Ⅰ. 법률구조의 의의 638　Ⅱ. 법률구조의 요건 638
Ⅲ. 법률구조신청 방법 639　Ⅳ. 법률구조절차 640
Ⅴ. 소송비용과 상환 641

사례문답

1. 공정증서의 효력 2. 지급명령이란? 3. 어느 법원에 소 제기해야 하나? 4. 보다 간편해진 민사소송절차 5. 구속된 경우 최장구속수사기간은 얼마나 되는지? 6. 증언하러 가기 싫은데…… 7. 재산을 빼돌리고 안 갚는데…… 8. 영장 없는 수색 9. 구속적부심 청구 10. 경찰관 불심검문의 정당성 범위 11. 임의동행요구에 불응한다면…… 12. 경찰자백조서의 증거능력 13. 형사재판상 사실인정의 민사재판에서의 증명력 14. 몰래 녹음한 녹음테이프의 증거능력 15. 불기소처분에 대한 불복 16. 공소시효란? 17. 억울한 구속수감자의 보상과 배상 18. 헌법소원심판 청구 19. 대통령의 처분도 행정심판대상인지? 20. 직위해제처분에 대한 불복 21. 위법한 대집행에 대한 구제 22. 사실상 도로로 사용되는 토지상의 건축허가 23. 운전면허취소시 여러 종류의 면허를 일괄취소할 수 있는지? 24. 생계형음주운전자 등의 구제 25. 무허가주택의 보상 및 이주택지 공급 가부 26. 부당한 세금 부과 27. 돈 없어서 소송도 못 하다니……

제 13 장 사망과 법률

제 1 절 서　설 ……… 675

Ⅰ. 사망의 시기 675　Ⅱ. 사망의 법적 효과 676

제 2 절 재산상속 ……… 678

Ⅰ. 재산상속의 개시 679　Ⅱ. 재산상속인의 범위와 순위 679
Ⅲ. 재산상속분 및 상속재산 679　Ⅳ. 상속재산의 분할 680
Ⅴ. 재산상속의 승인·포기 681　Ⅵ. 재산상속인이 없을 때 681

제 3 절 유　언 ……… 682

Ⅰ. 유언의 의의 682　Ⅱ. 유언사항 682

Ⅲ. 유언능력 682
Ⅳ. 유언증인의 결격자 683
Ⅴ. 유언의 방식 683
Ⅵ. 유언의 무효 · 취소 · 철회 685

제 4 절 유 류 분 ······686

Ⅰ. 유류분제도의 의의 686
Ⅱ. 유류분권리자 686
Ⅲ. 유류분의 비율 686
Ⅳ. 유류분의 산정 687
Ⅴ. 유류분의 보전 687

사례문답

1. 사망진단서 없는 사망신고 2. 상속의 포기와 한정승인 3. 단독 상속하고 싶은데…… 4. 첩과 서자의 재산상속 5. 남편과 아들의 동시사망 6. 상속인의 결격사유 7. 사실혼 배우자에 대한 유증 8. 내용이 다른 2통의 유언서 9. 일기장에 쓴 유언 10. 부의금의 귀속주체 11. 전재산을 사회복지단체에 바쳤는데…… 12. 기여분을 주장하고 싶은데…… 13. 특별연고자의 分與

부록(표 및 각종서식례) ······703

제 1 부 법의 일반이론

제 1 장 서　　론
제 2 장 법의 발전
제 3 장 법의 개념과 기능
제 4 장 법의 이념
제 5 장 법원(法源)
제 6 장 법의 분류
제 7 장 법의 효력
제 8 장 법의 해석과 적용
제 9 장 법의 제재
제10장 권리와 의무

〔참고문헌〕

곽윤직 · 김재형 민법총칙(박영사, 2012)

권영성 헌법학원론(법문사, 2010)

김문현 외 법학입문(법문사, 2011)

서울대학교법학연구소 편 법학통론(서울대학교출판부, 2004)

양수산 · 최완진 법학통론(세창출판사, 2010)

유병화 · 정영환 법학입문(법문사, 2012)

최종고 법학통론(박영사, 2008)

홍성찬 법학원론(박영사, 2011)

末川博 編 法學入門(有斐閣, 2009)

星野英一 법학입문(有斐閣, 2010)

林昭男 現代社會と法(創成社, 2009)

道廣泰倫 現代法學講義(法律文化社, 2006)

原島重義 市民法の理論(創文社, 2011)

제1장 서 론

제 1 절 서 설

사람은 혼자서 살 수 없다. 이는 종족보전이란 근본적인 문제에서도 그렇지만, 사람이 사람인 것은 사람과 사람과의 관계에서 설정되기 때문이다. 따라서 사람은 共同善을 이루는 사회생활을 통해서 그 존재가치를 갖게 되는 것이다. 모든 생물 중에서 인간만이 언어를 통한 의사소통이 가능하고, 옳은 것과 옳지 않은 것에 대한 의미를 분별할 능력이 있다. 바로 이러한 社會性이 가족, 사회, 국가 및 국제사회의 기초를 이루게 된다. 그러므로 인간이 천부적인 모든 능력을 인간의 존재목적에 상응하도록 충분히 발휘하기 위해서는 그러한 공동사회가 필요한 것이다.

이와 같이 공동생활을 영위하기 위하여 사람들이 직접적 또는 간접적으로 결합하여 형성하는 집단을 사회라고 한다. 그러므로 인간은 사회를 떠나서는 살 수 없다. 일찍이 인간을 '사회적 동물'(Aristoteles, B. C. 384~322) 이라고 하거나, "사람이 사람인 까닭은 사람과 사람의 결합에 있다"(Otto V. Gierke, 1841~1921)고 하거나, "인간의 존재는 타인과의 공존에 있다"(Martin Heidegger, 1889~1936)고 하는 말들은 모두 이러한 이유에서 연유한다. 그리고 이러한 명제들은 "사람의 사회적 교섭은 자연이 명하는 것"(Sir Paul Vinogradoff, 1854~1925)이라는 말에서처럼 자연적인 것이다. 여하튼 사회의 실체는 타인을 통한 생활과 타인을 위한 생활의 종합이며, 상호의존적인 공동생활이라고 할 수 있다.

그런데 사람이 공동생활을 영위하기 위해서는 어떠한 통일적인 사회질서가 존재하지 않으면 안 된다. 왜냐 하면 인간은 사회 속에서 각자 자신의 욕망을 추구하고 달성하려고 하기 때문이다. 즉 각자마다 자신의 욕구대로 행동한다면 거기에는 이해관계가 충돌하여 '만인의 만인에 대한 투쟁'(Thomas Hobbes, 1588~1679)에 의한 사회혼란이 일어나고 결국은 공동의 사회생활을 유지할 수 없게 된다.

따라서 오늘날 국가와 같은 사회에서만 각자의 행동을 어느 정도 제한하거나 경우에 따라서는 금지하고 또는 명령함으로써 공동생활에 통일과 질서를 부여할 규율질서가 필요하게 된다. 이와 같이 사회생활을 가능하게 하는 규범질서를 '사회규범(social norm)'이라고 한다. 물론 사회규범에는 도덕, 관습, 종교 등의 여러 가지가 있으나, 그 중 가장 강제성이 강하고 중요한 것은 법규범이다. 오늘날 인류의 사회생활은 이 법규범적 질서에 의하여 유지·발전되어 왔다고 할 수 있다. 즉, 사회에서 '너와 나'는 男과 女로 만나고, 부모와 자식으로 만나며 근로자와 사용자, 채권자와 채무자, 상인과 소비자, 검사와 범죄인(피고인), 원고와 피고, 국가와 개인, 국가와 국가 등의 형태로 만나게 되는데, 법규범은 이러한 법주체들 사이의 형평의 기준을 제시해 준다.

따라서 법은 인간들의 사회생활을 규율하면서 인간들의 사회생활 속에 살아 있고, 또한 인간들은 법이 지배하는 사회 속에서 생활하고 있다고 할 수 있다. 일찍이 "사회 있는 곳에 법이 있다"(Ubi societas ibi ius)라는 法諺(법언)도 바로 이것을 의미하는 것이다.

한편 법학(jurisprudence; Rechtswissenschaft)은 사회생활 관계에 있어서의 법적 현상, 법적 사실 등 법에 관한 것을 연구대상으로 하는 학문이다. 모름지기 체계화된 모든 지식의 총체로서의 학문은 과학과 철학을 그 바탕으로 한다. 과학은 어떤 가정위에서 명제를 전제로 하여 결과를 도출하는 것이지만, 철학은 가정 없이 근본원리의 구명을 임무로 하고 과학을 근거로 한다. 따라서 과학은 사물을 그 특수성에서 파악하여 구체적·실증적·경험적으로 탐구하는 학문이지만, 철학은 사물을 그 보편성에서 파악하여 추상적·논리적·선험적으로 탐구하는 학문이다.

과학은 다시 수학, 논리학 등과 같이 그 실질에 관계하지 않는 형식적(先驗的) 과학과 그 실질에 관계하는 실험적(經驗的) 과학으로 나누어진다. 이 중 실질적 과학에는 사물 중에서 자연현상을 그 대상으로 하는 자연과학과 인간의 정신현상을 대상으로 하는 정신과학(文化科學)으로 나누어진다.

정신과학은 또 인간의 정신현상에 중점을 두는 심리학, 교육학, 언어학 등의 개인적 과학과 인간의 사회현상에 중점을 두는 사회학, 정치학, 경제학 등의 사회과학으로 나누어 볼 수 있다. 法學은 法에 관한 사회현상에 착안하여 그것을 구명하는 것이므로 사회과학에 속한다고 할 수 있다.

따라서 법학이란 법이라는 사회현상을 대상으로 하고, 이를 이론적·체계적으로 구명하기 위한 학문이라고 할 수 있다. 법학은 보통 세 가지의 의미로 사용된다. 첫째는 가장 넓은 의미로서 법에 관한 일체의 학문적 고찰을 의미하고, 둘째는 넓은 의미로서 법철학을 제외한 법과학을 말하고, 셋째는 좁은 의미로서 법과학 중 법해석학만을 의미한다. 여기서는 법을 가장 넓은 의미로서 사용하고자 한다.

제 2 절　법학의 분류

다른 학문분야와 마찬가지로 법을 대상으로 하는 학문인 법학은 크게 이론법학과 실용법학으로 나눌 수 있다. 이는 의학에서 기초의학과 임상의학으로 구분하는 것과 같은 이치이다.

Ⅰ. 이론법학

이론법학은 법에 관한 기초이론의 연구를 행하는 것이다. 법해석학을 중심으로 하는 실용법학이 인식과 실천을 통합한 분야임에 반하여, 이론법학은 오로지 법적 규범 그 자체의 연구를 목적으로 하는 특징이 있으며 법철학, 법사회학, 법사학, 비교법학 등으로 나누어진다.

1. 법 철 학

법철학(philosophy of law; Rechtsphilosophie)은 법 전반에 걸쳐서 그 보편적 본질인 법의 이상 또는 이념을 구명하며, 그 근본목적·근본이념을 탐구하고, 법학방법론을 확립하는 것을 임무로 하는 학문이다.

즉 법철학은 첫째, 법의 보편적 본질을 구명하는 것이다. 칸트(Kant)가 "법학은 단지 일정한 체계의 법이 무엇을 명하느냐의 문제에 답할 뿐이며, 법철학은 무엇을 일반적으로 법이라고 이해하지 않으면 안 되는가의 문제에 답하는 것"이라고 한 것은 바로 이러한 법철학 제일의 과제를 말해 주는 것이다. 예컨대 역사법학파는 법을 민족정신의 소산이라고 하고, 법의 가치철학파는 법을 법가치 · 법이념에 봉사하려는 의미를 가진 현실이라고 하며, 마르크스는 법철학은 법을 하부구조인 물리적 생산력에 대한 상부구조라고 한다.

둘째, 법의 근본목적 · 근본이념을 탐구하는 것인 실천철학으로서의 법철학의 과제이다. 예링(Jhering)이 '목적은 모든 법의 창조자'라고 한 것과 같이 법은 그 목적과 이념으로 인하여 의의를 갖게 되는 것이다.

셋째, 법학의 방법에 관하여 이론적으로 반성을 꾀하는 것이 이론철학으로서의 법철학의 과제이다. 이는 법학은 어떠한 학문인가, 법학은 어떠한 절차에 좇아 그 대상인 법을 연구하는가, 법학은 어떠한 분과로 분류되는가 하는 문제를 포함한다.

법철학은 과거로부터 현재에 이르기까지 대체로 자연법론적 경향과 경험주의적(법실증주의적) 경향으로 대별되어 있다.

2. 법 사 학

법사학(legal history; Rechtsgeschichte)은 널리 법적 사실을 역사적으로 고찰하며, 이에 의하여 과거 사회에 있어서의 법생활의 실태를 역사학적으로 구명하려는 학문이다. 과거가 현재의 거울이라 한다면 현재는 미래의 출발점이다. 따라서 현재의 법을 올바르게 이해하고 앞으로의 전망을 올바르게 하기 위해서는 현재의 법이 생성 · 개발 · 발전하여 온 과정을 역사적으로 고찰하여야 한다. 이런 의미의 법사학에는 법제사, 법사상사, 법학사, 법철학사 등이 포함된다. 법사학은 법학의 타부문으로부터 시사를 받지만, 다른 한편 법사학의 연구결과는 법학의 타부문에 중요한 시사와 소재를 제공함으로써 다른 학문 분야에 기여한다.

3. 법사회학

법사회학(sociology of law; Rechtssoziologie)은 법현상을 사회학적 방법에 의하여 역사적인 사회현상의 하나로 파악하여, 인접 사회현상(종교, 도덕, 정치, 경제 등) 내지 인접 사회형태(가족, 사회, 국가 등)와의 관련 속에서 그 성립 · 변화 · 발전 · 소멸의 법칙을 찾아내려고 하는 학문이다.

법사회학은 종래의 법해석학의 폐단을 반성한 자유법운동의 소산이다. 자유법운동은 법해석학이 오로지 성문법의 형식론리적 인식에만 치중함으로써 법과 현실이 유리되는 결과를 초래함을 비판하고, 급변하는 사회의 실정에 적합하도록 자유로이 그리고 과학적으로 법을 발견·적용해야 한다고 주장한다. 그리고 이것을 위하여 법목적·신의칙이나 조리 등과 같은 '살아 있는 법' 및 그 기초로서의 '법적 사실' 등이 충분히 탐구되어야 한다고 한다는 것이다. 법사회학의 형성·발전에 결정적인 공헌을 한 사람은 에를리히(Eugen Ehrlich, 1862~1922)와, 독일의 사회학자이고 법학자이며 경제학자인 베버(Weber, 1864~1920)이다.

4. 비교법학

비교법학(Comparative jurisprudence; vergleichende Rechtswissenschaft)은 두 개 이상의 사회 국가의 법현상·법제도를 비교연구하는 학문을 말한다. 이에는 ① 법제사의 발전상황과 발전법칙을 발견할 것을 목적으로 하는 비교법제사, ② 해석 또는 입법을 위하여 실정법 자체를 연구하는 협의의 비교법학(비교해석법학 또는 비교입법학), ③ 현대의 문명 제국에서 공통적으로 인정되는 법의 일반원칙을 발견하는 것을 목적으로 하는 일반비교법학 등이 있다. 보통은 ②의 의미로 쓰이며, 해석 및 입법의 지침, 나아가서는 법의 진보를 위한 이상법 또는 공통법의 발견을 목적으로 하는 것이다.

II. 실용법학

실용법학은 재판과 입법 등의 법실무에 직접 유용한 지식과 기술을 제공하는 것을 목적으로 한다. 이는 다시 법해석학과 법정책학으로 나누어진다.

1. 법해석학

법해석학(Rechtsdogmatik)은 현행 실정법질서의 규범내용을 체계적으로 인식하는 것을 임무로 하고, 재판에 의한 법의 구체적인 실현을 위하여 통일적·조직적인 해석을 부여하는 실용적인 과학을 말한다. 해석법학(dogmatische Rechtswissenchaft)·실용법학(praktische Jurisprudenz) · 체계적 법학(systematische Rechtswissenchaft) 등으로도 불리어지며, 또 법규범을 대상으로 한다고 하여 법규범학이라고도 한다. 해석이라고 하는 것은 추상적인 법규범 속에 포섭되는가를 결정하는 것이다. 그러므로 법의 해석은 법의 실천에 있어서 가장 중요한 것이며, 지금까지 법학은 주로 법해석학으로서 발달하여 온 것이라고 해도 지나친 말이 아니다. 법해석학은 시대의 변천에 따라서 법의 형식논리적 해석에 치중하는 개념법학, 법의 목적적 고찰을 중요시하는 목적법학, 법해석에 있어서 이익의 개념을 중요시하여야 한다고 주장하는 이익법학, 법의 자유로운 탐구를 제창하는 자유법학, 법을 정치의 수단으로서 이해하는 정치적 법학 등 여러 가지 입장이 있다. 또 법해석학은 실정법의 영역에 따라 공법학과 사법학으로 나누어지고, 그 각 분야에 따라 헌법학, 행정법학, 민법학, 상법학, 형법학, 소송법학 등으로 나누어지고 있다.

2. 법정책학

법정책학(Rechtspolitik)은 현재의 실정법을 기초로 하여 이것을 비판하면서 장래 개정 또는 신입법의 형식으로 정립될 이상적 법규범을 사회적 여러 여건 하에서 연구하는 학문을 말한다.

법정책학은 법의 본질 · 이념 · 목적을 탐구하여 실정법이 지향하여야 할 원리를 제시하는 법철학의 기반 위에, 현행법의 내용에 관한 정확한 지식과 법사실학이 부여하는 전반적인 법의 과학적 인식을 획득하는 때에 가능하다. 법정책학 가운데는 특히 형사정책학과 비교입법학이 근래 발달하여 왔으며, 전자는 현행 형벌제도 하에서 범죄대책을 확립하는 것을 목적으로 하며, 후자는 각국의 법제도를 비교 연구하여 현행법의 개정이나 새로운 입법을 위한 준비자료를 작성하는 것을 목적으로 한다.

제2장 법의 발전

제 1 절 서 설

법의 역사적 발전은 여러 단계로 나누어서 고찰할 수 있다. 그러나 각 단계에는 각각 그 시대의 특유한 성격이 인정되는 것이지만, 그 단계 사이에는 밀접한 관계가 있는 것이므로 이것을 전체의 일환으로 관찰하지 않으면 안 된다. 법은 사회발전의 소산으로서 생성되어 사회의 변동에 따라 끊임없이 변천·발전하고 있다고 볼 수 있다. "법은 안정함을 요구하나 정지함을 허용하지 않는다"라고 한 미국의 법학자인 로스코 파운드(Roscoe Pound)의 말과 같이 사회의 발전에 따른 법의 변천은 필연적인 것이다. 이러한 입장에서 영국의 법사상가인 비노그라도프(Vinogradoff)가 주장한 법발전단계설에서 법은 토템(totem)사회에서부터 비롯되어, 종족법(tribal law)과 도시국가법(civic law)의 단계를 거쳐 교회법과 봉건법이 결합한 형태의 중세법(medieval law), 근세시민사회의 법형태인 개인주의적 법시대를 지나 오늘날의 사회주의적 성격이 강한 법단계로 발전하였다는 주장은 의미 있는 견해이다. 이와 비슷한 논리는 미국의 법학자인 로스코 파운드(Roscoe Pound)의 법단계설에서도 찾아볼 수 있는데, 그에 따르면 법은 고대법시대→엄격법(嚴格法: strict law)시대→자연법 및 형평법(衡平法: natural law and equity)시대→법성숙(法成熟: maturity of law)시대→법의 사회화(socialization of law)시대로 발전되어 왔다고 한다.

제 2 절 법의 생성

오늘날과 같은 법제도가 성립되기 이전의 원시 사회에 있어서는 특별한 사회규범이 분화·발달하지 못하고 있었기 때문에 당시의 사회를 지배한 사회규범은 토템(totem), 타부(taboo), 복수, 동해보복(同害報復; lex talios) 등의 원시적 습속에서 비롯되었다.

Ⅰ. 토 템

원시 사회에서는 동식물 같은 자연적 물건을 의인화(擬人化)하여 그것을 조상으로 모신다든지 숭배하여 그 사회의 상징적 존재로 받들었다. 이런 제도를 토테미즘(totemism)이라 하고, 그 자연물을 토템(totem)이라 칭한다. 원시 사회인들은 토템에서 정기(精氣)를 받은 동일체로서 결속되어 있었다. 그들은 자기의 토템인 동식물을 먹어서도 아니 되기 때문에 동식물이 보호될 수 있었고, 같은 토템에 속하는 남녀간에 결혼을 금지함으로써 근친결혼을 허용하지 않는 제도가 행하여졌다.

Ⅱ. 타 부

타부란 신벌이라는 제재가 따르는 사회적 금기(禁忌)를 말한다. 원시 사회에 있어서는 특정한 사람이나 사물과의 접촉이 금지되고, 만약 이 금지사항을 위반하면 개인은 물론 종족이나 사회 전체에 초자연적인 힘의 제재에 의하여 질병, 불행, 죽음 등의 재앙이 온다고 믿었다. 타부를 위반하는 행위는 곧 반사회적 행위로 인정되어 처벌되었다. 이렇듯 타부라고 하는 원시인의 자연에 대한 공포심이 종교와 결합하여 엄격히 준수되어 사회적 규범이 되었다.

Ⅲ. 復讐(복수)

타인의 침해에 대한 보복은 인간의 본능적 요구로서 미개한 원시 사회에 있어서는 개인적 복수 또는 혈족부수나 부락부수가 공공연하게 자행되었다. 개인적 또는 집단적인 침해를 받았을 때 피해자측은 가해자측에게 보복함으로써 그 침해에 대하여 제재를 가하였다. 이러한 복수에 의한 응보의식은 원시 사회의 질서를 유지하는 기능을 하였다.

Ⅳ. 탈 리 오

탈리오는 '눈에는 눈, 이(齒)에는 이'(an eye for an eye, a tooth for a tooth)라고 하는 법격언이 말하듯이, 피해자가 입은 손해와 동일한 정도의 손해를 가해자에게 가하는 동해보부을 말한다. 이것은 원시 사회에 있어서 정의관념의 소박한 표현으로서, 무제한적인 복수를 허용하던 단계에서 한 걸음 발전한 문화적 발전단계에서 볼 수 있는 법칙이다. 탈리오의 법칙은 古代의 함무라비법전, 모세법전, 로마의 12표법 등에서 볼 수 있다.

Ⅴ. 공권력에 의한 制裁(제재)

원시 사회의 타부, 복수, 탈리오 등의 규범들은 지배층의 지배권을 옹호하고, 개인의 생명, 신체, 재산 등을 보호하면서 사회질서를 유지하였다. 그러나 사회의 발전과 더불어 복수에 대한 제한이 생겼다. 즉 복수의 인정 여부, 그 범위에 관한 문제가 제기되었으며, 구체적인 사항은 그 사회의 장로(長老)가 결정하게 되었다. 이것이 곧 재판의 시초가 되었고, 이를 통하여 법규범이 점차로 명확한 형태를 갖추게 되었다. 이 복수의 제한에 대하여 특별한 역할을 한 것이 헤브라이(Hebrai) 법계에서 인정한 도피처(city of refuge)이다. 이 곳에 죄인이 도망해 오면 이를 보호할 것인가는 도피처의 長老가 결정하고, 이 곳에서 주로 과실범(過失犯)을 비호하게 되었고 이 제도에서 재판이 시작되었다고 한다.

특히 국가라는 통치단체가 확립됨에 따라 종래의 토템, 타부, 복수, 탈리오 등의 형식으로 존재하고 있던 사적 제재는 국가권력에 의해 대치되어 공권력으로 다스리게 되었다. 즉 국가가 발동하는 공권력에 의하여 형벌 및 배상의 제도가 확립되었고, 이것은 법규범으로 발전되어 법으로 제정되기에 이르렀다.

제 3 절 법의 변천

Ⅰ. 고대사회의 법

고대에는 원시 시대에 비하여 사회의 구성이 복잡하게 되고 그 조직도 진보함에 따라, 중앙집권의 강화를 위한 수단으로 지배자의 명령에 의한 성문법의 성립을 보기에 이르렀다. 그러나 당시에는 성문법 이외에 불문법 특히 관습법이 성문법보다도 중요시된 결과, 그 사회 전체의 규범은 아직 법치주의의 영역에는 도달하지 못한 단계였다. 이 시대에 있어서 법의 일반적인 특색은 세계 최고의 법전인 바빌로니아(Babilonia)의 함무라비왕(B. C. 1947~1905년)의 함무라비법전(Code of Hammurabi), 고대 인도의 계율집인 마누법전(Code of Manu), 모세의 계율(Decalogue of Moses) 등에서 볼 수 있는 바와 같이 법전의 내용에는 종교적·관습적·도덕적인 요소가 혼합되어 있었으며, 이것들이 미분화된 상태로 사회를 규율하고 있었다.

그 후 로마의 12표법(Law of 12 Table; lex duodecim tabularum), 시민법(ius civile), 만민법(ius gentium) 등에 나타나고 있는 바와 같이, 법은 종교, 관습, 도덕 등의 규범으로부터 불완전하지만 분화되어서 그 자체가 사회를 통제하는 기능을 다하였다. 특히 초기의 로마法은 관습법으로서 발달했으나, 이것을 성문법으로 제정한 것이 12표법이다. 530년경에 로마의 유스티니아누스(Justinianus) 황제는 당시의 학설을 집대성한 학설휘찬(Digesta, Pandectae), 법의 원리를 논한 법학제요(Institutions), 칙법을 종합한 칙법휘찬(Codex), 황제의 사망 전까지의 공포된 칙법을 모은 신칙법(Novellae) 등 4부의 약 900종을 통일·정리한 유스티니아누스법전을 제정하여 오늘날 대륙법계의 기초가 되었다.

II. 중세의 법

중세에는 봉건제도가 성립됨에 따라 엄격한 신분관계를 규율하는 봉건주의 법이 발달하였다. 이 시대에는 특히 기독교세력이 강대하여 교회법(cannon law)이 세계를 지배하였다. 또한 게르만 민족이 유럽을 지배하게 되자 그들 고유의 관습법이 널리 전파되어 로마법과 쌍벽을 이루어 대륙법의 형성에 큰 영향을 주었다. 이 시대에는 법과 다른 사회규범과의 분화는 과거에 비하여 크게 발전하였으나 국가가 아직도 근대국가적인 중앙집권을 확립하지 못하였다. 이 시대의 법은 법의 실효성을 보장하기 위하여 그 내용이 신분적 · 고정적이어서 탄력성을 잃었으며, 파운드(Roscoe Pound)가 지적한 바와 같이 엄격법(strict law)시대를 이루었다. 한편, 중세의 영국에서는 일찍이 순회재판소의 재판관이 전국을 순회하면서 관습법에 의한 재판을 하여 보통법 재판소(court of common law)에 의해 판례법이 형성되었다. 여기에서 판례를 중시하는 보통법(common law)이라는 불문법이 형성되어 대륙법과 상이한 법체계를 이루었다. 그 후 보통법은 지나친 형식성으로 인해 탄력성을 잃게 되고 시대의 요구에 적응하지 못하여 보통법을 보충하는 법으로서 형평법(equity)이 나타나게 되었다.

III. 근대사회의 법

근대에 이르러 산업혁명에 따른 상공업의 비약적인 발달과 새로운 시민계급의 대두로 말미암아, 자유 · 평등의 사상을 기반으로 하여 정치, 경제, 사회 등의 모든 분야에서 봉건적 구제도를 타파함으로써, 근대적 의미의 중앙집권적 시민국가가 탄생하였다. 시민사회는 개인주의 · 자유주의를 사상적 배경으로 하고, 정치적으로는 민주주의, 경제적으로는 자본주의를 바탕으로 하여 성립 발전하였다. 이들 개인주의 · 민주주의 · 자본주의 등의 근대적 이념은 근대국가의 성립과 발전에 이론적 근거가 되었다.

개인의 기본권은 1776년 미국의 독립선언, 1789년의 프랑스의 인권선언 등에 의해서 천부적 부가침의 절대적 권리로 선언되었고, 개인의 법적 지위는 메인(Henry Maine, 1822~1888)이 지적한 바와 같이 '신분에서 계약으로'(from status to contract) 이행되었다. 그 결과 근대시민법은 사유재산권의 보장(소유권 절대의 원칙), 계약자유의 원칙, 과실책임의 원칙 등을 기본 이념으로 하여 발전하였다. 근대에 이르러 인권보장을 전제로 하는 법치주의국가가 성립되고, 개인의 자유 · 평등 및 권리에 대한 국가적 보장이 확립됨으로써 개인은 법률상의 권리 · 의무의 주체로서 인정되었다. 최초의 근대적 입법전으로서는 프랑스 루이 14세 시대의 상사칙령(Ordonnance sur de Commerce, 1673)을 시작으로, 1776년 미국 버지니아헌법, 1791년 프랑스헌법, 1794년 프로이센 일반 란트법(Allgemeines Landrecht), 1804년 프랑스민법(Code Civil des Francais) 등이 있다.

Ⅳ. 현대사회의 법

근대의 법은 국가권력으로부터 개인의 자유와 평등을 보호함으로써 개인의 권리를 보장하는 데 절대적인 공헌을 하였으나, 시민적 경쟁사회를 바탕으로 자유 · 평등의 추상적 이념만을 추구하였고, 인간의 구체적 가치를 실현하여 이를 확보하는 것은 등한시하였다. 따라서 이에 대한 반성으로 개인에게 참다운 자유와 평등을 누릴 수 있는 현실적인 자유와 구체적인 급부를 제공함으로써, 보다 나은 인간다운 삶을 보장하는 것이 법의 이상이 되었다. 이에 따라 개인주의와 자유주의를 기반으로 하는 법의식이 사회본위의 측면에서 반성되기에 이르렀다.

현대의 생존권적 기본권을 보장하고 복지국가(welfare state, Wohlfahrstaat)를 실현하기 위하여 종래의 자유주의적인 법은 스스로 국가의 통제를 허용하여, 개인본위의 법으로부터 사회본위 · 단체본위의 법으로 필연적으로 전환하기에 이르렀다. 그 결과 근대사회의 기본이념 등이 수정되게 되었는데, 즉 재산권의 사회공공복리에 대한 의무를 강조하여 소유권(특히 재산권)의 절대적 가치에서 상대적 가치에로, 그리고 계약에 대한 국가의 간섭이나 통제가 인정되고, 무과실책임도 인정하게 되었다.

현대국가는 개인의 인간다운 생활을 보장하기 위한 노력의 일환으로 사회법의 발달을 가져왔고, 동시에 복지국가를 실현하기 위하여 국가권력의 확대와 강화를 초래하였으며, 이것은 구체적으로 행정권의 강화로 나타나고 있다.

법의 개념/
법과 다른 사회관념과의 관계/
법의 기능

제3장 법의 개념과 기능

제 1 절 법의 개념

Ⅰ. 법의 의의

'법(ius; law; Recht; droit)이란 무엇인가' 하는 문제는 법학의 첫 관문인 동시에 마지막 문제이기도 하여 명확한 개념을 정립하기 어려운 과제이다. 칸트(Immanuel Kant, 1724~1804)가 '법학자들은 오늘날 아직도 법의 개념을 찾고 있다'고 비웃을 정도로 지금도 해결하지 못한 기본적인 문제로 남아 있는 것이 사실이다. 이와 같이 '법이란 무엇인가'를 논의하는 것은 법철학적 차원의 문제이나 법의 내용과 그것이 어떠한 규범인가를 이해하면 족하다고 할 것이다. 결국 인간이 국가라는 사회적 공동생활을 영위하는 한, 규범이 필요하며 이 규범은 법으로 표출된다. 질서 없는 사회가 유지될 수 없듯이 법이 없는 사회는 존재할 수 없다. 법은 사회의 공동생활에 있어서 인간이 스스로 만들어 지켜야 할 행위의 준칙으로서, 국가권력에 의하여 강행되는 사회(국가)적 규범이라고 할 수 있다. 여기서 구별할 필요가 있는 것으로 법 · 법률 · 법규 · 법령 · 법전을 들 수 있다.

법과 법률은 같은 뜻으로 쓰여지나 엄격한 의미에서 그 뜻이 다르다. 법은 법 일반을 뜻하여 법률뿐만 아니라 법규범의 전체를 총칭하지만, 법률은 입법기관이 제정한 제정법을 말하며 statute, Gesetz, loi는 형식적 의미의 법률을 말한다. 또한 법규는 엄격한 의미에서는 법률과 규칙의 뜻으로 쓰이나 일반적으로 성문법령을 가리키며, 법령은 제정법과 그 시행령을 함께 뜻하고, 법전은 성문화된 법령을 종합적이고 체계적으로 편성한 문서를 말한다.

II. 법의 규범적 특성

1. 법의 규범성

사람은 사회적 동물로서 사회 속에서 공동생활을 영위해 나간다. 이러한 공동생활은 한 사람의 이익과 욕망만을 충족시키는 것이 아니라, 더불어 살아감으로써 공동선(共同善)을 추구하는 데 그 목적이 있다고 하겠다. 이와 같은 목적을 달성하기 위해서는 그 사회에 일정한 질서가 필요하게 되고, 이러한 질서를 유지하기 위해서는 어떻게 하여야 한다는 규칙(rule)이 요구된다. 이처럼 인간의 사회생활에 있어서 일반적으로 합치되도록 요구되고 있는 일반적 표준을 규범(Norm)이라고 한다.

따라서 법은 사회의 목적 가치의 실현을 위하여 인간이 준수하여야 할 사회규범이며, 사회구성원으로서 지켜야 할 준칙으로서의 법칙이라고 할 수 있다. 일찍이 칸트(I. Kant)는 이원론적 세계관에 입각해서 존재와 당위라고 하는 두 개의 범주에 의하여, 자연을 대상으로 하는 자연법칙과 인간사회를 대상으로 하는 규범법칙으로 구분하였다.

자연법칙은 사실상의 인과관계에 지배되는 법칙인 동시에 필연적인 것을 의미하며 인과율(因果律)(Kausalitat)을 나타내는 존재(Sein)의 법칙이다. 따라서 인간은 이러한 필연의 법칙을 발견하거나 응용할 수는 있어도 그 자체를 창조하거나 변경할 수는 없다.

이에 반하여 규범법칙은 사회구성원에 대하여 '하여야 한다', '하여서는 아니 된다' 등 규범으로서의 당위성(當爲性)(Sollen)을 의미하며, 따라서 그것은 목적률이고 목적의 세계가 된다. 규범법칙은 필연적 결과로서의 인과율이 아니고 사회구성원 스스로의 자유의사를 전제로 하기 때문에 사회생활의 질서유지와, 이에 조화되는 목적달성을 위하여 성립되는 목적률이며, 그의 활동기반은 가치의 세계인 인간사회가 중심이 된다. 따라서 규범은 일정한 당위성에 대한 위배행위의 결과에 대하여 책임을 추궁하게 된다.

켈젠(Hans Kelsen, 1881~1973)은 법규범을 일정한 요소(예컨대, 범죄)에 일정한 효과(예컨대, 형벌)를 귀속(Zurechnung)시키는 관계라고 하여 자연법칙과의 구별을 명확히 하였다. 따라서 법규범은 언제나 인간의 의사활동과 행위에 대한 위반을 미리 예정하고, 사회생활의 질서유지라는 목적에 비추어 이를 제재함으로써 그 성립이 가능하게 된다. 그러나 무엇보다도 법은 일반인 또는 평균인을 대상으로 한 기준이므로, 그들이 지킬 수 있는 가능한 범위 내에 있어서만 당위로서 강제되는 규범성을 갖게 되는 것이다.

2. 법의 사회규범성

법은 인간의 공동생활에 있어서 그 목적을 실현하기 위하여 지켜야 할 사회규범이다. 즉 법은 사회질서의 유지를 위하여 개인에게 일정한 행위를 금지하거나 요구하는 사회적 행위규범이다. 또한 법은 특정인을 대상으로 하는 것이 아니라 사회구성원 전체, 즉 평균인을 대상으로 하는 사회의 행위규범이다. 따라서 사회의 구성원은 모두 법규범의 적용대상에서 예외일 수 없게 된다.

법은 당위성을 본질로 하는 규범이지만 존재하는 모든 사실관계와 무관한 것이 아니라, 현실의 사회생활을 전제로 하여 성립되며 이를 반영하게 된다. 따라서 법규범은 추상적으로 타당한 규범이 아니라, 현실사회에서 실효성이 있는 사회적 규범을 의미하기 때문에, 현실과 규범의 내용이 조화될 수 있는 법질서가 되는 것이 바람직하다.

3. 법의 행위규범성

법이 규율하는 대상은 사람의 행위이다. 행위란 사람의 의사에 따른 신체의 외부적 동작을 의미한다. 의사가 아직 외부에 나타나지 아니한 때 이는 내부의사에 그치고, 의사가 외부에 나타났을 때 비로소 행위가 된다. 그런데 법은 사람의 내심을 문제삼는 것이 아니라 외부에 나타난 행위를 문제삼는 것이다. 그러나 같은 사회규범의 일종인 종교나 도덕은 아직 외부에 표현되지 않은 의사 그 자체(內心意思)도 규율한다는 점에서 법과 구별된다. 이처럼 법은 사회에서 일어난 모든 사실을 평가하여 가치 있는 것과 가치 없는 것으로 구별하고, 이를 표준으로 하여 행해야 할 행위와 행하지 말아야 할 행위를 결정하여 주는 것이다. 이러한 의미에서 법은 행위규범의 하나이며 사회생활에서 요구되는 행위준칙인 것이다.

4. 법의 목적규범성

법은 인간이 국가적 생활을 영위하기 위하여 그 질서를 유지할 것을 목적으로 하여 성립하는 규범이라는 점에서 목적규범성을 갖는다. 즉 법은 인간사회의 규범이므로 법의 궁극적 목적은 인간의 행복이나 선을 사회라는 공동체를 통하여 효과적으로 달성하려는 관성을 갖게 된다. 따라서 法은 특정한 목적달성을 위한 국가적 사회의 구성원으로 하여금 공동의 목적을 달성시키기 위한 준수규범으로서 그 국가권력에 의하여 강행되는 규범인 것이다.

법이 국가사회의 질서유지를 목적으로 하는 한, 국가에 의해 그 공동생활에 있어서의 행위의 준칙으로서 승인되어야 한다는 것은 필연적이다. 따라서 제정법이든 불문법이든 언제나 국가의 권력에 의하여 승인되어져야 하며, 또한 국가의 승인에 의하여 비로소 법은 법으로서의 존재가치를 갖게 되는 것이다. 이에 따라 법에 대해서 국가사회 구성원으로 하여금 법적 인식 혹은 법적 확신을 갖게 하여 일반적으로 준수되게 함으로써 법치주의를 달성하는 것이다.

5. 법의 강제규범성

법은 국가권력에 의하여 유지되며 강제되는 규범으로서 그의 위반에 대하여서는 일정한 불이익이나 제재에 의하여 그의 준수가 강제되는 국가적 규범인 것이다. 보통 법은 심리적 강제에 의하여 준수되나 때로는 그 위반자에 대하여 물리적 강제, 즉 강제집행 혹은 형벌 등에 의하여 강제되고 있다. 예링(Jhring)이 "국가의 손으로 실현되는 강제야말로 법의 절대적 기준이 된다. 강제가 없는 법규는 자기모순이다. 그것은 마치 타지 않는 불이요, 비치지 않는 빛과 같다."고 한 말이나, 파운드의 "법은 사회의 강제력의 체계적 적용에 의한 사회통제"라고 한 말은 법의 강제규범성을 지적한 것이다.

이에 반하여 관습, 도덕, 종교 등의 규범에 대하여는 국가권력에 의한 강제가 가하여지지 아니한다.

제 2 절 법과 다른 사회규범과의 관계

법은 사회생활상의 질서를 유지하기 위하여 존재하고 있다. 그러나 인류의 사회생활상의 질서는 법만으로 유지되기는 어렵기 때문에, 법규범 이외에도 도덕규범·종교규범·관습규범 등의 힘을 빌리고 있다.

사회제도의 원활한 기능은 법을 보충해 주는 이와 같은 사회규범에 달려 있는 것이 보통이다. 예컨대 가정생활의 기능이 전적으로 가족법에 의해서만 보장되는 것은 아니기 때문이다.

법규범을 포함한 사회규범들은 본래는 서로 미분화의 상태에서 혼합되어 있었으나, 사회의 발달과 사회생활의 복잡화로 인하여 점차 분화되어 서로 독립적 지위를 갖고, 각기 다른 가치기준을 추구하는 사회규범으로서 존재하고 있다. 오늘날에도 이러한 규범들은 엄격히 분리되어 존재하는 것이 아니라 서로 밀접한 관계를 갖고 공존하고 있어, 규범 상호간의 차이점과 관련성을 논하는 것은 이론상이나 현실에 있어서 어려운 문제로 되어 있다.

Ⅰ. 법과 도덕의 구별

오늘날 사회규범 중에서 특히 중요한 것은 법과 도덕이다. 여기서 양자간에는 어떠한 차이가 있으며 또 어떠한 관계에 있는가가 법학에 있어서 기본적인 문제로 대두된다. 동시에 이는 법의 본질을 고찰하는 데 있어서도 극히 중요한 문제로서 지금까지 많은 학자들에 의하여 연구되어 왔다. 그러나 독일의 유명한 법학자 예링이 "법과 도덕의 관계를 구별한다는 것은 법철학의 케이프 혼"(Cape Horn der Rechtsphilosophie)이라고 말하였듯이, 이 문제는 법학에 있어서 아주 어려운 문제라고 할 것이다.

1. 법의 외면성과 도덕의 내면성

법은 사람의 외면적·물리적 행위를 규율하고, 도덕은 사람의 내면적·정신적인 사상을 규율한다는 것이다. 즉, 법의 외면성(Ausserlichkeit)과 도덕의 내면성(Innerlichkeit)에 의해서 양자의 차이가 있다는 견해로서 이 학설의 대표자는 슈타믈러(Radolph Stammler, 1856~1938)이다. "사색에는 누구도 벌을 가할 수 없다"는 말이 있듯이 법은 인간이 외부로 표출한 행동만을 구속한다는 것이다. 예컨대 사람을 살해할 의사가 내심에 있다 하더라도 그것이 행위로 나타나지 않는다면 법에 위반되지 않는다는 것이다.

베버(Max Weber, 1864~1920)는 행위란 주관적 의사와 결부되어 성립하는 인간의 태도이므로, 인간의 외면적 행위는 그의 내면적 의사와는 분리하여 생각할 수 없다고 한다. 따라서 법은 외면의 행위뿐만 아니라 인간의 내면적 의사까지도 규율한다고 해야 한다. 따라서 형사책임의 여부를 결정하는 경우에는 사람의 내면적 의사가 중요한 표준으로 된다.

칸트는 이 학설을 수정하여 법의 합법성(Legalität)과 도덕성(Moralität)을 구별함으로써, 법의 외면성과 도덕의 내면성의 의미를 한층 더 명확히 하였다. 그에 의하면 법은 행위의 심리적 동기와는 관계없이 규범에 합치할 것만을 요구한다는 것이다. 그러나 법은 어떤 행위에 따른 결과의 발생에 대해서는 그 외부적 효과뿐만 아니라 개인의 마음 속의 의사, 즉 선의 또는 악의 등 여러 가지 심리적 요인을 중요시하여 이를 참작하고 있고, 도덕도 단순히 인간 정서의 내면적인 양심뿐만 아니라 내면적 상황과 더불어 외면적으로 표출된 상황도 포함한 인간 전체의 면을 다루고 있다고 할 수 있다.

한편 라드부르흐(Radbruch, 1878~1949)는 법의 내면성의 대립을 '관심의 방향'(Interessenrichtung)으로 파악하여, 법과 도덕의 구별에 동기를 배제하는 Kant의 주장에 수정을 가하였다. 즉 법은 내면적인 것이 문제될 때도 그 관심의 방향은 주로 외면적인 것에 기울어지는 데 반하여, 도덕은 외면적인 행위가 문제될 때도 그 관심의 방향이 주로 내면적인 것에 집중된다는 것이다. 그러나 법이 인간의 내면적 행위나 상황에 대해서 등한시하는 것도 아니고, 도덕 역시 외면적 행위에 대해서 관심을 갖지 않는 것도 아니다.

2. 법의 타율성과 도덕의 자율성

법은 타율성(Heteronomie)을 가지는 데 반하여, 도덕은 자율성(Autonomie)을 가진다는 견해이다. 칸트(Kant, 1724~1804)가 개인주의 · 형식주의적 도덕철학에 의해 구별한 견해이다. 즉, 법은 외부에서 강요당하기 때문에 지켜지는 것임에 반하여 도덕은 외부에서 강요하지 않더라도 스스로 자각하여 실천되는 규범이다.

그러나 엄밀히 말해서 법이나 도덕은 모두 외부에서 강요되며, 그 준수 여부 역시 타율적인 것이라고 해야 한다. 예컨대 '훔치지 말라'는 도덕적 문제는 자신은 물론 타인에게도 요구되는 것이다. 실제로 법이나 도덕은 모두 외부로부터 영향을 받거나 강요로서 성립되고, 그 실효성은 타율적인 것에 의해 이루어진다는 점에서 적합한 구분이라고 하기는 어렵다.

3. 법의 현실성과 도덕의 이상성

법은 현실을 바탕으로 하여 전체 사회구성원에게 행하여지는 규범이므로 사회일반 평균인을 대상으로 하여 보통사람이면 누구나 할 수 있는 행위를 요구하는 데 반해서, 도덕은 사회평균인이 지키기 어려운 높은 이상을 지향한다는 것이다. 그러나 법규범도 현실사회의 도덕적·윤리적 발전을 위해서 높은 이상을 추구하는 경우(예컨대 교육법 제1조에서 규정하고 있는 '홍익인간'의 이상)가 있고, 도덕도 사회의 평균인으로서 행할 수 있는 현실적인 규범을 내용으로 하는 경우(예컨대 공중도덕이나 교통도덕)도 있다는 것을 생각한다면 규범의 내용만 가지고는 양자를 구별하기는 어렵다고 할 것이다.

4. 법의 양면성과 도덕의 편면성

법에는 권리에 대응하는 의무가 있듯이 양면성을 가지는 데 반하여, 도덕에는 의무만 있는 편면성의 특성을 갖는다는 것이다. 즉 법적 의무에는 이에 상응한 권리가 있으나, 도덕적 의무에는 이에 대응하는 권리가 없고 자신의 양심에 근거한 양심적 의무만이 일방적으로 있을 뿐이라는 것이다. 그러나 도덕도 사람과 사람 사이에서 지켜야 할 도리인 이상, 그 의무도 사회라는 대상이 있다고 해야 한다. 그리고 법에도 권리와 이에 따른 의무의 규정이 명확하지 아니하여 권리는 없고 일방적인 의무만이 있는 경우도 있을 수 있다. 예컨대 '국가는 사회보장과 복지의 증진에 노력할 의무를 진다'(헌법 제34조 제2항)는 국가의 의무와 국민의 근로의 의무(헌법 제32조 제2항)가 구체적인 상대방에게 구체적인 권리를 부여하지 않는다 하더라도 추상적으로 관념하는 것까지 불가능한 것은 아니다.

5. 법의 강제성과 도덕의 비강제성

법의 효력은 국가의 강제력에 의하여 보장되는 데 반하여, 도덕은 그러한 강제력이 없이 인간의 양심과 양식에 구속을 받는다는 것이다. 법에 있어서 강제력은 국가의 권력에 의하여 강행되는 권력적·사회적·물리적인 유형력의 실력행사이나, 도덕은 각자의 양심에 따라 그 준수가 요구되는 비권력적·인격적·심리적 강제이므로, 이에 위반하더라도 국가권력에 의하여 강제되지 않는다. 그러나 법에도 강제성을 수반하지 않는 프로그램(program)적 규정의 법(예컨대 각종의 사회·경제법)과 강제권을 행사할 수 없는 경우(예컨대 자연채무)도 있다. 한편 도덕의 분야에 있어서도 형벌이나 손해배상과 같은 법적 강제는 없다고 하더라도 악행 뒤에 오는 양심의 가책이나 사회적 비난과 같은 심리적 강제가 제재의 역할을 해주고 있는 것이다.

그러므로 법이나 도덕에는 다 같이 강제가 있지만, 다만 그 강제의 성질과 방법이 다를 뿐이라고 할 수 있다. 즉, 도덕의 강제는 사회적 비난과 같은 소위 심리적 강제임에 반하여, 법의 강제는 국가권력에 의하여 가해지는 물리적 강제인 것이다. 따라서 오늘날의 통설은 법을 도덕으로부터 구별하는 올바른 기준으로서 법은 그의 목적실현을 위해 국가의 물리적 강제력에 의하여 보호받고 있다는 점에서 구하고 있다.

6. 법의 문자성과 도덕의 비문자성

법은 법률·명령의 형식으로 문자에 의해 표시되는 데 반하여, 도덕은 그러한 형식으로 표시되지 아니한다는 것이다. 그러나 근대국가 성립 후에도 성문화되지 못한 관습법이 남아 있는 동시에, 도덕도 최근에 와서 국민교육헌장·유교의 교훈 등 각종 윤리강령 등의 형식으로 표시되는 것이 적지 않으므로 이 구별도 타당하지 못하다고 해야 한다.

II. 법과 도덕의 조화

법과 도덕은 개념상 일단 그 구별이 가능하지만 양자는 다 같이 사회생활의 행위규범을 이루고 있는 까닭에, 그 내용에 있어서 합치하는 부분이 많으며 밀접한 관련이 있다. 도덕은 법의 타당성의 근거인 동시에 그 목적으로 작용한다. 이렇듯 법과 도덕은 서로 분리될 수 없고 다만 구별될 수 있을 뿐이다. 법질서는 도덕적 가치와 불가분의 관계를 맺고 있어서 마치 서로 중복되는 많은 부분을 가지고 있는 두 개의 원이 교차하는 것과 같다.

법과 도덕이 중복되는 부분은 법적 가치와 도덕적 가치가 일치하는 경우로서 윤리나 예로 통하게 된다. '도덕이 결여된 법은 공허하다'(leges sine moribus vana)라는 말이 있듯이 실제로 법은 도덕을 바탕으로 할 때 가장 강력하여지고, 도덕적 지지를 받지 못하는 법은 법으로서의 가치와 타당성이 작아지며 그 존립의 기초도 약하여진다. 일반적으로 인정되고 있는 도덕에 저촉되는 법이 제정되었다면 그것은 사회규범으로서 효력을 갖지 못할 것이다. 그러나 모든 도덕이 법으로서 성립할 수는 없는 것이고, 또한 법으로서 강행되는 것도 적당하지 아니하다. 그리하여 옐리네크(Georg Jellinek, 1851~1911)는 법과 도덕이 중복되는 규범인 것을 중시하여, 법은 도덕 가운데서 그 실현을 강제할 필요가 있는 경우에 성립한다 하여 '법은 최소한도의 도덕'(ethisches Minimum)이라고 하였다. 이와 반대로 슈몰러(Gustav Schmoller, 1838~1917)는 법에는 강제력이 있어 도덕보다도 그 실효성이 확고하여, 도덕적 선의 실현이 가능하다는 의미에서 '법은 최대한의 도덕'(ethisches Maximum)이라 하였다. 그런데 도덕은 법을 통하여 실현될 수 있는 가능성이 있으나, 반드시 도덕성이 실현되는 것은 아니고 오히려 법 그 자체가 도덕을 해칠 경우도 있는 것이다. 그래서 라드부르흐는 "법은 도덕을 실현할 가능성과 동시에 부도덕을 실현할 가능성을 지닌다"고 지적한 바 있다.

1. 내용면에서의 조화

법은 많은 도덕적 규범을 그 속에 내포하고 있다. 절도나 살인을 하여서는 안 된다고 하는 도덕적 규범은 절도나 살인을 처벌하는 형법의 규정(형법 제329조, 제250조)이나 공서양속의 규정(민법 제103조)은 도덕적 규범을 그대로 법의 내용으로 옮긴 것이다. 이와는 반대로 법의 내용이 도덕화하는 경우도 많다. 원래는 도덕적 성질을 전혀 갖지 않는 차마의 우측통행(도로교통법 제13조 제3항)이나 보도에서 보행자의 우측통행(동법 제8조 제3항)과 같은 순수한 기술적인 사항이 일단 법이 되어 버리면 이를 준수하는 것이 도덕으로 되는 것이다. 라드부르흐는 이를 '도덕의 왕국에의 법의 귀화'라고 했다. 특히, 오늘날의 복지국가하에서는 국민의 생활을 배려하여 종래 개인의 도덕에 맡겨졌던 영역에 국가가 개입하게 되어 법과 도덕은 다시 밀접한 관계를 되찾게 되었다. 다시 말해서 법과 도덕은 규범적으로 일정한 내용을 공유하고 있는 것이다.

그렇다고 하더라도 법과 도덕은 그 내용에 있어서 완전히 융합될 수 있는 것은 아니다. "부부는 서로 사랑해야 한다"든가, "자녀는 부모에게 효도해야 한다"든가 하는 등의 도덕률은 법으로 강제될 성질의 것은 아닌 것이다. 반대로 다수결의 원리라든가, 시효가 완성되면 빌린 돈을 갚지 않아도 좋다(민법 제162조)든가, 서면에 의하지 않는 증여계약(贈與契約)은 각 당사자가 이를 해제할 수 있다(민법 제555조)든가 하는 등의 법규정은 도덕적인 견지에서 본다면 반드시 납득될 수 있는 것은 아니다. 그러므로 법과 도덕은 그 내용에 있어서 서로 교차하는 두 개의 원과 같은 관계를 가지고 있다고 할 것이다.

2. 효력면에서의 조화

도덕은 개인의 양심이나 사회적 비난에 의하여 그 실효성이 뒷받침되고 있다. 따라서 도덕은 사회적 비난에 둔감하고 양심이 박약한 사람에게는 별 실효성이 없다. 이에 반하여 법은 국가권력에 의한 물리적 강제력에 의하여 그 실효성이 뒷받침되고 있다. 따라서 법에 의한 강제는 도덕에 의한 경우보다는 실효적이라고 할 수 있다. 그래서 도덕규범 중에서 특히 중요하고 필요하다고 판단되는 것은 법에 의하여 강제되어 실효성이 주어지게 된다. 반대로 법은 강제력에 의해 지켜지기를 요구하지만 도덕과 같은 준법정신의 뒷받침이 없이는 아무리 엄벌에 처한다 해도 실효성을 가질 수 없게 된다. 여기서 도덕은 법에 대해 좋은 후견인이 되어야 할 이유가 있는 것이다. 따라서 법과 도덕은 그 효력에 있어서 상호 보완적 역할을 수행하고 있다고 할 수 있다.

Ⅲ. 법과 종교

종교는 초인격적인 신을 대상으로 하고 이에 대한 개인적인 내심적 신앙을 기초로 하여 절대자에게 귀의하기 위하여 성립하는 규범이다. 따라서 영혼의 구원을 목적으로 하는 종교는 신자에게 일정한 계율을 제시한다. 일찍이 고대사회에서는 제정일치사상에 의하여 법과 종교가 혼동되어 양자는 미분리 상태였다. 특히 중세 서구에서는 기독교와 법이 서로 혼합되어 종교가 최고 권위의 가치기준이어서, 평등사상 · 이자금지 · 혼인 등에 관한 종교적 계율이 교회법(cannon law)이라는 이름으로 일반사회를 규율하였다. 이로 인해 유럽 각국의 법전은 기독교적 영향을 받지 않은 것이 거의 없었으며, 오늘날에도 실정법 가운데 종교에 관한 규정이 여러 곳에 남아 있다.

법과 종교규범을 구별하여 양자 간의 차이점을 다음과 같이 지적하기 시작한 것은 정교분리가 이루어진 근세에 이르러서이다.

첫째, 법은 국가권력에 의하여 유지되고 있음에 반하여, 종교는 신에게 귀의하는 개인의 일정한 신앙심을 기초로 하고 그 신앙심에 의거하여 유지된다.

둘째, 종교는 초인격적인 神에 대한 신봉을 내용으로 하고 있으며 이 때에 신봉자가 바치는 종교상의 의무는 일면적인 것임에 반하여(一面的 規範), 법에 있어서는 보통 의무있는 곳에 권리가 있는 권리 · 의무관계로서 법상의 의무는 양면적인 것(兩面的 規範)이다.

이상은 법과 종교에 대한 일반적 통속적인 차이점을 설명한 데 불과하다. 이들 양자 간에 본질적 차이에 관하여서는 법과 도덕에서처럼 강제방법의 차이에서 구해야 할 것이다

IV. 법과 관습

관습(custom)이라 함은 어떤 민족 또는 사회단체가 오랜 동안의 인습으로서 같은 형태의 행위가 반복속행되어 오면서 생긴 일종의 사회규범이다. 이를 습속 또는 풍습이라고도 한다. 관습은 역사적 전통을 근간으로 하며 언제나 사실적인 것 위에 수립되는 것이므로, 그 중심을 이루는 것은 이상이 아니라 현실이다. 관습은 인간의 모방성에 기인하여 현실생활로부터 무의식적으로 발생하는 사회생활의 준칙이다.

이와 같이 법은 만들어지는 것이고 관습은 생성되는 것이라고 일단 구별할 수 있으나, 법과 관습은 인간의 외면적 사회생활의 규범이라는 점에서는 비슷하나 그 성립기반 · 제재력 등에서 구별된다.

첫째, 관습은 부분 사회에서 관행으로부터 성립하고 타당성을 가지는 데 반하

여, 법은 국가사회의 규범이다.

둘째, 관습의 규범력을 보장하는 것은 공공의 견해와 사회통념 및 일반상식이며, 그 위반에 대하여는 소위 사회적 비난에 그친다. 그러나 법을 보장하는 것은 국가권력으로서 그 위반에 대하여는 국가권력에 의한 조직적 강제가 예정된다.

그러나 관습과 법이 전혀 무관한 것은 아니다. 법의 연원의 하나에 속하는 관습법(민법 제1조)은 관습이 법규범화한 것이고, 또 관습법으로 인정되지 않는 사실인 관습(민법 제106조)도 일정한 요건이 충족되면 일반거래를 지배하는 것이 된다. 그렇다면 법과 관습의 구별도 그 규범력의 보장에 있어서 국가의 강제력의 유무를 기준으로 판단하는 것이 타당하다고 해야 할 것이다.

제 3 절 법의 기능

법은 사람의 편익을 위해 제정된다(Hominum Causa jus constitutumest). 법은 사회생활의 필요에 의해 사회가 만들어 낸 하나의 사회적 제도인 까닭에 그 사회적 역할은 매우 중요하다. 법이 하나의 사회현상으로서 존재하여 생명력을 가지려면 그 기능을 다하여야만 한다. 법의 목적을 실현하는 수단이 법의 기능이기 때문에 법은 그 기능을 발휘하여야만 존재할 수 있다. 법에 의하여 실현될 법의 목적은 전체의 법질서로서 통일되어 법 그 자체에 내재되어 있다. 법의 목적이 법의 내면적 · 이념적 문제인 데 비하여, 법의 기능은 외부적 · 현실적 문제로서 제기된다. 즉, 법의 목적이 법의 가치판단의 기준이라면, 법의 기능은 법의 실천력에 대한 가치기준이라 하겠다. 따라서 구체적으로 권리보호, 자유보장, 평등 확보, 책임추궁 등을 통하여 나타나게 된다.

법의 기능은 그것이 실행됨으로써 일반적으로 법의 목적이 구현되는 것을 의미하기 때문에 법의 목적과 기능은 서로 밀접한 관련을 갖고 있다. 법이 사회규범으로서의 본질을 지니고 있기 때문에 법의 기능은 법의 목적을 구체화 · 현실화하는 수단이라 할 수 있다. 따라서 법이 정의의 실현과 질서유지를 그 목적으로 하는 한, 법의 기능은 실제로 법의 목적에 따라 결정되고 이에서 벗어날 수는 없다. 법의 기능은 법질서에 있어서 하나의 형태로 나타나기도 하고, 서로 복합적인 형태로 나타나

기도 한다.

Ⅰ. 社會維持機能(사회유지기능)

법규범은 법의 목적을 실현하는 강행규범이기 때문에 법의 기능은 법질서를 형성하여 사회질서를 유지하는 기능을 갖는다. 개개의 법규범은 국가 법질서를 구성하는 법체계의 일부분으로서 사회생활의 질서와 안정을 유지하는 기능을 갖는다. 사회의 안정이야말로 법의 제1차적 기능이며, 이것은 법의 안정성과 예측가능성으로 나타난다. 법은 사회공동생활을 규율하는 것이기 때문에 법의 기능은 개인과 개인, 개인과 단체에 대한 생활규범을 결정한다. 따라서 개인에게는 자유와 평등을 누릴 권리를 확보하고, 국가에 대해서는 이를 보장할 의무와 책임을 부여한다. 또한 法의 질서유지기능은 법의 다른 기능을 제약하고, 우선적으로 수행되는 점에 유의해야 한다. 예컨대, 질서유지를 위하여 선량한 풍속 기타 사회질서에 위반한 사항을 내용으로 하는 법률행위를 무효로 하고(민법 제103조), 또 질서유지를 위하여 국민의 기본권을 제약하는 것(헌법 제37조 제2항 참조) 등은 이와 같은 기능의 반영이기도 하다. 한편, 법의 질서유지기능은 당연히 사회생활의 안정의 확보를 포함한다. 예컨대 법률불소급의 원칙(사후입법의 금지), 일사부재리의 원칙, 죄형법정주의, 시효제도, 기득권존중(旣得權尊重)의 원칙 등은 모두 질서의 유지 내지 안정의 기능을 확보하기 위한 제도적 장치라고 할 수 있다.

Ⅱ. 統制機能(통제기능)

법은 강제성을 내용으로 하는 사회규범이기 때문에 개인의 의사를 구속하여 자유로운 의사결정을 허용하지 않는다. 법은 그 목적의 실현을 위하여 국가권력에 의해서 개인에게 획일적으로 일정한 행위를 명령 · 강제 · 금지하는 통제적 기능을 갖는다. 따라서 사회질서에 어긋나는 행위를 한 경우에는 공권력에 의한 제재를 가하게 된다. 법은 그 기능을 통해 사회질서를 통제하고 국가의 목적을 실현함으로써 국가사회의 질서를 유지하고 아울러 사회적 안정과 발전을 유도한다.

Ⅲ. 評價機能(평가기능)

법은 사회생활에 있어서 인간행위의 준칙인 까닭에 사회규범으로서 합법적인 것과 위법적인 것을 판단하는 가치기준으로서의 평가적 기능을 갖는다. 법질서의 판단기준으로서 정의가 성립되고 정의의 실현이 곧 법의 목적을 구현하는 것이다. 법은 사회정의를 목적으로 하기 때문에 국민은 법을 신뢰하고 존중한다. 따라서 법은 인간행위에 대한 기준의 근거를 제시함으로써 생활의 질을 향상시키는 척도가 된다. 그 결과 법의 위반은 물론 법의 무지에 대하여도 각자에게 사회구성원으로서의 책임을 지게 한다. 이러한 기능은 형법상의 규정뿐만 아니라, 계약은 준수되어야 할 것을 요구하는 계약법, 또는 쟁송은 화해 등의 이성적 방법으로 해결할 것을 종용하는 소송법 등에서도 나타난다.

위와 같은 기능 외에도 法은 제도형성(制度形成), 예측성확보기능(豫測性確保機能)을 갖게 된다. 그리고 이들은 권리보호, 자유보장, 평등 확보, 책임추궁 등의 일반적 기능으로서 구체적으로 실현되는 것이다.

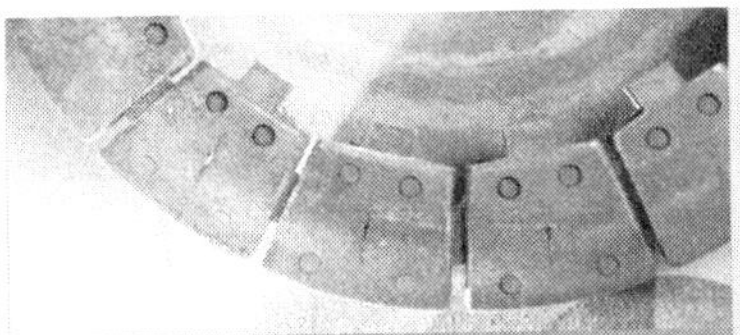

정 의/합목적성/법적안정성/
법이념의 상호관계

제4장 법의 이념

'법이란 무엇이냐'의 문제를 해결하기 위한 방법의 하나는 법과 다른 사회규범과의 관계를 고찰하는 것이다. 다른 하나는 법이 실현하고자 하는 목적이나 이념 또는 가치를 고찰하는 방법이 있다. 전자가 외형적인 문제라면 후자는 법의 근원에 관한 내용적 문제라고 할 수 있다. 법에는 목적이 있다. 즉, 각개의 법령에는 각각 입법의 동기, 즉 그 목적을 전문이나 제1조에 명시하는 것이 일반적이기 때문에(예컨대 교육법 제1조, 환경보전법 제1조) 법에 따라 그 목적이 다양하지만, 여기서는 법이 공통적으로 지니는 입법의 목적인 법 본래의 보편적 이념을 구명하는 것이다.

일찍이 플라톤(Platon, B. C. 428~348)과 아리스토텔레스(Aristoteles, B. C. 384~322)는 법의 목적을 '정의를 원칙으로 하는 도덕생활의 실현'에 있다고 하였고, 루소(Jean Jacques Rousseau, 1712~1778)는 '개인의 자유와 평등을 확보하고 이를 발전시키는 데 있다'고 하였다. 또한 칸트(Kant)는 '도덕적인 개인 인격의 확보에 봉사'하는 데 법의 목적이 있다고 하였고, 피히테(Johann Gottlieb Fichte, 1762~1814)는 법의 목적에 대해서 '민족의 유지 발전'에, 그리고 벤담(Jeremy Bentham, 1748~1832)은 '최대 다수의 최대 행복'의 증진에 있다고 각각 주장하였다. 예링(Jhering)은 '모든 법은 목적의 소산이며 목적이야말로 법의 창조자이다. 따라서 사회 전체가 공존할 수 있는 질서를 확립하기 위한 사회의 생활조건의 보장이 법의 목적'이라 하였다. 특히 파운드(Pound)는 법에 의하여 보호가 요청되는 여러 가지 이익과 요구의 전체를 전제로 하는 근본원칙, 즉 '특정한 때와 장소에 있어서의 문화의 법적 공리'를 법의 목적이라 하였다.

이와 같이 법의 이념에 대해서는 가치관의 입장에 따라서 매우 상이한 주장이 전개되어 왔으나, 일반적으로 라드부르흐(Radbruch)가 법의 이념으로서 제시한 정의, 합목적성, 법적 안정성의 내용이 그 타당성을 인정받고 있으므로 여기에서도 이에 따라서 살펴보기로 한다.

제 1 절 正　　義(정의)

정의는 특정한 가치에서 비롯되는 것이 아니라 이를 구체적으로 실현하려는 이상적 인간이 추구해야 할 가치기준을 의미한다. 문언적 의미에서의 정의는 사람이 지켜야 할 올바른 도리라고 하겠으나, 법에 있어서의 정의는 법의 궁극적 이념이며 실정법에 대하여 가치를 부여하는 의미를 갖는 것으로서 공동사회질서를 정당한 질서로 만들게 된다. 따라서 정의란 그 자체가 절대적 가치이며 그 핵심적 내용은 평등(합리적 차별—같은 것은 같게, 다른 것은 다르게)이라 할 수 있다. 고대 로마 · 희랍신화에서 나오는 정의의 여신(유스티치아)은 눈을 안대로 가리고 한 손에 칼을, 한 손에 저울을 들고 서 있는 추상같이 준엄한 여신상으로 그려지고 있다. 여기서 저울은 형평을 상징하고, 눈의 안대는 편견없는 공정한 판단을 의미한다. 그러나 법의 이념인 정의가 구체적으로 어떠한 내용을 갖는가에 대해서는 역사적 진행과 더불어 여러 문화권에서, 많은 사람들에 의해서 끊임없이 논의되어 왔다. 소크라테스(Socrates, B.C. 469~399)는 법과 정의를 동일하게 보고, 정의를 개인적인 이해관계에서 나오는 것이 아니라 인간의 본성에서 나온다고 하였다. 플라톤(Platon)은 덕을 지혜, 용기, 절제, 정의로 정하고 이 중 지혜, 용기, 절제의 기본적인 덕이 조화를 이룰 때 정의가 실현된다고 하였다. 특히 정의의 본질에 대해서 '공동생활 속에서 분수를 지키는 것'이라고 주장하였다. 그러나 정의개념을 최초로 이론화한 것은 플라톤의 제자인 아리스토텔레스(Aristoteles)였다. 그는 정의를 단순히 개인적인 최고의 도덕이라기보다는 각자가 타인과의 관계에서 실현하여야 할 사회적인 덕이라고 하면서 다음과 같이 세 가지로 분류하고 있다.

(1) **평균적 정의**(rectificatory justice; ausgleichende Gerechtigkeit)

평균적 정의는 이해득실을 평균화하고 조정하는 가치로서 인정하는 것이다. 즉 개인 상호간의 거래에 있어서 급부와 반대급부, 손해와 배상 등에 있어서 '같은 것은 같게, 다른 것은 다르게'(idem per idem; like for like, unlike for unlike)라는 원칙에 의하여 서로 어울릴 수 있도록 공정한 균형을 유지하기 위하여 절대적 평등을 내용으로 하는 것이 평균적(절대적, 산술적, 교환적, 보상적) 정의이다.

(2) **배분적 정의**(distributive justice; verteilende Gerechtigkeit)

이것은 일반적 정의와 마찬가지로 공동생활과 관계된다는 의미에서 평균적 정의와 대립되는 개념이나, 일반적 정의와는 달리 단체 속에서의 개인에 대한 관계를 규정한다. 즉 개인의 능력 및 공적에 상응하는 명예나 재화 기타 이익을 배분하는 데 있어서 비례적 평등을 추구하는 기하학적 정의를 말하며, 공법관계에서의 평등을 뜻한다. 평균적 정의는 이해득실을 평균화하여 조정하는 형식적 · 소극적인 평등으로서 개인 사이의 횡적인 질서관계에 타당한 사법적 정의라고 할 수 있다. 그러나 배분적 정의는 모든 사람이 동일하게 부담하고 그에 따라 반대급부를 받는 것이 아니라, 그 능력 및 공적에 따르는 개인의 차이에 대한 대우를 실질적이고 적극적으로 받는 점에서 비례적 정의라고도 하며, 이런 점에서 평균적 정의와 그 취지를 달리한다.

(3) **일반적 정의**(justitia generalis; allgemeine Gerechtigkeit)

일반적 정의는 사회에 있어서 개인 권리의 상호적 존중을 규정하고, 개인이 단체의 일원으로서 공동생활의 일반원칙에 대하여 의무를 다하는 것을 뜻한다. 일반적 정의는 모든 사람에게 요구되는 필요한 모든 조치, 즉 덕을 시행할 의무의 내용이 법에 의하여 규정되기 때문에 법적 의무라고도 한다. 그런데 평균적 정의를 실현하는 것은 동시에 일반적 정의를 실현하는 것이다. 예컨대 국가가 위기에 처했을 때 순직(殉職)하는 것은 이런 정의의 개념에 부합하는 것으로 이 의무는 단체에 대한 의무를 규정하는 것이다.

위와 같은 아리스토텔레스(Aristoteles)의 정의론도 각각의 정의개념으로 그쳐서는 아니 되고, 각 정의의 대립을 적절히 조화하여 균형있게 실현하는 것이 요구된다. 특히 평균적 정의와 배분적 정의의 관계를 생각해 볼 때, 만약 전자를 지나치게 강조한다면 악평등이 되고, 반대로 후자를 지나치게 강조한다면 개인 대 개인 간의 균형이 깨어지게 된다. 여하튼 인간이 공동생활을 계속하는 한, 인간 모두가 지향하는 이상적인 공통의 목표가 정립되어야 하며, 이것 없이는 도덕과 문화는 유지될 수 없다. 인간이 추구하여야 할 공통의 목표인 추상적 개념이 사회적 이념이라 한다면, 법에 있어서는 정의가 그 이념이 되는 것이다. 따라서 정의의 내용은 절대적·종합적 가치이어야 한다. 정의는 인간적 가치와 사회적 질서를 조화시키기 위하여 자유·평등·평화 등을 그 요소로 하여야 함은 물론, 도덕적인 가치와 인간의 양심과 양식에 반할 수 없는 것이다. 이러한 뜻에서 법은 정의로서 나타나며, 정의는 실천적·목적적 이념이고 사회의 실질적 가치기준이 되는 것이다.

한편 법과 정의의 관계에 있어서 파스칼(Blaise Pascal, 1623~1662)은 '힘 없는 정의는 실효성이 없는 것이며, 정의 없는 힘은 압제'라 하여, 정의와 힘의 결합을 주장하였다. 정의와 힘은 서로 이질적이면서도 조화되어야 하며, 법이 정의와 합치할 때 법으로서의 가치가 확실하여지는 것이다. 이처럼 법은 정의의 관념과 합치되어야 하기 때문에 법이 정의를 바탕으로 하지 않는다면 한낱 폭력에 지나지 않을 것이고, 정의에 반하는 법은 악법을 면하기 어려울 것이다. 자연법론자들은 정의를 무시하는 법은 법률의 모습을 갖고 있을지라도 불법(gesetzliches Unrecht)이라 주장하여 법으로서 효력을 인정하지 않으려 한다. 그러나 법실증주의자들은 법을 적법한 절차에 따라 제정하면 악법이라도 법이라고 주장한다. 어떻든 정의는 법을 하나의 제도로서 가치를 부여함과 아울러 그 정당성을 입증하는 근거가 된다. 정의는 현실사회에서 질서 자체를 의미함으로써 합법성을 중요한 내용으로 한다. 이러한 의미에서 정의는 합법적 정의(die gesetzmäβige Gerechtigkeit)를 뜻하며 일정한 질서의 기반 위에서 성립되고 작용하는 규범적 이념이 되는 것이다.

제 2 절 合目的性(합목적성)

법에 있어서 합목적성(Zweckmäβigkeit)이란 국가의 법질서가 국가이념과 가치관에 의하여 효율적으로 결정·실행되는 기준을 뜻하기 때문에 법이 법의 가치관에 구체적으로 합치되는 원리를 말한다. 법이 법이념에 충실하는 것은 법 그 자체의 가치를 보존하는 것이므로 법의 합목적성은 정의와 함께 법의 이념이 된다. 법은 본질적으로 국가의 의사이고 동시에 하나의 제도이다. 법의 목적은 국가의 목적에 직결되기 때문에 법의 합목적성은 국가의 목적에 의해 결정되며 국가관에 따라 달라진다.

법의 합목적성은 사회의 가치관에 따라 다른 상대적인 개념이다. 법의 목적은 사회적 · 정치적 · 사상적 배경에 의해 구체적 내용이 결정되는 것이므로 정의가 법의 내용을 일반화하는 데 반하여, 합목적성은 법을 개별화하는 경향이 있다. 따라서 법의 합목적성은 법이 요구하는 가치관에 따라 법의 목적을 현실화하는 데 있다. 오늘날 법의 목적은 개인의 권리와 자유를 제일로 삼는 개인주의와 공공의 복리라는 단체적 가치를 추구하는 단체주의의 두 대립 · 모순되는 가치관을 조절하는 데 있다. 즉 사익과 공익이라는 양자의 이익의 조화를 모색하는 것은 법의 합목적성의 실현을 통해서 가능한 것이다. 이것은 대체로 이른바 비례성의 원칙을 통하여 실현된다. 예컨대 입법자나 행정기관이 부득이 사익을 제한하는 행위를 하기 위해서는 이를 통해서 달성하고자 하는 목적(주로 公益)을 위해서 적합할 것, 구체적인 그 행위 이외에는 목적 달성을 위한 다른 수단이 없을 것, 그리고 구체적인 행위와 달성하고자 하는 목적 사이에 비례관계에 있을 것을 필요로 한다.

제 3 절 法的 安定性(법적 안정성)

법적 안정성은 정의와 합목적성의 이념을 바탕으로 한 법에 의해서 사회질서가 안정되는 것을 의미한다. 따라서 법적 안정성은 먼저 법 그 자체의 안정성을 요청하게 된다.

법 자체가 안정성을 확보하기 위해서는 몇 가지 요건을 필요로 하게 되는데 첫째, 법의 내용이 명확하여야 한다. 일반인이 무엇이 법인지를 미리 알고 자신의 행동을 법의 내용에 맞출 수 있는 가능성을 제공해야 한다. 이러한 법적 예측가능성의 보장을 위해서 많은 나라의 법은 성문법의 형식을 채택하고 있다.

둘째, 법은 수시로 변경되는 것이어서는 안 된다. 물론 법은 사회현실의 변화에 따라서 그 내용이 변동 가능해야 하는 것이 당연하나, 정치목적이나 다른 정당하지 못한 동기에 의해 자주 변경되는 경우에는, 법으로서의 권위를 상실하게 되어 준법정신이 결여되고 결국 사회질서가 마비될 수 있다.

셋째, 법이 실행가능한 것이어야 한다. 법은 다른 사회규범과는 달리 국가권력에 의해 강제되는 규범이다. 따라서 법이 국가에 의해 강제성을 잃을 때 그 법은 이미 법규범으로서의 가치를 잃는 것이다.

넷째, 법은 민중(국민)의 법의식에 합치되는 것이어야 한다. 즉 법의 내용이나 그 적용에 있어서 자의적(恣意的)이어서는 안 되고 공평해야 한다. 특정 집단에게는 법의 적용이 배제 또는 완화되고 일반 시민에게는 엄격히 적용된다면, 법의 실효성은 상실되어 법의 안정성을 저해하게 된다. 그러나 법적 안정성의 이념은 그 적용에 있어서 한계를 갖게 되는데, 즉 법적 안정성을 극단적으로 주장하게 되는 경우에는 법질서의 '안정'이 아니라 '정체'를 초래하여 종국에는 법에 있어서의 정의의 이념과 부합되지 못하게 되는 것이다. 따라서 이들 요건들이 서로 조화를 이룰 때 참된 법적 안정성을 구현할 수 있게 된다. 파운드(R. Pound)의 '법은 안정성을 요하나 정지됨을 요하지 않는다'는 말은 바로 이를 두고 하는 말이다.

제 4 절 法理念(법이념)의 상호관계

법이념의 상호관계는 곧 법의 개념과 가치를 결정하게 되어 정의·법적 안정성·합목적성은 서로 긴밀한 관계 속에서 설명된다. 요컨대 이들의 관계는 상호모순이면서 상호보완관계에 있다. 법적 안정성은 사실적인 법질서의 정립이라는 법의 기능에 관한 이념인 데 반하여, 정의나 합목적성은 법의 내용에 관한 법이념이다. 또한 법적 안정성은 법의 형식에 중점을 두고 있으나, 정의나 합목적성은 주로 법의 실체에 중점을 두고 있다. 특히 정의와 합목적성이 다 같이 법의 내용에 관한 것이라 하지만 법의 목적이 정의를 실현하는 것이므로 정의의 실현이 곧 합목적성인 데 반하여, 정의는 그 구체적 내용이 각기 다른 가치이념을 바탕으로 하기 때문에 이 양자 사이에도 대립이 생긴다. 법적 안정성은 사회질서의 유지를 위해 법의 내용이 비록 정의나 합목적성에 부합하지 않더라도 강제성을 요구하게 되므로, 정의·법적 안정성·합목적성의 사이에 모순과 갈등이 생기게 된다.

법이념 사이의 모순과 충돌에 대하여 우리 헌법은 "재산권의 행사는 공공복리에 적합하도록 하여야 한다"(헌법 제23조 제2항), "국민의 모든 자유와 권리는 국가안전보장 · 질서유지 또는 공공복리를 위하여 필요한 경우에 한하여 법률로써 제한할 수 있으며, 제한하는 경우에도 자유와 권리의 본질적인 내용을 침해할 수 없다"(헌법 제37조 제2항)고 규정하여 공공복리의 실현을 통하여 해결하고 있다. 이와 같이 정의 · 합목적성 · 법적 안정성이 충돌하는 경우, 우리 헌법은 이의 조화적인 조정을 원칙으로 하면서, 궁극적으로는 정의의 원칙인 인간의 자유와 권리의 본질적 우선을 규정함으로써 이를 조화롭게 해결하고 있다. 즉, 이것은 자연법원리에 입각하여 기본권의 천부인권성(天賦人權性)을 인정하고 그 본질적 내용의 침해금지를 선언한 것이라고 하겠다.

법원의 의의/성문법/불문법

제5장 법 원

제 1 절 法源(법원)의 의의

우리가 흔히 '법'이라고 할 때, 이것이 어떠한 모습으로 또는 어떤 형식으로 존재하는가 하는 것이 법의 연원 내지 법원의 문제이다. 본래 법은 사회생활의 준칙으로서 의식의 세계에 존재하는 것이며 공간적·외관적으로 가시적인 것은 아니다. 그런데 실천적 사회규범으로서 법의 내용은 어떤 소재를 통해서든 인식될 수 있는 것이어야만 한다. 따라서 법은 일정한 형식으로 나타나고 또 존재하여야 하는 것이다. 그러므로 오늘날 널리 사용되고 있는 법원이란 뜻은 법의 존재형식을 의미하고 있다. 법의 연원은 그 표현형식에 따라 성문법과 불문법으로 나누어지며, 이들 법의 연원 사이에는 그 효력면에 있어서 서로 상위법 또는 하위법의 종속관계의 법질서를 구성한다.

제 2 절 成 文 法(성문법)

Ⅰ. 成文法의 개념

성문법(written law; geschridbenes Recht)이란 문서의 형식을 갖추고 일정한 절차와 형식에 따라서, 국가 또는 국가의 수권에 의한 지방자치단체가 제정·공포한 법을 말하며 제정법이라고도 한다. 성문법은 근대국가에 이르러 국민의 권리를 보장하기 위해 법치주의를 채용함에 따라 그 전제로서 정비되었다. 특히 프랑스·독일 등 대륙법계국가들은 성문법을 주요한 법원으로 하기 때문에 이를 성문법주의국가라 한다. 영미법계국가들처럼 불문법을 위주로 하는 나라를 불문법주의국가라 한다. 그러나 이러한 성문법주의 또는 불문법주의의 구별은 절대적인 것이 아니라, 어느 쪽에 더 큰 비중을 두고 있느냐에 따라 상대적으로 평가될 수 있다.

성문법주의의 장점으로는 ① 합리적인 법의 구체화에 알맞고, ② 법의 통일정비가 용이하며, ③ 존재와 의미내용이 명료하여 법질서의 안정을 확보할 수 있다는 점 등을 들 수 있다. 반면 그 단점으로는 ① 법이 경화하기 쉬워 변화하는 사회의 실정에 탄력적으로 대처하기 어렵고, ② 입법의 복잡화·기술화로 인해 일반 국민이 체계적으로 이해하기 곤란하다는 점 등이 예시될 수 있다. 성문법은 그 성질상 다른 법원보다도 명확하여 넓은 범위에 걸쳐 획일적인 규범의 적용이 요청되는 현대사회에 적합하다.

따라서 오늘날 대부분의 문명국가는 원칙적으로 성문법을 법의 연원으로 하고 있고(성문법주의, 제정법주의), 예외적으로 불문법을 병용하고 있다. 영미법계국가들도 점차 성문법을 법원으로 하는 경향이 있다. 우리 나라도 성문법주의를 원칙으로 하고 있다. 켈젠(Kelsen)의 법단계설에 의하면 실정법의 체계는 헌법을 정점으로 하여 피라미드형의 단계구조를 이루고, 그럼으로써 법질서는 전체로서 통일성을 갖는다고 한다. 우리 나라의 현행 성문법으로서는 헌법, 법률, 명령, 규칙, 자치법규 및 조약 등을 들 수 있다.

II. 성문법의 분류

1. 헌 법

헌법(Constitution; Verfassungsrecht)은 국가의 기본조직, 통치작용, 국민의 기본권 등을 정한 국가의 근본법으로서 그 내용이 문장의 형식으로 되어 있을 때 이것을 성문헌법이라 한다. 국가가 있으면 반드시 이러한 의미의 근본법으로서의 헌법이 존재하지 않으면 안 되는데, 부문법국가인 영국을 제외한 거의 모든 나라들은 성문헌법을 가지고 있다. 성문헌법은 보통 법률이나 명령보다 상위규범이므로 법령은 헌법에 의하여 비로소 효력을 가질 수 있을 뿐만 아니라, 헌법을 전제로 하고서만 존재할 수 있는 것이다. 따라서 규범 중의 규범(norma normarum)이라고 할 수 있는 헌법에 위배되는 법률과 명령은 헌법재판소 또는 법원에 의한 헌법심사의 대상이 된다(헌법 제107조). 국가기관의 행위가 헌법에 위반한 것인 때에도 그 효력이 없음은 물론, 헌법의 개정에 있어서도 일반 법률의 개정보다 엄격한 절차에 의하도록 규정되어 있는 것이 일반적이다.

2. 법 률

법률(statute; Gesetz)은 넓은 의미에서 법 일반을 말하는 것이나, 좁은 의미에서는 입법기관인 의회에서 제정하는 성문법을 뜻하며, 행정부나 사법부에 의해 제정되는 법규와 구별된다. 법률은 헌법의 하위에 있으므로 헌법에 위배되면 무효가 된다. 한편 법치국가에 있어서는 국민의 기본권에 관한 사항과 기타 중요한 사항은 법률로 정하도록 되어 있다. 따라서 유일한 입법기관인 국회는 법률제정권을 행사하게 되는데(헌법 제40조), 법률은 법률안의 제출, 심의, 의결, 의결된 법률안의 정부에의 이송, 대통령의 공포라는 절차를 거쳐 제정된다.

(1) 법률안의 제출

법률안은 국회의원과 정부가 제출(제안)할 수 있다(헌법 제52조). 국회의원이 법률안을 제출하는 경우에는 의원 10인 이상의 찬성을 얻어 의장에게 제출한다(국회법 제79조). 정부가 법률안을 제출하는 경우에는 국무회의의 심의를 거쳐야 한다(헌법 제89조 3호).

(2) 법률안의 심의와 의결

법률안이 제출되면 국회의장은 이를 본회의에 보고하고 상임위원회에 회부하며, 상임위원회에서 심의·토의·가결한 뒤 본회의에 상정하여 심의한다(국회법 제81조 제1항). 본회의에 상정된 법률안의 의결은 재적의원 과반수의 출석과 출석의원 과반수의 찬성으로 한다(헌법 제49조).

(3) 법률안의 정부에의 이송

법률안이 본회의에서 의결되면 정부에 이송된다(헌법 제53조 제1항). 정부는 국무회의의 심의에 회부하여 공포할 것인가, 거부할 것인가를 결정한다. 법률안거부권

(right of veto; Vetorecht)이란 국회가 의결하여 정부에 이송한 법률안에 대하여 대통령이 이의를 가질 때에, 대통령이 이것을 국회의 再議(재의)에 붙일 수 있는 권한을 말한다. 법률안재의요구권이라고도 한다.

대통령이 법률안거부권을 행사하는 데는 환부거부와 보류거부의 두 방법이 있는데 우리 나라는 前者(전자)만을 채택하고 있다. 환부거부(direct veto)란 대통령이 국회에서 의결된 법률안에 대해 이의가 있을 때에는 국무회의의 심의를 거쳐, 법률안이 정부에 이송된 후 15일 이내에 이의서를 붙여 국회로 환부하고, 그 재의를 요구하는 것을 말한다(헌법 제53조 제2항). 국회가 폐회중일지라도 의원의 임기만료로 폐회된 경우가 아니면 환부하여야 한다(헌법 제53조 제2항). 그러나 대통령은 법률안의 일부에 대하여 또는 법률안을 수정하여 재의를 요구할 수는 없다(헌법 제53조 제3항). 대통령이 법률안을 국회에 환부거부하면 국회에서는 재의에 붙이고, 재적의원 과반수의 출석과 출석의원 3분의 2 이상의 찬성으로 재의결(override)하면 그 법률안은 법률로 확정된다(헌법 제53조 제4항). 대통령이 그 법률안을 국회에 환부도 아니하고 공포도 하지 않을 경우에는 15일이 경과함으로써 그 법률안은 법률로서 확정된다(헌법 제53조 제5항).

(4) 법률안의 공포

정부에 이송된 법률안은 15일 이내에 대통령이 공포하여야 한다(헌법 제53조 제1항). 대통령이 환부거부하여 국회에서 재의결로 확정된 법률안은 지체 없이 공포하여야 한다. 법률안이 확정된 지 5일 이내에 대통령이 공포하지 않으면 국회의장이 공포한다(헌법 제53조 제6항). 법률에 특별한 규정이 없으면 법률은 공포한 날로부터 20일을 경과함으로써 효력을 발행한다(헌법 제53조 제7항).

3. 명 령

명령(order; Verordnung)은 국회의 의결을 거치지 않고 행정기관에 의해 제정되는 위임입법이다. 국회의 의결을 요하지 않으며 제정권자가 행정기관이라는 점에서 법률과 상이하다. 또한 명령은 형식적 효력에 있어서 법률의 하위에 있기 때문에 명령에 의하여 헌법 또는 법률을 개정하지 못한다. 그러나 국가의 위기에 대처하기 위하여 국가원수의 비상대권에서 유래하는 헌법적 효력을 가진 대통령의 비상명령(Ausnahmeverordnung)(구헌법 제51조)과 법률적 효력을 가진 긴급명령(Notstandsverordnung)

(헌법 제76조)은 예외가 된다. 명령은 관점에 따라 여러 가지로 분류된다. ① 제정권자를 표준으로 하여 대통령령 · 총리령 · 부령으로, ② 수권의 근거를 표준으로 하여 위임명령 · 집행명령으로, ③ 법률에 대한 관계를 표준으로 하여 위임명령 · 독립명령으로, ④ 규정상의 내용을 표준으로 하여 집행명령 · 독립명령으로 각각 분류된다. 여기서는 ① 을 중심으로 살펴본다. 우선 대통령령에는 위임명령과 집행명령이 있다. 위임명령은 법률에서 구체적으로 범위를 정하여 위임한 사항에 관해 발하는 것으로서, 위임의 범위 내에서는 입법사항에 관하여 새로운 규정을 할 수 있다. 한편, 집행명령은 법률을 집행하기 위하여 필요한 사항에 관해 발하는 것으로서, 상위법령에 없는 새로운 입법사항을 규정할 수는 없다. 총리령과 부령에는 위임명령과 직권명령이 있다. 여기서 위임명령은 법률 또는 대통령령의 위임에 의해 발하는 것이며, 그 위임의 범위 내에서는 새로운 사항을 규정할 수 있다. 한편, 직권명령은 두 가지로 나누어진다. 하나는 법률 또는 대통령령을 집행하기 위해 발하는 이른바 법규명령으로서의 집행명령이고, 다른 하나는 장관이 헌법이나 법률의 수권없이 그 직무권한의 범위 내에서 당연히 발할 수 있는 행정규칙 내지 협의의 행정명령이다. 여기서 법률, 명령의 관계를 구체적으로 보면 예컨대 헌법 제38조에 '모든 국민은 법률이 정하는 바에 의하여 납세의 의무를 진다'는 규정에 의하여 국세기본법이 제정되어 있고, 이를 집행하기 위하여 대통령령으로서의 국세기본법 시행령이 있으며, 이 밑에 이를 구체적으로 시행하기 위한 세부적인 입법으로 재정경제원령인 국세기본법 시행규칙이 있다.

4. 규 칙

일반적으로 규칙이라 할 때 다음과 같은 뜻으로 사용된다. 첫째, 행정기관의 내부질서와 공법상 특별권력관계를 규율하기 위해 제정되는 행정규칙으로서의 규칙 · 훈령 · 지시 · 예규 · 통첩 · 규정 · 수칙 등으로 표현된다. 둘째, 그 법적 성질이 법규명령인 것으로는 국회규칙 · 대법원규칙 · 중앙선거관리위원회규칙 · 감사원규칙 · 헌법재판소규칙 등이 있다. 셋째, 자치법규로서의 규칙이 있다. 여기서 말하는 것은 두 번째 의미에서의 규칙이다. 헌법은 권력분립의 이념에 따라 입법부(헌법 제64조 제1항)와 사법부(헌법 제108조) 및 중앙선거관리위원회(헌법 제114조 제6항)에 각각 규칙의 제정권을 부여하고 있다. 즉 국회의 국회방청규칙(국회규칙 제6호), 국회인사규칙(국회규칙 제8호) 등이 있고, 대법원의 상업등기처리규칙(대법원규칙 제99호), 법원공무원규칙(대법원규칙 제771호) 등과 중앙선거관리위원회의 정당법시행규칙(중앙선관위규칙 제54호) 등이 여기에 해당된다.

5. 자치법규

자치법규는 지방자치단체가 법령의 범위 내에서 제정한 자치권에 관한 규정이다. 지방자치단체는 자치입법권에 의해 조례와 규칙을 제정할 수 있다. 조례는 지방자치단체가 지방의회의 의결을 거쳐 제정하는 것이며(지방자치법 제15조), 규칙은 지방자치단체의 장이 법령 또는 조례가 위임한 범위 내에서 제정한 자치법규를 말한다(동법 제16조). 지방자치단체의 자치법이 국가의 법원으로 인정되는 것은 지방자치단체가 나라의 행정기관의 일부를 구성하기 때문이다. 따라서 회사 · 조합 · 노동조합 등은 나라의 행정조직의 일부에 속하는 것이 아니므로, 회사의 정관 · 조합의 규약 · 노동협약 등은 자치법규에 속하지 않는다. 법률이 정한 지방자치단체의 종류에는 서울특별시 · 광역시(부산 · 대구 · 인천 · 광주 · 대전 · 울산) · 도 · 시 · 군 등이 있다(지방자치에 관한 임시조치법 제2조 1항).

6. 조 약

조약(treaty; Vertrag)이란 국가 간의 문서에 의한 합의를 뜻한다. 통상 조약이라는 명칭보다는 협약(convention) · 규약(convenant) · 규정(staute) · 헌장(charter) · 협정(agreement) · 의정서(protocol) · 선언(declaration) · 잠정협정(modusvivendi) 등으로 사용되고 있다. 조약은 크게 두 나라 사이에 체결되는 양자조약과 다수국가 간에 체결되는 다자조약 또는 집단적 조약으로 나눌 수 있다. 일반적으로 전자는 agreement, 후자는 convention이라는 명칭을 사용하는 경향이 있다. 조약은 국제법의 중요한 법원으로 되고 있으며, 동시에 체약당사국 외의 국민에 대하여도 효력을 미칠 수 있다. 우리 헌법도 "이 헌법에 의하여 체결 · 공포된 조약과 일반적으로 승인된 국제법규는 국내법과 같은 효력을 가진다"(헌법 제6조 제1항)라고 규정하고 있다. 조약은 대통령이 국무회의의 심의를 거쳐 체결하게 되나 비준을 요하는 것은 원칙적으로 대통령이 비준을 한다(헌법 제73조). 다만, 조약은 권리 의무에 관계를 갖고 국내법으로서의 성질도 가지므로 국회의 동의를 필요로 하는 경우도 있다(헌법 제60조).

제 3 절 不 文 法(불문법)

Ⅰ. 不文法의 개념

불문법(unwirtten law; ungeschridbenes Recht)이란 일정한 절차에 따라 입법기관에 의해 제정된 법이 아니라, 관습·판례 등에 의하여 생성된 法을 말한다. 비제정법이라고도 한다. 예컨대, 판례집처럼 문서로 되어 있다고 하더라도 입법기관에 의하여 제정되지 아니하는 한 성문법이 아니다. 불문법주의의 장점과 단점은 성문법주의의 장·단점에 대응된다.

우리 나라는 성문법(制定法)주의를 원칙으로 하고 있으므로, 불문법은 성문법에 대한 보충적 효력만을 가지는 것이 원칙으로 되어 있다. 불문법에는 관습법·판례법·조리가 있다.

Ⅱ. 不文法의 분류

1. 관 습 법

(1) 의 의

관습법(customary law; Gewohnheitsrecht)이라 함은 국가의 입법기관에 의하여 제정된 것이 아니고, 사회생활 속에서 관습이 반복하여 행하여져서 일반인이 법적 확신 내지 인식을 가짐으로써 법적 가치를 얻는 불문형식의 법을 말한다. 인간이 영위하는 사회생활에는 여러 가지의 생활관습이 발생하게 되는데, 그 관습 전체가 관습법이 되는 것이 아니고, 그 중에서도 특히 사회적·경제적 사정에 의하여 법질서의 구성부분이 될 만한 통용력과 가치가 있는 관습만이 법적 구속력을 취득하여 관습법이 되는 것이다. 그러므로 아직 법질서의 구성부분이 될 만큼은 발전하지 못하고, 다만 사회생활 가운데 단순한 사실로만 행하여지고 있는 관습을 관습법과 구별하여 '사실인 관습'(Verkehrssitten; usages admis dans les affaires)이라고 한다. 사실인 관습은 법률행위의 해석상의 의미를 갖는 데 불과하다. 따라서 재판상 사실인 관습에 위배하여 판결하였더라도 관습법과는 달리 상고이유가 되지 못한다.

(2) 관습법의 근거

관습법이 법으로서의 효력을 가지는 근거에 관하여는 관행설 · 확신설 · 국가승인설 등이 있다.

(가) 관 행 설

국민이 오랜 동안 반복하여 관행하는 관습이 바로 법으로 인정된다는 주장이다. 독일의 사법학자 치텔만(Zitelmann, 1852~1923), 오스트리아의 법사회학자 에를리히(Ehrlich, 1862~1925), 영국의 법제사가 비노그라도프(Vinogradoff, 1854~1925) 등이 그 대표자이다. 이 說은 관습법과 그 내용을 이루는 관습을 혼동하고 있다.

(나) 법적 확신설

관습법은 다수인이 어떤 관습에 따라가는 것이 권리 또는 의무라고 확신할 때, 즉 관습을 법이라고 확신할 때에 성립한다는 주장이다. 독일의 법철학자 자비니(Savigny, 1779~1861) 등 역사법학파들이 대표자이다. 법이 국민 사이에 자연발생적 · 역사적 · 경험적으로 성립하는 것이라고 이해하는 경우 이 견해가 가장 타당한 것으로 인정되고 있다.

(다) 국가승인설

국가가 어떤 관습의 내용을 법으로서 승인함으로써 관습법이 성립한다는 주장이다. 독일의 형법학자 빈딩(Binding, 1841~1920)이 대표자이다. 이 설에 의하면 국가의 승인이란 결국 구체적인 사건에 관한 심판이라는 법원의 결정을 의미하게 되는데, 법원은 사실 관습을 법으로 만들 수는 없으며 오직 사회생활 속에서 관행되는 관습성을 확인하는 데 불과하다. 오히려 관습법은 법원에 의하여 확인될 기회가 한 번도 없을 경우에도 여전히 관습법임에는 다름이 없다. 이렇게 볼 때 이 설은 타당하지 못하다고 본다.

(3) 관습법의 성립요건

관습은 다음의 요건을 구비하여 국가의 승인을 얻음으로써 비로소 관습법으로서 성립한다.

첫째, 오랜 관행이 존재하여야 한다. 관행은 어떤 사항에 관하여 상당히 긴 기간동안 동일한 행위가 반복 · 계속되어, 그와 유사한 경우에는 일반적으로 같은 행위가 행해지는 것으로 인정되는 상태이다.

둘째, 관행은 법적 가치를 가진다는 법적 확신을 획득하여야 한다. 관행에 따르는 것이 법을 준수하는 것으로 생각되고, 따라서 그 관행이 법률적으로 구속하는 것으로 관념되어야 한다. 즉, 법적 확신 또는 법적 승인을 가지게 되어야 한다. 이 점에서 관습과 관습법은 구별된다.

셋째, 관행은 공서양속에 반하지 않아야 한다. 관습법은 법률과 동일한 효력을 가지기 때문에 그 기초가 되는 관행도 선량한 풍속 기타 사회질서에 위반되지 않는 사항을 내용으로 하여야 한다.

넷째, 관습이 법령의 규정에 의하여 인정되거나 또는 원칙적으로 법령에 규정이 없는 사항에 관한 것이라야 한다. 법령에 명문 규정이 있는 경우나 법령과 상위한 관습이 있을 경우에는 그 관습에 의하도록 규정한 경우에 한한다(민법 제185조, 제224조; 상법 제1조 참조).

(4) 관습법의 효력

관습법은 성문법에 대하여 어떠한 효력을 가지느냐의 문제가 바로 관습법의 문제이다.

㈎ 보충적 효력

관습법은 원칙적으로 성문법의 규정이 없는 때에 이에 대한 보충적 효력을 가진다. 민법도 "민사에 관하여 법률의 규정이 없으면 관습법에 의하고 …"라고 규정(민법 제1조)하고 있고, 또 상법도 "상사에 관하여 본법에 규정이 없으면 상관습법에 의하고 …"라고 규정(상법 제1조)하고 있다. 이상의 두 규정에서 보는 바와 같이 관습법은 성문법에 대하여 보충적 내지 제2차적 효력을 가지는 것이 원칙이다. 다만, 형사에 관하여는 죄형법정주의의 원칙상 관습법은 원칙적으로 그 효력이 인정되지 않는다.

㈏ 우선적 효력

상법 제1조는 "… 규정이 없으면 상관습법에 의하고 상관습법이 없으면 민법의 규정에 의한다"고 하였는바, 이는 상사에 관하여는 상관습법이 상법보다는 열위이지만, 성문민법보다 우선하여 적용됨을 말한다. 이것은 극히 예외적인 경우지만 관습법이 성문법보다 우선적 효력을 가지는 예이다.

㈐ 개폐적 효력

성문법의 내용과 모순되는 관습법은 효력이 없음이 원칙이다. 따라서 관습법의 법률변경적 효력 또는 법률개폐적 효력은 부인된다. 그러나 실제 성문법과 모순되는 관습법이 예외적으로 법규를 개폐하는 효력을 발휘하는 경우가 있다. 동산의 양도담보제도라든가, 사실인 관습이 법률행위의 해석에 있어서 임의법규를 개폐하는 효력을 갖는(민법 제106조) 경우가 그 예이다.

2. 판 례 법

판례라 함은 법원이 특정소송사건에 대하여 법을 해석 적용하여 내린 판단을 말하여, 판례를 법원으로 인정하는 경우에 이러한 판례의 형태로 존재하는 법을 판례법(case law; judgemade law; Judikaturrecht)이라고 한다. 판례, 즉 판결 가운데 있는 추상적 법칙은 관습법의 성립을 조장하고, 법(특히 관습법)의 존재를 밝히는 기능을 하며, 또 법의 해석이라는 면에서 새로운 법을 발견하여 성문법의 수명을 오래가게 하는 기능을 하는 것이지만, 적어도 그 판례가 관습법화되지 아니하고 단순한 판례 자체로 있을 때에는 법적 구속력을 갖거나, 법규를 형성하는 것은 아니라고 하여 판례의 법원성을 부인하는 견해가 있다. 불문법주의인 영미법계의 국가에 있어서는 선례구속(先例拘束)의 원리에 따라 판례의 법원성은 이를 의심할 여지가 없는 것이나, 성문법주의를 채택하고 있는 국가에 있어서는 판례는 법원에 대하여 법적 구속력을 갖지 않는 것이 원칙으로 되어 있다. 따라서 법제상으로는 하급법원은 상급법원의 판례와 다르게 판결할 수도 있고, 또 법원은 자기의 종전의 판례와도 다른 판결을 할 수 있는 것이다. 그러나 하급법원이 상급법원과 다른 판결을 하게 되면 그 판결이 상급법원에 가서 파기될 염려가 있으므로, 실제에 있어서는 상급법원의 판례를 존중하지 않을 수 없으며, 또 대법원의 심판에서 판시한 법령의 해석은 당해사건에 관하여 하급심을 기속(羈束)하는 것(법원조직법 제8조)이므로, 판례는 구속력을 갖는다고 보아야 할 것이다. 그리하여 발견되고 창조된 새로운 법규인 판례가 법원을 구속하게 되면, 다시 그것이 재판을 통하여 일반인도 구속하게 되는 것이므로 판례의 법원성은 이를 인정하지 않을 수 없을 것이다.

3. 조 리(條理)

조리(law of nature; Natur der Sache; nature des choses)라 함은 사물의 합리성 내지 그 본질적 법칙을 말한다. 즉 이성에 의하여 승인된 사회적 생활에 있어서의 원리로서 그것은 사회통념, 선량한 풍속 기타 사회질서, 신의칙, 법의 일반원칙,

정의 등으로 표현되기도 한다. '조리가 아닌 것은 법이 아니다'(Nothing is law that is not reason) 또는 '법의 조리는 바로 법의 정신이다'(Ratic legis est anima legis)라고 하여, 조리가 법 그 자체는 아니지만 조리가 법의 내용을 이루고 있다는 것을 보여 주고 있다. 본래 사회생활 관계는 매우 복잡하고 끊임없이 변화하는 것이기 때문에, 아무리 치밀하게 성문법이 갖추어지고 불문법이 발달하였다 하더라도, 모든 법률체계를 빠짐없이 규정한다는 것은 사실상 불가능하다. 법원은 특정한 구체적 사건에 적용할 법규가 없다는 이유로 재판을 거절할 수 없음은 물론(헌법 제27조 제1항 참조), 또한 법관은 법에 의해서만 재판을 하여야 하는 것이므로(헌법 제103조), 법의 흠결을 보충하여 자기가 조리라고 믿는 바에 따라서 판결을 하여야 한다. 입법례로는 성문법이나 관습법이 모두 없는 경우 "법관은 자기가 입법자라면 법규로서 제정하게 될 것에 의하여 재판하여야 한다"고 규정한 스위스 민법(제7조) 등이 있다. 우리 민법도 "민사에 관하여 법률에 규정이 없으면 관습법에 의하고 관습법이 없으면 조리에 의한다."라고 규정함으로써 조리의 법원성을 명문으로 인정하고 있다. 그러나 형사에 있어서는 구체적 사건에 적용할 법이 없을 때에는 죄형법정주의에 의하여 피고인에게 무죄를 선고해야 한다.

서설/자연법과 실정법/
실정법의 분류

제6장 법의 분류

제 1 절 서 설

현대인의 일상생활 속에는 여러 가지 형태나 성격을 가진 무수한 법규범으로 둘러싸여 있다. 그러나 이러한 법규범은 각기 개별성을 가지고 있으면서도 무조직적이고 무질서한 것이 아니라 다소나마 어떠한 체계를 이루고 있다. 이러한 복수의 법규범에 의하여 형성된 체계를 법체계라고 한다. 이러한 법체계는 나라에 따라 각기 독자적인 체계를 이루고 각기 각국의 국가법과 국제법을 통합하는 또 하나의 법체계를 이룬다. 이렇듯 법규범이 짜여진 하나의 체계를 이룰 때 법질서라는 말로 표현된다. 그러므로 법질서는 전체로서 하나의 짜임새 있는 체계로 되어 있는 동시에, 동일한 법질서 안에 포함된 개개의 법규는 각기 독자적인 의미와 구조 내지 체세를 가지면서 통일적이고 복합적인 법질서의 일부를 구성한다. 즉 인간생활을 규율하는 법률은 단순한 법조문의 집합체가 아니라 법규범의 통일체라고 할 수 있다. 이러한 법체계는 그 발생, 효력, 내용, 기능 등 분류의 기준에 따라서 여러 가지로 나눌 수 있다. 그러나 이는 하나의 편의상의 분류에 지나지 않으며 본질적인 것은 아닌 것이다. 이하에서는 편의상 법체계의 분류와 기타 몇 가지 기준에 의한 法의 분류를 살펴보기로 한다.

제 2 절 自然法(자연법)과 實定法(실정법)

Ⅰ. 자 연 법

자연법(natural law; Naturrecht)이란 인간의 경험적인 근거에 의해 존립하는 것이 아니라, 시간과 공간을 초월하는 영구불변의 초경험적인 이상적인 법을 말한다. 즉 자연법은 이성에 의해 선험적으로 인식되고 정의의 이념을 내용으로 한 초실정법적인 법규범이라고 할 수 있다. 자연법은 국가가 만든 법이 아니라 국가의 법이 준수하여야 할 법규범이라 할 수 있다. 자연법은 '법은 자연의 질서를 존중한다'(Lex spectat naturae ordinem)는 법격언에 따라 자연 내지 이성을 전제로 하여 존재하는 법으로서, 시대 · 민족 · 사회 등을 초월하여 보편타당성을 가지기 때문에 법의 근원이 된다. 이성에 의해 인식될 수 있는 법이라는 의미에서 이성법이라고도 한다.

자연법론은 많은 사람들에 의해 여러 가지로 해석되고 있다. 자연법론은 플라톤(Platon)과 아리스토텔레스(Aristoteles)에 의하여 이론화되었고, 그 후에 스토아(Stoa)학파를 거쳐 중세의 스콜라(Schola)학파에 이르러 가톨릭 신학과 종교철학을 기반으로 하여 전통적인 자연법론의 인식체계가 완성되었다. 사실 자연법은 고대에는 사물의 영원불변하는 있는 그대로의 자연적 질서에서, 중세는 그리스도교의 신의 의사에서, 근세에 와서는 인간의 본성 또는 이성에서 각각 그 근거를 찾으려고 하였다. 이와 같이 시대의 변천에 따라 자연법의 내용은 그 차이를 보여 왔다.

오늘날 자연법을 인정하는 근거는 인간생활에는 정의의 기준이 있어야 하고, 이러한 절차에 따라 행동해야 된다는 인간의 이성에 두고 있다고 볼 수 있다. 이리하여 자연법은 실정법의 상위법으로서의 타당성을 부여받은 진실한 법으로 해석되어 온 것이다. 이러한 해석은 근세의 계몽사상과 결부되어 법의 발전에 큰 역할을 해왔다. 자연법론자들은 정의의 원리에 반하는 법은 법으로 보지 않으며, 자연법에 합치되지 않는 실정법은 악법이라고 한다. 특히 헌법에서 보장하는 기본적 인권을 침해하는 법을 일반적으로 악법이라고 보고 있다.

그러나 자연법은 비록 실정법에 대한 평가기준으로서, 또는 실정법에 대한 지도원리로서의 가치는 높게 평가되나, 자연법 자체가 지닌 관념성 · 추상성 때문에 법으로서 극복하기가 매우 어렵다는 단점을 가지고 있다.

II. 실 정 법

실정법(positive law; Positives Recht)이란 제정법·관습법·판례법 등과 같이 경험적·역사적인 사실에 의해 성립되어, 특정한 시대나 특정한 사회에서 현실적인 제도로서 시행되고 있는 법을 말한다. 현재 시행되고 있는 실정법을 현행법이라고 한다.

이러한 실정법은 인간이 제정함으로써 불완전성을 지니고 있기 때문에 국가·사회에 따라 다르고, 또한 역사와 더불어 변천해 간다. 19세기 초기에 등장한 법실증주의(legal positivism; Rechtspositivismus)는 자연법을 부정하고 실정법만을 제일로 하는 실정법일원론에 철저하여 법을 형식적·논리적으로 이해하려고 했다. 법실증주의는 개념법학(Begriffsjurisprudenz)의 입법만능의 사상을 내용으로 하기 때문에 정당한 절차만 밟아 제정되었으면 "악법도 법이다"라는 것으로 귀결된다. 이러한 법실증주의는 근대 시민법의 안정과 자본주의의 발전에 크게 공헌을 하였다. 실정법주의는 법철학상으로는 경험주의에 속하며, 중요한 학파로는 역사법학파·순수법학파·실용주의법학파 등이 있다. 그런데 이들 학파의 실정법에 대한 개념은 일정하지 않기 때문에, 이것을 하나로 이해하는 것은 극히 곤란하다. 따라서 그 개념의 정립은 자연법과 비교 고찰하는 것으로써 가능할 것이다.

III. 자연법과 실정법의 관계

실정법은 초경험적인 것에 기원을 둔 영구불변의 자연법과는 달리, 시간과 공간에 한정된 현실사회의 역사적·경험적 사실로부터 제한을 받고, 인위적으로 생성·변화하는 경험적 소재를 통해서만 인식되는 법이라고 할 수 있다. 따라서 자연법은 비현실적·초인위적인 것에 기초를 둔 결과 관념적·사변적·이상적인 데 반하여, 실정법은 입법작용·관습·판례 등과 같이 일반적으로 법원이라 부르는 일정한 사회적·경험적 사실을 기반으로 하여 생성 또는 제정되었으므로, 현실사회의 규범으로서 보다 실효성을 가진다고 할 수 있다. 법이나 법학의 역사는 곧 자연법과 실정법의 긴장과 대립 혹은 이상적인 자연법사상과 현실적인 법실증주의의 대립의 역사라고 하여도 과언이 아닐 것이다. 이 두 가지 가운데 어느 쪽을 강조하느냐 하는 것은 시대적·사회적 요청에 따라 결정된다. 법실증주의로부터 자연법 이념은 끊임없는 비판을 받아왔으나, 그렇다고 해서 자연법의 실정법에로의 전환이나 합치는 불가능하다고 본다. 양자는 그 이념이 본질적으로 다르기 때문에 각각의 존재가치가 있어, 그들 고유의 이념과 가치를 가지고 공존하게 되기 때문이다. 이와 같이 자연법과 실정법은 서로 다른 체계의 규범이지만 반드시 상호모순되거나 상반되는 것이 아니라, 자연법은 실정법의 전제로서 모든 실정법의 정당화의 기초로서 파수꾼(wachter)의 역할을 하기 때문에, 앞으로도 법학에서 중요한 이념으로 존속할 것이다. 따라서 자연법과 실정법은 서로 배타적인 관계가 아닌 법의 체계에 있어서 쌍벽을 이루면서 서로 보완관계를 존속해 갈 것이다.

제 3 절 실정법의 분류

Ⅰ. 국내법과 국제법

국내법은 국가단위로 제정·공포되고 그 국가내에 한하여 적용되는 국가와 국민 사이, 국민 상호간의 권리 의무관계를 규율하는 법규범의 총체인 데 대하여, 국제법은 국제사회의 법으로서 국가 사이의 권리·의무관계와 국제조직에 대해 규율하는 국제공법이다. 국내법과 국제법의 본질적인 차이점은 법을 인정하는 주체와 그 효력의 측면에서 볼 수 있다. 즉 국내법의 주체는 일국가인 데 대하여 국제법의 주체는 복수의 국가 내지 국제조직이다. 또 국내법은 국가적 사회를 기초로 하여 법이 적용·집행되는 관계로 국내에서만 효력을 가지며 그 강제의 방법과 기구가 정비되어 있는 데 반하여, 국제법은 국제사회를 기반으로 하여 주로 국가 사이 혹은 국제조직 사이에서 효력을 가지므로 국내법에 비하여 그 강제성이 약하다. 국제법의 이러한 점 때문에 국제법은 법이 아니라는 학설도 나오게 되었다. 그러나 국내법에 비하여 그 조직적 기반, 재판기구, 제재방법 등이 매우 미약하고 불완전하기는 하나, 국제법도 국내법과 같이 사회생활의 규범으로서 국제사회에서 강행되는 것이기 때문에 국제법부인설은 타당하지 못하다. 국내법과 국제법의 관계에 대하여는 국내법과 국제법은 통일적인 법체계를 이룬다고 보는 일원론(Jellinek, Kelsen)과 국내법과 국제법은 각각 별개의 체계를 형성한다고 하는 이원론(Triepel, Anzilotti)이 있다. 우리 헌법은 "헌법에 의하여 체결·공포된 조약과 일반적으로 승인된 국제법규는 국내법과 같은 효력을 가진다"(제6조 제1항)고 규정하여 국내법과 국제법의 동위성을 인정하고 있다. 그런데 국제법과 구별하여야 할 것으로 국제사법(涉外私法)(international private law, internationales Privatrecht)이 있다. 이것은 국가간의 섭외적 사법관계(涉外的 私法關係)에 관하여 어떤 국가의 법을 적용할 것인가를 결정하는 법으로서 국내법의 일부이다. 즉 특정한 국가에 거주하는 외국인의 법률관계를 정함에 있어서 외국인의 본국법 또는 자국법 중 어느 것을 적용할 것인가를 다루는 법이다.

II. 공법·사법과 사회법

1. 공법과 사법의 구별

(1) 공·사법의 구별의 상대성

법을 공법(Public law; offentliches Recht)과 사법(private law; Privarecht)으로 나누는 것은 로마법 이래의 전통적인 분류이나, 오늘날에도 그 구별의 표준에 관하여는 정설이 없다. 양자의 구분은 법 그 자체의 본질적·절대적인 구별이 아니고, 특정한 정치적·역사적·사회적인 기반 위에서 실제상의 필요에 의하여 나타난 상대적인 구별에 불과하다. 이는 근대사회에 있어서의 국가와 사회의 이원화를 전제로 국가에 대해서는 특별한 법적 지위를 인정하려는 정치적 이데올로기 내지 법률관의 소산이라고 할 수 있다. 특히 양법의 구별이 강조되는 시기는 강력한 중앙집권적 전제국가가 존재하던 로마시대 및 근세였다. 19세기적 자유방임주의 아래에서 개인에 대한 국가의 간섭은 최소한으로 그치고, 사적 자치가 최대한으로 보장되었을 때에는 사법의 영역이 확대되었다. 그러나 20세기적 복지주의를 지향하는 근대국가에 있어서는 사적 자치를 제한하여 사법의 공법화 경향이 나타남으로써 점차 공법의 영역이 확대되었으며, 마침내 양자의 구별이 명확치 않게 되었고, 급기야 양 법이 서로 융합하는 사회법의 발달을 가져왔다.

(2) 공 · 사법의 구별에 관한 학설

공 · 사법의 구별에 관한 학설로는 이익설, 주체설, 성질설, 생활관계설, 법일원설 등이 있다.

(가) 이 익 설

법이 보호하는 이익(目的)이 무엇인가에 구별기준을 두는 것으로서, 공익의 보호가 목적인 법을 공법이라 하고, 사익의 보호가 목적인 법을 사법이라고 한다. 목적설이라고도 한다. 이 설은 울피아누스(Ulpianus)가 "로마 자신을 위하여 존재하는 법은 공법이요, 각 개인을 위하여 존재하는 법은 사법이다"라고 한 말에 기원을 두고 있으며 로마법시대의 통설이었다. 그러나 공익과 사익의 구별이 명확하지 않을 뿐만 아니라, 또 법익이라고 하는 것도 공익 · 사익 가운데 어느 한 쪽에 반드시 명확하게 속하는 것이 아니라는 점에 이 설의 문제가 있다. 왜냐 하면 법은 사익을 보호하는 경우에도 공익적 견지에서 이를 규정하고 있기 때문이다. 예컨대 공법인 형법은 국가의 이익보호를 목적으로 하는 동시에 개인의 생명 · 신체 · 재산 등의 보호도 그 목적으로 하는 것이며, 사법인 민법 · 상법도 개인의 이익 보호에만 그치지 않고, 등기 · 상속 · 회사 · 운송 등의 공익에 관한 규정도 포함하고 있다.

(나) 주 체 설

국가 기타 공법인 상호간의 관계 또는 이들과 사인 간의 관계를 규율하는 법이 공법이고, 사인 상호간의 관계를 규율하는 법이 사법이라고 한다. 이 설은 옐리네크(Jellinek)에 의하여 주장되었고 현재 독일의 지배적인 학설이다. 이 설은 그 구별기준이 매우 명백하고 공권력의 행사는 행정주체에 유보되어 있다는 점에서 일면의 타당성을 가졌다고 할 것이다. 그러나 국가 기타 공공단체가 사인과 동등한 입장에서 매매 · 도급 · 운송 · 임대차 등의 계약을 체결하는 경우에, 현실적으로 민법 혹은 상법의 규정에 의하여 법률관계가 정하여진다는 점에서 이 학설은 이론상 문제가 있다.

(다) 성 질 설

법이 규율하는 법률관계의 성질 자체에 구별 기준을 두는 것으로서, 권력관계 즉 법률상의 불평등관계 · 상명하복관계를 규율하는 법을 공법이라고 하고, 비권력관계 즉 평등관계 · 수평관계를 규율하는 법을 사법이라고 한다. 법률관계설 또는 효력설이라고도 한다. 주체설이 나오기 전에는 독일의 지배적인 학설이었다. 이 설에 대하여는 평등관계인 국가간의 관계를 규율하는 국제법은 보통 공법이라고 불리는 점,

불평등관계인 친자관계를 규율하는 민법 중 친족법이 사법이라고 하는 점을 설명하지 못한다는 결점이 지적되고 있다.

(라) 생활관계설

법률관계에 있어서 국민으로서의 정치적 생활관계, 즉 권력적 통치관계를 규율하는 법을 공법이라고 하고, 개인적인 사적 자격으로서의 생활관계, 즉 비권력적인 동등한 생활관계를 규율하는 것을 사법이라 한다. 이 학설은 통치권력의 담당자인 국가나 공공단체 상호간 및 그들과 사인과의 관계, 즉 법률상의 명령·복종 관계를 규율하는 법만이 공법이므로, 국가나 공공단체가 통치권력의 담당자로서의 지위를 떠나 사인과 생활관계를 맺을 때에 그 비권력적 관계를 규율한 법은 사법이 된다. 이 설이 오늘날 지배적인 견해이다.

(마) 법일원설(구별부인론)

법일원설은 법이원론을 부정하고 국가와 개인 사이의 권력의 복종관계도 법률상으로는 권리·의무의 관계이므로, 공법관계나 사법관계는 본질적으로 차이점이 없다는 이유로 공법과 사법의 구별을 인정하지 않는다. 오스틴(Austin)은 '법은 주권자의 명령'이라 하여 공법과 사법은 모두 국가에 의하여 강제되는 것이므로, 이 양자 사이에 구별은 있을 수 없다고 한다.

한편 켈젠(Kelsen)은 법을 정치 등의 이데올로기의 영향에서 벗어나 순수법학의 입장에서 볼 때 공법과 사법의 구별은 근대법학에 대한 정치의 침입을 옹호하는 것이 되므로, 법학의 순수성 또는 과학성을 침해하는 양자의 구별을 부인한다. 그리고 뒤기(Duguit)는 의무본위의 법이론을 내세우면서 권리의 내용, 이익의 성질 등을 기준으로 공법·사법을 구별하는 것은 부당하다고 하여 양자의 구별을 부인한다.

(3) 구별의 실익

법은 본래 공법과 사법의 명확한 표준을 세워 가지고 제정한 것은 아니므로 이미 살펴본 바와 같이 어떤 명확한 기준에 의하여 공·사법을 분류하는 것은 매우 곤란한 일이다. 그러나 현실적으로 공법과 사법의 구분이 이루어지고 있는 점을 감안할 때, 어느 하나의 기준에 의존할 것이 아니라 상술한 여러 학설을 종합적으로 고려하여 분류하는 것이 타당하다고 할 것이다. 생각건대, 국가 기타의 공공단체와 사인의 관계 및 공공단체 상호간의 관계를 규율하되 원칙적으로 상하관계를 정하는 법이 공법이고, 사인의 상호관계를 규율하되 원칙적으로 평등관계를 정하는 것이 사법이라고 하겠다. 그리하여 헌법·행정법·형법·소송법·국제법은 공법에 속하고 민법 · 상법은 사법에 속한다.

그러면 그 구별기준이 애매함에도 불구하고 공 · 사법을 구별하는 실익은 어디에 있는가. 첫째, 법원리에 있어서 양자는 차이가 있다. 즉 사법관계의 경우에는 개인이 자유롭게 법률관계를 창설할 수 있는 사적 자치의 원칙이 인정되고 있다는 점에서 공법과 다르다. 둘째로, 쟁송상의 차이가 있다. 행정소송은 소송의 일심관할법원이 피고의 소재지를 관할하고 있는 행정법원으로 되어 있고, 임의적 행정심판전치주의의 인정, 출소기간의 제한, 직권주의의 가미 등의 점에서 민사소송과는 다르다.

2. 사 회 법

근대 자본주의의 발전은 19세기 말에 이르러 많은 사회적 병폐와 모순을 자아내었다. 이에 이러한 병폐와 모순을 제거하고 모든 사람에게 인간다운 생활을 보장하기 위하여 국가는 종래의 자유방임적 태도를 지양하고, 국민생활에 적극적으로 개입, 관여하여 사익과 공익의 조화를 시도하였다. 따라서 개인주의의 사법원리가 단체주의적 사법원리로 수정이 가하여지고, 사법적 생활관계인 소유권의 절대주의, 그리고 개인의 자유의사에 따른 계약자유, 과실책임 등에 대하여 공법적 통제가 가하여졌다. 그 결과 사법의 공법화 또는 공법에 의한 사법에의 간섭현상이 나타났다. 즉 공법원칙과 사법원칙이 공존하는 이른바 공법과 사법의 혼합 내지 상호보완으로 일컬어지는 법영역에 속하는 사회법(social law; Sozialrecht)이 탄생하였다. 라드부르흐(Radbruch)가 사회법을 공법도 아니고 사법도 아닌 그 중간의 혼합된 법으로서, 전혀 '새로운 제3자의 법역'으로 이해한 것은 사회법의 위와 같은 특성 때문이다. 바이마르 헌법(Weimarer Verfassung) 제151조에서 '인간다운 생활'(menschenwürdiges Dasein)을 보장한 것이나, 동법 제153조에서 "재산권은 의무를 수반한다"라고 규정한 것 등은 최초로 사회법적 이념을 선언한 것이다. 사회법은 자본주의 법질서의 범주 내에서 자본주의 자체의 모순에 대하여 스스로 수정 · 보완을 시도하는 데 그 특색이 있으며, 현대국가가 복지국가를 지향함에 따라 이에 비례하여 많은 발전을 하고 있다. 사회법은 처음에는 사법 중의 계약법을 수정하여 노동자의 근로조건을 향상시키는 노동법의 발전을 본 이후로, 국민경제의 균형 있는 발전을 목적으로 국가경제의 통제를 다루는 경제법, 인간다운 생활을 보장하기 위한 사회보장법, 사회복지의 증진을 위한 사회복지법 등으로 발전하였다.

Ⅲ. 일반법과 특별법

1. 의 의

법의 효력이 미치는 범위를 표준으로 하여 보면 일반법과 특별법으로 분류된다. 일반법(general law; gemeingultiges Recht)은 법의 효력이 미치는 범위에 특별한 제한이 없는 법이고, 특별법(special law; spezialrecht)은 일정한 범위 안에서만 효력을 가지는 법이다. 법의 효력은 사람 · 장소 · 사항 · 적용기간 등과 관계가 있으므로, 일반법과 특별법의 구별도 이에 따라 나누어 설명한다.

2. 구별기준

(1) 인적 범위를 표준으로 한 구별

법의 효력이 국민 전체에 대하여 미치는 법을 일반법(身分的 一般法)이라 하고, 어떤 특정한 신분이나 직업을 가진 사람에게만 미치는 법을 특별법(身分的 特別法)이라 한다. 민법, 형법 등은 일반법인 데 대하여 국가공무원법, 외국인토지법, 군형법, 소년법 등은 공무원 · 외국인 · 군인 혹은 만 20세 미만의 소년에게만 각각 적용되는 특별법이다.

(2) 장소를 표준으로 한 구별

국토(영토 · 영해 · 영공)의 전반에 걸쳐 적용되는 법이 일반법이고, 국토의 일부지역에만 적용되는 법이 특별법이다. 예컨대 헌법 · 민법 · 형법 등은 일반법에 속하고, 시 · 도의 조례, 규칙 등은 특별법에 속한다.

(3) 사항을 표준으로 한 구별

일반적이고 비교적 넓은 범위의 사항에 관하여 적용되는 법이 일반법이고, 비교적 한정된 좁은 범위의 사항에 관하여 적용되는 법이 특별법이다. 예컨대, 민법은 민사일반 즉 사법상의 일반적 규정이므로 일반법에 속하나, 상법은 민사 중의 일부인 상사에 관한 규정이고 또 상사에 관해서만 적용되므로 민법에 대해서는 특별법이 된다. 그러나 이러한 구별은 절대적인 것이 아니고 상대적이다. 예컨대, 상법은 민법에 대해서는 특별법이 되나 어음 · 수표법에 대해서는 일반법이 된다.

3. 구별의 실익

이상과 같은 일반법과 특별법의 구별은 법의 효력 및 적용의 순서를 명확히 정하는 데 그 실익이 있다. 일반적 원칙으로서 특별법은 일반법에 우선하여 먼저 적용되고, 특별법에 규정이 없는 경우에 그 보충으로서 일반법이 적용된다는 것이다. 이를 "특별법은 일반법에 우선한다"(Lex specials derogat legi generali)고 하는 특별법 우선의 원칙이라고 한다. 예컨대 상사에 관하여는 민법보다도 상법의 적용을 선순위로 하고, 공무원에게는 일반국민에게 적용되는 법보다도 먼저 국가공무원법이 적용된다.

4. 상호관계

일반법과 특별법의 구별은 위에서 본 바와 같이 법령의 상호간에 있어서뿐만 아니라, 동일한 법령 중의 규정 상호간에서도 존재한다. 예컨대 채권에 관한 일반소멸시효를 규정하고 있는 민법 제162조 제1항에 대하여 특별단기소멸시효를 규정하고 있는 제163조 이하의 규정은 특별법이 되고, 또 형법 제250조 제2항의 존속살인죄(尊屬殺人罪)의 규정은 동조 제1항의 보통살인죄에 대한 특별규정이다.

Ⅳ. 원칙법과 예외법

1. 의 의

원칙법(prinzipmossiges Recht)이란 일정한 사항에 대하여 일반적으로 적용되는 법을 말하고, 예외법(Ausnahmerecht)은 그 일정한 사항에 관하여 특별한 사정이 있는 경우에 그 원칙법의 적용을 완전히 배제하는 제외례를 정한 법을 말한다. 일반법·특별법의 구별과 달리 원칙법은 예외법에 대하여 보충관계에 서지 아니한다. 원래 원칙법의 규정은 보편적이고 추상적이기 때문에 이것을 모든 구체적인 사례에 일률적으로 적용한다면 도리어 불합리한 결과가 발생할 경우가 허다할 것이므로 이를 조절·완화하기 위하여 예외법을 두었다. 예컨대, "사람은 생존하는 동안 권리와 의무의 주체가 된다"라는 규정(민법 제3조)은 권리능력의 존속기간에 관한 원칙규정(원칙법)인 데 반하여, "태아는 손해배상청구나 호주승계순위 등에 관하여는 이미 출생한 것으로 본다"라는 규정(민법 제762조, 제988조)은 예외규정(예외법)이라고 할 수 있다. 이와 같이 예외법은 보통 원칙법과 동일 법령 중에 포함되어 있으나 동일 조문 안에 양자가 같이 있는 경우도 있다. 이 경우 법조문의 끝에 붙은 '단서'는 대체로 예외법이라 할 수 있다. 예컨대, 민법 제5조 제1항에 "미성년자가 법률행위를 함에는 법정대리인의 동의를 얻어야 한다"라고 규정하여 미성년자의 행위능력의 제한을 원칙적으로 정하고, 그 단서에 "그러나 권리만을 얻거나 의무만을 면하는 행위는 그러하지 아니하다"라고 규정하여 예외법을 인정하고 있다.

2. 구별의 실익

원칙법과 예외법을 구별하는 실익은 첫째, 원칙법에 대해서는 유추해석(類推解釋)이나 확장해석이 허용되지만, '예외법은 엄격히 해석하여야 한다'(Ezceptio eststricitissmae interpretations)고 하는 해석상의 원칙이 있으므로 확장해석해서는 안 된다는 점에 있다. 둘째, 거증책임의 분배에 있다. 즉, 원칙법의 거증책임은 원고 또는 청구자에게 있는 것이 원칙이나, 예외법을 적용하는 전제조건이 되는 사실의 거증책임은 피고 또는 피청구자에게 있는 것이 일반적이다.

V. 실체법과 절차법

1. 의 의

실체법과 절차법의 구별은 법의 내용, 즉 규정하는 사항을 기준으로 하는 분류이다. 실체법(substantive law; materielles)은 권리 · 의무의 실체, 예컨대 권리 · 의무의 발생 · 변경 · 소멸 · 성질 · 내용 및 범위 등에 관하여 규정하는 법을 말하고, 절차법(adjective law; Verfahrensrecht)은 권리 의무를 실현하는 절차, 예컨대 "돈을 빌린 사람은 그 돈을 갚을 의무가 있다"고 한 민법규정은 실체법이고, 돈을 채무자가 갚지 않을 때 강제로 받아내는 절차를 규정한 민사소송법은 절차법이다. 또한 형법은 국가와 개인 간의 형벌관계의 실체적 사항을 규정한 실체법이며, 형사소송법은 형벌의 실현을 위하여 그 절차를 규정한 절차법인 것이다. 따라서 헌법 · 민법 · 형법 · 상법 등은 실체법이고, 민사소송법 · 형사소송법 · 파산법 · 부동산등기법 등은 절차법이다. 그리고 실체법 속에 절차법적 규정이 있는 예외적 경우도 있으며(예컨대, 민법 중 법인설립절차규정), 그 반대의 경우도 있다(예컨대, 부동산등기법 중 가등기의 효력 규정).

2. 구별의 실익

실체법에서 아무리 권리·의무를 자세히 규정하고 있더라도 이를 운용하여 실현하는 절차법이 없으면 실체법은 유명무실하게 되는 것이다. 이와 같이 실체법이 목적이라면 절차법은 수단인 점에서 양자는 상호불가분의 관계에 있다고 할 수 있다. 실체법과 절차법의 구별의 실익은 재판과 법의 개정에 있어서 찾을 수 있다. 즉, 첫째, 법원은 실체법규가 존재하지 않는다는 것을 이유로 재판을 거부할 수는 없지만(형사재판에서는 무죄판결, 민사나 행정재판에서는 조리법을 적용), 절차법이 없을 때에는 임의로 절차를 만들어 재판을 할 수가 없다. 또 법률관계의 실체에 관하여 실체법과 절차법이 서로 저촉될 경우에는 전자를 기준으로 재판하여야 한다. 둘째, 실체법이 개정되면 그것은 법률불소급의 원칙이 적용되는 데 대하여, 절차법의 경우에는 특별한 규정이 없는 한 구법시대의 법률관계에도 신절차법을 적용한다. 왜냐 하면 절차법은 실체법상의 권리·의무의 실현방식만을 정할 따름이므로, 신법을 적용하더라도 권익을 침해할 우려가 없기 때문이다.

VI. 强行法(강행법)과 任意法(임의법)

1. 의 의

강행법과 임의법의 구별은 당사자의 의사에 의하여 법의 적용을 배제할 수 있느냐의 여부를 표준으로 한 구별이다. 강행법(imperative law; zwingendes Recht)이란 당사자의 의사여부를 묻지 않고 강제적으로 적용되는 법을 말하고, 임의법(dispositive law; nachgiebiges Recht)은 당사자의 의사로 그 적용을 배제할 수 있는 법을 말한다. 원칙적으로 공법에 속하는 규정은 거의 강행규정이고, 임의규정은 사적자치를 원칙으로 하는 사법에 그 규정이 많다. 그러나 강행법과 임의법과의 구별은 반드시 공법과 사법의 구별에 일치하는 것은 아니다. 예컨대 민사소송법은 공법에 속하지만, 그 가운데 제1심의 재판관할에 관하여 당사자의 합의로 관할법원을 정할 수 있다는 규정(민사소송법 제26조)은 임의규정이다. 반대로 민법은 사법이지만 그 중에서도 ① 무능력자제도에 관한 규정(민법 제5조 이하), ② 물권의 종류 · 내용에 관한 규정(민법 제185조), ③ 부동산의 물권변동에 관한 규정(민법 제186조), ④ 채권 중의 고용에 관한 규정(민법 제655조 이하), ⑤ 친족 상속에 관한 규정(민법 제826조 이하, 제909조 이하, 제1000조 이하) 등은 강행규정이다. 강행법과 임의법의 구별은 우선 법조문이 그 판단기준이 된다. 예컨대 "당사자의 특별한 의사가 없으면"(민법 제468조)이라든가, '다른 의사가 없으면'(민법 제473조)이라고 규정하고 있는 경우에는 임의법이다. 그러나 법조문이 명확하지 않을 경우에는 각 법규의 내용이나 성질, 입법목적 등을 종합적으로 검토하여 판단할 수밖에 없다. 해당 법규가 주로 공익의 보호를 목적으로 하고 있으면 강행법으로 보고, 주로 사익의 보호를 목적으로 하면 이를 임의법으로 보는 것이 통설의 입장이다.

2. 구별의 실익

강행법규인가 또는 임의법규인가 하는 구별의 실익은 당사자가 법규의 내용과 상이한 의사표시 기타의 행위를 한 경우의 효력을 달리하는 데 있다. 즉 의사표시 기타의 행위가 임의법규의 내용과 상이한 때에는 유효하거나(민법 제105조 참조) 또는 적어도 불법한 것이 되지 않는다. 그러나 그것이 강행법규에 반한 것인 경우에는 무효이거나(민법 제103조 참조) 취소할 수 있고(민법 제5조 2항) 또는 일정한 제재를 받게 되는 것이다(민법 제97조, 제622조 이하).

Ⅶ. 행위법과 조직법

행위법(Geschäftsrecht)이란 사회생활에 있어서 사람의 행위 자체를 규율하는 法을 말하고, 조직법(Organisationsrecht)이란 사람의 행위의 기초 또는 수단으로 될 조직제도를 정하는 法을 말한다. 예컨대, 헌법 및 그 부속법규(사회법 · 정당법 등) · 소송법 · 법원조직법 · 정부조직법 등은 조직법에 속하고, 민법 · 상법 · 형법 등은 행위법에 속한다. 그러나 민법 · 상법 중에도 친족법, 상속법 및 회사법 부분은 조직법적 성질을 가진다.

행위법과 조직법은 결코 관계가 없는 것이 아니고 밀접한 관계를 갖는다. 예컨대 사람을 살해해서는 안 된다는 행위법이 있으면 이를 강행하기 위해 법원이 필요하고, 이에 법원의 조직을 정하는 법원조직법이 만들어진다. 그리고 이 법이 정하여짐으로써 법관의 임명절차를 어떻게 해야 하는가에 대한 행위법을 필요로 한다.

Ⅷ. 固有法(고유법)과 繼受法(계수법)

고유법과 계수법의 구별은 법의 형성·성립자료에 의한 분류이다. 고유법(indigenous law; heimisches Recht)은 국가와 민족 고유의 사회적·역사적 흐름 속에서 자연적으로 생성되어 온 법이고, 계수법(adapted law; rezipiertes Recht)은 타국에서 생성 발달한 법률제도와 사상을 받아들여 이것을 자료로 하여 자국에서 제정한 법이다. 이 때에 계수된 법, 즉 타국법을 모법(mother law)이라 하고, 그 계수법 자체를 자법(filial law)이라 한다. 그러나 고유법과 계수법의 구별은 상대적인 것이다. 계수법도 오랜 시일을 경과함으로써 민족생활 속에 소화되고 흡수되면, 계수성의 성질은 없어지고 고유법으로서의 성질을 가지게 된다. 우리 나라가 계수한 법들도 이제는 우리 민족의 사회생활의 규범으로 융합되고 발달한 것이 많으므로, 상대적 의미에서는 고유법이라고 할 수도 있을 것이다. 고유법과 계수법을 구별하는 실익은 그 법이 어느 쪽에 속하느냐에 따라서 법사학이나 법해석학 및 법정책학 등의 연구방법을 달리하여야 한다는 점에 있다. 즉 고유법의 경우에는 자기 국가의 법제의 연혁을 연구하면 되지만, 계수법의 경우에는 모법 자체뿐만 아니라 그 母法을 발달시킨 나라의 여러 사정을 함께 연구하여야 한다.

Ⅸ. 財産法(재산법)과 身分法(신분법)

인간의 생활관계는 크게 경제생활관계와 가족생활관계로 나누어 볼 수 있다. 이 경우에 경제생활관계를 규율하는 法을 재산법, 가족생활관계를 규율하는 법을 신분법(또는 가족법)이라 한다. 민법 중 물권법과 채권법은 재산법에 속하고, 친족법과 상속법은 신분법에 속한다. 이 신분법은 재산법에 비하여 ① 공동사회의 원리가 지배한다는 점, ② 초타산적·비합리적·보수적·지방적·습속적이란 점, ③ 그 사회의 윤리·도덕의 지배를 크게 받는다는 점, ④ 강행법규란 점에서 몇 가지 특질이 인정된다.

법의 효력의 양면성/법의 실질적 효력/법의 형식적 효력

제7장 법의 효력

제 1 절 법의 효력의 양면성

법은 사회생활을 규율하는 규범이므로 법의 생명은 실제 사회생활 속에서 그 규범의 내용대로 실현되어지는 데에 있다. 바로 법의 효력(Geltung des Rechts)이란 法이 하나의 규범으로서 제구실을 할 수 있는 경우 즉, 법이 그 규범내용대로 실제에 있어서 실행될 수 있는 상태를 말한다. 만일 법이 사회에서 실현되지 않는다면 그 법은 생명을 잃고 존재가치를 상실하게 될 것이다. 예컨대, 형법 제269조 제1항은 낙태죄와 관련하여 "부녀가 약물 기타의 방법으로 낙태한 때에는 1년 이하의 징역 또는 1만원 이하의 벌금에 처한다"고 규정하고 있지만, 오늘날 이 규정은 시대적 상황에 따른 국가정책으로 말미암아 사실상 사문화되고 있다. 그러나 법규범이 사실상 실현되지 않는다고 하여 당장 법의 규범성을 상실해 버린다고 할 수는 없다. 그 법규범이 실현되든 안되든 간에 "법은 준수되어야 한다"는 당위성은 여전히 내재하고 있으며, 이것이 법의 효력문제를 다루는 데 있어 기본 바탕을 이루고 있다. 그런데 법의 효력에 관한 문제는 두 가지 측면에서 고찰할 수 있다. 하나는 규범이 현실사회에서 사실로 행하여지지 않으면 안 된다는 요구 즉 규범적 타당성과, 실제로 행하여지고 있다는 상태 즉 사실적 실효성을 뜻하는 실질적 효력의 문제이다. 다른 하나는 실정법이 그 사회의 역사적 · 사회경제적인 요인에 따라 시간적 · 공간적 · 인적으로 어떻게 한정된 범위에서의 효력을 갖게 되는가 하는 것이 문제가 되는데 이것이 법이 형식적 효력의 문제이다.

제 2 절 法의 실질적 효력

Ⅰ. 規範的 妥當性(규범적 타당성)

행위규범으로서의 法은 사람에게 어떤 행위를 명령하기도 하고 금지하기도 한다. 즉, 고금을 막론하고 인간은 사회생활 속에서 "…을 해야 한다" 혹은 "…을 해서는 아니 된다"는 규범체계 속에서 살아가고 있다. 행위규범이 이러한 명령과 금지를 하는 이유는 현실적으로 이를 어기는 사람들이 있기 때문이다. 그러므로 법규범을 행위규범 측면에서 볼 때는 '현실적으로 그 규정대로 지켜지기를 요구하는 데'그치는 것이며, '현실적으로 그 규정대로 지켜진다'는 것을 의미하는 것은 아니다. 법이 효력을 가진다는 것은 법규범이 그 규범의 의미내용대로 사실로서 행해져야 한다는 요구를 가질 수 있다는 것을 의미한다. 이러한 법의 효력의 규범적인 측면을 법의 규범적 타당성(Gültigkeit des Recht)이라고 한다. 따라서 法이 타당하다는 것은 법이 그의 수범자를 구속할 수 있는(지키도록 요구할 수 있는) 정당한 자격 내지 기능을 갖는다는 것을 의미한다. 그러면 법의 규범적 타당성의 근거는 어디에서 찾을 수 있는가 하는 것이 문제이다. 하나는 법에 선행하는 초월적인 것에서 타당성의 근거를 찾으려고 하는 견해들과, 다른 하나는 법 자체의 내재적인 것에서 그 근거를 찾으려고 하는 견해들로 크게 나누어 볼 수 있다.

1. 신 의 설

법의 타당성의 근거를 신의 의사에서 구하는 견해이다. 고대의 함무라비 법전, 모세의 십계, 중세의 신학적 자연법론, 근세초의 왕권신수설 등은 모두 이 견해를 기초로 한 것이다. 신학자 아우구스티누스(Augustinus, 354~430), 토마스 아퀴나스(Thomas Aquinas, 1225~1274) 등이 대표자이다. 이 설은 신앙을 떠나서는 法이 존재하지 못한다는 비과학적인 주장이란 비난을 면하기 어렵다.

2. 자연법설

법의 타당성의 근거를 자연법에서 구하는 견해이다. 자연법의 내용은 시대에 따라 다르게 생각되었다. 즉 고대에는 '있는 그대로의 자연질서', 중세에는 '신의 의사에 의해 정해진 법', 근세에 와서는 '인간본성을 기초로 존재하는 법' 등이라고 생각한 것이다. 자연법의 내용은 시대를 초월하여 영구불변하는 것이 아니며 매우 관념적인 것이므로, 그것을 가지고 법의 타당성을 완전히 설명하기는 어렵다.

3. 사회계약설

국가는 시민에 의한 사회계약에 의하여 성립되었다는 데서 법의 타당성을 구하는 견해이다. 그러나 실증적인 측면에서 볼 때 반드시 국가나 법이 사회계약에 의해 성립되었다고는 볼 수 없기 때문에 이 설은 하나의 가설에 불과하지만, 논리적 타당성을 추구하는 면에서 민주성은 높이 평가할 만하다.

4. 실력설(권력설 · 명령설)

법은 실력의 지지를 받음으로써 유효하게 행해지며 실력의 뒷받침을 잃게 되면 붕괴된다. 법은 실력을 쥐고 있는 자의 명령이며 최고지배자의 지배의 형식이라고 주장하는 견해이다. 이는 고대 희랍의 소피스트학파(Sophist)에서 비롯되어 법을 주권자의 명령이라고 하는 오스틴(Austin, 1790~1859), 메르켈(Merkel, 1836~1896), 굼플로뷔츠(Gumplowicz, 1838~1909) 등이 대표자이다. 법의 기원은 혁명의 경우처럼 권력에서 나온다고 할 수도 있으나, 그것은 발생적 · 역사적 근거는 될지 모르나 타당성의 근거로는 되지 못하며, 또한 왜 지배자가 法의 효력을 지지할 수 있을 만한 실력을 갖느냐의 이유를 밝히지 못하고 있다.

5. 승 인 설

법이 효력을 발휘하는 것은 다수인이 법규범을 준수할 행동의 준칙으로 승인하고 이를 지키기 때문이라는 견해이다. 비얼링(Bierling, 1841~1919)이 대표자이다.

이 說은 일면의 타당성은 있으나, 법을 승인하지 않는 자에게도 그 효력을 미친다는 것을 설명하지 못한다.

6. 여 론 설

다수의 신념으로서의 여론이 법의 타당성의 근거라고 하는 견해이다. 이는 역사적으로 입법이 여론의 힘에 의하여 지도된다는 사실을 반영한 학설로서 영국의 다이시(Dicey, 1835~1922)가 주장하였다. 여론은 분명히 새로운 방향으로의 입법의 계기가 되며 기존 법을 유익한 것으로 인정하여 사실적으로 그 효력을 유지하도록 한다. 그러나 사실로서의 여론이 바로 법의 규범적 타당성의 근거로 되지는 않는다. 즉 여론이 법의 타당성의 참된 근거가 되기 위해서는 여론의 왜곡과 사이비화 경향을 피하고, 진정한 여론이 육성되어 사상과 언론의 자유가 보장되어야 하고, 국민의 '알 권리'가 충족되어야 한다.

7. 역사법설

법은 국민(民族)의 생활 속에서 자연히 발생하는 것이며 역사적 · 경험적으로 성립하는 것이기 때문에 법의 타당성의 근거는 국민의 법적 확신에 있다고 하는 견해이다. 자비니(Saviny)가 그 대표자이다. 이 설은 관습법의 법원성을 인정하는 데에 공헌한 바가 크나, 법이 반드시 민족적 · 역사적으로 형성되는 것만은 아니고, 합목적성의 요구에 의한 국가적 권위에 의해 제정되기도 하는 점을 설명하지 못한다.

8. 근본규범설(법단계설)

순수법학자 켈젠(Kelsen)에 의하면 국가의 제법규는 평면적으로 병존하는 것이 아니라, 입체적으로 상하의 단계질서를 이루면서 커다란 전체법질서를 구성하고 있다고 보고, 하위의 법규의 타당성은 상위의 법규에서 구할 수 있다고 한다. 바꾸어 말하면 법질서는 근본규범(Grundnorm)→헌법→법률→명령→처분→판결의 순서로 상하의 단계를 이루고 있다는 것이다. 이를 법단계설(Rechtstufen theorie)이라 하는데, 이 說에 의하면 실정법의 존재기반과 그 타당성의 근거는 근본규범에 있게 된다. 근본규범이란 법을 제정할 수 있는 가장 높은 권위의 소재를 가리키는 국가의 정치적 근본원리가 된다. 이 설은 하나의 법규의 효력을 다른 법규와의 관계 속에서 밝히려고 하고 있으나 근본규범이 구체적으로 무엇인지, 하나의 법규가 아닌 전체로서의 법질서의 효력이 무엇인가를 밝혀내지 못한다. 그리하여 예컨대, 구법과 신법의 갈등이 나타날 때 그것을 해명할 수 없게 된다.

9. 법의 목적(이념)설

예링(Jhering)은 그의 저서 '법에 있어서의 목적'(Der Zweck im Recht)에서 '목적은 모든 법의 창조자이다'라고 하여, 법의 타당성의 근거를 법의 목적에 두었다. 그리고 이에 한 걸음 더 나아가 라드부르흐(Radbruch)는 법의 이념으로 정의·합목적성·법적 안정성을 들고 이는 동시에 법을 법답게, 법관을 법관답게, 통치자를 통치자답게 하는 근거라고 하였다. 생각건대, 법이 법으로서 타당하기 위해서는 무엇보다 실정법이 봉사해야 할 규범목적에 적합하여야 한다. 즉 법에 복종하는 자에게 준수를 요구할 수 있는 규범목적(이념)이 있어야 한다. 목적이 없는 법은 무의미한 것이다. 규범목적이야말로 법의 존재이유이고 법을 지탱하는 본질적인 근거가 될 수 있다. 법의 목적설이 우리 나라의 통설이다.

II. 법의 실효성

법질서에 대한 위반상태가 발생하였을 경우에 국가권력의 강제수단을 발동하여 그 효력을 보장하는 것을 법의 실효성(Wirksamkeit des Recht)이라 한다. 이러한 법의 실효성을 보장하는 것은 어디까지나 국가권력이지, 개인의 실력이나 폭력에 의한 사력구제는 원칙적으로 인정되지 아니한다. 다만 특별한 경우에 예외적으로 자력구제가 허용되는데, 정당방위, 긴급피난 등이 이에 해당된다.

III. 법의 타당성과 실효성의 관계

법이 효력을 가지려면 규범적 타당성과 실효성이 합치될 때 충분히 발휘될 수 있다. 따라서 법이 이 중 어느 하나라도 결여하는 경우에는 실정법으로서의 존재가치를 상실하게 된다. 실효성은 있으나 타당성이 없으면 악법에 지나지 않게 될 것이기 때문이다. 반대로 실효성에 의하여 담보되지 않는 법은 아무리 타당하더라도 현실을 규제하는 실정법으로서의 임무를 다하지 못할 것이다.

Ⅳ. 악법의 문제

어떠한 법이 악법인가 하는 문제는 법의 가치기준에 속하는 법철학상의 근본문제이다. 자연법론자들은 '자연법에 합치되지 않는 실정법'은 악법이라고 한다. 그러나 자연법은 시대와 논자에 따라 다르다. 따라서 악법 여부는 대체로 그 시대나 상황에 따른 보편적인 법이념에 비추어 판단되어야 될 것이다. 예컨대, 기본적 인권보장을 최대 이념으로 하는 사회에 있어서는 특히 인권을 침해하는 법률이 악법으로 될 것이다.

문제는 악법도 역시 법이라고 하여 준수하여야 하는가이다. 단순히 개인적·주관적인 판단에 의해 악법이라고 단정하여 그 준수를 거부한다면 사회생활은 무정부주의 상태에 빠지게 되어 큰 혼란을 야기할 것이다. 이와는 반대로 '악법도 법이다'(dura lex, sed lex)라고 하여 부정한 법에 무조건 복종할 것을 요구한다면 그것은 극단적인 전제지배의 정당화가 될 것이다. 여기에 법의 효력 특히 실질적 효력의 한계로서 마침내 악법에 대한 법준수 거부문제가 대두된다. 법관의 법형성 기능이나 위헌법률심사제도와 같은 현대화된 제도로써도 치유할 수 없는 악법에 대해서는, 시민의 고유한 권리로써 그 복종을 거부할 수 있다는 저항권과 시민불복종이론이 체계화되었다. 즉 악법을 퇴치하기 위해서는 민주주의를 위한 국민적 자세와 책임있는 비판정신이 필요하다. 미국독립선언(1776)이나 프랑스 인권선언(1789) 등이 그 좋은 예이다. 이러한 점에서 저항권은 결국 자연법칙인 것이며 국민의 법의식과도 직결된 문제라고 할 수 있다. 건전한 법의식이 살아 있는 사회에서 법실증주의는 오히려 자연법적 기능을 할 수도 있으며, 반면에 무기력한 법의식 속에서의 법실증주의는 악법 탄생의 온상이 되는 것이다.

제 3 절 법의 형식적 효력

I. 법의 시간(때)적 효력

1. 법의 시행기간

(1) 법의 시행

법의 때에 관한 효력은 법이 언제부터 언제까지 효력을 갖는가의 문제이다. 법은 그 시행일로부터 폐지하는 날까지 효력을 갖는다. 시행일로부터 폐지하는 날까지의 사이를 시행기간 또는 유효기간이라 하는데, 법은 그 시행기간 안에 발생하는 사항에 대해서만 효력을 갖는 것을 원칙으로 한다.

그런데 법률은 시행에 앞서 그 법률의 존재를 국민에게 알리기 위하여 공포(promulgation; publikation)되는 것이 보통이다. 공포는 관보에 게재함으로써 한다. 공포일로부터 시행일 사이에는 원칙적으로 일정한 기간이 설정되는데, 그 기간을 주지기간이라 한다. 법률은 공포한 날로부터 즉시 효력을 갖는다고 특히 정하는 경우가 있으므로 이런 경우에는 주지기간이 없게 된다. 법의 시행일에 관하여는 부칙에서 정하는 것이 보통인데, 시행일이 따로 정해 있지 않은 경우에는 공포일로부터 20일이 경과함으로써 효력을 발생한다. 이러한 성문법과는 달리 관습법의 경우에는 성립과 동시에 효력이 발생한다.

(2) 법의 폐지

법의 폐지라 함은 법이 가지고 있는 구속력을 명시적·묵시적으로 소멸시키는 것을 말한다. 명시적 폐지는 법문에 그 폐지의 뜻을 명확히 규정함으로써 폐지하는 것을 말한다(예컨대 限時法). 법이 시행기간을 정하였을 때 그 시행기간의 만료로 인하여 구법의 일부 또는 전부가 폐지되는 경우가 있다. 후자의 경우, 구법의 일부만이 폐지된 경우에는 폐지되지 않은 부분은 신법과 병존하여 효력을 갖는다.

묵시적 폐지는 '신법은 구법을 개폐한다'(Lex posterior derogat posterior penerulis non derogat legs priori spediali)는 원칙의 적용으로 인하여 법이 폐지되는 경우(그러나 일반적 新法은 특별적 舊法을 개폐하지 못한다)와 목적사항의 소멸로 인하여 법이 자연히 폐지되는 경우를 말한다. 관습법의 경우에도 동일한 목적의 새로운 관습법이 형성되어 먼저 존재하던 관습법과 양립할 수 있는 경우에는 먼저 존재하던 관습법은 폐지되고 당연히 새로운 관습법이 적용된다.

이와 같이 법의 폐지는 시행기간의 종료, 목적사항의 소멸, 폐지의 명시규정, 구법개폐의 원칙 등에 의하여 그 구속력을 잃게 되는 것이다.

2. 법률불소급의 원칙

(1) 의 의

법률불소급의 원칙(Prinzip der Nichtruckwirkung; principe de nonretroacrivite)이라 함은, 법은 그 시행기간 중에 발생한 사항에 대하여서만 적용되고 그 시행 이전에 발생한 사항에 대해서는 적용되지 않는다는 원칙을 말한다. 법률의 소급효를 인정하여 그 시행 이전의 사항에 대하여도 신법을 적용한다면 법률생활의 안정을 유지할 수 없기 때문이다. 그러나 이 원칙은 법률 본래의 성질에서 나온 것이 아니고, 기존 법률관계의 혼란 및 법질서의 분규를 방지함으로써 국민의 법적 생활의 안정을 유지하기 위한 법적용상의 원칙에 불과한 것이다.

(2) 내 용

(가) 죄형법정주의

헌법 제13조 제1항은 "모든 국민은 행위시의 법률에 의하여 범죄를 구성하지 아니하는 행위로 소추되지 아니하며, 동일한 범죄에 대하여 거듭 처벌받지 아니한다"고 규정하여 법률불소급의 원칙을 선언하고 있다. 헌법의 이 규정은 형사책임에 관한 죄형법정주의의 원칙을 규정한 것이지만, 그렇다고 이 원칙이 형법에 한하는 것이 아님은 의문이 없다. 그래서 헌법의 이러한 정신을 이어받아 형법 제1조 제1항은 "범죄의 성립과 처벌은 행위시의 법률에 의한다"고 규정함으로써, "법률이 없으면 범죄도 형벌도 없다"(Nulla poena sine lege; Nullum crimen singe lege)고 하는, 이른바 죄형법정주의(principle of legality)를 명문화하여 형벌에 있어서의 법률불소급의 원칙, 즉 형벌불소급의 원칙을 규정하고 있다. 그러므로 형벌에 있어서 소급효를 인정하면 죄형법정주의는 파괴되고, 형법질서는 혼란에 빠지게 된다.

(나) 기득권불가침의 원칙

법률불소급의 원칙의 파생원칙으로 기득권불가침의 원칙이라고 하는 것이 있다.

이 원칙은 이미 폐지된 구법에 의하여 생긴 권리, 즉 기득권(jura quaesita; vested right)은 신법에 의하여 변경 · 소멸시킬 수 없다는 원칙을 말한다.

(3) 예 외

법률불소급의 원칙도 그것이 절대적인 것은 아니므로 ① 신법이 진화에 알맞고, ② 합리적이며, ③ 입법의 실제적 목적달성을 위하여 필요한 경우, ④ 사회실정이나 국민의 정의감에 비추어 필요한 경우에는 예외적으로 소급효를 인정하는 수가 있다. 예컨대, 부정축재자처리법은 그 좋은 예라 할 것이다. 또한 민법 부칙 제2조, 상법시행법 제2조 등에서 신법의 소급효를 인정하였으며, 형법에 있어서도 신법이 구법보다 형사피고인에게 유리한 경우에는 신법이 소급적으로 적용된다고 하고 있다. 즉, 형법 제1조 제2항은 "범죄 후 법률의 변경에 의하여 그 행위가 범죄를 구성하지 아니하거나 형이 구법보다 경한 때에는 신법에 의한다"라고 한 규정이 그것이다.

3. 경과규정

법령의 제정 · 개폐가 있었을 때, 구법 시행시에 발생한 사항에는 구법을 그대로 적용하고, 신법시행 전에 발생한 사항으로서 신법 시행 후에도 계속 진행되고 있는 것에는 구법과 신법 중 어느 것을 적용할 것인가가 문제로 된다. 이것을 해결하기 위하여 규정되는 것이 경과법(규정)으로서 시제법이라고도 한다. 이것은 신 · 구법시대를 연결하는 것으로서 양법간의 조화를 꾀하는 데 그 목적이 있다. 이는 신법의 부칙에 규정하는 것이 보통이나 별도의 시행법에 규정하는 수도 있다. 시행법은 대부분 경과규정으로 구성되어 있다고 할 수 있는데, 그 내용은 대체로 ① 구법과 신법의 적용에 관한 시간적 한계, ② 종전의 법령의 효력에 관한 조치, ③ 종전의 법령 아래서 발생한 상태를 일정한 제한 아래 또는 잠정적으로 승인하는 것, ④ 신법의 최초의 적용에 관한 특례조치, ⑤ 행정기관의 신설 · 개폐의 경우의 기관, 직원의 경과조치, ⑥ 법인 · 단체의 재산처분, 조직변경 등의 조치 등 여러 가지가 있다.

II. 법의 대인(사람)적 효력

1. 원 칙

(1) 속인주의와 속지주의

누가 법의 적용을 받으며, 또 누가 법의 적용으로부터 제외되는가 하는 것이 법의 사람에 관한 효력의 문제다. 이에 관하여는 종래로부터 속인주의와 속지주의가 있는데, 속인주의(Nationalitatsprinzip)라 함은 국적을 표준으로 하여 자국인이면 그가 국내외 어느 곳에 있든지 대인고권에 의하여 항상 본국법의 지배를 받는 입법주의를 말하고, 속지주의(Territorialitatsprinzip)라 함은 일국의 법은 그 영역내에 있어서는 내외국민의 구별없이(국적을 불문하고) 영토고권에 의하여 항상 절대적으로 그 나라의 법의 지배를 받는 입법주의를 말한다.

(2) 절충주의와 적용

속인주의는 대인고권(Personalhoheit)의 요청에서 비롯된 것이고, 속지주의는 영토고권(Gebietshoheit)의 요청에서 비롯된 것이다. 그런데 근대국가에 있어서는 영토고권이 대인고권에 우선한다는 원칙이 일반적으로 승인되고 있으므로 속지주의를 원칙으로 하게 되는데, 이에 그것을 관철함으로써 발생하는 불합리성을 보충하기 위하여 국가적 입장에서 다시 속인주의를 병용하게 된다. 그리하여 오늘날에 있어서는 일국의 법은 자국 안에 재류하는 자에 대하여는 그 국적 여하를 묻지 않고 자국의 법을 적용하게 되고, 다시 국민인 이상 외국에 재류하고 있어도 본국법의 적용을 받게 되는 것이 원칙이다.

2. 예 외

(1) 속인주의의 예외

법은 특수한 신분을 가진 자에 대해서는 그 효력이 미치지 않는 경우가 있다. 즉 대통령은 내란 또는 외환의 경우를 제외하고는 재직중 형사상의 소추를 받지 아니하며(헌법 제84조), 또한 국회의원은 현행범인인 경우를 제외하고는 회기중 국회의 동의 없이 체포 또는 구금되지 아니하고(헌법 제44조 제1항), 또 국회의원이 회기 전에 체포 또는 구금된 때에는 현행범인이 아닌 한 국회의 요구가 있으면 회기중 석방되므로(同條 제2항), 이들에 대해서는 일종의 면책특권(免責特權)이 인정되고 있다. 또한 특별권력관계에 의하여 군인에 대해서는 군인사법이, 공무원에 대해서는 국가공무원법이 각각 적용되는 것 등이 그 예이다.

(2) 속지주의의 예외

(가) 헌법상의 권한

참정권 · 병역의무 등과 같은 헌법상의 권리 · 의무는 국가적 이익을 위하여 자국에 거주하는 외국인에 대해서는 적용하지 않는다.

(나) 형법상의 권한

형법 제5조는 내란죄, 외환죄, 국기에 관한 죄, 통화 및 유가증권에 관한 죄 등 일정한 범죄에 대해서는 대한민국 영역 밖에서 죄를 범한 외국인에 대하여도 우리 형법을 적용한다고 규정하고 있다.

(다) 국제법상의 권한

국가의 원수, 대사, 공사 등의 외교사절 및 그의 가족과 수행원, 군대, 군함, 군항공기 등은 국제관례적인 예의상 또는 직무수행의 편의상, 주재국의 법질서에 따르지 않고 자국법의 적용을 받는 국제법상의 특권을 인정받고 있다. 이를 치외법권(ezterritorialty; Ezterritorialität) 또는 외교특권 · 면책특권이라 한다. 따라서 주재국의 재판권 및 경찰권 · 과세권 등에 복종하지 않는 특권과 이로부터의 면제를 받는다. 자국에 입국한 타국의 정치범이나 피난민의 소환을 요청하는 국가에 대해서 그 인도를 거부하는 국제법상의 정치범 불인도와 피난민 불인도의 원칙은 국제법상 인정된 권리이다.

(라) 국제사법상의 권한

국제사법상 외국인이 주재국의 법의 적용을 받지 않는 경우가 있다. 예컨대 피성년후견 · 피한정후견 · 친자관계 · 유언 등 일반적으로 사람의 신분 또는 능력에 관한 사항은 각국의 인정 · 풍속 · 관습 · 문화를 달리함에 따라 특수한 법규를 요구하므로 이에 관해서는 본국법의 적용을 받는 것이 원칙이다.

Ⅲ. 법의 장소적 효력

1. 원 칙

법의 장소적 효력은 법이 실제로 적용될 영역적 범위의 문제이다. 한 나라의 법은 그 나라의 전 영역에 걸쳐 적용되는 것이 원칙이다. 따라서 국가의 통치권이 영토·영해 및 영공을 포함해서 그 나라의 영역 내에 있는 모든 사람에게 내외국인을 불문하고 일률적으로 적용된다(속지주의).

2. 예 외

위의 원칙에 대하여는 다음의 예외가 인정된다. ① 자국 영역 내에 있어서도 법이 일정한 적용지역을 정하고 있을 경우에는 당해 지역 내에서만 그 효력이 미친다. 자치법규, 도시계획법 등이 그 예이다. ② 자국의 군함·선박 또는 항공기는 공해상에서는 물론이고 타국의 영역 내에 있을지라도 자국법의 적용을 받는다(旗國主義(기국주의)). 이는 자국 영토의 연장으로 보기 때문이다. ③ 정치적인 이유로 자국법을 배제하고 타국법이 적용될 수 있다. 영사재판권이 행하여지는 지역, 조차지, 점령지, 위임통치지 등이 그 예이다.

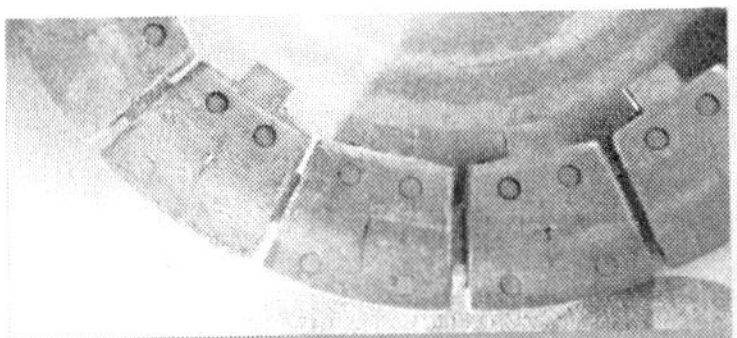

서설/사실의 확정/법의 발견과 해석/법의 적용

제8장 법의 해석과 적용

제 1 절 서 설

법의 생명력은 그 구체적 실현에 있다. 아무리 훌륭한 법규범이라 할지라도 현실사회에서 실행, 집행되지 못한다면 그 법은 이미 죽은 법이 되고 법치주의도 허울 좋은 모습에 불과하기 때문이다. 법의 실현은 구체적 사실에 대하여 추상적 법규를 구체화시켜 적용함으로써 이루어진다. 이 구체적 실현과정은 어떤 사실을 확정한 다음 그에 적합한 법규범을 추출하되, 그 의미와 내용을 명확히 하기 위하여 법의 해석을 통하여 구체적 타당성에 따라 법을 적용시키는 것이다. 그리고 구체적인 법집행은 사법·행정재판에 의한 판결 처분에 의해 사실행위(수세(收稅), 철거, 형집행, 강제집행 등)를 통하여 완성되는데, 문제는 판결 처분에 이르기까지의 적용에 대한 판단근거이다. 이를 위해 추상적이고 일반적인 법규범의 구체적 의미와 내용을 밝히는 법해석작용의 중요성이 대두된다고 할 것이다.

제 2 절 사실의 확정

법이 적용되기 위하여는 먼저 법이 적용될 사실의 존부 및 그 내용이 확정되어야 한다. 사실의 확정이라 함은 사회적 사실을 있는 그대로 자연적으로 인식하는 것이 아니고 법적으로 인식(법적 평가)하는 것이다. 예컨대 갑이 을을 살해하였다면 그 이유는 무엇인가, 고의인가 과실인가, 만일 과실이라면 주의의무는 다하였는가, 가해자와 피해자는 무슨 관계에 있는가 등의 사실을 명백히 하여야 한다. 사실이 명확히 확정되지 아니하면 거기에 대하여 어떠한 법규범을 적용할 것인가를 결정하지 못하기 때문이다.

이와 같이 사실의 확정은 법의 적용에 있어서 그 전제가 되는 것으로서 사실문제(사실관계)라 하고, 법의 해석에 관한 문제를 법률문제라고 한다. 사실의 확정은 원칙적으로 증거에 의하여 하여야 하는 것이나, 실제에 있어서는 입증이 불가능한 경우도 있고 또는 곤란한 경우도 적지 않기 때문에 법은 일정한 사실을 '추정'하거나 '의제'하는 경우가 있다.

Ⅰ. 사실의 입증

사실은 증거(evidence; Beweis)에 의하여 확정된다. 이것은 소송절차에 있어서 특히 중요하다. 즉, 재판에 있어서 사실의 존부와 확정에 있어서 근거가 되는 자료가 증거이다. 이는 법관의 사실인정에 있어서 객관성을 담보한다. 증거의 자료로는 당사자 본인의 진술 내지 자백, 증인에 의한 증언, 전문가의 감정, 문서에 의한 증거(서증(書證)), 현장검증 등을 들 수 있다.

현행 형사소송법에서는 사실의 인정은 증거에 의하여야 한다는 이른바 증거재판주의를 원칙으로 하면서도, 민사소송법과는 달리 직권주의가 적용되어 당사자의 주장뿐만 아니라 법관의 직권에 의해 수집된 증거자료까지 합하여 사실을 인정한다. 그러나 증거는 사실을 증명 또는 추론하기 위한 수단에 그치므로, 증거의 사실적인 가치인 증명력은 결국 인간의 사고작용인 논리법칙과 경험법칙에 따른 판단에 의하여 결정할 수밖에 없다.

따라서 소송법에서는 증거의 증명력은 법관의 자유로운 판단에 의한다는 이른바, 자유심증주의(Prinzip der freien Beweiswürdigung)를 채택하고 있다(민사소송법 제187조; 형사소송법 제308조). 그러나 증거의 증명력은 실제에 있어서는 입증이 불가능한 경우도 있고, 또는 곤란한 경우도 적지 않다. 이 경우에는 원칙적으로 그 사실을 주장하는 측, 즉 불이익한 법률적 판단을 받는 쪽에서 입증(擧證)하여야 한다. 이를 입증책임(burden of proof; Beweislast) 또는 거증책임이라고 한다. 그리고 이와는 반대로 사실을 주장받는 측에서 입증하는 경우를 입증책임의 전환이라고 한다(예컨대, 부정한 목적으로 상호권을 침해하는 자의 입증).

한편, 사실을 확정하기 위한 입증방법에는 증명과 소명의 두 가지가 있다. 증명은 당사자가 법원으로 하여금 그 사실관계에 대하여 확신이 가도록 하는 것이고, 소명이란 확신을 갖게까지는 못할지라도 다만 그러할 것이라는 개연적 심증을 갖게 하는 정도의 입증을 말한다.

II. 사실의 推定(추정)과 看做(간주)

사실의 확정은 당사자의 입증을 기초로 한다. 그러나 모든 사실에 관하여 입증한다는 것은 매우 번거롭거나 불가능한 경우가 있다. 그래서 법은 이러한 입증의 번거로움을 피하거나 공익상의 이유로 사실의 존부를 추정하거나 의제하는 경우가 있다. 법령에서는 대체로 '…로 추정한다'든가, 혹은 '…으로 본다', '…으로 간주한다'라는 표현으로써 그것이 추정규정인지 또는 의제규정인지를 구별하는 것이 보통이다.

1. 추 정

사실의 추정(inference; Vermutung)이란 증거에 의하여 확정하지 못한 사실을 우선 그대로 확정하여 법률효과를 발생시키는 것을 말한다. 이는 법적 안정성을 우선적으로 유지하기 위한 일응추정(prima facie)의 이론에서 나온 것이다. 예컨대, "처가 혼인중에 포태한 자는 부의 자로 추정한다"(민법 제844조 제1항)고 규정한 것이라든가, 또는 "2인 이상이 동일한 위난으로 사망한 경우에는 동시에 사망한 것으로 추정한다."(민법 제30조)라고 규정한 것 등이 그 예이다. 그러나 추정이란 입증을 기다리지 않고 인정하는 것이므로 잠정적인 결정에 불과하며, 반대의 사실을 주장하는 당사자는 반증(rebuttal)을 들어 언제나 이 효과를 부정할 수 있다. 이 점에서 간주와 구별된다.

2. 간주(의제)

공익 또는 기타의 이유로 법률정책상 사실의 진실성 여부와는 관계없이 일정사실의 존부를 확정하여 일정한 효과를 부여하는 것을 간주 또는 의제(fiction; Fiktion)라고 한다. 예컨대 "실종선고를 받은 자는 전조의 기간이 만료한 때에 사망한 것으로 본다."(민법 제28조)는 규정이 그 예이다. 사실의 간주는 법문에 '…간주한다', '…로 본다.'라고 규정된다. 그런데 간주(의제)는 추정과 달라서 상대적인 법률효과를 추정하는 것이 아니고 절대적인 법률효과를 인정하는 것이기 때문에, 이에 대하여는 반증을 가지고도 법이 의제한 효과를 뒤집을 수 없다. 따라서 위 례의 실종선고가 사실과 다르다는 것이 후에 입증되더라도 취소의 절차(실종선고취소청구의 訴)를 밟지 않는 한, 사망이라는 법률적 효과를 소멸시키지 못한다. 이렇게 볼 때 사실의 확정에 있어서 추정보다 간주의 효력이 더 강함을 알 수 있다.

제 3 절 법의 발견과 해석

I. 법 발견의 필요성

구체적 사실이 확정되면 다음에는 그 사실에 적용할 법을 찾아야 한다. 그러나 우리의 일상생활관계는 매우 다양하고 복잡하기 때문에 그것에 적용할 법을 발견한다는 것은 쉬운 일이 아니다. 예컨대 물건을 빌린다는 것은 물건이 김전이나 곡식이면 소비대차(민법 제598조 이하)가 되고, 부동산이면 임대차(민법 제618조 이하)가 되며, 차임을 물지 않으면 사용대차(민법 제609조 이하)로 되는바, 각각 그 적용법규를 달리하는 것이다. 따라서 법을 구체적인 사실관계에 적용하기 위해서는 법이 가지고 있는 객관적 의미 · 내용을 그 적용대상이 되는 사실관계에 결부시킬 수 있도록 구체화하지 않으면 안 되는데 이것을 법의 해석(interpretation; Auslegung)이라고 한다.

II. 법해석의 의의

법의 해석은 법을 구체적으로 적용하기 위하여 법규의 의미 · 내용을 체계적으로 이해하고, 법의 목적에 따라 규범의 개념을 명확히 하는 논리적 · 기술적 작용이다.

따라서 법의 해석은 객관적 · 논리적이어야 한다. 그러므로 법의 해석은 각 법규가 가지고 있는 객관적 목적과 그 시대의 사회적 여러 사정을 고려하여 목적적 · 가치론적으로 그 의미와 내용을 밝혀내야 한다.

법해석의 대상이 되는 것은 주로 성문법이다. 불문법은 그 존재 자체에서 내용을 나타내므로 해석보다는 그 존부가 문제로 된다. 성문법은 그 제정 당시에 다양하고 가변적인 모든 생활관계를 빠짐없이 예측한다는 것이 불가능하므로, 사회발전에 탄력성을 갖기 위해서는 입법기술상 일반적 · 추상적 용어로 표현되지 않을 수 없다. 더욱이 백지규정 · 일반조항 등을 사용한 경우에는 해석의 필요성은 더욱 배가된다. 예컨대 '정당한 사유', '불가항력', '선량한 풍속' 등이 그 예이다.

Ⅲ. 법해석의 방법

법의 해석은 그것이 법적 구속력을 가지느냐의 여부에 따라 유권해석과 학리해석(無權解釋)으로 나누어지며, 또 학리해석은 해석의 방법에 따라 문리해석 · 논리해석 · 체계해석으로 나누어진다.

1. 유권해석

유권해석(authentic interpretation)은 권한을 가진 국가의 기관에 의하여 행하여지는 해석으로 공적인 구속력을 기지므로 공권해석이라고도 한다. 유권해석은 해석하는 기관에 따라 입법해석 · 사법해석 · 행정해석의 세 가지로 나누어진다.

(1) 입법해석

입법해석(legislative interpretation)이란 입법기관이 법을 제정하는 권한에 기하여 법령의 조문 자체에 해석규정을 두는 경우를 말한다.

입법해석은 다음과 같이 몇가지 경우로 그 예를 나눌 수 있다. ① 동일법령가운데 그 해석규정을 두는 경우로서 민법 제98조에서 "본법에서 물건이라 함은 유체물 및 전기 기타 관리할 수 있는 자연력을 말한다"라고 규정한 것이 그 예이다. ② 부속법령에 그 해석규정을 두는 경우로서 수표법 부칙 중 제66조에 "본법에서 휴일이라 함은 국경일, 공휴일, 일요일 기타의 일반 휴일을 이른다"라고 규정한 것이 그 예이다. ③ 법조문해석의 편의를 위하여 예시규정을 둔 경우로서 민법 제32조가 비영리법인에 관하여 '학술 · 종교 · 자선……사단 또는 재단'이라고 규정한 것이 그 예이다. ④ 어떤 규정을 해석하기 위하여 별개의 법규를 제정하는 경우로서 「상법 시행령」 제2조에서 "상법 제9조의 소상인은 자본금액이 1천만 원에 미달하는 상인으로서 회사가 아닌 자를 말한다."라고 규정한 것이 그 예이다.

(2) 사법해석

사법해석(judicial interpretation)이란 법원에 의해 행해지는 해석이며, 법관이 재판을 할 때에 밝히는 것을 말한다. 보통 판결의 형식으로 이루어지므로 재판해석이라고도 한다. 특정한 사건에서 행한 해석은 그 사건에서만 효력을 가지며 다른 사건에 대해서는 효력이 미치지 아니한다. 영미법계의 국가에서와는 달리 대륙법계에서는 선례구속의 원리가 적용되지 않기 때문이다.

(3) 행정해석

행정해석(administrative interpretation)이란 행정청에 의해 행해지는 해석이며, 이는 법의 집행에 있어서 구체적으로 행해지는 수도 있고, 상급행정청의 하급행정청에 대한 회답 · 훈령 · 통첩 등의 형식으로 일반적 · 추상적으로 행해지기도 한다. 이는 일응 유효하나 최종적인 구속력은 없다. 일단 내려진 행정해석은 상급관청의 해석(행정심판 등)에 의하여 취소되든가 행정소송에 의한 사법해석으로 취소될 수도 있기 때문이다. 따라서 사법해석이 행정해석보다는 상위에 있다고 할 수 있다.

2. 학리해석(무권해석)

학리해석(doctrinal interpretation)이란 학술적 해석, 즉 학리적 방법에 의하여 법규의 의미를 해석하는 방법을 말하고, 보통 법의 해석이라고 말할 때에는 이 학리해석을 가리킨다. 이 해석은 법이론을 기초로 한 개인의 법에 관한 자유로운 견해에 지나지 않으므로 강제력을 갖지 못하여 무권해석이라고도 한다. 학리해석에는 문리해석과 논리해석, 그리고 체계해석이 있다.

(1) 문리해석

문리해석(grammatical interpretation)은 법규의 자구 · 문언을 언어학적 의미에 의하여 해석하는 방법을 말한다. 문리해석은 성문법규에 대한 중요한 기초적 · 제1차적 해석방법으로 문언해석이라고도 말한다.

문리해석은 첫째, 문자 및 문장은 전체 법문과 관련시켜 해석하여야 하며 둘째, 동일법령 중에 있는 동일한 문자와 문장은 동일한 의미로 해석하여야 하며 셋째, 문자와 문장은 법규의 제정 당시의 의미로 해석하는 연혁적 해석을 할 것이 아니라 해석 당시의 의미로 해석하는 진화적 해석을 하여야 한다.

그러나 문리해석을 하는 경우 다음과 같은 사항에 주의하여야 한다.

① 법령 가운데에는 시대의 변천에 따라 법문의 해석을 달리할 것을 전제로 한 것이 있다. 민법 제103조의 '선량한 풍속'이 그 예이다. ② 법문의 법률용어 가운데에는 통상의 용례와는 다른 의미로 사용되는 경우가 있다. '선의', '악의'가 그 예이다. ③ 동일 법령 가운데의 동일어라 할지라도 다른 의미로 이해하여야 할 경우가 있다. 민법전 상의 '사람'이라는 용어도 경우에 따라서는 자연인과 법인을 동시에 의미하거나, 자연인만을 지칭하는 것이 그 예이다.

문리해석은 법의 해석의 기초이기는 하나 법문의 문구에 얽매여 법령의 진의를 잘못 파악하거나 구체적 타당성을 잃은 해석을 할 우려가 있다. 따라서 논리해석이 필요하게 되는 것이다.

(2) 논리해석

논리해석(logical interpretation)이란 법규의 문자나 문장의 문법적 의미에 구애되지 아니하고, 또 입법자의 심리적 · 주관적인 의사와는 관계없이 법질서 전체와 법전 전체의 체계를 유기적으로 관련시켜, 논리적으로 법규의 의미 · 내용을 확정하는 법의 해석방법을 말한다. 법의 해석은 법조문의 자구만의 문리적 해석만으로는 충분하지 못하므로, 이러한 문리해석을 토대로 논리해석을 함으로써 비로소 완전하게 될 수 있는 것이다. 라드브르흐(G. Radbruch)가 "금석문의 해석과 같은 언어학적 해석에 그치지 말고, 능숙한 연출자나 극작가와 같이 의미해석에까지 도달하여야 한다"고 한 것은 이를 두고 한 말이다. 논리해석에는 다음과 같은 방법이 있다.

(가) 확장해석

확장해석(interoritatio extensiva)이란 법규의 언어적 표현의 의미가 좁아서 문리해석만으로는 법규의 진정한 제정목적을 달성할 수 없을 경우, 법규의 문구의 의미를 보통의 뜻보다 넓게 해석하는 방법이다. 예컨대, '공원안에서 수목을 꺾지 말라'고 한 경우에 있어서 수목에는 화초도 포함하는 것으로 보는 것과 같다.

형법 제250조에서 '살해'의 의미를 작위에 의한 살해뿐만 아니라 부작위에 의한 살해도 포함한다고 해석하는 것과, 형법 제259조의 '상해'의 뜻을 문구의미상으로만 본 생리적 장애에 국한하지 않고, 여성의 두발을 절단함으로써 외관상의 손상을 가져온 경우에는 상해죄를 적용하도록 상해의 의미를 확장하여 해석하는 것이다. 그리고 형법 제366조의 '손괴'는 보통 물건의 물리적 형태를 파괴하는 것을 뜻하나, 밥그릇에 방뇨하는 것도 손괴에 해당된다고 하는 판례는 확장해석에 의한 것이라고 볼 수 있다.

또한 민법 제34조에서 "법인은 법률의 규정에 좇아 정관으로 정한 목적의 범위 내에서 권리와 의무의 주체가 된다"고 한 규정은 목적 자체뿐 아니라, '목적을 달성하는 데 필요하고도 상당한 사항'은 물론 '목적에 위반하지 않는 범위 내의 사항'까지 포함하는 것으로 해석하는 것 등이 그 예이다.

(나) 축소해석

축소해석(interpritatio restrictiva)이란 법규의 의미를 통상의 경우보다 좁고 엄격하게 해석하는 것을 말한다. 이는 법조문의 언어적 표현보다 제한하는 해석이므로 제한해석이라고 한다.

예컨대, '차마의 통행금지'에서 유모차는 차마에 포함시키지 않고 통행하여도 좋다고 하는 것이나, 형법 제329조의 절도죄의 객체인 '재물'의 뜻을 동산과 부동산 가운데 동산만으로 제한하는 것이 그 좋은 예이다.

또한 민법 제752조에 "타인의 생명을 해한 자는 피해자의 직계존속, 직계비속 및 배우자에 대하여는 재산상의 손해없는 경우에도 손해배상의 책임이 있다"고 하고 있는데, 이 때 배우자 중에 사실상의(이른바 내연의) 배우자도 포함되는가가 문제로 되는데, 이를 긍정하면 확장해석이 되고 부정하면 축소해석이 된다.

(다) 반대해석

반대해석(argumentum a contrario)이란 법규에서 일정한 사항에 대하여 규정하여 일정한 효과를 부여하고 있는 경우에 여기서 빠진 사항에 대하여는 반대의 효과가 발생하는 것으로 해석하는 방법이다. 예컨대, 민법 제184조가 "소멸시효의 이익은 미리 포기하지 못한다"고 규정한 것을, 시효완성 후에는 포기할 수 있다고 해석하는 것이라든가, 민법 제356조의 '저당권은 부동산에 설정한다'는 규정은 반대해석하면 동산에는 설정할 수 없다고 보는 것이다.

또 민법 제800조의 "성년에 달한 자는 자유로 약혼할 수 있다"는 규정은 이를 반대로 하여 "성년에 달하지 않은 자(미성년자)는 자유로 약혼할 수 없다"고 하는 경우 등이 그 예이다. 그러나 반대해석은 언제나 당연히 할 수 있는 것은 아니다. 그 당부의 판단은 법의 일반적인 목적에 비추어 판단할 문제이다.

㈑ 물론해석(勿論解釋)

물론해석은 법문이 일정한 사항을 규정하고 있는 경우에 그 이외의 사항에 대하여도 사물의 성질상 당연히 그 규정에 포함되는 것으로 해석하는 방법이다. 예컨대, '자동차통행금지'의 경우에 물론 이보다 훨씬 더 무거운 탱크의 통행도 금지한다고 보는 것과 같다. 또한 "담배꽁초를 버리지 말라"는 경우에 담배갑이나 피우지 않은 담배도 물론 버리지 말라고 해석하는 것이다. 실정법상 보게 되면 민법 제396조에 "채무불이행에 관하여 채권자에게 과실이 있는 때에는 법원은 손해배상의 책임 및 그 금액을 정함에 이를 참작하여야 한다"고 규정하였는데, 이 때 과실보다 더 중한 귀책사유인 고의는 당연히 포함된다고 해석하는 경우이다. 이와 같이 물론해석은 법문의 자구 중에 다른 사항이 당연히 포함되어 있다고 해석되는 데 반하여, 확장해석은 법문의 자구 외로 확장하여 해석한다는 점에 차이점이 있다.

㈒ 보정해석

보정해석은 법조문의 용어에 명백한 착오 내지 잘못이 있어 이것을 문리해석할 때에는 법문의 의미에 현저히 반하는 경우에, 그 법조문의 자구를 보정 · 변경하여 참다운 법의에 맞도록 하는 해석으로서, 변경해석 또는 보충해석이라고도 한다. 예컨대 민법 제7조에서 "법정대리인은 미성년자가 아직 법률행위를 하기 전에는 전2조의 동의와 승낙을 취소할 수 있다"라고 규정하고 있는데, 여기서 취소는 철회라고 보정하여 해석한다. 왜냐 하면 원래 취소는 일정한 원인에 의하여 의사표시의 효과를 소급적으로 소멸시키는 것인데, 여기에서는 법정대리인이 미성년자에게 준 동의나 승낙이 장래에 향하여서만 그 효력이 발생하지 못하도록 저지하는 데 불과한 철회라고 보아야 하기 때문이다.

또한 민법 제240조 제3항의 인접지 수목 뿌리를 제거한 경우 그 소유자는 제거자로 보충해석하는 경우이다.

그러나 입법자가 용어의 표현을 잘못하였느냐의 여부는 확실하지 못할 뿐만 아니라, 보정해석을 일반적으로 허용하면 법의 안정성을 해치므로, 입법자의 법문의 표현이 명백히 잘못된 경우나 확정적 학설에 명백히 위배될 때, 또는 국민적 법감정에 명백히 반할 때 등에 한하여 허용하여야 할 것이다.

㈓ 연혁해석

법 성립의 연혁, 특히 법안의 이유서 · 입안자의 의견 · 의사록 · 정부위원의 설명

등을 자료로 하여 그 법규의 진의를 발견하는 해석방법이다.

(사) 유추해석

유추해석(analogy; Analogie)이란 어떤 사항에 대하여 직접적인 명문의 규정이 없는 경우에, 이와 유사한 사항에 대하여 규정한 법규정을 적용하여, 같은 법적 효과를 인정하는 것을 말한다. 예컨대 권리능력없는 사단의 법률관계에 대하여 민법에 규정이 없으므로 법인에 관한 규정을 적용하는 것이나, 민법 제326조의 유치권에 대한 소멸시효의 규정을 질권에도 적용하는 것이 그 예이다.

① 확장해석과의 차이: 유추는 직접 적용할 법규가 없는 경우에 일정한 법규를 그 형식적 범위를 넘어서 그 법규 외의 사항에 적용하는 것으로, 법규의 字句의 의미를 목적에 적합하도록 법규의 범위 안에서 확장하는 확장해석과 다르다.

② 반대해석과의 차이: 반대해석은 법조문의 언어적 표현과는 반대의 의미로 해석하므로 그 법조문에 근거를 두고 해석하는 것인 데 반하여, 유추해석은 문제가 되는 사례에 관하여 전혀 법규가 존재하지 않을 때에 다른 법규를 원용하여 적용하는 점에서 다르다.

③ 준용과의 차이: 준용이란 비슷한 사항에 관하여 법규를 제정하는 경우에, 중복적으로 규정하는 번잡을 피하기 위하여 비슷한 법규를 그대로 적용할 것을 명문으로 규정한 것을 말한다. 예컨대 민법 제10조에서 “제5조 내지 제8조의 규정은 피성년후견인에 준용한다.”라고 규정하고 있는 것이 그 예이다. 이와 같이 법문에 “……에 준용한다.”라고 되어 있다. 유추해석은 법해석의 방법인 데 반하여, 준용은 입법기술상의 방법(technique of legislation)이란 점에서 서로 구별된다.

④ 죄형법정주의와의 관계: 일반적으로 형법에서는 죄형법정주의의 원칙상 유추해석은 허용되지 않으나, ‘의심스러울 때는 피고인에게 유리하게’(in dubio pro reo)라는 법격언이 말하듯이, 유추해석을 하더라도 인권을 부당하게 침해하지 않는 한, 형법의 논리성이 허용되는 범위 안에서 합리적인 경우는 가능하다고 할 것이다. 예컨대 형법 제186조의 교통방해죄에서 동조의 객체로 열거한 이외의 새로운 교통기관(모노레일 등)이 나타나는 경우에는 동조를 유추적용하여야 할 것이다. 이러한 경우의 유추해석은 범죄에 대한 사회의 방위라는 측면에서 필요하기 때문이다.

(3) 체계해석

문리해석과 논리해석을 한 후에는 법규의 체계해석을 하여야 한다. 원래 법규는 단편적으로 존재하는 것이 아니라, 다른 법규와 더불어 통일적인 법체계를 이루며 존재하고 있기 때문에, 어느 한 법규의 의미 · 내용은 다른 법규와 대조, 관련시켜 상호간에 모순이 없도록 할 때 참된 해석이라고 할 수 있기 때문이다.

예컨대, 민법 제211조는 "소유자는 법률의 범위 내에서 그 소유물을 사용 · 수익 · 처분할 권리가 있다"고 규정하고 있는데, 여기 소유자의 사용 · 수익 · 처분권능을 해석함에는 헌법 제23조 제1항의 "모든 국민의 재산권은 보장된다"는 규정과, 동조 제2항의 "재산권의 행사는 공공복리에 적합하도록 하여야 한다"는 규정을 항상 체계적으로 관련시켜 해석하여야 하는 것이다.

제 4 절 법의 적용

현실적으로 발생한 구체적 사실의 존부 및 내용이 확정되고 추상적 법규의 의미내용이 밝혀지면 법적용의 단계에 접어든다. 이는 재판이나 행정처분에 있어서 적용될 추상적 법규를 대전제로 하고, 사회에서 발생하는 구체적 사실을 소전제로 하여 삼단논법적 결론(판결 또는 처분의 내용)을 이끌어 내는 방식을 취한다.

이러한 법의 적용은 공정성과 정확성을 항상 유지하여야 한다. 왜냐 하면 법집행의 결과는 당사자의 이해에 중대한 영향을 미치기 때문이다. 그리하여 우선 사법과정을 살펴보면 판단의 정확성을 보장하기 위해 삼심제를 채택하는 것이 일반적이며, 한편으로 공정정을 보장하기 위하여 법관의 물적 독립과 신분을 강력히 보장하고 있다.

한편, 행정처분에 있어서도 상급관청의 지시 · 통제가 가능하도록 하고, 행정심판(이의신청, 소원 등) · 행정소송의 절차를 두어 법집행의 공정 · 정확성을 보장한다(행정심판 · 행정소송 등).

법적 제재의 의미/국내법상의 제재/국제법상의 제재

제9장 법의 제재

제 1 절 법적 제재의 의미

법의 제재(sanction)란 법이 그 목적을 달성하기 위하여 법을 위반한 자에 대하여 가하는 법적인 여러 가지 강제수단을 말한다. 법의 제재는 강제성을 그 본질적인 요소로 하기 때문에 강제성이 없는 도덕적·종교적 제재와는 구별된다. 또 법의 제재는 법에 근거하여서만 가능하기 때문에 법에 근거가 없는 여하한 사적 제재와도 구별된다. 즉 법치주의의 원칙상 법의 제재는 필요악이라고 할 수 있는데 이는 첫째, 법의 실효성과 타당성을 보장하기 위해서이고 둘째, 법의 이념인 정의, 합목적성, 법적 안정성이 실현되고, 모든 사람이 법을 준수하게 하기 위한 것이다.

법의 제재는 국내법상의 제재와 국제법상의 제재로 나누어 볼 수 있다.

제 2 절 국내법상의 제재

Ⅰ. 헌법상의 제재

헌법상의 제재란 헌법에서 규정하고 있는 제재를 말한다. 이에는 탄핵심판이 대표적이다. 예컨대 헌법 제65조 제1항은 '대통령·국무총리·국무위원·행정각부의

장 · 헌법재판소 재판관 · 법관 · 중앙선거관리위원회 위원 · 감사원장 · 감사위원 · 기타 법률에 정한 공무원이 그 직무집행에 있어서 헌법이나 법률을 위반한 때에는 국회는 탄핵의 소추를 결의할 수 있다'고 규정하고 있다. 탄핵의 사유는 직무집행에 있어서 헌법이나 법률의 위배이며, 직무집행과 직접적 관련이 없는 사항은 탄핵사유가 되지 않는다. 탄핵의 소추는 국회재적의원 3분의 1 이상의 발의와 국회재적의원 과반수의 찬성으로 의결되나, 다만 대통령에 대한 탄핵소추는 국회재적의원 과반수의 발의와 국회재적의원 3분의 2 이상의 찬성을 요한다(헌법 제65조 제2항). 탄핵소추사건은 헌법재판소가 심판하도록 하고 있다(헌법 제111조 제1항). 또한 정당의 목적이나 활동이 민주적 기본질서에 위배될 때에는 헌법재판소의 심판으로 정당을 해산할 수 있다(헌법 제8조 제4항). 그리고 국회는 의원의 자격을 심사하며 의원을 징계할 수 있다(헌법 제64조 제2항).

II. 행정법상의 제재

행정법상의 제재란 행정법규에 위반한 자에 대한 제재를 말한다. 이에는 ① 공무원에 대한 제재와 ② 일반국민, 즉 개인에 대한 제재의 두 종류가 있다. 징계처분(징계벌)은 전자에 속하고, 행정벌 및 행정상의 강제처분은 후자에 속한다.

1. 공무원에 대한 제재

(1) 징계처분

징계처분이란 공무원이 공무원관계에서 부담하는 의무를 위반한 경우에 국가가 공무원관계의 질서를 유지하기 위하여 그 위반에 대하여 과하는 제재를 말한다. 징계의 종류로는 파면 · 해임 · 강등 · 정직 · 감봉 · 견책의 6가지이다(국가공무원법 제79조 · 제80조; 지방공무원법 제69조 · 제70조).

① 파면은 공무원의 신분을 박탈하는 것으로 가장 무거운 징계벌이다. 파면을 당하면 5년간 공무원이 될 수 없다(국가공무원법 제33조 제1항 제7호). ② 해임은 공무원의 신분을 박탈하나 연금은 지급한다. 해임을 당하면 3년간 공무원에 임용될 수 없다(국가공무원법 제33조 제1항 제8호). ③ 강등은 1계급 아래로 직급을 내리고 공무원신분은 보유하나 3개월간 직무에 종사하지 못하며 그 기간 중 보수의 3분의 2를 감한

다(국가공무원법 제80조 제1항). ④ 정직은 1개월 이상 3개월 이하의 기간동안 공무원의 신분은 보유하나 직무에 종사하지 못하며 보수의 3분의 2를 감한다(국가공무원법 제80조 제3항). ⑤ 감봉은 공무원의 지위에는 변동이 없으나 1개월 이상 3개월 이하의 기간동안 보수의 3분의 1을 감한다(국가공무원법 제80조 제4항). ⑥ 견책은 저지른 과오에 대하여 훈계하고 회개하게 한다(국가공무원법 제80조 제5항).

(2) 직위해제

직위해제란 공무원에 대하여 직위를 계속 유지시킬 수 없는 사유가 있는 경우에 공무원으로서의 신분은 보유하게 하되 직위를 부여하지 아니하는 것을 말한다. 예컨대 공무원 본인의 무능력 등으로 인한 보직의 해제가 그것이다. 공무원으로 직위를 유지시킬 수 없는 사유로는 ① 직무수행의 능력이 부족하거나 근무성적이 극히 불량한 자, ② 파면·해임 또는 정직에 해당하는 징계의결이 요구중인 자, ③ 형사사건으로 기소된 자(약식명령이 청구된 자는 제외한다), ④ 고위공무원단에 속하는 일반직공무원으로서 제70조의 2 제1항 제2호 및 제3호의 사유로 적격심사를 요구받은 자의 네 가지이다(국가공무원법 제73조의 3). 직위해제된 자는 6개월까지 봉급의 8할을 지급받으며(공무원보수규정 제29조), 6개월이 경과하여도 직위를 부여받지 못할 경우에는 당연퇴직된다.

2. 일반국민에 대한 제재

일반국민에 대한 제재는 행정법상의 의무를 지는 자가 그 의무를 이행하지 아니하거나, 이를 위반한 경우에 행정목적을 실현·확보하기 위하여 발동하는 국가의 권력적 수단을 말한다. 이에는 행정강제와 행정벌이 있다.

(1) 행정강제

행정강제(Verwaltungszwang)란 행정법규 또는 행정처분에 의하여 일정한 의무가 있는 자가 그 의무를 이행하지 않는 경우에, 행정권의 주체가 강제력으로써 그 의무를 이행시키거나 또는 그 이행이 된 것과 같은 상태를 실현시키는 행정작용을 말한다. 행정권 스스로 신속하고 명확하게 행정목적을 달성할 수 있도록 하기 위함이다. 행정강제는 상대방에게 의무의 불이행을 전제로 하는지의 여부에 따라서 행정상의 강제집행과 행정상의 즉시강제로 구분한다.

㈎ 행정상 강제집행

행정상의 강제집행이란 행정법상의 의무불이행에 대하여 행정주체가 실력을 행사하여 의무를 이행시키거나 의무가 이행된 것과 같은 상태를 실현시키는 작용을 말한다. 이에는 대집행 · 집행벌 · 직접강제 및 행정상의 강제징수가 있다. 대집행과 행정상의 강제징수가 일반적이고, 집행벌 · 직접강제는 개별법에서 예외적으로 허용하고 있다.

① 대집행: 대집행(Ersatzvornahme)이란 행정법상의 대체적 작위의무를 가진 자가 그 의무를 이행하지 아니한 경우에, 행정기관이 스스로 이를 행하거나 제3자로 하여금 이를 행하게 하여 행정목적을 실현시킨 후, 그 비용을 의무자로부터 징수하는 방법을 말한다. 이에 대한 일반법으로서 행정대집행법이 있다. 예컨대 위법광고물의 철거, 불법주차차량의 견인 등이 그것이다.

② 집행벌: 집행벌(Exekutivstrafe)이란 행정법상의 부작위의무(예컨대 무기 또는 폭발물불소지의무 등) 또는 전염병예방주사를 맞을 의무와 같은 비대체적 작위의무를 가진 자가 이를 이행하지 않는 경우에, 의무이행을 간접적으로 강제하기 위하여 과하는 금전부담의 제재이다. 우리 나라에서는 집행벌은 일반적으로 인정되지 않고 있다.

③ 직접강제: 직접강제(unmittelbarer Zwang)란 행정법상의 의무가 이행되지 아니한 경우, 특히 대집행 또는 집행벌로써는 그 목적을 달성할 수 없는 경우에 의무자의 신체 또는 재산에 실력을 가함으로써 직접 의무의 이행이 있는 것과 같은 상태를 실현하는 강제집행이다. 이는 극히 예외적인 경우에 개별적으로 인정되고 있다. 예컨대 출입국관리법상 외국인의 출국정지 또는 강제퇴거명령이 있다.

④ 행정상의 강제징수: 행정상의 강제징수(Zwangsbeitreibung)란 행정법상의 금전지급의무를 이행하지 아니한 경우에, 행정청이 의무자의 재산을 강제적으로 압류 · 매각함으로써 그 의무가 이행된 것과 같은 상태를 실현시키는 행정법상의 강제집행이다. 이에 관한 일반법으로 국세징수법이 있다. 국세징수법에 의한 강제징수의 절차는 독촉과 최고 · 재산의 압류 · 압류재산의 공매 및 환가대금의 배분 등으로 나눌 수 있다(동법 제23조, 제24조, 제61조, 제80조).

㈏ 행정상의 즉시강제

행정상의 즉시강제(summary execution; sofortiger Zwang)란 목전의 긴급한 행정상 장애를 제거하기 위하여 필요한 경우 또는, 미리 의무를 명하는 것으로는 행정목적을 달성할 수 없는 성질의 경우에, 의무의 이행을 기다릴 것 없이 직접 개인의 신체나 재산에 실력을 가함으로써 행정상 필요한 상태를 실현시키는 행정작용이다. 이것은 직접적인 실력행사인 점에서 행정상의 강제집행 특히 직접강제와 같으나, 의무불이행을 전제로 하지 않는 점에서 차이가 있다. 이는 사전에 의무를 부과함이 없이 즉시로 실력을 발동하여 국민의 권리·자유를 침해할 가능성이 있으므로 이의 발동에는 엄격한 법적 근거를 요한다. 예컨대 전염병예방법에 의한 강제격리(동법 제29조), 경찰관직무집행법에 의한 무기사용(동법 제10조의 4), 소방기본법에 의한 소방대상물의 파괴(동법 제25조) 등을 들 수 있다.

(2) 행 정 벌

행정벌(Verwaltungsstrafe)이란 행정법상의 의무위반행위에 대하여 국가 또는 공공단체가 일반통치권에 기하여 과하는 제재를 말한다. 행정벌은 직접적으로 의무위반에 대한 제재로서의 의미를 가지나, 간접적으로는 의무자에게 심리적 압박을 가함으로써 장래의 의무이행을 확보함을 목적으로 한다.

행정벌은 그 처벌의 내용에 따라 형법상의 형벌(형법 제41조)로 벌하는 행정형벌, 형법상의 형명이 없는 과태료를 부과할 정도의 단순한 행정법규의 위반인 행정질서벌과 지방자치법의 규정에 따라 조례로써 정하는 과태료로 나뉜다. 또한 처벌의 대상에 따라 경찰벌·재정벌·군정벌·규제벌·공기업벌 등으로 나눌 수 있다. 특히 행정형벌은 형사소송법이 정하는 절차에 의하여 집행되는 것이 원칙이지만 통고처분이나 즉결심판 등의 준사법적 행위에 의하기도 한다.

(가) 통고처분

통고처분이란 정식재판에 갈음하여 절차의 간편·신속을 중점으로 하여 행정기관이 의무위반자에 대한 복종을 조건으로, 일정한 벌금 또는 과료에 상당하는 금액의 납부를 명령하는 행정형벌이다. 통고처분은 조세범·관세범·전매사범·출입국사범·교통사범 등에 인정되고 있다.

(나) 즉결심판

20만 원 이하의 벌금·구류 또는 과료에 해당하는 경미한 행정사범에 대한 행정형벌을 말한다. 이는 「즉결심판에 관한 절차법」이 정하는 바에 따라, 즉결심판에 의하여 과하여지며 그 형은 경찰서장에 의하여 집행된다. 즉결심판에 불복이 있는 피고인은 고지를 받은 날로부터 7일 이내에 정식재판을 청구할 수 있다.

(3) 기타 행정상의 강제수단

이상에서 살펴본 것 외에도 행정상의 강제수단으로는 권력적 조사작용인 행정조사와 금전적 부담을 부과하는 과징금 · 가산금제도, 행정상의 편익의 제공을 거부하는 공급거부, 불리한 사항을 공개하는 공표, 인 · 허가의 철회 · 정지 등이 있다.

Ⅲ. 형법상의 제재

1. 의　　의

형법상의 제재란 형법 기타 형벌법규에 위반한 자에 대하여 과하는 제재로서 이를 형벌이라고 한다. 죄형법정주의의 원칙에 의하여 범죄가 없으면 형벌은 과할 수 없는 것이다. 형벌은 범죄에 대하여 과하여지는 것이 아니고 원칙적으로 범죄의 주체인 범죄인에게 과하여지는 것이다.

2. 종　　류

형법이 규정하고 있는 형벌에서는 사형 · 징역 · 금고 · 자격상실 · 자격정지 · 벌금 · 구류 · 과료 및 몰수의 9종이 있다(형법 제41조). 이를 형벌에 의하여 박탈되는 법익의 종류에 따라 생명형 · 자유형 · 명예형 및 재산형의 4종으로 분류힐 수 있다.

(1) 생 명 형

생명형(Lebensstrafe)은 수형자의 생명을 박탈하는 것을 내용으로 하는 형벌이다. 사형이 이에 속하고, 극형이라고도 한다. 18세 미만의 소년이 죄를 범한 경우 사형 또는 무기형으로 처벌할 것인 때에는 15년의 유기징역으로 한다(소년법 제59조). 사형을 감경할 때에는 무기 또는 20년 이상 50년 이하의 징역 또는 금고로 한다(형법 제55조 제1항 제1호).

우리 형법상 사형집행은 교수형으로 하도록 하고 있고(동법 제66조), 군형법은 총살형으로 하도록 하고 있다(동법 제3조). 그러나 오늘날 인간생명의 존엄성을 이유로 사형제도의 존폐에 대한 찬반논의가 계속되고 있다.

(2) 자 유 형

자유형(Freiheitsstrafe)은 수형자의 신체적 자유를 박탈하는 것을 내용으로 하는 형벌이다. 이는 현대적 형벌의 중심을 이루고 있다. 오늘날 자유형은 수형자를 개선·교화시킨다는 교육적인 내용을 중심으로 운영되고 있다. 자유형에는 징역·금고·구류가 있다.

이것은 다 같이 수형자를 일정한 시설(교도소)에 구치하는 점으로는 공통성을 가지고 있으나, 구류는 그 기간이 1일 이상 30일 미만(형법 제46조)이라는 점에서 징역 및 금고와 구별되고, 징역은 정역에 복무하는(형법 제67조) 점에서 금고와 구별된다.

그러나 구류와 금고는 수형자의 신청에 의하여 작업을 과할 수 있다(행형법 제38조). 그리고 징역과 금고에는 유기와 무기의 종별이 있으며, 유기는 원칙적으로 1개월 이상 30년 이하이다(형법 제42조). 다만 형을 가중하는 때에는 50년까지로 한다.

(3) 명 예 형

명예형(Ehrenstrafe)이란 명예적으로 누릴 수 있는 권리를 박탈하거나 제한하는 형벌을 말한다. 이에는 자격상실과 자격정지가 있다.

(가) 자격상실

자격상실이란 일정한 형의 선고가 있으면 그 형의 효력으로서 당연히 일정한 자격이 상실되는 경우를 말한다. 이는 별개의 형으로 독립하여 선고되지는 않는다. 자격이 상실되는 경우는 사형·무기징역 또는 무기금고의 판결을 받은 경우이다(형법 제43조). 이러한 판결을 받은 자는 ① 공무원이 되는 자격, ② 공법상의 선거권과 피선거권, ③ 법률로 요건을 정한 공법상의 업무에 관한 자격, ④ 법인의 이사·감사 또는 지배인 기타 법인의 업무에 관한 검사역이나 재산관리인이 되는 자격이 상실된다.

(나) 자격정지

자격정지란 일정한 기간 동안 일정한 자격의 전부 또는 일부를 정지시키는 경우를 말한다. 이는 범죄의 성질에 따라 선택형 또는 병과형으로 되어 있다. 이에는 일정한 형의 판결을 받은 자에게 당연히 적용되는 당연정지와 별개의 판결의 선고에 의하여 정지되는 선고정지가 있다.

당연정지란 유기징역 또는 유기금고의 판결을 받은 자에게 그 형의 집행이 종료되거나 면제될 때까지 전술한 ① ~ ③의 자격이 당연히 정지되는 것을 말한다(형법 제43조 제2항). 선고정지란 판결의 선고로써, 전술한 ① ~ ④의 자격의 전부 또는 일부에 대하여 그 자격을 정지시키는 경우이다. 그리고 자격정지기간은 1년 이상 15년 이하로 한다(형법 제44조 제1항).

(4) 재 산 형

재산형(Vermögensstrafe)이란 범인으로부터 일정한 재산을 박탈하는 것을 내용으로 하는 형벌을 말한다. 이에는 벌금 · 과료 · 몰수가 있다.

(가) 벌 금

벌금형은 범죄인에 대하여 일정한 금액의 지급의무를 강제적으로 부담하게 하는 것을 내용으로 하는 형벌이다. 단기자유형의 제한으로 가장 많이 적용되는 형벌이다. 벌금은 5만 원 이상이며 상한에는 제한이 없다. 다만, 감경하는 경우에는 5만 원 미만으로 할 수 있다(형법 제45조; 벌금 등 임시조치법 제3조). 벌금은 판결확정일로부터 30일 이내에 납부하여야 하며, 납부하지 않은 자는 1일 이상 3년 이하의 기간 동안 노역장에 유치하여 작업에 복무하게 한다.

(나) 과 료

과료는 재산형의 일종으로 범죄인에게 일정한 금액의 지급의무를 강제적으로 부담하게 한다는 점에서 벌금형과 동일하다. 다만, 경미한 범죄에 대하여 부과되며 그 금액이 작다는 점에서 벌금형과 구별될 뿐이다. 과료는 2천 원 이상 5만 원 미만이다(형법 제47조; 벌금 등 임시조치법 제3조). 과료를 납입하지 아니하는 자는 1일 이상 30일 미만의 기간 동안 노역장에 유치하여 작업에 복무하게 한다.

(다) 몰 수

몰수는 범죄 반복의 방지나 범죄에 의한 이득의 금지를 목적으로 범죄행위와 관련된 재산을 박탈하는 재산형이다. 몰수는 원칙적으로 다른 형에 부가하여 과하는 부가형이다. 다만, 예외적으로 행위자에게 유죄의 판결을 내리지 않을 때에도 몰수의 요건을 갖춘 때에는 몰수만을 선고할 수 있다(형법 제49조). 몰수의 대상은 ① 범죄행위에 제공하였거나 제공하려고 한 물건, ② 범죄행위로 인하여 발생하였거나 이로 인하여 취득한 물건, ③ 위 둘의 대가로 취득한 물건이다. 몰수를 하기 위하여는 몰수의 대상이 범인 이외의 자의 소유에 속하지 아니하거나, 범죄 후 범인 이외의 자가 정을 알면서 취득한 물건임을 요한다.

한편 몰수와 구별되는 추징이 있다. 추징은 몰수할 수 있는 물건 중 범죄행위에 의하여 생기거나 또는 그것에 의해 취득한 물건, 이런 물건의 대가로써 취득한 물건의 전부 또는 일부가 소비되었거나, 분실 기타의 사유로 몰수할 수 없는 경우에는 그 물건에 상당하는 가액을 납부하도록 하는 사법처분이다.

3. 형벌과 관련된 문제

(1) 법정형 · 처단형 · 선고형

㈎ 법 정 형

법정형이란 일정한 범죄에 대하여 추상적으로 정한 형벌을 말하고, 형벌적용의 기본적 표준으로 되는 형벌이다.

㈏ 처 단 형

처단형이란 형법 각 본조에 규정된 법정형을 구체적 범죄사실에 적용하는 데 있어서 법정형이 형종의 선택을 인정할 경우에는 먼저 적용할 형의 종류를 선택하고, 이 선택한 형에 다시 필요한 가중·감경을 하여, 선고형의 최종적인 기본으로 될 형을 말한다(가중·감경사유가 없으면 선택된 형이 처단형으로 된다.). 예컨대 형법 제333조 강도죄의 법정형은 3년 이상의 유기징역이나, 형법 제55조 제1항 제3호에 의하여 감경할 때에는 그 형기의 2분의 1, 즉 1년 6월 이상의 유기징역으로 되고 이것이 바로 처단형이다.

㈐ 선 고 형

선고형이란 법원이 전술한 처단형의 범위 내에서 구체적으로 형을 量定하여 당해 피고인에게 선고하는 형을 말한다. 예컨대 전술한 처단형의 예에서 강도죄(감경한 경우)의 처단형인 1년 6월 이상에서 징역 2년을 선고하면 이것이 바로 선고형이다.

(2) 형의 선고유예 · 집행유예

㈎ 형의 선고유예

형의 선고유예란 범정이 경미한 범인에 대하여 일정한 기간 동안 형의 선고를 유예하고 그 유예기간을 특정한 사고 없이 경과하면 형의 선고를 면제하는 제도이다(형법 제59조 이하). 먼저 형의 선고유예의 요건으로서는

(i) 1년 이하의 징역이나 금고, 자격정지 또는 벌금의 형을 선고할 경우라야 한다.

(ii) 형법 제51조의 사항(양형의 조건)을 참작하여 개전의 정상이 현저한 때라야 한다.

(iii) 자격정지 이상의 형을 받은 전과가 없어야 한다.

다음으로 형의 선고유예의 효과로서는 형의 선고유예를 받은 날로부터 2년을 경과한 때에는 면소된 것으로 간주한다.

형의 선고유예를 받은 자가 유예기간 중 자격정지 이상의 형에 처한 판결이 확정되거나, 자격정지 이상의 형에 처한 전과가 발각된 때에는 유예한 형을 선고한다.

(나) 형의 집행유예

형의 집행유예란 유죄를 인정한 후 형의 선고에 있어서 정상에 의하여 일정한 기간 그 형의 집행을 유예하여 특별한 사고 없이 그 유예기간을 경과한 때에는 형의 선고는 효력을 상실하게 하여 형의 선고가 없었던 것과 동일한 효과를 발생하게 하는 제도이다(형법 제62조~제65조). 형법상 형의 집행유예의 요건으로서는,

(i) 3년 이하의 징역이나 금고의 형을 선고한 경우라야 한다.

(ii) 형법 제51조(量刑의 조건)를 참작하여 그 정상에 참작할 만한 사유가 있어야 한다.

(iii) 금고 이상의 형의 선고를 받았던 자는 집행을 종료한 후 또는 집행이 면제된 후로부터 3년 이상을 경과한 자라야 한다. 집행유예의 기간은 1년 이상 5년 이하이며, 그 범위 내에서 법원이 재량에 의하여 정한다.

집행유예의 선고를 받은 후 그 선고의 실효 또는 취소됨이 없이 유예기간을 경과한 때에는 형의 선고는 효력을 잃는다. 따라서 형의 집행이 면제될 뿐만 아니라 처음부터 형의 선고가 없는 것과 동일한 상태로 돌아간다. 그러나 집행유예의 선고를 받은 자가 유예기간 중 금고 이상의 형의 선고를 받아 그 판결이 확정된 때에는 집행유예의 선고는 효력을 잃는다. 이 경우에는 유예된 형을 집행한다. 또 집행유예의 선고를 받은 후 금고 이상의 형을 받아 집행을 종료한 후 또는 집행이 면제된 후로부터 3년을 경과하지 아니한 자라는 것이 발각된 때에는 집행유예의 선고를 취소한다.

(3) 형의 가석방

가석방이란 자유형(징역, 금고)의 집행 중에 있는 자가 그 행상이 양호하여 그 개전의 정이 현저한 때에는 형기 만료 전이라도 일정한 시기에 이를 임시로 석방하고, 그 후의 행상에 따라 임시석방이 취소(또는 실효)되지 않는 한 형의 집행을 종료한 것과 같은 효력을 갖는 제도이다(형법 제72조~제76조). 형법상 가석방의 요건으로는, ① 징역 또는 금고의 집행중인 자가 무기에 있어서는 20년, 유기에 있어서는 형기의

3분의 1을 경과하여야 한다. ② 행상이 양호하여 개전의 정이 현저하여야 한다. ③ 벌금 또는 과료의 병과가 있는 때에는 그 금액을 완납하여야 한다.

이상의 요건을 구비하면 법무부장관의 행정처분으로 가석방을 허가한다. 가석방의 처분을 받은 후 처분의 실효 또는 취소됨이 없이 무기형에서는 10년, 유기형에서는 잔형기를 경과한 때에는 형의 집행을 종료한 것으로 간주한다. 한편, 가석방 중 금고 이상의 형의 선고를 받아 그 판결이 확정된 때에는 가석방은 효력을 잃는다. 다만 과실범으로 형의 선고를 받았을 때에는 예외로 한다. 또 가석방의 처분을 받은 자가 감시에 관한 규칙에 위배된 때에는 가석방 처분을 취소할 수 있다.

(4) 형의 시효와 실효

(가) 형의 시효

형의 시효는 형의 선고를 받아 판결이 확정된 후 그 집행을 받지 않고 일정한 기간이 경과하면 형집행이 면제되는 제도로서(형법 제78조), 일정한 기간이 경과된 후 공소권이 소멸되는 공소시효와는 그 성격이 다르다.

(나) 형의 실효

징역 또는 금고의 집행을 종료하거나 집행이 면제된 자가 피해자의 손해를 보상하고 자격정지 이상의 형을 받음이 없이 7년을 경과한 때에는 본인의 신청에 의하여 재판의 실효를 선고받을 수 있다(형법 제81조). 특히 「형의 실효 등에 관한 법률」에 의하여 형의 집행을 종료 또는 면제받은 후, 3년을 초과하는 징역 또는 금고는 10년, 3년 이하의 징역·금고는 5년, 벌금은 2년 동안 자격정지 이상의 죄를 범하지 않은 경우에는 자동적으로 형이 실효되어 수형인명표는 폐기하고, 수형인명부에는 그 해당란을 삭제한다.

(5) 보안관찰처분

보안관찰처분은 사회적으로 위험한 행위를 할 우려가 있는 자에 대하여 이를 사회로부터 격리하여, 그 위험성을 교정하는 것을 목적으로 하는 처분을 말한다. 우리 나라에서는 보안관찰처분은 법률에 의해서만 과할 수 있으며, 현재 인정되고 있는 보호관찰처분으로는 보안관찰법상의 보안관찰처분(동법 제4조)이 있다.

Ⅳ. 사법상의 제재

사법상의 제재란 민법 · 상법 등 사법의 규정에 위반한 자에 대하여 가하는 제재를 말한다. 이는 형벌과는 달리 선량한 질서를 유지하기 위하여 위반자에게 직접 또는 간접으로 물질적 수단에 의한 제재를 하는 것이다. 그 주요한 것을 보면 다음과 같다.

1. 손해배상

손해배상(Schadenersatz)이란 타인이 받은 손해를 전보하여 손해가 없는 것과 같은 상태로 하는 것을 말한다. 민법상 손해배상책임을 발생시키는 원인으로서 가장 중요한 것은 위법행위, 즉 채무불이행(민법 제390조)과 불법행위(민법 제750조 이하)이다. 따라서 채무불이행 또는 불법행위 등에 의하여 타인에게 손해를 가한 자는 그 손해를 배상하여야 한다.

손해배상의 방법으로는 원상회복주의와 금전배상주의가 있으나, 금전배상주의가 원칙이다(민법 제364조 · 제763조). 다만, 명예훼손의 경우에는 법원은 피해자의 청구에 의하여 손해배상에 갈음하거나 손해배상과 함께 사과의 광고와 같은 명예회복에 적당한 처분을 명할 수 있다(민법 제764조).

2. 강제집행

강제집행(Zwangserfüllung)이란 채무자가 채무의 이행이 가능함에도 불구하고 임의로 채무를 이행하지 않는 경우에, 권리자의 청구에 의하여 국가의 공권력으로써 이를 강제적으로 이행하게 하는 제재를 말한다.

(1) 직접강제

직접강제란 채무자의 의사를 무시하고 국가의 공권력에 의하여 채권의 내용을 실현하는 것을 말한다. 직접강제는 채무의 내용이 '주는 채무'에만 가능하고, '하는 채무'에는 허용되지 않는다(민법 제389조). 예컨대 강제집행에 따라 물건을 인도하는 경우는 전자의 예이고, 노래를 부른다거나 그림을 그리는 것을 직접적으로 강제하는 것은 후자의 경우로서 허용되지 않는다.

(2) 대체집행

대체집행이란 채무자를 대신하여 제3자로 하여금 채무이행과 같은 결과를 실현하도록 하고 그 비용을 채무자가 부담하는 것이다(민법 제389조 제2항). 대체집행은 채무의 성질이 직접강제가 불가능한 '하는 채무' 중에서 대체성이 있는 채무에 허용된다. 예컨대 건물을 지어 줄 채무가 그것이다.

(3) 간접강제

이는 법원이 일정 기간을 정하고 그 기간 내에 채무를 이행하지 않을 때에 배상금을 명함으로써, 간접적으로 채무자를 심리적으로 강제하여 채무를 이행케 하는 것이다(민사소송법 제693조). 간접강제는 성질상 직접강제나 대체집행을 할 수 없는 채무, 즉 비대체적 작위채무에 한하여 허용된다.

3. 실 권

실권이란 일정한 권리를 갖는 자가 법에 위반한 경우 그 법률상의 자격 또는 권리를 상실하게 하는 제재를 말한다. 이는 특별히 법률에 규정이 있는 경우에 한하여 인정되며, 민법 제924조의 친권의 상실이 그 예이다. 또 민법 제162조 이하에 규정하는 각종의 소멸시효에 의한 권리상실도 일종의 실권이나, 이는 법규위반에 대한 제재가 아니다.

4. 무효 · 취소

의사무능력자의 법률행위, 실현불가능한 법률행위, 강행법규나 공서양속에 반하는 법률행위, 불공정한 법률행위, 진의 아닌 의사표시의 예외인 경우, 허위표시 등을 무효로 하고, 행위제한능력자의 법률행위, 착오에 의한 의사표시, 사기 · 강박에 의한 의사표시 등을 취소할 수 있는 것으로 하는 것도 일종이 민법상의 제재라고 할 수 있다.

제 3 절 국제법상의 제재

국제법상의 제재는 국제사회에 있어서 국제법규를 위반한 국가에 대하여 가하는 강제수단이다. 이에는 외교단절 · 경제지원 및 교역중단 · 교통로봉쇄 · 무력제재 · 전쟁 등이 있다.

국제법상의 제재는 각 국가 주체 사이에 행하여지므로 당해 국가 상호간의 실력관계에 의하여 제약을 받을 수밖에 없기 때문에 제재로서는 매우 불완전하다고 하겠다. 더욱이 국제사회에는 아직 국가권력과 같은 조직적인 중앙권력이 확립되어 있지 아니하여 국내법상의 그것과 같이 강력한 제재가 있다고는 할 수 없다. 다만 현재에는 국제연합이라는 국제조직과 각 국가들 간의 집단방위조약이 세계의 평화와 안전의 유지에 기여하고 있다.

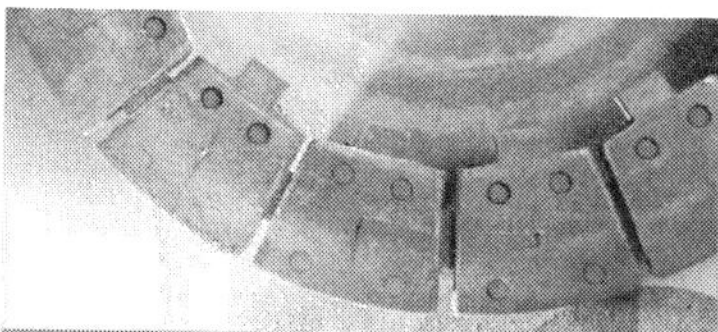

법률관계와 권리의무/권리/의무/
권리의무의 주체와 객체/권리행사
와 의무의 이행/권리의무의 변동

제10장 권리와 의무

제 1 절 법률관계와 권리의무

Ⅰ. 법률관계

인간의 사회생활관계는 매우 복잡하고 다양하여 각종의 사회규범에 의하여 규제되고 있다. 이 가운데 매매 · 임대 · 어음 · 수표 · 혼인 등과 같이 법의 규율대상이 되는 생활관계를 법률관계(Rechtsverhältnis)라고 하고 도덕, 종교, 풍습 등에 관한 생활관계를 사실관계라고 한다.

사회가 조직화되고 발전되기 전의 단계에서는 도덕 · 관습 등의 규범에 의하여 사람의 생활관계가 규율되나, 점차 사회의 조직이 정비되고 이해관계의 대립이 증가됨에 따라 법의 규율을 받는 생활관계 즉 법률관계가 증가하게 되는 것이다. 이러한 법률관계는 개인의 권리와 의무의 관계로서 결합되어 있는 권리 대 의무의 대응관계로 나타난다.

1. 법과 권리

법은 인간의 사회생활상의 규범이므로 사회와 그 구성원인 개인의 발전에 필요한 생활이익을 보호하지 않으면 안 된다. 법에 의하여 보호되는 사회와 개인의 생활상의 이익 또는 가치를 법익(Rechtsgut)이라고 하며, 이러한 법익을 누리도록 법이 부여하는 힘을 권리라고 한다.

법과 권리는 이와 같이 매우 밀접한 관계에 놓여 있어서 법을 의미하는 라틴어의 ius, 독일어의 Recht, 프랑스어의 droit, 이탈리아어의 diritto, 러시아어의 provo, 스페인어의 derecho 등의 말은 모두 권리의 뜻도 동시에 가지고 있는 것이다. 다만 법은 객관적 · 일반적 · 추상적인 데 대하여 권리는 주관적 · 특수적 °구체적이라는 점에 차이가 있을 뿐이다.

2. 법과 의무

법익이 보호되기 위해서는 그에 대한 적극적 · 소극적인 모든 침해를 막지 않으면 안 된다. 따라서 법은 법익의 침해를 막기 위하여 법률관계에 들어오는 모든 사람들에게 일정한 행위를 적극적으로 할 것을 명하거나, 소극적으로 그러한 행위를 하지 못하도록 금하며 경우에 따라서는 타인의 일정한 행위에 대하여 그것을 수인하도록 구속한다. 이러한 법에 있어서의 일체의 구속을 의무라고 한다.

3. 권리의무관계

이러한 법률관계에는 권리(right; Recht)와 의무(duty; Pflicht)의 관계가 함께 발생한다. 예컨대, 남에게 물건을 팔고 사는 매매라는 경제관계는 매매계약이라는 법률관계도 된다. 이를 분석해 보면 매도인에게는 매수인에게 대금을 청구할 수 있는 권리와 목적물을 인도할 의무가 발생한다. 반대로 매수인에게는 매도인에게 목적물의 양도를 청구할 수 있는 권리와, 대금을 지급해야 할 의무가 함께 발생한다. 따라서 법률관계는 권리의무관계라고 할 수 있다. 그러나 이는 어디까지나 상대적인 것에 불과한 것이다. 경우에 따라서는 취소권 · 추인권 · 해제권 등처럼 권리만 있는 경우가 있고, 책임무능력자의 감독자의 책임(민법 제755조)처럼 의무만 있는 경우도 있다.

II. 법률관계의 변천

법률관계의 핵심내용인 권리와 의무는 대응관계에 있으므로, 법의 규율을 받는 인간의 생활관계를 권리를 중심으로 하는 권리 본위로 규율할 수도, 반대로 의무 본위로 규율할 수도 있는 것이다.

이러한 관계를 법 발달사적으로 보면 중세봉건사회에 있어서는 상하의 지배 · 복종의 체제 아래서 의무 본위로 규율되었으나, 근대에 들어와서는 상하의 신분적인 예속관계가 타파되고 자아의 자각에 의한 개인주의적 사상이 반영되어 법률관계의 핵심이 의무 본위로부터 권리 본위로 옮겨가게 되었다.

그러나 자유주의와 개인주의를 기반으로 성립된 근대 자본주의경제와 이를 배경으로 한 권리 본위의 法制는 사회의 모순이 심화되기 시작하자 이에 대하여 반성이 일어났다. 이에 따라 이른바 1919년 바이마르헌법에서 '소유권은 의무를 지닌다'와 '인간다운 삶의 보장' 등을 최초로 규정함으로써 종래의 개인 본위의 법사상으로부터 사회 본위로 전환을 시도하였다. 이에 따라서 권리 본위 제도는 공동생활 본위의 이른바 권리의무의 융합이라는 새로운 이념이 등장하게 되었다. 이것은 권리의 이념을 부정하는 것이 아니라 권리 속에 내재되어 있는 책임성을 강조하는 것이다.

그 결과 종래의 자연인에 대한 법적 개념이 법 앞에 평등한 추상적인 인격(Person)에 중점을 두어 형식적인 것에 치중하였으나, 오늘날은 법 앞에서 부당한 대우를 받지 않고 생존권을 누릴 수 있는 구체적인 인간(Mensch)의 구현으로 발전된 것이다. 이것은 개인의 존엄성과 가치를 존중함과 아울러 공공복리를 실현하려는 현대 법이념의 구체화를 위한 의지를 나타낸 것이다.

우리 헌법에서 '재산권의 행사는 공공복리에 적합하도록 하여야 한다'라고 규정한 것이나, 민법 제2조에서 '권리의 행사와 의무의 이행은 신의에 좇아 성실히 하여야 한다', '권리는 남용하지 못한다'라고 규정한 것은 사회 본위의 입장에서만 이를 이해할 수 있는 것이다.

이와 같이 법률관계는 권리와 의무의 발전과정의 측면에서 볼 때 고대 · 중세의 의무 본위 시대에서 근세의 권리 본위 시대로, 여기에서 다시 현대의 권리 · 의무 융합의 시대로 전환되어 사회법의 출발점이 된 것이다.

제 2 절 권 리

Ⅰ. 권리에 대한 법사상적 배경

1. 자연법주의의 권리관

18세기의 자연법사상은 권리를 가리켜 인간이 생래적으로 가지는 천부적 권리, 즉 자연권(natural rights; Naturrecht)이라고 하였다. 그것은 인간이 법 이전 또는 국가 이전에 향유하는 권리이므로 국가권력에 의해서도 이를 침해할 수 없는 신성불가침의 권리라고 한다. 로크(John Locke,1632～1704)는 자연상태에서의 "인간은 자유와 평등을 균등히 누리는 일정한 천부의 권리를 향유하며, 이 권리는 사회상태에 들어갈 적에 어떠한 약속을 가지고도 박탈하지 못하는 것이다"라고 하였다. 이어 1789년 프랑스의 인권선언 제1조에서도"인간은 출생 및 생존에 있어서 자유 및 평등의 권리를 가진다"고 선언하였다. 이렇듯 자연법사상에 바탕을 둔 천부인권의 사상은 미국의 독립과 프랑스혁명의 지도이념이 되어 근대민주국가성립의 기초가 되었다.

우리 헌법 제37조 제1항에서도 "국민의 자유와 권리는 헌법에 열거되지 아니한 이유로 경시되지 아니한다"고 규정한 것도 자연법사상의 권리관의 영향을 받은 것이라고 할 수 있다.

2. 법실증주의의 권리관

법학의 대상을 오로지 실정법에 한정하고, 그것을 형식논리적으로 파악하려고 하는 법실증주의(Rechtspositivsmus)의 입장에서는 권리는 법적인 개념이므로 국가의 實定法이 규정하여 보장하지 않는 권리는 존재할 수도 없으며 존재할 가치도 없다는 것이다. 따라서 국가 이전 또는 법 이전의 권리는 존재하지 않고, 국가에서 제정된 실정법에 의하여 인정될 때 비로소 권리가 존재하며, 주장할 수 있다고 한다.

"모든 국민은 인간으로서의 존엄과 가치를 가지며, 행복을 추구할 권리를 가진다. 국가는 개인이 가지는 불가침의 기본적 인권을 확인하고 이를 보장할 의무를 진다"(헌법 제10조)는 규정도 국가가 기본적 인권(fundamental human rights)을 실정법상의 권리로서 보장함을 선언한 것이라 한다. 그러므로 권리는 국가나 법을 떠나서 생각한다면 무의미한 것이 될 것이며, 권리는 "법에 있어서의 권리"(Recht im Recht) 라고 주장한다.

이상에서 본 바와 같이 두 가지의 권리관이 대립하고 있으나 오늘날 대체로 권리는 법실증주의의 입장에서 파악되지만, 그 근저에 있어서는 자연법적 권리사상이 많은 영향을 미치고 있다.

II. 권리의 본질

권리의 본질에 관하여는 여러 가지 학설이 있으나 그 주요한 것을 들면 다음과 같다.

1. 의 사 설

의사설(Willenstheorie)은 개인의 의사를 권리의 본질이라고 보는 견해이며, 주로 18 · 19세기의 사상을 그 기반으로 하고 있다. Kant나 Hegel은 '의사의 자유를 권리의 본질'이라고 하였고, 빈트샤이트(Bernhard Windscheid, 1817~1892)는 권리를 '의사의 힘'(Willensmacht) 또는 '의사의 지배(Willensherrschaft)라고 하여 의사설을 대표하고 있다.

그러나 이 설에 의하면 의사를 가지는 사람만이 법률상의 권리를 가지게 되며, 의사무능력자인 유아 · 정신병자나 고유의 심리적 의사를 가지지 못하는 법인 등이 권리를 가질 수 없게 된다. 그러나 태아에게도 불법행위로 인한 손해배상청구(민법 제762조), 재산상속(민법 제1000조), 유증(민법 제1064조) 등의 경우에는 개별적으로 이미 출생한 것으로 보아 권리능력을 인정하고 있는 점에서 타당하지 못하다.

2. 이 익 설

이익설(Interessentheorie)이란 이익을 권리의 본질이라고 하는 견해이다. 의사설의 결함을 보충하기 위해 독일의 법학자인 예링(Jhering)이 주장하였다. 그는 권리의 본질은 생활재의 분배 및 그 분배된 생활재의 보호에 있으며 따라서 권리란 법률에 의하여 보호된 이익이라고 주장하였다.

이익설은 권리주체와 의사주체는 반드시 같을 필요는 없으므로 유아나 정신병자 등 의사무능력자들도 권리주체가 될 수 있다고 하여 의사설의 결점을 보완하였다. 그러나 이 설도 이익은 권리의 목적이지 권리 자체가 아니라는 점을 간과하였으며, 또한 친권처럼 권리자에게 아무런 이익을 주지 않는 권리가 있고 반사적 이익처럼 이익은 주면서 권리로 인정되지 않는 것이 있다는 점을 간과하였다.

3. 절 충 설

절충설(gemischte Theorie)이란 권리의 본질을 이익의 보호를 위하여 법이 인정한 의사의 힘, 혹은 의사력의 승인에 의하여 보호된 재화 내지 이익이라고 하는 학설이다. 이는 의사설과 이익설을 절충한 것으로서 옐리네크(G. Jellinek, 1851~1911)와 베커(E. I. Bekker, 1827~1916) 등이 주장하였다. 그러나 이 학설은 의사설과 이익설의 결함을 그대로 가지고 있다는 문제가 있다.

4. 법 력 설

법력설(rechtliche Machttheorie)이란 권리는 일정한 이익을 향수할 수 있도록 하기 위하여 법적으로 주어진 힘이라고 하는 견해이다. 대표적으로는 메르켈(J. Merkel,1836~1896)이 주장하였다. 여기서 일정한 이익이란 개인의 사회생활에 있어서 필요한 '가치있는 것'이라는 넓은 의미를 가지는 것이다. 따라서 물질적 · 경제적 내용을 가진 재산적 이익뿐만 아니라 생명 · 신체 · 자유 · 명예 · 비밀 · 정조 · 일조권 · 환경권 등과 같은 비재산적 이익도 포함된다. 또 여기에 '법적으로 주어진 힘'이란 법에 의하여 시인되어 정당하다고 하는 가능성을 뜻한다. 이 설은 의사설과 이익설의 결점을 모두 보충하였다고 평가되며, 오늘날의 통설이다.

5. 권리부인설

이 설은 권리본위사상에 반대하여 법적 권리의 존재 의도는 존재 그 자체를 부인하는 것으로서 의무본위사상의 극단화된 형태이다. 이에 의하면 권리개념을 형이상학적 개념이라고 하여 부인하여 버리고, 사회연대에 기인한 의무관념을 법이론의 중심개념으로 삼는다. 따라서 권리는 일종의 사회적 기능에 불과하다거나 법적 의무의 반사형태에 불과하다고 한다. 뒤기(Lean Duguit, 1859~1928), 켈젠 등이 대표자이다. 그러나 법률관계에 있어서 의무본위를 강조하더라도 권리의 적극적인 가치를 부인하는 것은 곧 법 자체를 부인하는 결과가 되어 타당하지 못하다.

Ⅲ. 권리의 개념

1. 권리의 의의

권리의 본질을 법력설에 따라 '일정한 법익을 향수하기 위하여 법에 의하여 부여된 법률상의 힘'이라고 할 수 있다. 이를 나누어 설명하면 다음과 같다.

(1) 권리는 법에 의하여 주어진다.

권리는 법에 의하여 주어지는 것이므로 법이 있어야 비로소 권리가 존재하게 된다. 따라서 법에 의하지 아니하는 것은 여기서 말하는 권리가 아니다.

(2) 권리는 법률상의 힘이다.

여기서 법률상의 힘이라 함은 주관적으로 인정되는 의사력이 아니라 객관적으로 법에 의하여 인정된 법적인 힘을 의미한다. 따라서 이것은 사실상의 힘이나 물리적 실력(완력, 폭력 등)과는 구별된다. 그러나 만약 권리의 침해가 발생하는 때에는 그것을 제거하고 권리의 보호를 청구할 수 있는 권능(힘)이 있기 때문에 법이 규정하지 않거나 혹은 법규 실시의 결과 반사적으로 어떤 이익을 보게 되는 반사적 이익과 구별된다.

(3) 권리는 법익의 향유를 목적으로 한다.

권리는 이익 그 자체가 아니라 일정한 이익을 향유하게 하는 수단이며 가능성이다. 여기서 일정한 이익이라 함은 사회생활상의 이익으로서 보호가치가 있는 이익이면 재산적 이익은 물론, 비재산적 이익도 포함한다. 따라서 권리자가 이익을 향유하기 위해서는 현실상의 행위를 하여야 한다. 즉 '권리 위에 잠자는 자는 보호받지 아니한다'는 법격언과 같이 권리는 스스로 행사할 때 보호를 받는다.

2. 권리와 구별되는 개념

권리의 개념은 권원, 권한, 권능, 권력 및 반사적 이익과 구별된다.

(1) 권원(Rechtstitel)

권원이란 어떤 법률적·사실적 행위를 하는 것을 정당화하는 법률상의 근거를 말한다. 예컨대 어떤 물건을 직접 자기가 사실상 지배(점유)하지 않더라도 언제든지 이를 지배할 수 있는 법률적 근거로서의 소유권이 이에 해당한다.

(2) 권한(Kompetemz)

권한이란 공법상 또는 사법상의 법인 또는 단체의 기관이나 개인의 대리인이 법령 또는 정관 등에 의하여 일정한 행위를 유효하게 할 수 있는 법률상의 자격을 말한다. 예컨대, 공법상 대통령의 권한·공무원의 권한이라든가, 사법상 법인의 이사의 권한 등과 같은 것이다. 특히 공무원은 국가의 기관으로서 그의 권한은 법에 의하여 한정되어 있기 때문에 권한의 범위를 일탈하는 행위는 무효 또는 취소된다.

(3) 권능(Befugnis)

권능이란 권리 속에 포함되어 있는 개개의 작용을 말한다. 즉 하나의 권리가 있으면 그로부터 여러 가지 권능이 나온다. 예컨대, 소유권이라는 권리로부터 사용의 권능·수익의 권능·처분의 권능을 갖는다.

또 상법상 주주가 가지는 의결권·이익배당청구권·잔여재산분배청구권 등은 주주권으로부터 파생하는 권능인 것이다.

(4) 권력(Macht)

권력이란 일정한 개인 또는 집단이 다른 개인 또는 집단을 강제 내지 지배하는 힘을 말한다. 바꾸어 말하면 권력이란 명령권을 가리키며 어떤 자의 의사가 다른 사람을 강제하는 권능을 의미한다. 이것은 사력이나 폭력과 달라서 일정한 공익을 달성하기 위하여 다른 개인이나 집단을 강제로 복종시키는 법률상의 힘이다.

(5) 반사적 이익(objektives Reflexrecht)

반사적 이익이란 어떤 법규가 사회 일반을 대상으로 하고 있는 규정의 반사적 효과로서 받게 되는 이익을 말한다. 따라서 사회 일반인이 다만 반사적 이익을 가지는 데 불과한 경우에는 어떤 특정인의 작위·부작위로 인하여 이익의 향수가 방해되어도 사회 일반인은 이에 대하여 자기의 권리를 청구할 수 없다. 예컨대, 국가 또는 공공단체가 공원을 조성하게 되면 개인은 그 곳에서 휴식을 취하는 등의 이익을 누리지만 개인은 공원의 조성을 요구할 수 없는 것과 같다.

Ⅳ. 권리의 분류

권리는 여러 가지 표준에 의하여 분류될 수 있으나, 그 중 일반적인 분류방법은 법을 공법·사법 및 사회법으로 분류하는 것과 대응하여 권리도 공권·사권 및 사회권으로 분류하는 것이 통례이다. 권리에 관한 학문적인 전개는 우선 사법분야에서 발달하고 그 후에 공법분야에 미쳤기 때문에 사권의 분류가 공권의 분류보다 정밀하고 체계적이다.

1. 공 권

공권(public rights)이란 공법관계에 있어서 당사자의 어느 한 편이 가지는 권리를 말한다. 공법을 국제법과 국내법으로 분류하는 데 대응하여 공권도 국제법상의 공권과 국내법상의 공권으로 나뉜다.

(1) 국내법상의 공권

국내법상의 공권은 국법상의 공권이라고도 하며, 국가·공공단체 및 개인이 공법관계에서 갖는 권리, 특히 통치관계에서 가지는 권리이다. 이 권리에는 국가 및 공공단체가 지배자로서 국민에 대하여 가지는 국가적 공권과 국민이 국가 또는 공공단체에 대하여 가지는 개인적(국민적) 공권이 있다.

㈎ 국가적 공권

국가·공공단체가 공법인으로서 그 자체의 존립을 위하여 가지는 권리 및 그가 국민에 대하여 가지는 권리를 말한다. 국가적 공권은 다시 권리의 작용을 표준으로 입법권 · 행정권 · 사법권으로 나누어지고, 권리의 목적지를 표준으로 조직권 · 경찰권 · 군정권 · 형벌권 · 재정권 · 보육권 · 공기업권 등으로 나누어지며, 권리의 내용을 표준으로 명령권 · 강제권 · 형성권 · 공법상의 물권 등으로 나누어진다.

(나) 개인적 공권

개인적(국민적) 공권이란 국민이 국가에 대하여 가지는 권리를 말한다. 피지배자의 권리로서의 특색을 갖는다. 이는 지배자인 국가의 보호에 의해서만 그 효과를 기대할 수 있다. 헌법상 보장하고 있는 개인적 공권은 포괄적 기본권 · 자유권 · 참정권 · 수익권 등으로 분류된다.

(i) 헌법상 포괄적 기본권으로는 인간의 존엄과 가치 · 행복추구권(헌법 제10조)과 평등권(헌법 제11조)이 있다.

(ii) 헌법상 자유권으로는 다음과 같다(이하 조문앞에 '헌법' 명칭은 생략한다).

신체의 자유(제12조, 제13조), 거주이전의 자유(제14조), 직업선택의 자유(제15조), 거주의 자유(제16조), 사생활의 비밀과 자유(프라이버시권 ; 제17조), 통신의 자유(제18조), 양심의 자유(제19조), 종교의 자유(제20조), 언론 · 출판 · 집회 · 결사의 자유(제21조), 학문과 예술의 자유(제22조), 재산권의 보장(제23조) 등이 있다. 이러한 자유권이 국가적 공권에 의하여 침해받는 경우에는 그 침해를 배제 · 구제할 수 있는 구체적인 권리가 주어진다. 예컨대, 자유권이 위법한 행정작용에 의해서 침해받는 경우에는 위법한 행정처분의 취소청구권, 원상회복청구권, 손해배상청구권(국가배상), 형사보상청구권을 행사할 수 있다.

(iii) 헌법상 참정권으로는 선거권(제24조), 공무담임권(제25조), 국민표결권(제72조, 제130조)이 있다. 이러한 참정권이 국가적 공권과 관련하여 구체적으로 나타나는 권리로서 대통령 · 국회의원 선거에서 투표할 수 있는 권리, 선거인명부를 열람할 수 있는 권리, 위법 선거에 대해서 다툴 수 있는 권리(선거소송), 일정한 요건을 갖춘 경우에 공직에 취임할 수 있는 권리 등을 들 수 있다.

(iv) 헌법상 수익권은 다시 청구권적 기본권과 생존권적 기본권으로 나눌 수 있는데 청구권적 기본권으로는 청원권(제26조), 재판청구권(제27조), 형사보상청구권(제28조), 국가배상청구권(제29조), 국가에 대한 구조청구권(제30조)이 있다. 그리고 생존권적 기본권으로는 교육을 받을 권리(제31조), 근로의 권리(제32조), 노동자의 단결권 · 단체교섭권 · 단체행동권(노동3권 ; 제33조), 인간다운 생활을 할 권리(제34조), 환경권(제35조), 혼인 · 가족 · 모성보호에 관한 권리(제36조) 등이 있다. 이러한 수익권이 국가적 공권

과 관련하여 구체적으로 나타나는 경우로는 국공립대학·도서관·병원 등을 이용할 수 있는 영조물이용권, 도로·하천·공유수면을 이용하는 공물사용권, 공무원이 봉급·수당 등을 청구하거나, 국가유공자가 연금을 청구할 수 있는 권리로서 나타나는 공법상 금전청구권 등을 들 수있다.

(2) 국제법상의 공권

국제법상의 공권이란 국가가 국제법상의 주체로서 가지는 권리를 말한다. 국가는 대내적으로 최고의 지배권을 가지는 동시에 대외적으로는 독립적인 주체로서 국제법상의 권리의무를 가진다. 국가가 가지는 국제법의 주체로서의 권리에는 여러 가지가 있으나 그 기본적이고 고유한 것으로 독립권·평등권·자율권·교통권 등이 있다.

2. 사 권

사권(private rights)이란 사법상의 권리, 즉 개인 상호간의 재산과 신분관계에서 인정되는 권리를 말한다. 또한 사권관계는 국가 또는 공공단체가 통치관계를 떠나서 사인과 대등한 지위에서 행위를 하는 경우에 국가·공공단체와 국민 간에도 존재한다. 사권은 여러 가지 표준에 따라 다음과 같이 분류된다.

私權의 분류
- 내용에 따른 분류
  - 인격권
  - 신분권
    - 친족권
    - 상속권
  - 재산권
    - 물권
    - 채권
    - 무체재산권
  - 사원권
- 작용에 따른 분류
  - 지배권
  - 청구권
  - 형성권
  - 항변권
- 효력에 따른 분류
  - 절대권
  - 상대권
- 이전성에 따른 분류
  - 일신전속권
  - 비전속권
- 독립성에 따른 분류
  - 주된 권리
  - 종된 권리

(1) 권리의 내용에 따른 분류

(가) 인 격 권

인격권(Personlichkeitsrecht)은 권리자 자신과 분리할 수 없는 인격적 이익의 향수를 내용으로 하는 권리이다. 생명 · 신체 · 자유 · 명예 · 정조 · 초상 등의 보호를 목적으로 하는 권리가 이에 속한다. 인격권은 금전적으로 평가를 할 수 없고 인격을 떠나서는 의미가 없기 때문에 거래의 목적이 될 수 없다. 따라서 생명이나 신체의 일부를 매각한다든가, 자유를 팔아 노예가 되겠다는 따위의 계약은 무효이다.

또한 인격권은 권리자가 적극적으로 주장할 수 있는 권리라기보다는 타인에 의하여 침해가 있을 경우에 그 침해의 배제를 청구하거나 침해로 생긴 손해의 배상을 청구할 수 있는 권리라는 특색을 가진다.

(나) 신 분 권

신분권(Statusrecht)은 가족 · 부부 · 친자 · 친족 등의 일정한 신분관계에 있는 자들 사이에 신분적 이익을 목적으로 하는 권리이다. 예컨대, 부모가 그 자녀에 관하여 가지는 친권 · 징계권, 부부간의 동거청구권, 친족간의 부양청구권, 상속권 등이 그 예이다. 신분권의 특색은 일신전속권이며 권리라기보다는 가족공동체의 유지 · 발전을 위한 의무적 색채가 짙은 권리라는 점에 있다.

(다) 재 산 권

재산권(Vermügensrecht)은 경제적 이익을 그 내용으로 하는 권리이다. 이것은 권리자의 인격이나 신분과는 관계없이 금전적 가치를 목적으로 하고, 권리 그 자체도 금전적 가치를 지니는 권리이다. 다만 상속권과 부양청구권 등은 재산적 이익을 가지는 것이다. 이들이 신분권에 속함은 앞에서 본 바와 같다.

재산권에 속하는 주된 것으로는 물권 · 채권 · 무체재산권 등이 있다.

① 물권(Sachenrecht): 물권은 권리자 자신이 일정한 물건을 직접 지배해서 이익을 얻는 배타적 권리이다. 민법이 정하는 물권에는 점유권 · 소유권 · 지상권 · 지역권 · 전세권 · 유치권 · 질권 · 저당권이 있다. 이 가운데에서 지상권 · 지역권 · 전세권을 용익물권, 유치권 · 질권 · 저당권을 담보물권이라 한다.

② 채권(Forderungsrecht): 채권은 특정인(채권자)이 다른 특정인(채무자)에 대하여 일정한 행위(급부, Leistung)를 청구할 수 있는 권리이다. 채무자가 임의로 이행하면 채권의 목적이 달성되고 채권은 소멸한다. 물권과 채권이 경합할 때에는 물권이 채권보다 우선한다.

③ 무체재산권(Immaterialgüterrecht): 무체재산권은 저작 · 발명 등의 정신적 · 지능적 노력에 의한 창조물을 독점적으로 이용할 것을 내용을 하는 권리이다. 특허권 · 실용신안권 · 의장권 · 상표권 · 저작권 등이 이에 속하며 공업소유권 또는 산업재산권, 지적소유권이라고도 한다. 이들 권리에 관하여는 특별법, 예컨대 특허법 · 실용신안법 · 의장법 · 상표법 · 저작권법 등이 마련되어 있다.

④ 사원권(Mitgliedschaftsrecht): 사원권은 단체의 구성원이 그 구성원(사원)의 자격으로서 그 단체에 대하여 가지는 포괄적 권리를 말한다. 주식회사에 있어서의 주주권이 그 대표적인 예이다. 이에는 의결권 · 업무집행권 및 감독권 등과 같이 법인 단체 자신의 목적을 위한 공익권과 이익배당청구권 · 잔여재산분배청구권 등의 사원 자신의 이익을 위한 자익권이 있다.

(2) 권리의 작용에 따른 분류

(가) 지 배 권

지배권(Herrschaftsrecht)은 권리의 객체를 직접 · 배타적으로 지배하는 권리이다. 지배권은 권리의 실현을 위하여 타인의 협력이 불필요하고, 직접 자기의 의사로써 실현할 수 있는 권리이며, 국가공권력의 도움이 필요없는 점에서 청구권과 다르다. 지배권은 대내적으로는 직접 지배권을 행사하고 대외적으로는 배타적 권리를 지닌다. 이에는 물권 · 무체재산권 · 친족권 등이 있다.

(나) 청 구 권

청구권(Anspruchsrecht)은 특정인(채권자)이 다른 특정인(채무자)에게 일정한 행위를 요구할 수 있는 청구적인 작용을 내용으로 하는 권리이다. 청구권은 권리의 목적인 이익을 향수하는 데에는 타인의 행위를 필요로 하는 점에서 지배권과 다르다. 채권이 그 대표적인 예에 속하나 그 밖에 물권적 청구권 · 친족권의 일부, 예컨대 부부간의 동거청구권 · 일정한 친족간의 부양청구권 · 자의 인지청구권 등을 들 수 있다.

(다) 형 성 권

형성권(Gestaltungsrecht)은 권리자의 일방적인 의사표시에 의하여 법률관계를 발생 · 변경 · 소멸시키는 법률효과를 가져오는 권리이다. 동의권 · 취소권 · 추인권 · 해제권 · 상계권 · 선택권 · 포기권 등이 이에 속한다.

형성권은 새로이 법률관계를 형성하는 점에서 지배권과 다르고, 또 타인의 행위를 개재시키지 않는 점에서 청구권과 다르다.

(라) 항 변 권

항변권(Einrede)은 타인의 청구권 행사에 대하여 그 청구를 거절할 수 있는 작용을 하는 권리이다. 보증채무에 있어서 보증인의 최고 및 검색의 항변권(민법 제437조), 쌍무계약에 있어서 동시이행의 항변권(민법 제536조) 등이 이에 속한다. 이는 상대방의 권리를 부인하는 것이 아니라 승인하면서 그 권리의 작용에 변경을 일으키게 한다.

(3) 권리의 효력범위에 따른 분류

(가) 절 대 권

절대권(absolutes Recht)은 특정한 상대방이 없고 일반인을 의무자로 하여 모든 사람에게 주장할 수 있는 권리라는 데서 대세권이라도고 한다. 물권 · 인격권 · 무체재산권 등의 지배권이 이에 속한다.

(나) 상 대 권

상대권(relatives Recht)은 권리의 내용이 특정인에게만 일정한 행위를 요구하며 그 효력이 특정인만을 의무자로 하여 그에 대하여만 대항할 수 있는 배타성없는 권리이다. 특정인에 대하여만 주장할 수 있는 권리라 하여 대인권이라고도 한다. 채권이 그 예이다.

(4) 권리의 이전성에 의한 분류

(가) 일신전속권

일신전속권(nicht bertragbares Recht)은 그 권리의 향유 또는 행사가 권리자에게 전속되어 분리할 수 없는 권리로서 양도나 상속 등으로 타인에게 이전할 수 없다. 인격권 · 신분권 등이 이에 속한다.

(나) 비전속권

비전속권(bertragbares Recht)은 권리를 권리자로부터 분리하여 타인에게 이전할 수 있는 권리를 비전속권이라 한다. 재산권이 대표적이다.

(5) 권리의 독립성에 따른 분류

(가) 주된 권리(Hauptrecht)

이는 다른 권리에 대하여 종속관계에 있지 않고 완전히 독립된 권리이다. 예컨대 원본채권 · 소유권 등이 이에 속한다.

(나) 종된 권리(Nebensrecht)

이는 다른 권리에 종속하여 존재하는 권리로서 주된 권리가 있어야 존재할 수 있고 그와 함께 운명(발생 · 변경 · 소멸)을 같이 하는 권리이다. 예컨대 채권에 대한 담보물권인 질권 · 유치권 · 저당권 등이나 원본채권에 대한 이자채권은 종된 권리이다.

3. 사 회 권

사회권은 사회법상의 권리이다. 사회법이 공법 · 사법의 혼합적 · 중간영역적인 지위에서 성립되어 있는 관계로 사회권도 공권 · 사권의 혼합적 성질을 띠고 있다. 사회권은 국민이 인간다운 생활을 영위할 수 있도록 그에 필요한 조건의 보장을 국가에 대하여 요구할 수 있는 권리로서, 자본주의사회의 내재적 모순으로 인하여 많은 사람들의 생존이 위협받게 되자, 국민생활의 보장을 국가의 책임으로 인정한 결과 발생한 권리이다. 우리 헌법상 교육을 받을 권리(제31조 제1항), 근로의 권리(제32조 제1항), 근로자의 단결권 · 단체교섭권 및 단체행동권(제33조 제1항), 인간다운 생활을 할 권리(제34조 제1항), 생활무능력자의 국가의 보호를 받을 권리(제34조 제5항), 국가로부터 혼인 및 가족생활과 보건을 보호받을 권리(제36조) 등이 이에 속한다.

이러한 사회권을 구체적으로 실현하기 위하여 교육법, 근로기준법, 노동조합 및 노동관계조정법, 사회복지사업법, 의료보호법, 직업안정법, 고용보험법, 생활보호법, 장애인복지법, 노인복지법, 재난관리법, 모자보건법, 여성발전기본법, 모자복지법, 아동복지법, 고령자고용촉진법, 전염병예방법, 정신보건법, 환경정책기본법, 해양오염방지법, 소음 · 진동규제법, 수질환경보전법, 대기환경보전법, 독점규제 및 공정거래에 관한 법률, 소비자기본법 등에서 각각 규정하고 있다.

제 3 절 義 務(의무)

I. 義務의 개념

1. 의무의 의의

의무(duty; Pflicht)란 자기 의사와는 관계없이 일정한 작위 또는 부작위

(Unterlassung)를 강제당하는 법률상의 구속을 의미한다. 권리가 법률상의 힘이며 그 내용이 특정한 권익인 데 반하여, 의무는 법률상의 구속이며 그 내용은 특정한 불이익이다.

의무의 본질에 관하여도 권리의 본질에 관한 학설과 대응하여 견해가 나누어져 있다. ① 의사설은 의무를 법에 의하여 정하여진 의사의 구속력이라고 한다. 그러나 이 설에 의하면 의사무능력자가 의무를 지는 것을 설명할 수 없게 된다. ② 책임설은 의무가 법률상의 책임이라고 한다. 그러나 이 설은 책임을 수반하지 않는 의무 예컨대, 소멸시효가 완성된 후의 채무(이른바 자연채무)에 대하여 설명할 수 없다는 난점이 있다. ③ 법적 구속설은 의무란 일정한 작위·부작위를 하여야 할 법적 구속력이라고 한다. 이 견해는 권리의 본질에 관한 법력설에 대응하는 견해로서 현재의 다수설이다. 여기서 말하는 법적 구속력이라는 것은 국가 또는 개인의 강제적 제재를 뜻하는 것이 아니고 의무자가 일정한 작위 또는 부작위를 하도록 법에 의하여 구속됨을 의미한다. 따라서 의무의 이행은 반드시 법에 의하여야 한다.

2. 의무와 책임

의무와 책임은 구별하여야 할 개념이다. 책임은 의무 위반에 대하여 가하여지는 넓은 의미의 제재, 예컨대 형벌·강제집행·손해배상 등의 불이익을 받게 되는 기초를 말하는 것으로서 의무의 담보를 뜻한다.

의무는 일반적으로 책임을 수반함으로써 그 법적 구속성이 확보되는 것이지만 책임없는 의무도 존재하는 것이다. 예컨대 소멸시효완성 후의 채무(자연채무)에 있어서는 의무는 있으나 책임은 없다고 할 수 있다. 또 의무없는 책임의 예로는 물상보증인의 책임을 들 수 있다.

II. 의무의 분류

1. 공의무와 사의무(주체에 의한 분류)

(1) 공의무(公義務)

공의무라 함은 국민 또는 국가가 공적·정치적 생활관계에서 부담하는 일정한 법적 구속을 말한다. 공의무는 국제법상의 공의무와 국내법상의 공의무로 나누어지는데, 전자는 국가가 국제법상의 주체로서 다른 국가에 대하여 부담하는 의무이고, 후자는 다시 국민이 국가 · 공공단체에 대하여 부담하는 의무(납세의 의무 · 국방의 의무 · 교육의 의무 · 근로의 의무 · 환경보전의무)와 그와는 반대로 국가 · 공공단체가 국민에 대하여 부담하는 의무(국가의 국민에 대한 기본권보장의무 등)로 나누어진다.

(2) 사의무(私義務)

사의무는 사권에 대응하는 사법상의 의무로서, 사권의 거의 대부분은 사의무를 수반하고 있다. 채권에 대한 채무가 그 대표적인 예이다.

2. 작위의무와 부작위의무(내용에 의한 분류)

(1) 작위의무

작위의무란 어떤 특정한 행위를 하여야 할 법적 의무로서 적극적 의무라고도 한다. 노무의 제공 · 금전의 급부 등이 그 예이다.

(2) 부작위의무

이는 어떤 특정한 행위를 소극적으로 하지 않을 것을 내용으로 하는 법적 의무이므로 소극적 의무라고도 한다. 예컨대 부당한 경업을 하지 않을 의무, 비밀을 유지하여야 할 의무, 일조권을 침해하지 않을 의무 등이 그 예이다. 부작위의무와 관련하여 인용의무(Duldungspflicht)가 있다. 이는 타인의 일정한 행위를 참고 감수하여야 할 의무이다. 예컨대 강제집행의 경우에 있어서 집행관의 압류를 받아들이고 이의를 제기하지 않을 의무가 이에 해당한다.

요컨대 작위와 부작위의 구별은 행위 자체에 의하여 이루어지는 것이 아니라 일정한 관점에서 보아 상대적으로 이루어지는 것이다. 예컨대 어머니가 시장에 가는 작위도 수유라는 관점에서 보면 부작위가 된다. 이처럼 부작위는 아무 것도 하지 않는 것이 아니라 규범적으로 기대되는 일정한 행위를 하지 아니하는 것을 말한다. 작위와 부작위의 문제는 특히 부작위가 채무의 내용이 된 경우에 문제가 된다.

3. 사회의무

사회의무란 사회권에 대응하는 의무이다. 사회권은 사회법상의 권리이고, 특히 노동법에서는 근로자의 권리이므로 사회의무는 그 상대방인 사용자의 의무임과 동시에 경우에 따라 국가의 의무로도 된다. 예컨대, 단결권·근로권에 대해 국가는 근로자의 단결을 보장할 의무를 지며, 사용자도 이를 무시 또는 방해하지 아니할 의무를 진다. 특히, 사용자는 단체교섭에 응하여 단체협약을 체결하여야 할 의무를 지고 정당한 노동쟁의를 인정하여야 할 의무를 진다. 한편, 근로자는 사회권을 남용하지 않을 의무 및 단체협약을 준수할 의무를 진다. 또한 국가는 극빈자를 위한 생활보호의무 등 국민의 생활권적 기본권을 보장할 의무를 진다.

제 4 절 권리의무의 주체와 객체

I. 권리의무의 주체

권리의무의 주체란 권리의무가 귀속하는 법률관계의 주체를 뜻한다. 권리를 행사하고 의무를 이행할 수 있는 법률상의 사람인 인격체를 말한다. 노예제도가 존재하였던 시대에는 노예는 인격자로 인정되지 않았으나, 오늘날 모든 인간은 성별·연령·출신·빈부 등에 구별없이 모두 평등하게 법적 인격자로 인정되어 법률행위에 있어서 주체가 된다. 이와 같이 권리·의무의 주체가 될 수 있는 법률상의 지위 또는 자격을 권리능력(Rechtsfähigkeit)이라고 한다.

민법 제3조는 '사람은 생존하는 동안 권리와 의무의 주체가 된다'고 규정하고 있다. 여기서 사람은 자연인과 법인을 포함한다. 따라서 자연인은 출생에서 사망에 이르기까지 권리능력을 가지게 된다. 다만 태아는 불법행위로 인한 손해배상의 청구(제762조), 재산상속(제1000조), 대습상속(제1001조), 유류분(제1112조), 유증(제1046조), 사인증여(제562조) 등의 경우에는 예외적으로 권리능력이 인정된다. 법인은 설립에서 청산절차를 마칠 때까지 권리능력을 갖는다. 그리고 여기서 법인이라 함은 자연인이 아니면서 법에 의하여 권리의무의 주체로 인정된 자를 말한다. 법인에는 일정한 목적과 조직하에 결합된 사람의 단체인 사단법인(Verein)과, 일정한 목적을 위하여 출연한 재산의 집합인 재단법인(Stiftung)이 있다. 법인의 종류를 표로 나타내면 다음과 같다.

- 법인
  - 공법인
    - 국가
    - 공공단체(지방자치단체)
  - 사법인
    - 사단법인
      - 비영리사단법인(적십자사 등)
      - 영리사단법인(회사)
    - 재단법인 ― 비영리재단법인(학교재단, 장학재단 등)
  - 특수법인(한국은행, 산업은행 등)

II. 권리의무의 객체

1. 의 의

권리 또는 의무의 객체는 권리 또는 의무의 목적으로서 지배하거나 지배되는 것을 말한다. 그 목적의 내용은 권리에서는(특히 재산권에서는) 이익으로 되고, 의무에서는 불이익으로 되는 경우가 많다.

권리의 객체는 권리의 내용 또는 종류에 따라 달라진다. 물권에 있어서는 물건, 채권에 있어서는 채무자의 행위, 형성권에 있어서는 법률관계, 무체재산권에 있어서는 저작·발명 등의 정신적 산물, 상속권에 있어서는 상속재산이 각각 권리의 객체이다.

그 중 민법은 물건에 대하여서만 통칙적 규정을 두고 있다. 물건은 물권의 객체일 뿐만 아니라 채권·형성권 기타의 권리에도 간접적으로 관계되기 때문이다.

2. 물건의 의의

물건이란 유체물과 전기, 기타 관리할 수 있는 자연력을 말한다(민법 제98조). 여기서 관리할 수 있는 자연력이란 열 · 빛 · 바람에 의한 동력을 말한다.

이와 같이 물건은 권리의 주체인 자연인 이외의 외계의 일부이어야 한다. 따라서 살아 있는 사람의 신체는 물건이 아니다. 다만, 절단 · 분리된 사람의 신체의 일부나 유해는 물건이 될 수 있다. 사체는 물건이라고 인정되기 때문에 소유권의 객체로 된다. 다만 매장 등의 목적 이외에는 처분의 객체가 될 수 없는 특수한 물건으로서 그 소유권인 망인의 호주승계인에게 귀속한다고 보고 있다. 또 물건은 권리의 객체이므로 사람이 지배할 수 있는 것이어야 한다. 따라서 해 · 달 · 별 · 공기 등은 유체물이지만 법률상의 물건은 아니다.

3. 물건의 종류

물건은 물건의 형태에 의하여 단일물 · 합성물 · 집합물로, 사법거래의 객체가 될 수 있느냐에 의하여 융통물 · 불융통물로, 성질 또는 가치를 크게 손상시키지 않고 분리할 수 있느냐에 의하여 가분물 · 불가분물로, 동일한 용도에 재차 사용할 수 있느냐에 의하여 소비물 · 비소비물로, 거래 일반에 있어 개성을 중시하느냐에 의하여 대체물 · 비대체물로, 특정거래에 있어 당사자가 물건의 개성에 착안하느냐에 의하여 특정물 · 불특정물로 구분할 수 있다.

한편, 민법총칙에서는 동산과 부동산, 주물과 종물, 원물과 과실로 분류하여 규정하고 있는바, 여기서는 이에 대하여만 살펴보기로 한다.

(1) 동산과 부동산

부동산이라 함은 토지 및 그 정착물을 말한다(민법 제99조 제1항). 토지는 정당한 이익 있는 범위 내에서의 그 상하(지상 · 지하)를 포함한다(민법 제212조 참조). 그러나 일정한 미채굴광물은 광업권의 설정 없이는 이를 채굴할 수 없으므로 광업권을 가지는 자만이 채굴할 수 있다(광업법 제4조). 구분된 각 토지는 지번으로 표시되고 筆로써 그 개수를 계산한다. 토지의 정착물이란 토지에 고정적으로 부착하여 용이하게 이동할 수 없는 물건으로서, 거래관념상 계속적으로 토지에 부착되어 사용되는 것으로 인정되는 물건을 말한다. 예컨대, 건물 · 수목 · 교량 · 담장 · 제방 등이 그것이다. 따라서 임시로 심어 놓은 수목이나 토지 또는 건물에 충분히 고착되어 있지 않은 기계 등은 정착물이 아니다. 한편, 농작물은 그것이 비록 남의 땅에서 위법하게 경작 · 재배된 것이든, 명인방법을 갖추지 않았든 토지와는 독립된 물건으로서 언제나 경작자에게 속한다는 것이 판례의 입장이다.

동산이란 부동산 이외의 물건을 말한다(민법 제99조 제2항). 즉, 토지와 그 정착물 이외의 물건은 모두 동산이다. 따라서 전기 기타 관리할 수 있는 자연력도 모두 동산이 된다.

물건을 이상과 같이 동산과 부동산으로 구별하는 이유는 그 취급상의 차이에 있다. 즉, 물권변동의 공시방법(登記, 引渡)·동산점유의 공신력·무주물선점 등에 차이가 있고, 지상권·지역권은 토지에만 설정되고 전세권·저당권은 부동산에만 설정되며, 동산에는 유치권·질권만 설정된다는 점이다. 또한 시효취득의 요건·효과가 다르고, 재판관할권과 강제집행의 절차·방법이 다르기 때문이다.

(2) 주물과 종물

물건의 소유자가 그 물건의 상용에 공하기 위하여 자기 소유인 다른 물건을 이에 부속하게 한 때에는 그 부속물을 종물이라고 한다(민법 제100조 제1항). 이 경우에 부속물인 종물이 그 효용을 돕는 물건을 주물이라고 한다. 예컨대 배와 노, 시계와 시계줄 등의 관계가 이에 속한다.

종물의 처분은 당사자간에 특별한 약정이 없는 한 주물의 처분에 따르는 것이 원칙이다(민법 제100조 제2항). 주물의 저당권은 종물에도 미치고 주물의 임대차계약의 효력은 종물에도 미치나 특약으로 이 효력을 배제할 수 있다.

(3) 원물과 과실

어떤 물건으로부터 생기는 수익을 과실이라고 하고, 그 수익을 생기게 하는 물건을 원물이라고 한다.

과실에는 천연과실과 법정과실이 있다. 천연과실이란 원물의 용법에 의하여 수취하는 산출물을 말한다(민법 제101조 제1항). 예컨대, 과일·광물·우유·계란 등이 이에 속한다. 천연과실은 그 원물로부터 분리하는 때에 이를 수취할 권리자에게 속한다(민법 제102조 제1항). 법정과실이란 사용대가로 받는 금전 기타의 물건을 말한다(민법 제101조 제2항). 예컨대 지료·이자·차임 등이 이에 속한다. 법정과실은 수취할 권리의 존속기간일수의 비율로 취득한다(민법 제102조 제2항).

제 5 절 권리의 행사와 의무의 이행

Ⅰ. 권리의 행사

1. 의 의

권리는 어디까지나 이익을 얻을 수 있는 가능성을 추상적으로 법이 부여한 것에 지나지 않는다. 따라서 그 목적이 되는 이익을 얻기 위해서는 이를 구체화 · 현실화하는 수단으로서 권리의 행사가 필요하다. 여기서 권리의 행사라 함은 권리의 내용을 실현하려는 행위, 즉 권리의 내용인 이익을 향수하려는 행위를 말한다.

이러한 권리를 행사하는 방법으로는 지배권의 경우는 객체의 지배라는 사실행위로서, 청구권 · 형성권과 항변권의 경우는 의사표시로서 행하지만 특히 재판을 통해서만 가능한 경우(민법 제406조의 채권자취소권 등)도 있다.

2. 권리행사자유의 원칙

권리의 행사는 권리자의 자유에 속하고 또 그 한도에서는 원칙적으로 제한이 없다. 일찍이 로마법시대부터 "자기의 권리를 행사하는 자는 누구도 해하지 아니한다." 등의 법격언은 사권의 행사는 자유롭게 할 수 있다는 원칙을 단적으로 표현하는 말이다.

그러나 "권리 위에 잠자는 자는 권리자로서 보호할 가치가 없다"라는 예링의 말처럼 일정한 경우에는 권리의 불행사에 대하여 일정한 불이익을 가져오게 하여 간접적으로 권리의 행사를 강제하는 경우(소멸시효제도)가 있는가 하면, 권리행사의 의무가 내재되어 있는 권리도 있다(친권).

3. 권리행사의 제한

권리는 권리주체인 개인의 이익을 직접의 목적으로 하고 있는 것은 사실이나, 모든 권리는 궁극에 있어서는 사회공동생활을 위하여 존재하는 것이라고 할 수 있다. 따라서 권리의 행사는 개인의 문제일 뿐만 아니라 사회와도 관계를 가지게 되므로 그 개인성과 사회성의 조화가 요구되며, 사회성의 요구의 결과 권리행사는 스스로 그 한계가 있으며 또 법에 의하여 일정한 제약도 받게 되는 것이다. 즉 법의 목적이 사회의 질서유지를 통한 사회 전체의 발전에 있는 한, 권리행사는 공공복리에 적합할 때에만 허용될 수 있다. 더 나아가 권리는 신의에 좇아 성실히 행하여져야 하며 남용하여서는 아니 된다. 따라서 이를 위반한 경우에는 권리행사의 효과는 생기지 아니한다. 더욱이 이것이 위법행위가 되는 경우에는 손해배상책임을 지게 되는 수가 있다.

4. 권리의 구제

"권리 위에 잠자는 자는 보호하지 아니한다."라는 법격언과 같이 권리는 행사하여야만 그에 따른 이익을 얻게 된다. 그러나 우리 민족은 예로부터 혈연적·지연적인 유대를 통한 상부상조의 미덕 속에 살아 온 터라 권리관계를 명확히 하는 것을 꺼려 왔다. 특히 유교적인 체면주의가 팽배하여 권리 침해에 대한 정면대립의 의식이 약하고, 때로는 권리의식을 기피하는 것이 도리로 여겨왔다. 그 결과 자기의 권리와 의무를 분명히 해서 상호간의 이해관계의 갈등을 합리적으로 해결하는 논리적 자세가 결여되어 상호불신하는 사회를 가져왔다.

그러나 현대 경제생활은 복잡하고 다양하여 권리의 행사는 곧 경제생활과도 밀접한 관계를 가짐에 따라 권리에 대한 의식이 점점 강화되고 있다.

권리에 대한 개인적 의식이 투철할 때 그리고 올바른 권리의 행사가 활발할 때 그에 따른 의무와 책임성이 요청되고, 결국은 공존공영의 실현을 위한 법질서가 준수되어 법치주의가 완성되는 것이다. 일찍이 예링(Jhering)은 「권리를 위한 투쟁」(Der Kamf ums Recht, 1872)에서 "권리를 위한 투쟁은 권리자의 영광스러운 의무이며, 권리를 주장함으로써 손해를 입는다 하더라도 권리를 위하여 싸운다는 것은 침해당한 자기인격을 회복하기 위한 윤리적 의무"라고 하여 권리투쟁의 의무성을 강조하였다. 현대생활에 있어서 생활이익은 여전히 제한되어 있어 권리를 침해당한 때에 권리를 지키기 위하여 과감히 주장하여야 한다.

권리를 침해당한 경우에 이를 구제하기 위한 수단으로는 사법적 구제가 주된 방법이겠으나, 부득이한 경우에는 사력에 의한 구제방법도 인정된다. 우리 헌법은 특히 기본권의 구제수단으로서 청원권(제26조), 형사보상청구권(제28조), 국가배상청구권(제29조), 손실보상청구권(제23조 제3항), 행정쟁송제도(제107조 제2, 3항) 등을 규정하고 있다.

(1) 국가에 의한 구제

국민이 권리를 침해당한 때에는 국가에 의하여 그를 보호·구제하는 제도로서는 재판제도와 조정제도가 있다.

첫째, 권리를 침해당한 경우에 권리자는 법원의 재판을 통하여 권리를 구제받을 수 있다. 그러나 승소판결이 있었음에도 불구하고 의무자가 이행하지 않으면 그 판결에 기하여 국가의 강제력으로써 권리의 내용을 실현할 수 있다. 이를 강제집행이라고 한다. 그리고 장래의 강제집행을 보전하거나 또는 권리관계의 현상을 유지하기 위하여 가압류·가처분제도가 마련되어 있다.

둘째, 조정(調停)이란 법관과 특별한 지식·경험이 있는 자로 구성된 조정위원회로 하여금 분쟁당사자의 주장을 서로 양보하도록 주선하고, 필요한 경우에는 중재의사를 제시하여 당사자를 설득하여 합의에 이르게 함으로써 분쟁을 해결하는 절차를 말한다. 조정은 가사사건·환경분쟁사건·노동분쟁사건에서 시행되고 있으며, 이에 관한 특별법이 마련되어 있다. 가사소송법·환경분쟁조정법·노동조합 및 노동관계조정법 등이 그것이다.

(2) 사력에 의한 구제

권리의 구제는 국가구제에 의하여야 하고 사력구제는 원칙적으로 금지된다. 그러나 권리의 침해가 급박하거나 국가의 구제를 구하는 것이 불가능하거나 심히 곤란한 경우에는 사력에 의한 구제를 예외적으로 인정할 필요가 있다. 사력에 의한 구제로는 정당방위·긴급피난·자력구제가 인정된다.

(가) 정당방위

정당방위(self-defense; Notwehr)란 자기 또는 타인의 법익에 대한 현재의 부당한 침해를 방위하기 위하여 부득이 타인에게 가해행위를 하는 것을 말한다. 형법(제21조 제1항)·민법(제761조 제1항)·국제법에서 규정하고 있다. 정당방위에 의한 행위는 상당한 이유가 있을 때에는 위법성이 조각되기 때문에 책임을 지지 아니한다.

(나) 긴급피난

긴급피난(Notstand)이란 자기 또는 타인의 법익에 대한 현재의 위난을 피하기 위하여 부득이 타인의 법익을 침해하기에 이른 행위를 말한다. 형법(제22조 제2항)·민법(제761조 제2항)·국제법에서 규정하고 있다. 상당한 이유가 있을 때에는 이 행위 역시 위법성이 조각되기 때문에 책임을 지지 아니한다.

㈐ 자력구제

자력구제(Selbsthilfe)란 법정절차에 의한 권리의 보전이 불가능한 경우 또는 권리에 대한 부정한 침해나 방해에 대하여 국가기관의 구제를 기다릴 여유가 없을 때에 자력으로써 구제하는 행위를 말한다. 이를 형법에서는 자구행위, 민법에서는 자조라고도 한다. 형법(제23조 제1항)·민법(제209조)·국제법에서 규정하고 있다. 상당한 이유가 있을 때에는 이 행위 역시 위법성이 조각되기 때문에 책임을 지지 아니한다.

II. 의무의 이행

의무자가 자기가 부담하는 작위·부작위 의무의 내용을 실현하는 것을 의무의 이행이라고 한다. 권리는 권리자가 이를 행사하지 않거나 또는 포기할 수 있다. 그러나 의무는 반드시 이행되어야 한다. 그리고 의무의 이행은 권리행사의 경우와 마찬가지로 신의에 좇아 성실히 하여야 한다. 신의성실의 원칙에 위반한 의무이행은 의무불이행의 책임을 지게 된다. 즉 의무불이행의 경우에는 현실적으로 이행이 강제되거나 손해배상을 하여야 하고 또 형사법상의 처벌을 받기도 한다.

제 6 절 권리의무의 변동

I. 권리의무의 변동의 의의

사람은 살아가면서 여러 가지의 생활관계를 맺게 된다. 이러한 사람의 생활관계 가운데서 법의 규율을 받는 생활관계가 법률관계이다. 오늘날 사람의 생활관계의 대부분은 법률관계로 구성된다. 법률관계는 사람과 사람의 권리와 의무의 관계로 나타나는 것이 보통이다.

그리고 사람들 사이의 권리의무관계는 고정·불변인 것이 아니라 법률관계의 변화에 따라 항상 변한다. 이것이 바로 권리의무의 변동이며, 이 변동은 법률관계의 발생 · 변경 · 소멸을 말한다. 그리고 이를 권리의무의 주체측면에서 보면 권리의무의 취득 · 변경 · 상실로 나타난다. 이러한 변동은 무원칙하게 일어나는 것이 아니라 일정한 원인이 있을 때 그 결과로서 일어나게 된다. 이 경우에 그 원인이 되는 것이 법률요건이고, 그 결과로서 일어나는 권리의무의 변동이 법률효과이다.

II. 권리의무의 변동의 종류

1. 권리의무의 발생(취득)

권리의무의 발생이란 특정한 권리의무가 일정한 법적 원인에 의하여 특정한 주체에 결합하는 것을 말한다. 이를 권리를 중심으로 설명하면 타인의 권리의무에 변경을 가함이 없이 원시적으로 취득하는 것인 절대적 취득(예컨대 無主物先占, 遺失物拾得, 時效取得 등)과 그렇지 않은 상대적 취득(承繼取得, 예컨대 매매, 상속 등)으로 나누고, 타인(前主)의 권리를 그대로 승계하느냐, 내용의 일부를 별개의 권리로서 승계하느냐에 따라 이전적 취득과 설정적 취득(지상권 · 저당권 등의 설정)으로 나눌 수 있다. 상대적 취득은 다시 타인(전주)의 권리를 포괄적으로 승계하느냐 아니냐에 따라 포괄승계(예컨대, 상속)와 특정승계로 나누어진다.

2. 권리의무의 변경

권리의무의 변경이란 권리 또는 의무가 그 동일성을 잃지 않고 그의 주체 · 내용 · 작용이 변경되는 것을 말한다. ① 주체의 변경은 권리 · 의무의 승계에 해당한다. ② 내용(객체)의 변경에는 무이자채권이 이자부채권으로 변하는 것과 같은 성질적 변경과 채무의 일부변제에 의하여 채권액이 감소하는 것과 같은 수량적 변경의 구별이 있다. ③ 작용의 변경은 제3자에 대항할 수 없는 권리가 변하여서 대항할 수 있게 된 것을 말한다. 예컨대, 등기가 없던 부동산임차권을 등기하면 종래 제3자에게 대항하지 못하던 것이 그 때부터 대항할 수 있는 효력을 갖게 된다.

3. 권리의무의 소멸(상실)

권리의무의 소멸이란 권리의무가 일정한 법적 원인에 의하여 그 주체로부터 이탈하는 것을 말한다. 이에는 절대적 소멸과 상대적 소멸이 있다. 이에는 권리나 의무 그 자체가 없어지는 절대적 소멸과 권리나 의무가 이전되는 상대적 소멸이 있다.

Ⅲ. 권리의무의 변동의 원인

1. 의 의

권리의무의 발생·변경·소멸 등의 법률효과가 발생하려면 반드시 일정한 사실이 존재하여야 한다. 이 일정한 사실을 법률사실이라 하고, 법률효과에 필요한 사실의 총체를 법률요건이라 한다. 따라서 법률요건은 법률효과에 대하여 원인이 되고, 법률효과는 법률요건에 대하여 결과가 된다. 예컨대 매매계약은 매매라는 법률효과를 발생하게 하는 하나의 법률요건이고, 매매계약을 성립시키는 청약과 승낙은 각각 법률사실이 된다. 법률사실에는 단순한 자연적 사실과 사람의 정신작용의 발동인 행위(용태)가 있다.

2. 자연적 사실

권리의무의 변동은 자연적 사실에 의하여도 생긴다. 여기서 자연적 사실이란 물리적 또는 사회적으로, 자연 또는 우연으로 나타나는 사실로서 사람의 정신작용과는 관계없이 법률상의 효과를 가져오는 사실을 말한다. 예컨대 홍수나 화재에 의하여 가옥의 소유권의 일부 또는 전부가 소멸한다든가, 출생·사망에 의하여 권리가 발생 또는 소멸한다든가, 일정한 연령에 달하여 선거권 또는 피선거권 등을 얻게 되는 것 등이 그 예이다. 이를 사건이라고도 한다.

3. 행 위

행위란 용태(Verhalten)라고도 하며, 사람의 정신작용에 기하는 법률사실을 말한다. 사람의 정신작용은 외부적 용태와 내부적 용태로 나누어진다.

(1) 외부적 용태

외부적 용태란 의사가 외부에 표현되는 용태로서 행위(Handlung)를 말한다. 법률상의 행위는 작위와 부작위로, 법적 평가에 따라 적법행위와 위법행위로 나눌 수 있다.

(가) 작위와 부작위

행위에는 작위와 부작위가 있다. 작위는 자각있는 적극적 · 동적 행위인 데 반하여, 부작위는 자각있는 적극적 행동이 요구되는 경우의 소극적 · 정적 행위를 뜻한다. 예컨대 타인의 집에 침입하는 것은 작위이고, 주인의 퇴거명령에 응하지 않는 것은 부작위이다. 부작위는 행위가 요구됨에도 이에 응하지 않는 것으로, 즉 작위의무가 있을 때 성립하고 단순히 아무 것도 하지 않는 것은 부작위가 아니다.

(나) 적법행위와 위법행위

행위에는 적법행위와 위법행위가 있다. 적법행위는 법규에 위반하지 않고 이에 적합하게 함으로써 일정한 효과를 발행케 하는 행위를 말한다. 적법행위에는 효과의사의 정신작용을 요소로 하는 법률행위와 준법률행위(geschäftsähnliche Handlung)가 있다. 준법률행위는 표현행위와 사실행위로 나뉜다.

한편 법률상 허용되지 않는 행위, 즉 법규에 위반함으로써 일정한 법률상의 효과를 발생하는 위법행위가 있다. 예컨대 헌법위반, 행정법상의 월권행위 · 무허가행위, 형법상의 범죄행위, 민법상의 불법행위(tort) · 채무불이행 · 탈법행위, 노동법상의 부당노동행위 등이 대표적인 예이다.

(2) 내부적 용태

내부적 용태란 법률효과를 생기게 하는 일정한 정신작용임에도 불구하고 외부에 나타나지 않는 것을 말한다. 예컨대, 고의 · 과실과 같이 일정한 의사를 가지느냐 안 가지느냐의 정신상태와, 선의 · 악의와 같이 일정한 사실을 아느냐 모르느냐의 정신상태가 그것이다. 내부적 용태는 법률상 문제로 삼지 않는 것이 원칙이나, 특수한 경우에는 이를 인정한다.

- 법률사실
  - 용태
    - 외부적 용태
      - 적법행위
        - 의사표시
        - 준법률행위(법률적 행위)
          - 표현행위(의식내용의 표현)
            - 의사의 통지(각종 최고·거절)
            - 개념의 통지(총회소집통지, 채권양도통지나 승낙, 공탁통지 등)
            - 감정의 표시(용서)
          - 비표현행위(사실행위)
            - 순수사실행위(주소설정, 매장물의 발견 등)
            - 혼합사실행위(선점, 물건의 인도, 사무관리 등)
      - 위법행위
        - 불법행위
        - 채무불이행
        - 탈법행위(간접적 위반)
    - 내부적 용태
      - 의사적 용태(고의·과실)
      - 관념적 용태(선의·악의)
  - 사건(사람의 출생과 사망, 물건의 자연적 발생과 소멸 등

Ⅳ. 법률행위

1. 법률행위의 의의와 종류

(1) 법률행위의 의의

권리의무의 변동은 법률행위에 의하여 구체적으로 이루어진다. 법률행위라 함은 계약 · 혼인 등과 같이 한 개 또는 수 개의 의사표시를 요소(법률사실)로 하는 법률요건으로, 법이 그 의사표시의 내용에 따라 법률효과를 발생시키는 행위를 말한다. 법률행위는 의사표시를 전제로 하여 가능하다는 점에서 물건을 가공하거나 파괴하는 것과 같이 사람의 정신작용을 요하지 않는 사실행위와 다르다.

(2) 법률행위의 분류

법률행위는 그 구성요소인 의사표시가 경합하는 양상에 따라 단독행위(예컨대 채

무면제) · 계약 · 합동행위(예컨대 사단법인 설립행위)로 분류된다. 또한 법률행위는 의사표시의 형식에 따라 요식행위(예컨대 혼인, 유언)와 불요식행위, 발생하는 법률효과의 종류에 따라 채권행위(임대차 등), 물권행위(소유권의 이전, 저당권의 설정 등), 준물권행위(물권 이외의 권리의 종국적인 변동을 목적으로 하는 행위로서 채권양도 · 채무면제 등) 등으로 나누어진다.

(3) 법률행위의 성립과 효력

법률행위가 성립하기 위한 요건으로는 일반적으로 구비해야 하는 일반성립요건과 개별적인 법률행위가 갖추어야 할 특별성립요건으로 나누어 볼 수 있다. 일반성립요건에는 당사자, 목적, 의사표시의 세 가지가 있고, 특별성립요건은 개별적인 법률행위의 성립에 필요한 요건(예컨대 조건의 성취, 기한의 도래, 대리권의 존재 등)으로서 법률의 규정에 의하여 정해져 있다.

그러나 성립한 법률행위가 효력을 발생하려면 ① 당사자가 능력(의사능력 · 행위능력)을 가지고 있어야 하고, ② 법률행위의 목적이 가능 · 적법 · 사회적 타당성을 가지고 확정할 수 있어야 하며, ③ 의사표시에는 흠이 없어야 한다. 따라서 이들 중 어느 하나만이라도 갖추지 못한 법률행위는 무효 또는 취소의 대상이 된다.

2. 의사표시

(1) 의사표시의 의의

의사표시는 일정한 법률효과의 발생을 원하는 의사를 외부에 표시하는 행위이다. 의사표시는 법률행위의 본질적 구성요소의 법률사실을 이룰 뿐이며 법률행위 그 자체는 아니다. 법률행위는 법률요건인 데 반하여, 의사표시는 법률요건을 구성하는 하나의 법률사실에 불과하다. 의사표시는 심리적 과정에 따라 ① 일정한 법률효과의 발생을 의욕하는 내심의 의사(效果意思)를 결정한 다음, ② 이 효과의사를 외부에 발표하려는 의사(表示意思)를 가지고, ③ 이 표시의사를 외부에 발표하는 행위(表示行爲)의 세 단계를 거쳐 성립하게 된다.

그런데 어떤 경우에 효과의사가 정확하게 표시되지 못한 결과 표시의사를 거친 표시행위와 일치하지 않는 경우가 있다. 이를 의사와 표시의 불일치라 하며 ① 비진의표시(심리적 유보), ② 허위표시(通情虛僞表示), ③ 착오 등이 있다.

한편 다른 사람의 기망행위로 인한 착오에 의하여 의사표시를 한 경우와 강박행위에 의하여 공포심에서 의사표시를 한 경우를 하자(瑕疵)있는 의사표시라 한다.

(2) 의사와 표시의 불일치

(가) 비진의표시(심리유보)

비진의표시란 표의자가 스스로 표시와 진의의 불일치, 즉 표시에 의하여 추단되는 의사(表示上의 효과의사)와 진의(내심적 효과의사)의 불일치를 알면서 한 의사표시를 말한다. 진의 아닌 의사표시는 원칙적으로 의사표시를 한 대로 효력이 생긴다(민법 제107조 제1항). 다만 예외적으로 상대방이 표의자의 진의 아님을 알았거나 알 수 있었을 경우에는 그 진의 아닌 의사표시는 무효이다. 그러나 이 때의 무효는 선의의 제3자에게 대항하지 못한다.

(나) 허위표시(통정허위표시)

허위표시란 상대방과 통정(통모)함으로써 하는 진의가 아닌 허위의 의사표시를 말한다. 예컨대 채무자가 자기 소유의 부동산에 대한 채권자의 집행을 면하기 위하여, 친구와 통모해서 부동산을 그에게 매각한 것과 같이 증서를 작성하고 등기를 이전하는 것이 그 예이다. 허위의 의사표시는 당사자 간에 있어서는 언제나 무효이다(민법 제108조 제1항). 그러나 허위표시의 무효는 선의의 제3자에게 대항하지 못한다(민법 제108조 제2항). 가족법상의 행위에 관한 허위표시는 언제나 무효이다.

(다) 착 오

착오란 내심의 진의와 표시의 내용이 일치하지 않는 것을 표의자 자신이 알지 못하고 한 것을 말한다. 착오는 표시상의 착오 · 내용의 착오 · 동기의 착오로 분류할 수 있다. 즉, 1,000원이라고 써야 할 것을 무심코 100원이라고 쓰는 표시상의 착오, 연대보증과 보증이 같다고 생각하고 친구의 연대보증인이 되는 내용의 착오, 지하철역이 들어설 것이라고 생각하고 토지를 샀지만 실은 들어서지 않은 동기의 착오 등이 그것이다.

이 경우 법률행위의 내용의 중요부분에 착오가 있는 때에는 취소할 수 있다(민법 제109조 제1항 본문). 그러나 그 착오가 표의자의 중대한 과실로 인한 때에는 취소하지 못한다(민법 제109조 제1항 단서). 또 착오로 인한 의사표시의 취소는 선의에 제3자에게 대항하지 못한다(민법 제109조 제2항). 가족법상의 행위 · 화해계약(민법 제733조)에는 적용되지 않는다.

(3) 하자 있는 의사표시

하자 있는 의사표시란 원래 자유스러워야 할 의사와 결정이 타인의 부당한 간섭으로 말미암아 방해된 상태에서 행하여진 의사표시를 말한다. 이에는 사기에 의한 의사표시와 강박에 의한 의사표시가 있다. 사기에 의한 의사표시란 타인으로부터 기망을 당하여 착오에 빠진 결과로서 행한 의사표시를 말한다. 강박에 의한 의사표시란 타인의 강박행위에 의하여 공포심을 가지게 되고, 그 해악을 피하기 위하여 마음에 없이 행한 의사표시를 말한다.

사기나 강박에 의한 의사표시는 취소할 수 있다(민법 제110조 제1항). 그리고 상대방 있는 의사표시에 관해 제3자가 사기나 강박을 행한 때에는 상대방이 그 사실을 알았거나 알 수 있었을 경우에 한하여 그 의사표시를 취소할 수 있다(민법 제110조 제2항). 그러나 이상의 의사표시의 취소는 선의의 제3자에게 대항하지 못한다(민법 제110조 제3항).

그 밖에 사기나 강박이 불법행위의 요건을 갖추는 때에는 피해자는 손해배상도 청구할 수 있다(민법 제750조). 가족법상의 행위에 관하여는 사기·강박에 관한 제110조의 적용이 없으며, 독자적인 견지에서 특칙을 두고 있다(민법 제816조, 제823조, 제884조 참조).

(4) 의사표시의 효력발생

민법은 격지자 간(隔地者間)의 의사표시에 대하여 도달주의를 원칙으로 하고, 표시도달에 의한 방법과 발신주의를 예외적으로 인정하고 있다. 따라서 상대방 있는 의사표시는 그 통지가 상대방에게 도달한 때로부터 그 효력이 생긴다(민법 제111조 제1항). 상대방이 부재 기타의 이유로 이를 요지하지 않더라도 상관없다. 그러나 상대방이 무능력자인 경우에는 이들의 법정대리인이 도달을 안 후가 아니면 표의자는 그의 의사표시가 도달하였음을 주장하지 못한다(민법 제112조). 반면, 표의자는 의사표시를 발신할 때에 능력을 가지고 있으면 되고, 발신 후에 사망하거나 능력을 잃어도 그의 의사표시의 효력에는 영향이 없다(민법 제111조 제2항).

표의자가 과실 없이 상대방을 알지 못하거나 상대방의 소재를 알지 못하는 경우에는, 신문지상에 공고하고 법원게시판에 게시한 날로부터 2주간이 지나면 의사표시는 상대방에게 도달한 것으로 본다(민법 제113조; 민사소송법 제180조).

한편, 주식회사의 총회의 통지(관념의 통지)와 같이 신속이 요청되는 경우에는 발신주의에 의하게 된다(상법 제363조 참조).

3. 법률행위의 대리

(1) 대리의 의의

대리라 함은 어떤 사람(대리인)이 타인(본인)을 위하여 타인(본인)의 이름으로 상대방에 대하여 의사표시를 하거나, 또는 상대방의 의사표시를 수령함으로써 그 법률효과가 직접 본인에게 귀속되도록 하는 제도를 말한다(민법 제114조).

즉 대리인의 법률행위에 의해서 본인 자신이 법률행위를 한 것과 동일한 법률효과를 발생케 하는 제도이다. 따라서 사실행위나 불법행위에 관하여는 대리가 인정되지 않는다. 또한 성질상 가족법상의 법률행위에 있어서도 대리는 인정될 수 없다.

민법은 개인의 사법적 자치의 확장 또는 행위능력의 보충을 위하여 대리제도를 설정하고 있다.

(2) 대리의 종류

대리는 대체로 임의대리 · 법정대리 · 능동대리 · 수동대리 및 유권대리 · 무권대리로 나눌 수 있다.

본인의 신임에 바탕으로 하여 대리인에 대한 수권행위에 의하여 대리권이 발생하는 경우를 임의대리라고 함에 반하여 법률의 규정에 의하여 대리권이 부여되는 경우를 법정대리라고 한다. 또 본인을 위하여 제3자에 대하여 의사표시를 하는 대리를 능동대리, 제3자의 의사표시를 수령하는 대리를 수동대리하고 한다. 한편, 대리인으로 행위를 하는 자가 정당한 대리권을 가지고 있는 경우를 유권대리, 가지고 있지 않은 경우를 무권대리라고 한다.

(3) 대리행위

㈎ 대리행위의 방식

대리인이 대리행위를 함에 있어서는 본인을 위한 것임을 표시하고 의사표시를 하여야 한다. 또 수동대리의 경우에는 상대방이 대리인에 대하여 본인을 위한 것임을 표시하여야 한다(민법 제114조). 이를 현명주의(顯名主義)라고 한다.

따라서 만약 대리인이 본인을 위한 것임을 표시하지 아니한 때에는 그 의사표시는 대리인 자신을 위한 것으로 본다(민법 제115조 본문). 그러나 상대방이 대리인으로서 한 것임을 알았거나 알 수 있었을 때에는 대리행위로서 효력이 생긴다(동조 단서).

상행위의 대리에 있어서는 상행위의 신속결료주의 원칙상 현명주의의 원칙이 적용되지 아니한다(비현명주의, 상법 제48조 참조). 그러나 어음행위에 있어서는 다시 현명주의가 채택되고 있다(어음법 제8조; 수표법 제11조).

(나) 대리인의 능력

대리인은 무능력자이더라도 상관이 없으며(민법 제117조), 무능력자인 대리인의 대리행위는 그의 무능력을 이유로 취소하지 못한다. 대리행위의 효과는 모두 본인에게 귀속하여 대리인 자신의 불이익이 되지 않기 때문이다.

(다) 대리행위의 효과

대리행위에 의한 법률효과는 모두 직접 본인에게 돌아간다(민법 제114조). 그러나 대리인이 대리행위를 함에 있어서 불법행위를 한 경우에는 본인은 그에 대하여 책임을 지지 않는다. 불법행위는 대리가 인정되지 않기 때문이다.

한편, 무권대리에 있어서는 경우에 따라 다르다. 무권대리라 함은 대리인으로서 대리행위를 하는 자가 그것에 대리권을 가지지 않은 경우를 말한다. 따라서 대리권이 없음에도 불구하고 대리인으로 행동하는 자를 무권대리인, 그의 대리행위를 무권대리행위라고 한다.

무권대리의 경우에는 대리권이 없기 때문에 그 법률행위의 효과는 본인에게 귀속하지 않는다. 그러나 무권대리행위가 본인에게 유리하여 그 효과를 바라는 때에는 본인의 추인에 의하여 본인에게 귀속한다. 물론 추인이 거절된 경우에는 무권대리인 자신에게 이행 또는 손해배상의 책임을 지우고 있다(민법 제130~136조). 이 경우의 무권대리를 협의의 무권대리라고 한다.

이와는 달리 대리인에게 대리권이 없음에도 불구하고 마치 대리권이 있는 것 같은 외관을 나타내는 경우에, 그러한 외관을 신뢰한 선의·무과실의 제3자를 보호하고 거래의 안전을 보장하며 대리제도의 신용을 유지하기 위한 표현대리가 인정되고 있다.

表見代理(표현대리)의 경우에는 본인이 책임을 지는 것이 원칙이다. 물론, 이로 인하여 본인이 불이익 내지 손해를 입은 경우에 본인은 표현대리인에 대하여 불법행위 기타의 사유로 손해배상을 청구할 수 있음은 별개의 문제이다.

표현대리는 그 특별한 사정에 따라 ① 대리권수여표시에 의한 표현대리(수권대리, 민법 제125조), ② 권한을 넘은 표현대리(월권대리, 민법 제126조), ③ 대리권소멸 후의 표현대리(대리권소멸 후의 대리, 민법 제129조)의 세 가지 유형으로 나누어진다.

4. 법률행위의 무효와 취소

법률행위의 무효란 법률행위가 성립한 당초부터 법률상 당연히 그 효력이 발생하지 않는 것으로 확정되어 있는 것을 말한다. 일반적인 무효원인으로는 의사능력의 흠결, 법률행위 내용의 불확정·불능, 강행법규위반, 공서양속위반, 심리유보의 예외적인 경우, 허위표시 등이 있다.

취소란 일단 유효하게 성립된 법률행위를 무능력 또는 의사표시에 결함이 있기 때문에, 특정인(취소권자)의 의사표시(취소)에 의하여 그것을 소급적으로 무효로 하는 것을 말한다. 취소의 원인은 법률의 규정에 의해서 각각 확정되어 있다. 착오·사기·강박 등이 그 예이다.

무효와 취소의 차이

무 효	취 소
· 특정인의 주장을 필요로 하지 않으며 당연히 효력이 없다.	· 특정인(취소권자)의 주장(취소)이 있어야 비로소 효력이 없게 된다.
· 처음부터 효력이 없으므로 언제든지 효력이 없는 것으로 다루게 된다.	· 취소를 하기 전에는 일응 효력이 있는 것으로서 다루어진다.
· 시간의 경과에 의하여도 효력에 변동이 생기지 아니한다.	· 일정한 시간이 경과하면 취소권은 소멸하고, 따라서 유효한 것이 되어 버리거나, 취소기간내에 취소되면 처음부터 무효인 것으로 된다.

5. 법률행위의 부관(조건과 기한)

법률행위의 부관이라 함은 넓은 의미로는 법률행위에 부수하는 '약관'이라는 의미(예컨대 이자약관, 담보약관, 면책약관 등)와 좁은 의미로는 법률행위의 효과의 발생 또는 소멸에 관하여 이를 제한하기 위하여 부가되는 약관을 말한다. 일반적으로 법률행위의 부관이라 함은 후자의 의미로 사용한다. 여기에는 조건과 기한이 있다.

조건이란 법률행위의 효력의 발생·소멸을 장래의 불확실한 사실의 성부에 의존케 하는 법률행위의 부관이다. 경우에 따라서는 그러한 사실 자체를 조건이라 부르기도 한다. 조건 가운데서 그 조건의 성립으로 법률행위의 효력이 발생케 되는 것을 정지조건이라고 하고, 반대로 이미 발생한 법률행위의 효력이 소멸하게 되는 것을 해제조건이라고 한다.

기한이란 법률행위의 당사자가 법률행위의 효력의 발생·소멸을 장래 실현되거나, 또는 도래할 것이 확실한 사실에 의존케 하는 임의적 부관을 말한다. 정지조건에 해당하는 것을 시기라 하고, 해제조건에 해당하는 것을 종기라 한다.

6. 기 간

기간이라 함은 어느 시점에서 어느 시점까지의 계속된 시간을 말한다. 이 점에서 시간의 경과에 있어서의 어느 특정의 시점을 가리키는 기일과 구별된다.

법률사실로서의 시간은 이른바 '사건'에 속한다. 그런데 시간만이 법률요건이 되는 경우는 없지만, 다른 법률사실과 결합해서 법률요건의 중요한 법률사실이 되는 경우가 있다. 예컨대 성년, 최고기간, 실종기간, 기한, 시효 등이 그 예이다.

기간의 계산방법에는 순간으로부터 순간까지를 계산하는 자연적 계산방법과 력에 따라서 계산하는 역법적 계산방법이 있다(민법 제155조). 기간의 기산점을 초일을 산입하지 않는 것이 원칙이다(초일불산입원칙, 민법 제157조 본문). 그러나 ① 기간이 오전 0시부터 시작하는 때에는 초일을 산입하고(민법 제157조 단서), ② 연령계산에 있어서는 출생일을 산입한다(민법 제158조).

7. 시효제도

(1) 시효의 의의

시효란 일정한 사실상태가 오랜 기간에 걸쳐 계속되는 경우에 그것이 진실한 권리관계와 일치하는가의 여부를 묻지 않고 그 사실 상태를 그대로 권리상태로 인정하는 제도이다. 시효에는 취득시효와 소멸시효가 있다. 취득시효란 권리를 행사하고 있는 것과 같은 외관이 일정한 기간 동안 계속하는 경우에 권리취득의 효과가 생기는 것으로 하는 것을 말하고, 소멸시효란 권리를 행사할 수 있는 데도 불구하고 권리불행사의 상태가 일정한 기간 동안 계속됨으로써 권리소멸의 효과가 발생하는 시효이다.

시효제도가 존재하는 이유는 ① 법률상태와 상이한 사실상태이더라도 일정한 사실상태가 일정한 기간 계속하는 때에는 그것을 그대로 인정해서 법의 안전과 평화를 달성하려는 데에 그 이유가 있다. ② 사실상태가 오래 계속되면 그 동안에 정당한 권리관계에 관한 증거가 없어지기 쉬우므로 증거보전의 곤란을 구제하고자 하는 데 있다. ③ 오랜 기간 동안 자기의 권리를 주장하지 않은 자는 이른바 '권리 위에 잠자고 있었던 자'로서 시효제도에 의한 희생을 감수하여야 하며, 법률의 보호를 받을 가치가 없다는 데 그 이유가 있다.

이들 세 가지의 존재이유 중에서 ①의 이유는 주로 취득시효에, 그리고 ②와 ③은 주로 소멸시효에 타당한 이유라고 할 수 있을 것이다.

(2) 취득시효의 기간 및 효과

부동산소유권의 경우에는 소유의 의사로 평온·공연하게 부동산을 20년간 점유하는 자는 등기함으로써 그 소유권을 취득한다(민법 제245조 제1항). 그리고 부동산의 소유자로 등기한 자가 소유의 의사로 평온·공연하게 선의이며 과실없이 그 부동산을 10년간 점유한 때에는 소유권을 취득한다(민법 제245조 제2항).

한편, 동산의 경우에는 소유의 의사로 평온·공연하게 점유하여야 하는바, 점유자가 악의인 때에는 10년(민법 제246조 제1항), 선의·무과실인 때에는 5년(민법 제246조 제2항)을 경과함으로써 소유권을 취득한다.

이상과 같은 요건을 갖춘 때에, 부동산의 경우 등기부취득시효(登記簿取得時效)에 있어서는 점유자는 곧 소유권을 취득하고, 점유취득시효(占有取得時效)에 있어서는 등기청구권이 발생하며 이를 행사하여 등기함으로써 그 소유권을 취득하게 된다.

또한 취득시효에 의한 소유권취득의 효과는 점유를 개시한 때에 소급한다(민법 제247조 제1항). 그리고 취득시효에 의한 소유권의 취득은 원시취득이다. 따라서 전주의 권리에 존재하였던 모든 제한은 취득시효의 완성과 더불어 소멸하게 된다.

(3) 소멸시효의 기간과 효과

채권은 10년간 행사하지 아니하면 소멸시효가 완성한다(민법 제162조 제1항). 이 규정은 민법이나 다른 법령의 특별규정에 10년보다 단기의 시효기간을 정한(예컨대 상사채권은 5년임) 이외의 모든 채권에 적용된다. 채권 및 소유권 이외의 모든 재산권은 20년간 행사하지 아니하면 소멸시효가 완성한다(민법 제162조 제2항). 그러나 1년 또는 3년의 단기소멸시효에 걸리는 채권도 있다(민법 제163조, 제164조 참조). 다만 판결에 의하여 확정된 채권은 단기의 소멸시효에 해당하는 것이라도 그 소멸시효는 10년으로 한다(민법 제165조 제1항).

소멸시효는 권리를 행사한 때로부터 진행하며, 그 기산일에 소급하여 효력이 생긴다(민법 제167조). 그러나 ① 소유권, ② 점유권, ③ 일정한 법률관계에 수반하여 존재하는 권리(상린권, 공유물분할청구권, 물권적 청구권), ④ 담보물권, ⑤ 재산권 이외의 권리(신분권), ⑥ 형성권은 소멸시효에 걸리지 않는다.

(4) 시효의 중단과 정지

(가) 시효의 중단

시효의 사실관계가 일정기간 경과함에 의하여 완성되고, 그 효력은 기간경과의 기산일에 소급한다. 따라서 정당한 권리자에게는 사실상태의 진행을 중단시켜 시효의 완성을 방지할 필요가 있다. 이것이 시효의 중단이다. 소멸시효의 중단사유로는 ① 청구, ② 압류 또는 가압류 · 가처분, ③ 승인이 있다. 유의할 것은 최고에 의한 중단은 불완전하여 최고가 있은 후 6개월 내에 재판상의 청구, 파산절차 참가, 화해를 위한 소환, 임의 출석, 압류 또는 가압류 · 가처분을 하여야 한다(민법 제174조).

시효중단의 효력은 당사자 및 승계인 사이에서만 효력이 있다(민법 제169조). 시효가 중단된 때에는 중단까지의 경과한 시효기간은 이를 산입하지 아니하고 중단사유가 종료한 때로부터 새로이 진행한다(민법 제178조 제1항).

소멸시효의 이익은 미리 포기하지 못한다. 소멸시효는 법률행위에 의하여 이를 배제, 연장 또는 가중할 수 없으나 이를 단축 또는 경감할 수 있다(민법 제184조).

(나) 시효의 정지

소멸시효의 정지라 함은 소멸시효의 완성 직전에 그대로 시효를 완성시켜서는 권리자에게 가혹하다는 사정이 있을 때에, 시효의 완성을 일정한 기간 동안 유예하는 제도이다. 정지사유가 끝난 뒤에 전시효기간이 새로이 진행하는 게 아니라, 일정한 유예기간이 지난 뒤에 시효는 완성된다는 점에서 소멸시효의 중단과 구별된다. 소멸시효의 정지사유로서는 ① 무능력자에게 법정대리인이 없을 때(민법 제179조), ② 무능력자가 재산관리인에 대하여 권리를 가지고 있는 때(민법 제180조 제1항), ③ 부부 사이에 권리가 있는 때(민법 제180조 제2항), ④ 상속재산에 관하여 상속인이 확정되지 않거나 또는 관리인이 판명되지 않은 경우(민법 제181조), ⑤ 천재지변으로 시효를 중단할 수 없는 경우(민법 제182조)이다. 이들 사유가 소멸한 후 ⑤의 경우에는 1개월, 기타의 경우에는 6개월 내에는 시효가 완성하지 않는다.

(5) 제척기간과 소멸시효와의 관계

소멸시효와 유사한 것으로 제척기간이 있다. 제척기간이란 권리관계를 신속하게 확정하기 위하여 법률이 미리 정하여 놓은 권리의 존속기간을 말한다. 양자의 차이점은 다음과 같다.

소멸시효와 제척기간의 차이

구분 내용	소멸시효	제척기간
1. 효력	기산일에 소급하여 소멸	불소급 · 장래에 향하여 발생할 뿐
2. 재판상 참작	당사자의 원용이 있어야 참작	당사자의 원용이 없어도 법원이 직권으로 판단
3. 중단 · 정지 효과	있 다	없 다
4. 시효이익포기	가 능	불가능
5. 단축가능여부	가 능	불가능
6. 구별표준	법조문에 '시효로 인하여'라는 문자가 있다.	없 다
7. 관련법규	민법 제162조 이하	민법 제146조, 제204조 제3항, 제205조 제3항, 제573조, 제575조 제3항, 제819조 이하, 제889조, 민소법 제396조, 제456조, 형소법 제358조, 제374조, 상법 제376조 제1항 등

제 2 부 실정법의 이해

제 1 장 헌 법
제 2 장 행 정 법
제 3 장 민 법
제 4 장 상 법
제 5 장 형 법
제 6 장 소 송 법
제 7 장 사 회 법
제 8 장 국 제 법

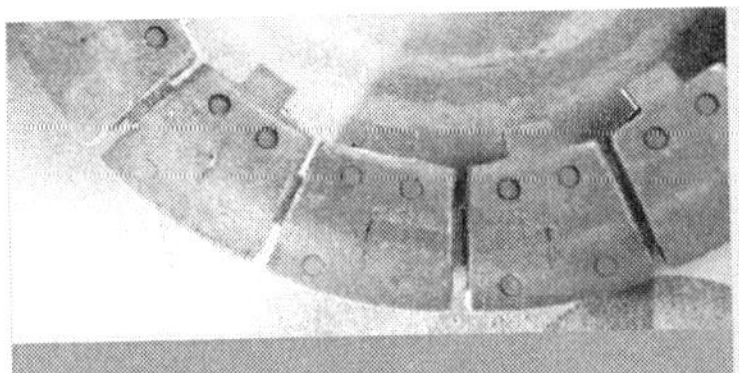

서 설/우리 나라 헌법의 기본질서/기본권/통치구조

제1장 헌 법

제 1 절 서 설

I. 헌법의 의의

헌법(constitution, Verfassung)은 국가의 근본법으로서 국민의 기본권을 보장하고, 국가의 통치조직과 통치작용의 원리를 정하는 국가의 최고법이다. 원래 헌법은 국가의 구조·조직·체제의 의미로 사용되었으나 프랑스의 1789년의 인권선언 제16조에서 "권리의 보장이 확보되지 아니하고 권력분립이 규정되어 있지 않은 사회는 헌법을 가진 것이라고 할 수 없다"고 선언하여 입헌주의헌법이 대두되었고, 헌법이 국민의 국가계약의 문서로서 중요한 의의를 가지게 되었다. 따라서 헌법은 ① 국민주권의 원리, ② 기본권적 인권보장, ③ 권력분립, ④ 국제평화, ⑤ 헌법개정방법의 합리성 등을 그 내용으로 하고 있다.

II. 헌법의 분류

1. 성문화 여부에 따른 분류

헌법이 성문화되어 있느냐 되어 있지 않느냐에 따라 성문헌법과 부문헌법으로 구별된다. 성문헌법이라 함은 국가의 기본질서에 관한 주요한 원칙이 형식적인 헌법전으로 존재하는 국가의 기본법을 의미한다. 원래 근대의 입헌주의적 헌법은 역사상 국민이 자신의 자유와 권리를 보장하기 위하여 절대군주의 권력을 제한하여 기본적 권리를 승인케 한 것이므로 이를 보장하기 위하여는 성문의 형식을 취하는 것이 요구되었다. 그리하여 미국의 독립선언 이래 대부분의 국가가 성문헌법을 갖고 있다. 불문헌법이라 함은 통일적인 단일 성문헌법전이 존재하지 아니하고 여러 가지 헌법적 효력을 가진 법률이 불문법(헌법적 관습법)의 형식으로 존재하는 국가의 기본법을 의미한다. 그 대표적인 것이 영국과 뉴질랜드의 헌법이다.

2. 제정주체에 따른 분류

헌법은 누가 주체가 되어 제정하였느냐에 따라 흠정헌법, 협약헌법, 민정헌법, 국약헌법으로 나눌 수 있다. 군주국가에서 군주가 단독으로 제정한 헌법이 흠정헌법(예컨대 1814년의 프랑스헌법, 19세기 전반의 독일연방헌법, 1890년의 일본헌법)이고, 군주와 귀족 또는 군주와 국민이 서로 협약에 의하여 제정된 헌법이 협약헌법(예컨대, 1215년의 Magna Charta, 1830년의 프랑스헌법)이다. 그리고 국민이 국민주권주의의 사상에 입각하여 국민투표에 의하거나 국민의 대표기관인 의회에 의하여 제정된 헌법이 민정헌법(우리 나라 헌법을 비롯한 공화국의 헌법)이고, 국가간의 협약 또는 한 국가 내 각 주간의 협약에 의하여 제정된 헌법을 국약(연방)헌법(예컨대 미국헌법, 스위스 헌법)이라고 한다.

3. 개정절차에 따른 분류

헌법의 개정이 일반 법률의 개정절차보다 어렵고 엄격한 절차를 거쳐야만 가능하도록 되어 있는 헌법을 경성헌법이라 하고, 법률개정 절차와 같은 정도의 절차로 헌법개정이 되는 헌법을 연성헌법이라고 한다. 성문헌법은 대개 경성헌법이나 1848년의 이탈리아 헌법, 1876년의 스페인헌법, 1947년의 뉴질랜드 헌법과 같은 예외가 있다.

III. 헌법의 제정과 개정

1. 헌법의 제정

헌법의 제정은 헌법제정권력자가 헌법제정권력을 행사하여 성문헌법을 제정하는 것을 말한다. 헌법은 헌법제정권력자의 일방적인 정치적 결정으로써도 성립될 수 있으며, 또 복수의 주체에 의하여 또는 쌍방의 협의에 의하여서도 성립될 수 있다. 이러한 뜻에서 헌법제정권력은 사실적인 힘뿐만 아니라, 헌법을 정당화시키는 권위성 또는 정통성을 아울러 갖지 않으면 안 된다. 현대의 민주국가에서는 국민만이 헌법제정권력의 주체가 되며, 헌법제정권은 국민의 직접·간접의 참여에 의한 방법만으로 행사될 수 있기 때문에 헌법의 제정은 헌법제정권력자인 국민에 의해서 이루어지는 것이다.

2. 헌법의 개정

(1) 헌법개정의 개념

헌법개정이란 일반적으로 헌법전이 정한 개정절차에 따라 헌법의 동일성을 유지하면서 의식적으로 헌법전 중의 어떤 조항을 수정·삭제하거나 또는 이에 새로운 조항을 추가하는 것을 의미한다. 헌법개정은 헌법에 이미 명시된 개정절차규범에 따라 행해진다는 점에서 헌법의 제정과 구별되며 의식적인 개정작용인 점에서 헌법변천과 다르고, 헌법절차에 따른 합헌적인 변경인 점에서 헌법의 침훼나 정지와 다르다.

(2) 우리 나라 헌법의 개정절차

(가) 개정안의 제안

대통령은 국무회의의 심의를 거쳐 헌법개정안을 제출한다(제128조 제1항). 또한 국회의원은 재적의원 과반수로 헌법개정을 발의할 수 있다(제128조 제1항).

(나) 개정안의 공고

대통령은 제안된 헌법개정안을 20일 이상의 기간 동안 공고하여야 한다(제129조).

(다) 개정안의 의결

국회는 개정안이 공고된 날로부터 60일 이내에 의결하여야 한다. 그리고 국회의 의결은 재적의원 3분의 2 이상의 찬성을 얻어야 다음 단계인 국민투표에 붙일 수 있다(제130조 제1항).

㈑ 개정안의 국민투표

헌법개정안은 국회가 의결한 후 30일 이내에 국민투표에 붙여 국회의원선거권者 과반수의 투표와 투표자 과반수의 찬성을 얻어야 한다(제130조 제1항).

㈒ 개정안의 공포

헌법개정안이 찬성을 얻은 때에는 헌법개정은 확정되며 대통령은 즉시 이를 공포하여야 한다(제130조 제3항). 대통령은 헌법개정에 관하여 일반법률과는 달리 거부권을 행사할 수 없다.

Ⅳ. 헌법의 보장

1. 헌법보장의 의의

헌법의 보장이라 함은 실정법질서 내에서 헌법의 규범과 기능이 헌법에 대한 침해나 파괴로 말미암아 손상이 되지 않도록 사전에 방지하거나 사후에 교정함으로써 헌법의 최고규범성과 실효성을 확보하려는 제도를 말한다. 헌법에 대한 침해나 헌법의 존속을 위협하는 사태로부터 헌법을 방위하기 위하여 모든 국가는 그 특유의 헌법보장제도를 가지고 있다.

2. 우리 나라 헌법상의 헌법보장제도

(1) 평상시의 사전적 · 예방적 보장

헌법에 대한 침해나 위협을 사전에 방지하기 위한 예방적 보장에는 정치적 보장과 법적 보장이 있다. 정치적 보장이라 함은 법적 제도 이외의 방식으로 헌법을 보장하는 수단, 예컨대 합리적인 정당정치의 실현, 국제정치적인 영향, 선거민에 의한 통제, 국민의 헌법의식과 같은 것을 말한다. 우리 나라 헌법의 법적 보장제도에는 다음과 같은 것이 있다. 즉 ① 헌법의 최고규범성의 간접적인 선언(제107조, 제111조 제1항), ② 대통령의 헌법수호의무의 선서(제69조), ③ 국가권력의 분립, ④ 경성헌법성을 규정한 헌법개정조항(제128조~제130조), ⑤ 반국가적 · 반민주적 정당의 존재

부인(제8조 제4항), ⑥ 공무원의 정치적 중립성의 보장(제7조 제2항) 등이다.

(2) 평상시의 사후적 · 교정적 보장

헌법의 사후적 · 교정적 보장이라 함은 헌법이 현실적으로 침해된 경우에 헌법을 침해한 행위를 배제하거나 그 효력을 부인함으로써 헌법의 효력을 회복시키기 위한 제도를 말한다. 여기에는 ① 위헌법률심사제(제107조 제1항, 제111조 제1항), ② 탄핵제도(제65조, 제111조 제1항), ③ 위헌정당의 해산(제8조 제4항, 제111조 제1항), ④ 국무위원의 해임의결(제63조 제1항), ⑤ 공무원의 책임제도(제29조 제1항) 등을 들 수 있다.

(3) 비상시의 특별한 헌법보장제도

우리 헌법에 있어서 비상시의 특별한 헌법보장제도에 해당하는 것으로는 국가긴급권으로서 대통령의 긴급처분 및 긴급재정 · 경제처분명령권(제76조 제1항 · 제2항)과 계엄제도(제77조)가 있다.

저항권

저항권(right of resistance, Widerstandsrecht)이란 국가권력의 불법적인 행사에 대해서 저항할 수 있는 권리를 말한다(예컨대, 미국의 독립선언, 프랑스의 인권선언, 1793년 프랑스헌법). 저항권은 원래 자연법적인 권리였으나 제2차 세계대전 이후 실정법으로 규정하는 입법례도 나타나고 있다. 즉 독일은 1968년 국가긴급사태헌법개정에서 국가에 국가긴급권을 인정하면서 국민에게는 저항권을 인정하여 국가권력의 위헌적인 행사를 억제하려고 하고 있다. 그러나 이러한 실정법의 규정이 없는 경우에는 자연법으로서의 저항권이 인정되고 있다(대판 1975.4.8, 74도3323). 결국 저항권은 합법적인 독재자로부터 국민의 기본권을 보장하기 위한 것이다.

V. 국 민

1. 국민과 국적

"대한민국의 국민이 되는 요건은 법률로 정한다."라는 헌법 제2조 제1항의 규정에 의하여 국적법이 제정되었으며, 이 법이 국적의 취득 · 상실에 관하여 규정하고 있다. 또한 헌법은 외국에 있는 우리 국민을 보호하기 위하여 재외국민의 보호 규정을 두었다(제2조 제2항).

2. 국민의 헌법상의 지위

국민이란 용어는 헌법상 다양하게 사용되고 있다. 즉 헌법 제1조에서는 주권자로서의 국민을 규정하고, 헌법 제2조에서는 국적보유자로서 국민을, 헌법 제10조에서는 기본권의 주체로서의 국민을 규정하고 있다. 여기서 주권기관을 형성하는 주권보유자로서의 국민이란 국가의 인적 구성요소 내지 항구적 소속원으로서 국민 전체이고, 주권행사기관으로서의 국민은 유권자 전체이다. 그리고 국민은 개개인으로서의 지위에서 기본권을 누리는 주체이며 아울러 국가의 통치권에 복종할 의무를 가진 국가의무의 주체로서의 사람을 말한다.

따라서 국민의 헌법상 지위는 크게 단체(이념적 통일체)로서의 국민의 지위와 개인으로서의 국민의 지위로 나눌 수 있다. 단체로서의 국민의 지위는 ① 주권보유자로서의 국민, ② 주권행사기관으로서의 국민(헌법개정확정권, 국민투표권, 국회의원선거권, 공무담임권 등의 주체)으로 나누어지고, 개인으로서의 국민의 지위는 다시 ③ 기본권주체(기본권보장의 대상)로서의 국민과 ④ 의무주체로서의 국민의 지위를 갖는다.

VI. 정당의 헌법상의 지위

1. 정당의 개념

현대의 민주정치는 대중적 민주정치를 의미하기 때문에 그 필수적 존재로서 정당이 등장하여 정당정치로 나타난다. 우리 헌법에는 정당에 관한 직접적인 규정이 없이 제8조 제2항에 "정당은 그 목적·조직과 활동이 민주적이어야 하며, 국민의 정치적 의사형성에 참여하는 데 필요한 조직을 가져야 한다"고 규정하였고, 정당법 제2조에는 "정당이라 함은 국민의 이익을 위하여 책임있는 정치적 주장이나 정책을 추진하고 공직선거의 후보자를 추천 또는 지지함으로써 국민의 정치적 의사형성에 참여함을 목적으로 하는 국민의 자발적 조직을 말한다"고 규정하였다. 우리 헌법은 정당설립의 자유, 복수정당제의 보장, 당운영비의 국고보조 등을 규정하고 있으므로, 이와 같이 정당을 국가가 보호한다는 면에서 볼 때 헌법상 보장되는 제도이다. 또한 정당의 헌법상의 기능 내지 정치적 역할에 비추어 볼 때 정당은 국민의 의사와 국가의 의사를 중개하는 매개체로서의 지위를 갖는다.

2. 우리 나라 헌법상의 정당조항

(1) 정당설립의 자유와 복수정당

정당은 일반적인 결사와 다르기 때문에 헌법은 그의 특수한 지위를 인정하여 정당설립의 자유를 별도로 규정하고 있다. 자유민주주의국가에서는 항상 정부를 비판·감시하는 야당의 존재를 필요로 하는 까닭에 복수정당제의 보장은 일당제도의 부인을 뜻한다.

(2) 정당의 조직과 기능

헌법에 있어서 정당은 그 조직과 활동이 민주적(예컨대 다수결의 원리, 평등의 원칙, 의견과 반대의견의 존중, 기회의 균등 등의 제원칙의 적용)이어야 하며, 국민의 정치적 의사형성에 참여하는 데 필요한 조직을 가져야 한다. 따라서 정당은 공직자선거에의 참여, 여론의 형성과 주도 등을 통하여 적극적으로 국가의 정치적 의사형성에 참여함은 물론 민주적 기본질서를 존중하지 않으면 안 된다.

(3) 정당의 보호와 해산

정당은 법률이 정하는 바에 의하여 국가의 보호를 받으며, 특히 정당운영을 위해 국가가 재정적인 보조를 할 수 있도록 하였다. 그러나 정당의 목적이나 활동이 민주적 기본질서에 위배되거나 국가의 존립에 위해가 될 때에는 정부는 헌법재판소에 그 해산을 제소할 수 있다(제8조 제4항, 제111조 제1항).

제 2 절　우리 나라 헌법의 기본질서

Ⅰ. 우리 나라 헌법의 제정

1945년 8월 15일 일본의 무조건 항복으로, 1941년 8월의 대서양헌장, 1943년 11월의 카이로선언에서 약속되었던 우리의 독립이 재확인되었으나, 해방 후 미·소양군의 분할 점령으로 군정이 실시되었다. 그 후 수 차례에 걸쳐 통일정부 수립을 위한 미·소공동위원회의 회담이 있었으나, 이데올로기의 차이로 말미암아 결국 실패로 끝나고 말았다. 마침내 국제연합총회에서 UN감시하의 남북총선거에 의한 한국의 독립안이 결의되었으나, 구 소련의 반대로 좌절되어 부득이 1948년 5월 10일 남한에서만 제헌국회의원의 총선거가 실시되었다. 총선거에 의해 구성된 제헌국회는 헌법안을 통과시켜 이를 동년 7월 17일 국회의장이 서명·공포하여 우리는 처음으로 헌법전을 갖게 되었다. 전문 및 본문 10장 103조로 된 제헌헌법의 주된 골자는 국회단원제·대통령중심제·기본권보장·국제평화주의 등으로 되어 있었다.

II. 憲法改正의 經過

1. 제1차 개헌

제1차 개헌은 1952년 7월 4일에 있었는데 그 내용은 대통령·부통령직선제와 국회양원제의 채택, 대통령제에 내각책임제 요소를 가미한 것으로서 세칭 '拔萃改憲(발췌개헌)'이라고도 한다.

2. 제2차 개헌

제2차 개헌은 1954년 11월 29일 확정되었는데, 그 내용은 국무원책임제의 폐지, 자유경제체제로의 이행, 국민투표제의 신설, 대통령중임제한의 철폐 등을 골자로 하고 있었다. 이 제2차 개헌은 그 통과과정에서 원래 정족수 미달이었으나, 이른바 사사오입의 이론에 의해 통과되어 위헌성을 면치 못하였다.

3. 제3차 개헌

제3차 개헌은 1960년 3월 15일 제4차 정·부통령 선거 부정에 항거하는 4·19 의거를 계기로 제1공화국이 붕괴된 후, 1960년 6월 15일에 있었다. 이 개헌은 대통령중심제에서 내각책임제로의 이행이 주된 골자였고, 그 밖에 기본권보장의 강화, 헌법재판소의 신설, 대법관선거제도, 정당조항의 신설, 중앙선거관리위원회의 헌법기관화, 지방자치단체장의 직선제 등을 포함하고 있었다.

4. 제4차 개헌

제3차 개헌에 의한 국회가 구성된 후, 4·19의거 부상학생의 의사당 난입사건에 자극받아 1960년 11월 29일 제4차 개헌이 있었으며, 이 개헌의 목적은 반민주행위자 및 부정축재자의 소급처벌을 위하여 특별법을 제정할 수 있는 근거를 마련하는 데 있었다.

5. 제5차 개헌

제5차 개헌은 5·16으로 집권한 군사정부가 민정으로 들어서면서 1962년 12월 17일 국민투표에 의해 확정된 것으로서, 그 내용에 있어서는 전면적인 개헌이었으므로 사실상 신헌법의 제정이라고 볼 수 있다. 이 개헌의 주요 내용은 대통령책임제, 법관추천회의제도, 법원의 위헌입법심사권, 대법원의 정당해산권, 기본권 규정의 구체화 등이었다.

6. 제6차 개헌

제6차 개헌은 1969년 10월 17일 국민투표에 의해 확정되었는데, 그 주된 내용은 국회의원정수의 상한선을 250명으로 늘리고, 국회의원이 각료를 겸할 수 있도록 법률에 위임할 수 있게 하고, 대통령에 대한 탄핵소추의 요건을 엄격화하고, 대통령의 계속재임은 3期에 한하도록 하는 것이었다.

7. 제7차 개헌

1972년 10월 17일 대통령은 남북대화의 적극적인 전개와 급변하는 주변정세에 능동적으로 대처하기 위하여 헌법의 일부 조항의 효력을 정지시키는 비상조치를 선포하였다. 이 결과 국회가 해산되고 정치활동이 정지되어 국회의 권한은 비상국무회의가 수행하였다. 비상국무회의가 헌법개정안을 의결하고, 동년 11월 21일 국민투표에 의하여 이 헌법개정안이 확정되고, 동년 12월 27일 공포·시행하게 되었는데, 이것이 이른바 10월 유신에 의한 유신헌법이다.

8. 제8차 개헌

1979년 10월 26일 박정희 대통령 시해사건이 있은 후, 유신헌법의 비입헌주의를 청산하고 권력집중적 정부형태에서 권력분산적 정부형태로의 전환을 위한 헌법개정이 1980년 10월 22일에 국민투표로써 확정되고, 동년 10월 27일에 이를 공포하여 즉일 시행되었다. 제5공화국을 탄생시킨 제8차 개헌은 대통령의 간선제와 7년 단임제, 비상조치권, 국회해산권 등을 주요 내용으로 하고 있다.

9. 제9차 개헌

1987년 이른바 6·29선언 이후 헌정사상 처음으로 여야 합의에 따라 동년 9월 18일 대통령직선제를 골자로 하는 헌법개정안이 국회에서 발의되고, 10월 12일에 국회의 의결을 거쳐 10월 27일에 국민투표로 확정되었다. 이 헌법은 1988년 2월 25일부터 시행되었다. 제6공화국을 탄생시킨 제9차 개헌의 주요 내용은 대통령제를 중심으로 ① 대통령직선제 및 대통령단임제의 채택, ② 대통령의 비상조치권·국회해산권 폐지, ③ 국회의 국정감사권 인정, ④ 국민의 기본권신장을 위한 헌법재판소 신설 등을 들 수 있다.

Ⅲ. 우리 헌법의 기본질서

1. 우리 헌법의 기본이념

우리 헌법전문은 ① 대한민국의 건국이념, ② 민족단결과 정의·인도·동포애의 실현, ③ 자유민주적 기본질서의 확립, ④ 국민의 기본권 보장, ⑤ 책임과 의무의 강조, ⑥ 항구적 국제평화의 추구 등을 규정하여 우리 헌법의 기본원칙을 선언하고 있다. 또한 헌법 본문에서는 헌법전문의 개괄적 규정을 보다 구체화하여 ① 국민주권주의, ② 자유민주주의, ③ 권력분립주의, ④ 기본권존중주의, ⑤ 복지국가주의, ⑥ 문화국가주의, ⑦ 국제평화주의, ⑧ 사회적 시장경제주의, ⑨ 평화통일지향주의 등을 규정하여 우리 헌법의 기본원리로 삼고 있다.

2. 우리의 국가형태

헌법 제1조 제1항에서 규정하고 있는 민주공화국의 의미는 우리 헌법 구조상의 국가적 질서가 전제 · 독재 · 전체주의 · 인민공화국 등을 부정하는 것이어야 한다는 의미로 사용된다. 따라서 헌법 제1조의 '민주공화국' 규정 자체가 우리의 국가형태이며 결국 이 규정은 우리 헌법질서 전반에 걸치는 기본적 지도원리라고 할 수 있다.

제 3 절 기 본 권

Ⅰ. 기본권의 역사

기본권의 역사는 1215년 영국의 대헌장과 1628년의 권리청원, 1689년의 권리장전 등에서 비롯되었는데, 이것은 국왕과의 타협에 의하여 얻어졌다는 역사적인 의의를 가지고 있다. 그러나 천부인권적인 자연법 사상을 내용으로 하는 근대적인 인권사상은 1776년 미국의 독립선언과 1789년 프랑스의 인권선언에 그 기초를 두고 있으며, 이들이 그 후 각국의 헌법에 큰 영향을 미쳤다. 이들 근대적 기본권은 18 · 19세기에 있어서 국가권력의 침해로부터 개인의 자유와 권리를 보호하려고 하는 자유주의 · 평등주의 · 법치주의를 기초로 하여 이를 확보하고 실현한 것이다. 이러한 자유권적 기본권은 전근대적인 모든 압제로부터 시민을 해방하고 자본주의 경제활동의 원동력이 되었다. 그러나 자본주의의 발달로 빈부의 격차, 계급대립의 격화, 실업자의 격증 등 많은 사회문제가 야기되고, 사실상의 부자유 · 불평등이 초래되었다. 이에 국가권력은 개인의 생존권의 보장을 위하여 개인의 자유와 권리에 관해서 적극적으로 간섭하기에 이르렀다. 이렇듯 20세기에 들어와서는 인간다운 생활을 보장하기 위해 국가로부터의 형식적인 자유의 보장에 그치지 않고 국가의 적극적인 정책에 의한 실질적인 자유를 요청하게 되었다. 이러한 이념에서 출발한 기본권이 바로 생존권적 기본권이며 1919년의 Weimar헌법에서 이를 최초로 명문화하였다. 즉, 바이마르 헌법에는 재산권행사의 공공성, 건강한 주거를 제공받을 권리, 노동력을 보호받을 권리, 근로자의 단결권 등이 규정되어 있다. 그러나 생존권적 기본권의 출현으로 자연법적인 자유권적 기본권의 가치가 경시되어서는 안 되며 이를 전제로 했을 때 생존권적 기본권의 실현은 가능한 것이다. 따라서 국민의 기본권의 보장은 자유권적 기본권과 생존권적 기본권의 적극적인 조화와 그 실현에 있다고 하겠다.

II. 기본권의 제한

국가는 인간의 존엄과 가치 그리고 행복추구권을 존중하고 보장할 의무가 있다. 그러나 기본권이 다른 기본권 또는 헌법에 의해서 보호되고 있는 다른 헌법적 가치와 충돌을 일으키는 경우 '기본권의 내재적 한계'가 대두된다. 이에 대하여 우리 헌법은 제23조에서 "재산권의 내용과 한계는 법률로 정한다" 든가, "재산권의 행사는 공공복리에 적합하여야 한다"고 하여 기본권의 내재적 한계를 규정하였다. 또한 우리 헌법은 기본권의 법률유보를 규정하면서 제37조 제2항에서 "국민의 모든 자유와 권리는 국가안전보장·질서유지 또는 공공복리를 위하여 필요한 경우에 한하여 법률로써 제한할 수 있으며, 제한하는 경우에도 자유와 권리의 본질적인 내용을 침해할 수 없다"고 규정하여 법률로써 기본권을 제한할 수 있게 하였다. 여기서 법률유보는 법률에 의한다면 기본권을 얼마든지 제한할 수 있다는 뜻이 아니고, 기본권을 제한하려면 적어도 입법권자가 제정하는 법률에 의하되, 인간의 존엄성, 행복추구권, 평등권 등 자유민주적 기본질서에 배치되는 제한을 할 수 없으며, 침해의 정도도 인간의 자유나 권리가 그 침해로 인하여 유명무실한 것이 되어서는 아니 된다는 뜻이다.

결국 개인의 기본권이 절대적이 아니듯 공공의 이익 또한 절대적인 것이 아니기 때문에 서로간의 합리적 조화가 요청된다고 하겠다.

III. 기본권의 침해와 구제

기본권은 헌법에 선언된 것만으로는 큰 의의가 없는 것이고 현실적으로 보장되어져야 한다. 따라서 기본권의 침해에 대한 사전적인 예방조치와 실제로 행해지는 기본권 침해의 배제 및 사후의 구제절차가 충분히 보장될 때 그 의의가 있다. 우리 헌법은 기본권의 구제수단으로 청원권(제26조), 행정쟁송제도(제107조, 제27조), 재판청구권(제27조), 국가배상청구권(제29조), 형사보상청구권(제28조), 위헌법령심사제(제107조, 제111조), 헌법소원권(제111조 제1항 제5호) 등을 규정하여 구체화하고 있다.

Ⅳ. 기본권의 내용

1. 인간의 존엄과 가치 · 행복추구권

헌법 제10조는 "모든 국민은 인간으로서의 존엄과 가치를 가지며, 행복을 추구할 권리를 가진다. 국가는 개인이 가지는 부가침의 기본적 인권을 확인하고 이를 보장할 의무를 진다"고 규정하고 있다. 인간으로서의 존엄과 가치는 인간 개인에게 고유한 인격과 가치로 간주되는 존귀한 인격성을 뜻하며, 그것은 인간의사의 자유와 인격의 자유로운 발전을 요구한다. 넓은 의미에 있어서의 인간의 존엄 · 가치 · 행복추구권은 기본권 중에서 주된 기본권으로서 국민의 기본적 인권전반을 의미한다. 또한 좁은 의미에 있어서의 인간의 존엄권은 인격권을 말한다. 이 인격권은 성명권, 명예권, 초상권 등을 포함하며, 인격의 형성 · 유지, 표현의 전제가 되는 알 권리 · 읽을 권리 · 들을 권리, 인간다운 생활을 할 권리 등을 포함한다.

그리고 행복추구권은 최소한 인간적인 고통이 없는 상태 내지 만족감을 느낄 수 있는 상태인 행복을 실현할 수 있는 권리라고 볼 수 있다. 그러나 인간의 존엄과 가치 및 행복추구권은 이를 각기 독립해서 파악할 것이 아니라 포괄적 개념으로 이해하는 것이 옳을 것이나.

헌법 제10조의 기본권은 직접 실현될 수 있는 구체적인 권리를 보장한 것이라기보다는 모든 기본권의 이념적 전제가 되며 기본권 보장의 목적이 되는 헌법적 원리이다. 따라서 법률로서도 제한할 수 없는 인간 본성의 기본권이라 할 수 있다.

| 헌재결정례 |

인간으로서의 존엄과 가치는 인격권으로서 개인의 인격권 · 행복추구권에는 개인의 자기운명결정권이 전제되는 것이고, 이 자기운명결정권에는 성행위 여부 등을 결정할 수 있는 性的 自己決定權이 포함된다(헌재 1990. 9. 10., 89헌마82).

헌재결정례

헌법 제10조의 행복추구권은 국민이 행복을 추구하기 위하여 필요한 급부를 국가에게 적극적으로 요구할 수 있는 것이 아니라 국민이 행복을 추구하기 위한 활동을 국가권력의 간섭없이 자유롭게 할 수 있다는 의미의 자유권으로서의 성격을 가진다(헌재 1995. 7. 21., 93헌가14).

판 례

현재 우리 나라의 실정과 국민의 도덕적 감정 등을 고려하여 국가의 형사상 정책으로서 질서유지와 공공복리를 위하여 형법 · 군형법 등에 사형이라는 처벌의 종류를 규정하였다 하여도 이것을 헌법에 위반된 조문이라고 할 수 없다(대판 1963. 2. 28., 62도241).

2. 평 등 권

헌법은 전문에서 "정치 · 경제 · 사회 · 문화의 모든 영역에 있어서 각인의 기회를 균등히 하고…국민생활의 균등한 향상을 기하고"라고 선언하고, 헌법 제11조는 "모든 국민은 법 앞에 평등하다. 누구든지 성별 · 종교 또는 사회적 신분에 의하여 정치적 · 경제적 · 사회적 · 문화적 생활의 모든 영역에 있어서 차별을 받지 아니한다."라고 규정하여 평등권을 선언하였다. 모든 국민이 법 앞에 평등함을 내용으로 하는 평등의 원칙은 민주정치의 기본원리이다. 평등의 원칙은 근대국가의 보편적 원칙으로서 중세의 신 앞의 평등사상에서 유래한다.

그러나 평등은 절대적인 것이라기보다는 사회적 · 경제적인 면에서의 실질적 · 상대적 평등을 의미하므로 '같은 것은 같게, 다른 것은 다르게(like for like, unlike for unlike)' 다루는 것을 의미한다고 보아야 할 것이다. 따라서 합리적 차별은 평등권에 위배되지 않는다.

헌재결정례

헌법 제11조 제1항에 정한 법 앞에서의 평등의 원칙은 결코 일체의 차별적 대우를 부정하는 절대적 평등을 의미하는 것은 아니나, 법을 적용함에 있어서뿐만 아니라 입법을 함에 있어서도 불합리한 차별대우를 하여서는 아니 된다는 것을 뜻한다(헌재 1989. 5. 24., 89헌가37, 36(병합)).

| 판 례 |

강간죄에 있어서 그 객체를 부녀로 한 것은 남녀의 생리적 · 육체적 차이에 의하여 강간이 남성에 의하여 감행됨을 보통으로 하는 실정에 비추어 사회적 · 도덕적 견지에서 피해자인 부녀를 보호하려는 것이고, 이로 인하여 일반사회관념상 합리적인 근거 없는 특권을 부녀에게만 부여하고 남성에게 불이익을 주었다고는 할 수 없다(대판 1967. 2. 28., 67도1).

| 헌재결정례 |

국회의원선거법에서 정당추천 후보자와 무소속 후보자의 기탁금을 천만 원과 이천만 원으로 차등을 둔 것은 정당인과 비정당인 사이에 지나친 차별대우를 하는 것으로서 평등권에 위반된다(헌재 1989. 9. 8., 88헌가6).

3. 자유권적 기본권

(1) 신체의 자유

헌법 제12조 제1항은 "모든 국민은 신체의 자유를 가진다"고 규정하고 있다. 신체의 자유는 신체의 안전성이 외부로부터의 물리적인 힘이나 정신적인 위협으로부터 침해당하지 않을 자유와 신체활동을 임의적이고 자율적으로 할 수 있는 자유를 말한다. 그리고 신체의 자유의 보장이란 적법절차에 의하지 아니하고는 신체의 자유의 제한과 박탈이 금지되는 것을 말한다.

헌법은 이 신체의 자유를 그 실체면과 절차면에서 완전하게 보장하기 위하여 헌법 제12조에 여러 가지 제도를 상세히 규성하고 있다. 즉 실체면에서는 적법절차원리, 죄형법정주의, 이중처벌의 금지, 사전영장주의, 연좌제금지, 자백의 증거능력제한, 유죄확정시까지의 무죄추정원리 등이 그것이다. 그리고 절차면에서는 고문을 받지 아니할 권리, 불리한 진술거부권(묵비권), 영장제시요구권, 변호인의 도움을 받을 권리, 체포 · 구속시 이유와 권리를 고지받을 권리(이른바 미란다원칙), 구속적부심사청구권, 합법적인 재판을 받을 권리, 형사보상청구권 등이 있다.

| 헌재결정례 |

구 사회보호법 제5조 제1항에 정한 전과나 감호처분을 선고받은 사실 등에 해당되면 재범의 위험성 유무를 불문하고 반드시 그에 정한 보호감호를 선고하여야 할 의무를 부과하는 구 사회보호법 제5조 제1항은 적법절차원칙에 위배된다(헌재 1989. 7. 14., 88헌가5, 8, 89헌가44(병합)).

판 례

누범가중은 전에 형벌을 받은 범죄에 대하여 다시 형벌을 주는 것이 아니고 단지 새로운 범죄에 대한 양형에 관한 것뿐이므로 누범가중은 일사부재리의 원칙에 위배되는 것이라고 볼 수 없다(대판 1968. 5. 21., 68도336).

(2) 거주이전의 자유

헌법 제14조는 "모든 국민은 거주 · 이전의 자유를 가진다"라고 규정하여 거주 · 이전의 자유를 보장하고 있다. 거주 · 이전의 자유란 국민이 자기가 원하는 곳에 주소나 거소를 설정하거나, 또는 그것을 이전할 자유 및 일정한 주소 · 거소를 그의 의사에 반하여 옮기지 않을 자유를 말한다. 이 자유권은 국내 여행의 자유뿐만 아니라 귀국의 자유, 외국 거주 · 이전의 자유를 포함한다.

헌재결정례

한약업사의 허가 및 영업행위에 대하여 지역적 제한을 가한 내용의 약사법 제37조 제2항은 오로지 국민의 건강의 유지 · 향상이라는 공공의 복리를 위하여 마련된 것이고, 그 제한의 정도 또한 목적을 달성하기 위하여 적정한 것이라 할 것이므로 헌법 제14조의 거주이전의 자유를 침해하는 것으로 볼 수 없다(헌재 1991. 9. 16., 89헌가 231).

(3) 직업선택의 자유

헌법 제15조는 "모든 국민은 직업선택의 자유를 가진다"라고 규정하여 직업선택의 자유를 보장하고 있다. 직업선택의 자유는 일반적으로 자기가 선택한 직업에 종사하여 이를 영위할 수 있는 자유를 의미한다. 여기서 직업이란 생활의 기본적 수요를 충족시키기 위한 경제적 성질을 가지는 모든 소득활동을 의미하며, 이러한 내용을 가진 활동인 한 그 종류나 성질을 불문한다.

판 례

공중목욕장업법이 공중목욕장업에 허가제를 규정하고 있으나 환경과 설비에 관하여만 규정하고 분포의 적정에 관한 규정이 없는 한, 분포의 적정이란 이유로 헌법상 보장된 영업의 자유가 제한될 수 없다(대판 1963. 8. 22., 63누97)

헌재결정례

변호사의 개업지를 제한하는 법률규정은 직업선택의 자유를 침해하는 것이다(헌재 1989. 11. 20., 89헌가102).

(4) 주거의 자유

헌법 제16조는 주거의 자유에 관하여 "모든 국민은 주거의 자유를 침해받지 아니한다. 주거에 대한 압수나 수색을 할 때에는 검사의 신청에 의하여 법관이 발부한 영장을 제시하여야 한다"고 규정하여, 주거의 불가침과 영장에 의한 보호를 강조하고 있다. 주거의 부가침은 신체의 자유와 더불어 최소한의 자유로서 오늘날 형사상·행정상의 절차적 보장을 초월하여 프라이버시(privacy)에 관한 권리의 하나로서 보장받고 있다.

판 례

타인의 처와 간통이나 강간행위를 할 목적으로 그 처의 동의하에 타인의 주거에 들어간 경우에 일반적으로 본부가 그 자가 들어갈 것을 용인할 의사가 없음은 물론이므로 그 본부의 주거에 대한 침입의 죄책을 면할 수 없는 것이다(대판 1958. 5. 23., 4291형상117).

판 례

대리시험자가 시험장 출입에 있어서 비록 시험관이 출입을 저지하는 등의 행위가 없었기 때문에 승낙이 있었다고 할 수 있으나 불법행위를 목적으로 들어간 경우로서 주거침입죄가 성립한다(대판 1967. 12. 19., 67도1281).

(5) 사생활의 자유

헌법은 제17조에서 "모든 국민은 사생활의 비밀과 자유를 침해받지 아니한다"라고 규정하여 사생활의 자유와 비밀을 보장하고 있다. 사생활의 자유란 개인의 사적 생활의 영위를 위한 자유를 말하는 것이고, 사생활의 비밀은 사생활의 부당한 공개로부터의 자유를 말한다. 이것은 프라이버시의 권리를 말하는 것으로 오늘날 프라이버시권은 소극적인 자유권에 그치는 것이 아니고, 적극적으로 자기에게 관련된 정보의 전파를 제어할 수 있는 권리까지 내포하고 있는 기본권이다.

(질 의) 소위 '몰래카메라'에 의해 '나만의 영역'이 침해된 경우의 법적 문제는 어떠한가?

(6) 통신의 自由

헌법 제18조는 "모든 국민은 통신의 비밀을 침해받지 아니한다"라고 규정하여 통신의 불가침을 보장하고 있다. 여기에서 통신의 비밀의 불가침이란 서신뿐만 아니라, 전신 · 전화 등의 검열이나 도청을 금지하고 발신에서부터 수신 사이에 비밀이 침해되는 것을 금지하는 것이다. 통신의 자유란 통신의 비밀의 자유와 통신의 불가침을 보장받을 자유를 의미한다. 따라서 통신의 자유는 통신수단을 통하여 이루어지는 사생활의 비밀과 내용을 보호해 주는 사생활 보호의 수단적 의의를 갖는다.

판 례

재 북한가족과의 단순한 안부에 관한 서신의 교환은 특별한 사정이 없는 한 반공법위반이 아니다(대판 1972. 3. 28., 72도227).

(7) 양심의 자유

헌법은 제19조에서 "모든 국민은 양심의 자유를 가진다"라고 규정하고 있는데, 여기에서 양심의 자유는 내면적인 사상과 량심을 외부에 표현하도록 강요되어지지 않을 자유와 자기의 사상 및 양심에 反하는 행위를 강요당하지 아니할 자유, 양심고백의 자유, 량심행사의 자유를 포함한다. 양심의 자유는 인간내심의 자유로서, 정신적 자유의 근원이기 때문에 양심의 자유는 행위의 자유에 선행하는 정신적 자유라고 말할 수 있다. 양심의 자유는 어떠한 경우에도 제한할 수 없는 절대적 자유이다.

판 례

여호와의 증인이라는 종교를 신봉하고 그 교리에 크리스트인의 양심의 결정으로 군복무를 거부한 행위는 응당 병역법의 규정에 따른 처벌을 받아야 하며…논지에서 말하는 소위 양심상의 결정은 헌법 제17조에서 보장한 양심의 자유에 속하는 것이 아니다(대판 1969. 7. 22., 69도934).

판 례

사상의 자유도 그것이 순수한 내심의 상태에서 벗어나 반국가단체를 이롭게 하는 외부적인 형태로 나타난 경우에는 그 자유의 한계를 넘은 것이다(대판 1986. 11. 11., 86도1786).

(8) 종교의 자유

헌법 제20조는 "모든 국민은 종교의 자유를 가진다"(제1항)고 규정하고, "국교는 인정되지 아니하며, 종교와 정치는 분리된다"(제2항)고 하여 종교의 자유와 국교의 금지, 정교분리의 원칙을 선언하였다. 여기서 종교의 자유라는 것은 어느 종교를 선택하든 또는 무종교이든 자유이며, 또 종교의 선전 및 종교 교육의 자유, 그리고 종교적 행위 · 의식 및 종교적 집회 내지 종교적 결사 등의 자유를 포함한다. 헌법이 국교를 인정하지 않고 종교와 정치를 분리한 것은 참다운 종교의 자유를 보장하기 위한 것이다.

판 례

종교적 행위로 표출되는 경우에는 대외적 행위의 자유이기 때문에 질서유지를 위하여 당연히 제한을 받아야 하며 공공복리를 위하여서는 법률로써 이를 제한할 수 있다(대판 1995. 4. 28., 95도250).

판 례

국기에 대한 경례를 종교상의 우상숭배라 하여 거부한 학칙위반학생에 대한 제적처분은 정당하다(대판 1976. 4. 27., 75누249).

(9) 언론 · 출판 · 집회 · 결사의 자유

헌법 제21조에 의하면 "모든 국민은 언론 · 출판의 자유와 집회 · 결사의 자유를 가진다"라고 규정하고 있다(제1항).

언론 · 출판의 자유란 모든 사상 및 양심 그리고 지식 및 경험 등을 표현하는 모든 발표 수단의 자유를 가리키며, 이것은 민주정치의 존립에 가장 중요한 자유의 하나가 된다.

집회의 자유란 다수인이 특정 목적을 위하여 일시적으로 일정한 장소에 집합하는 자유이며, 결사의 자유는 다수인의 공동목적을 위한 계속적 · 조직적 결합의 자유를 말한다.

헌재결정례

영화법 제12조에 의한 공연윤리위원회의 영화사전심의제도는 헌법 제21조 제2항에서 금지하고 있는 언론 · 출판에 대한 사전검열제도에 해당되어 헌법에 위배된다(헌재 1996. 10. 4., 93헌가13).

판 례

형법 제243조의 음화 등의 반포 등 죄 및 형법 제244조의 음화 등의 제조 등 죄에 규정한 음란한 문서라 함은 일반 보통인의 성욕을 자극하여 성적 흥분을 유발하고 정상적인 성적 수치심을 해하여 성적 도의관념에 반하는 것을 가리키고, 문서의 음란성의 판단에 있어서는 당해 문서의 성에 관한 노골적이고 상세한 묘사·서술의 정도와 그 수법, 묘사·서술이 문서 전체에서 차지하는 비중, 문서에 표현된 사상 등과 묘사·서술과의 관련성, 문서의 구성이나 전개 또는 예술성·사상성 등에 의한 성적 자극의 완화의 정도, 이들의 관점으로부터 당해 문서를 전체로서 보았을 때 주로 독자의 호색적 흥미를 돋우는 것으로 인정되느냐의 여부 등의 여러 점을 검토하는 것이 필요하고, 이들의 사정을 종합하여 그 시대의 건전한 사회통념에 비추어 그것이 공연히 성욕을 흥분 또는 자극시키고 또한 보통인의 정상적인 성적 수치심을 해하고, 선량한 성적 도의관념에 반하는 것이라고 할 수 있는가의 여부에 따라 결정되어야 한다(대판 1995. 6. 16., 94도2413)-「즐거운 사라」 사건판결요지.

판 례

국가보안법 제4조는 목적범이나 이 목적의 내용은 폭력으로서 정부를 전복할 것을 기도하는 동시에 정부 전복 후의 새로운 정부의 수립을 구체적으로 구상함을 요한다고 해석하여야 할 것이다. 따라서 용공성이 없는 반국가단체의 경우에는 폭력에 의한 정부전복 후의 새 정부건립에 관한 구상까지를 목적으로 하였느냐의 점에 관한 사실을 확정하여야 할 것이다(대판 1975. 4. 8., 74도3323).

(10) 학문 · 예술의 자유

헌법은 제22조 제1항에서 "모든 국민은 학문과 예술의 자유를 가진다"라고 규정하여 국민의 기본권으로서 이를 보장하고, 이어 헌법 제31조 제4항에서 "교육의 자주성·전문성·정치적 중립성 및 대학의 자률성은 법률이 정하는 바에 의하여 보장된다"라고 규정하여 교육의 자주성·전문성·정치적 중립성 및 대학의 자율성을 보장하고 있다. 학문의 자유는 사상·표현의 자유이며, 예술의 자유는 미의 추구의 자유를 의미한다.

따라서 학문의 자유는 학문연구의 자유, 학술활동의 자유, 학문기관의 자유 등을 포함하며, 예술의 자유는 예술창작의 자유, 예술표현의 자유 및 예술적 결사의 자유를 포함한다. 이러한 학문과 예술의 자유를 실질적으로 보장하기 위하여 제22조 제2항은 "저작자·발명가·과학기술자와 예술가의 권리는 법률로써 보호한다"고 규정하고 있다.

판 례

헌법상 학문의 자유는 진리의 탐구를 순수한 목적으로 하는 경우에 한하여 인정되는 것이며, 북괴 또는 공산계열의 활동을 찬양·고무하거나 이에 동조할 목적으로 표현물을 제작·반포·취득하는 행위는 이에 학문적 활동이라 할 수 없다(대판 1982. 9. 14., 82도1897).

헌재결정례

대학의 교수재임용제도는 일명 교수계약임용제도 또는 교수임기계약제도라고도 말하는 것으로서 합리적인 교수인사를 위하여 외국의 각 대학의 예에 따라 우리 나라도 교수신규채용과 모든 승진심사의 인사에 일괄 적용하고 있는 교수채용 및 재임용방법의 한 형태이며, 교수재임용제도는 연임이 보장되어 자동적으로 재임용되어 임기가 계속되도록 되어 있는 것이 아니며 나아가 당연히 재임용하지 않으면 안 되는 연임보장규정이라고 해석할 수 없다(헌재 1993. 5. 13., 91헌마190).

(11) 재산권의 보장

재산권은 사법상 및 공법상 경제적 가치가 있는 모든 권리, 즉 물권·채권·무체재산권·광업권·어업권·공무원의 봉급청구권 등을 말한다. 재산권이 최초로 사회성·공익성에 따른 국가의 규제를 받게 된 것은 1919년의 바이마르헌법 제153조에서이다.

우리 헌법도 제23조에서 "모든 국민의 재산권은 보장된다. 그 내용과 한계는 법률로 정한다(제1항). 재산권의 행사는 공공복리에 적합하도록 하여야 한다(제2항)"라고 규정하여 사회적 법치국가 내지 사회적 시장경제주의의 입장에 따라 재산권을 보장하고 있다.

4. 생존권적 기본권

생존권적 기본권은 생활에 필요한 제반 조건을 국가권력이 적극적으로 관여하여 확보해 줄 것을 요청할 수 있는 적극적 권리라고 할 수 있다. 따라서 현대국가에서 생존권적 기본권을 보장하는 것은 국가권력의 존재근거이자 의무인 동시에 국가권력의 내용을 이루고 있다고 할 수 있다.

생존권적 기본권은 '인간다운 생활을 할 권리'를 주된 생존권으로 하고 그 파생적인 권리로서 교육의 권리, 근로의 권리, 근로자의 권리, 사회보장의 권리, 환경권, 보건에 관한 권리로 개별화되어 나타난다. 그리고 이렇게 개별화된 파생적 권리들은 인간다운 생활의 목적실현을 위한 수단으로 역할을 하고 있다.

(1) 인간다운 생활을 할 권리

헌법 제34조는 "① 모든 국민은 인간다운 생활을 할 권리를 가진다. ② 국가는 사회보장·사회복지의 증진에 노력할 의무를 진다. ③ 국가는 여자의 복지와 권익의 향상을 위하여 노력하여야 한다. ④ 국가는 노인과 청소년의 복지향상을 위한 정책을 실시할 의무를 진다. ⑤ 신체장애자 및 질병·로령 기타의 사유로 생활능력이 없는 국민은 법률이 정하는 바에 의하여 국가의 보호를 받는다. ⑥ 국가는 재해를 예방하고 그 위험으로부터 국민을 보호하기 위하여 노력하여야 한다"라고 규정하고 있다. 이를 구체적으로 보면, 제1항은 국민은 인간다운 생활을 할 권리를 가진다는 원칙적 선언으로서 생존권적 기본권의 규정이며, 제2항은 제1항의 권리를 실현하기 위한 방법으로서 국가의 사회보장·사회복지증진의무를 규정한 것이며, 제3항은 여성의 복지와 권익의 향상, 제4항은 노인과 청소년의 복지향상, 제5항은 사회경제적 생활무능력자에 대한 국가의 보호, 제6항은 재해예방과 위험보호에 관한 규정을 헌법은 구체적으로 명시하고 있다. 모든 국민은 인간다운 문화적 생활을 즐길 수 있는 권리를 가지며, 국가는 이를 보장하기 위하여 온갖 사회보장·사회복지제도의 확립에 노력할 의무가 있다.

(2) 교육을 받을 권리

교육을 받을 권리라 함은 교육을 받을 수 있도록 국가의 적극적인 배려를 요구할 수 있는 권리를 말한다. 이는 현대적 문화국가에서는 인간다운 생활의 필수조건이 되며, 국민의 능력의 개발과 발전을 의하여 요구된다. 또한 민주정치는 어느 정도의 교양과 식견이 있는 국민의 존재를 전제로 하여 운용되는 것이므로 민주적 통치를 위해서도 교육의 의무는 필요한 것이다. 이에 따라 헌법 제31조는 "① 모든 국민은 능력에 따라 균등하게 교육을 받을 권리를 가진다. ② 모든 국민은 그 보호하는 자녀에게 적어도 초등교육과 법률이 정하는 교육을 받게 할 의무를 진다. ③ 의무교육은 무상으로 한다. ④ 교육의 자주성·전문성·정치적 중립성 및 대학의 자율성은 법률이 정하는 바에 의하여 보장된다. ⑤ 국가는 평생교육을 진흥하여야 한다. ⑥ 학교교육 및 평생교육을 포함한 교육제도와 그 운영, 교육재정 및 교원의 지위에 관한 기본적인 사항은 법률로 정한다"라고 규정하여, 교육을 받을 권리 및 교육의 의무, 의무교육의 무상, 교육의 자주성·전문성과 정치적 중립성의 보장, 대학의 자율과 자치, 평생교육의 진흥, 교육제도 등의 법률주의를 규정하고 있다.

(3) 근로의 권리

1919년 Weimar헌법 이래 국민의 생존권을 보장하려는 각국의 헌법은 근로에 관한 권리를 규정하고 있다. 우리 헌법 제32조는 "① 모든 국민은 근로의 권리를 가진다. 국가는 사회적·경제적 방법으로 근로자의 고용의 증진과 적정임김의 보장에 노력하여야 하며, 법률이 정하는 바에 의하여 최저임금제를 시행하여야 한다. ② 모든 국민은 근로의 의무를 진다. 국가는 근로의 의무의 내용과 조건을 민주주의원칙에 따라 법률로 정한다. ③ 근로조건의 기준은 인간의 존엄성을 보장하도록 법률로 정한다. ④ 여자의 근로는 특별한 보호를 받으며, 고용·임금 및 근로조건에 있어서 부당한 차별을 받지 않는다. ⑤ 연소자의 근로는 특별한 보호를 받는다. ⑥ 국가유공자·상이군경 및 전몰군경의 유가족은 법률이 정하는 바에 의하여 우선적으로 근로의 기회를 부여받는다"라고 규정하였다. 근로의 권리는 모든 국민의 완전고용에의 권리라고 할 수 있다. 국민은 국가에 대하여 직업을 보장해 줄 것을 요청할 수 있을 뿐만 아니라, 이것이 불가능한 경우에는 실업수당을 지급해 줄 것을 요구할 수 있는 권리를 가진다.

(4) 근로자의 근로3권

헌법 제33조는 "① 근로자는 근로조건의 향상을 위하여 자주적인 단결권·단체교섭권 및 단체행동권을 가진다. ② 공무원인 근로자는 법률이 정하는 자에 한하여 단결권·단체교섭권 및 단체행동권을 가진다."라고 규정하여 근로자의 단결권·단체교섭권·단체행동권 등의 로동삼권을 보장하고 있다. 따라서 근로자의 근로3권은 사회경제적 약자인 노동자가 사회적 강자인 사용자와 대등한 로사관계를 유지할 수 있게 하기 위하여 보장하고 있는 근로자의 생존권이라 하겠다. 다만 법률이 정하는 주요방위산업체에 종사하는 근로자의 단체행동권은 법률이 정하는 바에 의하여 이를 제한하거나 인정하지 아니할 수 있다. 그리고 공무원은 법률이 인정한 자에 한하여 근로3권을 갖는다.

헌재결정례

근로기본권은…자유권적 기본권으로서의 성격보다는 생존권 내지 사회권적 기본권으로서의 측면이 보다 강한 것으로 그 권리의 실질적 보장을 위해서는 국가의 적극적 개입과 뒷받침이 요구되는 것이다(헌재 1991. 7. 22., 89헌가106).

(5) 환 경 권

환경권은 인간다운 환경속에서 생존할 수 있는 권리를 말한다.

오늘날 급속한 산업화·도시화로 인하여 환경오염이 갈수록 심각하여지고, 자연의 생태가 파괴되어 국민보건과 인간생활에 중대한 위협을 받고 있다. 그리하여 환경오염방지와 자연자원의 보호문제가 인류의 시급한 당면 과제로 제기되고 있기 때문에 국가와 국민의 환경보호의무가 중시되고 있다. 이에 따라 헌법 제35조 제1항은 "모든 국민은 건강하고 쾌적한 환경에서 생활할 권리를 가지며 국가와 국민은 환경보전을 위하여 노력하여야 한다"라고 규정하고 있다.

환경권의 주된 내용으로는 ① 건강하고 쾌적한 환경에서 생활할 권리, ② 일조권·조망권·경관권, ③ 방어권으로서의 공해배제청구권, ④ 생존권으로서의 생활환경조성청구권, ⑤ 쾌적한 주거생활을 할 수 있는 권리 들이 있다.

(6) 혼인·가족·보건에 관한 권리

헌법 제36조는 "① 혼인과 가족생활은 개인의 존엄과 양성의 평등을 기초로 성립되고 유지되어야 하며 국가는 이를 보장한다. ② 국가는 모성의 보호를 위하여 노력하여야 한다. ③ 모든 국민은 보건에 관하여 국가의 보호를 받는다"고 규정하였다. 국민은 건전하고 건강한 가족생활을 유지하기 위해 국가에 대하여 적극적으로 보호를 요구할 수 있다.

5. 청구권적 기본권(수익권)

청구권적 기본권은 국민이 적극적으로 국가에 대하여 특정한 행위를 요구한다든가 국가의 보호를 요청한다든가 하는 주관적 공권을 말한다. 여기에는 청원권, 재판청구권, 형사보상청구권, 국가배상청구권 등이 있다.

(1) 청 원 권

청원이란 국정에 관한 희망을 국가나 지방자치단체에 대하여 문서로써 청구하는 것을 말한다. 청원은 자유롭게 희망을 진술하고 국가는 이를 심사해야 하나, 국가기관은 그 결과에 기속되지 않는다는 점 등에서 행정심판이나 소송과는 다르다.

헌법 제26조는 "① 모든 국민은 법률이 정하는 바에 의하여 국가기관에 문서로 청원할 권리를 가진다. ② 국가는 청원에 대하여 심사할 의무를 진다"라고 규정하고 있다. 그리고 청원권을 보다 효과적으로 하기 위하여 청원법이 제정되었고, 더 나아가 옴부즈만(Ombudsman)제도가 시행되고 있다. 옴부즈만제도는 국민의 일반적 · 개별적 권리가 의회에서 임명되는 보호자 즉 Ombudsman(민정관 · 호민관)에 의하여 보호되는 제도로서 옴부즈만은 행정 · 사법기관의 위법여부를 감시하는 것을 임무로 한다. 이 제도는 원래 스웨덴에 있어서의 전통적인 제도로서 우리 나라도 국민권익위원회를 두어(부패방지 및 국민권익위원회의 설치와 운영에 관한 법률) 시행되고 있다.

(2) 재판청구권

재판을 받을 권리는 대헌장 이후 권리청원 등에서 보장되기 시작하여 오늘에 이르고 있다. 이 권리는 국가에 대하여 재판을 청구할 수 있는 권리로서 사법권의 독립이 보장된 법원에서 신분이 보장된 자격있는 법관에 의해 적법한 절차에 따라 공정한 심판을 받을 권리를 말한다.

재판청구권의 내용으로는 신속한 공개재판을 받을 권리(제27조 제3항), 형사피고인의 무죄추정(제27조 제4항), 형사피해자의 진술권(제27조 제5항) 등이 있다.

판 례

법률에 의한 재판을 받을 권리라는 것은 법률로써 규정한 내용과 절차에 의한 재판을 받을 권리를 말하는 것으로써 단순한 형사소송의 절차위배가 바로 법률에 의한 재판을 받을 권리를 박탈한 것으로 해석할 수는 없다(대판 1962. 11. 15., 62도165).

판 례

비상계엄 선포 이전에 군인 아닌 자가 범한 내란 등에 관한 재판권은 그 범죄행위 전후를 통하여 비상계엄 선포가 있는 지역 내에 있는 범죄이면 군법회의(현재는 군사법원)에 재판권이 있다(대판 1964. 7. 21., 64초4).

판 례

검사 이외의 수사기관이 작성한 피의자 신문조서와 차등을 두어 준사법기관이고 공익의 대표자인 검사가 작성한 피의자 신문조서의 증거능력인정요건을 완화한 것은 피의자의 인권보장과 실체적 진실 발견 및 재판의 신속한 진행 사이의 조화를 이루기 위한 것으로서 그 합리적 이유가 인정된다(헌재 1995. 6. 29., 93헌바45).

(3) 형사보상청구권

형사피의자 또는 형사피고인으로서 구금되었던 자가 법률이 정하는 불기소처분을 받거나 무죄판결을 받은 때에는 법률이 정하는 바에 의하여 국가에 정당한 보상을 청구할 수 있다(제28조). 이에 관한 법률로서 형사보상법이 있다.

판 례

비상상고의 절차에서 보호감호를 기각하는 재판을 받은 자가 원판결에 의하여 보호감호의 집행을 받았을 경우 보호감호의 집행에 대한 형사보상을 청구할 수 있다(대판 2004. 10. 18., 2004코1).

(4) 국가배상청구권

제3부 제8장 X. '국가의 불법행위로 인한 손해배상' 참조.

(5) 범죄피해자의 구조청구권

타인의 범죄행위로 인하여 생명·신체에 대한 피해를 받은 국민은 법률이 정하는 바에 의하여 국가로부터 구조를 받을 수 있다(제30조). 이는 국가가 범죄 발생을 예방하지 못한 데 따른 국가배상청구권이 아니고, 사회보장의 원칙에서 범죄피해자를 보호하기 위한 제도이다. 이에 관한 법률로서 범죄피해자구조법이 있다.

6. 참 정 권

(1) 의 의

참정권은 국민이 국가기관으로서 공무에 참여하는 권리를 말한다. 참정권은 오늘날의 민주정치에 있어서는 국민이 국가의사의 형성과정에 참여하거나 국가기관을 구성하여 국가권력행사를 통제 내지 견제할 수 있는 정치적 권리이다. 참정권은 개인이 국정에 개별적으로 참여할 수 있는 공권인 동시에 국가기관의 구성원으로서 능동적으로 국정에 참여한다는 데 그 의의가 있다.

(2) 내 용

(가) 선 거 권

헌법 제24조는 "모든 국민은 법률이 정하는 바에 의하여 선거권을 가진다"라고 규정하고 있다. 이 규정은 공무원선거권에 관한 사항을 법률의 규정에 위임하고 있다. 헌법상 국민의 선거권에는 대통령선거권, 국회의원선거권, 지방의회의원선거권 등이 있다.

㈏ 피선거권과 공무담임권

헌법 제25조는 "모든 국민은 법률이 정하는 바에 의하여 공무담임권을 가진다"라고 규정하고 있다. 공무담임권은 행정부뿐만 아니라, 입법부 · 사법부 · 지방자치단체와 기타 일체의 공공단체의 직무를 담임하는 권리로서, 이는 피선거권보다 더 넓은 뜻으로 이해되어야 한다. 공무담임권은 능력에 따라 균등하게 공무원으로 될 수 있는 권리를 말하며, 피선거권에 불합리한 제한을 받지 않는다는 것을 말한다. 공무담임권 중에서도 가장 중요한 것은 선거직공무원에 있어서 피선거권을 가지는 것이라고 하겠다.

㈐ 국민투표

국민발안과 국민투표제도는 직접민주정치의 한 형태로서 간접민주정치를 교정 · 보완하기 위한 것이다. 우리 헌법은 일반적인 법안에 대한 국민발안이나 국민표결은 인정하지 아니하고, 대통령이 회부한 중요 국가정책사항과 헌법개정안에 대한 국민투표만을 인정하고 있다(제72조, 제130조 제2항).

7. 국민의 기본의무

국민의 기본의무란 국민이 통치대상으로서의 지위에서 부담하는 기본적 의무를 말한다. 18 · 9세기의 고전적 의무는 국가질서의 유지를 목적으로 한 납세의무와 국방의무와 같은 소극적 성질의 의무였으나, 20세기의 사회국가에서는 사회적 공공복리를 증진시키기 위한 적극적 성질의 의무가 등장하였다. 우리 헌법도 납세의 의무(제38조), 국방의 의무(제39조), 교육의 의무(제31조), 근로의 의무(제32조), 이외에 재산권 행사의 공공복리적합의무(제23조), 환경보존의 의무(제35조) 등의 규정을 두고 있는데, 이러한 생존권에 수반하는 의무는 20세기적인 헌법의 기본의무로서의 특징을 갖는다.

헌재결정례

현역 입영자를 본인의사에 반하여 전투경찰순경으로 전임시키고, 전투경찰의 본래업무인 대간첩작전 아닌 시위진압을 행하도록 명령함은 당사자의 행복추구권 · 평등권 · 양심의 자유를 침해하고 병역의무로 인한 불이익처우금지규정(헌법 제39조 제2항)에 반하는 것이 아니다(헌재 1995. 12. 28., 91 헌마80).

제 4 절 통치구조

Ⅰ. 정부형태

정부형태라 함은 권력분립의 원리가 국가권력의 구조에 어떻게 적용되고 있고 그리하여 어떠한 모습의 정부인가 하는 것을 말한다. 정부형태라고 할 때의 정부는 입법부와 행정부의 상호관계에 치중하여 그 관계를 중심으로 대통령제, 의원내각제, 이원정부제 등으로 나눌 수 있다.

1. 대통령제

대통령제는 권력의 엄격한 분립이 행해지고 권력기관 상호간의 독립이 보장되며 대통령이 독립하여 행정권을 행사하는 정부형태를 말한다. 대통령제는 ① 대통령의 임기 동안은 행정부가 안정된다는 점, ② 대통령의 법률안거부권으로 국회의 졸속입법을 방지할 수 있는 장점이 있다. 그러나 반면에 ① 대통령의 독재화경향, ② 권력분립의 원리에 충실한 결과 입법과 행정이 불필요하게 분립되어 국정의 통일적 수행이 어렵다는 단점이 있다.

2. 의원내각제

의원내각제는 집행부가 대통령과 내각으로 이원적으로 구성되어 입법부와 공존하는 제도를 말한다.

의원내각제의 장점으로는 ① 입법부와 행정부의 협조에 의해 신속한 국정처리를 할 수 있고, ② 입법부와 행정부가 공화관계에 있기 때문에 서로간의 마찰을 피하고 능률적이고 적극적인 국정수행이 가능하며, ③ 행정부가 입법부에 대하여 책임을 지기 때문에 책임정치가 실현될 수 있으며, ④ 입법부로부터 신임을 유지하기 위하여 유능한 인재가 기용될 수 있음을 들 수 있다.

3. 이원집정부제

이원집정부제란 원칙적으로 국가위기에 있어서는 대통령이 행정권을 전적으로 행사하나, 평상시에는 내각수상이 행정권을 행사하며 하원에 대하여 책임을 지는 의원내각제의 형식으로 운영되는 것을 말한다. 프랑스 제5공화국과 오스트리아, 핀란드 등에서 채택하고 있다.

이원집정부제의 장점은 ① 평상시에는 의원내각제적으로 운영될 수 있기 때문에 입법부와 행정부의 대립에서 오는 마찰을 피할 수 있고, ② 국가의 위기에는 대통령이 직접 통치함으로써 신속하고도 안정된 국정처리를 할 수 있다는 점이다. 반면에 단점으로는 ① 대통령의 국가긴급권에 대한 내각과 의회의 견제권이 약하여 독재화의 우려가 있고, ② 대통령이 위기를 빙자하여 비상권한을 행사하는 경우 의회의 권한이 축소·제한되어 국민주권주의에 역행할 수 있고, 더 나아가 국민의 여론을 외면한 행정이 행해지기 쉽다는 점이다.

II. 우리 헌법상의 정부형태

우리의 현행 헌법은 대통령제를 취하고 있으나 엄밀한 의미에서는 각 정부형태의 요소를 함께 내포하고 있다.

1. 대통령제적 요소

(i) 대통령은 국가의 원수인 동시에 행정권을 행사하는 정부의 수반이다(제66조).

(ii) 대통령은 국민의 보통·평등·직접·비밀선거에 의하여 선출된다(제67조 제1항).

(iii) 대통령은 5년의 임기로 선출되며(제70조), 탄핵결정에 의하지 아니하고는 면직되지 아니한다(제65조).

(iv) 대통령은 국회에 대하여 책임을 지지 아니한다.

(v) 대통령은 법률안거부권을 가진다(제53조).

(vi) 대통령은 대법원장 · 대법관의 임명권을 가진다(제104조).

2. 의원내각제적 요소

(ⅰ) 국무총리제도를 두고 국무총리임명에 대한 국회동의권이 있다(제86조).
(ⅱ) 국무총리와 국무위원에 대한 국회의 해임건의권이 있다(제63조).
(ⅲ) 정부가 법률안제출권을 가진다(제52조).
(ⅳ) 국무위원과 국회의원의 겸직이 허용되어 있다.

3. 이원집정부제적 요소

(ⅰ) 대통령이 긴급명령권, 긴급재정 · 경제명령권 · 처분권(제76조)과 계엄선포권을 가진다(제77조).

(ⅱ) 대통령이 국무회의의 의장이 되며(제88조), 대통령의 권한행사는 국무총리와 관계국무위원이 부서해야 한다(제82조).

(ⅲ) 대통령은 중요정책에 대한 국민투표회부권을 가진다(제72조).

Ⅲ. 통치기구

1. 국　　회

(1) 국회의 헌법상 지위

의회제도는 국민의 대표기관으로서 국민의 일반의사는 국회에서 입법의 형식으로 나타난다. 이와 더불어 오늘날은 행정부의 정책에 대한 감시통제기관으로서 중요한 역할이 점차 활발해지고 있다. 이러한 면에서 국회는 국민대표기관으로서 입법기관이며 정부통제기간으로서의 지위를 가지고 있다.

(2) 국회의 구성과 운영

(가) 국회의원의 선거

우리 국회는 단원제 국회로 구성되어 있다. 국회는 국민의 보통 · 평등 · 직접 ·

비밀선거에 의하여 선출된 의원으로 구성되며, 그 임기는 4년으로 한다(제42조). 국회의원의 수는 법률로써 정하되 200인 이상으로 하며(제41조 제2항), 국회의원의 선거구와 비례대표제, 기타 선거에 관한 사항은 법률로 정한다(同條 제3항). 이에 관하여는 국회의원선거법이 있다. 25세 이상의 국민은 결격사유가 없는 한 국회의원피선거권을 갖는다.

(나) 국회의 운영

국회의장은 회기 중 의사를 정리하고 질서를 유지하며 사무를 감독할 뿐 아니라 국회의 모든 행정을 담당한다. 국회는 위원회제도를 두어 본회의중심주의를 지양하고 상임위원회중심주의로 옮겨, 법안심의는 상임위원회에서 하도록 하고 본회의에서는 가부투표만 하도록 하고 있다. 국회에는 20인 이상의 의원으로 구성되는 원내교섭단체가 있다.

(3) 국회의 의사에 관한 원칙

(가) 회기 · 집회 · 휴회 · 폐회

국회의 회기에는 정기회와 임시회가 있다. 정기회는 법률이 정하는 바에 의하여 매년 1회 집회하며(제47조 제1항), 100일을 초과할 수 없다(동조 제2항). 임시회는 대통령 또는 국회재적의원 4분의 1 이상의 요구에 의하여 집회한다. 대통령이 임시회의 집회를 요구할 때에는 기간과 집회요구의 이유를 명시하여야 한다(동조 제3항). 임시회의 회기는 30일을 초과할 수 없다(동조 제2항).

(나) 정 족 수

정족수(quorum)에는 의사정족수와 의결정족수의 두 가지가 있으며, 우리 헌법의 경우에는 헌법 또는 법률에 특별한 규정이 없는 한 재적의원 과반수의 출석과 출석의원 과반수의 찬성으로 의결한다(제49조). 그러나 헌법은 법률안의 재의(제53조 제4항), 국무총리 · 국무위원의 해임건의(제63조 제2항), 의원의 제명처분(제64조 제3항), 탄핵소추의결(제65조 제2항), 헌법개정의 의결(제130조 제1항), 계엄의 해제요구(제77조 제5항) 등의 경우에는 특별정족수를 규정하고 있다. 의결의 결과 가부동수인 때에는 부결된 것으로 본다(제49조 후단).

(다) 회의의 원칙

① 회의공개의 원칙: 국회의 회의는 공개한다. 다만 출석의원 과반수의 찬성이 있거나, 의장이 국가의 안전보장을 위하여 필요하다고 인정할 때에는 공개하지 아니할 수 있다(제50조 제1항). 공개하지 아니한 회의내용의 공표에 관하여는 법률이

정하는 바에 의한다(同條 제2항).

② 회기계속의 원칙: 국회에 제출된 법률안 기타의 의안은 회기중에 의결되지 못한 이유로 폐기되지 아니한다(제51조).

③ 일사부재의의 원칙: 부결된 의안은 같은 회기중에 다시 발의 또는 제출하지 못한다.

(4) 국회의원의 의무와 특권

㈎ 국회의원의 의무

① 청렴의무: 국회의원은 청렴의 의무가 있으며, 국가의 이익을 우선하여 양심에 따라 직무를 행해야 한다(제46조 제1항 · 제2항).

② 직권남용금지: 국회의원은 그 직위를 남용하여 국가 · 공공단체 또는 기업체와의 계약이나 그 처분에 의하여 재산상의 권리 · 이익 또는 직위를 취득하거나 타인을 위하여 그 취득을 알선할 수 없다(제46조 제3항).

③ 겸직금지: 국회의원은 법률이 정하는 직을 제외하고는 겸직이 금지되어 있다(제43조).

㈏ 국회의원의 특권

① 국회의원의 불체포특권: 국회의원은 현행범인인 경우를 제외하고는 회기중 국회의 동의 없이 체포 또는 구금되지 아니한다. 국회의원이 회기 전에 체포 또는 구금된 때에는 현행범인이 아닌 한 국회의 요구가 있으면 회기중 석방된다(제44조). 이는 국회의원의 범죄행위에 대하여 책임을 면제하는 것이 아니라, 행정부의 불법한 억압으로부터 국회의 자유스러운 정치활동을 보장하려는 것이므로 정당한 체포 · 구금까지 면제받는 것은 아니다.

② 국회의원의 발언 · 표결에 대한 면책특권: 국회의원은 국회에서 직무상 행한 발언과 표결에 관하여 국회 외에서는 책임을 지지 아니한다(제45조). 그러나 국회 내에서의 책임추궁과 외부에 대한 정치적 책임을 면하는 것은 아니다.

③ 보수 및 시행상의 특권: 국회의원은 상당한 보수와 여비를 받으며(국회법 제30조), 무료로 국유철도 · 선박 및 항공기를 이용할 수 있다(국회법 제31조).

(5) 국회의 권한

㈎ 입법에 관한 권한

헌법 제40조는 "입법권은 국회에 속한다"고 규정하여 국회의 법률제정권을 부여하고 있다. 또한 법률제정 이외의 입법에 관한 권한으로 헌법의 개정에 관한 권한(제130조), 조약의 체결 · 비준에 대한 동의권(제60조)을 가진다.

(질 의) 국회의 다수당이 법률안을 기습적으로 단독 의결처리한 경우 그 법률안은 유효한가?

헌재결정례

법률안의 가결선포 행위를 무효로 한다면 법률의 소급적 무효를 초래하여 국법질서 안정의 위해를 초래하기 때문에 이를 무효라고 할 수 없다는 견해도 있으나 입법과정에서 소수파에 출석할 기회조차 주지 않고 토의과정을 거치지 아니한 채 다수파만으로 단독처리한 것은 다수결원리에 의한 의사결정이라고 볼 수 없을 것이다. 더욱이 다수당의원들이 단독으로 법률안을 의결한 것은 결국 국회의원의 헌법상 권한인 법률안 심의 · 표결권을 침해한 것으로 무효라고 보아야 할 것이다(헌재 1997. 7. 16., 96헌라2 참조).

(나) 재정에 관한 권한

국회는 예산심의확정권, 정부의 재정행위에 대한 동의권과 승인권, 결산심사권을 가진다.

(다) 일반 국정에 관한 권한

국회는 ① 국무총리임명동의권(제86조 제1항), ② 국무총리 · 국무위원 출석요구권 및 질문권(제62조 제2항), ③ 국무총리 · 국무위원 해임건의권(제63조; 국회는 재적의원 3분의 1이상의 발의와 재적의원 과반수의 찬성으로 개별적 해임건의), ④ 긴급명령 및 긴급재정 · 경제처분 · 명령승인권(제76조), ⑤ 계엄해제요구권(제77조), ⑥ 선전포고 및 국군해외파견, 외국군 수류에 대한 동의권(제60조), ⑦ 국정감사권 및 국정조사권(제61조) 및 ⑧ 탄핵소추권(제65조)이 있다.

이외에도 국회는 일반사면에 대한 동의권(제79조 제2항), 대법원장 · 대법관 · 감사원장 임명 동의권, 헌법재판소재판관 · 중앙선거관리위원회 위원 일부선임권 등을 가진다(제111조, 제114조 제2항).

2. 대 통 령

(1) 대통령의 헌법상 지위

우리 나라의 대통령제는 의원내각제적 요소를 가미한 제도로서 미국의 순수한 대통령제보다 더 큰 권한을 부여하고 있다. 즉 대통령은 국가의 원수이며 대외적으로 국가를 대표하는 국가원수로서의 지위, 행정권의 수반으로서 국가의 최고집행기관의 지위(예컨대 국군통수권, 행정정책결정권, 국무총리 등 행정공무원임면권, 행정정책집행권, 행정입법권 등을 포함), 국가수호자로서의 지위를 갖는다.

(2) 대통령의 신분상 지위

대통령은 국민의 보통·평등·직접·비밀 선거에 의하여 선출한다. 선거에 있어서 최고득표자가 2인 이상인 때에는 국회의 재적의원 과반수가 출석한 공개회의에서 다수표를 얻은 자를 당선자로 한다(제67조 2항). 대통령후보자가 1인인 때에는 그 득표자가 선거권자 총수의 3분의 1 이상이 아니면 대통령으로 당선될 수 없다(동조 제3항). 대통령으로 선거될 수 있는 자는 국회의원의 피선거권이 있고 선거일 현재 40세에 달하여야 한다(동조 제4항).

대통령의 임기가 만료되는 때에는 임기만료 70일 내지 40일 전에 후임자를 선거하고, 대통령이 궐위된 때 또는 대통령당선자가 사망하거나 판결 기타의 사유로 그 자격을 상실한 때에는 60일 이내에 후임자를 선거한다. 대통령의 임기는 5년이며 중임할 수 없다(제70조).

(3) 대통령의 특권과 권한

(가) 대통령의 특권

대통령은 내란 또는 외환의 죄를 범한 경우를 제외하고는 재직중 형사상의 소추를 받지 아니한다(제84조). 따라서 재직중의 민사·행정상의 책임과 퇴직 후의 형사상 소추를 면하는 것은 아니다.

(나) 대통령의 권한

① 헌법개정과 국민투표에 관한 권한: 대통령은 헌법개정에 대한 제안권(제128조 제1항), 헌법개정안공고권(제129조), 헌법개정공포권(제130조 제3항)을 가진다. 대통령은 필요하다고 인정할 때에는 외교·국방·통일 기타 국가안위에 관한 중요한 정책을 국민투표에 붙일 수 있다(제72조).

② 헌법기관구성에 관한 권한: 대통령은 헌법재판소소장과 재판관을 임명하는 권한을 가진다(제111조 제2항). 또한 대통령은 대법원장을 국회의 동의를 얻어 임명하며, 대법관을 대법원장의 제청으로 국회의 동의를 얻어 임명하는 권한을 가진다(제104조). 대통령은 국회의 동의를 얻어 국무총리를 임명하며 국무총리의 제청으로 국무위원을 임명한다(제86조, 제87조). 대통령은 국회의 동의를 얻어 감사원장을 임명

하고, 감사원장의 제청으로 감사위원을 임명한다(제98조). 대통령은 중앙선거관리위원회위원을 임명하는 권한을 가진다(제114조).

③ 국회에 관한 권한: 대통령은 국회임시회 소집요구권(제47조), 국회출석발언권(제81조) 등을 가진다.

④ 입법에 관한 권한: 대통령은 법률안제출권, 법률안거부권, 법률안공포권 그리고 위임명령과 집행명령을 발하는 행정입법권(제75조)을 가진다. 법률안의 공포는 정부에 이송된 날로부터 15일 이내에 대통령이 하며, 만일 확정된 법률이 정부에 이송된 후 5일 이내에 대통령이 공포하지 아니한 때에는 국회의장이 이를 공포한다(제53조 제6항). 대통령은 정부로 이송되어 온 국회의 법률안을 거부할 수 있다.

⑤ 사법에 관한 권한: 대통령은 법률이 정하는 바에 의하여 사면·감형 또는 복권을 명할 수 있으며, 일반사면을 명하려면 국회의 동의를 얻어야 한다(제79조). 사면은 일반사면·특별사면·감형 그리고 복권 등으로 구별되고, 그 행사에는 국무회의의 심의를 거쳐야 한다(제89조 제9호).

⑥ 행정에 관한 권한: 대통령은 국가의 원수로서 입법·사법·행정에 초연한 지위에서 국정의 중재자와 조정자의 역할을 하며, 동시에 행정권의 수반으로서 행정에 관한 최고 결정권을 가진다. 이에는 ㉠ 행정의 최고지도권(정책결정권·명령집행권), ㉡ 국군통수권(제74조), ㉢ 공무원임면권(제78조), ㉣ 정당해산소추권(제8조 제4항), ㉤ 외교에 관한 권한(제66조, 제73조), ㉥ 재정에 관한 권한(제54조 제2항, 제55조, 제56조, 제58조), ㉦ 영전수여권(제80조, 제11조 제3항, 제89조 제9호) 등이 있다.

⑦ 긴 급 권 : 대통령은 법률의 효력을 가지는 긴급명령권·긴급재정·경제처분·명령권(제76조)을 가진다. 이들 권한을 행사한 경우 대통령은 지체 없이 국회에 보고하여 그 승인을 얻어야 한다. 만일 승인을 얻지 못한 때에는 그 때부터 효력을 상실한다. 또한 대통령은 전시·사변 또는 이에 준하는 국가비상사태에 있어서 국가안녕질서의 유지를 위하여 계엄을 선포할 수 있는 계엄선포권을 가진다. 계엄을 선포한 때에는 대통령은 지체없이 국회에 통고하여야 한다(동조 제4항). 국회가 재적의원 과반수의 찬성으로 계엄의 해제를 요구한 때에는 대통령은 이를 해제하여야 한다(동조 제5항).

⑧ 대통령의 권한행사방법: 대통령은 독자적으로 그의 권한을 행사할 수 있는 것과 다른 기관의 자문(헌법상 각 자문회의 등) 내지는 국무회의의 심의, 국회의 동의 또는 승인을 거쳐서 그 권한을 행사할 수 있다. 대통령의 국법상 행위는 문서로써 하여야 하며, 이 문서에는 국무총리와 관계국무위원의 부서가 있어야 한다(제82조).

3. 법　　원

(1) 사법권의 의미

헌법 제101조 제1항은 "사법권은 법관으로 구성된 법원에 속한다."라고 규정하고 있다. 입법 및 행정에 대하여 법규를 적용하여 법률관계를 확정하거나 또는 어떤 사항의 적법·위법을 판단함으로써 구체적 쟁송을 해결하는 국가작용을 사법이라고 하며, 그러한 국가작용을 행사하는 국가의 권능을 사법권이라 한다.

(2) 사법권의 독립

사법권의 독립은 일반적으로 3권분립의 원칙상 법관이 사법기능을 수행하는 데 있어서 누구의 간섭이나 지시도 받지 아니하고 오로지 헌법과 법률에 의하여 그 량심에 따라 독립하여 심판하는 것을 말한다. 따라서 사법권의 독립은 최종적인 판결 내지 결정의 독립만이 아니라 판결 내지 결정에 이르는 모든 심리절차의 독립을 함께 의미한다. 법관의 독립은 바로 법관의 신분보장에 의해서 이루어진다. 즉 법관은 탄핵 또는 금고 이상의 형의 선고에 의하지 아니하고는 파면되지 아니하며, 징계처분에 의하지 아니하고는 정직·감봉 기타 불리한 처분을 받지 아니한다(제106조 제1항).

한편, 대법원장은 국회의 동의를 얻어 대통령이 임명한다. 대법관은 대법원장의 제청으로 국회의 동의를 얻어 대통령이 임명하고 그 외의 법관은 대법관회의의 동의를 얻어 대법원장이 임명한다. 대법원장의 임기는 6년이며, 중임할 수 없고(제105조 제1항), 대법관의 임기는 대법원장과 동일하나 법률에 의해 연임이 가능하다(동조 제2항). 그 외의 법관의 임기는 10년이며, 법률이 정하는 바에 의하여 연임할 수 있다(동조 제3항).

4. 헌법재판소

(1) 헌법상 지위

헌법재판소는 위헌법률심사권뿐만 아니라 탄핵심판권과 위헌정당해산권 등을 가지는 헌법의 사법적 보장기관이다. 헌법재판소의 권한은 그 행사의 성질상 헌법수호의 역할을 하기 때문에 헌법재판소는 다른 국가기관보다 상위의 지위에서 헌법을 수호하는 헌법의 감시자 역할을 하게 된다. 그러나 우리 나라의 헌법재판소는 법원의 제청에 의해서만 법률의 위헌 여부를 심사하는 구체적 규범통제만을 행하고 있는 점에서 추상적 규범통제도 아울러 행사하는 유럽식의 헌법재판제도와는 차이가 있다.

(2) 헌법재판소의 조직

헌법재판소는 법관의 자격을 가진 9인의 재판관으로 구성하며 재판관은 대통령이 임명한다. 재판관 중 3인은 국회에서 선출하는 자를, 3인은 대법원장이 지명하는 자를 임명한다(제111조 제3항). 헌법재판소의 장은 재판관 중에서 국회의 동의를 얻어 대통령이 임명한다. 헌법재판소 재판관의 임기는 6년으로 하며, 법률이 정하는 바에 의하여 연임할 수 있다.

(3) 헌법재판소의 권한

(가) 위헌법률심사권

헌법재판소는 법률의 헌법위반여부가 재판의 전제가 된 경우에 법원의 제청에 의하여 그 법률을 심판한다. 이 때 위헌결정을 받은 법률 또는 법률의 조항은 결정이 있은 날로부터 효력을 상실한다. 다만 형벌에 관한 조항은 소급하여 그 효력을 상실한다. 위헌법률심판결정의 형식은 단순합헌이나 단순위헌의 결정뿐 아니라 중간형식 또는 변형된 형식의 변형결정과 일부합헌결정도 하고 있다.

① 합헌결정: '합헌결정'은 심리결과 아무런 헌법위반사실을 발견할 수 없는 경우 당해 법률 또는 조항은 "헌법에 위반되지 아니한다"라는 주문을 담은 형식의 결정을 말한다. 위헌의견이 다수인데도(위헌의견 재판관 ; 합헌의견재판관의 수가 5:4 또는 4:3 등) 불구하고 헌법의 위헌결정은 재판관 6인 이상의 찬성이 있어야 하는 즉 위헌결정정족수에 관한 헌법조항 때문에(제113조 제1항) 위헌선언을 할 수 없는 경우에 내리는 '위헌불선언' 결정도 실질적으로 '합헌결정'이라고 할 것이다.

헌재결정례

치료감호시설에의 수용은 피치료감호자가 감호의 필요가 없을 정도로 치유되어 사회보호위원회의 치료감호의 종료결정을 받거나 가종료결정을 받을 때까지로 한다고 규정하고 있는 사회보호법(1996. 12. 12. 법률 제5179호로 개정된 것) 제9조 제2항이 헌법에 위반되지 아니한다(헌재 2005. 2. 3., 2003헌바1).

② 변형결정: 변형결정은 단순합헌 또는 단순위헌 중 어느 하나의 일도양단식의 결정이 아닌 형식의 결정들로서, 국회의 입법권을 존중하고 법률생활의 안정성을 유지하려는 의도 등으로 위헌선언하는 법률의 효력을 일정기간 지속시키거나 또는 개정을 촉구하거나 혹은 한정적으로 합헌 또는 위헌임을 선언하는 등의 변형된 결정을 말한다. 변형결정의 유형으로는 '헌법불합치결정' '입법촉구결정' '한정합헌결정'과 '한정위헌결정'을 들 수 있다.

'헌법불합치결정'은 위헌선언을 하되 위헌선언하는 법률의 효력을 일정기간 유지시키는 결정으로서 "…은 헌법에 합치되지 아니한다. 위 법률조항은 ○○년 ○월 ○일을 시한으로 입법자가 개정할 때까지 그 효력을 지속한다"라는 주문형식, 또는 "…은 헌법에 합치되지 아니한다. 위 법률조항은 즉시 효력을 중지하고 ○○년 ○월 ○일까지 개정하라"라는 주문의 형식으로 선고한다.

헌재결정례

심판대상조항인 민법 제778조, 제781조 제1항 본문 후단, 제826조 제3항 본문이 그 근거와 골격을 이루고 있는 호주제는 혼인과 가족생활에서 개인의 존엄과 양성의 평등을 규정한 헌법 제36조 제1항에 위반되나, 호주제의 골격을 이루는 심판대상조항들이 위헌으로 되면 호주제는 존속하기 어렵고, 그 결과 호주를 기준으로 가별로 편제토록 되어 있는 현행 호적법이 그대로 시행되기 어려워 신분관계를 공시·증명하는 공적 기록에 중대한 공백이 발생하게 되므로, 호주제를 전제하지 않는 새로운 호적체계로 호적법을 개정할 때까지 심판대상조항들을 잠정적으로 계속 적용케 하기 위하여 헌법불합치결정을 선고한다(헌재 2005. 2. 3., 2001헌가9 등).

헌재결정례

특허법(1995. 1. 5. 법률 제4892호로 개정되기 전의 것) 제186조 제1항 및 의장법(1995. 1. 5. 법률 제4894호로 개정되기 전의 것) 제75조 중 특허법 제186조 제1항을 준용하는 부분은 헌법에 합치되지 아니한다. 다만, 위 두 법률조항은 위 두 법률이 개정되어 시행되는 1998년 3월 1일 전일까지 이 사건 위헌여부심판제정의 각 당해사건을 포함한 모든 특허 및 의장쟁송사건에 대하여 그대로 적용된다(헌재 1995. 9. 28., 92 헌가11, 93헌가 8, 9, 10(병합)).

'입법촉구결정'은 결정 당시에는 합헌이나 장차 위헌의 소지가 있다고 하여 입법자에 대하여 문제되는 법률의 개정이나 보충 등 입법을 촉구하는 결정을 말한다. 따라서 입법기관이 헌법재판소가 정한 기한까지 지적한 위헌성을 고치지 아니하면 위헌결정이 내려지게 된다.

| 헌재결정례 |

동성동본금혼제는 고려 중기부터 본격적으로 전래되기 시작하였다가 조선이 건국되면서 그 건국이념으로 제창한 유학의 영향으로 혼인제도에 있어 하나의 원칙으로 자리잡게 되었고 17세기 후반 이래 우리의 혼인법 질서에서 중요한 위치를 점하게 된 제도이다. 그러나 현재에는 이러한 동성동본금혼제의 존립기반이 근본적으로 동요하고 있다고 볼 수 있다. 족벌적 가부장적 사회의 기초가 된 신분계급제도와 남존여비사상은 배척되었고, 이러한 헌법정신에 따라 우리의 혼인과 가족생활은 '개인의 존엄과 양성의 평등'의 바탕위에서 성립되고 유지되어야 하는 것이다. 그러므로 민법 제809조 제1항의 규정은 헌법 제10조나 제36조에 합치되지 아니한다(헌재 1997. 7. 16., 95헌가6 내지 13(병합)).

'한정합헌결정'은 위헌심사를 함에 있어서 위헌의 의심이 있는 부분만을 실효시킴으로써 법률의 타당한 영역을 합헌적으로 적용할 수 있는 부분에만 적용하여 문제의 입법을 한정적이나마 합헌으로 선언하는 결정형식이다. 한정합헌결정은 "은…으로 해석하는 한 헌법에 위배되지 아니한다"는 주문의 형식으로 나타난다.

| 헌재결정례 |

상속세법 제32조의 2 제2항(1981. 12. 31. 법률 제3474호 개정)은 조세회피의 목적이 없이 실질소유자와 명의자를 다르게 등기 등을 한 경우에는 적용되지 아니하는 것으로 해석하는 한, 헌법에 위배되지 아니한다(헌재 1989. 7. 21., 89 헌바38).

'한정위헌결정'은 다양한 해석이 가능한 법률의 문언을 축소·제한하여 위헌으로 판난되는 부분만을 한정하여 위헌으로 선언하는 형식의 결정으로서 "…으로 해석하는 한 헌법에 위반된다"라는 문언의 주문으로 내려진다.

| 헌재결정례 |

국가배상법 제2조 제1항 단서 중 "군인이 직무집행과 관련하여 公傷을 입은 경우에 본인 또는 그 유족이 다른 법령의 규정에 의하여 재해보상금·유족연금·상이연금 등의 보상을 지급받을 수 있을 때에는 이 법 및 민법의 규정에 의한 손해배상을 청구할 수 없다"는 부분은 일반 국민이 직무집행 중인 군인과의 공동불법행위로 직무집행 중인 다른 군인에게 公傷을 입혀 그 피해자에게 공동의 불법행위로 인한 손해를 배상한 다음, 공동불법행위자인 군인의 부담부분에 관하여 국가에 대하여 구상권을 행사하는 것을 허용하지 아니한다고 해석하는 한 헌법에 위반된다(헌재 1994. 12. 29., 93헌바21).

③ 일부위헌결정: '일부위헌결정'은 법률규정의 문언은 그대로 둔 채 그

적용범위의 일부를 위헌으로 선언하는 형식의 결정이다.

헌재결정례

국가보안법 제19조 중 제1조(찬양 · 고무) 및 제10조(不告知)의 죄에 관한 구속기간연장부분은 헌법에 위반된다(헌재 1992. 4. 14., 90 헌마 82).

④ 위헌결정: 헌법재판소는 제청된 법률 또는 법률조항의 위헌여부만을 결정한다. 다만, 법률조항의 위헌결정으로 인하여 당해 법률 전부를 시행할 수 없다고 인정될 때에는 그 전부에 대하여 위헌의 결정을 할 수 있다. 법률의 위헌결정의 정족수는 헌법재판관 9인 중 6인 이상의 찬성이 있어야 한다.

헌재결정례

수도의 이전을 확정함과 아울러 그 이전절차를 정하는 신행정수도의건설을위한특별조치법은 우리 나라의 수도가 서울이라는 불문의 관습헌법사항을 헌법개정절차를 이행하지 않은 채 법률의 방식으로 변경한 것이어서 그 법률 전체가 청구인들을 포함한 국민의 헌법개정국민투표권을 침해하였으므로 헌법에 위반된다(헌재 2004. 10. 21. 2004헌마554 · 566(병합)).

(나) 탄핵심판권

헌법재판소는 탄핵심판권을 가진다(제111조 제1항 제2호). 彈劾決定에는 위원 6인 이상의 찬성이 있어야 하며(제113조 제1항), 탄핵결정은 공직으로부터 파면함에 그친다. 그러나 이에 의하여 민사상이나 형사상의 책임이 면제되는 것은 아니다.

(다) 정당해산심판권

헌법재판소는 정당해산심판권을 가진다(제111조 제1항 제3호). 정부는 정당의 목적이나 활동이 민주적 기본질서에 위배되거나, 국가의 존립에 위해가 될 때에는 국무회의의 심의를 거쳐 헌법재판소에 그 해산을 제소할 수 있다. 정당해산의 결정에도 위헌 6인 이상의 찬성이 있어야 한다(제113조 제1항).

(라) 기관간 권한쟁의심판권

헌법재판소는 국가기관 상호간, 국가기관과 지방자치단체간 및 지방자치단체 상호간의 권한쟁의에 관한 심판권을 갖는다(제111조 제1항 제4호).

(마) 헌법소원심판권

국민의 기본권이 공권력에 의하여 침해된 경우에는 헌법재판소에 헌법소원을 제기할 수 있다(제111조 제1항 제5호). 따라서 법률의 위헌여부심판의 제청신청이 기각된 경우에도 헌법소원을 할 수 있다(헌법재판소법 제68조 제2항). 헌법소원심판의 결정형식은 ① 심판절차종료선언결정(청구인이 사망하여 승계할 당사자가 없는 경우 또는 청구인의 청구취하의 경우), ② 심판청구각하결정(헌법 소원의 대상이 아니거나 청구요건을 갖추지 못한 경우), ③ 재판부심판회부결정, ④ 청구기각결정(본안심리 결과 청구가 이유 없다고 판단되는 경우), ⑤ 인용결정, ⑥ 법률의 위헌여부결정 등이 있다. 특히 법률의 위헌여부결정시에는 헌법소원심판에서도 위헌법률심판의 경우와 같이 법률에 대한 '헌법불합치결정', '한정합헌결정', '한정위헌결정' 등의 변형결정과 '일부위헌결정' 등을 내리고 있다.

(바) 규칙제정권

헌법재판소는 법률에 저촉되지 아니하는 범위 안에서 심판에 관한 절차, 내부규율과 사무처리에 관한 규칙을 제정할 수 있다(제113조 제2항).

〔참고문헌〕

權寧星 헌법학원론(法文社, 2010)
金哲洙 헌법개설(博英社, 2012)
성낙인 헌법학(法文社, 2013)
梁 建 헌법강의(法文社, 2012)
許 營 한국헌법론(博英社, 2012)
崔大權 헌법학강의(博英社, 2001)
憲法裁判所 헌법재판소판례집

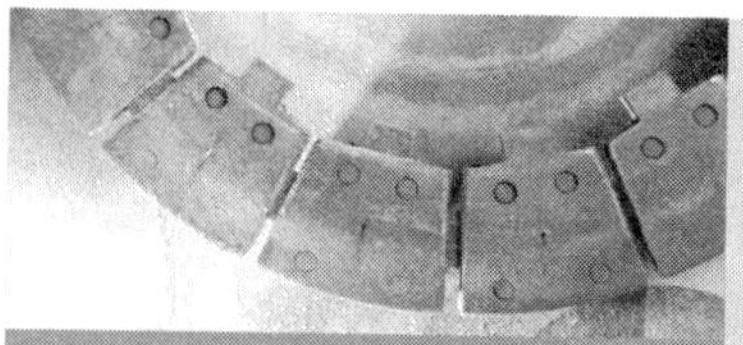

행정법 총론/행정작용법/행정구제법/행정조직법/특별행정작용법

제2장 행 정 법

제 1 절 행정법 총론

Ⅰ. 행정법의 의의 및 특성

1. 행정법의 의의

행정법이란 행정의 조직과 작용 및 구제에 관한 국내공법을 말한다. 즉 행정법은 국가 · 지방자치단체 · 공공단체 등 행정주체인 기관의 설치 · 권한 및 기관 상호간의 관계 등에 관한 법(행정조직법)과 행정주체와 사인(국민)간의 공법상 법률관계에 관한 법(행정작용법) 및 행정작용에 대한 개인의 권리구제에 관한 법(행정구제법)을 총칭하여 말한다. 따라서 행정법에 있어서는 다른 법체계와는 달리 행정법이라고 일컫는 통일법전이나 통칙적 규정이 있는 것이 아니라 행정의 조직과 작용 및 권리구제에 관한 무수한 개별법의 형태로 존재하게 되며, 이 경우에 전체로서 공통의 지도원리를 가진 통일적 법체계를 이루고 있음에 착안하여 강학상 행정법이라고 칭하고 있다.

2. 행정법의 특색

행정법의 특성을 나타내는 공통적 원리 중 형식상의 특성으로서는 행정법의 성문성 · 다양성 등을 들 수 있다. 그리고 내용상의 특성으로서는 행정주체의 우위성, 행정법의 공익우선성, 집단 · 평등성을 들 수 있고, 성질상의 특성으로서 획일성, 강행성 그리고 기술성 등을 들 수 있다.

한편 행정법의 기본원리로서는 법의 우위와 법률의 유보를 내용으로 하는 행정의 법에의 종속성 및 행정작용에 대한 사법심사 등을 의미하는 법의 지배의 원리, 민주행정의 원리, 지방분권주의 및 복지국가주의 등을 들 수 있다.

II. 행정법관계

1. 행정법관계의 의의 및 성질

행정법관계란 행정상의 법률관계 가운데 특히 행정법의 규율을 받는 법률관계를 말한다. 행정법은 공법에 속하므로 일반사법관계와는 다른 법원리가 지배한다. 행정법관계는 그 성질에 따라 권력관계와 관리관계로 나누어지는데, 전자는 행정주체에 우월적 지위를 인정하고 특수한 법적 효력이 부여되는 행정법관계이며, 후자는 공공복리의 실현이라는 행정목적을 효율적으로 달성하기 위하여 특수한 법적 규율을 하고 있는 행정법관계로서 일반사법관계에 공법원리를 적용하고 있는 데 불과하다.

2. 행정법관계의 특성

(1) 행정행위의 공정력

행정주체의 행위는 그것에 흠이 있더라도 당연히 무효가 되는 경우를 제외하고는 권한있는 기관에 의하여 취소될 때까지는 적법 · 유효하다는 추정을 받는다.

(2) 행정행위의 확정력

행정주체의 행위는 그 공공성과 국민의 법적 생활의 안정을 위해 불가쟁력과 불가변력이 인정된다. 불가쟁력이란 행정행위를 다툴 수 있다 하더라도 일정기간이 경과한 뒤에는 그에 대한 법적 쟁송을 인정하지 않는 것을 말한다. 불가변력은 행정행위를 한 행정청 또는 그 감독행정청이 직권으로 당해 행정행위를 취소 · 변경할 수 없는 것을 말한다.

(3) 행정행위의 강제성

행정법관계에서는 국가의사의 실효성을 확보하기 위하여 사인의 경우와는 달리 강제력을 인정한다. 그러므로 행정주체의 의사에 위배되는 행위에 대하여는 일정한 행정법상의 제재를 과하거나, 당해 행정청에 의한 강제집행이 행하여진다.

(4) 권리 · 의무의 특수성

행정법관계에서의 권리 · 의무인 공권과 공의무는 공익적 성격 때문에 그 이전성이나 포기가능성이 제한되고 특별한 보호와 강제가 가해지게 된다.

(5) 권리구제수단의 특수성

행정법관계에서 권리가 침해된 때에는 사권이 침해된 경우와는 다른 특별한 구제수단이 마련되어 있는바, 행정상의 손해배상과 손실보상의 제도와 행정쟁송제도인 행정심판과 행정소송제도가 그것이다.

3. 특별권력관계

(1) 특별권력관계의 의의

특별권력관계는 특별한 법률원인에 의하여 성립되어 특별한 공법상의 목적을 위하여 필요한 범위 안에서 포괄적으로 일방이 타방을 지배하고 타방이 이 포괄적인 지배권에 복종함을 내용으로 하는 법률관계로서 국가 또는 지방자치단체의 일반통치권에 근거한 일반권력관계에 대응하는 개념이다. 일반권력관계에 있어서는 법률에 의해서만 규율할 수 있으나, 특별권력관계에 있어서는 구체적인 법률의 규정에 의하지 않고 포괄적인 지배권의 발동으로서 명령 · 강제할 수 있다.

(2) 특별권력관계의 성립

특별권력관계가 성립하기 위한 공법상의 특별한 원인으로는 ① 직접 법률의 규정에 의한 경우(예컨대 전염병환자의 국공립병원에의 강제입원, 공공조합에의 강제가입, 수형자의 수감, 징집대상자의 입대), ② 본인의 동의에 의하여 성립하는 경우가 있다. 이는 다시 임의동의에 의한 경우(예컨대 국공립대학 입학, 공무원임명)와 법률에 의하여 의무화된 동의에 의한 경우(예컨대 초등학교 학령아동의 취학)가 있다.

(3) 특별권력관계의 종류

특별권력관계에는 공법상의 근무관계(예컨대 공무원관계나 군인관계), 공법상의 영조물리용관계(예컨대 국·공립학교, 국·공립도서관, 국·공립병원의 이용관계), 공법상의 특별감독관계(예컨대 특허기업·공공조합에 대한 국가의 감독관계) 및 공법상의 사단관계(예컨대 공공조합과 그 조합원과의 관계)가 있다.

(4) 특별권력관계의 발동형태

㈎ 명 령 권

공무원관계에 있어서의 직무명령, 공공시설이용관계에 있어서의 공공시설이용규칙, 특별감독관계에 있어서의 감독명령·특허명령서, 공공조합에 있어서의 규칙·통제규정 등이 정하여지거나 또는 구체적인 개개의 명령·처분이 행하여진다.

㈏ 징 계 권

특별권력관계의 내부질서를 유지하기 위하여 그 의무를 어긴 자에 대하여 징계벌을 과하는 권력으로서, 공무원에 대한 정직·면직, 학생에 대한 정학·퇴학 등이 그것이다.

판 례

특별권력관계에 있어서도 위법·부당한 특별권력(구청장의 동장면직)의 발동으로 말미암아 권리를 침해당한 자는 행정소송법 제1조에 따라 그 위법·부당한 처분의 취소를 구할 수 있다(대판 1982. 7. 27., 80누86).

제 2 절 행정작용법

Ⅰ. 서 설

행정주체가 행정목적을 달성하기 위하여 행사하는 법률적·사실적 작용을 총칭하여 행정작용이라 하며 이에 관한 국내공법을 가리켜 행정작용법이라 한다. 이를 행정작용의 권력적 기초의 유무를 기준으로 할 때 권력적 행정작용인 행정행위, 행정입법, 행정계획 등과 비권력적 행정작용인 공법상 계약, 행정지도 등으로 대별할 수 있다.

II. 행정행위

1. 행정행위의 개념과 특성

행정행위란 넓은 의미에서는 행정주체에 의한 공법행위를 말하고, 좁은 의미에서는 행정주체가 구체적인 사실에 대한 법집행행위로서 하는 단독적 공법행위를 말한다. 행정행위는 학문상의 용어이며, 실정법상으로는 허가·인가·면허·특허·금지·승인·면제 또는 행정처분 등의 용어로 쓰이고 있다. 행정행위는 법적합성을 가져야 하며, 공정성, 강제성, 불가쟁성 및 불가변성을 그 특성으로 한다.

2. 행정행위의 종류

(1) 법률행위적 행정행위

㈎ 명령적 행위

명령적 행위란 행정행위의 상대방에 대하여 일정한 의무를 과하거나 이미 과하여진 의무를 해제하는 것을 내용으로 하는 행정행위를 말한다.

① 하 명: 개인의 자유를 제한하고 의무를 과하는 것을 내용으로 하는 행정행위이며 그 형식에 따라 법규 자체에 의하여 하명의 효과가 생기는 법규하명과 법령에 의거한 행정행위로서 행하여지는 하명처분이 있다.

② 허 가: 허가라 함은 일반적 금지를 특정한 경우에 해제함으로써 적법하게 일정한 행위를 할 수 있도록 자연의 자유를 회복시켜 주는 행정행위를 말한다. 법규상으로는 인가·면허·승인·특허 등의 용어로써 쓰이는 경우가 많다. 허가는 그 대상에 의사·약사의 면허나 자동차운전자의 면허와 같이 대인적 허가와 공중목욕탕의 허가 등과 같이 대물적 허가로 분류된다.

판 례

유기장영업허가는 유기장경영권을 설정하는 설권행위가 아니고 일반적 금지를 해제하는 영업자유의 회복이므로 그 영업상의 이익은 반사적 이익에 불과하다(대판 1985. 2. 8., 84누369).

판 례

개축허가신청에 대하여 행정청이 착오로 대수선 및 용도변경허가를 하였다 하더라도 취소 등 적법한 조치없이 그 효력을 부인할 수 없음은 물론, 이를 다른 처분으로 볼 근거도 없다(대판 1985. 11. 26., 85누382).

③ 면 제: 법령 또는 법령에 의거한 행정행위에 의하여 일반적으로 과하여진 행위의무 · 지급의무 · 수인의무를 특정한 경우에 소멸시키는 행정행위를 말한다.

(나) 형성적 행위

① 특 허 : 특정인에 대하여 새로이 일정한 권리 · 능력 또는 포괄적인 법률관계를 설정하는 행정행위이다. 실정법상으로는 허가 · 인가 · 면허 등의 용어로써 쓰이는 경우가 있다.

② 인 가: 인가함은 행정객체가 제3자와 하는 법률적 행위를 보충함으로써 그 법률적 행위의 효력을 완성시켜 주는 행정행위를 말한다. 실정법상으로는 허가 · 승인 · 특허 등의 용어로 혼용되고 있다. 인가는 그 대상이 법률적 행위인 데 대하여 허가는 사실로서의 행위가 그 대상이 된다는 점에서 서로 다르다.

판 례

행정청의 처분이라 함은 행정청의 공법상의 행위로서 특정사항에 대하여 법규에 의한 권리설정 또는 의무의 부담을 명하며 기타 법률상의 효과를 발생하게 하는 등 국민의 권리 · 의무에 직접 관계가 있는 행위를 말한다(대판 1984. 2. 14., 82누370).

(2) 준법률행위적 행정행위

준법률행위적 행정행위는 행정주체의 효과의사 이외의 단순한 의사, 즉 관념 · 판단 · 인식 등 정신작용의 표현을 전제로 직접 법규에 의하여 발생하는 행정행위이다. 여기에는 확인 · 공증 · 통지 · 수리 등이 있다.

(3) 기속행위와 재량행위

행정작용의 근거가 되는 법률에서 입법자가 일의적으로 비교적 명확하게 규정하여 행정기관이 그 내용을 단순히 기계적으로 집행하는 경우를 기속행위라고 하고, 입법자가 다의적으로 규정하여 행정주체가 구체적인 행정현실에 직면하여 다양한 선택의 여지를 갖는 행정행위를 재량행위라고 한다.

판 례

재량권의 남용이나 재량권의 일탈의 경우에는 그 재량권이 기속재량이거나 자유재량이거나를 막론하고 사법심사의 대상이 된다(대판 1984. 1. 31., 83누451).

3. 행정행위의 부관

행정행위의 효과를 제한 또는 보충하기 위하여 행정관청에 의해서 행정행위의 주된 의사표시에 부가되는 종적인 의사표시를 행정행위의 부관이라고 한다. 부관의 유형에는 조건 · 기한 · 부담(행정행위의 주된 내용에 부가하여 상대방에게 작위 · 부작위 · 급부의무 등 특정의무를 부과) · 철회권의 유보 · 법률효과의 일부제한 등이 있다.

4. 행정행위의 하자

행정행위가 유효하게 성립하기 위한 법정요건을 결함으로써 그 효력이 완전하게 발생하지 못하는 경우를 행정행위의 하자라고 하는데, 그 유형은 대별하면 무효와 취소 및 철회가 있다.

판 례

행정처분이 당연무효인가 또는 다만 취소할 수 있는 행위인가를 구별함에는 그 행위가 능력적 규율에 위반한 것인가 또는 명령적 규율에 위반한 것인가에 의하여 판정할 것이라 할 것인바, 능력적 규율에 위반한 행위는 법률상 부여하는 능력을 결여하게 되므로 무효인 데 반하여, 명령적 규율에 위반한 행위는 법률상의 명령 또는 금지에 위반하는, 소위 의무위반에 불과하니 그 위반행위자는 행정상의 책임은 면하지 못할 것이나 그 행위 자체의 법적 효력에는 직접 영향을 주지 아니하므로 다만 취소의 원인이 됨에 불과하고 당연무효는 아니다(대판 1953. 6. 23., 4285행상2).

판 례

행정행위를 일단 취소한 후에는 그 취소처분의 위법이 중대하고 명백한 경우 무효선언으로서의 취소와 법률이 명문으로 규정한 행정심판 또는 행정소송의 절차에 의한 경우를 제외하고는 그 취소처분 자체의 위법을 이유로 다시 그 취소처분을 취소함으로써 시초의 행정행위의 효력을 회복시킬 수는 없다(대판 1979. 5. 8., 77누61).

III. 행정입법

1. 행정입법의 개념

행정입법이란 행정청이 일반적·추상적 규범을 정립하는 작용을 말한다. 이는 현실적인 입법권의 입법기술의 한계와 행정현실상의 요청으로 말미암은 전문적·기술적 입법사항의 증대, 탄력성 있는 입법의 필요성 증가, 특수사정에 대한 규율의 필요성 등으로 인하여 오늘날 그 중요성을 더해 가고 있다.

2. 행정입법의 종류

(1) 법규명령

법규명령이란 행정권에 의하여 定立되는 법규로서의 성질을 가지는 일반적 명령을 말한다. 법규명령은 법규로서의 성질을 가지기 때문에 일반적 구속력을 가지며 헌법·법률 및 상위명령의 수권을 근거로 하여서만 제정될 수 있다. 이는 수권의 근거에 의하여 직권명령과 위임명령으로 나누어지며, 내용에 의하여 위임명령과 집행명령으로 나누어진다. 그리고 형식에 의하여 대통령령과 총리령·부령 등으로 나누어진다.

판 례

법령이 일정한 행정기관에 대하여 법령의 내용을 구체적으로 보충규정할 권한을 위임하고 이에 따라 행정기관이 행정규칙의 형식으로 그 법령의 내용이 될 사항을 규정하였다면 위 행정규칙은 법령의 내용과 결합하여 법규로서의 효력을 가진다 할 것이므로 소득세법시행령이 국세청장에게 일정한 범위의 거래를 지정할 수 있는 권한을 부여하고 이에 따라 국세청장이 훈령으로서 재산세사무처리규정을 제정한 것인만큼 이 규정은 과세의 법령상 근거가 된다(대판 1988. 3. 22., 87누564).

판 례

위 고시(식품제조영업허가기준)는 공익상의 이유로 허가를 할 수 없는 영업의 종류를 지정할 권한을 부여한 구식품위생법 제23조의 3 제4호에 따라 보건사회부장관이 발한 것으로서, 실질적으로 법의 규정내용을 보충하는 기능을 지니면서 그것과 결합하여 대외적으로 구속력이 있는 법규명령의 성질을 가진 것으로 보인다(대판 1994. 3. 8., 92누1728).

(2) 행정명령

행정명령은 행정기관에 의하여 제정되는 일반적인 규정으로서, 법규로서의 성질을 갖지 않는 것을 말한다. 행정명령은 행정조직내부의 관계 및 특별한 공법상의 법률관계, 내부에 관한 사항 등을 정립하는 데 그치며 일반 국민의 권리 · 의무 등에 관하여 정하는 것은 아니다. 그러나 오늘날 특별권력관계론의 붕괴와 행정명령의 사실상의 구속력 등을 들어 행정명령의 일반권력관계에 대한 유효성을 인정하고자 하는 견해가 등장하고 있다. 행정규칙은 수명기관 · 수명자만을 구속하는 일면적 구속력을 가지므로 이에 위반한 행위는 그 효력에는 영향이 없고, 단지 공무원법상의 책임(징계책임)을 지는 것에 불과하다. 행정규칙에는 행정관계의 조직규칙 · 근무규칙 · 공공시설규칙 등이 있고, 훈령 · 지시 · 일일명령 · 례규 · 고시 등으로 나타난다.

헌재결정례

교육위원회의 인사관리규칙은 행정조직 내부의 사무지침에 불과하고 그 변경으로 말미암아 인사대상자의 기본적 권리나 법적 이익이 침해받는다고 할 수 없으므로 위 인사관리규칙은 헌법소원 심판청구의 대상이 될 수 없다(헌재 1990. 9. 3., 90헌마13).

Ⅳ. 비권력적 행정작용

행정주체가 공권력발동의 수단에 의하지 아니하고 행정목적의 달성을 위하여 행하는 행정작용을 비권력적 행정작용이라고 하며 이에는 법적 행위로서 공법상 계약과 공법상 합동행위와 사실적 행위로서 행정지도가 있다. 특히 행정지도란 실무상의 용어로서 행정주체가 일정한 행정목적 실현을 위하여 상대방에 대하여 임의적 협력을 기대하여 행하는 비권력적 사실행위를 말한다.

판 례

세무당국이 소외회사에 대하여 특정인과의 주류거래를 일정한 기간 중지하여 줄 것을 요청한 행위는 권고 내지 협조를 요청하는 권고적 성격의 행위로서 소외회사와 특정인의 법률상의 지위에 법률상의 변동을 가져오는 행정처분이라고 볼 수 없는 것이므로 항고소송의 대상이 될 수 없다(대판 1993. 10. 26., 93누6331).

V. 행정법상의 의무이행확보수단

이에 대한 강제수단으로 행정강제와 행정벌이 있다(제1부 제9장 제2절 II의 '행정법상의 제재' 참조).

제 3 절 행정구제법

I. 행정구제의 의의

행정구제라고 함은 행정청의 행위로 권리 또는 이익을 침해당했거나 침해당할 것으로 주장하는 자가 행정청이나 법원에 대하여 그 행정행위의 취소, 변경, 또는 손해의 전보를 구하는 절차를 말한다. 이러한 행정구제제도는 그 시점을 기준으로 할 때 사전적인 구제제도와 사후적인 구제제도로 나눌 수 있는데, 전자에 속하는 것으로서는 대표적으로 행정절차(행정처분의 사전통지, 청문, 이유부기 등)를 들 수 있고, 후자에 해당하는 제도로서는 행정상 손해배상제도 · 행정상 손실보상제도 · 행정상 쟁송제도를 들 수 있다.

II. 행정상 손해배상

행정상 손해배상이란 공무원의 위법한 직무집행행위 또는 국가나 공공단체의 공공의 영조물의 설치 또는 관리의 하자로 인하여 개인에게 재산상의 손해를 가한 경우에 국가나 공공단체가 그 손해를 배상하는 것을 말한다.

이를 구체화하기 위해 국가배상법이 제정되어 구제하고 있다(자세한 내용은 제3부 제8장 X. '국가의 불법행위로 인한 손해배상' 참조).

판 례

국가배상법 제12조에서 말하는 공무원은 국가공무원법 또는 지방공무원법에서 말하는 공무원의 신분을 가진 자에 한하지 않고, 널리 공무를 위탁받아 실질적으로 공무에 종사하고 있는 자도 포함된다(대판 1970. 11. 24., 70다225).

Ⅲ. 행정상 손실보상

행정상 손실보상이란 공공필요에 의한 적법한 공권력행사로 인하여 개인에게 가하여진 특별한 희생에 대하여 사유재산권의 보장과 전체적인 공평부담의 견지에서 행정주체가 행하는 조절적인 재산적 전보를 말한다. 행정상 손실보상은 공공필요에 의한 사유재산권의 수용·사용 또는 제한으로 인하여 사유재산권에 가하여진 '특별한 희생'을 그 원인으로 한다. 손실보상의 범위에 대해서는 완전보상설과 상당보상설이 있는데 현행 보상의 범위는 상당보상의 입장을 취하되, 현실적으로는 특별한 예외적인 경우를 제외하고는 완전보상의 입장에 서 있다.

손실보상은 금전에 의함을 원칙으로 하나 예외적으로 특별한 사정에서는 법률이 정하는 바에 의하여 현물보상, 채권(債券)보상 또는 매수보상을 할 수 있다.

판 례

하천법 부칙 제2조 제1항에 근거한 손실보상청구소송은 민사소송으로서 그 청구에 관하여는 관리청이 속하는 권리주체인 국가나 지방자치단체를 피고로 삼아야 한다(대판 1992. 10. 9., 92다25533).

Ⅳ. 행정쟁송

행정상 쟁송이란 행정작용에 관한 분쟁이 생겼을 때 이를 일련의 절차를 거쳐서 유권적으로 심리·판정하는 절차를 말한다. 행정쟁송에는 행정청 자체가 재판기관이 되는 행정심판과 법원이 재판기관이 되는 행정소송이 있다(자세한 내용은 제3부 제12장 제4절 '행정소송절차' 참조).

제 4 절 행정조직법

Ⅰ. 의 의

행정조직법이란 행정조직에 관한 법, 즉 행정기관의 설치 · 폐지 · 구성 · 권한 및 행정기관 상호간의 관계를 정한 법을 말하며, 이 경우의 행정조직은 국가 또는 공공단체 등 행정주체의 조직을 의미한다. 행정조직법은 행정조직에 관한 법과 그 구성원인 공무원에 관한 법 그리고 물적 요소인 공물 · 공공시설에 관한 법 등을 포함한다.

우리 나라는 행정조직에 관하여 법률주의를 원칙으로 하고 예외적으로 行政立法에 맡기고 있다.

Ⅱ. 국가행정조직법

국가행정조직법은 국가의 행정을 담당하는 국가 자신의 행정기관의 설치 · 구성 및 권한에 관한 법을 말하고, 이 경우에는 국가의 행정을 하는 독립된 법인(공사 기타의 공법인) 및 국가의 위임에 의하여 국가행정을 처리하는 공공단체에 관한 것을 제외하게 된다.

국가행정조직법의 법원은 헌법을 비롯한 많은 법률(일반법으로는 행정조직법) 및 법률에 의거한 명령으로 이루어지고 있다. 국가행정조직은 크게 중앙행정조직과 지방행정조직으로 대별된다.

Ⅲ. 자치행정조직

자치행정이란 국가내의 일정한 법인이 그 구성원의 공동복리를 증진하기 위하여 어느 정도 국가의사로부터 독립하여 그 자신의 사무로서 하는 행정을 말하며, 보통 국가내의 일정한 지방(구역)을 획정하여 행하여지는 것이 보통이기 때문에 지방자치행정 또는 지방자치라고도 한다.

자치행정은 공공단체에 의하여 이루어진다. 공공단체라 함은 국가로부터 그 존재의 목적이 부여된 행정의 주체인 공법인이다. 공공단체는 그 구성에 따라서 지방공공단체(예컨대 시·도), 공공조합(예컨대 도시재개발조합, 변호사회 등), 영조물법인(예컨대 대한석탄공사, 한국토지주택공사 등), 공법상 재단(예컨대 한국장학재단)으로 나누어진다.

Ⅳ. 공 무 원

공무원이란 국가 또는 자치단체의 기관으로서 공무를 담당하고 공법상의 근무의무를 지는 사람들을 말한다. 공무원관계는 이른바 특별권력관계이므로 공무원은 국가나 공공단체에 대하여 포괄적 근무의무를 지며, 그 포괄적 지배권에 복종하여야 한다.

공무원관계의 발생원인으로는 쌍방적 행정행위인 임명과, 선거 및 법률의 규정에 의한 경우 등이 있다. 공무원관계는 승임·전보·전직·복직·강임·휴직·직위해제 등에 의하여 변경되며, 퇴직·면직 등의 사유로 소멸한다.

판 례

공무원임용 당시 공무원임용결격사유가 있었다면 비록 국가의 과실에 의하여 임용결격자임을 밝혀내지 못하였다 하더라도 그 임용행위는 당연무효로 보아야 한다(대판 1987. 4. 14., 86누 459)

판 례

상사인 세무서장이 원고에게 사직원을 제출할 것을 강력히 요구하므로 원고는 사직원을 제출할 의사가 없으면서 사직원을 제출하더라도 반려될 것으로 알고, 수리되는 경우에는 행정소송을 할 의사로 사직원을 제출하였다면 이는 무효로 보아야 할 것이다(대판 1975. 6. 24., 75누46).

공무원은 그 임명주체·담당사무 및 보수지급자 등에 따라 국가공무원과 지방공무원으로 나뉜다. 또한 국가공무원법과 지방공무원법은 공무원의 직무의 내용·임용자격 및 신분보장 등을 고려하여 공무원을 특수경력직과 경력직으로 대별하고, 경력직은 이를 다시 일반직·특정직(판사·검사·군인·경찰 등) 및 기능직으로 나누고, 특수경력직은 정무직(일반적으로 행정 각 부처의 차관급 이상) · 별정직 · 전문직 및 고용직 공무원으로 나누고 있다.

공무원은 신분상 및 재산상의 권리(보수청구권 · 연금권)를 가지며, 국민에 대한 봉사자로서 성실의무, 직무상의 의무 및 신분상의 의무(비밀준수의무, 청렴의무, 품위유지의무, 정치운동금지, 집단행동금지)를 부담한다.

판 례

공무원으로서 겸직이 금지되는 영리업무는 영리적인 업무를 공무원이 스스로 경영하여 영리를 추구함이 현저한 업무를 의미하고, 공무원이 여관을 매수하여 임대하는 행위는 부동산 투기행위가 된다고 볼 자료가 없으므로 영리업무에 종사하는 경우라고 할 수 없다(대판 1982. 9. 14., 82누46).

판 례

국가공무원법 제66조 제1항(집단행위금지)이 헌법 제11조의 평등권 조항, 헌법 제21조의 언론 · 출판 · 집회 · 결사의 자유조항, 헌법 제31조 제4항의 교육의 자주성 등의 보장조항, 헌법 제33조의 근로자의 단결권 등 조항이나 헌법 제37조 제2항의 국민의 자유와 권리의 제한규정에 위배된 위헌규정이라고는 할 수 없다(대판 1990. 11. 26., 90다8916).

제 5 절 특별행정작용법

Ⅰ. 경찰행정법

국가는 그 존립을 위하여 대외적으로는 외적을 방어하고, 대내적으로는 공공의 안녕질서를 유지해야 할 의무가 있다. 이에 따라 일반통치권에 의하여 국민에게 명령 · 강제하는 작용을 하게 되는데 이것이 경찰행정(질서행정)이다.

경찰작용은 사회공공의 안녕질서를 유지하기 위하여 개인에게 특정한 의무를 부과하거나 경찰법규에 의하여 부과된 일반적 · 상대적 금지를 해제(경찰허가)하는 방법에 의하는 것이 보통이다. 구체적 의무의 부과는 경찰명령 또는 경찰하명에 의하며, 경찰행정상의 목적달성을 위해서는 경찰행정상의 의무의 이행을 전제로 하기 때문에 다른 행정작용의 경우와 마찬가지로 행정강제, 즉 경찰강제와 경찰벌 및 경찰상의 조사가 인정되고 있다.

II. 급부행정법

급부행정법이란 국가 또는 공공단체 등의 행정주체가 수이적 활동을 통하여 직접으로 사회공공의 복리를 증진하기 위하여 주로 비권력적 수단에 의하여 하는 행정작용법을 뜻한다.

급부행정은 그 내용을 기준으로 분류하면 공급행정(配慮行政), 사회보장행정, 조성행정 등으로 나눌 수 있고, 구체적인 목적물에 따라서는 보조금의 교부 등의 금전지급, 공공용물의 이용제공, 전화·물의 공급 등 물건의 공여, 전신·전화사업, 영조물의 이용제공 등 역무제공, 직업보도 등 알선보호 등으로 나누어진다.

판 례

하천구역인 이상 나라가 이를 개인에게 불하하여 受佛下者名義의 소유권 이전등기가 경료되었다 하더라도 당해 토지가 국유지임에 아무런 영향이 없다(대판 1979. 8. 21., 78다1922).

판 례

행정재산이라면 이것은 공유물로서 이른바 사법상의 거래의 대상이 되지 아니하는 불융통물인 것이다. 이러한 행정재산을 비록 관재당국이 모르고 매각처분하였다 할지라도 이 매각계약은 무효이다(대판 1987. 6. 27. 87다806).

III. 규제행정법

규제행정이란 경제질서 또는 생활환경 등 생활여건을 일정한 방향으로 보전·개선·유도하고 형성함으로써 적극적으로 사회공공의 복리를 증진하기 위하여 개인의 사회·경제활동에 대하여 규제적으로 관여하는 행정작용을 말한다.

규제행정은 그 규율대상에 따라 경제질서에 관한 규제행정인 경제규제행정과 생활환경에 관한 규제행정인 환경규제행정으로 나눌 수 있다.

경제규제행정이란 국가 또는 공공단체가 균형있고 조화로운 국민경제의 발전을 도모하기 위한 경제정책을 실현하기 위하여 적극적으로 생산·분배·류통·소비 등의 과정에 관여하여 경제의 자율적인 순환에 간섭을 가함으로써 경제질서를 일정한 방향에로 질서있게 형성하기 위하여 하는 행정작용을 말한다.

환경규제행정은 현대산업사회에 있어서 국민이 건강하고 문화적인 생활에 필요한 생활환경적 조건을 보전·정비·개선하고 일정한 환경질서를 형성하기 위하여 하는 규제적 행정작용을 말한다.

Ⅳ. 공용부담법

공용부담이란 특정한 공익사업 기타의 공익목적을 위하여 또는 일정한 물건의 효용을 확보하기 위하여 개인에게 강제적으로 과하여지는 공법상의 경제적 부담을 의미한다. 공용부담은 원칙적으로 강제적인 부담으로서 직접 법률이 규정에 의하여 또는 법령에 의거한 행정청의 일방적인 행위의 의하여 과해지는 점에서 사법상의 부담과 구별된다.

공용부담은 그 내용에 따라 인적 부담과 물적 부담으로 나눌 수 있다. 인적 공용부담은 특정한 공익사업 기타의 복리행정상의 수요에 따라 당해 행정주체 등이 법률에 의거하여 개인에게 과하는 공법상의 작위·부작위 또는 지급의 의무를 말하며, 그 내용에 따라 부담금, 부역, 현품, 노역, 물품, 시설부담 및 부작위부담으로 나누어진다.

물적 공용부담은 특정한 공익사업 기타의 복리행정을 위하여 일정한 물건의 효용의 확보에 필요한 특정한 재산권에 대하여 일정한 제한 또는 침해를 가하는 것을 말한다.

물적 공용부담은 그 부담의 성질에 따라 사유재산권에 물권적 제한을 가하는 공용제한, 재산권 자체를 취득하는 공용수용 및 재산권의 내용에 변환을 가져오는 공용환지·공용환권으로 나누어진다.

판 례

토지수용에 대한 행정소송은 중앙토지수용위원회를 피고로 하여야 하며 중앙토지수용위원회의 이의신청에 대한 재결에 대하여 제기하여야 한다(대판 1971. 11. 30., 71누132).

판 례

환지처분이 일단 확정되면 환지 전체의 절차를 처음부터 다시 밟지 않는 한 그 일부만을 떼어서 변경할 길이 없으므로 그 환지처분의 일부에 위법이 있다면, 민사상의 손해배상청구를 할 수 있을 뿐이고 행정소송으로써 그 취소를 구할 수는 없다(대판 1985. 4. 23., 84누446).

V. 재무행정법

국가나 지방자치단체가 그의 존립과 활동을 위하여 필요한 재력을 취득하고, 수입·지출의 회계를 경리하며, 재산을 관리하는 작용을 재무행정 또는 재정이라고 한다.

이와 같은 재무행정법은 재정의회주의를 근간으로 하여 조세법률주의, 예산심의·확정의 원칙과 결산심사의 원칙 및 건전재정주의를 기본원리로 한다.

〔참고문헌〕

金南辰·金連泰, 행정법Ⅰ·Ⅱ(법문사, 2012)
金東熙, 행정법Ⅰ·Ⅱ(박영사, 2012)
박균성, 행정법강의(박영사, 2013)
朴鈗炘·鄭亨根, 행정법강의(상·하)(박영사, 2009)
박정훈, 행정법사례연습(法文社 2012)
석종현·송동수, 일반행정법(상·하)(삼영사, 2009)
洪井善, 행정법원론(상·하)(박영사, 2006)
홍준형, 행정법(法文社 2011)
法院行政處, 대법원판결집

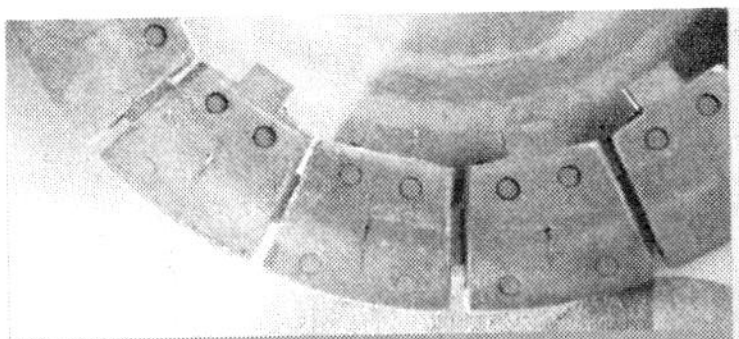

서설/총칙/물권/채권/친족/
상속

제3장 민 법

제 1 절 서　설

Ⅰ. 민법의 의의

민법은 시민사회에 있어서의 시민 상호간의 일상생활관계를 일반적으로 규율하는 일반사법이다. 즉 민법은 모든 사법관계를 규율하는 것이 아니고, 개인간의 보통의 사법관계를 규율한다. 이에 대하여 여러 가지 특수한 사법관계를 규율하는 법을 특별사법이라 한다(예컨대 상법, 어음법, 수표법 등).

일반인들의 사생활은 대부분이 민법에 의하여 규율되지만, 민법의 규정을 수정하거나 보충하는 법률이 적지 않으며(예컨대 이자제한법, 가족관계의 등록 등에 관한 법률, 유실물법, 부동산등기법 등), 관습법 · 판례법 가운데도 민법에 속하는 것이 있다. 이 중에서 명칭이 민법으로 된 제정법을 형식적 의의의 민법이라 하고, 그 이외의 것을 실질적 민법이라 한다.

Ⅱ. 민법전의 구성

근대민법전의 체계에는 판덱텐 체계(Pandektensystem)와 인스티투치오넨 체계(Institutionensystem)가 있는데, 우리 민법은 독일민법을 계수하여 민법 전체를 총칙 · 물권 · 채권 · 친족 · 상속의 5편으로 나누는 판덱텐 체계를 따르고 있다. 이러한 판덱텐 체계는 총칙을 민법의 맨 앞에 위치시키는 것으로 19세기에 독일의 보통법학에 의하여 수립되었다. 이에 반하여 인스티투치오넨체계는 민법을 人法(persona) · 物法(Res) · 소송법(Actio)의 3편으로 구성하는 체계이다. 프랑스민법(1804년)이 대체로 이 체계를 따르고 있다. 현재 우리 나라에서 시행되고 있는 민법전은 1958년 2월 22일에 법률 제471호로 공포되고 1960년 1월 1일부터 시행되어 온 것으로 전문 1118조와 부칙으로 구성되어 있다.

Ⅲ. 민법의 기본원리

봉건사회의 재산 및 신분상의 특권과 불평등을 타파하고 성립한 근대사회는 사회생활 관계에서 모든 사람을 평등하게 다루고, 자유로운 활동을 보장하는 것을 그 지도원리로 하여 출발하였다.

그 결과 근대사회 시민생활의 기초법으로서의 근대민법은 개인의 자유와 평등을 강조하여 소유권절대의 원칙 · 계약자유의 원칙 · 과실책임의 원칙이라는 3대원칙을 토대로 하고 있었다.

그러나 20세기에 이르러 자본주의사회의 발달로부터 오는 사회 · 경제적 모순과 폐해를 극복하고 사회구성원리인 실질적 평등을 보장하기 위하여 근대민법의 기본원리는 수정을 받게 되었다. 즉 종래의 자유본위의 개인주의적 법사상으로부터 탈피하여 사회본위의 단체주의적 법사상이 대두하여 추상적 · 형식적인 개인의 자유와 평등을 지양하고 구체적 · 실질적인 자유와 평등의 보장을 요청하였다.

이에 따라 근대민법의 3대 원칙인 소유권절대의 원칙은 공공복리의 원칙, 권리남용금지의 원칙에 의해 제한되고 소유권행사시 법률의 범위 내에서 허용되는 소유권공공의 원칙으로 수정되었다. 또한 계약자유(계약체결여부의 자유, 계약상대방선택의 자유, 계약내용결정의 자유, 계약방식을 요하지 않는 자유 포함)의 원칙은 신의성실의 원칙과 공서양속의 범위 내에서 제한을 받게 되었다. 그리고 과실책임의 원칙은 사회정책적인 견지에서 결과책임주의인 무과실책임론이 대두되었다.

제 2 절 총 칙

Ⅰ. 권리의 주체

1. 권리능력

모든 생활관계에서 일반적으로 권리의무의 주체가 될 수 있는 법률상의 지위 또는 자격을 권리능력(인격)이라고 한다. 민법상 권리능력자는 자연인과 법인이 있다.

2. 자 연 인

자연인은 출생한 때에 권리능력을 취득한다(제3조). 따라서 출생 이전의 태아는 권리능력이 없으나, 민법은 태아의 이익을 보호하기 위하여 예외적으로 ① 불법행위로 인한 손해배상의 청구(제762조), ② 재산상속(제1000조), ③ 대습상속(제1001조), ④ 유증(제1064조), ⑤ 사인증여(제562조)의 경우에는 이미 태아를 출생한 것으로 보아 권리능력을 인정하고 있다.

자연인은 사망과 더불어 권리능력을 상실한다(제3조 참조). 따라서 사자가 가지고 있던 권리와 의무는 상속인에게 상속된다. 사망은 상속·유언의 효력발생, 잔존배우자의 재혼 등 여러 가지 법률문제와 관련된다. 따라서 사망의 유무나 시기의 여하는 대단히 중요한 문제일 뿐만 아니라 그 증명·확정이 곤란한 경우가 많아 이를 대비하여 사망과 관련된 여러 제도가 있다. 즉 첫째, 동시사망의 추정제도이다. 이는 여러 사람이 동일한 위난으로 사망한 경우에 사망의 선후를 증명할 수 없는 때에는 동시에 사망한 것으로 추정하는(제30조) 제도이다.

둘째, 인정사망제도이다. 이는 사망의 확정(시체의 발견·확인 등)은 없지만 사망한 것이 확실하다고 생각되는 경우(화재, 수재, 폭발)에 일정한 관청의 책임있는 증명에 의하여 사망한 것으로 인정하여 가족관계등록부에 사망한 것으로 기재할 수 있게 하는 제도이다(가족관계의 등록 등에 관한 법률 제87조).

셋째, 실종선고제도이다. 이는 어떤 사람이 일정기간 동안(실종기간은 보통실종의 경우 5년, 특별실종의 경우 1년) 생사가 분명하지 아니한 때에 법원은 이해관계인이나 검사의 청구에 의하여 실종선고를 하여야 하고, 실종선고는 실종기간이 만료했을 때 사망한 것으로 보는 제도이다(제27조, 제28조). 실종선고의 효과는 사망으로 추정하는 것이 아니고 간주하는 것이므로, 반증에 의하여 그 효과를 번복할 수 없고, 실종선고의 취소에 의해서만 가능하다.

실종선고 취소의 효과는 처음부터 실종선고가 없었던 것으로 되는 것이므로, 실종선고가 사실과 다르다는 것을 알지 못하는 선의자를 보호하기 위하여, 실종선고 후 그 취소 전에 선의로 한 법률행위는 유효하다(제29조 제1항). 따라서, 실정선고 후 그 취소 전에 선의로 한 재산행위(상속재산의 매각) 또는 신분행위(잔존배우자의 재혼)는 유효하다. 그리고 실종선고를 직접 원인으로 하여 재산을 얻은 자(상속인 · 受遺者)는 그가 선의인 때에는 받은 이익의 현존하는 한도에서 반환할 의무가 있고, 악의인 때에는 받은 이익에 이자를 붙여서 반환함은 물론, 그 밖에 손해가 있으면 이를 배상하여야 한다(제29조 제2항).

한편 외국인의 권리능력은 원칙적으로 내국인과 동일하나, 외국인이 토지에 관한 권리를 취득하거나(외국인토지법 제5조), 광업권을 취득하는 경우에는(광업법 제6조) 그 능력의 제한을 받는다.

(1) 의사능력과 행위능력

의사능력은 개개의 법률행위를 함에 있어서 그 행위의 결과를 판단할 수 있는 능력을 말한다. 어린이나 정신병자도 권리능력은 있으나 의사능력은 없다. 보통 의사무능력자의 법률행위는 무효이나, 구체적인 경우에 의사무능력을 입증하기 곤란하고 거래의 안전과 신속을 해치는 수도 있다. 따라서 민법은 형식적이고 획일적인 행위능력개념을 인정하고 있다.

행위능력은 단독으로 완전하게 유효한 법률행위를 할 수 있는 능력을 말하며, 이러한 능력을 가진 자를 행위능력자라고 하고 행위능력이 제한된 자를 행위제한능력자라고 한다. 행위제한능력자의 법률행위는 취소할 수 있도록 하였다(제5조, 제10조, 제13조). 민법상의 행위제한능력자에는 미성년자, 피성년후견인, 피한정후견인, 피특정후견인의 네 가지가 있다.

(2) 행위제한능력자

(가) 미성년자

미성년자는 만 19세에 달하지 아니한 자를 말한다. 미성년자라 할지라도 혼인을 한 때에는 성년자로 본다(第826조의2). 미성년자가 법률행위를 함에는 법정대리인의 동의를 얻어야 하며 동의없이 한 행위는 취소할 수 있다. 그러나 미성년자가 권리만을 얻거나 의무만을 면하는 행위를 할 때에는 법정대리인의 동의를 요하지 않는다(第5조). 또한 법정대리인이 범위를 정하여 처분을 허락한 재산은 미성년자가 임의로 처분할 수 있다(第6조).

(나) 피성년후견인

가정법원은 질병, 장애, 노령, 그 밖의 사유로 인한 정신적 제약으로 사무를 처리할 능력이 지속적으로 결여된 사람에 대하여 본인, 배우자, 4촌 이내의 친족, 미성년후견인, 미성년후견감독인, 한정후견인, 한정후견감독인, 특정후견인, 특정후견감독인, 검사 또는 지방자치단체의 장의 청구에 의하여 성년후견개시의 심판을 한다. 가정법원은 성년후견개시의 심판을 할 때 본인의 의사를 고려하여야 한다(第9조). 성년후견개시의 심판을 받은 자, 즉 피성년후견인의 법률행위는 취소할 수 있다. 다만 가정법원은 취소할 수 없는 피성년후견인의 법률행위의 범위를 정할 수 있고, 본인, 배우자, 4촌 이내의 친족, 성년후견인, 성년후견감독인, 검사 또는 지방자치단체의 장의 청구에 의하여 취소할 수 없는 법률행위의 범위를 변경할 수 있다. 또한 피성년후견인의 법률행위는 취소할 수 있음에도 불구하고 일용품의 구입 등 일상생활에 필요하고 그 대가가 과도하지 아니한 법률행위는 성년후견인이 취소할 수 없다(第10조).

(다) 피한정후견인

질병, 장애, 노령, 그 밖의 사유로 인한 정신적 제약으로 사무를 처리할 능력이 부족한 사람에 대하여 가정법원은 본인, 배우자, 4촌 이내의 친족, 미성년후견인, 미성년후견감독인, 성년후견인, 성년후견감독인, 특정후견인, 특정후견감독인, 검사 또는 지방자치단체의 장의 청구에 의하여 한정후견개시의 심판을 한다. 이 경우에도 가정법원은 한정후견개시의 심판을 할 때 본인의 의사를 고려하여야 한다(第12조). 가정법원은 피한정후견인이 한정후견인의 동의를 받아야 하는 행위의 범위를 정할 수 있고, 본인, 배우자, 4촌 이내의 친족, 한정후견인, 한정후견감독인, 검사 또는 지방자치단체의 장의 청구에 의하여 한정후견인의 동의를 받아야만 할 수 있는 행위의 범위를 변경할 수 있다. 한정후견인의 동의를 필요로 하는 행위에 대하여 한정후견인이 피한정후견인의 이익이 침해될 염려가 있음에도 그 동의를 하지 아니하는 때에는 가정법원은 피한정후견인의 청구에 의하여 한정후견인의 동의를 갈음하는 허가를 할 수 있다. 또한 한정후견인의 동의가 필요한 법률행위를 피한정후견인이 한정후견인의 동의 없이 하였을 때에는 그 법률행위를 취소할 수 있다. 다만, 일용품의 구입 등 일상생활에 필요하고 그 대가가 과도하지 아니한 법률행위에 대하여는 그러하지 아니하다(제13조).

㈑ 피특정후견인

가정법원은 질병, 장애, 노령, 그 밖의 사유로 인한 정신적 제약으로 일시적 후원 또는 특정한 사무에 관한 후원이 필요한 사람에 대하여 본인, 배우자, 4촌 이내의 친족, 미성년후견인, 미성년후견감독인, 검사 또는 지방자치단체의 장의 청구에 의하여 특정후견의 심판을 한다. 이때 특정후견은 본인의 의사에 반하여 할 수 없다. 특정후견의 심판을 하는 경우에는 특정후견의 기간 또는 사무의 범위를 정하여야 한다(제14조의2).

한편 가정법원이 피한정후견인 또는 피특정후견인에 대하여 성년후견개시의 심판을 할 때에는 종전의 한정후견 또는 특정후견의 종료 심판을 한다. 또한 가정법원이 피성년후견인 또는 피특정후견인에 대하여 한정후견개시의 심판을 할 때에는 종전의 성년후견 또는 특정후견의 종료 심판을 한다(제14조의3).

3. 법　　인

법인이란 자연인이 아니면서 법률상의 인격체, 즉 권리의무의 주체가 되는 것을 말한다. 법인은 주된 사무소 소재지에 설립등기를 함으로써 권리능력을 취득하고(제33조), 청산종결등기를 한 때에 이를 상실한다(제94조).

법인은 공법인과 사법인으로 크게 나눌 수 있는데 공법인에는 국가와 공공단체(지방자치단체 · 공공조직 등)가 있고, 사법인에는 사람의 집단인 사단법인과 일정한 목적을 위하여 출연된 재산의 집단인 재단법인이 있다. 사단법인에는 다시 영리를 목적으로 하는 영리사단법인(회사 등)과 영리를 목적으로 하지 않는 비영리법인이 있다. 재단법인은 비영리법인에 한하며 학술, 종교, 자선, 사교 등을 위한 것이 이에 속한다.

한편 사단의 실체를 전부 구비하였으나, 단지 법인격만을 취득하지 못한 사단을 '권리능력 없는 사단' 또는 '법인격 없는 사단'이라고 한다. 법인격 없는 사단 즉 비법인사단은 민법상의 조합과 구별되는데, 법인격 없는 사단(교회, 宗中 등)의 재산관계는 총유로 한다(제276조, 제278조).

판 례

민법상의 조합과 비법인사단을 구별함에 있어서는 일반적으로 그 단체성의 강약을 기준으로 판단하여야 하는 것으로서, 조합은 2인 이상이 상호간에 금전 기타 재산 또는 노무를 출자하여 공동사업을 경영할 것을 약정하는 계약관계에 의하여 성립하므로 어느 정도 단체성에서 오는 제약을 받게 되면서도 구성원의 개인성이 강하게 드러나는 인적 결합체인 데 비하여, 비법인사단은 구성원의 개인성과는 별개로 권리·의무의 주체가 될 수 있는 독자적 존재로서의 단체적 조직을 가지는 특성이 있으므로, 외형상 단체로 보이는 경우에도 고유의 목적을 가지고 사단적 성격을 가지는 규약을 만들어 이에 근거하여 의사결정기관 및 집행기관인 대표자를 두는 등의 조직을 갖추고 있고, 기관의 의결이나 업무집행방법이 다수결의 원칙에 의하여 행하여지며, 구성원의 가입, 탈퇴 등으로 인한 변경에 관계없이 단체 그 자체가 존속되고, 그 조직에 의하여 대표의 방법, 총회나 이사회 등의 운영, 자본의 구성, 재산의 관리 기타 단체로서의 주요사항이 확정되어 있어야만 비로소 비법인사단이라고 볼 수 있다(대판 2001. 9. 28., 99다27705, 27712, 27729).

II. 권리의 객체

권리는 일정한 이익의 향수를 위하여 법률이 권리주체에게 인정한 법적인 힘을 말하며, 그러한 법적 힘이 작용하는 대상을 권리의 객체라고 한다(자세한 내용은 제1부 제10장 제4절II. '권리의무의 객체' 참조).

III. 권리의 변동

제1부 제10장 제6절 '권리의무의 변동' 참조.

IV. 시 효

제1부 제10장 제6절 IV. 7. '시효제도' 참조.

제 3 절 물 권

Ⅰ. 물권의 본질

재물은 여러 형태로 존재하고, 사람이 재물을 지배하는 방법도 매우 다양하다. 즉 사람이 재물을 지배 · 이용하는 방법 중 그 하나는 재물을 직접적으로 지배하는 방법이고, 다른 하나는 타인의 행위(作爲, 不作爲)를 통하여 즉 급부를 청구함으로써 간접적으로 지배하는 방법이다. 전자를 규율하는 것이 물권법이고, 후자를 규율하는 것이 채권법이다.

물권이란 일정한 물건을 직접 지배하여 이익을 받는 배타적 권리이다(물권의 특정성, 지배성, 배타성). 물건을 배타적으로 지배한다는 것은 동일한 물건 위에 동일 내용의 물권이 동시에 두 개 이상 성립할 수 없음을 의미한다(일물일권주의).

Ⅱ. 물권의 변동

1. 물권변동의 의의

물권변동이란 물권의 발생 · 변경 · 소멸을 말하며 이를 물권의 주체를 중심으로 보면 물권의 득실변경이 된다. 물권변동에 있어서 의사주의란 물권변동을 일으키려고 하는 의사만 있으면 곧 물권변동의 효과를 발생시키는 것이고, 형식주의란 의사표시만으로는 아직 물권변동의 효과가 발생하지 않고 부동산에 관해서는 등기, 동산에 관해서는 인도를 함으로써 비로소 물권변동의 효력이 생기게 되는 것이다. 의사주의는 물권변동이 일어났느냐 아니냐가 등기부에 나타나지 않으므로 이것을 판단하기가 곤란한 불편이 있으나, 형식주의에 있어서는 물권변동이 반드시 등기부에 나타나므로 그러한 불편이 없다. 우리 민법은 형식주의에 따르고 있다.

2. 공시의 원칙과 공신의 원칙

공시의 원칙은 물권변동을 외부에서 인식할 수 있는 어떤 표상(공시방법, 즉 등기 · 인도)을 갖추어야 하고, 이를 갖추지 못한 때에는 물권변동이 생기기 않는 원칙을 말한다. 우리 민법은 형식주의를 취하여 공시의 원칙을 강제하고 있다.

반면에 공신의 원칙은 물권의 존재를 외부에서 추측케하는 표상을 신뢰하여 거래한 자는 비록 그 공시방법이 진정한 권리관계에 부합하지 않더라고, 그 공시된 대로의 권리를 인정하여 이를 보호하는 원칙을 말한다. 공신의 원칙이 인정되면 거래의 안전(동적 안전)은 보호되나, 진정한 권리자의 이익(정적 안전)은 희생되므로 이 원칙을 취할 것이냐는 신중한 검토가 필요하다. 우리 민법은 동산에 대해서는 공시방법으로서의 점유의 불완전성을 고려하여 공신의 원칙을 인정하나(선의취득의 경우), 부동산의 등기에 대해서는 인정하지 않고 있다.

Ⅲ. 물권의 종류

물권은 법률 또는 관습법에 의하여 인정된 것 이외에는 임의로 창설하지 못한다(제185조). 이것을 물권법정주의라 한다.

민법이 인정하는 물권에는 점유권 · 소유권 · 지상권 · 지역권 · 전세권 · 유치권 · 질권 · 저당권이 있다. 이 가운데 지상권 · 지역권 · 전세권은 타인의 토지나 건물을 물질적으로만 이용할 수 있는 권리인 '용익물권'이며, 유치권 · 질권 · 저당권은 타인의 물건을 담보적으로만 이용할 수 있는 권리인 '담보물권'이다. 소유권이 물건에 대한 전면적 지배권인 데 대하여, 용익물권과 담보물권은 그 내용이 제한되어 있기 때문에 이를 '제한물권'이라고도 한다.

점유권은 점유하는 물건에 대한 사실적 지배만을 법률요건으로 하여 인정되는 물권이고, 그 이외의 물권은 물건을 법률상 정당하게 점유할 수 있는 물권이므로 이를 본권이라고 한다.

또한 관습법상 물권으로는 분묘기지권과 관습상의 법정지상권을 들 수 있다.

- 물권
  - 점유권
  - 본 권
    - 소유권
    - 제한물권 (타물권)
      - 용익물권: 지상권 · 지역권 · 전세권
      - 담보물권: 유치권 · 질권 · 저당권

1. 소 유 권

소유권은 물건을 사용 · 수익 · 처분하거나 기타 어떠한 방법으로든지 물건을 지배할 수 있는 전면적 지배권이다. 따라서 소유권 위에 지상권 · 전세권 등의 제한물권이 설정되어 있는 때에도 그 한도 내에서 소유권의 내용은 제한되지만, 제한물권이 소멸되면 소유권은 당연히 본래의 전면적 지배권으로 회복한다(소유권의 탄력성). 따라서 소유권은 그 성질상 당연히 소유물반환청구권(민법 제213조) · 소유물방해제거청구권(제214조) · 소유물방해예방청구권(제214조 후단) 등의 이른바 소유권에 따른 '물상청구권'이라고 하는 효력을 가진다.

그리고 2인 이상의 다수인이 동일물건을 공동으로 소유하는 형태를 '공동소유'라 하는데 이에는 공유 · 합유 · 총유의 세 가지가 있다.

2. 용익물권

용익물권이란 타인의 물건을 일정한 목적의 범위 내에서 사용 · 수익할 수 있는 물권이다. 민법은 용익물권으로서 지상권 · 지역권 · 전세권을 규정하고 있다.

(1) 지 상 권

타인의 토지 위에 건물 기타 공작물이나 수목을 소유하기 위하여 타인의 토지를 사용하는 권리를 지상권이라 한다(제279조). 또한 지상 또는 지하의 공간에 상하의 범위를 정하여 건물 기타 공작물을 소유하기 위한 지상권을 구분지상권이라 한다(제289조의 2). 지상권은 토지소유자와 지상권자 사이의 설정계약, 즉 지상권의 설정을 목적으로 하는 물권적 합의와 등기에 의하여 취득되는 것이 보통이나 법정지상권에 의해서도 성립된다.

지상권에 있어서는 임차권과는 달리 지료의 지급은 그 요소가 아니므로 무상의 지상권도 가능하다. 현재 거래실정을 보면 지상권보다는 토지임대차가 주로 이용되고 있다.

판 례

타인의 토지에 합법적으로 분묘를 설치한 자는 관습상 그 토지 위에 지상권에 유사한 일종의 물권을 취득하며 그 범위는 분묘의 기저부분과 분묘수호에 필요불가결한 주위의 空地까지 포함한다고 해석함이 타당하므로 그 분묘부분이 침해당할 때에는 그 침해의 배제를 청구할 수 있는 동시에 그 수호자는 그 수호를 이유로 그 분묘에 인접한 타인의 분묘를 침범하는 행위를 할 수 없다(대판 62. 4. 26., 4294민상1451).

판 례

또는 건물이 동일한 소유자에게 속하였다가 건물 또는 토지가 매매 기타의 원인으로 인하여 양자의 소유자가 다르게 된 때에 그 건물을 철거한다는 조건이 없는 이상 건물소유자는 토지소유자에 대하여 그 건물을 위한 관습상의 법정지상권을 취득한다(대판 1984. 9. 11, 83다카2245).

(2) 지 역 권

자기의 토지의 편익을 위하여 타인의 토지를 이용하는 권리를 지역권이라 한다(제291조). 편익을 받는 토지를 요역지라 하고, 편익을 제공하는 토지를 승역지라 한다.

판 례

지역권을 시효취득하려면 요역지의 소유자가 타인의 토지를 20년간 통행하였다는 사실만으로는 부족하고 요역지의 소유자가 승역지상에 통로를 개설하여 승역지를 항시 사용하고 있는 상태가 민법 제245조에 규정된 기간 계속한 사실이 있어야 한다(대판 1970. 7. 21., 70다772,773).

(3) 전 세 권

전세권은 전세금을 지급하고 타인의 부동산을 점유하여 그 부동산의 용도에 따라 사용·수익하는 권리를 말한다(제303조). 전세권의 존속기간이 종료되면, 전세권자는 부동산을 반환하고 전세금을 환수할 권리가 있다. 이 물권은 과거에 임대차에 유사한 계약으로 널리 행하여져 왔던 가옥전세의 관습을 물권화한 것이다. 다만 목적물인 부동산 가운데 농경지는 전세권의 목적으로 하지 못한다(제303조 제2항).

현행 민법에 있어서도 전세권설정등기가 된 때에는 전세권은 물권으로 되지만,

그러한 등기가 없는 경우에는 채권적 전세권에 불과하다. 현재 널리 이용되고 있는 전세는 채권적 전세이다.

3. 담보물권

담보물권이란 목적물을 채권의 담보에 제공할 것을 목적으로 하는 권리이다. 용익물권이 물건의 실질적 이용을 내용으로 하는 데 대해, 담보물권은 물건이 갖고 있는 경제적 교환가치를 확보하는 것을 목적으로 한다. 민법은 담보물권으로 류치권·질권·저당권을 규정하고 있다.

(1) 유 치 권

유치권이란 타인의 물건이나 유가증권을 점유하는 자가 그 물건에 관하여 발생한 채권의 변제를 받을 때까지 그 물건을 유치해서 간접적으로 변제를 강제하는 권리를 말한다(제320조). 예컨대 오디오 수리업자가 오디오 수선대금을 받을 때까지 수리한 오디오를 유치할 수 있는 권리이다. 유치권은 공평의 관념에서 인정된 법정담보물권이다.

(2) 질 권

질권이란 채권자가 그의 채권의 담보로서 채무자 또는 제3자로부터 받은 물건을 점유하고 채무의 변제가 있을 때까지 유치함으로써 채무의 변제를 간접적으로 강제하는 동시에 채무의 변제가 없는 때에는 그 목적물로부터 우선적으로 변제를 받는 권리를 말한다(제329조, 제345조). 질권의 대상인 목적물에 따라서 동산질권(제329조~제344조)과 권리질권(제345조~제355조)으로 나뉜다. 부동산은 질권의 목적이 될 수 없다(제345조 단서).

질권설정자는 채무의 변제기전의 계약으로 질권자에게 변제에 갈음하여 질물의 소유권을 취득하게 하거나, 질물을 처분할 것을 약정하지 못한다(流質契約의 禁止).

(3) 저 당 권

저당권이란 채무자 또는 제 3자가 채무의 담보로서 제공한 부동산 또는 부동산물권을 채권자에게 인도하지 않고, 채권자는 다만 그 목적물을 관념상으로만 지배하여 채무의 변제가 없는 경우에 그 목적물로부터 우선변제를 받는 권리이다(제356조).

저당권은 설정자의 수중에 목적물의 사용 · 수익을 남겨 두고 오직 목적물의 교환가치만을 지배한다. 민법이 인정하는 저당권의 목적물은 부동산과 부동산물권(지상권 · 전세권)에 한정되고 있으나, 공장저당법 · 자동차저당법 · 항공기저당법 등 특별법에 의해서도 인정되고 있다.

실제거래상 저당권은 주로 담보할 채무의 최고액만을 정하고 채무의 확정을 장래에 유보하여 두는 근저당의 방법으로 사용된다(제357조).

판 례

근저당권은 그 설정계약으로 약정한 거래관계로 인하여 장차 발생할 가능성이 있는 채권을 담보하기 위하여 미리 그 담보채권의 최고액을 정하여 설정하여 두는 것으로서 그것이 현실적으로 담보하는 채권액은 약정거래를 결산할 당시의 그 최고액 한도내에서 인정되는 실존액이라 할 것이다(대판 1969. 2. 4, 68다2329).

(4) 비전형담보인 가등기담보와 양도담보에 대하여는 제3부 제5장 제2절Ⅲ. '비전형담보' 참조.

제 4 절 채　권

Ⅰ. 채권의 의의

채권은 특정인(채권자)이 다른 특정인(채무자)에 대하여 일정한 행위(급부)를 청구할 수 있는 권리이다.

채권은 채무자에 대한 상대적인 권리이지 배타성이 없으므로 동일인에 대하여 동일 내용의 채권이 여러 개 성립할 수 있다는 점에서 절대적 · 배타적 권리인 물권과 구별된다.

채권이 유효하게 성립하기 위해서는 채권의 목적이 적법하여야 하고(적법성) 사회적 타당성이 있어야 하며, 실현가능성이 있고 채권성립시에 그 내용이 확정되어야(확정성) 한다.

II. 채권의 종류

채권은 그 목적으로 되는 급부의 형태에 따라 ① 특정물의 인도를 목적으로 하는 채권(특정물 채권), ② 불특정물의 인도를 목적으로 하는 채권(종류채권), ③ 일정한 금액의 지급을 목적으로 하는 채권(금액채권), ④ 이자의 지급을 목적으로 하는 채권(이자채권), ⑤ 수개의 행위 중에서 한 개의 행위를 선택하여 행위할 것을 목적으로 하는 채권(선택채권), ⑥ 채권자 또는 채무자가 다른 행위로 바꿀 수 있는 권리(대용권 · 보충권)를 가지는 채권(임의채권) 등으로 나눌 수 있다.

III. 채권의 발생원인

채권의 발생원인에는 법률행위와 법률의 규정이 있다. 법률행위에 의한 채권의 발생은 주로 계약에 의한 것이고, 법률의 규정에 의한 채권의 발생은 사무관리 · 부당이득 · 불법행위에 기한 것이다.

1. 계 약

(1) 계약의 의의

계약이라 함은 일정한 채권관계의 발생을 목적으로, 청약과 승낙이라는 서로 대립하는 두 개 이상의 의사표시의 합치로써 성립하는 일종의 법률행위를 말한다.

계약에는 채권계약 외에도 물권계약 · 준물권계약 · 신분계약이 포함되나 좁은 의미의 계약은 채권 발생의 목적으로 하는 채권계약을 의미한다. 채권법의 규정은 이 채권계약에 관한 것이다.

계약의 내용은 법의 제한범위 내에서 당사자 사이의 자유로운 계약에 의한 계약자유의 원칙에 따라 이루어지는 것이지만, 민법은 14종의 전형계약을 정하여 그 내용 · 효력 등에 관하여 규정하고 있다. 증여 · 매매 · 교환 · 소비대차 · 사용대차 · 임대차 · 고용 · 도급 · 현상광고 · 위임 · 임치 · 조합 · 종신정기김 · 화해 등이 그것이다.

(2) 계약의 종류

(가) 쌍무계약 · 편무계약

계약에 의하여 당사자 쌍방이 서로 대가적 관계에 있는 채무를 부담하는 것을 쌍무계약(매매 · 임대차 · 소비대차 등)이라 하고, 당사자 일방만이 채무를 부담하는 것을 편무계약(증여 · 사용대차)이라 한다.

(나) 유상계약 · 무상계약

당사자 쌍방이 서로 대가적 의의를 갖는 출연(出財)을 하느냐의 여부에 따라 유상계약과 무상계약으로 나누어진다. 쌍무계약은 모두 유상계약이나 유상계약이면서 편무계약인 것도 있다(현상광고). 유상계약에는 매매 · 교환 · 임대차 · 이자있는 소비대차 · 고용 · 도급 · 조합 · 화해 · 현상광고 등이 있으며, 무상계약에는 증여 · 무이자소비대차 · 사용대차 · 무상위임 · 종신정기금 등이 있다.

(다) 낙성계약 · 요물계약

계약의 성립에 있어서 당사자의 합의만을 요하느냐 또는 그 밖에 물건의 인도 기타의 급부를 요하느냐에 따라 낙성계약과 요물계약으로 나누어진다. 현상광고를 제외한 모든 전형계약은 낙성계약이다.

(3) 계약의 효력

쌍무계약의 당사자 일방은 상대방이 채무의 이행을 제공할 때까지 자기의 채무의 이행을 거절할 수 있다(제536조). 이것을 동시이행의 항변권이라 한다.

한편, 쌍무계약의 경우에 당사자 일방의 채무가 이행될 수 없는 경우가 있다. 그 이행할 수 없는 것이 당사자 쌍방의 책임 없는 사유로 인한 것인 경우에는 채무자는 상대방의 이행을 청구하지 못한다(채무자위험부담주의)(제537조). 다만 채권자의 책임있는 사유로 인한 것인 경우에는 채무자는 상대방의 이행을 청구할 수 있다(제538조). 계약상의 채무의 이행이 채무자의 귀책사유로 불능하게 된 때에는 채권자는 그 계약을 해제할 수 있다(제546조).

당사자의 일방에 이행지체가 있는 경우에는 상대방은 상당한 기간을 정하여 그 이행을 催告하고, 그 기간 내에 이행하지 않는 때에는 계약을 해제할 수 있다. 만일 채무자가 미리 이행하지 않을 뜻을 표시한 경우에는 최고할 필요가 없다(제544조).

이와 같이 채무의 이행불능 또는 이행지체 등으로 당사자의 한쪽이 계약을 해제한 경우에는 각 당사자는 그 상대방에 대하여 제3자의 권리를 해치지 않는 범위

내에서 원상회복의 의무를 진다(제548조). 이 때에도 동시이행의 항변이 인정된다.

계약의 해제와 해지는 구별하여야 한다. 해제는 소급하여 계약의 효력을 소멸시키는 것이지만, 해지는 장래에 대하여 효력을 소멸시키는 것이다.

(4) **전형계약**(민법상의 계약)

(개) 증 여

증여는 당사자 일방(증여자)이 무상으로 재산을 상대방(受贈者)에게 수여하는 의사표시를 하고, 상대방이 이를 승낙함으로써 효력이 생기는 낙성·무상·편무·불요식계약이다(제554조).

증여의 성립에는 특별한 방식은 필요치 않지만, 서면에 의하지 않은 증여는 아직 이행하지 아니한 부분에 한하여, 각 당사자가 해제할 수 있다.

(나) 매 매

매매는 당사자의 일방(매도인)이 재산권을 상대방(매수인)에게 이전할 것을 약정하고 상대방이 그 대금을 지급할 것을 약정함으로써 성립하는 낙성·유상·쌍무·불요식계약이다(제563조).

매매의 목적물의 하자로 인하여 계약의 목적을 달성할 수 없는 경우에 매수인은 계약을 해제할 수 있으나, 그 밖의 경우에는 손해배상을 청구할 수 있다(제580조 제1항·제575조 제1항). 다만 이 경우에도 매수인이 하자의 존재를 알았거나 과실로 인하여 알지 못한 때에는 그러하지 아니하다.

(다) 교 환

교환은 당사자 쌍방이 금전 이외의 재산권을 서로 이전할 것을 약정함으로써 성립하는 낙성·유상·쌍무·불요식계약이다(제596조).

(라) 소비대차

소비대차는 당사자의 일방(貸主)이 금전 기타의 대체물의 소유권을 상대방에게(차주)에게 이전할 것을 약정하고, 상대방은 그와 동종·동질·동량의 물건으로 반환할 것을 약정함으로써 성립하는 계약이다.

소비대차는 원칙적으로 낙성·무상·불요식계약이나, 당사자 사이의 특약에 의하여 유상·편무계약으로 할 수도 있다(이자부 금전소비대차).

(마) 사용대차

사용대차는 당사자의 일방(貸主)이 상대방(借主)에게 무상으로 사용·수익하게 하기 위하여 목적물을 인도할 것을 약정하고, 상대방은 이를 사용·수익한 후 그 물건을 반환할 것을 약정함으로써 성립하는 무상 · 편무 · 낙성계약이다(제609조).

사용대차는 차주가 차용물을 그대로 반환하는 점에서 목적물에 갈음하는 물건을 반환하는 소비대차와 다르고, 무상계약인 점에서 유상계약인 임대차와 다르다.

(바) 임 대 차

임대차는 당사자의 일방(임대인)이 상대방(임차인)에게 목적물을 사용 · 수익하게 할 것을 약정하고, 상대방이 이에 대하여 차임을 지급할 것을 약정함으로써 성립하는 유상 · 쌍무 · 낙성계약이다(제618조).

임대차 및 주택임대차 보호에 대한 자세한 내용은 제3부 제6장 '임대차와 법률' 참조.

(사) 고 용

고용은 당사자의 일방(노무자)이 상대방(사용자)에 대하여 노무를 제공할 것을 약정하고 상대방이 이에 대하여 보수를 지급할 것을 약정함으로써 성립하는 낙성 · 유상 · 쌍무 · 불요식계약이다(제655조).

민법상 노무공급계약에는 고용 · 도급 · 현상광고 · 위임이 있는데, 고용은 노무자 자신의 노무제공 자체를 목적으로 하고, 도급이나 현상광고는 어떤 일의 완성을 목적으로 하고, 위임은 일정한 사무의 처리를 목적으로 하는 점에서 서로 구별된다.

오늘날 민법상의 고용계약은 근로기준법 등에 대하여 보충적으로 적용될 뿐이다.

(아) 도 급

도급은 당사자의 일방(수급인)이 어떤 일을 완성할 것을 약정하고 상대방(도급인)이 그 일의 결과에 대하여 보수를 지급할 것을 약정함으로써 성립하는 낙성 · 유상 · 쌍무 · 불요식계약이다(제664조).

(자) 현상광고

현상광고는 광고자가 어느 행위를 한 자에게 일정한 보수를 지급할 의사를 표시하고, 이에 응한 자가(응모자) 그 광고에 정한 행위를 함으로써 성립하는 요물 · 유상 · 편무계약이다(제675조). 예컨대 가출인의 수색 · 유실물의 수색 등은 그 예가 된다.

(차) 위 임

위임은 당사자의 일방(위임자)이 상대방(수임인)에 대하여 사무의 처리를 위탁하는 계약을 말한다(제680조). 무상 · 편무계약이 원칙이지만(제686조) 실제에 있어서는 보수의 특약이 있는 유상 · 쌍무계약이 많고, 특히 상법에는 유상의 특칙이 있다(商法 제

61조).

㈎ 임 치

임치는 당사자의 일방(임치인)이 상대방(수치인)에 대하여 김전 · 유가증권 기타 물건의 보관을 위탁하고 상대방이 이를 승낙함으로써 성립하는 계약이다(제693조). 임치는 원칙적으로 무상 · 편무계약이나, 보관료를 지급하는 경우에는 유상 · 쌍무계약이다. 임치 중에서 가장 중요한 창고업에 관하여는 상법에서 이를 규정하고 있다(상법 제155조~168조).

㈏ 조 합

조합은 2인 이상이 상호 출자하여 공동사업을 경영할 것을 약정함으로써 그 효력이 생기는 낙성 · 유상 · 쌍무계약이다(제703조). 조합의 공동사업은 영리 · 공익 · 친목 등 어느 것을 목적으로 하든 제한이 없으나, 다만 그 이익은 조합원 전원이 균점하는 것이어야 한다.

조합원의 출자 기타 조합재산은 조합원의 합유로 한다(제704조).

㈐ 종신정기금

종신정기금은 당사자의 일방(정기금채무자)이 특정인(자기 · 상대방 · 제3자)의 종신까지 정기로 금전 기타의 물건을 상대방 또는 제3자에게 지급할 것을 약정함으로써 성립하는 계약이다(제725조). 종신정기금은 원칙적으로 무상 · 편무계약이나, 당사자 사이의 특약에 의하여 유상 · 쌍무계약으로 할 수 있다.

종신정기금계약은 보험적 기능을 나타내는 것으로서 각종 연금(국민연금 · 공무원연금 · 사립학교교원연금)과 연금보험에서 활용되고 있다.

㈑ 화 해

화해는 권리관계에 관해 다투고 있는 당사자가 서로 양보하여 분쟁을 마칠 것을 약정함으로써 성립하는 낙성 · 유상 · 쌍무 · 불요식계약이다(제731조). 민법상의 화해는 재판외의 화해라 하여 법원에서 하는 재판상 화해와 구별된다.

2. 사무관리

사무관리란 법률상의 의무 없는 자가 타인을 위하여 그 사무를 관리하는 것을 말한다(제734조). 사무관리를 개시한 자는 그 사무의 성질에 따라 본인의 이익에 적합한 방법으로써 관리해야 한다(통지의무 · 관리계속의무). 또한 관리자가 이 때에 지출한 필요비나 유익비가 있을 때에는 본인이 상환해야 한다(제739조).

3. 부당이득

(1) 일반적 부당이득

부당이득이라 함은 법률상의 원인없이 타인의 재산 또는 노무에 의하여 이익을 얻고, 그로 인하여 타인에게 손해를 입히는 것을 말한다(제741조 이하). 예컨대 채무의 이중변제, 무효인 매매계약에 의거한 목적물의 수령, 파혼한 경우의 약혼예물 등은 그 예이다.

부당이득제도는 정당한 이유없이 타인의 손실로 인해 이득을 얻는 것은 공평의 원칙에 반한다는 점에서 인정된 것으로 그 법적 성질은 '사건'이다. 부당이득자는 선의인 경우 그 받은 이익이 현존하는 한도에서 반환할 책임이 있다. 그러나 악의인 경우에는 이득에 이자를 붙여 반환하고 손해가 있으면 이를 배상하여야 한다(제748조). 또 이들의 반환은 현물로 하는 것이 원칙이나 그것이 불가능한 경우에는 금전에 의한 가액으로 반환하여야 한다(제747조).

(2) 비채변제 · 불법원인급여

부당이득의 요건을 충분히 갖추고 있으나 손실자에게 이득반환청구권이 인정되지 않는 예외적인 경우로서 민법은 비채변제와 불법원인급여를 규정하고 있다.

비채변제라 함은 채무가 없음에도 불구하고 변제하는 것으로, ① 채무가 부존재함을 알면서 변제한 경우(협의의 비채변제), ② 이행기 미도래의 변제, ③ 착오로 인한 변제로서 그 변제가 도의관념에 적합한 경우(예컨대 부양의무 없는 자가 있다고 착각하여 부양하는 경우), ④ 착오로 타인의 채무를 변제한 경우 등에는 이득반환청구권이 제한되거나 인정되지 않는다(제742~745조).

불법원인급여라 함은, 예컨대 도박이나 인신매매를 위하여 한 금전 · 노무 기타의 급부와 같이 不法한 원인에 근거하여 행하여진 급부를 말하는 것으로서, 이러한 경우에는 이득의 반환을 청구하지 못한다(제746조). 그러나 불법의 원인이 오로지 수익자(이득자)에게만 있는 경우에는 그러하지 않다(제746조 단서).

4. 불법행위

제3부 제8장 '손해배상과 법률' 참조.

Ⅳ. 채권의 효력

1. 채권의 대내적 효력

채무자가 채무의 내용에 따른 이행을 하지 않는 것을 채무불이행이라 한다. 채무불이행에는 ① 이행이 가능함에도 불구하고 이행기가 지났는데 아직 이행하지 않는 이행지체(예컨대 매매계약시 약속한 인도기일에 인도되지 않고 있는 경우), ② 이행이 불가능하게 된 이행불능(예컨대 가옥매매로 인한 가옥인도가 화재로 소실되어 가옥인도가 원천적으로 불가능하게 된 경우), ③ 이행은 있었으나 완전하지 못한 불완전이행(즉 채권의 내용에 따르지 않은 경우) 등이 있다. 특히 불완전이행은 일정한 채무의 이행을 함으로써 채권자에게 부가적 손해를 발생시킨 적극적 채권침해가 주로 문제된다(예컨대, 저질의 사료를 공급하여 가축이 병에 걸린 경우).

이러한 채무불이행이 있는 경우에 채권자는 채무자에 대하여 계약의 해제는 물론, 국가권력에 의하여 강제적으로 채무의 내용을 실현시키는 강제이행과 금전상의 손해배상을 청구할 수 있다(이행불능의 경우에는 손해배상만이 가능하다).

2. 채권의 대외적 효력

채권의 대외적 효력은 제3자가 채권을 침해한 때에 불법행위에 의한 손해배상이나 방해배제를 청구할 수 있는 것을 말한다.

제3자가 채권을 침해한 경우에 채권자는 침해가 불법행위의 일반적 요건을 갖춘 때에만 손해배상을 청구할 수 있다. 또 원칙적으로 채권의 효력에 의해서는 제3자의 방해배제를 청구할 수 없으나, 등기된 부동산임차권과 같이 공시방법을 갖춘 채권은 그 자체의 효력에 의해 방해배제를 청구할 수 있다.

3. 책임재산의 보전

채무자의 일반 재산은 모든 채권자를 위한 종국적인 공동담보가 되므로 민법은 채무자의 일반 재산의 부당한 감소를 방지하여 책임재산을 보전하기 위하여 채권자대위권과 채권자취소권을 인정하고 있다.

(1) 채권자대위권

채권자대위권은 채권자가 자기의 채권을 보전하기 위하여 채무자의 권리를 행사하는 권리를 말한다(제404조). 예컨대, 채무자 갑이 무자력임에도 불구하고 자기의 채무자 을 즉 제3채무자에 대한 채권행사를 하지 않는 경우에, 갑의 채권자인 병이 갑을 대위하여 을에 대하여 甲의 채권을 행사함으로써 자기 채권을 확보하는 경우이다.

판 례

채권자는 자기의 채무자에 대한 부동산의 소유권이전등기청구권 등 특정채권을 보전하기 위하여 채무자가 방치하고 있는 그 부동산에 대한 특정 권리를 대위하여 행사할 수 있고 그 경우에는 채무자의 무자력을 요건으로 하지 아니한다(대판 1992. 10. 27., 91다483).

판 례

채권자가 채권자대위권을 행사하는 방법으로 제3채무자를 상대로 소송을 제기하여 판결을 받은 경우에 어떠한 사유로 인하였던 간에 채무자가 채권자대위권에 의한 소송이 제기된 사실을 알았을 경우에는 그 확정판결의 효력은 채무자에게도 미친다(대판 1975. 5. 13., 74다 1664 ; 전원합의체).

(2) 채권자취소권

채권자취소권은 채무자가 고의로 그 재산의 감소를 초래하여 채무의 변제를 불가능하게 만든 경우에는 채권자는 채무자의 사해행위로 인한 법률행위의 효력을 부인(취소)하고, 감소한 재산의 원상회복을 법원에 청구하는 채권자의 권리를 말한다(제406조). 예컨대, 채무자 갑이 그의 유일한 부동산을 악의인 친구 을에게 헐값에 매도하여 그의 채권자 병을 해한 경우에, 채권자 병은 채무자 갑과 을 사이의 매매를 취소하고 을로부터 부동산의 명도를 청구하는 것이다. 채권자취소권의 행사는 채권자대위권과는 달리 채권자의 이름으로 반드시 소에 의해서만 주장할 수 있다.

판 례

채권자가 채무자를 상대로 손해배상채권을 보전하기 위하여 그 소유의 부동산에 대하여 가압류결정을 받기 하루 전에 채무자가 합의이혼을 하고 처에 대한 위자료 및 자녀의 양육비조로 그의 유일한 재산인 위 부동산을 처에게 무상양도하였다면 그 양도경위에 비추어 채무자는 그 양여행위로서 자신이 무자력에 빠지게 되어 채권자를 해한다는 사실을 알고 있었다고 보여지므로 위 양여행위는 채권자에 대한 詐害行爲가 된다(대판 1990. 11. 23., 90다카24762).

판 례

취득시효의 대상인 부동산의 소유자가 취득시효 완성 후에 이를 처분하여 채권자의 시효취득을 원인으로 한 소유권이전등기청구권이 침해되었음을 이유로 하는 경우에는 채권자취소권을 인정할 수 없다(대판 1992. 11. 24., 92다 33855).

V. 채권양도와 채무인수

1. 채권양도

채권양도라 함은 채권의 동일성을 유지하면서, 채권을 양수인에게 이전하는 계약을 말한다(제449조 이하). 채권은 일정한 경우(채권의 성질상), 당사자의 반대의사표시, 법률의 규정에 의하여 양도가 제한되는 경우를 제외하고는 원칙적으로 양도할 수 있다. 채권양도는 동일성이 유지되는 점에서 그 동일성이 없는 채권자의 변경에 의한 更改와 다르다.

채권양도의 공시방법으로는 지명채권의 양도는 통지와 승낙이며(제450조), 증권적 채권의 경우는 요식행위로 배서·교부이다.

2. 채무인수

채무인수라 함은 채무의 동일성을 유지하면서 인수인에게 이전하는 것을 목적으로 하는 계약을 말한다. 채무는 성질상 이전할 수 있는 것이어야 하며 채무인수계약은 채권자, 채무자, 제3자(인수인)의 3면계약으로 해결할 수 있다. 또한 채권자와 제3자(인수인)와의 계약으로 체결할 수 있으나(제453조 제1항 본문) 채무자의 의사에 반하여 인수하지 못한다(제453조 제2항). 그리고 채무자와 인수인 간의 계약으로 인수할 때에는 채권자의 승낙으로 效力이 생기며, 채권자의 승낙 또는 거절의 의사표시는 채무자나 제3자(인수인)의 어느 편에나 할 수 있다(제454조). 채무인수가 유효하게 성립하면 채무는 인수인에게 이전하고 채무자는 채무를 면한다(면책적 채무인수).

VI. 다수당사자의 채권관계

제3부 제5장 제2절 IV. '보증채무' 참조.

VII. 채권의 소멸

채권의 소멸이라 함은 채권이 누구를 위하여도 존재하지 않게 되는 것을 말한다(절대적 소멸). 채권양도처럼 채권의 주체가 변경되는 것은(상대적 소멸) 채권의 이전에 불과하다. 채권의 일반적 소멸원인에는 다른 권리와 같이 목적의 소멸, 시효의 完成, 권리존속기간의 도래, 법률행위의 취소, 해제 등이 있으나 채권법이 정하는 특수한 소멸원인은 다음과 같은 7종이 있다.

1. 변 제

변제라 함은 채무의 내용에 따른 급부를 하여 채권소멸의 효과를 발생시키는 채무자 또는 제3자의 행위를 말한다(제460조 이하). 채무의 이행이라고도 한다. 변제는 의사표시를 요하지 않고 법률의 규정에 의하여 그 효과가 발생하므로 그 법적 성질은 준법률행위이다.

2. 대물변제

대물변제라 함은 채무자가 채권자의 승낙을 얻어 본래의 채무이행에 대신하여 다른 급부를 함으로써 채무를 소멸시키는 당사자간의 계약을 말한다(제466조). 대물변제는 변제와 동일한 효력을 가지는 것이나 계약(유상·요물계약)인 점에서 변제와 다르다.

3. 공 탁

공탁은 채권자가 변제를 수령하지 않거나 수령할 수 없을 때 채무자 기타의 변제자가 변제의 목적물을 공탁소에 임치함으로써 채무를 면하는 것을 말한다(제478조). 공탁은 공탁소와 변제자간의 제3자를 위한 임치계약이다.

4. 상 계

상계는 당사자 쌍방(서로 채권자이고 채무자인 경우)이 서로 같은 종류의 목적을 가진 채무를 부담한 경우에 그 쌍방의 채무가 이행기에 있을 때에는 서로 현실의 변제를 하지 않고 각자의 채무를 그 대등액에 관하여 소멸시키는 의사표시를 말한다(제492조 제1항 본문).

5. 경 개

경개라 함은 채무의 중요한 부분을 변경하여 신채무를 성립시킴으로써 구채무를 소멸시키는 계약을 말한다(제500조). 경개에는 다음의 세 가지 경우가 있다. ① 채권자변경에 의한 경개로서, 갑의 을에 대한 채권을 소멸시키고 병의 을에 대한 채권을 성립시키는 경우, ② 채무자변경에 의한 경개로서, 갑의 을에 대한 채무를 소멸시키고 병의 을에 대한 채무를 성립시키는 경우, ③ 목적변경에 의한 경개로서 같은 당사자간에 있어서 甲이라는 급부를 목적으로 하는 채권을 성립시키고, 을이라는 급부를 목적으로 하였던 채권을 소멸시키는 경우 등이 그 예이다.

6. 면 제

면제는 채권의 전부 또는 일부를 포기하는 행위를 말한다(제506조). 즉 면제는 채권의 소멸 그 자체를 목적으로 하는 채권자의 단독행위이다.

7. 혼 동

혼동은 채권과 채무가 동일한 주체에 귀속하는 사실을 말한다. 예컨대 채무자가 채권자의 상속인이 된 경우, 또는 채무자가 채권자로부터 채권양도를 받은 경우 등이 그 예이다. 혼동으로 인하여 채권은 소멸하나, 그 채권이 제3자의 목적인 때에는 (예컨대 질권이 설정된 채권을 채무자가 양수한 경우) 혼동이 있어도 채권은 소멸하지 않는다(제507조).

제 5 절 친 족

제3부 제1장 '출생과 법률', 제4장 '가정생활과 법률' 참조.

제 6 절 상 속

제3부 제13장 '사망과 법률' 참조.

〔참고문헌〕

高翔龍 민법총칙(법문사, 2004)
郭潤直 민법시리즈(박영사, 2008)
金疇洙 민법개론(삼영사, 2005)
金俊鎬 민법강의(법문사, 2013)
梁彰洙 민법입문(박영사, 2008)
지원림 민법강의(홍문사, 2013)
法院行政處 대법원판결집

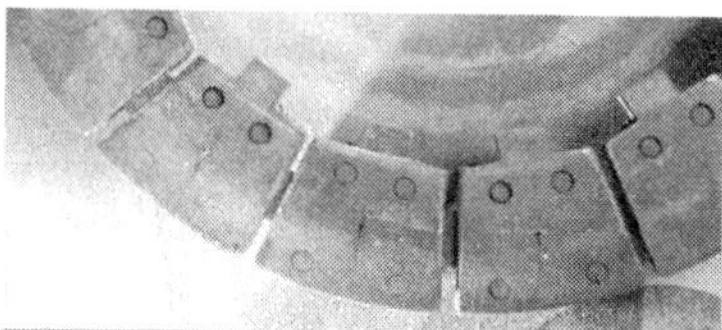

서설/총칙/상행위/회사/보험/해상/
어음 · 수표법

제4장 상 법

제 1 절 서　　설

Ⅰ. 상법의 의의

1. 형식적 의의의 상법

상법은 형식적 의의와 실질적 의의의 두 측면에서 살펴볼 수 있다. 형식적 의의의 상법은 '상법'이라는 명칭으로 제정된 상법전을 의미한다. 현행 상법전은 1962년 1월 20일(법률 제1000호)에 제정 · 공포되어 1963년 1월 1일부터 시행되어오다가 1984년에 총칙과 회사편이 1991년에 보험과 해상편이 그리고 1995년 상행위와 회사편의 개정이 있었다. 상법전의 구성은 총칙, 상행위, 회사, 보험 및 해상의 5편으로 되어 있다.

2. 실질적 의미의 상법

실질적 의미에서 상법이라고 하면 보통 기업의 생활관계를 규율하는 법규의 총체를 말한다. 기업이라는 것은 일정한 계획에 따라 계속적인 의도에서 영리행위를 실현하는 독립된 경제적 조직체를 가리킨다. 강학상 상법이라고 하면 실질적인 의미의 상법을 가리키며, 이에는 상법전 이외에 다수의 특별법령이 있으나 역시 가장 중요한 것은 상법전이다.

II. 상법의 지위

상법은 기업생활관계를 규제 대상으로 하므로, 사법생활관계 일반을 규제하는 民法에 대하여 特別法의 지위에 있다. 따라서 ① 상사에 관하여 상법은 민법규정을 보통적으로 적용하기도 하고(예컨대, 능력 · 법률행위 · 물건 · 기간 등), ② 민법의 원칙규정을 변경하여 예외규정을 두거나(예컨대, 법정이율 · 유질계약 · 소멸시효 · 상업사용인 등), ③ 혹은 독자적 입장에서 전혀 특수한 제도(예컨대, 상업등기, 상호, 상업장부, 공동해손 등)를 창설하여 적용하기도 한다.

III. 상법의 특성

상법은 다른 법분야와 비교할 때 진보적 경향과 통일적 경향을 띠고 있으나(외면적 특성), 그 자체로서도 많은 특색(내면적 특성)을 지니고 있다. 즉, 기업의 유지강화를 위하여 자본집중의 촉진, 위험부담의 완화, 기업독립성의 유지, 소유와 경영의 분리, 기업해체의 회피, 기업금융의 원활화 등을 도모하고 있으며, 다른 한편으로는 기업활동의 원활확실화를 위하여 이른바 신속결료주의, 정형획일주의, 공시주의, 외관주의, 엄격책임주의, 기존상태존중주의에 입각한 여러 가지 거래의 동적 안전의 보호책을 강구하고 있다.

제 2 절 총 칙

I. 기업의 주체(상인)

1. 당연상인(고유상인)

자기명의로 상행위를 하는 자이다(제4조). 여기서 '자기명의로'라는 것은 자신이 자신의 행위에서 생긴 권리·의무의 주체가 되는 것을 말하며, 상행위란 상법 제46조에서 규정한 21가지의 영업적 상행위와 특별법에서 상행위로 취급되는 것(담보부사채신탁법 제23조)을 말한다. 이것은 상법의 적용상 인정된 개념으로 경제상 내지 통속적 의미에서의 상인개념과는 다르다.

판 례

복덕방에 상호를 내걸고 부동산 매매 등의 소개업을 하는 자는 상법 제46조 제11호, 상법 제4조에 의하여 상인임이 명백하고 상인인 위 소개업자가 그 영업범위 내에서 타인을 위하여 행위를 한 이상 특별한 약정이 없다 하여도 상법 제61조에 의하여 소개를 부탁한 상대방에 대하여 상당한 보수를 청구할 수 있다 할 것이고 이 경우에는 소개료 금액이 상당한 범위 내의 보수에 해당되는가의 여부에 대하여 직권으로라도 증거조사를 하여 심리판단하여야 한다(대판 1968. 7. 24., 68다955).

2. 의제상인(형식상인)

의제상인에는 설비상인과 민사회사가 있다. 설비상인이란 점포 기타 유사한 설비에 의하여 상인적 방법으로 상행위 이외의 영업을 하는 자를 말한다(제5조). 민사회사는 상행위 이외의 영리를 목적으로 설립된 회사이다. 이에 대하여 상행위를 목적으로 설립된 회사를 상사회사라고 한다. 그러나 양자는 상법의 적용을 같이하므로 구별의 실익이 없다.

3. 소 상 인

상인은 다시 기업의 규모에 따라 완전상인과 소상인으로 나눌 수 있다. 소상인은 자본금액이 1,000만 원 미만의 상인으로 회사가 아닌 자를 말한다. 소상인에 대하여는 상법의 규정 가운데 지배인·상호·상업장부·상업등기에 관한 규정이 적용되지 아니한다(제9조).

II. 기업의 보조자(상업사용인)

상업사용인이라 함은 특정한 상인에 종속하여 기업조직의 내부에서 경영상의 노무에 종사하는 자를 말한다. 상업사용인에는 지배인 · 부분적 포괄대리권을 가진 상업사용인 · 점포사용인의 세 가지가 있다.

이에 대하여 자기도 독립된 상인으로 있으면서 다른 상인의 기업조직 외부에서 기업활동을 보조하는 독립된 기업보조자가 있다. 여기에는 대리상 · 중개인 · 위탁매매인 · 운송인 · 운송주선인 · 창고업자 등이 있다.

지배인은 영업주에 갈음하여 그 영업에 관한 재판상 · 재판외의 모든 행위를 할 권한을 가지는 상업사용인이다(제11조). 보통 지점장 · 지사장 · 지배역 등이 이에 속한다. 이러한 지배인의 대리권을 지배권이라고 하는데, 이는 민법상의 대리권과 같이 구체적인 개별성을 띠지 않고 추상적으로 정형화된 포괄적 성질을 가지는 특징이 있다. 지배인은 상업등기부상 등기사항이다.

(질 의) 디스코클럽의 지배인은 상법상 지배인인가 ?

판 례

건설업을 목적으로 하는 건설회사의 업무는 공사의 수주와 공사의 시공이라는 두 가지로 크게 나눌 수 있는데, 건설회사 현장소장은 일반적으로 특정된 건설현장에서 공사의 시공에 관련한 업무만을 담당하는 자이므로 특별한 사정이 없는 한 상법 제14조 소정의 본점 또는 지점의 영업주임 기타 유사한 명칭을 가진 사용인 즉 이른바 표현지배인이라고 할 수는 없고, 단지 상법 제15조 소정의 영업의 특정한 종류 또는 특정한 사항에 대한 위임을 받은 사용인으로서 그 업무에 관하여 부분적 포괄대리권을 가지고 있다고 봄이 상당하다(대판 1994. 9. 30., 94다20884).

Ⅲ. 상 호

상호는 상인이 영업상 자기를 표시하기 위하여 사용하는 명칭이다. 상인은 원칙적으로 자유로이 상호를 선정하여 사용할 수 있다. 상인이 상호를 선정 · 사용하면 상호권이 생겨 법의 보호를 받게 되며, 등기를 하는 경우에는 더욱 두터운 보호를 받게 된다.

회사의 상호에는 그 종류에 따라 합명회사 · 합자회사 · 주식회사 · 유한회사의 문자를 사용하여야 하나, 회사가 아니면 상호에 회사임을 표시하는 문자를 사용하지 못한다(제19조, 제20조).

부정한 목적으로 타인의 영업으로 오인할 수 있는 상호는 사용하지 못하며(제23

조), 타인의 상호와 동일 또는 유사한 것을 사용하면 상호사용폐지청구권 · 상호등기말소청구권 · 손해배상청구권 등의 대상이 되며 부정경쟁방지법에 의한 제재를 받는다.

판 례

주식회사 천일약방과 천일한약주식회사라는 두 개의 상호는 유사상호로 볼 수 있느냐 하는 점은 별문제로 하고 상법상 동일상호라고는 볼 수 없다(대판 1970. 9. 17. 70다 1225, 1226).

판 례

원고 보령제약주식회사와 피고경영의 수원보령약국과는 그 영업의 종류 · 범위 · 시설 · 규모 등 그 영업의 양상을 달리함은 물론 그 고객을 서로 달리하므로 원고회사의 일반고객이 피고경영의 수원보령약국을 원고회사의 영업으로 오인, 혼동하는 것은 좀처럼 있을 수 없다(대판 1976. 2. 24., 73다 1238).

Ⅳ. 상업장부

상업장부라 함은 상인이 그 영업과 재산의 상황을 명백히 하기 위하여 상법상의 의무로서 작성하는 장부를 말한다. 상업장부에는 회계장부와 대차대조표의 두 가지가 있다. 회계장부는 상인의 영업상의 재산에 영향이 있는 모든 사항을 기재하는 장부로서 재산상태의 변동을 기록한다. 이에는 일기장 · 분개장 · 원장 · 전표 등이 포함된다.

상업장부에 기재할 재산의 평가는 일정한 원칙에 따라야 하며(제31조), 상업장부는 10년간 보존하여야 한다(제33조).

Ⅴ. 상업등기

상업등기는 영업에 관한 중요한 사항을 상법의 규정에 의하여 상업등기부에 하는 등기이다. 상업등기부에는 상호 · 미성년자 · 법정대리인 · 지배인 · 합명회사 · 합자회사 · 주식회사 · 유한회사 및 외국회사에 관한 각종의 등기부가 있다(비송사건절차법

제190조).

VI. 영업양도

기업은 각개의 동산 · 부동산 · 채권 등의 영업재산뿐만 아니라, 영업상 비결 등의 사실관계 또는 상업사용인 · 대리점 등의 인적 요소의 유기적 결합 위에 성립되어 있는 것이지만, 상법은 이러한 경제적 조직체인 기업 그 자체를 소위 영업의 양도로써 양도의 대상이 되는 것으로 인정하고 있다(제25조 이하). 이 제도가 규정된 결과 기업은 그가 가진 개개의 가치를 분해함이 없이 그 유기체성과 함께 동일성을 보유하면서 이전할 수가 있기 때문에 기업유지의 요청에 이바지하는 바가 크다.

제 3 절 상 행 위

Ⅰ. 의 의

상행위란 실질적으로는 기업활동인 영업에 관한 행위이며, 형식적으로는 상법과 특별법에서 상행위로 규정되어 있는 것을 가리킨다. 상행위는 민법상의 법률행위에 대해서 영리성 · 신속성 · 집단성 · 비개인성 · 정형성 등의 점에서 특색을 가지므로 민법의 규정에 대한 각종의 특칙이 있다. 예컨대 민법에 의하면 채권의 소멸시효기간이 10년인데(민법 제162조), 상법에는 5년(제64조)이며, 민법상 수인이 채무를 부담하는 경우에는 분할채권관계인데(민법 제408조), 상법에서는 연대채무관계로 되며(제57조), 민법상 법정이율이 년 5분인데(민법 제379조), 상법에서는 년 6분(제54조)으로 규정되어 있다. 또한 유치권에 관해서도 유질계약이 허용되어 민법의 요건이 완화되어 있다(제58조; 민법 제320조).

II. 상행위의 종류

자기명의로 계속 반복하여 하는 상행위를 영업적 상행위라고 하는데 이것은 상인개념의 기초가 되는 것으로서 상법 제46조에 열거된 21종의 상행위를 말하며 기본적 상행위라고도 한다. 그리고 상인의 영업을 보조하는 상행위를 보조적 상행위라고 한다.

이외에 고유의 상행위는 아니나 상행위에 관한 규정이 준용되는 준상행위가 있다. 의제상인인 설비상인과 민사회사의 행위가 그 예이다.

III. 상호계산, 익명조합

상호계산, 익명조합은 각종의 영업에 공통되는 것으로 그 업종의 영업을 위하여 하는 보조적 상행위이다.

상호계산은 상인 간 또는 상인과 비상인 간에 상시 거래관계가 있는 경우에, 일정한 기간의 거래로 인한 채권·채무의 총액에 관하여 상계하고, 그 잔액을 지급할 것을 약정하는 계약을 말한다(제72조). 이러한 상호계산은 은행의 당좌예금의 경우나 운송업자 상호 간 또는 보험회사와 그 대리점 사이에서 이용되는 경우를 볼 수 있다.

익명조합이란 당사자의 일방(익명조합원)이 상대방(영업자)의 영업을 위하여 출자하고 상대방은 그 영업으로 인한 이익을 분배할 것을 약정하는 계약을 말한다(제78조). 당사자 가운데 영업자는 상인이어야 하지만, 익명조합원은 상인임을 요하지 않는다.

IV. 각종의 상행위

상법 제46조에서는 기본적 상행위로 22가지를 규정하고 있는데 그 중 주요한 상행위를 보면 다음과 같다.

1. 대 리 상

대리상이란 일정한 상인을 위하여 상업사용인이 아니면서 상시 그 영업부류에 속하는 거래의 대리 또는 중개를 영업으로 하는 자를 말한다(제87조). 거래를 영업으로 하는 자를 체약대리상이라 하고, 거래의 중개를 영업으로 하는 자를 중개대리상이라고 한다.

2. 중 개 업

중개업은 타인 간의 상행위를 중개하는 영업으로 그 목적은 계약체결의 기회를 촉진하는 데 있다. 중개업은 타인 간의 거래의 성립에 진력하는 것을 그 영업목적으로 하는 점에서 위탁매매인이나 체약대리상과 다르며, 또 널리 불특정다수인 간의 상행위를 중개하는 점에서 특정상인을 위하여 중개를 하는 중개대리상과도 다르다.

3. 위탁매매업

위탁매매업이란 자기의 명의로써 타인의 계산으로 물건 또는 유가증권의 매매를 하는 영업을 말한다(제101조). 위탁자의 이름으로 행위하는 체약대리상과 다르며, 단순히 중개를 하는 중개대리상이나 중개인과도 다르다. 또 위탁매매는 주선의 목적인 행위가 물건 또는 유가증권의 매매인 점에서 주선업 중의 운송주선업이나 출판·광고계약의 주선업무와 같은 준위탁매매인과도 다르다.

4. 운송주선업

운송주선업은 일반인과 운송인의 중간에서 가장 확실하고 저렴·신속한 경로와 시기를 선택해서 자기명의로 물건운송의 주선을 하는 영업이며, 이 영업을 하는 자를 운송주선인이라 한다(제114조). 운송주선인은 주선의 목적이 물건운송계약이라는 점을 제외하면 위탁매매인과 동일하다. 주선의 목적인 물건운동은 육상·해상·공중운송의 어느 것이라도 무방하다. 운송주선인은 운송 그 자체를 인수하는 것이 아니고 운송인과 운송계약을 체결할 것을 인수하는 점에서 운송인과 다르다.

5. 운 송 업

운송업이라 함은 육상 또는 호천·항만에서 물건 또는 여객의 운송을 하는 영업을 말하며, 이러한 운송을 영업으로 하는 자를 육상운송인이라 한다(제125조).

육상운송인은 송하인으로부터 운송물의 위탁을 받으면 유가증권인 화물상환증을 발행한다. 화물상환증이란 육상운송인이 운송물의 수령을 인정하고, 그 운송물을 운송하여 목적지에서 증권의 정당한 소지인에게 인도할 것을 약정하는 유가증권이다. 해상물건운송인이 발행하는 것을 선하증권이라 하며 양자를 운송증권이라 부른다.

6. 공중접객업

공중접객업이란 극장·여관·음식점·다방·목욕탕 등과 같이 손님들을 모으기 위한 시설을 갖추어 영업을 하는 행위를 말한다(제151조). 이러한 공중접객시설에는 많은 손님들이 그 시설 내에 가지고 들어간 물건이 없어지는 경우가 많으므로 상법은 공중접객업자의 임치책임에 관하여 엄격한 규정을 두고 있다(제152조).

7. 창 고 업

창고업이란 타인을 위하여 창고에 물건을 보관함을 영업으로 하는 행위를 말하고(제155조), 이러한 영업을 하는 자를 창고업자라고 한다. 창고는 물건보관에 적합한 시설을 가리키며 반드시 가옥임을 필요로 하지 않는다(예: 야적시설). 창고업자는 委託者로부터 물건보관의 위탁을 받으면 창고증권을 작성·교부하며, 위탁자가 물건의 반환을 청구할 때까지 물건을 보관하고 이에 대한 보관료를 받는다.

8. 리스(lease)업

리스업은 기계·시설, 그 밖의 재산의 금융리스에 관한 행위를 하는 영업을 말한다(제46조 제19호). 리스거래에는 리스물의 실수요자인 리스이용자(leasee), 리스료를 받고 리스물을 빌려 주는 자로서 리스물의 법적 소유자인 리스회사(lessor) 및 리스될 물건을 생산하여 리스회사에 공급하고 대금을 받는 리스물의 공급자(supplyer) 등

3당사자가 관계된다. 리스는 금융리스, 운용리스, 유지관리리스, 알선리스, 쌍리스 등이 있다.

9. 프랜차이즈(franchise)업

프랜차이즈(상호 · 상표 등의 사용 허락에 의한 영업에 관한 행위)업이란 제품 · 용역 · 특허권 · 신기술 또는 독특한 경영방법 등을 소유한 모기업이 소매점(가맹점)에게 합작사업의 형식으로 동일 또는 일정한 협정에 따라 일정 장소에서 일정기간 동안 사전에 합의된 방법으로 소매수준에서 영업을 할 수 있게 하는 특권을 가진 영업이다(제46조 제20호). 이 때 모기업을 franchisor라 하고 그 가맹점을 franchisee라고 한다. 그리고 모기업이 가맹점을 통하여 판매하는 모든 제품과 용역을 프랜차이즈라고 한다.

이 때 모기업은 제품과 용역의 매출에 따른 일정률의 수수료, 가입비, 특허권 사용료 등을 취득한다.

10. 팩토링(factoring)업

팩토링(영업상 채권의 매입 · 회수 등에 관한 행위)업이란 단자회사 등 금융기관(factor)이 고객(client)과 그 고객의 고객(customer) 간의 영업활동의 결과로서 발생하는 현재 및 장래의 외상매출채권을 일괄 매입하여 채권의 관리 · 추심 · 금융의 대여, 그 고객의 고객에 대한 신용조사, 신용위험인수, 경영정보제공 기타 사무처리의 대행 등을 영업으로 하는 것이다.

제 4 절 회 사

I. 회사의 의의

회사라 함은 상행위 기타 영리를 목적으로 상법 또는 특별법에 의하여 설립된 사단법인을 말한다. 회사는 영리성·사단성 및 법인성의 3요소를 구비하여야 한다.

회사의 영리성이란 회사가 기업활동에 의하여 이익을 얻는다는 것과 이와 같은 영리활동으로부터 생긴 이익을 사원에게 분배하는 것을 의미한다.

회사의 사단성이란 회사의 공동목적을 위한 복수인의 단체로서의 성격을 말한다. 회사의 구성원을 사원이라고 하고 사원은 주식회사의 일인회사를 제외하고는 2인 이상의 사원의 존재를 회사의 존립요건으로 하고 있다.

회사는 모두가 법인이다. 법인이란 자연인 이외의 권리의무의 주체를 말한다. 회사는 그 자체가 권리·의무의 주체가 되고 소송당사자가 된다. 상법이 모든 회사를 법인으로 하고 있는 것은 회사를 둘러싼 법률관계를 단순화하기 위한 것이다.

II. 회사의 종류

상법상의 회사로는 합명회사·합자회사·유한책임회사·주식회사·유한회사가 있다.

1. 합명회사

합명회사는 2인 이상의 무한책임사원으로 구성되는 회사이다. 무한책임사원은 회사에 대하여 출자의무를 질 뿐만 아니라 회사채권자에 대하여 전사원이 직접·연대·무한의 책임을 진다. 따라서 합명회사는 가장 신뢰할 수 있는 사람들끼리 모여서 조직하게 되며 사원의 수도 자연히 적게 된다.

사원은 재산·신용·노무 등 어느 것으로도 출자할 수 있으나 사원의 출자의 목적, 그 가격 또는 평가의 표준 등은 미리 결정하여 정관에 기재하여야 한다.

합명회사의 설립은 2인 이상의 사원이 공동으로 정관을 작성하고 설립등기를 함으로써 성립한다.

2. 합자회사

합자회사는 무한책임사원과 유한책임사원 각 1인 이상으로 구성된 회사이다. 무한책임사원의 책임은 합명회사의 경우와 같고, 유한책임사원은 그가 출자한 한도에서만 회사채무에 관하여 직접 · 연대의 책임을 진다.

출자에 있어서도 무한책임사원은 합명회사에 있어서와 같으나, 유한책임사원은 재산출자만을 할 수 있고, 신용출자나 노무출자는 할 수 없다. 이에 따라 회사경영이나 대표권은 무한책임사원만이 담당하고 유한책임사원은 업무집행에 대한 감독만을 할 수 있다.

합자회사의 설립절차도 매우 간단하여 합자회사와 같이 정관을 작성하고 설립등기를 함으로써 성립한다. 다만 각 사원의 책임을 분명히 하기 위하여 사원의 책임이 유한인가 무한인가를 정관의 절대적 기재사항 및 등기사항으로 하고 있다.

3. 유한책임회사

유한책임회사는 내부적으로 조합의 실질을 갖는 인적 회사이면서 외부적으로는 회사채권자에 대해 사원 전원이 유한책임을 지는 물적 회사의 성질을 갖는 회사이다. 인적 회사인 합명회사나 합자회사의 경우 무한책임을 지는 사원이 반드시 존재하지만, 유한책임회사는 인적 회사의 성질을 갖고 있으면서도 사원은 유한책임만 부담하면 된다는 점에서 큰 장점을 지니고 있다. 이러한 유한책임회사는 미국의 유한책임회사(Limited Liability Company)제도와 일본의 합동회사제도를 모델로 하여 2011년 개정상법에서 도입한 제도이다.

유한책임회사 사원은 사원의 유한책임 때문에 회사채권자를 보호하기 위하여 회사 설립시부터 자본금을 확보하여야 한다. 따라서 사원은 금전이나 현물출자를 해야 하고 노무나 신용출자는 허용되지 않는다. 회사설립등기를 할 때까지 사원은 금전이나 현물출자를 전부 이행하여야 한다.

4. 주식회사

(1) 의의와 기능

주식회사란 사단성과 법인성이 뚜렷한 회사로서 자본 · 주식 · 유한책임이라는 3대 요소를 특질로 하고 있다. 즉 주식회사는 주식으로 세분화된 일정한 자본을 가지고 모든 사원이 주식인수가액을 한도로 하여 출자의무를 부담할 뿐, 그 밖에 회사의 채무에 대하여는 아무런 책임을 지지 않고 회사재산만이 책임을 지는 회사를 말한다.

자본은 발행주식의 액면총액으로서 회사가 보유할 재산액을 표시하는 것으로 실제로 회사가 보유하고 있는 재산의 총액인 회사재산과는 다르다. 자본은 회사채권자에 대한 최소한도의 담보액이며 회사신용의 기초이므로 상법은 회사로 하여금 회사의 성립시나 성립 후나 항상 자본에 상당하는 현실적인 재산을 보유하도록 노력하고 있다. 이것은 특히 자본확정의 원칙 · 자본유지의 원칙 · 자본불변의 원칙이라는 자본의 3원칙에서 나타나고 있다.

주식은 주식회사에 있어서 사원으로서의 지위 즉 사원권을 의미한다. 주식회사에 있어서는 그 지위를 주식이라고 하고 주식의 소유주를 주주라고 한다. 주주는 그의 지위에 의거하여 회사에 대하여 재산적인 권리(자익권) 및 관리운영적인 권리(공익권)를 가진다.

주주의 의무는 출자의무가 전부이고 그 이외에는 아무런 의무도 부담하지 않는다. 주주의 의무는 그가 가진 주식의 인수가액을 한도로 하므로 정관이나 주주총회의 결의로서도 그 이상의 의무를 부담하게 할 수는 없다. 이것을 주주유한책임의 원칙이라고 한다.

(2) 주식회사 설립의 특색

제3부 제3장 제4절 '회사설립' 참조.

(3) 주식회사기관의 특색

주식회사는 3권분립의 차원에서 회사의 의사를 결정하고, 그 의사를 집행하며 이를 감독하는 기관으로 주주총회, 이사회, 대표이사, 감사를 두고 있다.

(가) 주주총회

주주총회는 주주의 총의에 의하여 회사내부의사를 결정하는 필요적 상설기관이며, 회사의 소유자인 주주로써 구성된다. 이와 같이 주주총회는 주식회사의 최고의사결정기관이지만 소유와 경영의 분리, 복잡한 기업환경의 변화에 따른 기민성의 필요 때문에 그 권한이 대폭 축소되어 상법 또는 정관에 정하여진 사항에 한하여 결의할 수 있다.

주주총회의 결의방법으로는 보통결의(출석주주의 의결권의 과반수와 발행주식총수의 4분의 1 이상의 찬성), 특별결의(출석주주 의결권의 3분의 2 이상의 수와 발행주식총수 3분의 1 이상의 찬성)와 특수결의(총주주의 동의)가 있다.

판 례

임시주주총회가 법정기간(주주총회일로부터 2 주간전)을 준수한 서면통지를 하지 아니한 채 소집되었다 하더라도 정족수가 넘는 주주의 출석으로 결의를 하였다면 그 결의는 적법하다(대판 1991. 5. 28., 90다 6774).

㈏ 이 사 회

이사회는 주주총회에서 선임된 이사로 구성되는 회의체기관으로서 필요적 상설기관이다. 오늘날 이사회 중심주의에 따라 이사회는 주주총회의 결의사항 이외의 모든 사항을 결의사항으로 하고 있다.

대표이사는 이사회의 결의사항에 따른 업무를 집행하며 회사를 대표하는 기관이다. 대표이사의 대표권은 회사의 업무에 대한 재판상, 재판외의 모든 행위에 미친다.

이사회는 대표이사의 업무집행을 감독하는 기능도 갖는다.

㈐ 감 사

감사는 회사의 업무 및 회계감사를 하는 필요적 상설기관이다. 감사는 주주총회에서 선임되며 이사 또는 지배인 기타의 사용인을 겸임할 수 없다. 정관으로 감사위원회를 둔 경우에는 감사는 두지 아니하고, 감사의 업무는 감사위원회가 한다.

(4) 주식회사의 자금조달의 특색

기업의 원활한 유지·발전을 위해서는 필요한 자금을 기동성있고 편리하게 조달하는 것이 중요하다. 이에 따라 우리 상법은 주식회사의 원활한 자금조달을 도모하기 위하여 몇가지 제도를 규정하고 있다.

첫째, 상법은 수권자본제도를 채택하여 회사설립시(설립자본)에는 회사가 발행할 주식의 총수(수권자본)중 4분의 1 이상을 발행하도록 하고, 나머지는 회사설립 후 필요에 따라 이사회의 결의로 신주를 발행하여 자금조달의 기동성과 편리성을 도모하였다.

둘째, 상법은 사채제도를 두어 필요시 이사회의 결의에 따라 사채를 발행하여 자금조달을 하도록 하고 있다.

상법상 사채로는 전환사채와 신주인수권부사채를 두고 있고, 자본시장과 금융투자업에 관한 법률에서는 교환사채, 이익참가부 사채 등을 두어 자금조달을 도모하고 있다.

5. 유한회사

유한회사는 사원의 균등액(5,000원) 이상의 출자로 이룩된 자본(1,000만원 이상)을 가지고, 사원은 회사에 대하여 출자의무를 부담하는 외에 회사채권자에 대하여 아무런 책임을 지지 않는 회사이다.

사원의 수는 원칙으로 50인 이하로 한정하고, 지분의 유가증권화가 금지되어 양도도 제한되며, 사채발행과 건설리자의 배당이 금지되어 있는 점에서 주식회사와 다르다. 또한 설립도 발기설립에 해당하는 것뿐이며, 검사인제도가 없고 감사는 임의기관이며 이사회가 없다.

설립에는 발기인제도가 따로 없고 사원이 되려고 하는 자가 정관을 작성하고 공증인에 의한 인증을 받은 후 이사·감사 등 기관을 선임하여 출자금액을 납입하고 (설립최저자본은 1000만 원) 설립등기를 하면 회사는 성립된다.

제 5 절 보 험

Ⅰ. 보험의 의의

오늘날 현대인들의 생활은 예측할 수 없는 사고의 발생으로 끊임없는 위험에 노출되어 있다. 태풍·홍수·사람의 사망과 같은 자연적 사고이거나, 화재·도난 등의 인위적 사고 혹은 실업·공황과 같은 사회적 사고인 경우도 있다. 이러한 경우에 우리들의 경제생활이 받는 위협은 엄청난 것이며 우리는 언제나 그 불안속에 살고 있는 것이다. 따라서 이러한 불안을 줄여 보고자 하는 욕망은 인간에게 있어서 자연스러운 것이다.

보험은 우리의 생활에서 생겨나는 위와 같은 각종의 위험에 대비하기 위하여 고안해 낸 제도이다. 즉 보험은 갖가지 위험으로 인한 경제생활상의 불안정을 제거할 목적으로 동종의 위험에 놓여 있는 많은 사람들이 통계적 기초에 의하여 산출된 보험료를 갹출하여 공동준비재산을 형성하고, 현실적으로 우연한 사고를 당한 사람들에게 이로부터 보험금을 지급하는 경제적 제도이다.

II. 보험계약

보험계약은 당사자 일방(보험계약자)이 약정한 보험료를 지급하고, 상대방(보험자)이 피보험자의 생명·신체 또는 재산에 대하여 보험사고가 생길 경우에 일정한 보험금액 기타의 급여를 지급할 것을 목적으로 하는 계약이다.

보험계약의 관계자로는 보험계약의 직접 당사자인 보험자(보험회사)와 보험계약자가 있으며, 보험계약에서 이해관계를 가지는 제3자로서 피보험자와 보험수익자가 있다. 보험자는 보험사고가 발생하면 보험금의 지급 등 일정한 급여를 하는 보험업자이며, 보험계약자는 보험자와 보험계약을 자기명의로 체결하고 보험료를 납부할 의무를 지는 자이다. 보험수익자는 인보험에 있어서 보험계약상의 이익을 받는 자이다. 피보험자는 손해보험에 있어서는 보험사고가 발생한 때에 손해의 보상을 받는 자이고 인보험에 있어서는 보험의 목적인 사람이다. 보험수익자 또는 피보험자는 자기를 위한 보험 계약에 있어서는 보험계약자 자신이고, 타인을 위한 보험계약에 있어서는 제3자이다.

III. 보험의 종류

상법상 보험의 종류는 손해보험과 인보험으로 크게 나누고, 손해보험은 다시 화재보험·운송보험·해상보험·책임보험·자동차보험 및 재보험으로 나누어지고, 인보험은 생명보험·상해보험으로 나누어진다.

1. 손해보험

손해보험은 보험계약자가 소정의 보험료를 지급하고 보험자가 보험사고로 인하여 피보험자가 입을 재산상의 손해를 보상할 것을 약정하는 보험이다.

(1) 화재보험

화재보험은 화재로 인하여 생긴 손해를 보상함을 목적으로 하는 손해보험의 일종이다. 화재라 함은 일반적으로 보통의 용법에 의하지 아니하고 독립한 연소력을 가진 작용에 의한 재해 또는 사회통념상 화재로 인정되는 화력에 의한 연소작용을 말한다.

(2) 운송보험

운송보험은 육상운송에서 운송물에 관한 사고로 인하여 발생할 손해를 보상할 것을 목적으로 하는 손해보험이다. 육상이라는 것은 육지 이외에 호천·항만의 운송을 포함한다. 운송보험의 목적물은 운송물에 한한다. 보험사고는 차량의 전복으로 인한 운송물의 멸실·훼손과 운송 중의 화재·수재·도난 등이 포함된다.

(3) 해상보험

해상보험은 항해에 관한 사고로 인하여 생길 손해의 보상을 목적으로 하는 손해보험이다. 해상보험의 목적물에 따라 선박보험과 적하보험으로 나누어진다. 항해에 관한 사고라 함은 항해의 결과나 항해에 수반하여 생길 수 있는 모든 우연한 사고를 의미한다. 항해에 관한 사고라 할지라도 선원 또는 여객의 생명·신체에 관하여 생기는 사고는 해상보험에 포함되지 아니한다.

(4) 책임보험

책임보험은 피보험자가 보험기간 중의 사고로 인하여 제3자에게 손해배상책임을 진 경우에 보험자가 피보험자의 제3자에 대한 책임이행으로 인하여 생길 손해를 보상할 것을 목적으로 하는 손해보험이다. 책임보험은 피보험자가 보험사고로 인하여 직접적으로 입은 재산상의 손해를 보상하는 것이 아니라, 피보험자에게 귀책되는 사고로 말미암아 피해자인 제3자에 대하여 배상책임을 짐으로써 피보험자가 입을 간접손해를 보상해 준다는 점에서 다른 일반적인 손해보험과 다르다.

(5) 자동차보험

자동차보험은 보험자가 자동차를 소유·사용 또는 관리하는 동안에 발생한 사고로 인하여 생긴 피보험자의 손해의 보상을 목적으로 하는 손해보험이다. 즉, 자동차보험은 피보험자가 자동차를 소유·사용·관리하는 동안에 생긴 사고로 피보험자 자신이 직접 입은 손해를 보상하는 차량보험·자손사고보험과 자동차의 사고와 관련하여 제3자에게 배상책임을 짐으로써 입은 손해를 전보하는 책임보험(대물·대인 배상)으로 구성된다.

(6) 재 보 험

재보험은 보험자가 보험계약에 의하여 인수한 책임의 전부 또는 일부를 다시 다른 보험자에게 인수시켜 보험자가 부담하는 위험을 분산하는 보험이다. 재보험에 대하여 첫 번째의 보험을 원보험(原受保險)이라고 한다.

2. 인 보 험

인보험은 사람의 생명이나 신체에 관한 사고로 인하여 발생하는 손해에 대하여 보험금액 기타의 급여를 지급할 것을 목적으로 하는 보험이다. 인보험에는 생명보험과 상해보험이 있다.

(1) 생명보험

생명보험은 보험자가 보험계약자로부터 보험료를 받고 피보험자의 생명에 관한 보험사고가 생긴 경우에 약정한 보험금을 지급하는 인보험이다. 보험사고가 사람의 생사라는 점 및 보험사고의 발생시에 보험자가 지급하는 보험금액이 보험계약 소정의 금액 그 자체로서 보험사고로 인한 손해의 유무나 다소에 관계없는 정액보험이라는 점이 생명보험의 특색이다.

(2) 상해보험

상해보험은 보험자가 피보험자의 신체의 상해에 관한 보험사고가 생길 경우에 보험금액의 지급 및 기타의 급여를 할 책임을 지는 보험이다. 상해보험은 보험사고의 발생으로 인한 상해의 태양에 따라 일정한 보험금을 지급하는 정액보험과 상해로 인한 치료비를 지급하는 부정액보험이 있다.

제 6 절 해 상

Ⅰ. 해상법의 의의

해상법은 해상기업에 관한 법으로서 상법의 일부문이다. 해상기업은 직접 바다를 무대로 하여 선박에 의하여 활동하는 기업으로서 해상운송기업이 그 대표적인 것이다.

해상기업은 바다에서 선박을 이용하는 기술적인 특이성, 해상위험에서 오는 특이성, 국제성을 띠는 데서 오는 특이성 등의 특이성을 가지기 때문에 민·상법의 일반적인 규정을 보충하거나 변경하는 특별한 규정으로서 해상법이 필요하게 된다.

Ⅱ. 해상기업조직

해상기업의 조직은 물적 조직으로서의 기업용구인 선박과 인적 조직인 기업주체, 기업보조자로써 구성되어 있다.

1. 물적 조직(선박)

상법상 선박이라 함은 상행위 기타 영리를 목적으로 항해에 사용하는 선박을 말한다. 여기서 항해라 함은 호천·항만을 제외한 해상에 있어서의 선박의 운항을 말한다. 선박은 동산이지만 그 형체가 크고 고가이며 동일성의 인식이 용이하다는 특수성 때문에 일정한 규모 이상의 선박은 등기·등록에 의해서 저당권·임차권·매매·강제집행 등의 규정이 적용되어 不動産과 같은 취급을 받고 있다.

2. 인적 조직

(1) 선박소유자

선박소유자라 함은 선박을 소유 또는 점유하여 상행위 기타 영리의 목적으로 자기의 해상기업에 이용하는 자를 말한다.

해상기업을 경영하는 선박소유자는 일반기업자와 같이 기업채무에 대하여는 무한책임을 담당하는 것이 원칙이지만, 상법은 해상기업자를 보호하기 위하여 일정한 경우에 선주유한책임제도를 인정하고 있다.

(2) 선 장

선장은 해상기업의 보조자로서 선박소유자로부터 고용·위임관계에 있어 특정선박의 항해를 지휘하는 선박권력을 가지고 있으며 대리인으로서 공법상·사법상의 직무권한을 가진다. 대리권의 범위가 항해 본위로 정하여지는 점에서 지배인·이사·선박관리인과 다르다.

선장은 선적항 외에서는 항해에 필요한 재판상·재판외의 모든 행위를 할 권한을 가지며 경우에 따라서는 운송중에 있는 적하를 처분할 권한을 가진다.

Ⅲ. 해상기업활동(해상운송)

해상기업의 법률적 활동의 면으로 가장 중심적인 것을 해상운송이다. 해상운송은 해상에서 선박에 의하여 물건 또는 여객을 운송하는 것으로 기업활동의 수단이 선박이 된다는 점에서 육상운송과 뚜렷한 차이가 있다. 해상운송에는 해상 물건운송과 해상여객운송이 있다. 또 운송에는 선박의 전부 또는 일부를 운송에 제공하는 용선운송과 개개의 물건을 운송하는 개품운송이 있는데 후자가 일반적이다.

해상운송인은 운송에 관하여 여러 가지 권리·의무를 가지는데 그 가운데에서도 선박이 안전하게 항해할 수 있도록 할 감항능력주의의무와 성실하게 운송을 이행할 의무가 중요하다. 물건운송의 경우 운송인이 유가증권인 선하증권을 발행하며 이 경우에는 원칙적으로 이 증권과 상환하여 운송화물을 인도받게 된다.

Ⅳ. 해상기업의 위험

해상기업은 그 활동무대가 바다인만큼 그에 따르는 위험이 불가피하고 또 빈번하다. 상법은 이러한 해상위험에 대한 대책으로 공동해손·선박충돌·해난구조에 관하여 규정하고 있다.

1. 공동해손

공동해손은 선박 및 적하의 공동위험을 면하기 위하여 선장이 선박 또는 적하에 대하여 한 처분으로 말미암아 생긴 손해를 이 처분에 의하여 이익을 얻은 선박과 적하의 이해관계인에게 공평하게 분담시키는 제도이다.

2. 선박충돌

선박의 충돌이라 함은 2척 이상의 선박이 직접·간접으로 수면에서 접촉하여 손해가 발생하는 것을 말한다.

선박의 충돌이 불가항력의 사유로 인하여 발생하거나 충돌의 원인이 명백하지 아니한 때에는 그 이해관계인이 각자 그 손해를 부담한다. 일방의 선박의 선원의 과실로 인하여 충돌사고가 발생한 때에는 불법행위의 일반원칙에 따라 과실있는 선박의 소유자는 타선이 입은 피해에 대한 손해배상책임을 부담한다.

3. 해난구조

해난구조라 함은 해난에 조우한 선박 또는 적하의 전부 또는 일부를 의무없이 구조하는 것을 말한다. 이 경우 구조자는 구조된 목적물의 가액의 한도 내에서 구조료를 청구할 수 있다.

V. 해상기업금융

해상기업은 선박의 건조·의장·수선을 위하여 또는 항해를 계속하기 위하여 선박금융문제가 대두된다. 따라서 해상기업에서 발생하는 채권을 확보하기 위하여 채권자에게 선박 기타 해산에 대한 우선변제를 인정하는 것은 선박채권자의 보호와 해상기업자에게 기업자금의 조달을 용이하게 해주는 방법이 된다. 여기에서 상법은 선박우선특권과 선박저당권제도를 마련하고 있다. 선박우선특권은 법률에서 정한 일정한 채권은 그 채권자가 선박과 그 부속물로부터 다른 채권자보다 우선 간이·신속·

안전하게 되도록 배려하고 있으며, 다른 한편으로는 수표가 신용증권화하는 것을 방지하기 위한 대책을 강구하고 있다.

제 7 절 어음 · 수표법

제3부 제5장 제1절 Ⅲ.2. '어음 · 수표에 의한 방법'참조

〔참고문헌〕

李範燦 · 崔埈璿 상법개론(삼영사, 2012)
李範燦 · 任忠熙 · 李榮鐘 · 金知煥 회사법(삼영사, 2012)
李哲松 상법강의(박영사, 2012)
정찬형 상법개론(법영사, 2011)
崔基元 상법학원론(박영사, 2005)
法院行政處 대법원판결집

제5장 형 법

형법이란 범죄라고 하는 일정한 유형의 행위에 대하여 형벌이라는 일정한 제재를 과하는 법규범이다. 그 주된 것은 형식적으로 형법이라고 불리는 형법전(1953. 9. 18 법률 제293호)을 의미하지만 그 이외의 법이라도 범죄와 형벌의 관계를 정한 여러 특별형법과 행정형법 등을 일컬어 실질적 의미에 있어서의 형법이라고 한다. 따라서 오늘날은 이미 행하여진 범죄에 대한 형벌개념 외에 장래의 범죄적 위험행위를 예방하기 위한 특별한 처분인 보안처분까지도 형법개념에 포함시킨다. 이러한 점에서 형법이란 과거의 범죄행위에 대한 효과로서의 형벌뿐만 아니라 장래에 발생할지도 모를 범죄적 위험행위에 대한 법률효과로서 보안처분을 규정한 법률적 규범체계라고 할 수 있다.

형법은 국민의 생명 · 신체 · 재산 등에 대한 침해행위에 대하여 형벌을 과함으로써 이를 보호하는 보호적 기능, 국가의 국민에 대한 형벌권을 행사함에 그 한계를 규정함으로써 개인의 권리 · 자유를 보장하는 보장적 기능과 형벌이라는 수단에 의하여 사회질서를 침해하는 행위로부터 국가사회의 공동생활의 질서를 유지하는 사회보전적 기능을 하게 된다.

범죄론 · 형벌론 · 각론 부분은 제3부 제11장 '죄와 벌' 참조.

제6장 소송법

소송법은 분쟁의 시비를 가려내는 척도(내용)를 규정한 실체법을 구체적으로 적용하여 법적 분쟁을 처리하는 절차를 규정한 법이다. 따라서 소송법은 절차법이고, 법적 분쟁의 해결에 국가기관이 관여하므로 공법에 속한다. 또한 소송법은 소송을 규율하는 법이다. 소송에는 민사소송, 형사소송, 행정소송, 헌법소송, 선거소송 등이 있다.

민사소송은 주로 재산권과 신분권 등 민사상의 분쟁에 민사실체법을 적용하는 소송이고(변론주의, 당사자주의가 적용됨), 형사소송은 피고인과 검사 사이의 형사분쟁(피고인의 범죄성립과 형벌의 귀속 정도에 관한 분쟁)을 실체적 진실주의와 적정절차(due process)에 따라 형사실체법을 적용하는 소송이다.

행정소송은 주로 행정청의 행정처분으로 인한 피해와 공공단체 사이의 행정분쟁에 대하여 행정심판을 거쳐 행정실체법을 적용하는 소송이며, 헌법소송은 법률의 헌법에 대한 위반여부와 공권력에 의한 국민의 기본권이 침해당한 경우에 헌법보장책의 하나로서 행하는 소송이며, 선거소송은 개인과 선거분쟁에 선거에 관한 실체법을 적용하는 소송이다.

특히 형사소송에 관하여는 소송의 지연으로 인한 폐단을 방지하기 위한 특별법으로서 「소송촉진등에관한특례법(1981. 1. 29. 법률 제3361호)」이 있다.

각 소송에 따른 자세한 내용은 제3부 제12장 '소송과 법률' 참조.

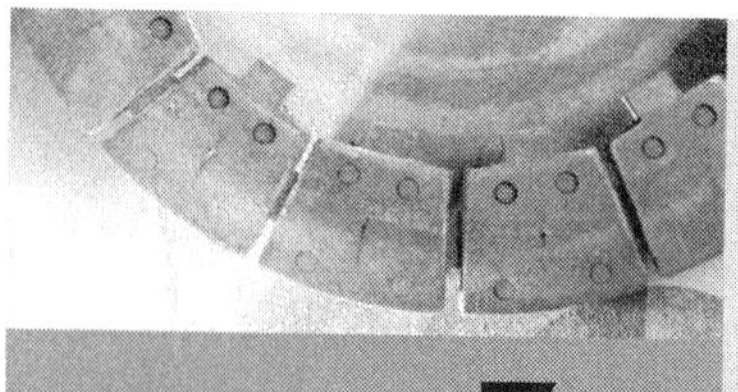

사회법의 개념/노동법/
사회보장법/경제법

제7장 사 회 법

제 1 절 사회법의 개념

자본주의 사회에 있어서 사회·경제적 방임은 곧 독점자본주의를 잉태하였고, 여기에서 나오는 폐단은 단지 경제분야뿐만 아니라 법질서의 수정까지도 요구하게 되었다. 즉 자본집중에 의한 독점자본가의 영향력은 법과 정치분야에까지 미쳐 근대 시민법의 사적 자치의 원칙은 수정하지 않을 수 없게 되었다. 이를 위해 노동자의 고용에 공적 기준을 두고, 시장을 통한 상품거래에 있어서 가격 및 유통과정 등에 대하여 제한을 가함으로써 사회적·경제적 약자에게 불리했던 계약자유의 원칙도 법률의 범위내에서 어느 정도 제한을 하게 되었다. 이와 같이 시민법, 곧 사법의 합법화 경향은 점차로 사적 자치의 원칙이 지배하는 순수한 사법의 영역을 축소시키게 된다. 이러한 상황에서 순수한 시민생활에도 속하지 않고 동시에 순수한 국가생활에도 속하지 않는 중간형태의 인간생활이 존재하게 되었다. 이를 규율하기 위해서는 사법과 공법이 규율하는 새로운 법분야가 대두되는데 이를 사회법이라고 한다.

오늘날 사회법은 사회적·경제적 약자를 보호해 주는 것을 기본원리로 하는 노동법과 사회보장법이 있고, 대기업 등 경제적·사회적 강자를 규제하는 것을 기본원리로 하는 경제법이 있다.

제 2 절 노 동 법

Ⅰ. 노동법의 개념

노동법이란 자본주의사회에 있어서의 노동관계를 규율하는 법으로서 근로자의 생활확보와 사회적 지위의 향상을 도모하는 데 그 목적이 있다. 자본주의적 노동관계는 상품인 노동력의 매매라 할 수 있는 근로계약에 근거하는 것으로서 민법상의 고용계약에 관한 규정은 바로 이것을 규율하고 있다. 자본주의경제의 발달에 따라 공장제생산이 확립됨에 따라 사회적 · 경제적 상황이 다른 근로자와 사용자 간의 노동관계는 계약자유의 원칙에 입각한 민법상의 고용계약규정만으로써는 규율할 수 없는 새로운 양상으로 발전하였다. 이에 따른 노동문제에 대처하기 위하여 여러 法이 제정되었는데, 이 새로운 법질서를 일반적으로 노동법이라고 한다.

우리 나라 노동법은 통일적인 법전은 없으나 그 내용에 따라 개별적 노동관계법인 근로기준법, 산업재해보상보험법, 최저임금법, 남녀고용평등법, 직업훈련기본법, 고용보험법 등이 있고, 집단적 노동관계법인 노동조합및노동관계조정법, 그리고 협동적 노동관계법인 근로자참여및협력증진에 관한 법 등이 있다.

Ⅱ. 노동3권

우리 나라 헌법은 "모든 국민은 근로의 권리를 가진다(제32조 제1항)"고 규정하여 근로의 권리를 선언하고 있다. 또한 "근로자는 근로조건의 향상을 위해서 자주적인 단결권 · 단체교섭권 및 단체행동권을 가진다(제33조 제1항)"고 함으로써 이른바 노동3권을 보장하고 있다.

Ⅲ. 근로기준법

1. 근로기준법의 의의 및 기본이념

근로기준법은 근로자가 인간다운 생활을 누리는 데 필요한 노동조건을 확보하기 위하여 최저한도의 기준을 정한 법률이다. 근로기준법은 제1조에서 근로자의 기본적 생활의 보장을 근로기준법의 이념으로 선언하고, 이어 제3조에서는 "이 법에서 정하는 근로조건은 최저기준이므로 근로관계당사자는 이 기준을 이유로 근로조건을 낮출 수 없다"고 규정하였다.

그리고 근로조건은 근로자와 사용자가 동등한 지위에서 자유의사에 의하여 결정하도록 하고(제4조), 근로자와 사용자는 단체협약 · 취업규칙과 근로계약의 준수와 이행의무를 지도록 하고 있다(제5조).

2. 근로계약

근로조건을 정함에 있어서 근로기준법에 정한 기준에 미달하는 근로계약은 그 부분에 한하여 무효가 되며(제15조), 사용자는 근로계약을 체결할 때 근로자에 대하여 임금 · 근로시간, 기타의 근로조건을 명시하되 임금의 구성항목, 계산방법 및 지급방법에 관한 사항에 대하여는 서면으로 명시하도록 하고 있다(제17조).

이와 같이 명시된 근로조건에 위반한 사실이 있는 경우에는 근로자는 노동위원회에 그로 인한 손해의 배상을 청구할 수 있고 즉시 근로계약을 해제할 수 있다(제19조 제1항). 이에 따라 근로자가 손해배상을 청구할 경우에는 노동위원회에 신청할 수 있으며, 근로계약이 해제되었을 경우에는 사용자는 취업을 목적으로 거주를 변경하는 근로자에게 귀향여비를 지급하여야 한다.

한편 단시간 근로자의 근로조건은 당해 사업장의 동종업무에 종사하는 통상 근로자의 근로시간을 기준으로 산정한 비율에 따라 결정되어야 한다(제18조 제1항).

사용자는 근로자에 대하여 정당한 이유없이 해고 · 휴직 · 정직 · 전직 · 감봉 기타 징벌을 하지 못하며(제23조 제1항), 해고를 하고자 할 때에는(정리해고의 경우 포함) 적어도 30일 전에 해고 예고를 하여야 하고, 30일 전에 예고를 하지 아니하였을 때에는 30일분 이상의 통상임금을 지급하여야 한다(제26조)(해고에 대한 자세한 내용은 제3부 제3장 제2절 Ⅲ. '해고' 참조).

한편 근로기준법은 퇴직금 중간정산제와 퇴직연금보험제도를 도입하였다. 또한 근로시간제도의 유형을 대폭 확대하여 탄력적 근로시간제(변형근로시간제)와 선택적 근로시간제(플렉시블타임제)를 도입하였다. 여기서 탄력적 근로시간제란 노사합의에 의하여 일정기간을 평균하여 법정근로시간(1주 40시간, 1일 8시간)을 초과하지 않으면 특정 주 또는 특정 일에 법정근로시간을 초과하여 근로할 수 있도록 하는 제도이다. 여기에는 '2주 단위 탄력적 근로시간제'(제51조 제1항)와 '월단위 탄력적 근로시간제'(제51조 제2항)가 있다.

이 제도의 도입은 곧 근로자의 연장근로에 대한 할증임금의 감소에 따른 소득감소와 생활리듬의 파괴로 인한 산업재해증가 등의 문제를 야기시킬 수 있으므로 노사 간의 긴밀한 협조가 필요하다고 할 것이다.

선택적 근로시간제(flexible time)는 일정기간(정산기간)을 단위로 하여 노사 서면합의로 정한 총근로시간 범위 내에서 근로자가 자율적으로 출·퇴근 시각 및 1일의 근로시간을 결정할 수 있는 자유출퇴근제도를 말한다(제52조).

선택적 근로시간제와 재량근로시간제의 비교

구 분	선택적 근로시간제	재량근로시간제
개 념	근로시간 배분과 관련된 개념	근로시간 결정이 곤란한 경우에 있어서 근로시간 결정에 관련된 개념
대 상	전문직근로자, 연구직근로자, 주부근로자 등	전문직근로자에 한정
사용자의 지시여부	출근한 시간동안에는 사용자의 지시에 따라 업무수행	업무수행방법 자체가 근로자의 재량에 맡겨짐
근로시간	근로시간 자체의 변경을 통하여 선택적으로 운용	도급처럼 근로시간사정을 요하지 아니함

이외에도 근로시간계산의 특례(제58조)제도로서 간주시간근로제(근로자가 출장 기타의 사유로 근로시간의 전부 또는 일부를 사업장 밖에서 근로하여 근로시간을 산정하기 어려운 때에는 소정근로시간을 근로한 것으로 간주)와 재량근로시간제(업무수행방법이나 시간배분 등을 근로자에게 맡기기로 한 창의적인 업무에 대하여는 노사 서면합의로 정한 시간

만큼 근로한 것으로 간주)를 도입하였다.

한편 근로기준법은 여자와 연소근로자의 보호를 위하여 규정하고 있다(제64조~제75조). 자세한 내용은 제3부 제2장 제4절 '미성년자의 근로상의 보호'와 제3부 제10장 제4절 '노동관계법상 여성의 지위' 참조.

IV. 노동조합 및 노동관계조정법

1. 의 의

노동조합 및 노동관계조정법은 헌법에 의거한 근로자의 자주적인 단결권, 단체교섭권과 단체행동권을 보장하여 근로자의 경제적·사회적 지위의 향상을 도모하고, 노동관계를 공정하게 조정하여 노동쟁의를 예방·해결하고자 하는 법이다.

이 법은 1953년 3월 8일 동시에 공포·시행하게 된 노동조합법(법률 제280호)·노동쟁의조정법(법률 제279호)·노동위원회법(법률 제281호)이 그 동안 여러 차례 개정되어 오다가 1997년 3월 13일 법률 제5310호에 의하여 단일 법률로 통합 제정되었다.

2. 근로자와 사용자

노동조합 및 노동관계조정법에서 근로자라 함은 직업의 종류를 불문하고, 임금·급료 기타 이에 준하는 수입에 의하여 생활하는 자를 말한다(제2조 제1호). 그리고 사용자라 함은 사업주, 사업의 경영담당자, 근로자에 관한 사항에 대하여 사업주를 위하여 행동하는 자 또는 항상 사용자의 이익을 대표하여 행동하는 자를 말한다(제2조 제2호).

3. 노동조합

노동조합이라 함은 근로자가 주체가 되어 자주적으로 단결하여 노동조건의 유지·개선과 근로자의 복지증진 기타 경제적·사회적 지위의 향상을 도모하는 단체 또는 연합체를 말한다(제2조 제4호).

노동조합은 그 조직에 따라서 직업별 조합(craft union), 기업별 조합(company

union), 산업별 조합(industry union)으로 나눌 수 있고, 조직방법에 따라서 단일조합과 연합체조합으로 나눌 수 있다.

한편 이 법에서는 복수노동조합을 허용하고 있다(단, 2002년 이후). 복수노조를 허용하는 상급단체에는 사업장의 단위노조가 구성원으로 가입하고 있는 지역적, 전국적 연합체 조직 및 총연합단체뿐만 아니라 전국 규모의 산업별단위노조도 포함된다.

4. 단체협약

단체협약이란 노동조합과 사용자 또는 그 단체와의 협정을 통하여 근로자의 근로조건 기타의 사항에 관해서 당사자의 합의에 의하여 체결된 협정을 말한다.

단체협약은 서면으로 작성하여 당사자 쌍방이 서명날인하여야 하고, 당사자는 협약체결일로부터 15일 이내에 이를 행정관청에 신고하여야 한다(제31조). 단체협약의 유효기간은 2년이 초과되도록 정하지 못하며, 유효기간을 정하지 아니하거나 2년을 초과하는 유효기간을 정한 때에는 그 유효기간은 2년으로 한다(제32조).

단체협약의 내용은 기본적 부분 · 규범적 부분 · 채무적 부분의 세 가지로 구분된다. 기본적 부분은 협약체결의 취지, 노사협의회의 설치 등 노사의 기본적 관계를 정한 약관이고, 규범적 부분은 임금 · 노동시간 · 휴일 · 휴가 · 해고 · 휴직 · 퇴직 등의 노사 간에 체결한 노동계약의 규범을 정한 약관이며, 채무적 부분은 협약당사자의 평화의무 · 준수의무 등에 관하여 정한 약관이다.

5. 부당노동행위

부당노동행위는 노동조합운동에 대한 사용자의 방해행위를 말한다. 노동조합및노동관계조정법 제81조에서는 사용자의 다음과 같은 행위를 부당노동행위로 규제하고 있다. 즉 ① 노동조합의 조직 · 가입 · 활동에 대한 불이익대우, ② 황견계약의 체결, ③ 단체교섭의 거부, ④ 노동조합의 조직 · 운영에 대한 지배 · 개입과 경비원조 ⑤ 단체행동에의 참가 기타 노동위원회와의 관계에 있어서의 행위에 대한 불이익대우이다.

사용자의 부당노동행위로 인하여 그 권리를 침해당한 근로자 또는 노동조합은 노동위원회에 그 구제를 신청할 수 있다. 부당노동행위사건의 심사는 원칙적으로 2심제를 채택하고 있는데, 초심은 지방노동위원회, 재심은 중앙노동위원회가 관할권을 가진다.

6. 노동쟁의 · 쟁의행위

노동쟁의란 "임금 · 노동시간 · 후생 · 해고 기타 대우 등 근로조건에 관한 노동관계 당사자간의 주장의 불일치로 인한 분쟁상태"를 말한다(제2조 제5호). 즉 당사자간에 근로관계에 관한 주장의 불일치로 인하여 쟁의행위가 발생하고 있는 상태 또는 발생할 우려가 있는 상태를 말한다. 여기서 쟁의행위란 동맹파업 · 태업 · 직장폐쇄 기타 노동관계 당사자가 그 주장을 관철할 목적으로 행사하는 행위와 이에 대항하는 행위로서 업무의 정당한 운영을 저해하는 것을 말한다(제2조 제6호). 이와 같은 쟁의행위가 발생하면 노사 쌍방은 물론이고, 일반대중의 생활에도 악영향을 끼치게 되기 때문에 국가는 쟁의행위 발생요소를 미리 제거하거나 쟁의행위가 일반 발생하면 이를 신속히 해결할 필요가 있다.

노동쟁의의 조정에는 노동쟁의 당사자 쌍방의 합의 또는 단체협약이 정하는 바에 따르는 사적 조정제도와 노동위원회에 의한 공적 조정제도가 있다.

노동위원회에 의한 공적 조정제도로는 조정 · 중재 및 긴급조정이 있다.

V. 근로자 참여 및 협력증진에 관한 법률

근로자 참여 및 협력증진에 관한 법은 근로자와 사용자 쌍방이 참여와 협력을 통하여 노사공동의 이익을 증진할 것을 목적으로 1997년 3월 13일 법률 제5312호 제정되었다. 이 법은 종래의 노사협의회법을 대신하고 있다. 따라서 이 법의 내용도 노사협의회를 중심으로 하여 노사 간의 산업평화를 도모하고 있다.

제 3 절 사회보장법

인간의 존엄과 가치에 부응하는 국민의 인간다운 행복한 생활을 보장하기 위한 사회보장제도의 확립은, 현대 국가에 있어서 가장 중요한 과제 가운데의 하나이다.

사회보장법이 사회보장관계실정법의 종합적인 것으로 인식되게 된 것은 1919년의 바이마르헌법 제151조(인간다운 생활권)와 세계인권선언의 '인간의 존엄에 상응하는 생활'의 정신을 이어받은 각국의 헌법에서 그 표현은 다소 다르나 대체로 이에 관한 규정을 두고 있다. 우리 헌법도 이러한 각국 헌법의 동향에 영향을 받아 제헌헌법에서 '생활무능력자에 대한 보호'를 규정한 이래 현행 헌법 제10조 · 제34조에서 규정하고 있는 인간다운 생존권을 보장하기 위하여 전개된 법체계로서 경제적 · 사회적 발전에 수반하여 독자적인 법대상 · 법영역을 확보하여 체계화를 시도할 법적인 필요성에 기인하는 것이다.

사회보장법이란 국민이 인간다운 생활을 할 수 있도록 생존권의 확보와 생활권의 보호를 목적으로 국가에 필요한 조치를 의무지우는 제법규범의 총체라고 할 수 있겠다.

이러한 의미에서의 사회보장법의 이념과 목표는 인간다운 생활을 할 권리를 법률로써 보장하는 것이며, 그 법원은 헌법을 정점으로 하여 이 헌법의 이념을 직접 · 간접으로 구체화하고 있는 많은 관계 법률에서 나타나고 있다. 우리 나라에서 제정된 사회보장법에는 사회보장에관한법률을 비롯하여 생활보호법, 보건소법, 군인보험법, 재해구호법, 공해방지법, 의료보험법, 국민복지연금법, 아동복지법, 직업훈련기본법, 사회복지사업법, 군사원호보상법, 사회복지사업기금법 등이 있다.

제 4 절 경 제 법

경제법은 전체경제(국민경제)적 차원에서의 국가에 의한 경제의 규제에 관한 법을 말한다. 경제법에서의 규제는 권리를 제한하는 의미에서의 소극적인 규제와 기업의 보호·육성 등에 관한 적극적인 규제를 모두 포함하는 개념이다.

권리를 제한하는 의미의 소극적인 규제에 관한 법률로는 경쟁촉진정책을 위한 경쟁법인 독점규제및공정거래에관한법률을 비롯하여 그 밖의 경쟁질서법에 관한 것으로 부정경쟁방지법, 하도급거래공정화에관한법률과 물가안정에관한법률 등을 들 수 있다. 소비자보호의 견지에서 규제하는 법으로서는 소비자기본법과 약관의규제에관한법률 등이 있다. 기업의 보호육성이라는 적극적인 정책의 실시를 위한 법률로는 각종 중소기업의 육성에 관한 법, 즉 중소기업기본법, 중소기업계열화촉진법, 중소기업창업지원법, 중소기업협동조합법, 중소기업사업조정법 등을 비롯하여 공업표준화법, 공업발전법 등이 있다.

〔참고문헌〕

金亨培, 노동법강의(신조사, 2013)
이상윤, 노동법(법문사, 2011)
임종률, 노동법(박영사, 2013)
이상윤, 사회보장법(법문사, 2012)
이흥재 · 전광석 · 박지순, 사회보장법(신조사, 2011)
權五乘, 경제법(법문사, 2011)
임영철, 공정거래법(법문사, 2008)
정호열, 경제법(박영사, 2012)
法院行政處, 대법원판결집

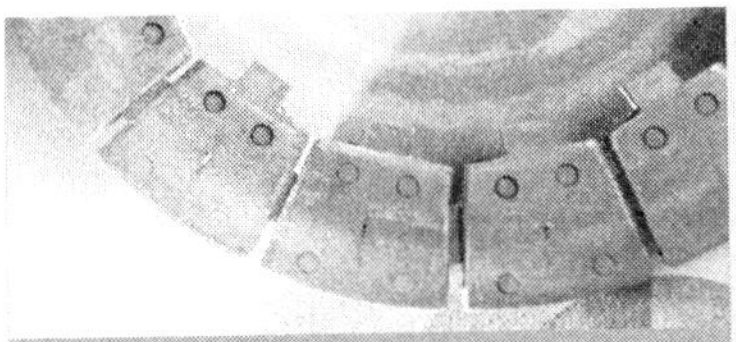

서설/국제법의 주체/국가영역과 공해/외교사절과 영사/조약/국제분쟁/중립

제8장 국 제 법

제 1 절 서 설

I. 국제법의 개념

국제법이란 국제사회의 법을 말한다. 오늘날의 세계는 아직 통일적인 세계사회를 형성하기까지에는 이르지 못하고 있으나, 적어도 국가라는 지역적 단체를 구성단위로 하여 이것을 통하여 일정한 사회를 형성하고 있는 것이다.

종전의 국제법은 국가 간의 관계를 규율하는 법으로서, 국가의 권리의무만을 규정하였었다. 즉 국가만이 국제법상의 권리와 의무를 가질 수 있으며 국제법의 주체가 된다고 하였다. 그러나 최근에는 국제사회가 조직화됨으로써(예컨대 국제연합 등) 국가 간의 관계뿐만 아니라 국제조직에 관한 법을 포함하게 되었다. 또한 점차로 개인의 지위가 향상됨에 따라서 개인도 직접 국제법상의 권리와 의무를 가지게 됨으로써 국제법은 개인에 관하여서도 직접 규정을 하게 되었다.

따라서 국제법이 규율하는 국제사회관계는 국제법의 주체 즉 국가·국제조직 및 개인의 법률관계이다.

II. 국제법과 국내법

1. 이 원 론

국제법과 국내법은 그 성립·주체·적용형식 등 근본적인 점에서 다르므로, 국제법과 국내법은 본질적으로 서로 독립된 별개의 법질서라고 한다.

2. 일 원 론

국제법과 국내법은 여러 가지 점에서 다르기는 하나, 이는 다만 상대적인 차이에 불과한 것으로서, 결코 독립된 별개의 법체계가 아니고 통일적인 법체계를 형성하고 있는 것이라고 한다. 이 이론은 다시 국내법우위설과 국제법우위설의 두 학설로 대립되어 있다.

Ⅲ. 국제법의 법원(法源)

국제법의 법원에는 조약과 국제관습법이 있다. 통일적인 입법기관이 없는 현재의 국제사회에서 국제관습법은 국제법의 중심적 역할을 하고 있다.

그 밖에 법의 일반원칙, 판례, 학설 등이 법원으로 인정되는가에 대해서는 논란이 되고 있다(ICJ 규정 제38조 제1항).

제 2 절 국제법의 주체

Ⅰ. 국 가

1. 국가의 권리와 의무

국가는 국제법의 주체로서의 지위를 가지며 국제사회의 구성원으로서의 능력을 갖고 있다. 이에 따라 국가는 주권 · 독립권 · 평등권 · 자위권과 같은 기본적 권리를 갖는 동시에 내정불간섭의무 · 조약이행의무 등의 기본적 의무를 부담한다.

2. 국가의 승인과 소멸

국가의 승인이라 함은 국제사회의 기존국가가 신생국가에 대하여 국제법상의 주체로서의 자격이 있음을 인정하는 행위를 말한다. 국가승인의 요건으로서는 피승인국이 국내법상 국가로서의 정치권력이 확립되어 있어야 하고, 국제법을 준수할 의사와 능력을 가지고 있어야 한다. 국가를 승인하는 방법으로서는 각 국가가 개별적으로 행하는 것이 보통이며, 여러 국가가 공동으로 승인하는 경우도 있으며, 그 방식은 명시적(예컨대 선언, 조약 중의 규정, 통고 등)·묵시적(예컨대 외교사절의 교환, 조약체결, 국기의 승인 등)으로도 할 수 있다. 국가의 소멸은 합병·병합·분열·분할 등으로 이루어진다.

II. 개 인

국제사회가 발달함에 따라 국제법이 개인의 권리·의무에 관하여도 규정하게 되었다. 이러한 경향은 제2차 세계대전을 계기로 더욱 명백하여졌다(예컨대 개인의 기본적 인권의 국제적 보장, 전쟁범죄인에 대한 처벌 등).

개인의 국제법상의 권리로서는 조약상(특히 통상조약)의 권리, 즉 입국·거주·통상·영업 등의 권리가 있으며 그 밖에도 국제재판소에의 출소권(예컨대 1907년 중미사법재판소, 제1차 대전 후의 혼합중재재판소 등)이 인정되는 경우도 있다.

의무로서는 해적행위를 하지 않을 의무, 전쟁법규준수의무, 집단살해를 하지 않을 의무 등이 있다.

III. 국제기구

국제기구도 회원국과는 별개의 독자적인 법인격을 갖고 국제법상의 권리의무의 주체가 된다. 다만 그 범위가 설립목적에 의하여 제한을 받는다는 점에서 국가와 다를 뿐이다. 여기서 말하는 국제기구는 정부 간 국제기구만을 가리킨다. 정치·경제·사회·문화·과학·기술 등의 여러 분야에 걸쳐 지역 또는 국제협력의 필요성이 절실해짐에 따라 많은 정부 간 국제기구가 창설되었다. 그 어느 국제기구를 가릴 것 없이 정부 간 국제기구이면 그 창설목적의 범위 내에서나마 국제법상의 권리 · 의무의 주체가 된다.

그 가장 대표적인 예가 유엔(UN)임은 말할 필요도 없다. 유엔도 국가와는 같지 않으나 국제법상의 권리를 향유하고 소송에 의하여 그 권리의 실현을 기할 수 있고, 반면에 일정한 의무도 부담하는 국제법의 주체이다.

범세계적 · 다목적국가기구인 유엔 이외에도 정부 간 국제기구인 한, 그 설립목적이나 지역기구인가 아니면 국제기구인가를 불문하고 국제법상의 일정한 권리 · 의무의 주체가 된다. 그 동안 경제 · 사회적 목적의 달성을 위하여 창설된 많은 국제경제기구인 한, 그 범위만을 달리할 뿐 유엔과 같인 국제법상의 권리 · 의무의 귀속주체가 된다.

제 3 절 국가영역과 공해

Ⅰ. 국가영역

1. 영 토

영토는 토지로 구성된 국가영역을 말하며, 육지와 도서로 구분된다. 영토는 국가영역 중 가장 중요하고 기본적인 영역이기 때문에 각 국은 보통 그 헌법상에 영토의 범위를 규정하고 있다. 영토는 국제법상 할양 · 병합 · 정복 · 선점 · 첨부 · 시효 등에 의하여 변경된다.

2. 영수(領水)

영수는 영해 · 만 · 내해 · 해협 · 항구 · 호연 등으로 구성된다. 이 중 영해는 영토와 공해의 중간 수역 부분이다. 영해의 폭에 대해서는 종래 착탄거리를 근거로 하는 3해리설이 유력하였으나, 점차 4해리설 · 6해리설 · 12해리설 등 그 폭의 확대를 주장하는 국가가 증가하였다.

결국 제3차 해양법회의에서 회의참가국의 합의에 의해 12해리가 인정되었다. 연안국은 자기의 영해에 대하여 국제법상의 제한이 없는 한, 배타적으로 그 국권을 행사할 수 있으며, 그 구체적인 것으로는 연안경찰권 · 연안어업권 · 연안무역권 등이 있다.

3. 영　　공

영공은 영토와 영해의 상공으로 구성되는 국가영역, 즉 영토와 영해의 한계선으로부터 수직으로 세운 내부공역이다. 국가는 그 상공에 대하여 배타적 권리를 행사할 수 있으며, 그 한계에 관하여는 많은 학설이 난립하고 있으나 설득력을 가진 학설은 없다. 그러나 시카고협약 제1조의 해석에 의해 영공의 한계를 공기가 존재하는 공역(air space), 즉 대기권까지로 본다. 따라서 그 상방은 우주공간으로 보아야 한다. 영공에 있어서도 조약에 의거하여 외국항공기의 무해통항이 인정되고 있으나, 영해에 있어서의 무해통항과 같이 일반국제법상 확립되어 있는 것은 아니다.

II. 공　　해

공해는 국가의 내수, 영해, 배타적 경제수역(EEZ)을 제외한 해양으로서 어떠한 국가의 영역에도 속하지 않고 어떠한 국가도 배타적으로 이를 지배할 수 없는 특수한 해역을 말한다.

1. 공해자유의 원칙

이 원칙은 ① 공해는 국제교통에 있어서 불가결한 통로이므로 국제교통의 안전을 확보하려면 공해의 자유가 절대로 필요하다는 것, ② 공해는 실효적인 점유가 곤란하다는 것, ③ 타국가의 사용을 방해하지 않고도 각 국가는 이를 사용할 수 있다는 이유 등으로 확립을 보게 되었다.

(1) 귀속으로부터의 자유

공해는 어느 국가에도 귀속되지 않는다. 따라서 어느 국가도 공해에 대한 영유를 유효하게 주장할 수 없다.

(2) 공해사용의 자유

모든 국가는 항행·어업·통상 등을 위하여 공해를 자유로이 사용할 수 있다는 국제법상의 원칙을 말한다. 공해사용자유의 주요한 내용으로 ① 항행의 자유, ② 어업의 자유, ③ 해저산선 및 관선(pipe line) 부설의 자유, ④ 공해상공비행의 자유 등을 들 수 있다. 공해에 있어서 예외적으로 국권행사가 인정되는 경우는, ① 해적행위, ② 국기의 남용, ③ 어업규칙의 위반, ④ 해저전선의 파괴, ⑤ 자국선박의 보호, ⑥ 위법행위를 한 외국선박에 대한 추적 등이다.

2. 공해에 대한 의무

모든 선박의 선장은 공해상에서 해난을 당한 선박, 선원 및 승객을 구조할 의무가 있고, 각국은 해양환경을 보호·보존해야 할 의무가 있다.

제 4 절 외교사절과 영사

I. 외교사절

외교사절은 국가를 대표하는 외교교섭을 하는 것을 그 임무로 하는 기관이다.

외교사절에는 전권대사·전권공사·변리공사 및 대리공사의 네 가지가 있다. 자국이 임명한 외교사절을 외국에 파견하는 데 있어서는 그의 성명·인물·경력 등을 미리 상대국에 통고하여 상대국의 승인을 얻는 것이 예로 되어 있다. 이 경우에 상대국이 그 인물의 자국주재를 동의하는 것을 아그레망(agrément)을 준다고 한다. 상대국의 아그레망을 얻으면 외교사절은 그 계급에 따라 元首 또는 외무부장관으로부터 신임장을 받아가지고 부임한다.

외교사절의 직무는 주재국과 직접 외교교섭을 하는 것, 주재국의 군사·외교·경제 기타 사항을 관찰하고 필요한 보고를 본국에 보내는 것 및 자국민을 보호·감독하는 것이다. 한편 외교사절은 주재국에서 광범한 특권을 가지는데, 이에 불가침권과 치외법권이 있다. 불가침권은 외교사절의 신체·명예·문서·통신 및 관사가 그 의사에 반하여 침해되지 않는 권리이고, 치외법권은 주재국이 재판권·경찰권·과세권 등으로부터 면제되는 특권이다. 외교사절의 수원(관원·가족·용인)에 대하여서도 일정한 특권이 인정되고 있다.

II. 영 사

영사는 주로 자국의 통상·항해상의 이익의 보호와 재류자국인의 보호를 임무로 하는 것으로서, 국가를 대표하여 외국에 파견되는 대표기관과는 다르다. 영사도 외교사절과 같이 일정한 특권을 부여받고 있으나, 이것은 외교사절의 그것만큼 범위가 넓지 못하다.

영사에는 총영사·영사·부령사의 세 가지가 있다. 그 밖에 영사에는 또한 직무영사와 명예영사의 구별이 있는데, 전자는 본국으로부터 파견되는 공무원이고, 후자는 외국의 국민에게 의뢰하여 영사의 사무를 위임한 것이다.

제 5 절 조 약

I. 조약의 의의

조약이란 국제법 주체 간에 국제법률관계를 설정하기 위하여서 하는 명시적 합의, 즉 문서로 작성된 합의이다. 국가와 국제조직만이 조약의 당사자로 될 수 있고 개인은 당사자로 될 수 없다.

II. 조약의 체결

조약체결의 절차에 관하여 반드시 획일적인 방식이 있는 것은 아니다. 그러나 보통 조약은 교섭 · 서명 · 비준 · 비준서의 교환 · 기탁 · 등록 및 공표 등의 과정을 거쳐 체결된다. 조약을 체결하기 위해서는 먼저 체약당사국의 전권위원이 조약의 내용에 관해 교섭을 한다. 교섭의 결과 내용에 관해 의견이 일치되면 서명을 한다. 서명은 전권위원이 조약의 내용에 관해 합의를 보았다는 것을 증명하는 행위로서, 이 서명에 의해 조약의 내용이 확정되는 것이다. 의정서나 잠정협정과 같이 경미한 사항을 내용으로 하는 조약은 서명만으로써 성립되기도 하나, 보통의 조약은 서명 외에 다시 비준을 요한다. 비준은 전권위원이 서명한 조약의 내용에 관해 체약국의 조약체결권자가 재검토하고 국가로서의 합의의 의사를 최종적으로 확정하는 행위이다.

제 6 절 국제분쟁

I. 분쟁의 평화적 해결

1. 직접교섭

직접교섭(negotiation)은 분쟁당사국이 직접적인 외교교섭에 의하여 분쟁을 해결하는 방법으로 분쟁의 해결방법으로서는 가장 초보적인 것이다(국제연합헌장 제33조). 직접교섭에 의하여 분쟁이 해결되면 이상적이긴 하지만, 현실에 있어서는 이 방법으로 분쟁이 해결되지 않는 경우가 많으며, 제3자의 등장을 필요로 하게 된다.

2. 주선과 거중조정

주선(good offices)은 제3국이 분쟁당사국 간의 직접교섭에 사무적 편의를 제공하여 주는 것으로서, 분쟁의 내용에까지는 관여하지 않고 사무적인 편의를 제공하여 줄 뿐이다(예: 회담장소의 알선).

거중조정(중개: mediation)은 제3국이 사무적인 편의를 제공할 뿐만 아니라 분쟁의 내용에까지 관여하여 타협에 노력하는 것이다. 따라서 당사국에 대하여 양보를 권유하거나 해결안을 제의하기도 한다(1907년 「국제분쟁의 평화적 처리에 관한 조약」 참조).

3. 사실심사

사실심사(inquiry)는 독립적 지위에 있는 제3자가 분쟁의 원인이 된 사실을 심사하여 그 진상을 명백히 함으로써 분쟁의 해결을 용이하게 하는 것이다. 이는 당사국의 화해를 촉진하여 긴장된 대립상태를 완화함을 목적으로 하는 것이다.

4. 국제조정

국제조정(conciliation)은 독립적 지위에있는 제3자(조정기관)가 분쟁을 심사하고 해결조건을 작성하여 이를 분쟁당사국에 권고함으로써 분쟁을 해결하려는 것이다. 조정기관으로서는 국제조정위원회와 국제연합이 있다.

5. 국제재판

국제재판은 국제재판소가 국제법에 의거하여 국제분쟁을 해결하는 것이다. 국제재판소의 판결은 법적 구속력이 있으며, 분쟁당사국은 이를 수락해야 할 법적 의무가 있다. 국제재판에는 상설중재재판소와 개별중재재판소가 행하는 중재재판(arbitration)과 국제사법재판소가 행하는 사법재판(judicial settlement)이 있다.

II. 분쟁의 강제적 해결

1. 보 복

보복이라 함은 타국가로부터 국제 도덕이나 국제 예양(禮讓)에 위반되는 비우의

적인 부당한 행위가 있을 때, 중지시킬 목적으로 이에 대항하여 자국도 이와 동일하게 취하는 부당한 비무력적 행위를 말한다.

2. 복구(復仇)

복구라 함은 타국가로부터 위법행위가 있을 때, 이를 중지시키거나 또는 이에 대한 구제를 얻기 위하여 피해국이 가해국에 행하는 이와 대등한 침해행위를 말한다.

3. 전 쟁

전쟁이란 무력에 의한 국가 간의 투쟁을 말한다. 전쟁도 종래에는 국제분쟁의 강력적 해결의 하나로 생각되어 왔지만, 최근에 이르러서는 분쟁을 해결하기 위하여 전쟁이나 兵力의 사용은 일반적으로 금지되게 되었기 때문에 전쟁은 불법한 것이고 용인할 수 없다는 학설이 유력하게 되었다. 전쟁의 금지를 규정한 조약으로서 가장 대표적인 것은 1928년의 부전조약이고, 국제연합헌장도 구체적으로 전쟁을 금지한 규정은 없지만, 실질적으로는 널리 전쟁이나 무력행사를 금지하고 있고, 또 이러한 행위의 발생을 방지하고, 발생한 것을 제지하기 위하여 유력한 예방적 및 제재적 조치를 취할 것을 규정하고 있다. 이 금지에 대한 위반은 국제범죄로 인정된다.

제 7 절 중 립

I. 중립의 의의

중립이란 전쟁에 참가하지 않은 국가의 전쟁에 대한 국제법상의 지위를 말하며, 그러한 지위에 있는 국가를 중립국이라 한다. 중립국은 쌍방 교전국에 대한 공평과 무원조를 원칙으로 한다. 중립의 의의는 국제사회의 발달과 조직화에 따라 점차로 변천을 하게 된다. 국제연합이 설립된 오늘날에 있어서는 이론적으로 중립은 인정될 수 없게 되었다. 그러나 아직 국제연합이 완벽한 국제기구로서의 기능을 가지지 못하고 있는 이상 중립제도의 존재의의가 있다고 하겠다.

II. 중립국의 권리 · 의무

국제법상 중립국은 중립법규에 의하여 일정한 권리 · 의무를 가진다. 즉 중립국은 교전국으로부터 침해를 받지 아니할 권리 및 교전국과 교통을 할 권리가 있으며, 이에 대하여 중립국은 교전국에 대한 의무로서 원조의무 · 방지의무 · 묵인의무 등을 부담한다.

III. 중립국과 교전국의 관계

중립국과 교전국은 평화적 관계에 있으므로 원칙적으로 평시와 같이 외교관계를 유지한다. 중립국의 외교사절 및 영사는 평시와 다름없이 교전국에 주재하여 그 직무를 수행한다. 교전국은 적국에 주재하고 있는 외교사절의 외교특권을 침해할 수 없으며, 또 점령지 내에 있어 외교사절 및 영사의 공관을 군대의 숙사로 사용할 수 없다. 중립국은 원칙적으로 교전국에 대하여 모든 공급을 할 수 있다. 그러나 군대, 무기, 군수품, 군자금을 공급할 수는 없으며, 쌍방교전국에 대하여 공평히 하여도 안 된다. 중립국의 영역은 가침이며 교전국은 그 안에서 전투행위는 물론 일체 군사행위를 할 수가 없다. 따라서 중립국은 교전국이 이러한 행위를 할 때에는 이를 방지하여야 하며, 방지하지 않으면 중립위반이 된다.

〔참고문헌〕

金大淳, 국제법론(삼영사, 2011)
金正均, 국제법(박영사, 2008)
柳炳華, 국제법 I · II(법문사, 2003)
정인섭, 국제법강의(박영사, 2013)
崔埈璿, 국제거래법(삼영사, 2012)

제 3 부 일상생활과 법률

제 1 장 출생과 법률
제 2 장 미성년자와 법률
제 3 장 회사생활과 법률
제 4 장 가정생활과 법률
제 5 장 금전거래와 법률
제 6 장 임대차와 법률
제 7 장 부동산거래와 법률
제 8 장 손해배상과 법률
제 9 장 소비생활과 법률
제10장 여성과 법률
제11장 죄와 벌
제12장 소송과 법률
제13장 사망과 법률

〔참고문헌〕

姜大成 법과 생활(三英社, 2011)

金昞默 · 李英峻, 생활과 법률(法文社, 2004)

대한법률구조공단 編 생활법률(2012)

朴東燮 생활속의 법률지식(청림출판, 2002)

裵慶淑 女性과 法律(博英社, 1993)

嚴英鎭 編 한국인의 법과 생활(2012)

崔鍾庫 법과 생활(博英社, 2012)

한만우 알기쉬운 생활법률(대홍, 1994)

金井正元 レディの法律(一橋出版, 2004)

道廣泰倫 現代法學講義(法律文化社, 2006)

原島一郎 市民法入門(東京布井出版, 2011)

中川 淳 市民生活と法(法律文化史, 2006)

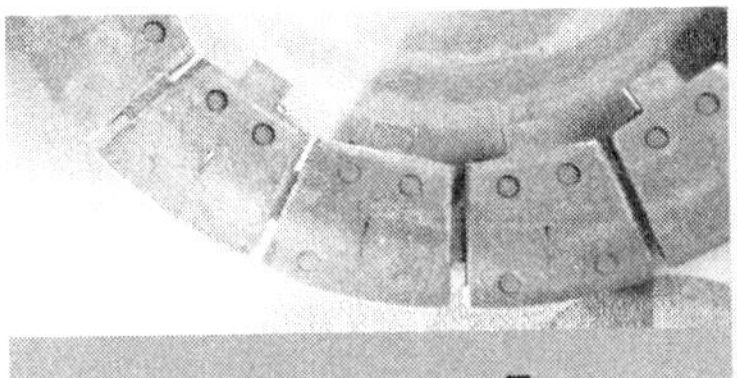

법인격/출생신고와 성명
친자관계/사례문답

제1장 출생과 법률

제 1 절 법 인 격

Ⅰ. 권리능력

사람은 생존하는 동안 권리 · 의무의 주체가 된다(민법 제3조). 여기서 권리 · 의무의 주체란 권리 · 의무가 귀속하는 법률관계의 주체를 말한다. 이와 같이 권리의 주체가 될 수 있는 지위 또는 자격을 권리능력 또는 법인격이라고 한다. 따라서 사람은 사람으로서 생존을 시작하는 때, 즉 출생한 때로부터 권리능력을 취득하고 사망으로 인하여 권리능력을 잃게 된다. 여기서 출생한 때라 함은 태아가 모체로부터 일부노출된 때라고 보는 견해(일부노출설), 전부노출된 때라고 보는 견해(전부노출설), 그리고 전부노출하여 독립적으로 호흡하는 때라고 보는 견해(독립호흡설) 등이 있으나, 오늘날 전부노출설이 통설이다. 따라서 태아는 모체로부터 전부노출된 때부터 법인격체로서 권리능력을 갖게 된다. 한편, 사람에는 자연인과 법인이 있는데 법인의 경우에는 법인설립등기시에 권리능력을 갖게 된다. 이하에서는 자연인을 대상으로 한다.

Ⅱ. 태아의 권리능력

사람은 출생과 동시에 권리능력을 갖기 때문에 태아는 원칙적으로 권리능력이 없다. 그러나 태아는 언젠가는 사람으로 될 것이 확실하다. 여기서 태아의 이익을 보호하기 위해서 민법은 일정한 경우에 태아는 이미 출생한 것으로 보는 특별규정을 두고 있다. 즉 ① 불법행위로 인한 손해배상의 청구(제762조), ② 재산상속(제1000조), ③ 대습상속(代襲相續, 제1001조), ④ 유증(제1064조), ⑤ 사인증여(死因贈與, 제562조)의 5가지 경우가 그것이다.

그러나 이와 같이 태아가 예외적으로 출생한 것으로 보는 경우에도 태아로 있는 동안에는 권리능력이 없으나, 살아서 출생한 경우에는 권리능력취득의 효과가 문제의 시기(상속, 불법행위시)까지 소급한다는 정지조건설과, 일단 권리능력을 인정하다가 사산인 경우에 문제의 시기까지 소급하여 권리능력취득의 효과가 소멸한다는 해제조건설이 있다. 우리 판례는 정지조건설에 따라 태아의 권리능력을 인정하고 있다.

제2절 출생신고와 성명

사람이 출생하면 성과 본을 사용하게 되는데 부부 사이에 태어난 자는 원칙적으로 부의 성과 본을 따른다. 다만, 부모가 혼인신고시 모의 성과 본을 따르기로 협의한 경우에는 모의 성과 본을 따른다(민법 제781조 제1항). 그러나 부를 알 수 없는 자는 모의 성과 본을 따르고(민법 제781조 제3항), 부모를 모두 알 수 없는 자는 법원의 허가를 받아 성과 본을 창설하게 된다(민법 제781조 제4항 본문).

한편 사람이 출생하면 행정기관에 신고하여야 하는데 이를 출생신고라고 한다. 출생신고는 자의 출생지에서 할 수 있고, 기차나 그 밖의 교통기관 안에서 출생한 때에는 모가 교통기관에서 내린 곳, 항해일지가 비치되지 아니한 선박 안에서 출생한 때에는 그 선박이 최초로 입항한 곳에서 신고할 수 있다(가족관계등록법 제45조). 보통은 주민등록지의 읍·면·동에 하면 일괄적으로 처리한다. 그리고 출생신고는 출생일로부터 1월 이내에 하여야 한다(가족관계등록법 제44조 제1항). 이를 게을리하면 과태료에 처하게 된다.

제 3 절 친자관계

친자관계는 부부관계와 더불어 사회의 인간관계에 있어서 가장 기초적인 관계이다. 법률은 부모의 자에 대한 감호·양육의 관계나 재산관계를 제도적으로 규율하고 있다. 친자관계가 본래 자연의 혈연관계이지만 법에 의한 의제적인 친자관계도 인정되고 있다. 전자를 친생자, 후자를 양친자라고 한다. 아울러 친자관계에서 부모가 자를 보호·교육하는 의무로서 인정되는 친권제도도 법에 의해 규정하고 있다.

Ⅰ. 친 생 자

1. 혼인중의 출생자

혼인중의 출생자란 법이 정당하게 인정한 혼인생활(법률혼)로부터 출생된 자를 말한다. 즉 처가 혼인중에 임신하여 출생한 남편의 자녀를 말한다. 이를 혼생자 또는 적출자(嫡出子)라고도 한다. 혼인이 성립한 날로부터 200일 후, 또는 혼인관계가 종료한 날로부터 300일 내에 출생한 자는 혼인중에 임신한 것으로 추정한다(민법 제844조).

혼인중의 출생자로 추정받은 자를 혼인중의 출생자가 아니라고 주장하려면 부부가 다른 일방 또는 자를 상대로 하여 그 사유가 있음을 안 날로부터 2년 내에 친생부인의 소를 제기하여야 한다. 이 때 상대방이 될 자가 모두 사망한 때에는 그 사망을 안 날로부터 2년 내에 검사를 상대로 친생부인의 소를 제기할 수 있다(민법 제847조).

2. 혼인외의 출생자

법률상의 부부가 아닌 남녀 사이에서 출생한 자녀를 혼인외의 출생자라고 한다. 통속적으로는 서자(庶子), 사생자(私生子)라고도 한다. 이러한 혼인외의 자는 사실혼관계, 무효혼관계, 사통관계(私通關係), 부첩관계(夫妾關係) 등에서 출생한 자와, 혼인중의 출생자라도 친생부인의 재판 또는 친생자관계부존재확인의 재판에 의하여 친생자가 아님이 확정된 자를 말한다.

婚姻外의 출생자는 그 생부나 생모가 인지할 수 있다. 그리고 혼인외의 출생자라 하더라도 후에 생부·생모 간에 법률상의 혼인이 성립되면 적출자의 신분을 취득하게 되는 준정(準正) 제도에 의하여 혼인중의 출생자로 본다(민법 제855조 제2항).

II. 양 친 자

우리 나라의 양자제도는 중국의 영향을 받아서 조상에 대한 제사와 家의 계승을 위한 이른바 '家를 위한' 양자제도만이 인정되었었다. 그러나 1990년 민법의 일부 개정으로 사후양자(死後養子)·서양자(壻養子: 사위를 양자로 삼음)제도와 유언양자제도를 폐지함으로써 家를 위한 양자제도를 불식하고 양친과 양자를 위한 양자제도로 탈바꿈하였다. 특히 2005년 개정 민법에서 도입한 친양자제도는 일반양자제도와 달리 양자와 친생부모와의 관계가 완전히 단절되어 마치 '양친의 본래 친생자처럼' 완전히 입양가정의 구성원으로 흡수·동화되는 제도이다. 따라서 친생부모와의 관계를 단절하지 않는 친족관계의 절충형태인 일반양자와 다르다. 또한 그 대상을 고아·기아 등이 아닌 혼인외의 출생자, 재혼한 부부 일방의 전혼의 자녀까지 포괄적이라는 점에서 「입양특례법」과도 차이가 있다.

1. 양친자관계의 성립

양친자관계는 입양에 의해 성립하는데 「가족관계의 등록 등에 관한 법률」에 따른 신고까지 하여야 법적 효력이 있다. 입양에 있어서는 실질적 요건과 형식적 요건이 요구된다.

(1) 실질적 요건

실질적 요건으로서 ① 당사자 사이에 양친자관계를 성립시키려는 합의가 있어야 한다. ② 양친이 되는 자는 성년자이어야 한다. ③ 미성년자를 입양하려는 사람은 가정법원의 허가를 받아야 한다. ④ 양자가 될 사람이 13세 이상의 미성년자인 경우에는 법정대리인의 동의를 받아 입양을 승낙한다. ⑤ 양자가 될 자가 13세 미만인 때에는 법정대리인이 그를 갈음하여 입양의 승낙을 하여야 한다. ⑥ 양자가 될 사람이 성년인 경우에는 부모의 동의를 받아야 한다. 다만, 부모의 소재를 알 수 없는 등의 사유로 동의를 받을 수 없는 경우에는 그러하지 아니하다. 가정법원은 부모가 정당한 이유 없이 동의를 거부하는 경우에 양부모가 될 사람이나 양자가 될 사람의 청구에 따라 부모의 동의를 갈음하는 심판을 할 수 있다. 이 경우 가정법원은 부모를 심문하여야 한다. ⑦ 피성년후견인은 성년후견인의 동의를 받아 입양을 할 수 있고 양자가 될 수 있다. ⑧ 배우자가 있는 사람은 배우자와 공동으로 입양하여야 하고, 그 배우자의 동의를 받아야 한다. ⑨ 양자로 되는 자는 양친이 되는 자의 존속 또는 연장자가 아니어야 한다.

한편, 친양자를 하려는 자는 ① 3년 이상 혼인중인 부부로서 공동으로 입양할 것(다만, 1년 이상 혼인중인 부부의 일방이 그 배우자의 친생자를 친양자로 하는 경우에는 그러하지 아니하다.), ② 친양자가 될 사람이 미성년자일 것, ③ 친양자가 될 사람의 친생부모가 친양자 입양에 동의할 것(다만, 부모가 친권상실의 선고를 받거나 소재를 알 수 없거나 그 밖의 사유로 동의할 수 없는 경우에는 그러하지 아니하다.), ④ 친양자가 될 사람이 13세 이상인 경우에는 법정대리인의 동의를 받아 입양을 승낙할 것, ⑤ 친양자가 될 사람이 13세 미만인 경우에는 법정대리인이 그를 갈음하여 입양을 승낙할 것 등의 요건을 갖추어 가정법원에 친양자 입양의 청구를 하여야 한다(민법 제908조의 2 제1항).

(2) 형식적 요건

입양은 가족관계등록법이 정한 바에 따라 신고함으로써 그 효력이 생긴다(민법 제878조). 신고서면의 기재사항 등은 가족관계등록법에서 정하고 있다(동법 제25조). 외국에 있는 한국인 사이의 입양은 그 외국에 주재하는 대사 · 공사 또는 영사에게 신고할 수 있다(민법 제882조).

2. 입양의 효과

양자는 입양된 때부터 양부모의 친생자와 같은 지위를 가진다. 따라서 양자의 배우자, 직계비속과 그 배우자는 양자의 친계를 기준으로 하여 촌수를 정한다(민법 제772조). 양자가 미성년자인 경우에는 생부모의 친권을 벗어나서 양친의 친권에 복종하게 된다(민법 제909조 제1항). 양자의 성(姓)은 동성양자(同姓養子)의 경우에는 문제가 없으나 이성양자(異姓養子)의 경우에는 변경되는지가 문제된다. 민법은 이 점에 관하여 규정을 두고 있지 않아서 성불변을 원칙으로 한다. 다만 이성양자의 성은 양친이 원하는 때에는 양부의 성과 본을 따른다. 한편, 친양자는 부부의 혼인중 출생자로 보기 때문에 양부의 성과 본을 따른다.

양자가 입양했다고 해서 생가의 친족으로부터 이탈하는 것은 아니다. 양자와 생가의 친족과의 관계는 입양으로 아무런 영향도 받지 않는다. 따라서 양자는 양친과의 사이에 부양·상속의 관계를 갖게 되는 동시에, 생부모와의 사이에서도 부양·상속의 관계를 갖는다.

그러나 친양자의 경우 친양자는 부부의 혼인중 출생자로 보므로 친양자의 입양 전의 친족관계는 가정법원에 친양자 입양의 청구에 의한 친양자 입양이 확정된 때에 종료한다. 따라서 친양자는 생가의 친족으로부터 이탈한다. 다만, 부부의 일방이 그 배우자의 친생자를 단독으로 입양한 경우에 있어서의 배우자 및 그 친족과 친생자간의 친족관계는 그대로 남는다(민법 제908조의3).

3. 파양(罷養)

(1) 파양의 원인

파양은 유효하게 성립한 양친자관계를 인위적으로 해소하는 것으로 여기에는 양친자간의 협의에 의하는 협의파양과 일정한 법정원인의 발생에 의한 재판상의 파양이 있다(친양자의 경우에는 적용 제외).

재판상 파양원인으로는 ① 양부모가 양자를 학대 또는 유기하거나 그 밖에 양자의 복리를 현저히 해친 경우, ② 양부모가 양자로부터 심히 부당한 대우를 받은 경우, ③ 양부모나 양자의 생사가 3년 이상 분명하지 아니한 경우, ④ 그 밖에 양친자관계를 계속하기 어려운 중대한 사유가 있는 경우 등이다.

한편, 친양자의 경우 ① 양친이 친양자를 학대 또는 유기하거나 그 밖에 친양자의 복리를 현저히 해하는 때나, ② 친양자의 양친에 대한 패륜행위로 인하여 친양자관계를 유지시킬 수 없게 된 때에는 양친, 친양자, 친생의 부 또는 모나 검사는 가정법원에 친양자의 파양을 청구할 수 있다(민법 제908조의5).

(2) 파양의 효과

입양으로 인한 친족관계는 입양의 취소 또는 파양으로 인하여 장래에 향하여 소멸한다(민법 제776조). 미성년자의 경우 친부모의 친권이 부활한다. 파양협의자나 재판상 파양자는 양자의 친생부모의 성명·등록기준지 및 주민등록번호 등을 기재하여 파양신고를 하여야 한다(가족관계등록법 제63조). 재판상의 파양의 경우에는 당사자 일방은 과실 있는 상대방에 대하여 파양으로 인한 손해배상을 청구할 수 있다(민법 제908조, 제806조).

한편, 친양자의 경우 친양자 입양이 취소되거나 파양된 때에는 친양자관계는 장래에 향하여 소멸하고 입양 전의 친족관계는 부활한다(민법 제908조의7).

Ⅲ. 친권과 후견

1. 친 권

친권이란 부모가 미성년인 자녀에 대하여 가지고 있는 신분상, 재산상의 감독·보호를 내용으로 하는 권리·의무의 총칭이다. 따라서 자녀가 성년에 달하면 친권은 해소된다. 미성년인 자에 대한 친권은 부모가 공동으로 행사하되, 양자의 경우에는 양부모가 친권자가 된다(민법 제909조 제1항). 다만 부모의 의견이 일치하지 않는 경우에는 당사자의 청구에 의하여 가정법원이 이를 정한다(민법 제909조 제2항 단서).

부모가 이혼한 때에는 부모의 협의로 친권행사자를 정하고 협의가 안 되는 경우에는 가정법원은 직권으로 또는 당사자의 청구에 따라 친권자를 지정하여야 한다. 다만 부모의 협의가 자녀의 복리에 반하는 경우에는 가정법원은 보정을 명하거나 직권으로 친권자를 정한다(민법 제909조 제4항).

가정법원은 혼인의 취소, 재판상 이혼 또는 인지청구의 경우에는 직권으로 친권자를 정한다(민법 제909조 제5항). 그리고, 가정법원은 자의 복리를 위하여 필요하다고 인정되는 경우에는 자의 4촌 이내의 친족의 청구에 의하여 정하여진 친권자를 다른 일방으로 변경할 수 있다(민법 제909조 제6항). 또한 부 또는 모가 친권을 남용하거나 현저한 비행 기타 친권을 행사시킬 수 없는 중대한 사유가 있는 때에는 법원은 그 친권의 상실을 선고할 수 있다(민법 제924조).

한편 친권의 내용으로서 신분에 관한 것으로는 ① 자를 보호하고 교양할 권리·의무, ② 거소지정권, ③ 필요범위내에서 자의 징계권과 법원의 허가를 얻어 감화 또는 교정기관 위탁, ④ 자의 신분상 행위를 위한 자의 소송상 권리대행권, ⑤ 특정한 영업 허락권이 있으며, 재산에 관한 친권으로는 미성년자녀의 재산에 관한 법률행위에 대하여 법정대리인으로서 그 자녀를 대리하여 동의할 권한을 가진다(민법 제920조).

2. 후 견

후견이란 친권에 의하여 보호를 받을 수 없는 미성년자와 성년이지만 행위제한 능력자인 피성년후견인, 피한정후견인, 피특정후견인을 보호·교양하고 그 사람의 행위를 대리하여 재산을 관리하는 것을 말한다. 후견기관으로서는 후견사무를 집행하는 후견인, 후견인을 감독하는 후견감독인과 법원이 있다. 미성년후견인의 수는 한 명으로 한다. 성년후견인은 피성년후견인의 신상과 재산에 관한 모든 사정을 고려하여 여러 명을 둘 수 있다. 법인도 성년후견인이 될 수 있다. 그러나 1. 미성년자 2. 피성년후견인, 피한정후견인, 피특정후견인, 피임의후견인, 3. 회생절차개시결정 또는 파산선고를 받은 자, 4. 자격정지 이상의 형의 선고를 받고 그 형기(刑期) 중에 있는 사람, 5. 법원에서 해임된 법정대리인, 6. 법원에서 해임된 성년후견인, 한정후견인, 특정후견인, 임의후견인과 그 감독인, 7. 행방이 불분명한 사람 8. 피후견인을 상대로 소송을 하였거나 하고 있는 자 또는 그 배우자와 직계혈족은 후견인이 되지 못한다(민법 제937조).

후견인이 피후견인을 대리하여 1. 영업에 관한 행위 2. 금전을 빌리는 행위 3. 의무만을 부담하는 행위 4. 부동산 또는 중요한 재산에 관한 권리의 득실변경을 목적으로 하는 행위 5. 소송행위 6. 상속의 승인, 한정승인 또는 포기 및 상속재산의 분할에 관한 협의 등 어느 하나에 해당하는 행위를 하거나, 이들 행위 중 어느 하나에 해당하는 행위를 하는 미성년자의 행위에 동의를 할 때는 후견감독인이 있으면 그의 동의를 받아야 한다(민법 제950조 제1항).

한편, 가정법원은 피후견인의 복리를 위하여 후견인을 변경할 필요가 있다고 인정하면 직권으로 또는 피후견인, 친족, 후견감독인, 검사, 지방자치단체의 장의 청구에 의하여 후견인을 변경할 수 있다(민법 제940조).

제1장 출생과 법률

1 태아의 권리능력

질 문

저는 임신하고 있는 상태에서 남편이 갑자기 교통사고로 사망하였습니다. 현재 임신 중에 있는 태아도 남편의 재산상속을 할 권리가 있는가요?

답 변

민법상 권리의무의 주체는 사람에 한하여 될 수 있고, 사람은 출생함으로써 인격을 취득하게 된다. 따라서 재산상속을 받을 수 있는 권리는 상속개시 당시에 권리능력을 가지는 사람에게만 주어지게 된다. 그러므로 처는 이미 출생한 자녀가 있으면 그 자녀와 동순위로, 자녀가 없으면 망부의 직계존속과 동순위로 공동상속인이 되는 것이다(민법 제1000조 · 제1003조 · 제1009조). 그러나 이와 같은 권리능력의 원칙적인 규정에 따라서 태아의 상속권을 인정하지 않는다면, 얼마 후에 태어날 망부의 실자는 전혀 유산을 물려받지 못하는 결과가 되므로 심히 불합리할 뿐 아니라 인정에도 반하게 된다.

여기에서 민법은 예외로 상속개시시의 태아는 상속에 관한 한 이미 출생한 것으로 본다고 하였다(민법 제1000조 제3항). 그렇게 되면 태아는 생모와 같이 제1순위의 상속인이 되고, 그 결과 사망자의 직계존속이 있어도 그 직계존속은 상속을 할 수 없게 될 것이다. 또한 상속의 경우 이외에도 태아에게는 손해배상청구권에 관하여 이미 출생한 것으로 보고 그 권리를 보호하고 있다(민법 제762조). 부가 교통사고나 기타 타인의 불법행위로 인하여 사망하였을 때에도 손해배상을 청구할 수 있다. 따라서 명문규정이 있는 위의 두 경우와 대습상속(민법 제1001조), 유증(민법 제1064조), 사인증여(민법 제562조) 등의 경우에도 태아의 권리가 인정되고 있다.

2 출생신고의 방법

질 문

저희는 혼인하자마자 첫 아들을 낳았습니다. 남편은 해외출장중이고 저는 아직도 산후조리로 누워 있습니다. 누가 어디서 출생신고를 해야 합니까? 만일 늦게 하면 과태료를 내는가요?

답 변

친생자의 출생신고는 부 또는 모가 하여야 한다(가족관계등록법 제46조 제1항). 그런데 어머니 역시 누워 있어 할 수 없다고 하였는데, 출생신고는 출생일로부터 1월 이내에 하면 되므로 그 때까지는 할 수 있으리라고 보여진다. 그러나 사정이 있어서 할 수 없는 경우에는 동거하는 친족이, 동거자도 할 수 없으면 분만에 관여한 의사·조산원 또는 그 밖의 자가 하면 된다(가족관계등록법 제46조 제3항).

출생신고는 자의 출생지에서도 할 수 있다(가족관계등록법 제45조 제1항). 자녀의 이름에는 한글 또는 통상 사용되는 한자를 사용하여야 한다. 통상 사용되는 한자의 범위는 대법원규칙으로 정하고 있다(가족관계등록법 제44조 제3항).

출생신고는 출생일로부터 1월 이내에 하지 않으면 과태료를 내게 되므로(5만 원 이하의 과태료, 가족관계등록법 제122조) 기일을 지켜야 한다. 생일은 출생한 날짜로 기재하는 것이 바람직하다.

3 작명 못 한 경우의 출생신고

질 문

저는 아직 아이의 이름을 정하지 못하고 있습니다. 출생신고를 늦게 하면 과태료를 물게 된다고 하는데 출생신고만 먼저하고 아이의 이름은 작명하는 대로 지어 신고할 수는 없는가요?

답 변

우리는 고래로부터 작명을 상당히 중요시하는 것 같다. 출생하면 1월 이내에 신고해야 하는데 이름을 지을 때까지 기다려서 하면 과태료를 내게 될 위험이 있다.

그러나 굳이 그렇게 할 것이 아니라 이름은 미정인 채 출생신고를 할 수 있다. 즉, 출생신고의 출생자 성명란에 [명(이름)미정]이라 기재하고 그 취지를 밝혀 법정기간내에 출생신고를 하면 된다. 그 후 원하는 훌륭한 아이 이름을 지어 추완신고를 하면 출생신고는 완벽하게 된 것이며 과태료도 내지 않을 수 있다.

4 혼인신고 전 출생한 자녀의 출생신고

질 문

저는 몇 해 전에 결혼을 하고서도 아직 혼인신고를 하지 않은 상태에서 아이를 낳았지만 출생신고를 하지 못했습니다. 이런 경우의 출생신고는 어떻게 하는 것이 좋을까요?

답 변

혼인신고와 자녀의 출생신고는 별개의 문제이다. 즉, 혼인신고를 하지 않고서도 출생신고를 할 수 있다. 그러나 이렇게 되면 그 자녀는 혼인외의 출생자가 된다. 따라서 이때에도 혼인신고를 먼저 하고 이어서 자녀들의 출생신고를 하는 것이 바람직하다. 혼인신고와 출생신고를 동시에 하여도 상관없다. 이렇게 하면 그 자녀는 별도로 인지신고를 하지 않더라도 혼인신고를 한 때로부터 혼인중의 출생자로 보게 된다(민법 제855조 제2항).

출생신고의 경우는 비록 오래 전에 출생한 자녀라도 자녀가 실제로 출생한 연월일을 생년월일로 기재하여 신고할 수 있다. 이렇게 하면 과태료를 물게 되는 수가 있지만(가족관계등록법 제122조), 과태료 때문에 아이의 생년월일을 허위로 할 필요는 없다고 본다.

5 친생부인의 주장방법

질 문

저는 처의 부정행위로 협의이혼하였는데 이혼 후 1년이 지난 어느날 갑자기 찾아와 당신의 아이를 낳았으니 양육비를 달라는 것입니다. 저는 그 아이가 저의 아이가 아닌 것 같아 그에 응할 생각이 없는데 법적으로 친생부인의 판결을 받아야 한다고 합니다. 친생부인은 어떻게 하는 것인지요?

답 변

「발가락이 닮았다」는 소설도 있지만 母가 누군지에 관하여는 출산에 따라 곧 판단될 것이다. 그러나 父가 누군지에 관하여는 현대의학으로도 정확한 판단이 곤란하다. 이에 민법은 두 개의 적출추정에 관한 규정을 두고 있다. 그 하나는 처가 혼인 중에 포태(임신)한 자는 夫의 자로 추정한다(민법 제844조 제1항)는 것이고, 다른 하나는 혼인성립일로부터 200일 후 또는 혼인관계 종료일로부터 300일 이내에 출생한 자는 혼인 중에 포태한 것으로 추정한다(민법 제844조 제2항)는 것이다. 귀하의 질문으로 볼 때 두 번째의 추정규정에 해당되는지는 알 수 없지만 이 규정에 해당된다고 보고 그에 대한 친생부인의 소의 일반적인 절차를 보기로 하자.

친생부인을 하기 위해서는 우선 가정법원에 조정을 신청하여야 하며, 조정이 성립되지 않으면 심판을 청구해야 한다. 이 소는 부부의 일방이 제기할 수 있고, 다만 예외로서 남편이나 아내가 피성년후견인인 경우에는 그의 성년후견인이 성년후견감독인의 동의를 받아 친생부인의 소를 제기할 수 있다. 성년후견감독인이 없거나 동의할 수 없을 때에는 가정법원에 그 동의를 갈음하는 허가를 청구할 수 있다(민법 제846조, 제848조).

친생부인(親生否認)의 소(訴)는 남편이나 아내가 다른 일방 또는 자(子)를 상대로 하여 그 사유가 있음을 안 날부터 2년내에 제기하여야 하고, 상대방이 될 자가 모두 사망한 때에는 그 사망을 안 날부터 2년내에 검사를 상대로 하여 친생부인의 소를 제기할 수 있다(민법 제847조). 자가 사망한 후에도 그 직계비속이 있는 때에는 그 모를 상대로, 모가 없으면 검사를 상대로 친생부인의 소를 제기할 수 있다(민법 제849조). 그리고 남편이나 아내가 유언으로 친생부인의 의사를 표시한 때에는 유언집행자는 친생부인의 소를 제기하여야 한다(민법 제850조).

남편이 자(子)의 출생 전에 사망하거나 남편이나 아내가 다른 일방 또는 자를 상대로 하여 그 사유가 있음을 안 날로부터 2년내에 사망한 때에는 남편이나 아내의 직계존속이나 직계비속에 한하여 그 사망을 안 날부터 2년내에 친생부인의 소를 제기할 수 있다(민법 제851조). 이 때 자의 출생 후 친생자임을 승인한 자는 다시 친생부인의 소를 제기할 수 없다(민법 제852조). 그러나 그 승인이 사기 또는 강박으로 인한 때에는 이를 취소할 수 있으므로 친생부인권은 소멸하지 않는다(민법 제854조).

이와 같은 절차를 통하여 볼 때 귀하는 그 아이나 또는 그 모를 상대로 그 사유를 안 날로부터 2년 이내에 친생부인의 소를 제기하여 친생자가 아님을 확인받게 되면 양육문제뿐만 아니라 복잡한 가족관계에 관하여도 책임이 없게 된다.

6 친자확인을 받기 위한 방법

질 문

저는 사생아로 태어나 편모슬하에서 자랐습니다. 얼마 전 어머니가 교통사고로 돌아가시면서 "너의 아버지는 우리나라 유명인사인 A이니 찾아가서 자식 대접 받으면서 편히 살아라." 는 말씀을 하였습니다. 저는 고민하다가 A라는 분을 찾아 갔는데 문전박대만 받고 돌아왔습니다. 법적으로 A의 자식이 될 수 없는지요?

답 변

친생자 여부를 확인하기 위해서는 친생자관계존부확인의 소(민법 제865조)를 통하여야 한다. 따라서 귀하가 A의 친생자임을 주장하기 위해서는 A를 상대방으로 하여 인지청구의 소(민법 제863조)나 친생자관계존재확인의 소를 가정법원에 제기하여야 한다. 가정법원에서는 의학적 소견(혈액형 등 유전인자)을 통하여 친생자임을 인정할 수 있다. 이 소의 특징은 조정을 거치지 않고 제척기간(예컨대, 안 날로부터 6월이라는 기간)이 없다. 판결의 효력은 제3자에게도 미치며(가사소송법 제21조), 판결이 확정되면 소를 제기한 자는 그 확정일로부터 1월내에 재판서의 등본 및 확정증명서를 첨부하여 그 취지를 신고하여야 한다(가족관계등록법 제58조 제1항).

7 동의 없이 입적한 첩의 자식

질 문

저는 10년 전에 혼인하여 딸아이 둘을 두었습니다. 남편은 얼마 전에 첩이 낳은 남자아이를 저의 동의도 없이 저희들 가족관계등록부에 등록시켰습니다. 제 동의도 없이 등록이 가능한가요?

|답 변|

첩이 낳은 아이를 본처와의 사이에서 낳은 것처럼 출생신고를 하는 경우 본처의 동의 여부에 관계없이 법적으로는 무효가 된다. 그리고 형법상으로 문제가 되는데 공무원에 대하여 허위신고를 함으로써 공정증서원본에 부실의 사실을 기재하게 한 것이 되므로, 공정증서원본부실기재죄가 성립하며 귀하의 남편은 처벌을 받게 된다(형법 제228조 제1항).

그런데 귀하의 남편이 첩의 아이를 본처인 귀하와의 사이에서 낳은 것처럼 출생신고를 한 것은 적출자의 출생신고로서는 무효이지만, 혼인외의 자의 인지신고로서의 효력은 인정받게 된다. 그러나 본처인 귀하가 첩이 낳은 아이를 친생자로서 입적되어 있는 것을 못마땅하게 생각할 때에는 친생자관계부존재확인의 소(민법 제865조)를 제기하여 귀하의 친생자가 아니라는 확정판결을 받아 가족관계등록부를 정정할 수 있다. 그렇게 되더라도 그 아이는 여전히 남편의 혼인외의 자로서는 가족관계등록부에 남게 되므로, 귀하는 그 아이의 친생모는 아니지만 법적으로는 인척으로서 친족관계에 있게 된다.

8 인지의 방법

질 문

저는 혼인외의 자를 낳았습니다. 이 아이의 가족관계 등록을 어떻게 하면 좋을지 모르겠습니다. 인지를 하면 된다고 들었는데 인지란 무엇이며 누가 하는 것입니까?

|답 변|

인지(認知)라 함은 혼인외의 출생자를 그 생부 또는 생모가 자기의 子라고 인정하는 행위를 말한다. 혼인외의 출생자와 그 父의 법률상의 부자관계는 오로지 인지만에 의하여 생긴다. 따라서 인지가 없는 한 혼인외의 출생자는 아버지를 가질 수 없다. 부가 혼인외의 자녀에 대하여 친생자출생의 신고를 한 때에는 그 신고는 인지의 효력이 있다. 혼인외의 출생자와 그 母와의 친자관계는 출생에 의하여 당연히 생기며 따로 인지가 필요하지 않다. 인지에는 임의인지와 강제인지가 있다.

임의인지는 생부 또는 생모가 자기자식인 것을 일방적으로 인정하여「가족관계의 등록 등에 관한 법률」에 따라 신고하는 행위이다. 인지되는 자는 혼인외의 자뿐만 아니라 태아, 그리고 직계비속이 있는 사망한 자도 포함된다(민법 제857조). 인지는 유언으로도 할 수 있으나 이때는 유언집행자가 이를 신고하여야 한다.

강제인지는 부 또는 모가 임의로 인지하지 않을 때에 子와 그 직계비속 또는 그 법정대리인이 인지청구의 소를 제기하는 것이다(민법 제863조). 이 때 부 또는 모가 사망시에는 그 사망을 안 날로부터 2년 내에 검사를 상대로 하여 소를 제기하여야 한다(민법 제865조). 강제인지는 가정법원의 판결에 의하고 조정이 선행되어야 한다(가사소송법 제2조 제1항 나류).

한편, 生父가 성과 본이 다른 혼인외의 자를 인지하려면 인지신고서에 성과 본의 변경사유를 기재하면 되나, 이때의 인지신고는 生父만이 할 수 있다. 인지에 의하여 父와 혼인외의 子와의 법률상 친자관계는 그 子의 출생시에 소급하여 발생한다. 따라서 母의 성과 본을 따라 母의 家에 등록된 혼인외의 출생자는 父의 인지에 의하여 父의 성과 본을 따르고 원칙적으로 父의 家에 등록한다. 그러나 혼인외의 출생자에게 배우자나 직계비속이 있는 경우로서 父의 家를 승계할 자가 아닌 경우에는 새로 등록부를 작성한다.

9 인공수정자의 법률관계

질 문

남편은 인공수정을 해서라도 아이를 낳으라고 합니다만, 후일에 가서 남편과의 법률관계가 어떻게 되는 것인지 몰라 망설이고 있습니다. 인공수정을 해서라도 아이를 낳아도 괜찮을까요?

답 변

인공수정은 두 가지로 나누어 볼 수 있는데 그 하나는, 남편의 정자에 의하는 방법이고(Artificial Insemination by Husband : AIH, 배우자간의 인공수정), 다른 하나는 남편 이외의 제3자의 정자에 의하는 방법(Artificial Insemination by Donor : AID, 비배우자간의 인공수정)이다. 그 중 어느 방법을 택하든지 혼인중에 처가 포태한 자는 그 남편의 자로 추정되므로(민법 제844조 제1항) 일단 부부의 자로 법률상 인정된다. 다만 문제는 수정 후 남편의 마음이 변하여 자기 자식이 아니라고 부인하게 될 경우이다. 모의 경우는 스스로 분만한 사실이 분명한 이상, 달리 모자관계를 끊을 도리가 없지만 부의 경우는 사정이 다르다. 인공수정이 남편의 정자에 의하여 이루어진 때에는 법률적으로나 사실적으로나 부자의 혈연관계를 끊을 수 없으므로 문제가 일어나지 않겠지만, 만일 다른 남자의 정자로 수정하여 아이를 낳은 경우에는 뒤에 말썽이 생길 수 있다.

통상 AID는 夫의 동의하에 이루어지나, 夫의 동의 없이 처가 AID에 의한 子를 출산하면 친생자추정이 되더라도 夫가 친생부인의 소를 제기할 수 있다. 다만 동의 없는 AID에 관해서는 간통죄의 성립을 인정하기 곤란하기 때문에 재판상 이혼원인인 배우자의 부정행위가 된다고 보기는 어려울 것이다.

10 시험관(체외수정: In Vitro Fertilization) 아기의 법률관계

질 문

저는 정상적인 임신이 불가능하여 시험관아기를 갖고자 하는데 출생한 子의 법률관계는 어떠한지요?

답 변

체외수정이란 부인의 자궁은 정상이지만 난자 또는 정자가 난관을 통과할 수 없거나 나팔관에 이상이 있어 정상적인 임신이 불가능한 부부의 불임을 극복하기 위하여 체외(In vitro) 이른바 시험관(Test tube)에서 정자와 난자를 결합시켜 그 수정란을 모체자궁에 이식하여 임신하게 하는 방법이다. 수정관이식은 난자와 정자를 시험관에서 수정시킨 후 48~60시간 정도를 배양하여 자란 8세포기의 체외수정란을 도구를 통해 여성의 자궁으로 이식하여 착상시키게 된다.

이 때 배우자간의 체외수정에 의한 子는 배우자간의 인공수정(AIH)에 의한 子의 경우와 같이 친생자추정이 되므로 별다른 법적 문제는 대두되지 않는다. 그러나 비배우자간의 체외수정에 의해 출생한 子는 다음의 각 경우마다 다르다. 첫째, 아내의 난자와 제공자의 정자를 체외수정하여 아내의 자궁에 착상시킨 경우에는 체외수정의 과정을 택한 점을 제외하고는 비배우자간의 인공수정(AID)의 경우와 같다. 둘째, 남편의 정자와 제공자의 난자를 체외수정하여 아내의 자궁에 착상시킨 경우에는 아내와 子간의 모자관계만이 인정된다. 셋째, 난자와 정자 모두 제3자로부터 제공받아 체외수정하여 아내의 자궁에 착상시킨 경우에는 제공자와 子간의 친자관계나 모자관계가 부정된다. 넷째, 제3자의 자궁만을 빌린 경우(남편의 정자+아내의 난자를 체외수정, 아내의 난자+제공자의 정자를 체외수정, 제공자의 난자+남편의 정자를 체외수정, 제공자의 난자+제공자의 정자를 체외수정한 경우 등)에는 적법한 절차에 의하여 친생부인이 되지 않는 한 희망부모의 친생자로 볼 것이다. 한편, 미혼모(독신여성)가 정자은행으로부터 정자를 구입하여 체외수정으로 子를 출산한 경우 그 子는 미혼모의 혼인외의 출생자가 된다.

11 씨받이(Surrogate Mother)에 의한 자의 법률관계

질 문

저는 결혼한 지 10년이 넘어서지만 아직 슬하에 자식이 없습니다. 궁금하여 병원에서 진찰해보니 저의 아내가 자궁이상으로 임신이 불가능하다는 것이었습니다. 저는 3대 독자로 후손이 필요한데 씨받이를 통해서라도 아들을 낳아 대를 잇고 싶습니다. 그러나 걱정되는 것은 씨받이가 제 아이를 낳은 후 마음이 변하여 자(子)를 저에게 인도하지(넘겨주지) 않을까 염려됩니다. 만일 아이를 넘겨주지 않는다면 저는 법적으로 보호받는 방법이 있는지요?

답 변

우리 나라에서는 가문과 혈통을 중시하여 옛부터 부인이 임신을 할 수 없으면 남편이 직접 다른 여자와의 관계를 통하여 자녀를 출산하도록 하여 대를 이을 후손으로 삼기도 하고(이른바 '씨받이'), 남편쪽 사정으로 부인이 임신을 하지 못하는 경우에 부인이 지나가는 행인 등 다른 남자와의 관계를 통하여 대를 이을 자녀를 낳는(이른바 '씨내리') 풍습이 있었다.

'씨받이'란 오늘날 대리모(代理母)에 해당하는 것으로서 여성의 자궁적출, 자궁유착 등 자궁의 이상으로 인하여 임신이 절대적으로 불가능한 경우에 이용되는 경향이 있다. 다시 말하자면, 불임부부에게는 인공수정도, 체외수정에 의한 수정관이식도 할 수 없으므로 제3의 여성의 자궁을 빌려 대리임신하게 하는 것이다. 이를 위해서는 대리모계약(Surrogate Mother Contract)을 체결하게 되는데 대리모계약이란 처의 자궁이상으로 임신이 불가능한 경우에 제3의 여성으로 하여금 夫(남편)의 자(子)를 임신하게 하여 인도해 줌을 내용으로 하는 가족법상의 특수한 계약을 말한다.

따라서, 대리모계약은 대리모에게 대신 아이를 낳아 주는 데에 대한 보수지급, 대리모측의 출산아 인도(넘겨주는 것)의무, 대리모측 부부의 아이에 대한 친권포기 내지 감독보호권의 양도, 의뢰자(대리모에게 임신시킨 사람)의 처(아내)의 입양합의 등을 그 주요내용으로 하게 된다. 그러나 대리모계약은 만일 대리모가 자신이 낳은 아이에 대한 애정이 싹터 의뢰자에게 아이를 넘겨 주지 않는 등, 위 계약내용을 위반하는 경우에 법적인 강제이행이 사실상 불가능한 이른바 신사협정(紳士協定)으로서의 성질을 가지고 있다.

한편, 대리모에 의해 출산된 자는 민법 제844조에 따라 대리모의 남편의 친생자로 추정될 수 있다. 그러나 친생자추정은 부부의 정상적 혼인생활에 의하여 子가 포태(임신)된 경우에 한하므로, 대리모가 希望父(의뢰자)의 정자에 의하여 출산한 경우에는 그 아이는 대리모의 남편과 사이에 부자관계는 인정되지 아니한다. 따라서 대리모가 낳은 아이는 대리모의 남편의 혼인외의 출생자가 되어 대리모의 남편은 친생부인의 소를 제기할 수 있다.

또한, 희망부모(대리모를 통해서라도 아이를 갖고 싶어 하는 사람)가 대리모가 낳은 아이에 대하여 법률적 부모가 되기 위해서는 입양의 방식에 따라야 할 것이다. 만약에 대리모에게 남편이 없는 경우에는 출산이라는 사실에 의하여 대리모와 아이와의 사이에는 모자관계가 성립되고, 대리모가 낳은 아이는 정자를 제공한 희망부와 대리모 사이의 혼인외의 출생자가 된다. 희망부는 대리모가 낳은 아이를 인지(친생자로 인정)할 수 있으나, 대리모가 낳은 아이가 희망부모의 완전한 법률상 친생자가 되기 위해서는 역시 입양의 방법을 따를 수밖에 없다.

문제는 대리모가 출산 후 아기의 인도를 거부하는 경우에 아기의 인도를 법적으로 강제할 수 있느냐이다. 그러나 대리모계약은 신사협정에 불과하므로, 대리모가 낳은 아이를 누가 양육하는 것이 아이를 위해 더 좋을 것인가는 '子의 최선의 이익(The Child's best interest)'의 관점에서 결정해야 할 것이다. 이와는 반대로 희망부모가 대리모가 낳은 아이가 태어난 후 불행하게도 기형아라든가, 또는 대리모가 낳은 아이를 희망했던 당시와는 다른 사정이 생겨서 아기를 인수하는 것을 거절하는 경우에도 법적으로 아기인수를 강제할 수는 없다는 것이다. 이 때 대리모는 희망부를 상대로 친자관계존재확인소송 등을 통하여 대리모가 낳은 아이의 양육비와 기타 손해배상을 청구할 수 있을 뿐이다.

따라서 귀하는 서로 믿음을 가지고 계약이 완성되기를 기다릴 수밖에 없을 것이지만, 대리모를 통해서라도 대를 잇겠다는 의식의 변화가 보다 중요하다고 생각된다. 우리나라가 '영아수출 1위 국가'라는 불명예를 없애기 위해서라도, 주위에 버림받은 초롱초롱한 눈망울들을 되돌아 볼 수 있는 따스한 마음을 머금으심은 어떨까요?

12 독신여성의 입양

질 문

저는 독신주의자로서 혼인은 생각하지 않으나 노후를 생각하여 양녀를 입양하고 싶은데 가능한지요?

답 변

구 민법과는 달리 양친이 기혼남자일 필요가 없으며 만 19세의 성년자(2013.7.1.부터 시행)이면, 남녀 · 기혼 · 미혼 · 유자 · 무자를 불문하고 누구든지 양친이 될 수 있다(민법 제866조). 따라서 귀하가 미혼여성이지만 성년자라면 양자 또는 양녀를 삼을 자격이 있다.

그러나 합의가 없는 입양은 무효가 되므로 아이와 입양의 충분한 합의가 있어야 한다(민법 제883조 제1호). 입양의사는 진실의 친자관계를 만들려는 의사이어야 한다. 그런데 13세 미만의 아이인 경우에는 그 아이의 부모가 이에 갈음하여 입양의 승낙을 하여야 한다(민법 제869조). 이러한 경우를 대낙양자(代諾養子)라고 한다. 그 아이의 부모가 없으면 후견인이 승낙을 하여야 한다. 그러나 적모·계모 또는 후견인이 승낙을 할 때에는 가정법원의 허가를 얻어야 한다.

13 친양자의 성·본과 친족관계

질 문

저는 협의이혼을 하고 자녀들은 제가 기르고자 합니다. 만일 제가 재혼하게 되면 제가 양육하는 자녀들의 성과 본을 새 아버지의 성과 본으로 변경할 수 없나요? 일반양자제도와 친양자제도는 어떻게 다른가요?

답 변

기존의 성과 본을 변경하는 것은 개인적·사회적으로 기존의 성과 본에 의하여 형성된 사회적·법적 신뢰관계를 흔드는 결과가 될 수 있으므로, 자녀의 복리를 위해 필요한 때에만 법원의 허가를 받아 변경할 수 있다.

귀하가 재혼하여 전 남편과의 자녀를 새 남편의 성과 본으로 변경하기 위해서는 다음과 같이 두 가지 방법이 있다.

우선, 가정법원에 성과 본의 변경허가를 청구하여야 한다. 성·본 변경 허가를 청구할 수 있는 사람은 아버지, 어머니, 자녀이다. 청구는 사건 본인, 즉 성·본을 바꿀 자녀의 주소지를 관할하는 가정법원에 하면 된다. 법원은 자녀의 복리를 위하여 필요하다고 판단한 때에는 새 아버지의 성과 본으로 변경하는 결정을 하게 된다. 그러나 단순히 자녀의 성과 본을 변경하는 것만으로는 친생부와의 친족관계에 변동을 가져오는 것은 아니므로, 자녀의 가족관계증명서에는 성의 변경으로 인하여 친생부의 성과 다르게 되었더라도 여전히 친생부가 부로 표시된다.

두 번째 방법은 귀하의 새 남편이 가정법원에 귀하의 자녀를 친양자로 입양하겠다고 청구하는 것이다. 친양자가 될 사람, 즉 귀하의 자녀의 주소지를 관할하는 가정법원에 청구하면 된다. 이와 같이 친양자입양제도를 이용하면 일반양자제도와 달리 새 아버지가 귀하의 자녀를 친양자로 입양하여 그 성과 본을 변경할 수 있다. 다만, 친양자입양을 하기 위해서는 친양자가 될 자가 미성년자이고 그 친생부의 입양동의(다만, 부모가 친권상실의 선고를 받거나 소재를 알 수 없거나 그 밖의 사유로 동의할 수 없는 경우에는 그러하지 아니하다.)를 얻어 가정법원의 친양자입양 재판을 거쳐야 한다.

결과적으로 두 방법 모두 법원의 허가를 얻어야 한다는 점에서는 같다. 그러나 성·본 변경을 할 경우 계부의 성을 따르더라도 생부와 친자관계는 그대로 유지되는 반면, 친양자 입양을 하면 법원 허가와 동시에 귀하의 자녀는 귀하와 귀하의 새 남편과의 혼인중 자녀로 되어 귀하 자녀의 생부를 비롯한 이전의 친족관계는 모두 단절된다. 성·본 변경에 있어 친생부모의 동의는 참작사유이지만, 친양자 입양시에는 반드시 친생부모의 동의가 필요하다.

구 분	일반입양	친양자입양
근 거	민법 제866조 내지 제908조	민법 제908조의2 내지 908조의8
성립요건	협 의	재 판
자녀의 성과 본	친생부의 성과 본 유지	양부의 성과 본으로 변경
친생부모와의 관계	유 지	종 료
효 력	입양시부터 혼인중의 자로 간주되지만 친생부모와의 관계에서도 친권을 제외하고는 변함이 없음	재판확정시부터 혼인중의 자로 간주되며 동시에 친생부모와의 법적인 관계가 모두 종료

14 친권자의 권리의무

질 문

저의 19세인 아들은 얼마 전 소매치기를 뒤쫓아가 격투 끝에 붙잡았으나 소매치기가 휘두른 칼에 찔려 중상을 입었습니다. 사회에서는 '위대한 시민상' 과 함께 성금이 답지하여 상당한 재산을 보유하고 있습니다. 저는 아들이 이 재산을 잘 관리하기를 원하는데 여의치 않은 경우 제가 관리하려고 합니다. 친권자의 권리 · 의무는 무엇인가요?

|답 변|

훌륭한 아들을 둔 점에 경하해 마지않는다. 우선 친권자의 권리·의무는 크게 재산상의 것과 신분상의 것으로 나누어 볼 수 있다.

재산상의 권리·의무로는 자녀가 자기의 명의로 취득한 재산은 그의 특유재산으로 하여 친권자가 관리한다(민법 제916조). 그리고 친권자는 자녀의 재산에 관한 법률행위에 대하여 그 자녀를 대리하고(민법 제920조 본문), 자녀의 재산상의 행위에 관하여 동의할 권한과, 친권자의 동의없이 한 재산상의 행위를 취소할 수 있다(민법 제5조).

신분상의 권리·의무로는 자녀를 보호·교양할 권리·의무가 있고(민법 제913조), 거소지정권, 징계권, 신분상의 행위(약혼, 혼인, 입양 등)의 동의권과 대리권(민법 제914조, 제915조, 제918조 제1항, 제801조, 제808조, 제869조 등) 등이 있다.

한편, 친권자가 친권을 남용하거나 현저한 비행, 그 밖의 친권을 행사할 수 없는 중대한 사유가 있을 경우에는 子의 친족 또는 검사의 청구에 의하여 그 친권의 상실을 선고할 수 있다(민법 제924조).

15 재출가한 어머니의 재산관리

질 문

저는 18세의 학생입니다. 부모님은 이혼을 하였는데 그 뒤 어머니는 재혼하고 저는 아버지, 할머니와 셋이 살아왔습니다. 그런데 아버지가 교통사고로 사망하자 어머니는 저의 친권자로서 아버지의 사망에 따른 손해배상금에 대해 이를 관리할 권리가 있다며 할머니가 보관하고 있는 배상금 전액을 달라고 하는데 할머니는 제 앞날을 걱정하며 어찌할 줄 모르고 있습니다. 이 경우 법적으로 어찌되는지요?

|답 변|

아버지의 사망으로 인한 손해배상금은 자녀에게 귀속된다고 볼 것이나 아직 미성년자이므로 그 재산을 관리할 친권자 또는 후견인이 있어야 할 것이다. 구민법은 부모가 이혼 후 母가 재혼하였을 때는 그 母는 전 혼인중 출생한 子의 친권자가 되지 못한다고 규정하였으나, 현행 민법에 의하면 이 경우 친권자는 어머니가 되므로 어머니가 손해배상금을 관리하겠다는 주장은 일리가 있다. 다만 어머니가 타인과 재혼함으로 말미암아 친권을 남용하거나 현저한 비행 등으로 친권을 행사할 수 없는 사유가 있을 경우에는, 친족 또는 검사는 법원에 친권상실선고를 청구할 수 있고, 또한 어머니가 부적당한 관리로 재산을 위태하게 한 때에는 마찬가지로 재산관리권의 상실선고를 청구할 수 있다(민법 제924조, 제925조).

16 후견인의 재산탕진

질 문

저의 부모는 모두 사망하였는데, 아직도 미성년자이므로 숙부가 후견인이 되어 있습니다. 그런데 숙부는 저의 명의로 되어 있는 재산을 처분하여 그 대부분을 주색잡기에 낭비하고 있습니다. 이런 경우에 무슨 대책이 없겠습니까?

답 변

후견인은 피후견인의 재산을 선량한 관리자의 주의로써 관리하지 않으면 안 된다(민법 제949조, 제681조). 그런데 후견인인 숙부가 피후견인의 재산을 처분하여 그 대부분을 주색잡기에 낭비하고 있다고 하니 안타까운 일이다.

만일 후견인에게 이러한 현저한 비행이 있거나, 그 임무에 관해서 부정행위 기타 후견인의 임무를 감당할 수 없는 사유가 있는 때에는, 가정법원은 직권으로 또는 피후견인, 친족, 후견감독인, 검사, 지방자치단체의 장의 청구에 의하여 후견인을 변경할 수 있다(민법 제940조).

후견인은 피후견인의 재산을 관리하고, 그 재산에 관한 법률행위에 대하여 피후견인을 대리하는 데 불과하므로(민법 제949조 제1항), 피후견인의 재산을 제멋대로 낭비하여서는 아니 된다. 즉, 후견인이 피후견인의 재산을 자신의 생활비로 쓰거나 주색잡기에 낭비할 수는 없음은 물론이다. 이러한 행위를 하게 되면 손해배상책임이 생길 뿐만 아니라 형사상으로는 횡령죄(형법 제355조 제1항)나 배임죄(형법 제355조 제2항)에 해당되어 처벌할 수 있다.

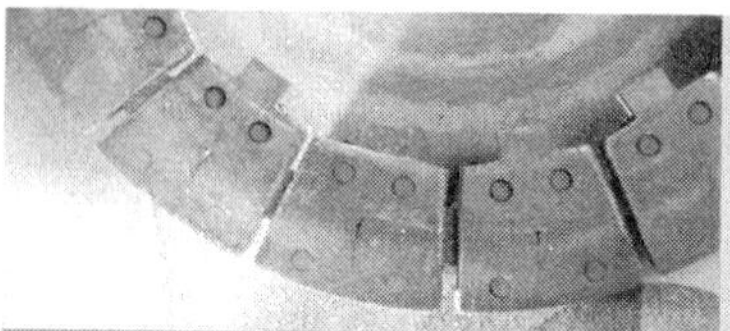

미성년자 보호의 필요성/형사상의 보호
민사상의 보호/미성년자의 근로상의 보호
미성년자와 거래한 상대방의 보호/사례문답

제2장 미성년자와 법률

제 1 절 미성년자 보호의 필요성

출생에서부터 만 19세에 달하지 아니한 자를 미성년자(민법 제4조)라고 한다. 미성년자는 아직 지식과 경험이 부족할 뿐만 아니라 정상적인 사회생활을 행하기 위한 경제적 · 정신적 기초가 갖추어지지 못하였으므로, 각박하고 위험한 사회적 환경으로부터 이들을 특별히 보호해야 할 필요가 있다. 따라서 다음에서는 미성년자의 형사상 · 민사상 · 근로상의 보호제도와 기타 사회적 보호제도를 검토하여 보기로 한다.

제 2 절 형사상의 보호

Ⅰ. 미성년자가 가해자인 경우

만 14세에 달하지 아니한 자를 형법상 형사미성년자라고 하여 이들의 범죄행위는 벌하지 아니한다(형법 제9조). 이것은 14세 미만자는 사고능력이나 판단능력이 성인에 미치지 못하여 설사 죄를 범하였다고 하더라도 그에 대한 책임을 묻는 것이 적절하지 못하기 때문이다. 그러나 만일 형사미성년자를 시켜 범죄를 저지르게 한 경우, 그 아이는 처벌받지 않지만 그 아이에게 범죄를 시킨 사람(간접정범)은 중한 처벌을 받게 된다.

한편, 형사미성년자는 아니나 14세 이상 19세 미만의 미성년자가 죄를 범한 경우에는 이를 소년범으로 분류하여 성인범죄자와는 달리 가급적 처벌하지 않고 소년원을 통하여 선도·교육하도록 배려하고 있다.

II. 미성년자가 피해자인 경우

미성년자가 범죄행위의 대상이 되도록 미성년자를 상대로 한 유괴, 추행, 학대 등의 범죄에 대하여는 형을 가중하여 엄중히 처벌한다. 또한 미성년자를 상대로 한 유해영업에 대하여는 미성년자보호법상 제재를 가하고 있다. 즉 미성년자에게 불량만화·도서를 판매하는 행위, 유흥업소에서 미성년자를 손님으로 받고 술이나 담배 등을 파는 행위, 미성년자에게 풍기문란한 행위를 할 장소를 제공하는 행위 등은 법으로 금지되어 있고, 이를 위반한 사람에 대하여는 형사처벌을 하고 있다.

한편 청소년보호법은 만 19세 미만의 청소년을 유해한 각종 사회환경으로부터 보호·구제하고 나아가 이들을 건전한 인격체로 성장할 수 있도록 하기 위하여 청소년유해매체물 및 유해약물 등의 유통 규제와 청소년유해업소 출입 등을 규제하고 있고, 「아동·청소년의 성보호에 관한 법률」에서는 청소년대상 성범죄의 처벌과 절차에 관한 특례를 규정하여 청소년을 성범죄로부터 보호하고 있다.

제 3 절 민사상의 보호

I. 취소할 수 있는 미성년자의 거래행위

미성년자가 매매계약 등 법률행위를 하기 위해서는 법정대리인의 동의를 얻어야 한다. 여기서 법정대리인이라 함은 부모가 있을 때는 친권자인 부모(민법 제909조), 부모가 없을 때는 미성년후견인을 말한다(민법 제928조).

따라서 법정대리인의 동의 없이 한 미성년자의 거래행위는 법정대리인이나 미성년자 본인이 취소할 수 있다(민법 제5조). 즉 미성년자가 법정대리인의 동의 없이 거래를 한 경우 법정대리인은 그 거래내용을 검토하여 미성년자에게 유리하면 이를 인정(추인)하여 그대로 둘 수 있지만, 불리하면 이를 취소할 수 있는 것이다. 따라서 미성년자와 거래하는 사람은 계약이 일방적으로 취소되는 불이익을 입을 수 있으므로, 법정대리인의 동의가 있는지 여부를 잘 확인하여야 한다(민법 제16조).

II. 취소할 수 없는 미성년자의 거래행위

미성년자가 부모의 동의 없이 거래행위를 하였다고 하더라도 미성년자가 속임수를 쓴 경우에는 취소할 수 없다. 예컨대 미성년자가 주민등록증을 변조하여 성인인 것처럼 행동하거나, 법정대리인의 동의서를 위조하여 행사함으로써 상대방이 이를 믿고 거래한 경우에는 취소할 수 없는 것이다(민법 제17조).

III. 동의 없이 할 수 있는 미성년자의 거래행위

미성년자도 법정대리인의 동의 없이 단독으로 유효한 법률행위를 할 수 있는 경우가 있다. 즉 단순히 권리만을 얻거나, 의무만을 면하는 행위(민법 제5조 제1항 단서), 법정대리인이 범위를 정하여 처분을 허락한 재산의 처분행위(민법 제6조)와 법정대리인으로부터 허락받은 특정한 영업의 범위내에 속하는 거래행위(민법 제8조 제1항), 그리고 근로계약을 체결할 때(근로기준법 제67조) 등이 그것이다. 그리고 미성년자가 혼인을 하게 되면 성년자로 간주되어(성년의제, 민법 제826조의2) 유효한 거래행위를 할 수 있다. 한편 만 17세 이상의 미성년자는 단독으로 유언할 수 있다(민법 제1061조, 제1062조).

제 4 절 미성년자의 근로상의 보호

미성년자의 근로상 보호에 대하여는 근로기준법 · 아동복지법에서 규정하고 있다. 즉 15세 미만의 어린이는 고용할 수 없고(근로기준법 제64조), 18세 미만자는 도덕,

보건상 유해하거나 위험한 작업을 시킬 수 없으며 장시간 노동을 시키는 것이 금지된다. 따라서 15세 이상 18세 미만인 자는 1일 7시간, 1주일에 40시간을 초과하여 근로할 수 없다(다만 당사자간 합의로 1일 1시간, 1주일에 6시간을 한도로 연장가능; 근로기준법 제69조). 또한, 18세 미만자가 해고일로부터 14일 이내에 귀향하는 경우에는 사용자는 필요한 귀향여비를 지급하여야 한다.

제 5 절 미성년자와 거래한 상대방의 보호

취소권은 미성년자 등의 제한능력자 쪽만 가지고 있고 또 그 행사도 자유이다. 여기서 민법은 상대방을 보호하고 나아가 거래의 안전을 확보하기 위하여 제한능력자 쪽의 추인이 있는 때(민법 제143조 · 제144조), 법정추인의 경우(민법 제145조), 취소권의 단기소멸의 경우(민법 제146조)에는 취소할 수 없는 것으로 하고 있다.

또 미성년자 등의 제한능력자와 거래한 상대방에게 최고권(催告權, 민법 제15조)과 철회권 · 거절권을 인정하고 있다(민법 제16조).

제2장 미성년자와 법률

1 미성년자의 민사 · 형사상 책임

질 문

저의 아들은 현재 13세인데 며칠 전 동네 아이들과 장난을 하던 중에 실수로 던진 돌멩이가 A라는 아이의 머리에 맞아 A는 약 4주간의 치료를 요하는 상처를 입었습니다. 제 아들이 잘못한 일이므로 부모로서 책임을 지고 A의 부모에게 사과하고 치료비를 제가 부담하려고 하였는데, A의 부모는 저에게 많은 돈을 요구하면서 만약 이를 지급치 아니하면 제 아들을 고소하여 처벌시키겠다고 합니다. A의 부모가 제 아들을 고소하면 제 아들은 형사상 처벌을 받는지요?

답 변

귀하의 아들이 한 행위는 형사상 과실치상죄에 해당하는 행위이나 형법 제9조는 "14세 되지 아니한 자의 행위는 벌하지 아니 한다."라고 하여 형사상 미성년자의 행위에 대한 형사처벌 면제의 규정을 두고 있다.

여기에서 '14세 되지 아니한 자'란 만 14세 미만의 자로 가족관계등록부상의 나이가 아닌 실제나이를 말한다. 따라서 귀하의 아들 나이가 행위 당시 실제나이로 만 14세 미만이라면 위와 같은 형사상 처벌은 받지 아니할 것이다.

그러나 소년법 제4조 제1항에 의하면 형벌법령에 저촉되는 행위를 한 10세 이상 14세 미만의 소년은 소년부의 보호사건으로 처리할 수 있도록 되어 있으므로, 만약 이에 해당된다면 보호처분의 대상은 될 수 있을 것이다.

한편, 사고를 친 아이의 부모가 그 아이를 관리 · 감독하는 데 잘못이 있었다면 그 아이의 행위에 대하여 민사상 손해배상책임을 지게 된다(민법 제753조 · 제755조). 따라서 부모는 피해자에 대한 치료비나 기타 손해배상을 하여야 한다. 그러나 만일 부모가 이 어린이를 시켜 상대방에게 피해를 입힌 경우라면 그 부모가 형사처벌(상해간접정범)과 민사상 책임을 지게 된다.

2 미성년자의 부동산 거래행위

질 문

만 18세인 저는 아버지가 저의 명의로 사둔 싯가 5000만 원 상당의 부동산이 있습니다. 학교 공부는 아무래도 흥미가 없어서 이 부동산을 밑천으로 일찍이 장삿길로 나서고 싶은데 부모님은 극구 반대하십니다. 할 수 없이 부모님 몰래 이 부동산을 A에게 6000만 원에 팔기로 계약을 체결하고 우선 계약금으로 600만 원을 받았습니다. 이 사실을 안 부모님은 펄쩍 뛰시며 A에게 위 계약을 취소하시겠다고 합니다. 행복이 성적순은 아닐 것 같아 저는 꼭 장사를 하고 싶은데 어떻게 하면 좋겠습니까?

답 변

우선 학생은 미성년자로서 위와 같은 계약행위를 하기 위해서는 법정대리인인 부모의 동의를 얻어야 한다. 따라서 부모 동의 없이 한 위 계약은 부모가 취소할 수 있다. 따라서 학생이 굳이 장사를 하기 위하여 위 부동산을 처분하고자 한다면 부모님과 잘 상의하여 먼저 동의를 얻어야 할 것이다. 그리고 위와 같은 계약을 유효하게 하기 위해서는 부모님이 이 계약을 취소하지 않도록 잘 말씀드릴 수밖에는 별 도리가 없다.

3 미성년자의 근로계약

질 문

저는 올해 고등학교를 졸업하고 사회에 첫발을 내딛은 만18세의 미성년자입니다. 부모님은 제가 대학에 진학하기를 원하지만 저는 자력으로 취업을 해서 사회적으로 자립하고 싶은데, 미성년자의 취업에 따른 법률문제를 알고 싶습니다.

답 변

근로기준법 제64조는 15세 미만자는 노동부장관의 취직인허증을 소지한 자가 아닌 경우에는 근로자로 사용하지 못하게 하고, 동법 제67조의 규정에 의하면 친권자 또는 후견인은 미성년자의 근로계약을 대리할 수 없다고 규정하고 있는데, 여기에는 법정대리권의 행사뿐만 아니라 미성년자의 위임에 의한 임의대리의 경우도 포함된다. 이는 비록 미성년자의 동의를 얻었다 하더라도 미성년자에게 불리한 친권남용이 될 가능성이 있기 때문이다. 따라서 미성년자의 근로계약은 친권자 또는 후견인의 동의를 얻어 본인 자신이 체결하는 것이 원칙이다.

그리고 미성년자의 임금청구권 문제를 살펴보면 근로기준법 제68조는 "미성년자는 독자적으로 임금을 청구할 수 있다"라고 규정하여 미성년자에게 독자적인 임금청구권을 부여하고 있다. 임금청구를 친권자가 대리수행하도록 한다면 친권자 등이 법정대리권을 빙자하여 미성년자가 수령하여야 할 임금을 중간에서 착취하여 사용함으로써 미성년자가 반강제적 근로에 종사하게 되는 경우가 생길 여지가 있기 때문이다.

근로기준법 제43조 제1항 본문에서도 "임금은 통화로 직접 근로자에게 그 금액을 지급하여야 한다."라고 규정하여 사용자에게 임금직접지급의 의무를 과함으로써 미성년자를 보호하고 있다.

4 미성년자가 낳은 자녀에 대한 친권자

질 문

저의 딸은 만 18세의 미성년자인데 한 때의 불장난으로 인하여 父를 알 수 없는 아이를 출산하였습니다. 저는 딸의 장래를 위하여 그 아이를 다른 집에 입양시키려고 하는데 딸의 반대가 심합니다. 딸의 반대에도 불구하고 제 마음대로 딸이 출산한 아이를 다른 집에 입양시킬 수 있는지요?

답 변

13세 미만자가 입양되기 위해서는 법정대리인이 이에 갈음하여 입양의 승낙을 하여야 한다. 미성년자의 법정대리인은 친권자 또는 후견인이므로 위 사례의 경우 딸이 출산한 아이의 법정대리인은 우선 딸이 된다. 그러나 딸이 미성년자이고 법률혼의 경우도 아니므로 그 아이의 친권을 행사할 수 있는 자가 누구인지 문제가 된다.

일반적으로 친권의 내용은 子를 보호하고 교육할 권리와 의무, 그리고 재산관리권으로 나눌 수 있다. 그러나 법률상으로는 명확하게 친권을 신상보호권과 재산관리권으로 나누고 있는 것은 아니다. 오히려 민법은 친권은 당연히 자녀의 재산관리권을 포함하고 있는 것으로 보고 있다. 따라서 법정대리인인 친권자가 부적당한 관리로 인하여 미성년인 자녀의 재산을 위태롭게 한 때에 법원은 친족의 청구에 의하여 그 법률행위의 대리권과 재산관리권의 상실을 선고할 수 있다.

그러므로 친권을 행사할 수 있는 능력은 재산상의 행위능력과 일치하게 된다. 그 결과 사례의 경우와 같은 미성년인 딸은 친권을 행사할 수 없다(다만, 미성년자일지라도 혼인신고된 법률혼이라면 성년으로 의제되어 자기의 자녀에 대한 친권을 행사할 수 있다(민법 제862조의2)). 그리고 미성년자가 직접 친권을 행사할 수 없는 경우에는 미성년자의 친권은 친권자 또는 후견인이 이에 갈음하여 행사하게 된다(민법 제910조).

따라서 위 사례의 경우 귀하는 미성년자인 딸을 대신하여 딸이 출산한 子, 즉 귀하의 손자에 대한 친권을 행사할 수 있다. 그러므로 13세 미만의 子를 입양보내는 경우의 대락권(代諾權)도 귀하가 미성년인 딸을 대신하여 행사할 수 있다(민법 제869조 제2항, 제911조). 따라서 딸의 반대가 심하더라도 법률상으로는 귀하의 의사여하에 따라 손자의 입양여부가 결정된다고 하겠다.

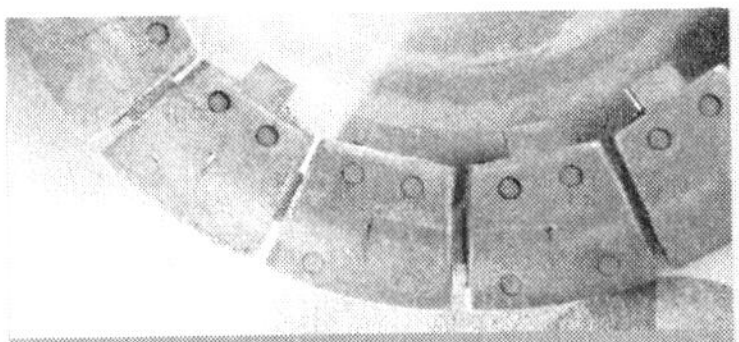

신원보증계약/근로자의 지위
산업재해보상/회사설립/사례문답

제3장 회사생활과 법률

제 1 절 신원보증계약

회사에 취직을 하게 되면 회사(사용자)는 피용자에게 신원보증인(2인)을 세우도록 하여 신원보증계약을 체결한다. 신원보증은 장래 신원본인(피용자)의 직무집행으로 인하여 회사에 손해를 끼친 경우 이에 대한 책임을 지는 제도인 만큼 특별한 주의가 필요하게 된다. 따라서 사용자는 ① 피용자가 업무상 부적임하거나 불성실하여 이로 말미암아 신원보증인의 책임을 발생케 할 염려가 있거나, ② 피용자의 업무 또는 부서를 바꿈으로써 신원보증인의 책임을 가중하거나 또는 감독이 곤란하게 될 때에는 지체 없이 이를 신원보증인에게 통지하여야 한다.

신원보증인은 이러한 사실의 통지를 받았거나 또는 스스로 동시사유가 되는 사실들을 안 때와, 또 피용자의 고의 또는 과실 있는 행위로 인하여 발생한 손해를 그가 배상한 때에는 신원보증계약을 해지할 수 있다.

신원보증기간은 원칙적으로 2년이고, 그 기간을 정한 경우에는 2년을 넘지 않는 범위에서 유효하다(신원보증법 제3조). 신원보증인은 보증기간 안에 신원본인(피용자)이 회사에 손해를 입힌 경우 그 손해를 부담하게 된다. 다만 사용자의 감독상 과실, 통지의무를 게을리한 경우, 신원보증인이 보증을 하게 된 사유, 피용자의 임무 또는 신분의 변동 등을 참작하여 손해부담액(보증채무금) 산정시 감경시키고 있다.

그러나 신원보증인을 세우는 일이 서로에게 난처한 입장을 초래하는 것이 오늘날 현실이므로, 요즘은 신원보증보험증권으로 대체하는 경우가 급속히 증가하고 있다.

제2절 근로자의 지위

Ⅰ. 근로계약

회사에 취직한다는 것은 취업규칙에 따라 근로자와 사용자가 근로조건 등을 합의하여 근로계약을 체결하는 것이다. 그러나 근로자는 사용자보다 사회적·경제적으로 약자인 점을 감안하여 근로기준법에서는 근로자의 쾌적한 작업환경의 보장과 합리적인 근로시간, 임금, 휴식시간, 휴가제도, 퇴직금제도, 재해대책 등에 관하여 규정하고 있다. 특히 여자와 연소근로자는 생리휴가, 수유시간, 야간작업과 위험작업의 금지 등에 대하여 보호규정을 두고 있다.

Ⅱ. 근로자의 지위보호

특히 헌법에서는 노동에 의한 인간의 생존을 확보하기 위하여 고용증진과 적정임금의 보장에 노력할 것을 규정하고(제32조 제1항) 있는 외에, 단결권·단체교섭권·단체행동권(이른바 노동 3 권)을 보장하고 있다(제33조 제1항). 따라서 「노동조합 및 노동관계조정법」 에서는 노사간 단체협약을 통한 산업민주화를 꾀하고, 합법적인 노동쟁의를 보장하고 있다. 더 나아가 노동위원회 기타 행정기관의 개입에 의하여 근로자의 노동3권의 구체적 보장을 위하여 사용자의 부당노동행위를 규제하고 있다.

Ⅲ. 해 고

1. 해고의 뜻

해고란 근로자의 의사와는 관계없이 사용자가 일방적으로 근로관계를 중단하는 것을 말한다. 여기에는 보통 통상해고, 징계해고, 정리해고의 3가지가 있다.

통상해고란 객관적으로 보아 근로자가 종전의 일을 계속하는 것이 불가능하다고 생각되는 경우(예컨대, 택시기사가 운전면허취소를 당한 경우)에 행하는 해고이다. 징계해고란 근로자에게 징계사유(예컨대 무단결근 등)가 있어 이를 이유로 해고하는 것이다. 그리고 정리해고라 함은 회사의 형편이 매우 나빠져서 근로자의 일부를 줄이지 않으면 안 될 때, 근로자 개인의 잘잘못에 관계없이 회사가 정한 일정한 기준에 따라 일정수의 근로자를 해고하는 것을 말한다.

2. 해고의 제한

사용자의 일방적인 해고조치가 내려지면 경제적 약자인 근로자는 치명적인 생활상의 타격을 입게 되므로, 근로기준법은 근로자의 생활안정을 위해 해고에 대한 일정한 제한 규정을 두고 있다.

(1) 정당한 사유

사용자가 근로자를 해고시키기 위해서는 정당한 사유가 있어야 한다. 정당한 사유라 함은 구체적인 해고사유가 상식적으로 받아들일 수 있는 것인지 여부에 의하여 판단하게 되는데, 보통 취업규칙이나 단체협약의 해고관련규정이 기준이 된다.

정리해고의 정당성을 위한 요건으로는 첫째, 해고를 하지 않으면 기업경영이 위태로울 정도의 급박한 경영상의 필요성이 존재할 것(급박한 경영상의 필요성), 둘째, 경영방침이나 작업방식의 합리화, 신규채용의 금지, 일시휴직 및 희망퇴직의 활용 등 해고회피를 위한 노력을 다하였어야 할 것(해고회피의 노력), 셋째, 합리적이고 공정한 기준을 설정하여(연령, 가족관계, 근속연수, 재산관계, 재취업의 가능성, 건강상태 등 종합적 판단) 이에 따라 해고대상자를 선별할 것(해고대상자 선별의 합리·공정성), 그리고 넷째는 해고에 앞서 노동조합이나 근로자대표와 해고를 하고자 하는 날의 50일 전까지 통보하고 성실한 협의를 거칠 것(사전협의절차) 등이 요청된다.

(2) 해고 예고

해고의 정당한 사유가 있다고 하더라도 어느 날 갑자기 해고된다면 근로자는 큰 낭패를 당하게 된다. 이를 방지하기 위하여 근로기준법은 해고예고제도를 두고 있다. 즉 사용자가 근로자를 해고할 때에는 최소한 30일 전에 해고예고를 하거나, 30일 전에 예고를 하지 아니하였을 때에는 30일분 이상의 통상임금을 해고수당으로 지급하여야 한다(근로기준법 제26조). 따라서 정리해고시 그 요건을 모두 갖추었더라도(예컨대 50일 전 통보·협의 등) 최소한 30일의 해고예고기간이 경과하거나 그에 갈음하는 해고예고수당을 지급한 시점에서 해고의 효력이 발생한다.

(3) 업무상 부상시기의 해고제한

근로자가 업무상 부상을 당하거나 산전산후로 인하여 휴업중인 때에는 그 휴업기간과 그 후 30일간은 해고할 수 없다(근로기준법 제23조 제2항).

3. 부당해고에 대한 구제

정당한 사유 없이 해고를 당한 근로자는 해고에 불복하여 회사를 상대로 해고의 효력을 다툴 수 있다. 이러한 방법으로는 노동위원회에 부당해고구제신청을 하는 방법과 법원에 해고무효확인청구 소송을 하는 방법이 있다.

해고가 정당한 사유가 아닌 때, 또는 회사 측이 취업규칙이나 단체협약에 정한 해고절차를 거치지 않고 해고하였을 때에는 그 해고는 무효가 되고, 근로자는 해고된 때로부터 복직할 때까지의 임금을 받을 수 있다.

제3절 산업재해보상

I. 산업재해의 뜻

산업재해란 근로자가 작업시간, 휴식시간 등에 당하는 사고를 말한다. 따라서 본인의 과실에 의한 경우든 근로현장의 안전시설미비에 의하든, 같이 일하는 동료의 과실로 인한 경우든 또는 어느 누구의 잘못으로도 돌릴 수 없는 경우 등 어떠한 원인으로 발생하였는지를 불문하고 모두 산업재해로 인정한다. 산업재해보상보험법은 산업재해에 대하여 보상하도록 하고 있다.

II. 산재보상의 요건

산업재해가 발생하여 치료비 등을 보상받기 위해서는 첫째, 사업 또는 사업장(산재보험법 제6조 단서의 사업은 제외)에서 일하던 근로자가 당한 사고이어야 한다. 둘째, 그 사고가 업무상 발생한 것이어야 한다. 여기서 업무의 의미는 근로자 보호차원에서 넓게 해석하고 있다. 예컨대 출퇴근 통근버스에서 다친 경우, 회사체육대회 때 축구를 하다가 다친 경우 등과 같이 업무를 수행하던 중 또는 업무로 인하여 발생한 것이면 모두 업무에 해당한다.

Ⅲ. 산재보상의 내용

1. 산재보험

산업재해를 당한 근로자는 사용자에게 그 손해배상을 청구할 수 있다. 그러나 사용자가 경제능력이 부족하다든가, 배상을 함으로써 회사가 파산지경에 이르는 경우도 생길 수 있다. 이에 따라 산업재해보상보험법은 산재보험제도를 두어 산재사고가 나면 사용자가 배상능력이 있든 없든 정부에서 직접 치료비 등의 보상을 하도록 하고 있다.

따라서 사용자는 의무적으로 산재보험에 가입하여 보험료를 정부에 내고 사고가 발생한 경우에는 근로자가 정부로부터 직접 보험급여를 받게 된다.

2. 산재보상의 종류

산재를 당한 근로자가 산재보험으로 받게 되는 보상으로는 요양급여, 휴업급여, 장해급여, 유족급여, 상병보상연금, 장례비 및 직업재활급여가 있다.

(1) 요양급여

요양급여는 치료비를 말한다. 즉 산재사고를 당한 근로자는 완치될 때까지 치료받을 수 있고 그 치료비는 산재보험에서 전액 지급된다(산재보험법 제40조). 또한 나중에 후유증이 생기게 되면 이에 대해서도 다시 치료비를 청구해서 치료받을 수 있다.

(2) 휴업급여

휴업급여는 치료기간 중의 생계비를 말한다. 산재사고를 당한 근로자는 치료기간 중 일을 할 수가 없어서 임금을 받지 못하는 경우가 있다. 이 때 산재보험에서는 사고 당시 평균적으로 받던 평균임금의 70%에 해당하는 임금을 생계를 위한 휴업급여로 지급한다. 다만, 휴업한 기간이 3일 이내인 때에는 지급하지 아니한다(산재보험법 제52조).

(3) 장해급여

장해급여는 장해로 인하여 치료 후에도 후유증이 남아 일을 할 수 있는 가동능력이 상실되었을 때 보상하는 것을 말한다. 산재사고를 당한 근로자는 치료를 받았다고 하더라도 예전처럼 완전한 가동능력을 발휘하지 못하는 경우가 생길 수 있다. 이 때 산재보험은 장해의 정도(신체상실률)에 따라 산재보험법에서 정한 기준에 의거하여 장해급여를 지급한다(산재보험법 제57조).

장해급여는 수급권자의 선택에 따라 장해보상일시금 또는 장해보상연금으로 지급한다. 다만, 산업재해보상보험법 시행령이 정하는 노동력을 완전히 상실한 장해등급의 근로자에 대하여는 장해보상연금을 지급한다. 장해보상연금은 수급권자의 신청이 있는 경우에는 그 연금의 최초의 1년분 또는 2년분의 2분의 1에 상당하는 금액을 선급할 수 있다.

(4) 간병급여

간병급여는 산재사고로 요양급여를 받은 자가 치료 후 의학적으로 상시 또는 수시로 간병이 필요하여 실제로 간병을 받는 자에게 지급하는 보상이다(산재보험법 제61조). 간병급여의 지급기준과 방법은 산업재해보상보험법 시행령에서 정하고 있다.

(5) 유족급여

유족급여는 산재사고를 당한 근로자가 사망하였을 때 그 유족들에게 지급되는 보상이다. 유족급여는 유족보상연금 또는 유족보상일시금으로 하되 유족보상연금의 수급권자가 원하는 경우에는 유족보상일시금의 50%에 상당하는 금액을 일시금으로 지급하고, 유족보상연금은 50%를 감액하여 지급한다. 만일 유족보상연금을 받던 자가 그 수급자격을 잃은 경우 다른 수급자격자가 없고, 이미 지급한 연금액을 지급당시의 각각의 평균임금으로 나눈 일수의 합계가 1,300일에 미달하는 경우에는 그 미달하는 일수에 수급자격 상실 당시의 평균임금을 곱하여 산정한 금액을 유족보상연금수급자격자가 아닌 다른 유족에게 일시금으로 지급한다(산재보험법 제62조).

(6) 상병보상연금

요양급여를 받는 근로자가 요양개시 후 2년이 경과된 날 이후에 ① 당해 부상 또는 질병이 치유되지 아니한 상태에 있을 것, ② 그 부상 또는 질병에 의한 폐질의 정도가 대통령령이 정하는 폐질등급기준에 해당하는 상태가 계속되는 경우에는 요양급여 외에 상병보상연금을 수급권자에게 지급하여야 한다(산재보험법 제66조).

(7) 장 의 비

근로자가 재해로 인하여 사망한 경우에 그 장의비는 평균임금의 120일분에 상당하는 금액이 지급된다(산재보험법 제71조).

(8) 직업재활급여(산재보험법 제72조)

Ⅳ. 민사상 손해배상

산재보험에 의한 보상은 누구의 잘잘못을 떠나서 보상하기 때문에 그 지급기준이 최소한으로 정하여져 있다. 따라서 산재사고 근로자에게 적정한 보상이 안 될 수가 있다. 이러한 경우에 사고책임을 사용자에게 물을 수 있다면, 예컨대 산재사고 발생에 대하여 회사의 과실(안전장치미비, 회사직원의 잘못)이 있다면, 사고를 당한 근로자는 사고를 당한 날로부터 3년 이내에 그 사고로 인한 손해배상을 사용자에게 청구할 수 있다(민법 제756조).

제 4 절 회사설립

우리가 경제생활을 영위함에 있어서 위와 같이 회사에 취직하여 생활하는 경우도 있지만 회사를 설립하여 경영자로서 국가경제에 이바지하는 경우도 있다. 또는 처음에는 소규모 개인기업을 경영하다가 경영규모가 커짐에 따라 회사로 법인 전환하여 회사를 운영하기도 한다.

상법상 회사로는 합명회사, 합자회사, 유한책임회사, 주식회사, 유한회사가 있으나 우리나라의 경우 약 90% 이상이 주식회사이다. 이는 주식회사가 주식, 자본, 유한책임이라는 특성을 가지면서 자금조달에 편리성을 지니고 있기 때문이기도 하다. 따라서 다음에서는 주식회사의 설립절차와 개인기업의 주식회사로의 전환에 대해서만 설명한다.

Ⅰ. 주식회사의 설립

주식회사를 설립하기 위해서는 발기인이 설립계약서를 작성하여 공증하고, 회사의 기본규약인 정관을 작성하여 공증인의 인증(공증, 자본금총액이 10억 미만인 회사를 각 발기인이 정관에 기명날인 또는 서명으로 효력 발생)을 받아, 주식금액을 납입하고 회사설립등기를 함으로써 성립된다. 1주당 액면금액은 100원 이상으로 하되 모든 주식의 가액이 균일하여야 한다.

1. 발기설립

발기설립은 발기인조합을 구성하고 정관을 작성하여 공증인의 인증을 받고 주식발행사항을 결정하여, 발기인들이 주식 전체를 인수하고 출자이행을 완수하는 것을 말한다. 이와 같이 출자가 완료되면 발기인은 지체 없이 의결권의 과반수로 이사와 감사를 선임하여야 한다. 대표이사는 설립경과의 조사를 위해 법원에 검사인 선임을 의뢰하여 변태설립사항에 대한조사를 받아야 한다. 그러나 정관에 변태설립사항을 정한 때라도, 이사는 공증인과 감정인의 조사·보고로 검사인의 조사·보고에 갈음할 수 있다(상법 제299조의2).

그리고 이사는 법원의 상업등기과에 설립등기를 하면 설립절차가 종결된다. 변태설립사항이란 회사의 자본을 부실하게 할 우려가 있는 내용을 정한 것으로 발기인들끼리 정한 위험한 약속이라고도 한다. 그 내용으로는 발기인이 받을 특별이익, 현물출자, 회사설립 후 양수하기로 한 자산(재산인수), 회사가 부담하기로 한 설립비용과 발기인의 보수 등이다. 이러한 변태설립사항은 정관에 기재하여야만 효력이 발생할 수 있다.

2. 모집설립

모집설립은 주식발행조건의 결정까지는 발기설립과 동일하나 발기인은 적어도 1주 이상 주식을 인수하고, 나머지는 신문공고 등에 의한 일반인들로부터 모집하든가 연고자들로부터 모집하여 설립하는 방법이다. 종래에는 실무상 변태설립사항이 없는 경우에는 번거로움을 피하기 위하여 발기설립에 의하지 않고 발기인 이외 1인 이상의 주주를 모집하여 모집설립으로 처리함으로써, 법원이 선임한 검사인의 검사를 피하는 방법으로 활용되었으나 개정상법에서 발기설립이든 모집설립이든 정관으로 변태설립사항을 정한 경우라도 이사는 공증인 · 감정인의 조사 · 보고로 검사인의 조사 · 보고에 갈음할 수 있게 되어 적어도 위의 이유는 의미가 없게 되었다.

출자의 납입이 금융기관에 납입완료되고, 변태설립사항이 있으면 창립총회(주주총회의 전 단계)전에 법원에 검사인 선임을 의뢰하여 검사인의 조사 · 보고를 받든지 이에 갈음하여 공증인 · 감정인의 조사 · 보고를 받아야 한다. 그리고 창립총회를 소집하여 발기인이 회사설립 경과보고를 하고, 출석한 주식인수인의 의결권의 3분의 2 이상과 인수된 주식총수의 과반수로 이사와 감사를 선임하고, 이사는 창립총회에 설립경과보고를 하면 설립행위는 종결되고, 2주일 이내에 상업등기소에 설립등기를 하면 회사가 설립된다.

위와 같이 주식회사설립등기를 마치고 나면 30일 내에 세무서에 법인설립신고를 하게 된다.

II. 개인기업의 법인으로의 전환

개인기업(예컨대 제일상사)의 규모가 커져서 기업경영의 효율성과 조세부담 등을 고려하여 법인(여기서는 주로 주식회사를 뜻함)으로 전환하는 것이 유리한 경우가 있다. 여기에는 두 가지 방법이 있다.

첫째는 기업주가 발기인조합을 구성하여 자본을 모집하는 과정에서 개인기업의 자산을 평가하여 설립되는 법인에 출자금으로 납입하는 현물출자방식이다.

둘째는 현물출자에 따른 주식평가 등의 어려움을 없애고 간단하게 법인으로 전환하기 위해 개인기업주가 발기인조합을 구성하여 법인을 설립한 후, 법인의 대표와 개인기업주가 사업(영업)을 포괄적으로 양도 · 양수계약을 체결하여 전환하는 경우이다.

현물출자에 의한 전환방식은 개인기업의 회계감사, 개인기업의 평가, 변태설립사항에 따른 법원의 검사인 선임에 의한 검사, 개인기업의 폐업신고 후 발기인명의로의 사업수행 등의 절차를 거쳐야 하므로 복잡하다. 그러나 영업(사업)양도 · 양수에 의한 전환방식은 법인 설립 후 영업의 양도·양수계약체결과 동시에 개인기업을 폐업하고(세무서 등에 폐업신고), 법인이 사업을 수행하면 종료되는 점에서 간단하다.

그런데 법인으로 전환시 전환절차가 복잡한 현물출자방식을 택하는 이유는 제조업·광업·건설업·운수업·수산업 등을 영위하는 자가 현물출자방법으로 부동산을 법인에 출자하면 취득세·등록세가 전액 면제되는 데에 있다. 그러나 영업양도방식은 위와 같은 업종을 영위하더라도 취득세와 등록세가 50%만 감면된다.

따라서 위와 같은 업종 이외의 업종을 경영하는 기업과 부동산이 없거나 부동산가액이 적어서 취득세와 등록세의 부담이 적은 기업은 영업양도방식에 의한 법인전환이 유리하다.

제3장 회사생활과 법률

1 과로사와 산업재해

질 문

저의 남편은 중소기업체의 과장이었는데 몇 년 전 회사에서 정기건강검진 결과 당뇨 및 고혈압 진단을 받았으나, 심각한 상태는 아니므로 혈당관리만 잘 하면 된다는 의사의 말에 혈당강하제를 복용하고 정상적으로 근무하였습니다. 그런데 최근에 회사의 구조조정으로 일부 부서가 통폐합되는 바람에 저의 남편은 이전에 2명이 하던 일을 혼자하게 되어 매일 연장·야간근무를 하고 밤늦게 귀가하였으며 매우 피곤해 했습니다. 그러던 중 2012년 5월 10일 밤늦게 귀가하여 저녁식사 도중 갑자기 쓰러져 병원으로 후송되어 치료를 받았으나 뇌출혈로 인하여 사망하였습니다. 저의 남편의 경우 산업재해로 인정받을 수 있는지요?

답 변

최근의 각종 통계에 따르면 30~40대 가장이 뇌혈관질환 또는 심장질환으로 갑자기 사망하는 경우가 높다고 한다. 그 이유는 각종 업무와 관련하여 한창 일할 세대로서 정신적·신체적 부담에 의한 피로의 축적이 주요 요인이라고 한다.

과로사는 이와 같이 정신적·신체적 업무부담에 의한 피로의 축적에 의하여 나타난 생명유지기능의 파괴로 발생하는 경우에 나타나는데, 산업재해보상보험법 시행규칙 제39조 제1항 [별표 1] 가목에서는 ① 돌발적이고 예측곤란한 정도의 긴장·흥분·공포·놀람 등과 급격한 작업환경의 변화로 근로자에게 현저한 생리적인 변화를 초래한 경우, ② 업무의 양·시간·강도·책임 및 작업환경의 변화 등 업무상 부담이 증가하여 만성적으로 육체적·정신적인 과로를 유발한 경우, ③ 업무수행중 뇌실질내출혈·지주막하출혈이 발병되거나 같은 질병으로 사망한 원인이 자연발생적으로 악화되었음이 의학적으로 명백하게 증명되지 아니하는 경우에는 이를 업무상 질병으로 보아 산업재해를 인정하고 있다.

더 나아가 질병이 업무수행 중에 발병되지 않은 경우에도 그 질병의 유발 또는 악화가 업무와 상당인과관계가 있음이 시간적, 의학적으로 명백한 경우에도 산업재해를 인정하고 있다.

따라서 귀하의 남편이 당뇨 및 고혈압 등 기존 질환이 있었고 업무수행중이 아니었다 하더라도 뇌출혈의 발병원인이 업무와 관련한 육체적 과로 또는 정신적 스트레스와 상당인과관계가 있다면 산업재해로 인정될 수 있고, 이 경우 귀하는 유족급여 및 장의비를 지급받을 수 있을 것이다. 참고로 산업재해보험금 청구권의 소멸시효는 3년이므로 귀하의 남편이 사망한 날로부터 3년 이내에 청구하여야 한다.

2 회사 회식중 사고와 산재보상

질 문

회사에 다니던 A씨는 2개월 전 자신이 소속된 홍보팀 팀장의 권유로 팀 직원들과 저녁회식을 하였습니다. 회식 후 팀원 9명은 팀웍을 더욱 돈독히 하기 위하여 음식점 옆에 있는 노래방에 갔고, A씨는 노래방에서 열심히 노래를 부르다 의자에 걸려 넘어지면서 뇌출혈로 사망하였습니다. 유족으로는 아내와 14세인 아들, 12세인 딸이 있습니다. A씨 유족들은 A씨의 사망으로 인한 산업재해보상을 받을 수 있는지요?

답 변

산업재해보상보험법상 회사원이 회식중의 사고와 관련해 업무상 재해를 인정받기 위해서는 회식이 ① 업무와 연관성이 있고 ② 사용자(사업주)의 관리·통제를 받고 있었다는 점이 입증되어야 한다. 판례를 보면, 구내식당이 없는 사업장에 근무하던 근로자가 사업주의 허락하에 평소와 같이 점심식사시간에 사업장 인근의 자택에서 점심식사를 한 후 바로 사업장으로 복귀하던 중 일어난 재해는 업무상 재해에 해당한다고 한 사례가 있다(대판 2004.12.24, 2004두6549). 위 질문의 사실관계에서 보듯

회식이 직원 단합 차원에서 만들어진 자리이고, 팀장이 참석토록 권유한 것이 사실이라면 A씨는 산업재해보상보험법 제4조의 업무상 재해(업무상 사유에 의한 근로자의 부상, 질병, 신체장해 또는 사망을 말함)를 인정받을 수 있다. 노래방 모임도 전체 직원이 참석하는 등 1차 회식의 연장으로 볼 여지가 많기 때문이다. 특히 노래방 모임의 비용을 회사 측에서 부담했다면 A씨가 업무상 재해를 인정받을 가능성은 더욱 커진다.

그러나 A씨가 회식 후 또는 노래방 모임 뒤 친한 동료 몇 명과 2차 모임이나 3차 모임에 갔다 사고를 당했다면 업무상 재해로 인정받지 못할 수 있다. 이러한 사고는 사업주의 관리·통제범위 밖이라고 볼 수 있기 때문이다. 실제로 공식적인 회식 자리가 끝난 뒤 동료 몇 명과 새벽 시간까지 이어진 술자리에서 사고를 당했다가 업무상 재해를 인정받지 못하는 경우가 많다.

A씨는 업무상 재해로 인정되기 때문에 A씨의 유족은 산업재해보상보험법상 유족급여를 받을 수 있다. 이를 받기 위해서는 근로복지공단 지사에 유족급여를 지급해 달라는 청구를 하면 된다. 만일 근로복지공단 지사 측이 이를 거부할 경우에는 90일 이내에 근로복지공단 본부에 심사를 청구하거나, 직접 법원에 행정소송을 제기할 수 있다. 법원은 업무상 재해를 판단할 때 행사의 주최자, 목적, 내용, 참가 인원, 강제성 여부, 비용 부담 등을 종합적으로 고려한다.

A씨 사망이 업무상 재해로 인정되어 A씨 유족이 유족급여를 받을 경우 유족급여를 수령하는 방법은 두 가지가 있다. 우선 1년에 네 차례 연금으로 받는 것이다. 이 경우 배우자는 사망 때까지 연금을 받게 된다. 자녀는 만 18세 미만이어야 받을 수 있다. 위 질문의 경우 A씨 아들과 딸의 나이가 현재 14세와 12세인만큼 만 18세가 될 때까지 받을 수 있다. 또 일시금과 연금으로 절반씩 나눠받는 방법도 있다. 이 경우 일시금을 수령한 후에는 유족보상일시금 상당액 부분에 대한 수급권은 이미 소멸하였으므로 그 반환을 조건으로 수령방식을 전액 연금 방식으로 변경할 수는 없다(대판 2005.7.8, 2003두13700). 따라서 수령방식을 정할 때는 신중을 기해야 한다.

3 이력서에 허위경력을 기재한 경우

질 문

회사에 입사할 당시 이력서 등에 경력을 사실과 다르게 기재한 경우, 사용기간이 지나 정식채용 되고 난 후에 그것을 이유로 징계사유로 삼을 수 있는지요? 저희 회사의 취업규칙 등에는 전혀 이에 관한 규정이 없는데요.

답 변

일반적으로 기업이 근로자를 고용하면서 학력 또는 경력을 기재한 이력서 등을 요구하는 이유는 단순히 근로자의 근무능력, 즉 노동력을 평가하기 위해서만이 아니라 노사간 신뢰형성과 기업질서유지를 위해서는 근로자의 지능과 경험, 교육정도, 정직성 및 직장에서의 정착성과 적응성 등 전인격적 판단을 거쳐 고용여부를 결정할 필요가 있으므로 그 판단자료로 삼기 위한 것이다. 따라서 경력을 기재하게 되면 채용되지 않을 것이 예상된다고 하여 그 경력을 은폐하거나 허위경력을 기재하는 행위가 정당화될 수는 없는 것이고, 이러한 허위경력기재행위 내지 경력은폐행위를 징계사유로 삼는 것이 근로자의 생존권을 박탈하는 것으로써 위법하다고 볼 수 없다. 더구나 사용자는 통상적으로 근로자가 이력서 등에 기재한 경력 등을 진실한 것으로 신뢰하는 것이므로, 달리 특별한 사정이 없는 한 사용자에게 근로자의 이력서 등의 기재내용의 진실여부를 확인하여야 할 일반적인 의무가 있다고 할 수 없는 것이다. 그러므로 허위경력기재행위 내지 경력은폐행위가 징계사유로 규정되어 있는 이상 취업규칙 등에서 근로자의 사용기간 동안에만 이를 징계사유로 삼을 수 있다는 등의 특별한 규정이 있는 경우를 제외하고는 이를 사용기간이 지난 후에도 징계사유로 삼을 수 있음은 당연하므로, 허위경력기재행위 내지 경력은폐행위를 사용기간이 지난 후에는 징계사유로 삼을 수 없다고 할 수는 없을 것이다(대판 1995.3.10, 94다14650).

따라서 사례의 경우와 같이 취업규칙에 달리 규정한 바가 없을 경우, 정식채용되고 난 후에도 입사시 경력을 사실과 다르게 기재하여 제출한 행위를 징계사유로 삼을 수 있지만 허위이력서는 형법상 공·사문서위조죄에 해당되지 않는다.

4 부당한 해고를 당한 경우

질 문

저는 회사파업의 주동자로 낙인찍혀 회사로부터 갑자기 징계해고를 당하였습니다. 저는 이에 불복하여 회사에 계속 출근하고자 하는데 어떻게 하면 좋을까요?

답 변

일방적 해고조치를 당하면 경제적 약자인 근로자는 생활에 큰 타격을 받게 되므로, 근로기준법은 근로자의 생활안정을 확보하기 위하여 해고에 대한 일정한 제한규정을 두고 있다. 즉 해고를 하기 위해서는 취업규칙이나 단체협약의 해고관련규정을 기준으로 하여 정당하여야 한다. 질문의 경우 파업이 합법적인 쟁의행위로 이루어졌는지 여부가 나타나지 않아 확실하지는 않지만, 그 파업이 불법적이 아닌 한 일방적인 해고는 부당하다고 할 것이다. 해고를 하더라도 인사위원회 등을 통하여 근로자의 해명을 청취하여 결정하여야 하고 또한 정당한 사유가 있어야 한다.

또한 정당한 해고사유라 할지라도 적어도 30일 전에 해고예고를 하여야 한다. 해고예고를 하지 않고 해고하는 경우에는 30일 분 이상의 통상임금을 지급하여야 한다. 이것을 예고수당이라고 한다. 그러나 천재지변 등 어쩔 수 없는 사유로 사업계속이 불가능한 경우에는 노동부장관의 승인을 얻어 해고의 예고를 하지 않아도 된다. 이 외에 예고를 하지 않아도 되는 경우로는 ① 일용근로자로서 3월 이상 계속하여 근무하지 아니한 사람, ② 2월 이내의 기간을 정하여 채용된 사람, ③ 월급근로자로서 6월이 안 된 사람, ④ 계절적 업무에 6월 이내의 기간을 정하여 채용된 사람, ⑤ 수습중의 근로자를 들 수 있다.

그러나 ①의 근로자라도 3개월 이상 계속하여 일하고 있다든지, ②, ④의 근로자라도 2월이나 6월을 초과하여 계속 고용된 사람, ⑤의 수습기간이 끝난 근로자에 대하여는 해고의 예고를 하여야 한다.

질문의 경우 부당해고라서 이에 불복한다면 해당 지방노동위원회에 부당해고구제신청을 할 수 있다. 또는 법원에 종업원지위보전처분을 받아 해고무효확인청구소송을 할 수 있다. 여기서 부당해고로 인정되어 해고무효판결이 나면 근로자는 원래

대로 복직이 되고 복직할 때까지의 받지 못한 임금을 받을 수 있다.

〈부당노동행위(해고 등) 제소의 방법〉

부당노동행위의 구제신청	→	지방노동위원회의조사심문	→	지방노동위원회 구제명령	10일 이내 → (불복시)	중앙노동위원회에 재심신청	15일 이내 → (불복시)	행정법원에 명령취소 소송제기

5 수차(數次)의 도급사업에서의 임금지급책임

질 문

저는 A회사로부터 전기부문공사를 하도급한 B회사에서 전기공으로 일하였는바, 공사가 완공되었지만 A회사가 별다른 이유 없이 공사대금을 B회사에 지급하지 않고 있어서 소규모업체인 B회사는 근로자에게 임금을 지급하지 못할 상태에 처하였는데, 제가 임금을 A회사에 직접 청구할 수 있는지요?

답 변

수차의 도급에 의하여 사업이 이루어지는 경우에 일반적으로 하수급인은 직상수급인에 의하여 사업의 영향을 받게 되는바, 직상수급인의 귀책사유로 하수급인의 사업에 지장이 초래되어 근로자에게 임금을 지급하지 못하는 사례를 종종 보게 된다. 이러한 경우 근로자를 구제하기 위하여 근로기준법 제44조는 "사업이 수차의 도급에 의하여 행하여지는 경우에 하수급인이 직상수급인의 귀책사유로 근로자에게 임금을 지급하지 못한 때에는 그 직상수급인은 당해 수급인과 연대책임을 진다"라고 규정하여 귀책사유 있는 직상수급인에게 근로자가 임금을 청구할 수 있도록 보장하고 있다.

만약, 직상수급인이 ① 정당한 사유 없이 도급계약에 의한 도급금액 지급일에

도급금액을 지급하지 아니한 경우, ② 정당한 사유 없이 도급계약에 의한 원자재공급을 지연하거나 공급을 하지 아니한 경우, ③ 정당한 사유 없이 도급계약의 조건을 이행하지 아니함으로써 하수급인이 도급사업을 정상적으로 수행하지 못한 경우에는 하수급인과 연대하여 근로자에게 임금을 지급해야 할 책임이 발생한다.

따라서 귀하는 B회사와 고용계약을 체결하였으므로 B회사에 임금지급을 청구해야 할 것이나, 근로기준법 제44조에 따라 고용관계가 없는 A회사에도 직접 임금지급을 청구할 수 있다. 그러나 공사에 하자가 있다는 등으로 A회사에서 B회사에 도급금액을 지급하지 않는 정당한 이유가 있을 경우에는 귀하가 직접 A회사에 임금지급 청구를 할 수 없다.

6 회생절차가 개시된 회사에 임금 등 청구가 가능한지?

질 문

저는 종업원 수가 90여 명인 A회사에서 10년간 근무하고 퇴직하였습니다. 그러나 제가 퇴직 전 3개월분의 임금과 퇴직금이 체불되던 중 갑자기 A회사가 부도났고, A회사는 법원에 회생절차개시신청을 하여 법원에서 회생절차개시결정이 났습니다. 그 후 채권자집회에서 가결된 회생계획에 의한 회생계획인가결정이 확정되었습니다. 이 경우 저의 체불임금 및 퇴직금을 받을 수 있는지요 ? 그리고 이러한 경우에도 강제집행이 가능한지 알고 싶습니다.

답 변

근로자의 임금·퇴직금·재해보상금 기타 근로관계로 인한 채권은 사용자의 총재산에 대하여 질권 또는 저당권에 의하여 담보된 채권을 제외하고는 조세·공과금 및 다른 채권에 우선하여 변제되어야 한다. 다만, 질권 또는 저당권에 우선하는 조세·공과금에 대하여는 그러하지 아니하다(근로기준법 제38조 제1항). 또한 근로자의 최종 3월분의 임금과 재해보상금 및 최종 3년간의 퇴직금은 사용자의 총재산에 대하여 질권 또는 저당권에 의하여 담보된 채권,조세·공과금 및 다른 채권에 우선하여 변제되어야 한다(근로기준법 제38조 제2항, 근로자퇴직급여보장법 제12조).

한편, 「채무자회생 및 파산에 관한 법률」('통합도산법'이라고 줄여 말하기도 함)에 의하면 채무자가 회생절차개시의 신청을 한 경우 법원은 이해관계인의 신청에 의하거나 직권으로 채무자의 재산에 대한 보전처분, 강제집행, 소송절차 등의 중지나 포괄적 금지 등을 명할 수 있다(동법 제43조, 제44조, 제45조).

그리고 「채무자회생 및 파산에 관한 법률」에서는 귀하의 경우와 같은 근로자의 임금, 퇴직금 및 재해보상금은 회생채권이 아닌 공익채권으로 규정하고 있다(동법 제179조 제10 호). 이러한 공익채권은 회생채권과 회생담보권에 우선하여 변제를 받을 수 있고, 법원의 채무자에 대한 회생절차개시결정으로 회생절차에 들어간 경우에도 회생계획의 구속을 받지 아니하기 때문에 언제든지 채무자로부터 변제를 받을 수 있도록 하고 있다(동법 제180조 제1항, 제2항).

따라서 귀하의 경우처럼 회생절차개시결정이 난 후 채권자집회에서 가결된 회생계획에 의한 회생계획인가결정이 확정된 경우는 물론이고, 법원의 회생절차개시결정과 관계없이도 채무자의 영업시설 등에 대하여 강제집행을 신청할 수 있다. 다만 법원은 법원의 회생절차개시결정과 관계없이 채무자의 재산에 대하여 강제집행 또는 가압류가 있는 경우 그 강제집행 또는 가압류가 회생에 현저하게 지장을 초래하고, 채무자에게 환가하기 쉬운 다른 재산이 있는 때 또는 채무자의 재산이 공익채권의 총액을 변제하기에 부족한 것이 명백하게 된 때에는 그 강제집행 또는 가압류의 중지나 취소를 명할 수 있다(동법 제180조 제3항). 만일 채무자의 재산이 공익채권의 총액을 변제하기에 부족한 것이 명백하게 된 때에는 공익채권은 법령에 정하는 우선권에 불구하고 아직 변제하지 아니한 채권액의 비율에 따라 변제한다(동법 제180조 제7항).

7 일용직 근로자의 퇴직금 청구

질 문

저는 5년 전부터 A회사에 일용직 근로자로 입사하여 현재까지 근무하고 있습니다. A회사에서는 퇴직금을 지급하지 않기 위해서인지 입사한 지 1년이 경과하게 되면 서류상 퇴사하고 다시 입사하는 것처럼 하거나, 가명으로 근무하고 몇 개월이 지난 후 실명으로 바꾸어 계속 근무하는 형식을 취하여 왔습니다. 그러던 중 A회사에서는 1년 이상 근무한 일용직 근로자에 대하여는 퇴사하라고 하며 퇴직금도 지급할 수 없다고 합니다. 이러한 경우 저는 퇴직금도 지급받지 못하고 퇴사하여야 하는 것인가요?

답 변

귀하의 경우와 같이 회사에서 퇴직금의 부담을 줄이기 위하여 일용직 근로자에 대하여 1년 단위로 계약을 갱신하는 경우가 많이 있다.

회사 측에서 일용근로자를 일정기간 채용한 뒤 해임하고 바로 그 다음날 다시 임명하거나 해임한 날로부터 얼마 후 다시 임명한 것처럼 서류를 만들어 놓았으나, 일용근로자가 사실상 계속 근무한 경우 해고로서의 효력은 생기지 않고 일용으로 임금을 계산한 일용관계가 계속되어 상용근로자와 같이 월급으로 임금을 받아왔다면 상용근로사와 같이 퇴직금을 지급받을 수 있다.

즉, 일용근로자라도 제공한 근로의 계속성과 종속성 등이 인정되면 근로기준법상의 근로자에 해당되며, 근로계약을 반복하여 체결한 경우에는 갱신 또는 반복된 계약기간을 모두 합산하여 계속근로연수를 계산하여 퇴직금을 지급받을 수 있다(대판 1995.7.11, 93다26168).

또한, 1년 단위의 계약고용이라고 하더라도 계속적으로 고용계약을 갱신하여 왔다면 정당한 이유 없이 갱신을 거절하지 못한다고 할 것이다.

따라서 귀하의 경우 근로의 계속성이 있다면 그 동안의 근무연수에 따라 퇴직금청구가 가능할 것이며, 해고 시에는 회사 측에 정당한 이유가 있느냐에 따라 부당해고를 다룰 수 있을 것으로 생각된다.

8 체불임금을 받아내려면……

질 문

저는 A가 경영하는 컨설팅회사에서 근무하다가 6개월 전에 퇴직하였는데 임금 500여만 원을 지급받지 못하고 있습니다. 이에 체불임금을 지급받고자 관할노동부지방사무소에 구조신청을 하였는데 관할노동부지방사무소에서는 저와 A를 불러 A에게 조속히 임금을 지급하라고 독촉하였지만 A는 그 후에도 위 체불임금을 지급하지 않았습니다. 관할노동부지방사무소에서는 A를 고발조치하였다고 하면서 저에게 체불임금을 받으려면 별도로 민사소송을 하라고 하는데 어떻게 되는 것인지요?

답 변

근로기준법이 적용되는 사업 또는 사업장의 사용자는 근로자가 퇴직한 경우에는 그 지급사유가 발생한 때로부터 14일 이내에 임금 등 일체의 금품을 지급하여야 한다(근로기준법 제36조 본문). 그리고 이러한 근로기준법상의 기준이 지켜지도록 하기 위하여 노동부 및 그 소속기관에 근로감독관을 두어 감독하게 하고 있다.

그러나 노동부도 당해 업체가 이를 위반하면 관할노동부지방사무소에서 검찰에 고발하여 형사처벌을 하도록 할 수는 있으나 민사적인 강제집행까지 할 수는 없다. 일반적으로 근로감독관이 독촉을 하고 또한 검찰에 고발이 있을 경우 당해 업체는 임금을 지불하는 것이 보통이지만 귀하의 경우에 있어서와 같이 고발조치가 있었음에도 불구하고 체불임금이 지급되지 않고 있는 때에는 부득이 민사소송절차를 따로 밟아야 할 것이다.

그러므로 귀하는 관할노동부지방사무소로부터 체불임금확인원을 발급받아 이를 증거자료로 하여 법원에 지급명령신청이나 소액심판청구를 하는 것이 바람직하다.

9 주주나 대표이사의 개인재산에 강제집행이 가능한지 ?

질 문

저는 A가 사업자금이 부족하다고 하여 A에게 3,000만 원을 빌려 주면서 차용증에는 B 주식회사 대표이사 A가 차용하는 것으로 기재하여 받았습니다. 그 후 A가 돈을 갚지 아니하여 알아본 결과 위 회사는 A가 설립한 소규모의 회사로서 등기부상 이름만 남아 있을 뿐 회사이름으로 남아 있는 재산이라고는 아무것도 없는 회사였습니다. 그런데 A의 개인소유재산은 많이 있습니다. 저는 위의 채권으로 A개인의 재산에 대하여 강제집행을 할 수 있는지요?

답 변

주식회사는 3인 이상이 자본을 주식의 형태로 출자하여 설립한 법인으로서 그 회사를 구성하는 자연인과는 별개의 법인격체를 이루며, 회사의 재산은 주주나 이사의 개인적인 재산과는 완전히 분리하고 회사의 채무에 대하여는 회사의 재산으로만 책임을 지게 된다.

그런데 귀하의 경우 차용증상 'B 주식회사'에 돈을 빌려 준 것으로 되어 있으므로 위 회사를 상대로 재판을 하여 판결을 받아 위 회사의 재산에 대하여만 강제집행을 할 수 있을 뿐이고, 회사의 주주나 대표이사인 A를 상대로는 청구할 수가 없다. 위 회사가 사업을 하다가 실패하여 눈을 닫고 회사명의로 된 재산이 남아 있지 않다면 귀하로서는 돈을 받기가 어렵게 된다. 만약, 위 회사의 재산을 A가 빼돌려 개인적인 용도에 사용하였다면 귀하는 형사적으로 A를 횡령죄로 고발할 수 있다.

그런데 주식회사라고 하지만 현실적으로는 개인기업이나 마찬가지인 가족회사나 실질적으로 1인 회사인 경우가 많이 있다. 그와 같은 소규모의 회사의 경우 회사재산과 경영주 개인의 재산이 혼동될 우려가 있으며, 회사가 파산하는 경우에는 주주 개인의 재산으로는 책임을 지지 않기 때문에 채권회수가 어려워지는 경우가 많이 있다.

따라서 법인 앞으로 돈을 빌려 줄 때는 그 회사의 신용과 자력이 튼튼한지 또한 그 회사가 앞으로 지속되고 성장할 수 있는지 여부를 확인하고, 만약 그것이 불확실하다면 물적 담보를 설정한다던가 주주 또는 이사 개인으로 하여금 연대보증을 서게 하고 돈을 빌려 주는 것이 안전하다.

10 개인기업을 법인으로 전환한 후의 절차

질 문

저는 제일상사라는 상호로 컴퓨터기기 부품을 생산판매하고 있는데, 법인으로 전환하려고 합니다. 저와 같이 개인기업을 법인으로 전환하는 방법과 전환 후의 여러 절차 등에 대해 알려 주십시오.

답 변

개인기업을 법인(주로 주식회사)으로 전환하는 방식은 앞의 본문에서 본 바와 같이 현물출자방식과 영업(사업)양수 · 양도방식이 있다.

개인기업이 법인으로 전환되면 권리의무관계가 법인에 귀속되므로 법률관계를 성립할 필요가 있다. 첫째, 부동산, 상표권 등 자산의 명의변경과 공장등록, 자동차등록 등 행정관청 등록사항에 대한 명의변경, 토지거래허가 · 신고의 처리를 해야 한다. 둘째, 신용관련 업무처리로서 거래처 · 소속협회 · 소속조합 등에도 관계유지를 위해 명의를 변경하고, 셋째, 조세문제를 합리적으로 처리하여야 한다.

즉 법인전환절차가 종료되면 소재지 관할등기소에 명의변경등기를 신청하며, 차량은 시 · 군의 차량민원실에 명의변경 신청하고, 기계장치 중 명의변경을 요하는 것과 공장등록변경은 시 · 군 · 구의 해당과에 신청한다. 토지거래가 수반되어 그 토지가 토지거래허가 또는 신고 지역인 경우에는 법에 따라 허가 또는 신고를 하여야 한다. 또한 금융기관의 당좌거래를 제외한 예금과 차입금의 명의를 변경하고 저당권이 설정된 부동산은 저당권명의변경을 하여야 한다.

조세문제에 있어서 개인기업의 토지 · 건물 · 상표권 등이 법인에 무상으로 이전되므로, 개인기업의 대표는 사업양도 다음 달 말일까지 부동산양도차액에 대한 양도소득예정신고를 하여야 한다. 폐업 즉시 개인기업의 폐업신고를 하고 폐업신고 직전까지의 거래분에 대하여는 폐업일로부터 25일 이내에 부가가치세를 납부하여야 한다.

신설된 법인은 부동산취득에 대하여 취득일로부터 30일 이내 취득세를 자진신고 납부하여야 하며, 부동산취득 등기 시와 법인설립 등기 시는 등록세를 납부하여야 한다. 특히 서울을 비롯한 수도권과 광역시에서 법인을 신설하는 경우 등록세를 일반세율의 5배로 과세하는 점은 유의할 점이다.

법인설립등기 후 사업준비 과정을 거쳐 제조업의 경우에는 제조개시일, 광업의 경우에는 채광개시일, 기타의 경우에는 재화나 용역의 공급을 개시한 날로부터 20일 이내에 사업자등록을 하여야 한다. 사업개시 후 최초 사업년도의 법인세 신고 시에는 반드시 재고자산평가방법과 감가상각방법을 신고하여야 한다.

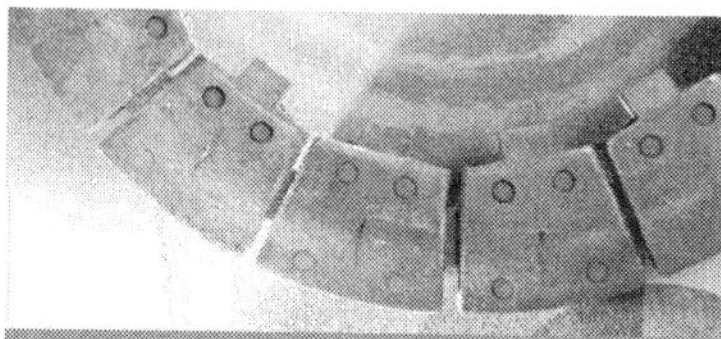

친족관계/부부관계
사례문답

제4장 가정생활과 법률

제 1 절 친족관계

1. 친족의 의의

친족이란 남녀의 배우자와 그들 사이에 출생한 자녀, 또는 형제자매와 같이 혈연을 중심으로 한 사람들의 연쇄적 단체 또는 그러한 사람들 사이의 관계를 말한다. 이처럼 친족관계는 혼인과 혈연을 기초로 하여 형성되는 것이다. 민법상 친족으로는 혈족 · 배우자 및 인척이 있다(민법 제777조). 여기서 '배우자'란 혼인으로 인하여 결합된 남녀 즉 부부관계를 말하고, '혈족'은 서로 혈연관계가 있는 자연혈족(친자, 형제자매 등)과 혈연관계는 없으나 법률에 의하여 혈연이 의제된 법정혈족(양친자관계)으로, 다시 자기를 중심으로 하여 직계혈족(직계존속, 직계비속)과 방계혈족(형제자매, 형제자매의 직계비속, 직계존속의 형제자매 및 그 형제의 비속)으로 분류된다. 또 '인척'이란 혈족의 배우자 · 배우자의 혈족 · 배우자의 혈족의 배우자를 말한다(민법 제769조). 이러한 친족관계는 출생 · 입양 · 혼인에 의하여 발생하며, 사망 · 파양 · 이혼 등에 의하여 소멸한다.

2. 친족의 범위

민법은 친족관계로 인하여 생기는 법률적 효력은 민법이나 다른 법률에 특별한 규정이 없으면 ① 8촌 이내의 혈족, ② 4촌 이내의 인척, ③ 배우자에 미치도록 하였다(제777조).

1989년의 민법의 일부개정 전에는 친족의 범위를 ① 8촌 이내의 부계혈족, ② 4촌 이내의 모계혈족, ③ 부의 8촌 이내의 부계혈족, ④ 부의 4촌 이내의 모계혈족, ⑤ 처의 부모, ⑥ 배우자로 하였던 것을 남녀평등의 원칙상 위와 같이 개정, 조정하였다.

친족을 분류하면 다음과 같다.

- 친족
  - 혈 족
    - 직계혈족
      - 직계존속
      - 직계비속
    - 방계혈족
      - 자기의 형제자매와 형재자매의 직계비속
      - 직계존속의 형제자매와 그 형제자매의 직계비속
  - 인 척
    - 혈족의 배우자
    - 배우자 혈족
    - 배우자의 혈족의 배우자
  - 배우자

3. 친족관계의 효과

(1) 친족 일반에 인정되는 효과

친족관계가 있는 것에 의하여 인정되는 주요한 효과는 다음과 같다. 즉, ① 친권상실선고청구권(제924조), ② 미성년자인 자에 대한 대리권 및 재산관리권상실선고청구권(제925조), ③ 친권에 대한 실권회복청구권(제926조), ④ 후견인선임청구권(제936조)·해임청구권(제940조), ⑤ 피후견인의 재산상황조사청구권(제954조), ⑥ 친족회원의 선임청구권(제963조 제1항 본문), ⑦ 친족회원 자격(제863조 제1항 본문), ⑧ 친족회원개정·해임·증원선임청구권(제971조), ⑨ 상속인 없는 재산에 대한 관리인선임청구권(제1053조), ⑩ 법관 등의 제척원인(민소법 제37조 제2호 ; 형소법 제17조 제2호), ⑪ 증언거부권(민소법 제285조 제1호; 형소법 제148조 제1호) 등이다.

(2) 일정한 범위의 친족에게만 인정되는 효과

일정한 범위의 친족에게 한해서만 인정되는 주요한 효과는 다음과 같다.

(가) 민사상의 효과

① 직계비속 · 직계존속 · 배우자에게는 생명침해에 대한 손해배상청구권이 인정된다(제752조). ② 8촌 이내의 혈족(친양자의 입양 전의 혈족을 포함한다) 사이에서는 혼인하지 못한다(제809조 제1항). ③ 6촌 이내의 혈족의 배우자, 배우자의 6촌 이내의 혈족, 배우자의 4촌 이내의 혈족의 배우자인 인척이거나 이러한 인척이었던 자 사이에서는 혼인하지 못한다(제809조 제2항). ④ 6촌 이내의 양부모계의 혈족이었던 자와 4촌 이내의 양부모계의 인척이었던 자 사이에서는 혼인하지 못한다(제809조 제3항). ⑤ 혼인이 제809조 제1항의 규정을 위반한 때, 당사자 간에 직계인척관계가 있거나 있었던 때, 당사자 간에 양부모계의 직계혈족관계가 있었던 친족 사이의 혼인은 무효가 된다(제815조). ⑥ 친족 사이의 혼인이 무효가 되는 위 이외의 친족 사이의 혼인은 취소할 수 있다(제816조 제1호). ⑦ 배우자 · 직계혈족 · 3촌 이내의 방계혈족 순으로 미성년자에 대한 법정후견인이 된다(제932조~제934조). ⑧ 직계혈족 및 그 배우자 · 기타 생계를 같이 하는 친족 일반 사이에는 부양의무가 발생한다(제974조). ⑨ 배우자 · 직계비속 · 직계존속 · 형제자매 · 4촌 이내의 방계혈족의 순으로 피상속인에 대한 상속권이 인정된다(제1000조 · 제1003조).

(나) 형벌에 관한 법률상의 효과

일정한 친족 사이에는 이로 인하여 형벌이 면제되는 경우가 있다. 즉, ① 범인은닉죄(형법 제151조 제2항)와 증거인멸죄(형법 제155조 제4항)를 친족일반 · 동거가족이 범하였을 경우와, ② 권리행사방해죄 · 절도죄 · 사기죄 · 공갈죄 · 횡령죄 · 장물(臟物)에 관한 죄(형법 제328조 제1항 · 제344조 · 제354조 · 제361조 · 제365조)를 직계혈족 · 배우자 · 동거친족 · 가족 또는 배우자 사이에 범하였을 경우에는 그 처벌이 면제된다. ②의 경우를 친족상도례(親族相盜例)라고 한다. 그리고 일정한 친족 사이에는 그 처벌에 있어서 친고죄로 되는 경우가 있다. 위의 ②의 죄를 ②에 열거한 이외의 친족이 범한 경우이다.

이와는 반대로 친족관계로 인하여 더 중하게 처벌되는 경우도 있다. 즉, 존속살해죄(형법 제250조 제2항) · 존속상해죄(형법 제257조 제2항) · 존속폭행죄(형법 제260조 제2항) · 존속학대죄(형법 제273조 제2항) · 존속유기죄(형법 제271조 제2항) · 존속협박죄(형법 제283조 제2항)에 있어서 자기 또는 배우자의 직계존속에 대하여 위의 죄를 범하였을 경우에는 더 가중하여 처벌한다. 이것은 윤리규범이나 도덕규범이 법규범화한 대표적인 예라 할 것이다.

제 2 절 부부관계

I. 약 혼

1. 약혼의 의의와 성립요건

약혼이란 장차 혼인할 것을 내용으로 하는 남녀 사이의 약속이다. 따라서 실질적인 혼인생활을 하면서 다만 혼인신고만을 하지 않고 있는 이른바 事實婚과는 다르다. 또 집안어른들의 합의인 定婚과도 구별된다.

약혼이 성립함에는 특별한 형식은 필요 없으나(不要式主義), ① 약혼당사자간의 합의가 있을 것, ② 당사자의 연령이 만 18세에 달할 것, ③ 미성년자인 남녀는 부모 또는 후견인의 동의를 얻을 것, ④ 남녀가 근친관계 등 금혼자간이 아닐 것이 요구된다.

2. 약혼의 효과

약혼이 성립하면 혼인할 의무가 생기나 그 의무이행을 강제하지는 못한다(민법 제803조). 약혼자간에는 친족관계가 성립하지 아니한다. 따라서 약혼중의 자는 혼인중의 출생자가 아니므로 혼인외의 출생자가 된다. 그러나 그 후 약혼당사자가 혼인하면 그 자녀는 準正이 되어 혼인중의 출생자로 된다(민법 제855조 제2항).

3. 약혼의 해제

약혼은 약혼당사자만이 해제할 수 있고 상대방에 대한 의사표시로써 한다. 그러나 상대방에 대한 의사표시를 할 수 없는 경우에는 그 해제의 원인 있음을 안 때에 해제된 것으로 본다(민법 제805조).

약혼해제사유로는 ① 약혼 후 자격정지 이상의 형의 선고를 받은 때, ② 약혼 후 성년후견개시나 한정후견개시의 심판을 받은 때, ③ 성병, 불치의 정신병 기타 불치의 악질이 있는 때, ④ 약혼 후 타인과 약혼 또는 혼인을 한 때, ⑤ 약혼 후 타인과 간음한 때, ⑥ 약혼 후 1년 이상 그 생사가 불명한 때, ⑦ 정당한 이유 없이 혼인을 거절하거나 그 시기를 지연하는 때, ⑧ 기타 중대한 사유가 있는 때이다.

4. 약혼해제의 효과

약혼을 해제한 경우 당사자 한쪽은 과실 있는 상대방에 대하여 이로 인한 손해배상(재산상 손해 외에 정신적 손해, 즉 위자료도 포함)을 청구할 수 있고, 이외에 부수적으로 약혼예물 등의 반환청구를 할 수 있다. 그러나 혼인(사실혼 포함)이 성립한 후에는 혼인이 해소되더라도 예물 기타 증여물의 반환을 청구할 수 없다.

II. 혼 인

1. 의의와 성립요건

혼인이란 영속적인 공동생활을 목적으로 하는 1남 1녀의 전인격적 결합관계를 말한다. 민법상의 혼인이 유효하게 성립하려면 다음과 같은 실질적 · 형식적 요건을 갖추어야 한다.

(1) 실질적 요건

혼인의 실질적 요건으로는 ① 혼인의사(정신적 · 육체적 결합의 의사)의 자유로운 합치가 있을 것, ② 혼인적령(만 18세 이상)에 있을 것, ③ 중혼(重婚)이 아닐 것, ④ 미성년자의 경우 부모의 동의가 있을 것, ⑤ 8촌 이내의 혈족 사이가 아닐 것(근친불혼주의) 등이 요구된다.

(2) 형식적 요건

혼인은 당사자 쌍방과 성년자인 증인 2인이 연서한 서면(혼인신고서)을 남편의 등록기준지 또는 주소지의 시 · 군 · 구 · 읍 · 면장에게 계출함으로써 성립한다(민법 제812조 제2항).

따라서 아무리 성대한 예식이 있고 실질적인 동거생활을 하더라도 혼인신고를 하지 않으면 법률혼으로서 보호받지 못하고, 다만 사실혼 또는 내연관계로 취급되는 데 불과하다.

2. 혼인의 효과

(1) 신분상의 효과

혼인의 신분상(일반적) 효과로서는 친족관계의 발생, 동거의무 · 부양의무 · 협조의무의 발생, 정조의무, 부부간의 가사대리권, 부부간의 계약취소권 등이 발생한다. 또한 미성년자가 혼인을 하면 성년자로 의제된다(민법 제826조의2).

(2) 재산상의 효과

부부는 각자의 재산을 소유 · 관리 · 수익할 수 있다. 그러나 혼인성립 전에 특별한 약정을 한 때에는 그 약정에 의한다(민법 제829조). 부부의 어느 쪽에 속하는지 불분명한 재산은 부부의 공유로 추정한다(민법 제830조). 부부의 공동생활에 필요한 비용은 당사자간 특별한 약정이 없으면 부부가 공동으로 부담한다(민법 제833조).

부부는 日常家事에 대하여 서로 대리권을 가진다(민법 제827조 제1항). 또한 부부의 일방이 일상가사에 관하여 제3자와 거래를 한 경우, 예컨대 식료품이나 의류 등을 구입한 때에는 그 대금의 지급이나 채무에 대하여 타방도 연대하여 책임을 진다(민법 제832조). 그러나 이미 제3자에 대하여 다른 일방의 책임이 없음을 명시한 때에는 그러하지 아니하다.

Ⅲ. 사 실 혼

1. 사실혼의 뜻

사실혼이라 함은 혼인의사를 가지고 동거하여 실질적으로는 부부로서의 생활을 하고 있지만, 법률이 정한 혼인신고를 하지 않았기 때문에 법률상 혼인으로 인정되지 않은 사실상의 부부관계를 말한다. 이것을 단순히 혼인예약이라고도 한다. 따라서 혼인할 의사도 없이 일시적인 동거를 하는 경우에는 사실혼으로 인정할 수 없다. 사실혼관계는 혼인의 의사가 있고 현실적으로 부부공동생활의 실체가 존재한다는 점에서, 본처 있는 남자가 혼인의 의사 없이 일정한 경제적인 원조하에 단순히 제3의 여자와 성적 관계만을 유지하는 축첩관계와 다르다. 또 사실혼관계는 부부공동생활의 실체없이 두 남녀가 단지 은밀하게 정을 통하는 관계에 지나지 않는 사통관계와도 구별된다.

우리 나라는 종래 사실혼주의를 취하고 있었으나 1923년 7월 1일 법률혼주의로 전환하였다. 사실혼관계에 있는 부부는 법률상으로는 미혼자와 같으므로 부가 사망한 경우 상속권도 없으며, 사실혼관계에서 출생된 자는 혼인외의 자로 되는 등 여러 면에서 법적인 보호를 받지 못한다.

2. 사실상 혼인관계존부확인 청구제도

혼인관계가 사실상 성립되었다고 볼 수 있는데도 배우자 일방이 혼인신고에 협력하지 않는 경우에는 상대방에게 발생할 수 있는 불이익을 구제하기 위하여 가정법원에 본 사실혼관계확인을 구할 수 있다.

먼저 가정법원에 확인의 조정을 신청할 수 있다(가사소송법 제2조 제1항 나류 1 호, 제50조). 조정이 성립되면 조정을 신청한 자가 1월내에 혼인신고를 하여야 한다. 만약조정신청사건에 관하여 조정을 하지 아니하기로 하는 결정이 있는 때, 또는 조정에 갈음하는 결정이 이의신청에 의하여 효력을 상실한 때에는, 조정신청자는 조서등본의 송달 또는 이의신청의 통지를 받은 때로부터 2주일 이내에 또는 그 송달이나 통지 전에 서면으로 제소신청을 할 수 있다(가사소송법 제49조; 민사조정법 제36조).

사실혼관계의 존재가 확인되어 재판이 확정되면 재판을 청구한 자가 재판의 확정일로부터 1월내에 재판서의 등본과 확정증명서를 첨부하여 혼인신고를 하여야 한다(가족관계등록법 제72조). 이와 같이 하여 사실혼관계는 법률혼관계로 전환되게 된다.

3. 사실혼의 효과

사실혼은 남녀쌍방의 혼인의사와 공동생활이 있으면 성립한다. 민법은 사실혼에 관한 아무런 규정을 두고 있지 않지만 학설이나 판례는 사실혼을 준혼(準婚)으로 다루어 가능한 한 혼인법적 효과를 인정하려고 함이 일반적이다.

(1) 신분상의 효과

사실상의 혼인관계의 법적인 효과로는 우선 가정법원에 사실상 혼인관계존부확인을 구할 수 있다는 것이다. 그 밖에 혼인관계와 동일하게 양당사자는 동거·부양·협조의 의무를 지게 된다. 또한 정조의 의무가 있다고 본다. 그러나 친족관계·인척관계·상속문제 등은 발생하지 않는다. 따라서 사실혼관계에서 출생한 자는 혼인외의 자(子)에 그친다. 또한 사실혼부부에게는 일방이 간통을 하더라도 형사상 고소할 권한이 인정되지 아니한다.

(2) 재산상의 효과

혼인의 재산상의 효과인 일상가사에 대한 부부 사이의 대리권(민법 제827조)·일상가사채무에 대한 연대책임(민법 제833조)·특유재산의 인정(민법 제831조) 및 혼인생활비의 공동부담(민법 제833조)의 규정이 적용되며, 또한 부부 사이의 계약취소권(민법 제828조)도 준용되는 것으로 봄이 타당하다.

(3) 민법 이외의 법률상의 효과

특별법에서는 사실상의 부부를 법률상의 부부와 동일하게 다루고 있다. 즉, 공무원연금법상 연금수령권(공무원연금법 제3조 제1항, 제2호), 국민연금법상의 유족연금수령권(국민연금법 제3조 제1항), 근로기준법상의 유족보상금수령권(근로기준법 시행령 제48조)을 인정하고, 기타 군인연금법(제3조 제1항, 제4호), 사립학교교원연금법(제2조, 제2호), 선원법(제90조) 등에도 각각 사실상의 혼인관계에 있는 자를 배우자에 포함시켜 사실혼관계를 보호하고 있다.

Ⅳ. 이 혼

혼인은 당사자 일방의 사망 또는 이혼에 의하여 해소된다. 혼인의 해소란 유효하게 성립해서 존속하고 있던 혼인관계가 장래에 향하여 소멸하는 것을 말한다.

당사자 일방의 사망에 의하여 혼인이 해소된 경우 생존배우자는 배우자 없는 자가 되어 사망배우자와의 동거·협조·부양 등의 의무는 소멸하고, 부부재산제에 의한 구속도 소멸하며, 자유로이 재혼을 할 수도 있고 또 사망배우자를 상속하게 된다(민법 제1003조). 그러나 인척관계는 소멸하지 않는다. 다만, 생존배우자가 재혼을 하게 되면 인척관계도 소멸하게 된다(민법 제775조). 또 사실상의 부부관계는 당사자 일방의 사망 또는 합의 또는 일방적 의사표시에 의하여 해소한다.

여기서는 이혼에 의한 혼인의 해소에 관하여 살펴보기로 한다.

1. 협의이혼

부부는 그 원인을 묻지 않고 협의에 의하여 이혼할 수 있다(민법 제834조 이하). 이를 협의이혼이라 한다.

협의이혼이 성립하기 위하여는 실질적 요건으로서 ① 당사자간에 이혼의사의 합치가 있어야 하고, ② 피한정후견인는 후견인의 동의가 있어야 한다. 또 형식적 요건으로서는 협의이혼을 하려는 자는 가정법원이 제공하는 이혼에 관한 안내를 받아야 하고, 필요한 경우 전문상담인의 상담을 받을 수 있다. 또한 가정법원에 이혼의사의 확인을 신청한 당사자는 가정폭력 등 특별한 사정이 없는 한 일정기간(양육하여야 할 자녀가 있는 경우에는 3개월, 없는 경우에는 1개월)의 숙려(熟慮)기간이 지나야 이혼의사의 확인을 받을 수 있고, 양육하여야 할 子가 있는 경우 당사자는 양육자의 결정, 양육비용의 부담, 면접교섭권의 행사여부 및 그 방법 등이 기재된 양육사항과 친권자결정에 관한 협의서 또는 가정법원의 심판정본을 이혼확인시 제출하여야 한다(민법 제836조의2). 이 때 가정법원의 확인을 받은 경우 그 날로부터 3개월 이내에 확인서 등의 등본을 첨부해서 이혼신고를 하여야 한다(민법 제836조). 이 때 3개월이 지나면 가정법원의 확인은 그 효력을 잃기 때문에 다시 확인을 받아야 한다.

한편 사기 · 강박에 의한 협의이혼은 취소할 수 있다(민법 제838조). 이 경우 취소의 효력은 이혼의 신고시에 소급한다. 또 이혼의 의사는 무조건 · 무기한이어야 한다.

2. 재판상의 이혼

(1) 조정전치주의

재판상 이혼은 부부의 일방이 이혼에 동의하지 않는 경우에 혹은 협의이혼이 이루어지지 않을 때에, 그의 의사에 관계없이 법정의 이혼원인에 따라 법원에 소송을 제기하여 판결에 따라서 일방적으로 부부관계를 소멸케 하는 제도이다. 이 경우에는 즉각 재판상 이혼절차를 밟는 것이 아니라 조정전치주의(調停前置主義)에 의하여 가정법원에 먼저 조정의 신청을 해야 한다(가사소송법 제50조). 여기서 부부의 이혼의사가 합치하면 조서에 기재되고 조정이혼이 성립하게 된다. 조정이혼은 부부간의 합의가 조서에 기재된 때에 성립하고, 그 기재는 재판상 화해(裁判上 和解)와 동일한 효력을 가진다(가사소송법 제59조 제2항). 조정이혼의 신고는 조정이 성립한 날로부터 1개월 이내에 하여야 한다.

협의이혼 · 조정이혼이 성립하지 않는 경우 당사자의 일방은 가정법원에 이혼소송을 제기할 수 있다. 재판, 특히 판결에 의한 이혼을 재판상의 이혼이라고 한다. 심판 또는 판결이 확정되면 그로부터 1개월 이내에 이혼신고를 하여야 한다(가족관계등록법 제78조).

(2) 재판상의 이혼원인

재판상 이혼이 인정되기 위해서는 일정한 사유(이혼원인)가 필요하다. 우리나라의 이혼원인은 파탄주의(破綻主義)로서, 민법 제840조는 재판상 이혼원인으로 ① 배우자의 부정행위, ② 일방배우자의 惡意의 유기(遺棄), ③ 배우자 또는 그 직계존속에 의한 심히 부당한 대우, ④ 자기의 직계존속에 대한 배우자의 심히 부당한 대우, ⑤ 배우자가 3년 이상 생사불명인 경우, ⑥ 기타 혼인을 계속하기 어려운 중대한 사유를 들고 있다.

여기서 배우자의 부정행위를 이유로 이혼을 청구할 때는 부정행위를 안 날로부터 6개월, 부정행위가 있은 날로부터 2년이 경과하지 않아야 한다. 이 때 배우자의 부정행위는 형사상 간통죄가 성립될 수 있음은 별개의 문제이다. 한편 기타 혼인을 계속하기 어려운 중대한 사유가 존재할 때의 '중대한 사유'는 판례에 의하면 남편의 방탕, 가계를 돌보지 않고 계를 하는 등 아내의 문란한 행위, 허영에 의한 지나친 낭비 · 불성실 또는 지나친 사치, 가정주부의 거액의 도박 등 경제적 파탄, 불치의 정신병 · 부부간의 애정상실 · 성격불일치 · 혼인 전의 불륜행위 · 극심한 의처증 · 수년간 계속된 별거, 심한 주벽 또는 알콜중독 · 마약중독 · 범죄행위 및 실형선고, 신앙의 차이로 인한 극심한 반목 · 광신적 신앙생활, 어린이에 대한 정신적 · 육체적 모욕 또는 가해 등 정신적 파탄 및 이유 없는 성교거부 · 성적인 불능 · 변태성욕 · 동성연애 · 성병감염 · 부당한 피임 · 가사를 돌보지 않는 춤바람 등 육체적 파탄 등이 열거되고 있다. 이 경우에도 다른 일방이 이를 안 날로부터 6개월, 그 사유가 있은 날로부터 2년을 경과하면 재판상 이혼을 청구하지 못한다(민법 제842조).

3. 이혼의 효과

(1) 일반적 효과

이혼을 하게 되면 혼인으로 생겼던 모든 효과는 장래에 향하여 소멸한다. 따라서 동거·부양·협조의무, 정조의무, 부부간의 계약취소권, 배우자상속권, 귀속불분명재산의 공유추정, 생활비분담의무, 일상가사채무에 대한 연대책임의 각 권리·의무 등은 소멸한다. 그러나 성년의제(成年擬制), 자의 적출성(嫡出性)은 소멸하지 않는다. 이 외에 이혼의 효과로서 재혼이 가능하게 된다. 모든 인척관계는 당사자 일방의 사망의 경우와는 달리 당연히 소멸한다. 그러나 민법 제809조의 혼인장애만은 그대로 존속한다.

(2) 자녀에 대한 효과

첫째, 우선 부모가 이혼을 하더라도 자녀의 신분에는 아무런 영향이 없다. 따라서 임신 중 이혼을 하여 이혼 후에 출생한 자도 혼인중의 출생자로 된다. 이혼을 하고 母가 子를 양육하는 경우에도 子와 생부 사이의 친족관계는 소멸하지 않으므로, 부자간의 부양의무는 그대로 존속되고, 父에 대한 재산상속권이 있다.

둘째, 이혼 후 자녀의 양육책임은 당사자간의 협의에 의하여 정한다(민법 제837조 제1항). 만일 협의가 잘 되지 아니하거나 협의를 할 수 없는 때에는 가정법원은 당사자의 청구 또는 직권에 의하여 자녀의 의사와 연령·부모의 재산상황·기타 사항 등을 참작하여 양육에 필요한 사항을 정하며, 언제든지 그 사항을 변경 또는 다른 적당한 처분을 할 수 있다(민법 제837조 제5항).

셋째, 현실적으로 자녀를 직접 양육하지 아니하는 부모의 일방과 子는 상호 직접 면접·서신교환 또는 접촉하는 면접교섭권(the visiting right; Umgangsrecht)을 갖는다(민법 제837조의2 제1항).

넷째, 미성년 자녀에 대한 친권을 행사하거나 친권자를 변경할 경우에도 당사자의 협의에 의하고, 협의가 불가능한 경우에는 가정법원의 직권 또는 당사자의 청구에 따라 친권자를 지정하여야 한다.

(3) 재산상의 효과

여기에는 재산분할청구권과 손해배상청구권을 들 수 있다. 이것은 사실혼의 해소에 있어서도 인정되는 권리이다. 특히 재산분할제도는 이혼 후에 생활이 곤란하게 되는 자에 대하여 타방이 부양을 한다는 성격을 가진 것으로 이해된다. 재산분할에 관하여 당사자의 협의가 성립하지 않거나 협의를 할 수 없을 때에는, 당사자의 청구에 의하여 가정법원이 분할의 액수와 방법을 정한다. 이 때에 가정법원은 당사자 쌍방의 협력으로 이룩한 재산의 액수 · 기타의 사정, 즉 기간 · 수입과 생활의 상황 · 협력의 정도 · 이혼에 대한 유책성 등을 고려하여 판단하여야 한다(민법 제839조의2 제2항, 제843조 참조). 재산분할청구권은 이혼한 날로부터 2년을 경과한 때에는 소멸한다(민법 제839조의2 제3항).

또한 부부의 일방이 다른 일방의 재산분할청구권 행사를 해함을 알면서도 재산권을 목적으로 하는 법률행위를 한 때에는 다른 일방은 사해행위취소 및 원상회복을 가정법원에 청구할 수 있다. 사해행위취소의 소는 그 취소원인을 안 날로부터 1년, 그 행위가 있은 날로부터 5년 내에 제기하여야 한다(민법 제839조의3).

한편 재산분할에 의한 부동산양도는 양도소득세의 과세대상이 아니 된다. 그러나 위자료에 의한 부동산양도는 과세대상이 됨을 유의하여야 한다(대판 1995.11.24, 95누4599). 다만, 현금으로 위자료를 지급하는 경우에는 증여세가 과세되지 아니한다.

사례문답

제4장 가정생활과 법률

1 촌수계산의 방법

질 문

촌수는 어떻게 따지며 촌수의 법적 효과는 무엇인지요?

답 변

'寸數'는 친족관계의 긴밀도를 측정하는 척도의 단위를 말한다. 직계혈족에서는 단순히 그 사이를 연결하는 친자의 세수(世數)를 계산한다. 부모와 자녀는 1촌, 조부모와 손자녀는 2촌 등이다. 형제자매와 같은 방계혈족에서의 촌수는 자기와 그 사람의 공동시조에 이르는 세수를 거슬러 올라가 계산한다. 부모는 자기로부터 1촌(남편의 부모는 처에게 인척 1촌), 형제는 자기에게서 부모에게로 올라가서 다시 형제에게 내려가므로 2촌, 조부모를 공동시조로 하는 큰아버지, 작은 아버지와 조카, 질녀(조카딸)는 3촌, 종형제자매는 4촌이 된다. 부부는 동심일체로서 촌수가 없다. 따라서 부부가 헤어지면 남남이 되는 것이다.

법률상 친족이 문제되는 것은 혼인이 금지되는 친족의 범위, 자신의 재산이나 수입만으로는 살 수 없는 사람이 있을 때 부양의무를 부담하는 친족의 범위, 금치산 선고라든지 후견인의 선임 · 해임 등을 가정법원에 신청할 수 있는 범위, 근친자가 살해당한 때의 위자료 청구권자의 범위 등이다. 또 형사관계에서도 친족간의 범죄가 처벌되지 않는 것이 있고(親族相盜例), 재판의 경우에는 친족간에서는 증언을 거부할 수 있는 경우가 있다.

2 불일치하는 생년월일의 정정절차

질 문

저의 아들은 가족관계등록부에 출생일자가 잘못 기재되어 있습니다. 취학관계로 실제 출생일자대로 가족관계등록을 정정하려고 합니다. 가족관계등록정정신청절차는 어떻게 되어 있는지요?

답 변

신고인의 허위신고로 인하여 가족관계등록부상 출생일자가 잘못 기재된 경우에 출생일자를 정정하려면, 먼저 등록기준지 관할법원의 등록정정허가를 얻어야 하고, 법원의 허가를 얻은 다음에는 1월 이내에 허가서등본을 첨부하여, 등록기준지 관할 등록공무원에게 등록정정 신청을 하여야 한다.

그런데 법원으로부터 출생일자의 정정허가를 얻으려면 당사자의 주장만으로는 불가능하고, 여러 가지 자료에 의해 실제출생일자가 가족관계등록부상의 출생일자와 다르다는 것을 입증하여야 하는 데 사실상 그 입증이 쉽지 않다.

아들이 의료기관에서 출생하고 그 의료기관이 출생 당시의 조산기록을 작성·보존 중이라면 비교적 입증이 쉬울 것이다. 그렇지 못할 경우에는 전문의의 연령감정을 받아야 할 것이나, 1년 정도의 연령상 오차를 밝히는 것은 현재의 의학수준으로서도 어려움이 있다고 한다.

3 개명절차

질 문

저는 가족관계등록부상의 이름과 실제 사용되는 이름이 달라 가족관계등록부상의 이름을 바꾸고자 합니다. 이러한 경우에는 그 절차는 어떠하며 개명이 가능한지요?

|답 변|

이름을 고치면 그 사람에 대한 동질성이 흔들리고, 사회생활에도 커다란 혼란을 가져오게 되므로 改名은 엄격히 규제되고 있으며, 법원은 상당한 이유가 있을 때에만 개명을 허가하고 있다. 대개 현재까지의 법원의 입장은 다른 형제들은 모두항렬에 따라 이름을 지었는데 유독 혼자서만 아명을 가족관계등록부에 기재하여(족보에는 항렬자에 따라 올라 있음) 친족간의 생활에 큰 불편이 있는 경우, 일본식 이름, 진기한 이름, 쓰기 어렵고 읽기 어려운 이름, 친척이나 한 동네에 성명이 같은 사람이 있는 경우, 성별에 오해가 있는 이름, 오랫동안 가족관계등록부와 다른 이름이 사용된 경우 등에만 이를 허가해 주고 있다.

주소지(생년월일정정의 경우에는 등록기준지 관할인 점에 유의)를 관할하는 가정법원에 개명허가 신청을 할 수 있으며, 그러면 법원이 그 신청사유의 타당성 여부를 조사하여 결정을 내려 준다. 법원의 허가를 받게 되면 받은 날로부터 1월 이내에 주소지의 읍·면·동사무소에 개명신고를 하면 된다.

한편 자녀의 성과 본을 변경하고자 하는 사람은 재판확정일부터 1개월 이내에 재판서의 등본 및 확정증명서를 첨부하여 신고하여야 한다.

4 육체관계 후 약혼해제

질 문

저는 약혼을 하고 육체관계까지 갖게 되었습니다. 약혼 1년이 지난 어느날 약혼남은 정당한 이유 없이 약혼을 해제하였습니다. 그에게 혼인을 요구할 수는 없나요? 끝내 혼인을 하지 않는다면 제가 입은 피해는 어떻게 되는 것입니까?

|답 변|

비록 약혼을 하였으나 혼인할 의사가 없어 약혼을 해제하더라도 혼인을 강제할 수는 없다. 혼인이라는 것은 당사자의 자유로운 합의에 의해서만 성립될 수 있는 것이기 때문이다. 다소 상대방에게 혼인할 의사가 보이는 경우에는 가정법원에 약혼이

행청구조정신청을 할 수는 있다. 피해에 대한 보상으로는 단지, 정신적 · 물질적 손해에 대한 배상을 청구할 수 있을 뿐이다. 정조상실에 대한 손해에 대하여는 배상받는다는 일이 쉽지 않을 것이다.

한편, 약혼남이 처음부터 혼인할 의사가 없음에도 불구하고 혼인을 빙자하여 정조를 유린한 경우라면 불법행위로 인한 손해배상을 청구할 수 있다.

5 계약결혼

질 문

친구들 중에는 계약결혼을 하고자 하는 사람이 많습니다. 저의 생각도 긍정적인데 다른 문제는 없나요?

답 변

항간에는 일정한 조건하에서 또는 일정한 기간 동안만 살기로 하는 혼인을 계약결혼이라고 부르는 듯하나, 이러한 경우는 선량한 풍속 기타 사회질서에 위배(민법 제103조)되기 때문에, 법적으로는 아무런 의미를 가지지 않고 혼인으로도 인정되지 아니한다.

6 처제와의 혼인

질 문

저는 얼마 전 교통사고로 아내를 잃고 어린 남매와 살아가고 있습니다. 지금은 미혼인 처제가 와서 저와 아이들의 뒷바라지를 하고 있는데 아이들도 처제를 잘 따르고 저 역시 죽은 아내를 빼어 닮은 처제를 사랑하게 되어 차라리 처제와 혼인을 하고 싶습니다. 가능할까요?

|답 변|

민법 제809조 제2항은 "6촌 이내의 혈족의 배우자, 배우자의 6촌 이내의 혈족, 배우자의 4촌 이내의 혈족의 배우자인 인척이거나 이러한 인척이었던 자 사이에서는 혼인하지 못한다."라고 규정하고 있다. 여기서 말하는 8촌 이내의 인척이란 혈족의 배우자(며느리, 형수, 외숙모, 고모부, 사위, 형부 등), 배우자의 혈족(시부모, 시숙, 시동생, 장인, 장모, 처남, 처제 등), 배우자의 혈족의 배우자(동서, 처남의 처, 시누이 남편 등)을 말한다.

민법이 1990년에 개정되기 전에는 형부와 처제의 결혼에 대하여 견해가 대립되어 있었으나, 개정 민법에서는 제769조와 제777조 제2호에서 형부와 처제를 인척 2촌으로 명확히 하였으므로 이제는 논란의 여지없이 형부와 처제사이에서는 혼인할 수 없다. 따라서 혼인을 하더라도 민법 제815조 제3호에 해당하여 무효가 된다.

일본의 경우는 혈족이라도 4촌부터는 혼인할 수 있고 처제는 물론 형수나 제수(弟嫂)와도 혼인할 수 있다.

7 남편의 혼인신고 거절

질 문

저는 결혼하여 임신 중에 있습니다. 그러나 남편은 웬일인지 혼인신고를 하지 않으려고 합니다. 혼인신고를 할 수 있는 방법은 없습니까?

|답 변|

당사자 사이에 합의가 없으면 원칙적으로 혼인신고를 할 수 없다. 그러나 사실상 혼인생활을 하면서도 일방의 비협조나 그 밖의 다른 사유로 혼인신고가 되지 않으면, 사실상 혼인관계존재확인 청구를 통하여 신고할 수 있다. 이 경우에는 먼저 가정법원에 조정을 신청하여야 한다. 조정이 성립되면 조정성립일로부터 1월 이내에 조정조서를 첨부하여 혼인신고를 할 수 있다. 만일 조정이 성립되지 않으면 다시 사실혼관계존재확인의 소를 청구할 수 있다. 재판이 확정되면 재판확정일로부터 1월 이내에 재판서의 등본과 확정증명서를 첨부하여 혼인신고를 할 수 있다.

8 일상가사대리권(日常家事代理權)의 범위

질 문

저는 친구가 집세를 내야 한다고 하여 일백만 원을 꾸어줬는데 기한이 되어도 갚지 않습니다. 그래서 친구 남편에게 가서 갚으라고 하니 친구 남편은 자기가 진 빚이 아니니 갚을 수 없다고 합니다. 친구 남편에게서 받을 수는 없나요?

답 변

부부의 일방이 일상의 가사에 관하여 제3자와 법률행위를 한 때에는 다른 일방은 이로 인한 채무에 대하여 연대책임을 져야 한다(민법 제832조 본문). 여기서 일상의 가사란 부부의 공동생활에 필요한 모든 사항을 말하지만 그 범위와 정도는 각 가정에 따라 다를 수 있다. 일반적으로 식량 · 연료 · 의류 등 생활용품의 구입이나 의료비, 가옥임차료 등은 이에 속한다고 할 것이다. 그러나 상식을 벗어난 외제자동차의 구입, 외제골프세트 구입 등은 속하지 않는다고 하겠다. 여기서 귀하는 친구에게 가옥임차료인 집세 낼 돈을 꾸어 준 것이니 그의 남편에게서 당연히 받을 수 있다. 그러나 친구가 집세라고 거짓말하고 사실은 캬바레 등에서 유흥비로 쓰기 위해 차용한 것이라면 친구 남편은 책임을 지지 않아도 된다. 즉, 처가 일상가사외의 일로 남편 모르게 꾼 돈이나 비록 가사에 관한 채무라 하더라도 남편이 채권자에 대하여 책임질 수 없음을 표시한 때에는 연대책임을 지지 않는다(민법 제832조 단서).

9 혼인중 남편명의로 취득한 재산

질 문

저희 부부는 혼인신고를 필한 법적 부부인데, 주택 한 채를 남편명의로 매수하여 등기를 하였습니다. 그런데 사실은 저와 남편이 공동의 노력으로 구입한 것인데, 남편이 이를 임의로 처분하려 합니다. 저는 어떻게 구제받을 수 있는지요?

|답 변|

부부의 일방이 혼인중 그의 명의로 취득한 부동산은 그의 특유재산으로 추정된다. 막연히 그 부동산을 취득함에 협력하였다거나 혼인생활 중에 내조의 공이 있었다는 것만으로는 이 추정을 번복할 수 없다. 따라서 위 부동산은 일단 남편의 소유로 추정되는 만큼 남편이 임의로 처분하여도 이를 제지할 방법은 없다.

그러나 부부 일방의 특유재산으로 추정되는 부동산도 부부 각자가 대금의 일부씩을 분담하여 매수하였다거나, 부부가 연대채무를 부담하여 매수하였다는 등의 실질적 사유가 존재하는 경우에는 소송상 부부공유로 인정받을 수 있다. 따라서 남편의 부동산처분을 막아야만 할 불가피한 사정이 있다면 위와 같은 사실을 입증할 수 있는 증거를 확보하여, 위 부동산에 대해 처분금지가처분 절차를 취함과 동시에 남편을 상대로 지분소유권이전등기 청구소송을 제기하는 방법도 가능하다.

10 사실혼부부의 보호

질 문

저는 결혼식을 올리고 혼인신고를 하지 않은 채 살고 있습니다. 남편은 사업에 실패하고부터 외박이 잦아지는 등 이혼을 요구하고 있습니다. 헤어지면 손해배상을 받을 수 있나요?

|답 변|

민법은 남녀가 결혼할 의사로 혼인신고를 마쳐야 법률상의 혼인이 된 것으로 보는 법률혼주의를 취하고 있다. 따라서 당사자의 의사의 합치로 결혼식을 올리고 부부공동생활을 영위하고 있다 하더라도 혼인신고가 없으면 법률상의 부부로는 인정되지 않는다.

이와 같이 사실상 부부이면서 혼인신고를 하지 않았기 때문에 법률상의 부부로서는 인정될 수 없는 상태를 사실혼이라고 한다. 사실혼은 당사자의 합의에 의하여 사실상 부부로서의 공동생활이 존재하게 되면 성립하고 의식 기타의 형식을 필요로 하지 않는다. 사실혼부부 사이에 있어서도 법률혼과 마찬가지로 동거 · 부양 · 협조 · 정조의 의무 등은 인정된다.

그런데 사실혼은 법률혼과는 달리 당사자 일방이 임의로 해소할 수 있다. 그러나 정당한 사유가 없으면 파기에 책임 있는 당사자는 상대방에 대하여 그로 인한 손해배상책임이 있다. 따라서 잘못이 없는데 쫓겨난다면 사실혼 解消로 인한 물질적 손해는 물론 정신적 손해(위자료)의 배상을 청구할 수 있다.

그러나 당사자 일방이 사실혼관계를 부인하는 경우에는 사실혼관계존재확인을 구한 후 위와 같은 보호를 받을 수 있다.

11 혼인 전의 불륜행위

질 문

저는 혼인하여 임신중에 있습니다. 남편은 저의 과거를 어디서 알아 가지고 와서는 저에게 추궁하여 저는 부득이 고백하였습니다. 이 후 남편은 저에게 대하는 태도가 달라지고 결국은 이혼을 요구하고 있습니다. 저는 지금의 남편을 사랑하고 있습니다. 혼인 전의 불륜행위도 이혼의 사유가 되는 겁니까?

답 변

이혼사유 중의 하나인 부정행위는 혼인 중의 부정행위를 말하는 것이므로, 혼인 전의 부정행위 그 자체가 재판상의 이혼사유가 되지는 않는다. 그러나 이로 인하여 부부간의 애정이 식고, 단란했던 가정이 파탄에 이른다면 이는 기타 혼인을 계속하기 어려운 중대한 사유가 된다.

혼인은 성스러운 것이다. 따라서 경솔하게 혼인을 할 것도 아니요, 혼인 후 아내의 과거를 캐묻는 것도 신사가 아니다. 또한 묻는다고 사실을 고백하는 아내도 그 남편에 그 아내라고 볼 수밖에…….

12 성적 불능과 이혼 그리고 위자료

질 문

저는 결혼하여 1년이 훨씬 지났습니다. 저는 아직도 처녀로 있습니다. 결혼 초기에는 멋모르고 지냈습니다. 이제는 성생활을 하지 못하므로 원만한 성생활을 하는 다른 부부가 부러워지고 있습니다. 나중에 안 사실입니다만 남편은 성불구자라고 합니다. 이를 이유로 이혼할 수 없을까요?

답 변

혼인이란 남녀의 정신적·육체적 결합을 포함한 전인격적 결합을 의미한다. 그러므로 부부관계에 있어서 성생활은 무시할 수 없는 부분이 된다. 따라서 남편의 성기능장애는 혼인을 계속하기 어려운 사유가 되어 이혼을 청구할 수 있다. 그리고 성기능 장애를 숨긴 채 혼인하였으므로 위자료청구도 가능하다. 위자료를 산정함에 있어서는 배우자의 재산 정도·배우자로부터 받은 정신적 고통의 정도·양 당사자의 학력·경력·연령·생활정도·직업·재혼의 가능성·혼인기간·재산형성에 관한 부부의 협조·공로의 정도 등이 참작될 것이다. 아직까지 재판상 이혼의 경우 위자료액수는 남자재산의 20~30%가 가장 많으나 50%까지 인정한 사례도 있다.

그러나 혼인 당시에는 정상적이었으나 혼인중에 뜻하지 않은 교통사고 등으로 인하여 성기능이 불완전하게 된 경우에는, 이혼청구권은 있지만 남편에게 성생활에 대한 과실이 없으므로 위자료는 청구할 수 없다.

13 무단가출과 이혼

질 문

저는 1남 1녀를 둔 주부입니다. 그런데 얼마 전부터 남편이 생활비도 제대로 주지 않고 이혼하자며 심하게 구타하기 시작했습니다. 그러나 저는 자식들 때문에도 절대 이혼을 할 수 없다는 생각에 참고 견디었는데 남편이 저를 때리면서 내쫓은 뒤 집에 얼씬도 못하게 했습니다. 그 동안 남편은 전혀 연락도 하지 않고 생활비도 주지 않았습니다. 그러던 중 계속 친정에 얹혀 살 수가 없어서 취직을 하려고 가족관계증명서를 떼어보니 놀랍게도 저도 모르는 사이에 이혼이 되어 있었습니다. 제가 구제받을 수 있는 방법은 무엇인가요?

답 변

이 경우에는 귀하가 집에서 쫓겨난 후 주민등록을 그대로 두고 일방적으로 집을 나간 것으로 되어 남편이 이혼을 청구한 경우이다. 이와 같이 아내가 남편의 구타 등을 피해 집을 나간 뒤 주민등록을 방치할 경우 '무단가출'이라는 남편의 거짓주장이 인정될 수 있다. 이 경우 아내에게 이혼소장 등이 직접 송달되지 않고 법원게시판에 공고하여 송달된 것으로 간주하는 공시송달 제도를 악용하여 이혼한 사례이다. 이러한 남편이 법을 악용하는 것을 막기 위해 일부 법원에서는 이혼시 남편의 경우는 처가 식구들의 확인서(아내가 집을 나가 어디 사는지 모른다는 내용)를, 아내의 경우는 시댁식구들의 확인서를 제출하여야만 공시송달을 허가하는 등의 제도적 보완을 하고 있다.

이 사례의 경우 남편이 이혼소송을 제기한 사실을 아내인 귀하가 전혀 몰랐고, 그것을 모른 것에 대하여 귀하에게 과실이 없음을 입증하여(즉 남편이 아내의 행방을 충분히 알 수 있었다는 사실) 이혼이 된 사실을 안 날로부터 2주일 이내에 1심판결에 대해 항소(추완항소)해서 구제받을 수 있다. 다만, 이혼한 지 2년 이내일 경우 14일이라는 추완항소기간이 지났으면 위자료 청구는 어렵지만, 결혼 이후 함께 형성한 재산분할의 청구는 가능하다.

14 재판상 이혼 후 이혼신고기간의 경과

질 문

저는 이혼판결을 받고 2개월이 지나도록 이혼신고를 하지 못한 상태인데 이 경우 이혼신고기간은 언제까지이며, 이혼신고기간이 경과되었을 경우 이혼의 효력은 어떻게 되나요?

|답 변|

재판상 이혼의 경우 소를 제기한 자는 판결이 확정된 날로부터 1월내에 재판의 등본과 확정증명서를 첨부하여 이혼신고를 해야 한다(가족관계등록법 제78조). 그러나 재판상 이혼은 판결이 확정됨으로써 혼인해소의 효력이 발생되는 것이고 이혼신고는 가족관계 정리를 위한 보고적 신고에 불과하므로, 위 이혼신고기간을 도과하였다고 하여 이혼의 효력이 상실되는 것은 아니다. 그리고 이혼판결이 확정되면 판결당사자의 이혼신고와는 별개로 등록기준지 또는 주소지의 담당공무원은 위 이혼신고기간 내에 소를 제기한 자의 이혼신고가 없으면 직권으로 가족관계등록부를 정리하여야 한다. 따라서 이혼판결확정일로부터 1월 이내에 이혼신고를 하지 않았다고 하여도 이미 등록정리는 되어 있을 것이다.

그러나 협의이혼의 경우에는 법원에서 협의이혼의사확인을 받은 날로부터 3월 이내에 이혼신고를 하지 않게 되면 법원의 확인은 그 효력을 잃게 된다(가족관계등록법 제75조 제3항).

15 이혼한 사실이 계속 따라 붙나요?

질 문

A男과 B女는 가정불화로 협의이혼을 하였으나, 이혼신고 후 쌍방이 모두 이혼을 후회하고 재결합하였습니다. 이 경우 법률상 부부가 되려면 다시 혼인신고를 하여야 한다고 하는데, 가족관계증명서에 이혼한 사실이 나타나지 않게 할 수 없는지요?

|답 변|

2008. 1. 1. 부터 시행되고 있는 「가족관계의 등록 등에 관한 법률」에 따르면 개인별로 구분하여 작성하는 가족관계등록부는 기본증명서, 가족관계증명서, 혼인관계증명서, 입양관계증명서, 친양자 입양관계증명서로 구분하도록 하고 있다(같은 법 제9조, 제15조). '기본증명서'에는 본인의 출생, 사망, 국적상실 · 취득 및 회복 등에 관한 사항 등 본인의 신분상 변동사항이 기재된다. 따라서 본인의 이혼, 혼인, 입양 관계

는 기본증명서에 나타나지 않는다. '가족관계증명서'에는 현재 배우자와 본인을 중심으로 부모, 자녀의 3대만 표시되므로, 형제자매의 개인정보 및 형제자매의 신상변동으로 인하여 생길 수 있었던 불이익을 방지하였다. 한편, '혼인관계증명서'에는 본인의 혼인·이혼에 관한 사항과 배우자의 성명정정 또는 개명에 관한 사항이 기재되는 증명서로, 특정등록사항란에는 본인과 현재 유효한 혼인관계에 있는 배우자가 기재되므로 이혼하거나 혼인이 취소 또는 무효로 된 배우자였던 사람은 기재되지 않지만, 일반등록사항란에는 위 배우자였던 사람들의 인적사항이 기재된다. 따라서 가족관계증명서에는 현재 유효한 가족관계가 있는 사람들을 표시하므로 이혼 사실이 나타나지 않지만, 혼인관계증명서에는 이혼사실이 나타나게 된다.

16 양육권의 변경

질 문

남편과 이혼을 하면서 경제력이 있는 남편이 아이들을 양육하는 것이 좋을 것 같아 협의에 의하여 양육권을 남편에게 넘겨주었으나 남편이 재혼한 후 새로 들어온 계모의 횡포가 너무 심하여 아이들 양육권을 제가 찾아오고 싶습니다. 그런데 전남편은 절대로 안 된다고 합니다. 어떻게 하면 좋을까요?

답 변

이혼시 자녀의 양육 및 친권의 행사는 부부가 협의하여 정할 수도 있고, 협의가 안 될 경우에는 당사자의 청구에 의하여 법원에서 정할 수도 있다(민법 제837조 제1항). 부부의 협의로 정할 경우에는 ① 양육자의 결정 ② 양육비용의 부담 ③ 면접교섭권의 행사 여부 및 그 방법에 관한 사항을 포함하여야 한다(민법 제837조 제2항). 그러나 부부의 협의가 자녀의 복리에 반하는 경우에는 가정법원은 보정을 명하거나 직권으로 그 자녀의 의사·연령과 부모의 재산상황, 그 밖의 사정을 참작하여 양육에 필요한 사항을 정한다(민법 제837조 제3항). 만일 양육에 관한 사항의 협의가 이루어지지 아니하거나 협의할 수 없는 때에는 가정법원은 직권으로 또는 당사자의 청구에 따라 이에 관하여 결정한다. 이 경우 가정법원은 제3항의 사정을 참작하여야 한다(민법 제837조 제4항). 한편, 이혼의 당사자가 자녀의 양육에 관한 사항을 협의에 의하여 정했다 하더라도 필요한 경우 법원은 당사자의 청구에 의하여 언제든지 그 사항을 변경할 수 있다(대결 1992.12.30, 92스17, 18). 이와 같이 가정법원은 자녀의 복리를 위하여 필요하다고 인정하는 경우에는 부·모·자 및 검사의 청구 또는 직권으로 자녀의 양육에 관한 사항을 변경하거나 다른 적당한 처분을 할 수 있다. 따라서 귀하는 양육권을 변경해야 하는 이유를 적어 법원에 양육권변경신청을 하면 된다. 이 때 법원은 아이들의 나이, 부모의 재산상태, 양육환경, 양육능력, 아이들의 의사를 참작하여 판단한다. 직접 양육하지 못하는 부모 중 일방과 자녀는 상호 면접교섭권(面接交涉權)을 갖게 된다.

한편, 부모는 쌍방 모두 자녀에 대한 부양의무를 지므로 귀하가 아이들을 양육할 경우에도 전남편에게 양육비를 청구할 수 있다. 협의이혼 당시 미성년 자녀의 양육비를 지급하기로 한 상대방이 양육비를 주지 않을 경우를 대비하여 협의이혼시 '양육비부담조서'를 작성하면 된다(민법 제836조의2 제5항). 양육비부담조서는 확정된 심판에 준하는 집행력이 인정되고, 양육비부담조서상의 양육비지급의무가 이행되지 않는 경우에는 가사소송법상의 이행명령도 할 수 있다. 만일 양육비를 지급해야 할 채무자가 정당한 이유 없이 2회 이상 양육비를 지급하지 않을 경우 아직 이행일시가 도래하지 않은 것을 포함한 양육비 채권을 집행채권으로 하여 소득세원천징수의무자에 대한 정기적 급여채권에 대해 양육비 직접 지급명령을 할 수 있다. 또한 가정법원은 양육비부담조서상 정기금으로 양육비를 지급하기로 한 경우 양육비 채무자가 정당한 이유 없이 그 이행을 하지 않는 경우 상당한 담보의 제공을 명할 수 있고, 담보제공 명령 불이행자에 대해 일시금지급명령을 할 수 있다.

17 이혼시 재산분할

질 문

저는 결혼생활 10년 만에 남편과 헤어지기로 하였습니다. 그런데 결혼기간 중 취득한 재산은 남편의 명의로 하였습니다. 같이 노력하여 번 재산인데 제몫을 찾을 수는 없나요?

답 변

이혼으로 인한 재산관계의 청산에 있어서 우리 민법은 위자료청구권과 재산분할청구권을 인정하고 있다. 위자료청구권은 유책배우자(이혼에 이르게 된 책임이 있는 배우자)에게는 인정되지 않으나 재산분할청구권은 유책배우자라도 인정된다는 점에서 양자는 다르다. 그러므로 재산분할청구권은 이혼에 이르게 된 책임이 누구에게 있든 남편은 혼인중 취득한 재산에서 아내가 기여한 비율만큼의 재산을 나누어 주어야 함을 의미한다.

재산분할대상이 되는 재산은 당사자가 혼인생활 중 함께 협력하여 이룩한 재산에 한정된다. 따라서 혼인 전부터 각자 소유하고 있던 재산이나 일방이 상속·증여 등으로 취득한 재산 등 특유재산은 분할의 대상이 되지 아니한다. 다만 부부특유재산이라 하더라도 부부일방이 특유재산의 유지에 협력하여 재산가치의 감소를 방지하였거나 증식에 기여하였다면 분할을 받을 수 있다(대법원 1993. 5. 25. 선고 92므501판결 참조). 분할의 비율이나 방법에 대하여는 특별한 기준은 없으나 일반적으로 재산형성에 있어서의 기여도, 혼인의 기간, 혼인중의 생활 정도, 유책성, 현재의 생활상황, 장래의 전망, 피부양자 유무, 이혼위자료의 유무 등을 고려하여 정하게 된다. 그리고 재산분할은 이혼시점이 아닌 별거시점의 재산상태를 기준으로 하게 된다.

그렇다면 어느 정도나 분할 받을 수 있을까. 재산분할청구권제도가 도입된 1991년 이래 서울가정법원 통계에 나타난 사례를 보면, '맞벌이 부부형'인 경우 아내의 재산형성기여도를 50%로 인정한 사례가 많고, 아내가 남편의 가업에 협력한 '가업협력형' 즉 반업주부인 경우에도 기여도를 50%로 인정한 사례가 많다. 그러나 아내가 전적으로 가사노동에 종사해 온 '전업주부형—이른바 솥뚜껑운전수'의 경우에는 기여도를 3분의 1로 인정한 사례가 20% 정도이며 50%로 인정한 사례도 종종 있음을 알 수 있다. 그러나 오늘날 가사노동의 중요성을 생각할 때 전업주부도 당연히 50%의 기여도를 인정해야 할 것이다. 전업주부야말로 가정뿐만 아니라 국가경쟁력을 높이는 데 말없는 조력자이기 때문이다.

귀하가 재산분할을 받기 위해서는 우선 남편과 협의하면 된다. 그러나 협의가 되지 아니하거나 협의할 수 없는 때에는 가정법원은 당사자의 청구에 의하여 당사자 쌍방의 협력으로 이룩한 재산의 액수 기타 사정을 참작하여 분할의 액수와 방법을 정한다. 그리고 재산분할을 받기 위해서는 이혼한 날로부터 2년 이내에 청구해야 한다. 만일 귀하의 남편이 귀하의 재산분할청구권 행사를 해함을 알면서도 재산권을 목적으로 하는 법률행위를 한 때에는 귀하는 그 취소 및 원상회복을 가정법원에 청구할 수 있다. 이때의 소는 귀하가 취소원인을 안 날로부터 1년, 법률행위 있은 날로부터 5년내에 제기하여야 한다(민법 제839조의3). 한편 재산분할시 부동산으로 받게 되는 경우에는 귀하의 남편은 양도소득세를 내지 않아도 된다. 그러나 위자료의 이유로 부동산을 받게 되는 경우에는 과세대상이 됨을 유의해야 한다.

이와 같이 귀하는 누구의 잘못으로 이혼을 하든지 결혼기간 중 취득한 남편의 재산에 대하여 일정부분을 분할 받을 수 있는 권리가 있다. 그러나 혼인 당시 초심으로 돌아가 본다면 이혼은 다시 한 번 생각해 볼 여지가 있지 않을까!

18 부양의무와 부양받을 권리

질 문

옆집에 혼자 사시는 A할머니가 계십니다. A할머니는 행상 등을 하면서 열심히 뒷바라지한 2남3녀의 자식들이 있습니다. 그 중 둘째 아들은 의사이고, 셋째 딸은 변호사입니다. 다른 자녀들은 어렵게 생활하고 있다고 합니다. 그런데 작년에 할아버지와 사별하신 A할머니는 요즘 전기요금조차 마련하지 못하는 등 극심한 생활고를 겪고 있습니다. 사별한 할아버지가 재산을 남겨놓지 않은데다 젊어서부터 행상을 해온 터라 자립심이 강하신 분이신데, 지금은 행상할 기력도 없는 77세 할머니이고, 아들딸들도 생활비를 드리지 않기 때문이라고 합니다. A할머니는 자녀들에게 생활비를 요구할 수 있는지요?

답 변

요즈음 우리 사회는 '고령화 사회'를 맞고 있고 머지않아 '고령사회'에 들어설 것이라고 한다. 이렇게 되면 연로하신 어르신들은 생활고 등으로 이중삼중의 어려움에 처할 것이 뻔하다. 민법 제974조에서도 이러한 현상을 예견하여 직계혈족 사이 또는 배우자끼리는 부양해야 할 의무를 지우고 있다. 이들 간에는 부양의무가 있듯이 부양받을 권리도 있다. 그러나 부양의무는 부양을 받을 자가 자력 또는 근로에 의하여 생활을 유지할 수 없는 경우에 한하여 이를 이행할 책임이 있는 것이다(민법 제975조 참조).

현재 A할머니는 나이가 많아 일을 하시기도 어려운 처지로 보인다. 그렇다고 자녀들이 생활비를 조달해 드리지도 못하는 것으로 보인다. 그렇다면 A할머니는 자녀에게 "매달 일정 금액의 부양료를 지원해 달라"고 요구할 수 있다. A할머니는 그동안 자녀를 뒷바라지하느라 고생한 만큼 부양료 요구는 법적으로 정당한 것이다.

부양료 신청서는 자녀의 주민등록상 주소가 있는 관할 법원에 내면 된다. 신청서에는 자녀가 경제적 능력이 있고, A할머니가 곤궁한 처지라는 점을 자세히 밝힐 필요가 있다. 또 자녀의 재산 관련 자료(자녀가 소유한 부동산의 등기부등본 등), A할머니의 처지를 잘 아는 주변 사람의 진술서 등도 내면 좋다.

부양료 청구사건은 당사자가 주장하지 않더라도 법원이 후견인의 입장에서 재량을 갖고 재판한다. 예를 들어 부양료를 청구했지만 판사가 볼 때 거동이 불편해 누군가 곁에서 돌봐줘야 할 경우엔 "직접 모시고 살라"고 명령할 수도 있는 것이다.

법원은 자녀의 능력, 자녀 뒷바라지를 위해 헌신한 정도 등을 감안해 보통 월 30만~100만원, 많게는 200만원까지도 부양료를 인정해 주는 경우가 있다. A할머니의 경우 2남3녀의 자녀가 있지만 경제적 능력이 있어 보이는 둘째 아들과 셋째 딸에게 더 많은 부양료를 내라고 할 가능성이 크다. 그러나 A할머니가 자녀 양육이나 교육에 전혀 도움을 주지 않았다면 A할머니의 요구가 받아들여지지 않거나, 아주 적은 금액만 인정될 수도 있다.

한편, 법원이 A할머니의 요구를 받아들여 부양료를 결정하였으나, 자녀들이 부양료를 주지 않으면 자녀들의 재산에 대하여 경매 등 강제집행을 할 수 있다.

이와 같이 법으로 보호를 받을 수는 있지만, 진정한 부양은 마음으로부터 우러나오는 공경심에서 비롯될 때 진정한 부양이 될 것이다. A할머니와 같은 딱한 사정이 다시는 사회문제가 되지 않는 '상식의 사회'가 오기를 기대해 본다.

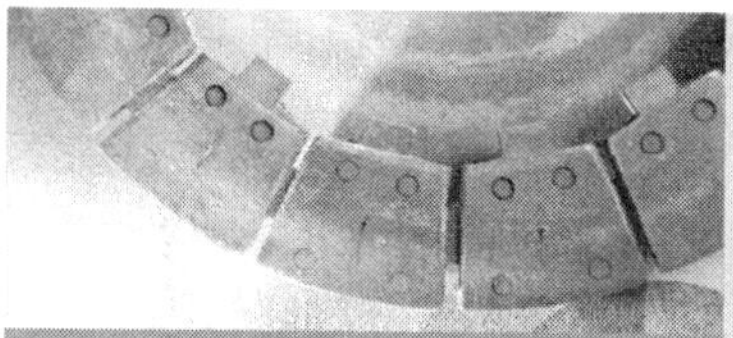

서 설/소비대차/담보방법
대금회수방법/사례문답

제5장 금전거래와 법률

제 1 절 서 설

사람이 사회생활을 하다보면 급작스런 병원비나 사업투자비 등 적지 않은 급한 돈이 필요한 경우가 있다. 이 때 사람들은 금융기관이나 이웃으로부터 필요한 돈을 빌리게 되고, 이로 인하여 사회와 이웃에 감사하는 마음이 생겨 따뜻한 공동사회를 이루게 된다. 그러나 금전거래는 불화의 근원이 되기도 한다. 가까운 친구나 친지 사이에 불명확한 금전거래로 인하여 분쟁이 발생하여 서로 원망의 대상이 되기도 하기 때문이다. 따라서 금전거래관계는 명확하여야만 분쟁을 미연에 방지할 수 있는 것이다. 이 때 발생하는 법률문제가 금전대차 문제이다.

금전대차는 일반적으로 민법상 전형계약의 하나인 소비대차계약의 법리(제598조 이하)에 의하게 된다. 그리고 이러한 금전채권의 확보를 위하여 보증이나 담보의 문제가 동시에 발생하기도 한다.

이하에서는 금전거래에 있어서 발생하는 소비대차와 보증·담보의 방법, 그리고 대금회수방법 등 주된 문제점들을 살펴봄으로써, 금전대차시의 분쟁을 미리 방지하거나 최소화하기 위한 방법을 제시하고자 한다.

제 2 절 소비대차

Ⅰ. 소비대차의 의의와 성립

소비대차는 당사자의 일방(貸主)이 금전 기타의 대체물의 소유권을 상대방(借主)

에게 이전할 것을 약정하고, 상대방은 동종 · 동질(동등) · 동량의 물건을 반환할 것을 약정함으로써 성립하는 낙성계약이다(민법 제598조).

따라서 소비대차 계약이 유효하게 성립하기 위해서는 첫째, 당사자 사이의 의사의 합치가 있어야 한다. 특히 이자부 소비대차인 경우에는 이자에 관한 특약의 합의(예컨대, 월 몇%)가 있어야 한다. 특약이 없으면 그 이율은 법정이자(민사채권인 경우는 연 5%, 상사채권인 경우는 연 6%)에 의한다.

둘째, 소비대차의 목적물은 금전 기타의 대체물(예컨대, 어음 · 채권 등과 같은 유가증권)이어야 한다. 실제거래계에서는 대물대차도 빈번히 이용되고 있는 실정이다. 대물대차라 함은 금전을 소비대차의 목적으로 한 경우에도 대주는 현금을 교부하지 않고 현금 대신에 약속어음 · 국공채 · 예금통장과 인장 등의 유가증권 기타의 물건을 인도하는 것을 말한다.

셋째, 貸主는 금전 기타의 대체물의 소유권을 이전할 것을 약정하여야 한다.

넷째, 借主는 대주로부터 이전받을 것과 같은 종류 · 품질 · 수량의 물건으로 반환할 것을 약정하여야 한다.

II. 선이자공제의 문제

대주가 금전을 빌려 주면서 미리 이자명목으로 이자부분만큼을 공제하고, 나머지를 빌려 주는 경우에 차주가 빌린 원금을 얼마로 할 것인가가 문제된다. 이런 경우는 실제 우리 사회에서 관행화되어 있는 것이 사실이다. 판례는 선이자를 공제하고 실제로 받을 금전을 원금으로 보아 이자도 그 공제된 원금에 의하여 계산하도록 하고 있다(대판 1989.1.17, 87다카2824). 이자제한법에서도 선이자를 사전 공제한 경우에는 그 공제액이 채무자가 실제 수령한 금액을 원본으로 규정하고 있다(제3조). 또한 이자제한법에서는 10만 원 이상의 금전대차에 관한 최고이자율을 연 24% 이내로 정하고 있다.

III. 지연이자(遲延利子)

금전소비대차에 있어서 차주가 금전채무를 소정의 기한 내에 갚지 못할 경우에는, 대주는 차주에 대하여 그 기간의 익일로부터 일정이율에 의한 손해배상의 지급을 청구할 수 있다. 그러나 익일 이후의 지연이자는 원본사용의 대가가 아니므로 이자가 아니고 손해배상의 일종이다. 다만 일반손해배상금과는 달리 그 금액이 이율과 기간에 의하여 산정된다는 점에서 이자와 유사하여 지연이자라고 한다.

민법은 이에 대하여 "금전채무불이행의 손해배상액을 법정이율로 정한다. 그러나 법령의 제한에 위반하지 아니한 약정이율이 있으면 그 이율에 의한다."라고 규정하고 있다(민법 제397조 제1항).

Ⅳ. 구체적인 금전대차 방법

1. 차용증서에 의한 방법

실제거래계에서 금전거래를 할 경우에는 위와 같은 금전소비대차의 법리를 기본으로 하여 차용증의 형식을 빌어서 하는 경우가 대부분이다. 차용증서는 그 명칭 여하에 불구하고 돈을 빌린 사실을 증명하는 문서를 말한다. 따라서 차용증서라는 명칭을 붙이지 않더라도 금전거래를 확인할 수 있을 내용의 문서는 모두 차용증서와 같은 효력을 갖는다. 예컨대 지불각서, 확인서, 차용증, 현금보관증 등이 그것이다. 이런 관계로 차용증서에는 특별한 형식이 있는 것이 아니다. 차용금액, 날짜 및 차주의 성명과 도장(기명날인)이 갖추어지면 일단 차용증서로서의 효력을 갖게 된다.

한편, 貸主는 나중에 대여금에 대한 반환청구를 차용증서의 명의인에 대해서만 할 수 있기 때문에 차용증서는 후에 돈을 반환받고자 하는 사람의 명의로 작성하여 받는 것에 유의하여야 한다.

2. 어음 · 수표에 의한 방법

금전거래를 함에 있어서 차용증서 대신 어음이나 수표를 발행하는 경우가 종종 있다. 어음이나 수표는 돈의 지급을 위탁 또는 약속한 문서로서 주로 상거래에서 발생하는 상사채권채무관계에서 널리 이용되어 왔으나, 오늘날은 상거래 이외의 경우에 있어서도 대금결제의 간편성과 신용창출성 등에 의하여 통상적으로 이용되고 있다.

(1) 어 음

어음법상의 어음에는 환어음과 약속어음이라는 두 가지이다. 그러나 어음은 어음이 발행되는 경제적 목적에 따라 또는 어음이 사용되는 경제적 관계와 관련하여, 위탁어음 · 연기어음 · 대부어음 · 상업어음 · 단명어음 · 담보어음 · 화환어음 · 부도어음 · 융통어음 · 할인어음 · 예금어음 · CP어음 등 여러 가지 명칭으로 불리기도 한다. 그러나 이들 경제적 어음이라 할지라도 어음으로서의 법률적 성질이 변하는 것은 아니다.

(가) 약속어음

약속어음은 발행인 자신이 일정금액을 일정한 자(수취인)에게 일정한 날짜에 지급할 것을 약속하는 문서(지급증권)이다. 약속어음에는 발행인 자신이 어음금액의 지급을 약속하는 것이므로, 발행인 이외에 지급인은 존재하지 않고 발행인이 발행시부터 주채무자의 지위를 겸하게 된다. 약속어음은 신용을 증권화하고 금전지급의 수단으로 이용되는 점 등에서 증권 자체의 법률적 성격은 환어음과 동일하므로 환어음에 관한 규정이 다수 준용되고 있다.

한편, 「전자어음의 발행 및 유통에 관한 법률」에서는 전자적 방식으로 약속어음을 발행 · 유통하고 어음상의 권리를 행사할 수 있도록 규정하고 있다. 전자어음이라 함은 전자문서로 작성되고 전자어음 발행인이 전자어음관리기관에 등록하여 발행한 약속어음을 말한다. 전자어음의 만기는 발행일(발행인이 타인에게 전자거래기본법 제6조 제1항의 규정에 따라 전자어음을 송신하고 그 타인이 수신한 날)로부터 1년을 초과할 수 없고, 백지어음을 발행할 수 없다. 배서는 배서전자문서로 하되, 총 배서회수는 20회를 초과할 수 없다.

(나) 환 어 음

환어음은 어음의 발행인이 지급인에게 증권에 기재된 금액을 일정일에 증권상의 권리자에게 지급할 것을 위탁하는 일종의 지급위탁증권(支給委託證券)이다. 환어음은 이러한 점에서 지급약속형식인 약속어음과 본질적으로 다르다. 즉 약속어음에는 발행인과 수취인의 두 당사자만이 등장하지만, 환어음에서는 發行人 · 受取人 그리고 支給人 이라는 세 당사자가 등장한다. 따라서 약속어음은 발행인이 지급을 약속하는 형식을 취하지만 환어음에서는 발행인이 다른 사람(지급인)에게 지급의뢰를 하는 형식을 취한다.

따라서 환어음의 지급인이 어음을 引受하고 만기에 지급을 하면 발행인은 아무런 책임도 지지 않는다. 그러나 지급인이 인수를 거절하거나 인수는 하였으나 지급을 하지 않은 경우에는, 발행인은 소구의무(遡求義務)를 이행하고 어음을 환수(還收)한 때에는 인수인에 대하여 책임을 물을 수 있다. 지급인은 인수를 함으로써 만기에 어음금을 지급할 의무를 부담한다. 환어음의 수취인은 환어음을 타인에게 배서하여 양도할 수 있다. 이 경우 배서인은 반대의 문언이 없으면 인수와 지급에 대한 담보책임을 부담한다.

(2) 수 표

수표는 발행인이 지급인에 대하여 수취인 기타 증권의 정당한 소지인에게 일정한 금액을 지급할 것을 위탁하는 유가증권이다. 이와 같이 수표는 發行人, 受取人, 支給人이라는 3당사자가 등장하고, 발행인이 금전지급을 의뢰하는 형식을 취하고 있는 점에서 환어음과 비슷하다. 그러나 금전지급일에 있어서는 수표나 어음은 현저한 차이가 난다. 어음의 경우 약속어음이든 환어음이든 지급기일이라는 것이 있으므로 그 날이 되지 않으면 어음금액을 지급받을 수 없다. 반면에 수표는 언제든지 지급받을 수 있다(일람출급). 즉, 발행받은 당일이라도 현금으로 바꿀 수 있기 때문에 수표에는 지급기일난이 인쇄되어 있지 않은 것이다. 다만 현금지급수단으로 이용되는 수표는 유통성과 안전성을 보장하기 위해 유통기한을 발행일부터 10일로 하고 지급인이 은행으로 한정되어 있다.

(3) 어음 · 수표 발행시 유의사항

금전이나 물품을 거래하면서 많은 경우 어음이나 수표를 주고받고 있다. 어음이란 일정한 금액을 지급함을 목적으로 하여 발행되는 유가증권을 말하고, 수표란 발행하는 사람이 은행에 대하여 그 수표를 가지고 오는 사람에게 일정한 금액의 지급을 부탁하는 형식의 유가증권을 말한다.

어음 · 수표를 발행할 때에는 일정한 형식요건을 갖추어야 한다. 예컨대 약속어음의 경우에는 ① 수취인의 이름, ② 액면금액, ③ 지급기일(만기일), ④ 지급지, ⑤ 발행일, ⑥ 발행지 또는 발행인의 주소지, ⑦ 발행인의 기명날인 또는 서명이 그것이다. 이 때 금액, 지급기일, 발행일, 수취인 등을 기재하지 않고 발행한 어음을 백지어음이라고 하는데, 백지어음을 교부받은 사람은 공란(백지부분)을 기재하여(백지어음의 보충) 완전한 어음으로 하여 지급 제시하여야 한다.

어음 · 수표를 발행함으로써 새로운 채권 · 채무관계가 생기며 더욱이 발행된 어음·수표는 계속 유통될 것이 예상되는 것이므로 반드시 기재하여야 할 사항이 법으로 엄격히 규정되어 있다. 필요적 기재사항을 누락하면 어음·수표 자체가 무효로 됨을 유의하여야 한다.

(4) 어음·수표 취득시 유의사항

(가) 배서 여부 확인

필요한 기재사항과 배서연속을 확인하고, 해당 은행에 어음·수표에 대한 사고계가 나와 있는가를 확인하여야 한다.

배서가 연속되어 있다 하여도 안심하고 취득하는 것은 금물이다. 가공의 회사를 내세워 어음을 발행하고 부도내는 경우가 있으므로, 거래 상대방의 신용상태를 믿을 수 없다면 취득하지 말거나 재산 있는 사람의 배서를 받아 취득하여야 한다. 특히 법인이 기명날인한 어음의 경우에는 상법상 자기거래에 해당되지 않는가를 잘 조사해 보아야 한다.

(나) 위조·변조 여부 확인

이미 기재한 사항이 정정된 경우 위조·변조가 되어 생각지도 못했던 손해가 생길 수 있으므로, 정정·말소가 정당한 권한이 있는 자에 의하여 이루어진 것인가를 확인해야 한다.

(다) 부도 여부 확인

수표가 부도나는 경우에 수표의 발행인은 어음의 경우와는 달리 민사책임외에 은행의 거래정지 처분과 부정수표단속법에 의한 형사적인 제재까지도 받게 되므로, 어음보다는 수표를 취득하는 것이 그 대금지급을 보다 확실히 하는 방법이라고 할 수 있다.

(라) 공증어음의 효용

어음에 대하여 공중인이나 법무법인 또는 공중인가 합동법률사무소에 가서 미리 공증을 받아 두면, 굳이 소송을 하여 판결을 받지 않더라도 공증한 어음에 집행문을 부여받아, 곧바로 강제집행을 할 수 있으므로 편리하다.

(5) 어음·수표 양도시 유의사항

(가) 배서에 의한 양도

어음을 양도할 때는 배서에 의하게 된다. 배서란 어음의 유통을 증진시키기 위하여 법이 인정하고 있는 간편한 양도방법을 말한다. 어음을 가지고 있는 사람이 보통 어음의 뒷면에 어음의 권리를 특정인에게 양도한다는 취지를 쓰고, 기명날인 또는 서명하여 그 특정인에게 주는 것이다.

어음을 받을 자(피배서인)는 배서인에 의해 지정될 수도 있고, 지정되지 않고 백지인 상태로 그냥 양도(백지식 배서)될 수도 있다.

어음에 배서한다는 것은 마치 어음발행인의 채무를 보증하는 것과 같은 효과를 가져 온다. 따라서 비록 발행인에게 신용이 없거나 돈이 없다 하여도 유력자가 배서하면 그 어음의 신용은 높아지는 것이다.

㈏ 수표에 대한 배서의 효력

수표도 어음에서와 같은 배서가 인정되고 있다. 그러나 수표는 지급만을 목적으로 하는 특성 때문에 어음의 배서와는 다른 점이 있다. 즉, 수표배서인은 지급담보책임만을 부담하므로 지급인(은행)은 배서할 수 없고, 지급인에 대한 배서는 영수증의 효력만이 있다.

소지인 출급식 수표 또는 무기명식 수표(수표에 위 수표금액을 수표소지인에게 지급하라는 뜻의 문구가 있는 수표)는 양도함에 있어 배서할 필요 없이 수표를 인도하면 된다. 보통 은행에서 이들 수표에도 전화번호 또는 주소와 이름을 쓰라고 요구하는데 이것은 수표의 입금경로를 명확히 하려는 것이지 법률상 필요에서 하는 것은 아니다.

기명식 수표 또는 지시식 수표(수표에 위 수표금액을 ○○○에게 또는 ○○○가 지시하는 사람에게 지급하라는 뜻의 문구가 있는 수표)는 어음과 같이 배서에 의하여 양도된다.

(6) 어음 · 수표 사고시의 조치

㈎ 어음위조인 경우

어음의 위조란 권한 없는 자가 다른 사람의 기명날인(이름과 도장) 또는 서명을 위조하여 마치 그 사람이 어음을 발행한 것처럼 하는 것이다. 명의를 도용당한 사람은 어떤 사람이 청구해 오든지 어음이 위조되었음을 내세워 이 청구를 배척할 수 있다. 다만 위조자가 피용자의 경우이거나 추인한 경우에는 책임이 있다. 위조자는 어음상에 자기 자신의 기명날인 또는 서명을 하지 않았으므로 어음상의 책임이 없다고 하나 엄연한 위법행위자이므로 책임을 진다고 할 것이다. 이와 아울러 민법상의 불법행위책임으로 인한 손해배상과 형법상의 유가증권위조죄(형법 제214조)로 처벌된다.

㈏ 어음변조인 경우

어음의 변조란 권한 없는 자가 기명날인 이외의 어음의 기재사항을 변경 · 삭제하거나 새로운 내용을 추가하는 것을 말한다. 백지어음의 경우 소지인이 보충권을 남용하여 미리 합의한 바와 다른 내용을 보충한다 하여도 변조가 되는 것은 아니다. 어음이 변조된 경우 변조 전에 기명날인한 사람은 원래의 내용대로 책임을 지고, 변조 후에 배서한 사람은 변조 후의 내용에 따른 책임을 진다.

(다) 어음 · 수표 분실의 경우

어음 · 수표를 분실하거나 도난당한 경우 소지인은 먼저 경찰서에 분실 · 도난신고를 하고, 발행인 및 은행에 그 사실을 알림과 동시에 지급위탁을 취소하여 지급정지를 시켜야 한다. 그 후 새로운 취득자와 합의를 보거나 법원에 공시최고 절차에 의한 어음 · 수표의 제권판결을 받아야 한다. 제권판결 있으면 분실 · 도난된 어음과 수표는 무효가 되며, 제권판결 신청인은 어음이나 수표가 없어도 위 판결문으로 권리를 행사하여 돈을 지급받을 수 있다. 그러나 어음 · 수표의 발행인이 그 어음 · 수표를 수취인에게 교부하기 전에 도난당하거나 잃어버린 경우에는 제권판결을 받더라도, 공시최고 후 제권판결 전에 그 어음 · 수표를 선의로 취득한 제3자에 대해서는 그 금액을 지급하여야 한다. 어음 · 수표가 훼손되거나 불에 타는 등 멸실된 경우에도 제권판결을 받아 권리를 행사할 수 있다.

(라) 부도어음의 경우

(a) **부도원인**: 어음 · 수표의 부도란 어음 · 수표의 지급기일에 어음 · 수표금이 지급되지 아니하는 것을 말한다. 부도사유로는 예금부족, 무거래, 형식불비(인감누락, 서명 · 기명 누락, 인감불분명, 정정인 누락 · 相異, 지시금지 · 횡선조건 위배, 금액 · 발행일자 오기, 배서 위배), 사고계 접수(분실 · 도난 · 피사취), 위조 · 변조, 제시기일 경과 또는 미달(제시기일 미달은 수표의 경우는 제외), 인감 · 서명 相異, 지급지 相異, 법에 의한 지급제한 등이 있다.

(b) **부도어음의 회수**: 어음 · 수표의 소지인이 액면금액을 회수하려면 발행인이나 배서인 등 부도어음 · 수표의 채무자와 그 지급을 교섭하고 최종적으로는 민사소송을 하여야 한다. 주채무자인 약속어음의 발행인과 환어음의 인수인은 물론, 배서인이나 보증인을 상대로 어음 · 수표의 소지인은 순서에 관계없이 그 중 누구에게도 청구할 수 있고, 또 모두에 대하여 동시에 전액을 청구할 수도 있다. 이 때 어음 · 수표에 관한 청구는 일반 채권에 비하여 시효기간이 짧으므로 주의하여야 한다. 어음의 경우 발행인에 대하여는 지급기일로부터 3년 이내에, 배서인에 대하여는 지급기일로부터 6개월 이내에 청구하지 않으면 시효가 완성되어 어음채권을 상실한다.

(c) **형사책임**: 어음은 부도가 나더라고 특히 사기죄가 되지 않는 한 발행인 등

이 형사책임을 지지 않으나, 수표는 부도가 나면 발행인은 부정수표단속법에 의하여 형사처벌을 받게 된다. 그러나 수표를 받아 두었다고 하여 안심하여서는 안 된다. 소지인이 법에 정한 10일 이내에 수표를 은행에 제시하지 않은 경우에는 부도가 났다 하더라도 부정수표단속법 위반죄로 처벌되지 않기 때문이다. 그리고 연수표라고 하는 선일자 수표의 경우에도 수표에 기재된 발행일자로부터 10일 이내에 제시되어야 한다.

한편, 수표발행 후 예금부족, 거래정지처분 등의 사유로 부도가 난 경우에는 그 수표가 회수되거나, 회수되지 아니하였다 하여도 수표 소지인의 명시한 의사에 반하여 발행인은 처벌되지 아니한다.

〈부도어음 회수의 3가지 법적 수단〉

가압류 (기간 : 2~7일)	동산가압류 ─┬ 유체동산가압류(상품, 기계 등) └ 채권 · 기타 재산권가압류(사고신고담보금, 외상매출금, 은행예금, 주권, 무체재산권 등) 부동산가압류(토지 · 건물 등) 선박 · 자동차 · 중기 · 항공기
어음소송	소제기, 심리, 판결, 강제집행 등(보통 2~3개월 소요)
강제집행	동산집행 ─┬ 유체동산집행(상품, 기계 등) └ 채권 · 기타 재산권 집행 부동산 집행(토지, 건물 등) 선박, 자동차, 중기, 항공기 집행

〈어음 · 수표의 소멸시효〉

구 분	채무자	기 간	기산일
어 음	발행인에 대한 청구권	3년	만기일
	소지인의 배서인과 발행인에 대한 청구권 (무비용 상환의 문언이 기재된 경우)	1년	거절증서작성일 (만기일)
	배서인의 다른 배서인과 발행인에 대한 청구권	6개월	어음을 환수한 날, 소제기한 날
수 표	소지인의 배서인, 발행인, 기타 채무자에 대한 소구권	6개월	소지인의 제시기간 경과후
	수표채무자의 다른 채무자에 대한 소구권	6개월	채무자가 수표 환수한 날, 소 제기일

3. 차용증과 어음 · 수표에 의한 금전거래의 차이

어음 · 수표는 돈의 지급을 요구하는 권리가 그 증권(어음 · 수표용지)에 기입되기 때문에 어음 · 수표가 없으면 돈의 지급을 요구할 수 없게 된다. 따라서 어음 · 수표만 있으면 상품을 판매한 사실이나 금전차용이 있었다는 사실 등을 증명하지 않더라도 청구할 수 있는 것이다.

그러나 차용증은 돈을 빌려 준 것의 증거물에 지나지 않는다. 차용증이 없이도 돈을 빌린 사람이 차용한 사실을 인정하면 문제가 없지만, '그런 사실이 없다'라고 주장할 때에는 차용증에 의해서 돈을 빌려 준 사실을 증명하여야 한다.

그 주된 차이점은 다음과 같다.

구 분	차용증 또는 지급각서	어음 · 수표
지 급	지급기일에 지급하지 않아도 특별한 제재가 없다.	지급기일에 지급하지 아니하면 거래정지처분을 당한다.
권리의 이전	배서해도 권리의 이전이 되지 아니한다. 내용증명우편을 이용하면 되지만 불편하다.	배서하면 간단히 권리이전이 되므로 편리하며 현금처럼 사용한다.
청 구	상대를 만나서 청구하며, 지급이 없을 때는 민사소송을 이용할 수 있지만 절차가 복잡하고 시간과 비용이 많이 든다.	어음 · 수표를 은행에 제시하면 된다. 지급하지 않을 때에는 통상의 소송절차보다 간편한 어음소송을 이용할 수 있다.

제 3 절 담보방법

Ⅰ. 담보제도의 의의와 종류

貸主가 대여한 채권을 확실히 회수하기 위해서는 채권자(대주)는 채무자(차주)로부터 담보를 제공받을 필요가 있다. 담보란 채무의 이행을 확보하기 위한 수단 · 방법이다. 이러한 담보는 채무자 또는 제3자의 특정 재산에 의한 물적 담보와 채무자 이외의 특정인의 총재산에 의한 인적 담보로 분류된다. 물적 담보는 민법에 규정되어 있는 전형담보와 민법에 규정되어 있지 않은 비전형담보로 나누어진다. 전형담보로서는 유치권 · 질권 · 저당권이 있다. 비전형담보로서는 양도담보 · 가등기담보(가등기담보법) · 소유권유보 등이 있다. 그리고 인적 담보로서는 보증채무가 있다.

이하에서는 전형담보로서의 저당권과 비전형담보로서의 양도담보(매도담보 포함), 가등기담보 그리고 인적 담보로서의 보증채무에 대하여서만 알아보기로 한다.

II. 저 당 권

저당권은 채무자 또는 제3자가 채무의 담보로 제공한 부동산을 채권자에게 점유이전하지 아니하고, 채무변제가 없는 경우에 채권자는 다른 일반 채권자보다 그 부동산의 가액으로부터 우선변제를 받을 수 있는 담보물권이다(민법 제356조). 이와 같이 저당권은 담보목적물을 담보제공자(담보설정자)의 수중에 계속 남겨 두어 사용 · 수익하게 한다는 점에서 질권과 다르다.

민법상 저당권의 목적으로 될 수 있는 것은 부동산과 부동산물권에 한정하고 있다. 그러나 경제사정의 변화와 대상 목적물의 성질에 따라 저당권의 목적물의 범위는 보다 확대되어 특별법에 의하여 부동산이 아닌 어업권, 광업권, 공장재단, 자동차, 항공기, 건설기계 등에 대하여도 저당권 설정을 인정하고 있다.

한편, 민법은 저당제도의 이용도를 높이기 위해 특수한 형태의 저당권을 인정하고 있다. 공동저당 · 근저당 · 재단저당 · 동산저당이 그것이다. 공동저당이란 저당목적물의 가액이 피담보채권에 미달하는 때에 동일한 채권을 담보하기 위하여 여러 개의 부동산 위에 설정되는 저당권을 말한다(민법 제368조). 우리나라에서는 토지와 건물을 별개의 부동산으로 다루고 있으므로 많이 이용되고 있다. 근저당이란 은행과 상인 사이, 도매상과 소매상의 사이에서와 같이 계속적 거래관계로부터 발생하는 다수의 불특정 채권에 관하여 최고액을 정하고 결산기에 이 최고액까지를 담보하려는 저당권을 말한다(민법 제357조). 이 때 담보될 채권의 최고액은 반드시 등기를 하여야 하는데, 이 담보채권에는 원본 · 이자 · 위약금 · 지연배상금(통상의 저당권과는 달리 원금의 이행기일을 경과한 후의 1년분의 지연배상에 국한되지 아니한다) 등이 포함되고, 이들 채권은 근저당권에 의하여 우선변제 받을 수 있다. 더 나아가 채권발생의 기초가 되는 계속적인 거래계약에 의하여 발생하는 채권뿐만 아니라, 당사자 사이에서 발생하는 현재 및 장래의 일체의 채권을 일정 한도액까지 담보하는 이른바 포괄근저당이 있는데, 개인 채무자에게는 포괄근저당을 요구할 수 없으나 예외적인 경우 한정근저당의 약정은 유효하다.

Ⅲ. 비전형담보(非典型擔保)

1. 가등기담보(假登記擔保)

(1) 의 의

가등기담보란 채권담보를 위하여 채권자와 채무자(또는 제3자) 사이에서 채무자(또는 제3자) 소유의 부동산을 목적물로 하는 대물변제예약 또는 매매계약 등을 체결하고, 동시에 채무자의 채무불이행이 있는 경우에 발생하게 될 장래의 소유권 이전청구권을 보전하기 위한 가등기를 하는 변칙담보를 말한다.

이러한 가등기담보는 실제 빌리는 돈보다 훨씬 비싼 부동산을 넘겨주게 되므로 채무자에게 상당한 불이익을 주는 등 우리 사회에 약육강식의 폐해를 가져왔다. 이런 폐단을 방지하여 궁박한 채무자를 보호하기 위하여「가등기담보 등에 관한 법률」이 시행되어 규제하고 있다.

(2) 담보가등기의 실행절차

가등기담보법에 의한 채무자 보호의 핵심은 청산절차를 요구하는 데 있다. 즉 채무자가 채무를 변제하지 아니한 경우 채권자는 담보를 잡은 부동산을 경매에 붙여 채권을 회수할 수 있다. 이 때 경락대금 중 채권액을 제하고 남은 금액은 채무자(가등기담보 제공자)에게 청산금으로서 반환하여야 한다.

문제는 채권자가 직접 자기 앞으로 소유권 이전등기를 하려는 경우인데, 가등기담보법은 이때를 대비하여 채무자를 보호하기 위한 청산절차를 규정하고 있다.

첫째, 청산금 통지가 있어야 한다. 즉 채권자는 부동산가액에서 채권액(이자 포함)을 공제한 청산금을 계산하여 그 청산금을 줄 테니 소유권 등기를 넘기라는 취지의 통지를 하여야 한다.

둘째, 2개월의 청산기간이 경과하여야 한다. 즉 채권자가 통지 후 2개월의 청산기간이 주어진다.

셋째, 청산금 지급이 있어야 한다. 즉 통지 후 2개월이 지났다 하더라도 청산금이 채무자에게 지급되어야만 동시에 채무자의 재산은 채권자에게 확정적으로 넘어갈 수 있고, 가등기는 본등기로 넘겨질 수 있다(만일 이러한 절차없이 담보가등기에 기한 본등기가 이루어진 경우에는 그 본등기는 무효이다). 따라서 이 모든 절차가 마쳐질 때까지 채무자는 원금과 이자를 모두 지급하고 채권자 명의의 가등기를 말소청구하여 재산을 다시 찾을 수도 있다. 다만 변제기 후 10년이 지나면 소유권을 되찾을 수 없다.

한편 채무자가 받을 청산금에 대하여 다른 저당권자나 권리자가 지급을 요구하는 경우에는 채권자는 채무자에게 지급하기 전에 이를 지급하여야 한다. 만일 채권자가 청산기간의 경과 전에 채무자에게 청산금을 지급한 경우에는 이로써 위 권리자들에게 대항할 수 없다. 또한 후순위권리자가 청산금의 평가액에 불만이 있는 때에는 경매를 청구할 수 있다.

(3) 경매절차 등에 있어서의 특칙

첫째, 담보가등기가 되어 있는 토지나 건물에 대하여 경매가 개시되면, 법원은 가등기권리자인 채권자에게 채권내용과 금액 등을 신고하도록 촉구하여야 한다.

둘째, 채권자는 위와 같은 채권신고를 하여야만 경락대금에서 배당이나 변제금의 교부를 받을 수 있다.

셋째, 가등기권리자는 경매절차에서 이해관계인으로 본다.

넷째, 국세기본법 · 국세징수법 · 지방세기본법 · 채무자회생 및 파산에 관한 법률 등을 적용함에 있어서는 담보가등기권리를 저당권으로 보아 저당권자와 마찬가지로 취급한다.

2. 양도담보

(1) 양도담보의 의의

양도담보란 채권담보를 위하여 담보목적물에 대한 권리를 채권자에게 양도하였다가 일정한 기간내에 채무를 변제하면 이를 되돌려 주는 담보제도이다. 넓은 의미의 양도담보에는 두 가지 형태가 있다. 하나는 매매의 형식을 취하여 돈을 빌리는 사람이 빌려 주는 사람에게 담보의 목적물을 팔고, 일정한 기간내에 그 대금을 반환하면 그 목적물을 되돌려 주는 것이다(예컨대, 환매와 재매매의 예약). 이러한 형태의 양도담보를 매도담보 또는 매도저당이라고 한다.

다른 하나는 담보의 목적만을 위해 권리를 이전하는 형태이다. 돈을 빌려 쓰는 사람이 돈을 빌려 주는 사람과 消費貸借(소비대차) 계약을 맺고, 그 채권의 담보로서 목적물의 소유권을 이전하고 일정한 기간내에 돈을 갚으면 소유권을 되돌려 주는 것이다. 이를 본래의 의미의 양도담보 또는 양도저당이라고 한다. 민법에는 양도담보에 관한 규정은 없다. 이는 본래 판례와 학설에 의해 발전된 제도이나, 「가등기담보 등에 관한 법률」의 제정으로 성문법규에 의한 규율이 가능해졌다.

(2) 양도담보의 형식

부동산의 양도담보는 등기부에 양도담보를 원인으로 하는 소유권 이전등기의 형식으로 나타낸다. 그러나 동산의 양도담보, 특히 공장안에 설치된 기계 · 기구 설비 등의 양도담보는 당사자간의 내부적인 계약만으로 성립되고, 물건의 점유 자체는 이전되지 아니한다. 이와 같이 담보가 대외적으로 공시되지 아니 하므로 담보권자와 제3자의 채권자 사이에 분쟁이 자주 생길 여지가 있다. 심한 경우에는 동일한 물건을 2중, 3중으로 양도담보로 제공하는 사례도 있다(따라서 이러한 경우에는 제1의 양도담보계약을 할 때 다른 채권자에게 이중으로 담보제공하지 않겠다고 약정을 받아둘 필요가 있다). 이런 경우는 제1의 담보제공자가 우선적으로 보호된다고 하여야 할 것이다.

(3) 양도담보의 경제적 효용

이러한 양도담보의 효용은 채권자인 담보권자에게 물건의 소유권을 넘기되 점유이전은 占有改定(점유개정)의 방법을 사용함으로써 채무자에게도 편의를 제공한다는 것이다. 즉, 물건에 대한 직접 점유는 채무자가 하고 간접점유는 채권자가 하여 담보물의 소유권자인 채권자는 담보물을 바로 채무자에게 임대하고(이때는 임료를 받지 않고 그 대신 이자를 받는다), 채무자는 물건을 담보로 제공하고도 계속 사용할 수 있는(이자를 지급하면 임료를 지급하는 셈이다) 장점이 있다.

Ⅳ. 보증채무

1. 보증채무의 의의와 성질

보증채무란 주된 채무와 동일한 내용을 가지는 종된 채무로서 주된 채무자가 그의 채무를 이행하지 않는 경우에 이를 이행할 것을 담보하는 채무이다.

한편 채무자 아닌 제3자가 채무자의 신용을 담보하기 위하여 자기 명의로 수표를 발행한 경우, 원인채무의 차용증서에 갈음하여 어음이 발행된 사실을 알고 원인채무를 담보하는 의미로 배서한 경우 등은 특별한 사정이 없는 한, 제3자는 어음수표법상 책임 외에 보증채무를 부담하게 된다. 이를 제3자의 보증채무라고 한다. 이러한 점에서 보증채무는 다음과 같은 성질을 가진다.

첫째, 主債務와는 별개·독립의 채무이다(독립성). 따라서 주채무가 민사채무이고 보증채무가 상행위로 인하여 생긴 채무인 때에는, 전자는 10년의 소멸시효에 걸리고(제162조 제1항), 후자는 5년의 소멸시효에 걸린다(상법 제64조).

둘째, 주된 채무와 동일한 내용을 가진다(동일내용성). 따라서 주채무는 원칙적으로 대체적 급부를 내용으로 하는 것이어야 한다.

셋째, 주채무가 존재하지 않으면 보증채무도 존재하지 않는다[부종성(附從性)]. 따라서 주채무가 처음부터 무효이거나 취소된 때에는 보증채무도 무효이다. 주채무의 내용이 변경되면 보증채무의 내용도 바뀐다. 주채무가 소멸하면 보증채무도 당연히 소멸된다.

넷째, 주채무가 이전하면 보증채무도 이에 따라 이전한다[수반성(隨伴性)].

다섯째, 보증인은 주채무자가 그 채무를 이행하지 않은 때에 비로소 그 채무를 이행하면 된다[보충성(補充性)]. 이 때문에 보증인은 최고(催告)의 항변권과 검색(檢索)의 항변권을 가지며, 주채무자의 항변권을 원용(援用)하여 항변할 수 있다. 다만 연대보증에는 이와 같은 보충성이 없다.

2. 보증채무의 효력

채권자는 주된 채무자가 채무를 이행하지 않을 때에는 보증인에게 보증채무의 이행을 청구할 수 있다. 이 때 보통의 보증에서는 보증인은 다음과 같은 권리를 갖게 된다.

첫째, 보증인은 催告·檢索의 항변권을 가진다.

채권자가 미리 주채무자에게 청구를 하여 보지도 않고 바로 보증인에게 청구하여 온 때에는, 보증인은 먼저 주채무자에게 청구하라고 주장하여 일시적으로 자기의 채무의 이행을 거절할 수 있다(최고의 항변권). 이 항변권을 행사함에는 주채무자가 변제자력이 있다는 것과 주채무자의 재산의 집행이 용이하다는 것의 두 가지 사실을 증명하여야 한다. 그러나 주채무자가 파산선고를 받았거나 행방불명인 때에는 위의 항변권이 없다.

또한 채권자가 주채무자에게 최고의 항변에 따라 이행의 청구를 한 뒤에 보증인에게 청구를 하는 경우에도, 보증인은 다시 채무자에게 변제자력이 있다는 사실 및 그 집행이 용이한 것을 증명하여 주채무자의 재산에 대하여 집행할 것을 항변할 수 있다(검색의 항변권).

둘째, 보증인은 주채무자가 채권자에 대하여 가지는 항변권을 원용할 수 있다(민법 제433조 제1항). 주채무가 존재하지 않는다든가 소멸하였다는 뜻의 항변권 · 동시이행의 항변권 등이 그 예이다.

셋째, 보증인은 求償權을 가진다. 즉 보증인이 出財를 하여 주채무자를 면책시킨 경우에는 주채무자에 대하여 구상권을 가지게 된다. 따라서 ① 보증인이 주채무자의 부탁을 받아서 보증인이 된 경우에는 구상은 위임사무의 처리에 필요한 비용의 상환청구(민법 제687조, 제688조 참조)에 해당되어 그 出捐의 상환, 즉 구상을 청구할 수 있다. 단, 보증인은 변제의 전후에 차주에게 통지하여야 한다(민법 제445조). 이와 반대로 ② 보증인이 주채무자의 부탁을 받지 않고 보증인이 된 경우에는 구상은 사무관리자의 비용의 상환청구(민법 제739조 참조)에 해당한다.

3. 기타의 보증채무

(1) 연대보증

보증인이 주채무자와 연대하여 채무를 부담함으로써 주채무의 이행을 담보하는 경우를 연대보증이라고 한다.

연대보증은 특약에 의하여 생기는 이외에 주채무가 주채무자의 상행위로 인하여 생긴 때, 또는 보증계약이 상행위인 때에는 그 보증채무는 언제나 연대보증으로 된다(상법 제57조 제2항).

연대보증도 보증채무의 일종이므로 부종성(附從性)을 가지나, 주채무의 존재를 전제로 하는 점에서 연대채무와 다르다. 또한 통상의 보증채무와 달리 보충성이 없어 최고 · 검색의 항변권이 없다.

한편 연대보증인이 수인인 경우에는 공동보증의 경우와 같은 분별의 이익이 없어 채권자는 어느 연대보증인에게도 주채무의 전액을 청구할 수 있다.

연대보증도 그 본질은 보증이므로 주채무자와 연대보증인과의 사이의 구상관계는 보통의 보증에 있어서와 같다.

(2) 보증연대

연대보증과 구별하여야 하는 것으로서 보증연대가 있다. 보증연대는 수인의 보증인 사이의 연대의 특약이 있는 보증이다. 연대보증인이 수인이 있는 경우와 보증연대의 경우는 모두 보증인 사이에 분별의 이익(공동보증에 있어서 공동보증인은 주채무액을 분할하는 그 일부분에 대해서 채무를 부담하는데, 이러한 보증인의 이익)이 없다는 점에서 같으나, 후자는 채권자에 대한 관계에서는 보통의 보증이며 보충성을 가지고 있어 최고·검색의 항변권이 있다는 점에서 연대보증과 다르다.

(3) 공동보증

동일한 주채무에 관하여 수인의 보증인이 있는 경우를 공동보증이라고 말한다. 수인이 한 개 또는 별개의 계약으로 동시에 순차로 공동보증인이 될 수 있다.

공동보증이 한 개의 계약으로 성립한 경우이건 별개의 계약으로 성립한 경우이건 묻지 않고, 각 보증인은 채무액을 전보증인 사이에 평분하여 그 일부를 부담한다(민법 제439조). 이것을 分別의 利益이라고 한다. 그러나 ① 연대보증인 때, ② 공동보증인 사이에 연대의 특약이 있을 때(보증연대) 및 ③ 주채무의 목적이 불가분일 때에는 분별의 이익이 없다.

공동보증에 있어서는 주채무자에 대한 구상권 이외에 다른 공동보증인에 대하여도 분별의 이익 범위에서 구상권이 생기는 경우가 있다.

(4) 신원보증

제3장 제1절 참조.

(5) 신용보증

신용보증은 신용카드에 대한 보증, 대리점 거래에 대한 보증, 회사거래에 대한 보증 등과 같이 일정한 거래관계가 계속적으로 발생하는 여러 채무에 대한 보증을 말한다.

이와 같이 신용보증은 통상의 보증과 달리 보증을 설 당시 보증인의 의무가 일정하게 정하여져 있지 않기 때문에, 후에 보증채무가 급격히 늘어나서 큰 피해를 입을 수가 있다. 따라서 신용보증인은 신용보증기간을 알아 둘 필요가 있다.

즉 신용보증인은 첫째, 당초의 신용보증계약에 기간을 정한 경우에는 그 기간의 만료로 보증인의 지위에서 물러나 책임이 소멸하게 된다. 그러나 이 경우에도 통상 계약의 자동갱신 규정이 있으므로 기간이 만료된 경우에는 채권자에게 그 기간의 만료를 명시적으로 통지하여야 한다(보통 내용증명우편 이용).

둘째, 보증을 서게 된 원인이 변경된 경우(예컨대 동업관계, 취직관계가 유지되는 동안만 보증인이 되기로 한 것이라면 이러한 관계가 끝날 때)에는 보증인의 지위도 소멸시킬 수 있다. 그러나 이 경우에도 채권자에게 신용보증의 원인이 소멸하였으므로 신용보증계약을 해지한다고 명시적으로 통지하여야 한다.

(6) 보증보험제도

보증보험제도는 특수한 보증제도로서 보증보험회사와 이용자가 보증보험계약을 체결하고 그 보험증권으로 보증을 대신할 수 있는 제도이다. 인적담보제도는 보증인의 자력(資力)에 의존하는 것이니만큼 그 자력이 부족하면 채권을 담보할 수 없게 되므로 보증인의 자력확보가 문제로 되는데, 이를 보완할 수 있는 제도가 보증보험제도이다.

보증보험은 가압류, 가처분 등의 보증공탁시 공탁금을 보증보험증권으로 대체함으로써 비교적 많은 금액을 현금으로 납입해야 하는 불편을 덜어주며, 각종 할부구매, 신원보증의 경우는 물론 각종 건설공사계약의 이행보증과 형사사건의 보석보증금 납부, 전세보증금 보장시에도 이용된다.

보증보험계약 체결시 보증보험회사에 납부하여야 할 보험료는 보험상품에 따라 차등이 있으나, 공탁보증보험과 보석보증보험의 경우 보험가입금액의 1%인 저렴한 보험료로 각종 보증을 대신할 수 있는 편리한 제도이다.

보증보험청약서와 약정서 등을 작성할 때에는 그 내용을 정확히 숙지하여야 뜻하지 않은 불이익을 피할 수 있다.

제 4 절 대금회수방법

채무자가 임의로 채무를 변제하지 않을 때에는 채권자는 담보물이 있다 하더라도 결국 소송에 의해서 채권을 회수할 수밖에 없다. 채권자가 안전하게 채권을 회수하기 위해서는 소송을 하기 전에 먼저 집행보전절차를 거친 다음 소송을 제기하는 것이 효과적이다.

소송은 소장(訴狀)에 당사자와 법정대리인을 표시하고 청구취지(원고가 판결을 구하는 내용, 예컨대 대여금 1억 원과 그 이자를 지급하라는 판결을 구함)와 청구원인(특정한 권리나 법률관계를 발생·구성하는 데 필요한 사실) 등을 기재하여, 당사자 주소지를 관할하는 법원에 제출함으로써 제기된다. 이 때 관할법원은 소장이 적법하다고 인정되면 소장의 등본을 피고에게 송달하고, 변론기일을 정하여 당사자를 소환한다.

당사자는 법원의 변론 지정기일에 법원에 출석하여 공격·방어 방법(준비서면 등)을 제출하여 법원의 심리에 응하게 된다. 결국 심리가 종결되어 판결이 확정되면 원고가 승소한 경우 피고(채무자)는 원고(채권자)에게 판결금액을 지급함으로써 채무변제에 갈음하게 된다.

그러나 피고가 계속해서 이를 이행하지 않을 때에는 원고는 피고에 대하여 판결문을 집행권원으로 한 강제집행(경매 등)을 통하여 판결의 내용을 실현할 수 있다.

Ⅰ. 보전처분

1. 보전처분의 의의

채권자가 부득이한 경우에 소송을 제기하더라도 소송이 마무리되어 확정판결을 받기까지는 상당한 시간이 소요되게 된다.

만약 그 사이에 채무자가 자기 재산을 다른 곳에 빼돌려 채권자가 설령 승소판결을 받았다 하더라도, 채무자가 그 판결내용대로 이행할 자력이 없게 되면 아무 소용이 없게 된다. 이처럼 소송에 의한 권리의 구제가 무의미해지는 것을 방지하기 위하여 인정되는 제도가 보전처분제도이다.

즉 보전처분이란 청구권의 만족을 위한 판결에 의한 본집행에 앞서서 그 집행의 장애를 예방하기 위하여 확정판결이 있을 때까지 임시로 현재 상태를 유지시키는 조치이다.

2. 보전처분의 종류

현행법상 보전처분으로는 가압류 · 가처분이 있는데 이의 특별한 집행명의로서 가압류 또는 가처분명령을 얻어야 한다. 이 명령을 발하는 재판절차(보전소송)와 그 집행절차를 일괄하여 집행보전절차라고 한다.

(1) 가 압 류

가압류는 채권자가 금전채권이나 장차 금전채권으로 될 수 있는 청구권에 대하여, 후일에 강제집행을 보전하기 위하여 현재의 채무자의 재산을 임시로 압류함을 목적으로 하는 조치이다. 이에는 채무자의 건물 · 토지 등을 붙잡아 두는 부동산가압류, 피아노 · 냉장고 등을 잡아 두는 유체동산가압류, 전세보증금 · 월급 · 무체재산권 등을 잡아 두는 채권 기타 재산권가압류가 있다.

(2) 가 처 분

가처분은 분쟁의 표적이 되고 있는 특정한 물적 상태의 유지를 목적으로 하는 임시적 조치이다. 즉 가처분은 소유권 이전등기청구권, 건물명도청구권 등 금전채권 이외의 권리의 실현을 목적으로 하는 점에서 금전채권의 실현을 목적으로 하는 가압류와 구별된다.

가처분에는 소유권 이전등기청구소송에서 확정판결이 날 때까지 부동산매도인이 그 부동산의 등기를 다른 사람 앞으로 넘기지 못하도록 하는 부동산처분금지 가처분과, 건물 등의 명도청구소송에서 채무자가 분쟁의 대상이 된 부동산의 점유를 다른 사람에게 이전하지 못하도록 하는 부동산 점유이전금지 가처분이 있다.

이외에도 건축공사를 방해하는 사람에 대하여 공사를 방해하지 못하도록 하는 건축공사방해금지 가처분, 대표이사직무집행정지 가처분 등 분쟁대상에 따른 각종 가처분제도가 있다.

3. 보전처분의 절차

(1) 절차의 신속성

보통의 소송절차는 당사자의 공격 · 방어방법에 의해 진행되기 때문에 일반적으로 시간이 오래 걸린다. 그러나 가압류나 가처분 등은 시급히 처리하여야 할 경우가 대부분이다.

즉 돈을 빌린 사람이 유일한 재산인 가옥을 처분하려고 할 경우, 또는 집을 매도한 사람이 그 집의 등기를 제3자에게 이전하기 직전인 경우에 보전절차가 시간이 오래 걸리면 보전처분의 목적을 달성할 수 없게 되기 때문이다.

따라서 가압류 · 가처분은 다른 소송절차와는 달리 일방 당사자의 신청에 따라 신속하게 진행된다. 즉 상대방의 동의나 상대방에 대한 사전통고 없이, 법원의 판단에 따라 신속하게 가압류 · 가처분 결정을 하게 된다.

(2) 가압류 · 가처분 신청

보전처분을 하고자 하는 사람은 법원에 신청서(신청취지 · 신청이유 기재)와 함께 자기의 권리가 존재하는 사실과, 왜 보전처분이 필요한가를 뒷받침할 수 있는 자료를 제출하여야 한다. 이 때 제출하는 자료는 차용증, 약속어음, 매매계약서 또는 전세계약서 등 보전처분의 필요성을 어느 정도 밝힐 수 있는 자료들이면 충분하다.

(3) 보전공탁

법원은 보전의 필요성이 있을 때 보전처분 결정을 하게 되는데, 보전처분의 필요성에 대하여 신청인의 일방적인 주장에 따라 기습적으로 판단하여 결정하게 되므로, 잘못된 보전처분 결정이 있을 가능성을 배제할 수 없다. 이런 경우 상대방에게 손해가 발생할 수도 있게 된다.

따라서 법원은 잘못된 보전처분으로 인한 상대방의 손해가 발생할 경우에 대비하여 이를 배상할 수 있도록 보전처분 신청인에게 일정한 금액을 법원에 공탁하게 한 후, 보전처분 결정을 하게 된다. 이를 보전공탁이라고 한다.

보전처분을 신청할 때 법원에 맡겨 두는 공탁금액은 부동산가압류의 경우에는 청구채권액, 즉 소송을 통하여 받고자 하는 금액의 1/8 내지 1/10 정도이다. 유체동산가압류의 경우에는 청구채권액의 1/3 정도이고, 전세보증금과 같은 채권가압류의 경우에는 청구채권액의 1/5 정도이다. 그리고 부동산처분금지 가처분의 경우에는 부동산의 과세표준액의 1/8 내지 1/10 정도가 보전공탁금액이 된다.

한편, 법원 공탁소에 맡기는 공탁금은 보통 현금으로 납부하지만 여러 불편이 따르므로, 보증보험회사에서 발행하는 공탁보증보험증권을 활용하면 부담도 적고 편리하다. 더구나 공탁금은 판결이 확정된 후에야 비로소 되찾아올 수 있는데 보증보험증권을 이용하면 그러한 불편을 피할 수 있다.

(4) 결 정

법원은 제출된 신청서를 심사한 후 보전하고자 하는 피보전채권의 존재를 인정할 수 있다면, 위의 보전공탁을 하게 한 후 가압류·가처분 결정을 하게 된다. 그 기간은 보통 2~3일로서 신속하게 종결되는 특징이 있다. 이와 같이 결정되면 부동산인 경우에는 해당 등기부에 등재된다.

4. 보전처분의 효과

보전처분은 판결에 의하여 권리관계가 확정될 때까지 현재의 상태로 묶어 두는 임시조치이다.

따라서 일단 가압류·가처분 결정이 내려지면 후에 그 부동산에 대한 권리가 변동되더라도 가압류·가처분권자에게 대항할 수 없게 된다. 즉 부동산에 대한 가압류·처분금지가처분은 등기부상에 등재되지만 그렇다고 그 부동산에 대한 이전등기, 저당권설정등기 등을 하는 데 아무런 지장은 없다. 다만 가압류·가처분 등기 후에 이전등기를 하거나 전세권·저당권 등기를 설정한 사람은 가압류·가처분권자에게 대항할 수 없게 된다.

그러므로 가압류된 집이 다른 사람에게 이전등기 되었다 하더라도 판결이 확정되면 가압류권자는 그 집을 본압류에 의해 경매할 수 있다. 또한 처분금지 가처분된 집이 제3자에게 이전등기 되었다 하더라도 그 후에 판결이 확정되면 가처분권자 앞으로 등기가 이전되게 된다. 따라서 가압류·가처분된 부동산을 매수할 때에는 매우 신중을 기하여야 한다.

형법은 가압류·가처분된 재산을 처분한 채무자에 대하여 강제집행면탈죄(제327조), 공무상 비밀표시무효죄(제140조)로 처벌하도록 규정하고 있다.

한편 가압류·가처분만으로는 권리변동의 효과가 발생하지는 않는다. 즉 가압류만으로는 경매할 수 없고, 후에 판결을 받아서 본압류를 하여야 비로소 경매를 개시할 수 있다. 따라서 가압류·가처분을 당하였다 하더라도 본안소송이 종결될 때까지는 상당한 시간이 있기 때문에 채무를 변제하거나, 채무관계가 없음을 소송과정에서 주장하여 충분히 다툴 수 있다.

5. 보전처분에 대한 불복

(1) 解放供託制度(해방공탁제도)

가압류·가처분은 현상태의 유지를 위한 임시적 조치로서 그 자체로서는 아무런 권리변동도 생기지 않으나, 보전처분을 당한 사람의 입장에서 보면 그로 인하여 재산권 행사가 사실상 크게 제한되는 불편을 겪게 된다. 특히 채권자가 적은 금액의 채권을 가지고 채권금액보다 현저히 많은 채무자의 재산을 가압류하면 채무자는 소액의 채무 때문에 재산권행사가 제한되는 경우가 발생한다. 따라서 이 때에는 채무금을 법원에 공탁하고 가압류로부터 해방될 수 있는데 이를 가압류 해방공탁이라고 한다.

(2) 불복절차

(가) 이의신청

가압류·가처분은 권리를 보전하기 위하여 신청자의 신청에 따라 일방적으로 신속하게 이루어지는 조치이므로 잘못될 수 있다. 이 때 가압류·가처분을 당한 사람은 해당 가압류·가처분의 부당함을 다툴 수 있는데 이러한 절차를 이의신청이라고 한다. 이의신청은 보전처분이 유효하게 존속하는 한 언제든지 이용할 수 있는 제도이다.

(나) 제소명령절차

가압류·가처분은 본안소송절차를 전제로 하는 제도이지만, 반드시 본안소송제기와 함께 가압류·가처분신청을 할 수 있는 것은 아니다. 본안소송제기 전에도 채무자에게 심리적 압박을 주기 위하여 보전처분만을 독립적으로 신청하여 법원의 결정을 받을 수 있다. 따라서 채권자는 가압류·가처분만 해두고 본안소송을 제기하지 않은 채 방치해 둠으로써 채무자의 재산권행사에 불편을 주게 되는 경우가 있다. 이 때 보전처분을 당한 채무자는 채권자가 본안소송을 제기하여 권리관계를 빨리 확정지을 수 있도록 법원에 요구할 수 있는데 이를 제소명령신청이라 한다.

채무자의 제소명령신청에 의하여 법원의 제소명령이 있음에도 채권자가 본안소송을 제기하지 아니하면 채무자는 이를 이유로 법원에 보전처분의 취소신청을 할 수 있다.

(다) 취소신청

가압류·가처분의 사유가 소멸한 경우 예컨대, 채무자가 채무를 모두 변제한 경우, 법원이 정한 담보를 제공한 때, 가압류 집행 후 3년간 본안의 소(본소송)를 제기하지 아니한 때에는 채무자는 보전처분의 취소를 법원에 신청할 수 있다. 이 경우 법원은 취소재판을 판결이 아닌 결정으로 하여 그 절차를 간이화하였다(민사집행법 제281조, 제288조).

II. 특별소송절차

금전소비대차에 대한 대금회수방법으로 이용되는 민사소송절차에는 통상소송절차와 특별소송절차가 있다. 통상소송절차에는 판결절차와 강제집행절차가 있으며, 이에 부수하는 절차(증거보전절차, 소송비용액 확정절차, 집행보전절차, 집행문부여절차 등)가 있다.

그리고 특별소송절차에는 특수한 민사사건에 적용되는 절차로서 독촉절차, 소액사건심판절차, 가사소송절차, 파산절차, 회생절차, 비송사건절차 등이 있다.

여기에는 특별소송절차 중 독촉절차와 소액사건심판절차만을 고찰하기로 하고, 통상소송절차인 판결절차는 다른 장(제12장 소송과 법률)에서 고찰하기로 한다.

1. 독촉절차

금전 기타의 대체물이나 유가증권의 일정한 수량의 지급을 목적으로 하는 청구에 대하여, 채무자가 그 채무를 다투지 않는 경우에 채권자로 하여금 통상의 재판절차에 비하여 보다 간이·신속하게 집행권원(채무명의)를 얻게 하는 절차를 말한다. 청구권에 대하여 채권자의 신청이 있으면 지방법원 단독판사는 실질적 심리를 하지 않고 지급명령을 발한다. 지급명령에 대하여 채무자가 2주일 내에 이의를 하지 않으면 지급명령은 확정된다. 확정된 지급명령은 집행력은 부여되지만 기판력은 인정되지 않는다. 이에 대하여는 민사소송법 제432조 이하에서 규정하고 있다.

2. 소액사건심판절차

(1) 소액사건심판제도의 의의

통상적인 민사소송은 절차가 복잡하고 시간과 비용이 많이 들게 되므로 권리를 포기하는 경우도 있을 수 있다.

이와 같이 소송절차의 복잡성 때문에 소액채권을 포기하는 것은 상당히 불합리한 결과를 낳게 되고, 특히 서민들에게는 객관적으로 소액채권이라고 하여도 주관적으로는 소중한 돈일 수 있으므로 문제가 된다.

따라서 2,000만 원 이하의 대여금, 임금이나 퇴직금, 공사대금, 물품대금, 손해배상금, 전세보증금반환소송(이 경우에는 금액에 상관없음. 주택임대차보호법 제13조, 상가건물임대차보호법 제18조) 등과 같이 비교적 단순한 사건에 대하여 통상 소송절차보다 그 절차를 대폭 간소화하고 신속하게 처리함으로써 누구라도 쉽게 법원을 이용하여 자기 권리를 찾을 수 있도록 특별히 인정된 제도가 소액사건심판제도이다. 다만 소액재판은 금전의 지급을 목적으로 하는 경우에만 인정되므로 등기를 이전하라든가, 집을 명도하라(비우라)는 사건은 제외된다.

소액재판은 절차가 간단하여 자신이 직접 재판을 진행할 수 있어 비용과 시간이 절약된다.

(2) 소액재판의 절차

(가) 간편한 소장의 작성

소액재판도 민사소송이므로 원칙적으로 소장을 법원에 접수시킴으로써 시작되고, 이에 대하여 법원의 판결이 선고됨으로써 종료된다.

소를 제기하기 위해서는 소장을 작성하여야 하는데 법원 소액계에 비치된 소장서식용지에 해당사항을 기입하고 기명날인하여 제출하면 된다. 그나마 소장을 작성할 줄 모르는 사람은 법원공무원에게 구술에 의해 소를 제기할 수도 있다. 또한 양당사자가 법원에 임의출석하여 변론함으로써 간이하게 제소할 수 있는 임의출석제도도 있다.

소장에는 원고란에 자기 이름과 주소, 피고란에 상대방 이름과 주소를 기재하고, 청구취지란에는 받고자 하는 금액의 액수와, 이자를 받고자 하면 이자를 받을 기간 및 이자율을 기재한다. 청구이유란에는 돈을 받아야 하는 이유를 구체적으로 기재한 다음 서식 말미에 기명날인하면 된다.

(나) 신속한 재판과정

법원은 소장이 접수되면 즉시 소장 부본 한 부를 피고에게 송달하고 변론기일을 지정(보통 14일 이내)하게 된다. 피고는 그 송달을 받은 날로부터 10일 이내에 원고의 주장에 대한 답변서를 제출하여야 한다.

재판도 단 1회로 종결하므로 증거를 첫 변론기일(재판 날)에 제출하여야 한다.

따라서 원고는 보통 최초의 변론기일에 모든 증거방법을 제출하게 되고 보다 신속한 재판을 위하여 최초의 변론기일 전이라도 증거신청이 가능하다. 따라서 보통은 소장을 법원에 제출할 때 차용증이나 영수증 등 증거서류를 동시에 제출하는 한편, 그 내용을 잘 알고 있는 사람을 증인으로 정하여 증인의 이름과 주소 및 증인에게 물어볼 사항을 써서 내면 된다. 또한 소액재판의 신속한 재판을 위하여 원고가 2회 이상 재판 날에 출석하지 아니하면 그 소액재판을 취하한 것으로 본다. 이 때 원고가 계속 재판을 하려면 다시 소장을 제출하여야 한다. 반대로 피고가 불출석하고 답변서도 내지 않으면 즉석에서 원고에게 승소판결을 선고한다. 만일 당사자가 다투지 않을 경우에는 원고가 재판에 출석하지 않아도 승소가 인정된다.

한편, 이행권고결정에 의하여 원고가 직접 재판에 출석하지 않아도 자기 권리를 구제받을 수 있다. 이행권고결정제도란 법원이 확정판결을 내리기 전 피고에게 원고의 청구를 이행하라고 권고하는 것이다. 이 경우 피고는 법원으로부터 이행권고결정 등본을 송달받은 날로부터 2주 이내에 이의신청을 하여야 한다. 만일 이의신청을 하지 않거나 이의신청이 기각되면 이행권고결정은 확정판결과 똑같은 효력을 갖게 된다. 이행권고결정에 기인한 강제집행은 원칙적으로 집행문을 부여받을 필요 없이 이행권고결정서의 정본에 의하여 실시할 수 있다(소액사건심판법 제5조의 8).

㈐ 소송대리의 특칙

소액재판은 단순 · 간편하여 변호사 등의 법률전문가의 도움 없이도 가능하기 때문에 당사자 스스로 진행할 수 있다. 그러나 원고 본인이 직장이나 사업관계로 바쁘거나 기타의 사유로 변론기일에 참석할 수 없는 경우에는, 특별히 일정한 범위 내의 친척에게 법원의 허가 없이도 당연히 원고 본인의 소송대리인으로서 법정에 출석하여 재판을 진행할 수 있도록 하고 있다. 이때 당사자의 배우자, 직계혈족(부모 또는 자녀), 형제자매는 당사자와의 신분관계 및 위임관계를 증명하는 서류와 본인의 위임장을 제출하여야 한다.

㈑ 일부 청구의 제한

소액사건심판법은 채권자가 소액재판의 간편 · 신속함을 이용하기 위하여 원래는 소액사건에 해당하지 않는 금액을 여러 개로 분할하여 여러 개의 소액사건으로 청구하는 것을 금지하고 있다. 만일 이러한 일부청구 내지는 분할청구를 허용한다면 소액채권자를 보호한다는 소액재판의 취지에 어긋나기 때문이다.

Ⅲ. 강제집행절차

1. 강제집행의 의의

강제집행이란 판결절차에 의하여 확정된 채무를 채무자가 자발적으로 이행하지 아니하면 채권자의 신청에 의하여 국가(집행기관)가 강제력을 발동하여 그 실현을 도모하는 절차이다.

2. 집행권원의 확보

강제집행을 하기 위해서는 그 전제로서 기초가 되는 권리의 확정이 필요하다. 여기서 판결과 같이 권리가 현존하는 것을 확정하여 강제집행을 할 수 있는 권리를 인정해 주는 공적인 문서를 집행권원(구 민사소송법에서는 '채무명의'라고 하였다)이라고 한다. 대표적인 것이 "원고는 피고에게 돈 일천만 원을 지급하라."라는 식의 이행명령이 기재된 확정된 승소판결이다.

이와 같이 판결은 집행권원 중에서 가장 대표적인 것인데, 이외에도 가집행선고가 붙은 미확정판결, 인낙조서, 화해조서, 조정조서, 지급명령, 집행증서(공정증서) 등이 있다.

여기서 집행증서(공정증서)라 함은 공증인이 작성한 증서로서 '채무불이행시에는 당장 강제집행을 하여도 좋다.'라고 하는 집행문구를 기재한 것으로, 법원의 관여 없이 집행권원을 작성한다는 데에 그 특색이 있다.

3. 집행문 부여

집행문이란 집행권원에 집행력이 있다는 것과 집행당사자를 증명하기 위하여 공증인 등이 집행권원의 정본 끝에 부기하는 공정증서를 말한다(민사집행법 제29조). 이처럼 집행문이 부기된 집행권원의 정본을 집행력 있는 정본이라고 한다. 강제집행을 하려면 원칙적으로 집행권원에 집행문이 부기되어야 한다. 위와 같은 집행권원에 "위 정본은 강제집행을 실시하기 위하여 부여한다."라는 취지를 기재하고 법원사무관 등이나 공증인이 기명날인하는 것이 집행문 부여이다.

집행문은 집행권원을 가지고 제1심 법원이나 공증인사무소에 가서 신청하면 간단히 처리해 준다. 한편, 본래의 원고나 피고가 사망하여 그 상속인이 집행을 하거나 상속인에 대하여 집행을 하려면, 재판서에 표시된 원·피고와 실제 집행하려는 사람이 다르기 때문에 상속인임을 알 수 있는 서류를 첨부하여 신청하면 승계집행문을 부여받아 강제집행할 수 있다.

4. 강제집행기관

집행기관이라 함은 채무자 기타의 제3자에 대하여 강제집행의 목적을 달성하기 위하여 구속을 가하거나 受忍·복종을 요구할 수 있는 국가기관을 말한다. 강제집행기관으로서는 수소법원·집행법원 및 집행관의 세 가지가 있다. 집행관과 집행법원이 원칙적인 집행기관이고, 수소법원은 예외적인 집행기관이다.

집행관이라 함은 소송에 관한 서류를 송달하고 재판을 집행하는 직분 있는 단독제의 독립기관을 말하며, 주로 민활하고 물리적인 행동을 필요로 하는 집행행위에 주로 참여한다.

집행법원이라 함은 강제집행의 실시나 감독에 대하여 관할권을 가지는 법원을 말한다. 강제집행의 실시는 원칙적으로 법원이 집행기관이 된다. 따라서 집행에 관한 재판사무는 지방법원 단독판사가 담당한다.

수소법원(受訴法院)이라 함은 강제집행의 기본이 되는 청구권을 확정하는 판결을 한 법원을 말한다. 집행절차는 원칙적으로 집행관이나 집행기관이 처리하게 되어 있으나 예외적으로 수소법원 자신으로 하여금 집행기관의 임무를 수행하게 하는 경우가 있다(민사집행법 제260조, 제261조, 제55조 참조).

5. 강제집행방법

강제집행의 방법에는 금전채권에 관한 강제집행과 금전채권 외의 채권에 관한 강제집행(비금전채권 집행)이 있는바, 여기서는 금전채권에 관한 강제집행에 대해서만 설명한다.

(1) 유체동산의 집행

(가) 집행관에의 위임

강제집행에 필요한 집행문 등을 갖추어 관할법원에 속하는 집행관사무실에 집행을 위임하여야 한다. 위임장은 인쇄된 용지를 사용하는데 보통 집행관사무실에서 대서해 준다.

집행비용은 예납(집행공탁)하여야 한다.

(나) 압　　류

동산이 있는 현장에 가서 압류를 하여야 하므로 사전에 집행관과 협의하여 시간을 정해 현장까지 안내를 하고, 채무자가 일부러 피한다든지 하여 현장에 없는 경우도 많으므로 참여인이 될 성인 2명을 미리 확보해 둘 필요가 있다.

(다) 현 금 화

압류물이 현금이면 직접 채권에 충당할 수 있으나 다른 것이면 매각(구 민사소송법에서는 '경매'라 하였으나 현재의 민사집행법은 '매각'이라는 용어를 사용한다)하여 현금화하여야 한다.

압류 후 보통 1개월쯤 지나 매각기일이 지정되는데 채무자가 자진해서 변제하면 강제집행의 위임을 취소할 수 있고, 따로 타협이 되면 매각기일을 연기할 수도 있다. 채권자도 매각기일에 참여하여 매수인(구 민사소송법은 '경락인'이라고 하였으나 현행 민사집행법은 '매수인'이라는 용어를 사용한다)이 될 수 있다.

(라) 배　　당

채권자가 여러 명이고 매각대금으로 모든 채권을 충족시키지 못하면 먼저 채권자들 사이에 협의를 하고, 협의가 안 되면 법원이 채권자들의 채권액에 비례하여 분배, 지급하게 된다.

강제집행을 한 채권자라도 우선변제권이 있는 것이 아니므로 뒤에 배당신청을 해온 채권자와 동등하게 취급한다.

(2) 채권 및 기타 재산권의 집행

(가) 압류명령신청

채무자가 은행에 예금이 있다든지 제3자에게 돈을 받을 것이 있다든지(대여금채권) 하는 경우에는 관할법원에 압류명령을 신청한다.

(나) 압류명령

법원은 압류명령을 발하여 "제3채무자인 은행 등은 채무자에게 지급해서는 아니된다."라는 지급금지명령을 내리게 된다.

(다) 추심명령(推尋命令) 또는 전부명령(轉付命令)

채권자는 추심명령을 신청하여 채무자 대신 은행 또는 제3자로부터 돈을 받을 수 있거나(이 때는 다른 채권자가 배당요구 가능), 또는 전부명령을 받아 채권 자체를 이전받을 수 있다.

여기서 전부명령이라 함은 채무자가 제3채무자에 대하여 갖는 압류한 금전채권을 집행채권과 집행비용청구권의 변제에 갈음하여 압류채권자에게 이전시키는 집행법원의 결정을 말한다. 전부명령을 결정하면 전부채권은 채무자로부터 압류채권자에게 이전된다. 이 때 압류채권자 이외의 제3자는 전부명령 후에는 배당요구를 할 수 없는 점이 추심명령과 다르다.

(3) 부동산의 경우

(가) 강제매각신청

채무자가 부동산을 소유하고 있으면 관할법원에 부동산 강제매각신청서를 제출한다.

(나) 매각개시 결정

법원은 매각개시결정을 하고 이 사실을 부동산 등기부에 기재시킴으로써 부동산을 압류한 효과가 생긴다.

(다) 매 각

집행법원의 매각공고를 거쳐 매각기일이 지정되고, 최고가격을 써 넣은 입찰자에게 매각되게 된다. 매각에 의한 소유권 취득은 원시취득과 같은 효력을 가진다.

(라) 배 당

동산의 경우에서와 같다.

6. 재산관계의 명시제도

채무자가 확정판결, 화해 · 조정조서, 확정된 지급명령 등에 표시된 금전채무를 임의로 이행하지 아니하는 때에는, 채권자는 집행권원정본과 강제집행을 개시함에 필요한 서류를 첨부하여 법원에 채무자의 재산관계의 명시를 요구하는 신청을 할 수 있다(민사집행법 제61조).

채무자는 법원의 명령이 있는 경우 법원이 정한 기일에 현재의 재산과 1년 이내에 한 일정한 거래행위를 명시한 재산목록을 제출하여야 하고, 동시에 그 재산목록이 진실함을 법관 앞에서 선서하여야 한다.

다만, 채무자가 3개월 이내에 채무를 갚을 수 있음을 소명한 때에는 그 제출을 3개월 범위 내에서 연기 받을 수 있고, 연기된 기일까지 채무액의 3분의 2 이상을 갚을 때에는 다시 1개월 범위 내에서 연기 받을 수 있다(민사집행법 제64조).

채무자가 정당한 사유 없이 기일에 법원에 출석하지 아니하거나 재산목록의 제출을 거부한 때, 또는 선서를 거부한 때에는 20일 이내의 감치에 처하고, 허위의 재산목록을 제출한 때에는 3년 이하의 징역이나 500만 원 이하의 벌금에 처한다. 채무자가 회사나 단체인 때에는 그 행위자인 대표자나 관리인이 위와 같은 처벌을 받는 이외에, 그 회사나 단체도 벌금형을 받게 된다(민사집행법 제68조).

7. 채무불이행자명부제도

채무자가 금전의 지급을 명한 집행권원이 확정된 후 또는 집행권원을 작성한 후, 6개월 이내에 채무를 이행하지 아니하거나 법원의 명령에도 불구하고 재산목록의 제출을 거부 또는 허위의 목록을 제출하는 등의 사유가 있는 때에는, 채권자는 채무자를 채무불이행자명부에 등재하도록 법원에 신청할 수 있다(민사집행법 제70조).

그 신청에 따라 법원이 채무불이행자명부에 등재하는 결정을 한 때에는 그 명부를 법원에 비치함은 물론, 그 부본을 채무자의 등록기준지(법인인 때에는 주된 사무소의 소재)의 시 · 구 · 읍 · 면의 장에게 송부하게 된다(민사집행법 제72조).

채무불이행자명부는 인쇄물로 공표되지 아니하는 한 누구든지 열람 · 등사가 가능하며, 채무가 모두 소멸된 것이 증명되어 법원의 말소 결정이 있기까지 비치 · 공개되게 된다.

한편, 민사집행법은 도주한 채무자에 대한 재산조회를 허용하여 변제능력이 있음에도 채무를 변제하지 아니하고 도망다니는 악덕채무자에 대한 재산추적을 가능하도록 하고 있다(제74조).

사례문답

제5장 금전거래와 법률

1 내용증명의 효력

질 문

채권채무관계에서 내용증명이란 말을 많이 듣는데 내용증명이란 무엇이며 내용증명만 있으면 언제든지 채권을 회수할 수 있는지요?

답 변

내용증명이란 내용증명우편을 통상적으로 줄여서 쓰는 말이다.

내용증명우편이란 우편법에 의한 것으로 누가, 언제, 어떤 내용의 문서를 누구에게 발송한 것인지를 국가기관인 우체국에서 공적으로 증명하는 우편제도를 말한다. 이 제도는 대개 ① 재무이행의 최고와 계약의 해제, ② 채권양도의 통지, ③ 임대차계약의 해지, ④ 기타 법적인 의의를 지닌 의사의 통지를 할 경우에 이용된다.

내용증명우편은 일단 당사자의 의사를 상대방에게 강력히 표시하고 의사표시가 상대방에게 도달하였는지 여부가 문제로 되었을 경우 그 증거로 남는다는 의미가 있을 뿐이다. 즉 내용증명의 법적 효력은 사법기관의 판단사항이므로 내용증명발송 사실만으로 법적 효력이 인정되는 것은 아니며, 또한 내용증명우편 기재대로 이행하지 아니하였다는 사실만으로 형사처벌을 받는 것도 아니다.

내용증명을 보낼 때에는 배달증명우편과 병행(배달증명부 내용증명우편)하는 것이 보다 효과적이어서 나중에 상대방 측에서 내용증명 사실을 다툴 경우에 증거로 삼는데 용이하다.

2 금전대차시 공정증서를 작성한 경우

질 문

돈을 빌려 줄 때 공정증서를 받아 두면 차용증이나 어음만 받은 경우와 어떻게 다른가요?

|답 변|

공정증서를 받아 두면 그렇지 않은 경우보다 채권회수 하는 데 보다 안전하고 유리하다.

금전거래에 있어서 돈을 빌린 사람이 그 기한 내에 갚지 아니하면 돈을 빌려 준 채권자는 그 돈을 받기 위한 소송절차에 의해 채권을 회수하게 된다. 그러나 채권자가 법원의 판결을 받아 그 권리를 실현하고자 함에는 시간과 비용이 들고 소송기술상 어려움 때문에 고통이 따르게 된다. 그렇지만 채권자와 채무자가 금전거래 때나 그 이행기일 전에 함께 공증인사무소에 나가서 거래내용을 적은 채무자 발행의 약속어음이나 수표에 공증을 받거나, 금전대차에 관한 공정증서를 작성하게 되면 판결과 같은 집행력이 있으므로, 채무자가 채무의 이행기일에 채무를 변제치 않으면 법원의 재판을 거치지 않고, 다시 그 공증을 받은 공증인사무소에서 집행문을 부여받아 즉시 채무자의 재산에 강제집행을 할 수 있다.

이와 같이 공정증서로 차용증서를 작성해 두면 보통의 증서를 받고 대부해 주는 경우보다 채권자에게 유리하므로 금전소비대차에서 많이 이용되고 있다.

공증을 받기 위해서는 채권자와 채무자가 주민등록증과 인장을 지참하고 공증사무소에 직접 나가는 것이 원칙이나 대리인으로 하여금 공증을 받게 할 수도 있다. 이 공증제도는 채권자와 채무자가 공증을 받기로 합의가 되어야 하므로 어느 일방만의 의사로는 공증이 되지 않는다. 공증인사무소는 법무부장관이 임명하는 공증인과 일정한 자격을 가진 변호사가 법무부장관으로부터 인가를 받은 공증인가합동법률사무소, 법무법인 등이 있다.

3 사채업자가 수령 거부할 경우의 구제방법

질 문

저는 6개월 전 제소유의 부동산에 근저당권설정을 하고 사채업자 A로부터 1억 원을 차용하였습니다. 제형편이 어려워 이자를 제대로 지급하지 못했는데 변제기에 이르러 그 동안 지급하지 못한 이자와 원금을 변제하려고 하니 A는 제계산과 맞지 않는 터무니없는 금액을 요구하며 수령하기를 거부하였습니다. 저는 혹시 부동산이 경매처분이라도 당할까 걱정이 되어 A와 수차례 접촉을 시도하였으나, 그 때마다 A는 요구금액을 변제해야 근저당권을 말소해 주겠다며 만나 주지 않고 있습니다. 이런 경우 제가 법적으로 구제받을 수 있는 길이 있는지요?

답 변

A와 같은 일부 사채업자 중에는 담보물을 헐값에 취득할 목적으로 변제기일에 일부러 만나 주지 않거나, 무리한 요구를 내세우는 등의 수법으로 채무자로 하여금 변제기일을 넘기게 하여 담보물을 처분하는 경우가 있는데, 이러한 경우 변제공탁(辨濟供託)제도를 이용할 필요가 있다. 변제공탁이라 함은 채권자가 변제를 받지 아니하거나 받을 수 없는 때 또는 변제자의 과실 없이 채권자를 알 수 없는 경우에, 채권자를 위하여 변제의 목적물을 법원공탁소에 맡겨 채무를 면하는 제도를 말한다(민법 제487조).

변제공탁의 목적물로는 동산·부동산을 불문한다. 변제의 목적물이 공탁에 적당하지 아니하거나 멸실 또는 훼손될 염려가 있거나 공탁에 과다한 비용을 요하는 경우에는, 변제자는 법원의 허가를 얻어 그 물건을 경매하거나 시가로 방매하여 대금을 공탁할 수 있다(민법 제490조). 채무자가 공탁에 의하여 그 채무를 면하려면 채무액 전부를 공탁하여야 하고, 일부의 공탁은 그 채무를 변제함에 있어 일부의 제공이 유효한 제공이라고 시인될 수 있는 특별사정이 있는 경우를 제외하고는 채권자가 이를 수락하지 않는 한 그에 상응한 효력을 발생할 수 없다(대판 1983. 11.22, 83다카161).

또한 공탁에 있어서 채권자에게 반대급부 기타조건의 이행의무가 없음에도 불구하고 채무자가 이를 조건으로 공탁한 때(조건부변제공탁)에는 채권자가 이를 수락하지 않는 한 그 공탁은 무효이다(대판 1984.4.10, 84다77).

변제공탁이 있게 되면 변제가 있었던 것과 같이 채무는 소멸하고, 채권자는 공탁물인도청구권을 취득한다. 공탁물인도청구권은 본래의 급부청구권에 갈음하는 것이므로, 그 권리의 성질·범위는 본래의 급부청구권과 동일해야 하고, 따라서 본래의 급부에 선이행 또는 동시이행항변권이 부착된 경우는 채권자가 먼저 자기의 급부를 해야 공탁물을 수령할 수 있다(민법 제491조, 공탁법 제9조).

그리고 질권·저당권이 공탁으로 인하여 소멸한 때를 제외하고는 채권자가 공탁을 승인하거나, 법원공탁소에 대하여 공탁물을 받기를 통고하거나 공탁유효의 판결이 확정되기까지 변제자는 공탁물을 회수할 수 있고(민법 제489조), 착오로 공탁을 한 때나 공탁의 원인이 소멸한 때에도 공탁물을 회수할 수 있다(공탁법 제8조 제2항).

위 사안의 경우 A가 변제받기를 거부하고 있으므로, 귀하는 원금과 약정이자를 채무이행지, 즉 지참채무(持參債務)이므로 A의 주소지를 관할하는 지방법원에 설치된 공탁소에 공탁하여 A에 대한 채무를 면할 수 있다(민법 제488조).

그리고 채무가 소멸하면 근저당권도 당연히 소멸하나(근저당권의 부종성), 귀하의 부동산에 마친 근저당권설정등기가 자동적으로 말소되는 것은 아니므로, 귀하는 A를 상대로 우선 근저당권처분금지가처분을 하고, 근저당권설정등기말소등기 청구의 소를 제기해야 할 것이다.

4 제3자 명의 대출약정의 효력

질 문

사업을 하는 친구가 어느 날 찾아와 은행에서 대출을 받으려고 하는데 자신은 이미 대출액 한도를 초과하여 더 이상의 대출이 어려우니 저의 명의를 빌려 대출을 받을 수 있도록 도와 달라고 부탁을 하면서, 은행에서도 명의를 빌려서 대출을 받는 것에 대하여 승낙을 하였으니 아무 걱정을 하지 말라고 합니다. 만일 저의 명의로 대출을 받는 경우 제가 은행에 대하여 대출금을 변제하여야 하는가요?

|답 변|

우리 주위에서 보면 사업상 이러한 잘못된 관행에 의한 대출을 받아 사업을 영위하는 경우가 종종 있다. 그러나 민법은 상대방과 통정한 허위의 의사표시는 무효로 한다(동법 제108조)고 규정하고 있다. 위 사안과 같이 동일인에 대한 대출액 한도를 제한한 법령이나 금융기관 내부규정의 적용을 회피하기 위하여 실질적인 주채무자가 실제 대출받고자 하는 채무액에 대하여 제3자를 형식상의 주채무자로 내세우고, 금융기관도 이를 양해하여 제3자에 대하여는 채무자로서의 책임을 지우지 않을 의도로 제3자 명의로 대출관계서류를 작성받은 경우가 있다. 이 경우 제3자는 형식상의 명의만을 빌려 준 자에 불과하고 그 대출계약의 실질적인 당사자는 금융기관과의 실질적인 주채무자이므로, 제3자 명의로 되어 있는 대출약정은 그 금융기관의 양해하에 그에 따른 채무부담 의사 없이 형식적으로 이루어진 것에 불과하여 통정허위표시에 해당하는 무효의 법률행위라고 할 것이다(대판 2001.5.29, 2001다11765).

따라서 귀하가 은행과 맺는 대출계약이 위와 같다면 민법 제108조에 의하여 귀하는 은행에 대하여 대출금을 갚아야 할 의무가 없다고 할 것이다.

5 채무면탈 목적으로 소유권을 이전한 경우

질 문

저는 친구 A에게 1억 원을 빌려 주었는데, A는 변제기일에 갚지 못하면 자기 집이라도 팔아서 갚겠다고 하였습니다. 그러나 약속날짜가 지났는데도 갚지 않아 가압류하려고 등기부를 열람해보니 그의 배우자인 B에게 소유권을 이전하였습니다. 이 경우 구제책이 없는지요?

|답 변|

위와 같은 경우 민법 제406조는 채권자취소권(債權者取消權)이라는 제도를 두어 채권자를 보호하고 있다.

채권자취소권을 행사할 수 있는 채권은 원칙적으로 채권자를 해하는 행위라고 볼 수 있는 행위가 행하여지기 전에 발생된 채권임을 요건으로 한다. 또한, 채권자취소권은 채무자가 일반 재산을 감소시켜 채무를 변제할 재산능력이 없는 것으로 만들고 채무자가 채권자를 해하는 행위로 인하여 이익을 받은 자 또는 수익자로부터 다시 그 재산을 취득한 자가 그러한 행위가 채권자를 해하는 의사가 있더라도 수익자가 그러한 사실을 알지 못한 때에는 채무자의 행위를 취소할 수 없다(대판 1956.10.4, 4289민상373). 그러나 채무자가 채권자를 해하는 것을 알고 있었던 것이 입증된 이상 채권자를 해하는 행위로 인하여 이익을 받은 자가 그러한 사실을 알고 있었다는 것이 추정되고 채권자를 해하는 행위로 인하여 이익을 받은 자가 그 법률행위 당시 채권자를 해하는 것을 알지 못하였다는 것을 입증하지 못하는 한 채권자는 그 취소 및 원상회복을 청구할 수 있다(대판 1997.5.23, 95다51908).

채권자가 채권자취소권을 행사하려면 채권자를 해하는 행위로 인하여 이익을 받은 자나 그러한 이익을 받은 자로부터 다시 그 재산을 취득한 자를 상대로 그 법률행위의 취소를 청구하는 소송을 제기하는 것이므로, 채무자를 상대로 그 소송을 제기할 수는 없다(대판 1991.8.13, 91다13717).

따라서 위 사안에서 특별사정이 없는 한, A가 배우자 B에게 매매형식으로 소유권 이전한 것은 변제회피의 목적으로 채권자를 속여 손해를 주는 행위로 보여 지므로, 귀하가 B를 상대로 A · B사이의 매매취소를 청구하여 B명의의 소유권이전등기를 말소시키고, A명의의 소유권을 회복시킴과 동시에 A를 상대로 대여금채권에 대한 판결을 받아 그 재산에 강제집행하여 구제받아야 한다. 채권자취소권은 취소원인을 안 날로부터 1년, 법률행위가 있은 날로부터 5년 내에 재판상 행사하여야 한다.

6 보증인의 멍에

질 문

남편이 친구의 간절한 부탁을 받고 외상거래에서 생기는 채무에 대한 친구의 빚보증을 서 주었습니다. 그런데 친구가 빚을 갚지 못하자 채권자가 남편에게 보증인으로서 책임을 지라면서 시도 때도 없이 전화로 협박하여 가족들까지 두려움에 떨게 하고 있습니다. 보증인이 빚독촉에서 벗어날 수는 없나요?

|답 변|

보증계약시 보증인이 갚게 될 채무의 상한액을 서면으로 미리 특정하지 않은 보증은 무효가 된다. 「보증인 보호를 위한 특별법」에 따르면 우선 보증계약은 보증인의 기명·날인 또는 서명이 있는 서면으로 체결해야만 효력이 발생하도록 하고, 보증인이 부담해야 할 채무의 최고액도 반드시 서면으로 특정하도록 하였다. 따라서 특정한 원인에 기하여 계속적으로 발생하는 채무에 대한 근보증의 경우에도 채무의 최고액을 서면으로 특정하지 아니한 근보증계약은 효력이 없다. 보증인의 채무를 불리하게 변경하거나 보증기간을 갱신할 때에도 같은 방식에 따라야 한다. 하지만 보증인이 이미 보증 채무의 일부나 전부를 이행한 경우에는 그 한도에서 서면계약이 없었다는 이유로 무효를 주장할 수 없다. 보증기간을 서면으로 정하지 않거나 보증기간을 갱신할 때 보증기간에 대해 특별한 약정이 없는 경우 보증기간은 3년으로 제한된다.

특별법은 또 금융기관이 채권자로서 보증계약을 체결할 경우에는 「신용정보의 이용 및 보호에 관한 법률」에 따라 채무자의 동의를 거쳐 채무 관련 신용정보를 보증인에게 알리고 서면에 기명날인이나 서명을 통해 확인을 받아야 한다. 금융기관이 신용정보를 알려 주지 않는 경우 보증인은 이를 요구할 수 있으며, 해당 금융기관이 7일 이내에 요구에 응하지 않을 경우 보증인은 그 사실을 안 날로부터 1개월 이내에 보증계약의 해지를 통고할 수 있다. 해지의 효력은 금융기관이 해지통고를 받은 날로부터 1개월이 경과하면 발생한다. 또한 특별법은 채무자가 3개월 이상 이자 등을 연체했을 때 채권자가 이 사실을 보증인에게 알리도록 의무화해 보증인이 제때에 구상권을 행사할 수 있도록 하였다. 특히 채권자가 금융기관일 경우에는 1개월만 연체되어도 보증인에게 이 사실을 반드시 통보하여야 한다. 또 채권자는 보증인의 청구가 있으면 언제든지 주채무의 내용이나 이행 여부를 보증인에게 알려 주어야 한다.

이와 함께 「채권의 공정한 추심에 관한 법률」은 금융기관이나 대부업체, 개인 등 채권자는 물론 빚을 대신 받아 주는 추심대행업자의 불법추심행위를 형사처벌 대상으로 규정해 강력 대응하고 있다. 즉, 빚 독촉을 위해 보증인이나 그 가족을 폭행하거나 협박한 경우에는 5년 이하의 징역 또는 5,000만 원 이하의 벌금에 처해진다. 또 정당한 사유 없이 보증인의 가족이나 직장을 반복적으로 찾아가거나 야간(오후 9시 이후부터 다음 날 오전 8시까지)에 전화를 걸어 공포심이나 불안감을 유발해 업무나 사생활을 침해하는 등의 경우에는 3년 이하의 징역 또는 3,000만 원 이하의 벌금에 처하게 된다.

7 금전대차시 어음도 받아 두면……

질 문

금전대차시 차용증 외에 약속어음을 받았을 때는 어떤 유리한 점이 있나요. 만약 어음을 받아 두었을 때에는 어음으로만 청구해야 하는지요?

답 변

대여금으로든, 어음금으로든 청구할 수 있다. 대여금이나 외상대금을 확실히 회수하기 위하여 어음을 교부받은 경우에 당사자 간 어음금 이외에는 청구할 수 없다는 약정을 하지 아니한 이상, 어음은 대여금 등의 지급을 확실히 하기 위하여 또는 지급의 방법으로 교부된 것이라고 할 수 있다.

이와 같이 어음을 대여금 또는 외상대금의 지급을 확실히 하기 위하여 또는 지급방법으로 발행·교부한 경우, 채권자는 대여금이나 외상대금 청구를 하여도 무방하고, 어음금을 청구하여도 된다. 다만, 상대방인 채무자는 대여금 등을 청구당한 때, 어음을 회수하기 위하여 어음과 상환하지 않으면 돈을 갚지 않겠다고 항변할 수 있다.

채무자가 제3자에게서 받은 어음에 배서하여 이를 채권자에게 교부한 때에는, 채권자는 우선 그 어음을 추심하여 부도로 되었을 때 대여금 등을 청구하게 된다(이 때는 채권자가 상대방에 대하여 어음배서인의 책임을 물을 수도 있다). 어음은 오늘날 상거래는 물론 일반인끼리도 주요 결제수단으로 널리 이용되고 있다. 따라서 어음을 발행한 사람이 그 어음을 부도내어 은행에서 어음거래를 정지당하면, 신용을 잃게 되어 장래의 상거래 등에 치명적인 영향을 입게 된다. 그래서 어음발행인은 어음이 부도나지 않도록 최선을 다한다.

그러므로 채권자는 대여금 등을 그대로 청구하는 것보다는 어음을 받아 두면 대여금을 회수할 가능성이 더욱 강화되는 것이다. 실제로 대여금을 회수하기 위한 대여금청구소송보다는 어음금청구소송이 시간도 절약되고 그 대응방안도 훨씬 간편하다.

8 어음보증인의 책임

질 문

저는 회사 설비확장을 위하여 은행에서 대출을 받으면서 회사 어음을 교부하였습니다. 그런데 은행직원은 저에게 회사어음에 개인자격으로 보증을 하라고 요구합니다. 어음면에 보증인으로 기재되면 어떤 책임을 지게 되나요?

답 변

일반 보증인보다도 더 무거운 책임을 진다.

일반적으로 어음을 발행하거나 배서를 하게 되면 보증인과 같은 효과가 있다. 따라서 어음을 발행할 때 공동발행인으로 발행한 경우에도 마찬가지이다. 그러나 좀 더 직접적으로 어음면에 확실하게 보증하는 방법이 이용된다. 어음보증의 방법은 간단하여 어음이나 그 등본상에 기명날인 또는 서명하거나, 어음의 보전(어음에 붙어 있고, 어음매에 압인한 것)에 보증인으로 기명날인하면 된다.

어음보증은 발행인을 위하여 할 수 있고, 여러 배서인 중 어느 한 배서인을 위하여 할 수도 있다. 이때에는 배서란이나 보전(補箋)에 그 배서인을 위하여 보증한다는 뜻을 기재한다. 따라서 어음면에 단순히 '보증한다.'라고 기재하면 발행인을 위한 어음보증이 된다.

어음보증인은 어음이 전전유통되어 어떠한 사람의 수중에 들어가더라도 어음상의 책임을 져야 한다. 그러나 일반 보증은 보증계약을 한 당사자에 대하여만 책임을 지고 그 외의 사람에게는 책임이 없다. 또 어음보증인은 주채무자(발행인, 배서인)와 동일한 책임을 진다. 심지어 어음채권자로부터 주채무자보다 먼저 어음금청구나 강제집행을 당하더라도 이른바 최고·검색의 항변권을 행사할 수 없다. 일반적으로 회사가 발행한 어음이 부도된 경우라도 법률적으로는 대표자(사장) 개인에게는 책임이 없다. 위 사안에서 은행직원이 귀하(대표자)에게 회사어음에 구태여 어음보증을 하게 한 것은 회사(법인)와 대표자(자연인)가 함께 어음금지급책임을 지게 되므로 은행으로서는 채권 확보에 유리하기 때문이다.

9 채무자의 봉급도 압류대상

질 문

저는 공무원인 친구 A에게 자동차 구입대금으로 1천만 원을 빌려 주었는데 A는 아예 갚으려고 하지를 않습니다. 자동차도 사고로 이미 폐차한 상태이고 다른 재산도 없는 것 같아 봉급을 압류하여 받으려고 하는데 가능한가요?

답 변

봉급도 채권이기 때문에 봉급에 대해서도 채권압류·가압류가 가능하다. 다만, 근로자의 급여 중 최저생계비에 해당하는 금액은 압류가 금지되고, 근로자의 급여 중 표준가구생계비의 초과부분에 대해서는 봉급액의 1/2 범위에서 압류가 가능하다(민사집행법 제246조 제1항 제4호 단서; 동법시행령 제4조).

A에게 빌려 준 돈을 회수하려면 봉급에서라도 받아내야 하는데, A의 봉급이 최저생계비를 초과한다면 우선 A의 봉급에다 압류·가압류를 하여야 한다.

가압류는 소송을 시작하기 전에 하는 것이고, 압류는 판결정본에 의해서 하는 것이다. 가압류나 압류나 이것 자체만으로 지급이 되는 것은 아니다.

가압류는 봉급 지급자에게 이를 지급하지 않도록 하는 가압류명령을 한 후, 소송에서 판결을 받아 이를 본압류로 바꾸어 채권자에게 지급케 하는 것이다. 따라서 압류된 것을 채권자에게 지급해 달라고 하기 위해서는 또다시 법원에 추심명령(채무자가 제3채무자에 대하여 가지고 있는 채권을 대위의 절차 없이 채무자에 대신하여 직접 추심할 권리를 집행채권자에게 부여하는 집행법원의 결정)이나 전부명령(채무자가 제3채무자에 대하여 가지는 압류한 금전채권을 집행채권과 집행비용청구권의 변제에 갈음하여 압류채권자에게 이전시키는 집행법원의 결정)이라는 신청을 내어, 그 명령서에 의해서 추심을 하면 된다.

10 간편한 집행권원 확보방법

질 문

저는 개인 사업을 하는 A에게 2천만 원을 대여하였습니다. 그러나 A는 변제기일을 어기고 차일피일 미루고 있습니다. 내용증명우편을 통하여 몇 차례 최고도 해 보았으나 소용이 없습니다. 어쩔 수 없이 대여금청구소송을 하려는데 저도 사업을 하는 관계로 도저히 시간이 나지 않습니다. 간편하게 채무명의를 얻어 강제집행 할 수 있는 방법은 없는지요?

답 변

결론적으로 지급명령제도를 활용할 수 있다.

지급명령제도는 당사자 간에 금전의 지급을 내용으로 하는 채권채무관계가 있는 경우에 본인이 법원에 직접 출석하지 않고 채무명의(집행권원)를 얻을 수 있는 제도이다.

채무자의 주소지 관할법원에 지급명령을 신청하면 법원에서 서면심리로 지급명령이 내려지는데, 이 지급명령이 채무자에게 송달되고 난 후 2주일 내에 채무자가 이의신청을 하지 않으면 지급명령은 확정되므로 간편하게 채무명의를 얻을 수가 있다.

한편 일상생활에서 상대방에게 독촉하고자 하는 경우에 내용증명을 자주 이용하게 되는데 내용증명의 법적 효과는 무엇인가를 살펴보기로 한다.

내용증명우편이란 우체국에서 문서의 내용을 증명하는 것이기 때문에 후일 당사자 사이에 문서의 내용에 관하여 분규가 일어날 염려가 없다. 즉, 내용증명우편은 문서의 내용과 상대방에 도달한 일시(배달증명우편인 경우)를 우체국이 증명하여 주므로, 상대방에 대해 어느 때, 어떠한 의사표시를 하였는가를 보여 주는 증거로서 유용하다. 소송에서는 사람의 증언보다 서면과 같은 물적 증거가 신빙성이 높고, 특히 관청에서 작성한 문서의 신빙성은 높으므로 내용증명우편으로 통지하여 두면, 소송에 있어서 중요한 물적 증거가 된다.

따라서 내용증명우편으로 최고하여 두면 언제 최고하였는가가 명확히 되는 등의 법률효과와 내용증명우편으로 최고서가 오면 놀라서 빨리 변제한다는 심리적 효과도 얻을 수 있다.

그러나 차주 입장에서 보면 그렇게 놀랄 일은 아니다. 반대로 이쪽의 태도를 분명히 해두는 것이 좋을 때에는 최고서에 대한 회답을 내용증명으로 하는 것이 필요하다. 그러나 상대방의 주장이 틀렸거나 부당한 경우에 그대로 방치하면 묵인한 것으로 받아들여질 수도 있는 점에 유의해야 한다.

11 소액사건심판법상 이행권고결정에 대한 이의신청

질 문

저는 사채업자 A로부터 2000만원을 월이자 2푼, 변제기 3개월로 하여 차용하였고, 원금은 모두 변제하고 이자 일부만 남아 있으나, 최근 집으로 이자부분을 초과한 금액이 기재된 이행권고결정이 송달되어 왔습니다. 이 경우 제가 대처할 방법이 있는지요?

답 변

소액사건심판법상 이행권고결정이라 함은 소액사건의 소가 제기된 때에 법원이 결정으로 소장부본이나 제소조서등본을 첨부하여 피고에게 청구취지대로 이행할 것을 권고하는 결정을 말한다(동법 제5조의3 제1항).

귀하가 사채업자 A로부터 차용한 원금을 모두 변제하였다면, 이행권고결정등본을 송달 받은 날부터 2주일의 불변기간 안에 서면으로 이의신청을 할 수 있고(동법 제5조의4 제1항 본문), 또한 귀하는 그 등본이 송달되기 전에도 이의신청을 할 수 있다(동법 제5조의4 제1항 단서). 귀하의 이의신청이 있으면 법원은 지체 없이 변론기일을 지정하도록 하고 있고(동법 제5조의4 제3항), 이때에는 귀하에게 다시 소장 부본을 송달하지는 않고 이행권고결정등본이 송달된 때에는 소장부본이나 제소조서등본이 송달된 것으로 간주한다(동법 제6조 단서).

그리고 귀하는 제1심 판결이 선고되기 전까지 이의신청을 취하할 수 있고, 이행권고결정의 이행조항은 원고의 청구취지와 동일하므로, 귀하가 이의신청을 취하하는 경우에는 원고의 동의를 받을 필요는 없다.

귀하가 이의신청을 취하한 경우에는 법원사무관 등은 이행권고결정 원본의 피고 성명 옆에 이행권고결정의 송달일자와 확정일자를 부기하여 날인한 후, 이행권고결정 정본을 원고에게 송달하도록 되어 있다.

또한, 법원은 이의신청기간 내에 이의신청서가 아니라 답변서 기타 다투는 취지의 서면이 접수되면 이를 이의신청서로 보아 변론기일을 지정하도록 하고 있다. 이의신청의 방식은 서면으로 하여야 하고, 이의신청서의 양식은 법원에 비치되어 있다. 귀하가 이의신청을 한 때에는 구체적 이의사유를 기재하지 않더라도 원고의 주장사실을 다툰 것으로 본다(동법 제5조의4 제5항).

법원은 이의신청이 적법하지 아니하다고 인정하는 때에 그 흠을 보정할 수 없으면 결정으로 이를 각하 하여야 하며, 이의신청을 각하 하는 경우는 주로 이의신청기간이 2주일을 경과한 때와 이의신청권이 없는 제3자가 이의신청한 경우에 각하하여야 하고, 이의신청의 각하결정에 대하여는 즉시항고 할 수 있다(동법 제5조의5 제2항).

참고로, 이의신청의 추후보완 및 집행정지는 피고가 부득이한 사유로 2주일 내에 이의신청을 할 수 없었던 때에는 그 사유가 없어진 후 2주일 내에 이의신청을 할 수 있다. 다만, 그 사유가 없어질 당시 외국에 있는 피고에 대하여는 이 기간을 30일로 하도록 규정하고 있다(동법 제5조의6 제1항).

한편, 이의신청과 동시에 그 추후보완사유를 서면으로 소명하게 하여 추완사유가 없다고 인정되는 경우에는 결정으로 이를 각하 하도록 하고, 그 각하결정에 대하여는 즉시항고를 할 수 있도록 하고 있다(동법 제5조의6 제3항, 제4항).

또한, 이행권고결정에 대하여 적법한 추완이의신청이 있는 때에 민사소송법 제473조의 재심 또는 상소추완신청에 인한 집행정지제도를 준용하도록 함으로써 이행권고결정제도의 취지를 모르는 피고가 입을 불측의 손해를 방지할 수 있는 길을 열어 놓았다(동법 제5조의6 제5항).

12 전부명령(轉付命令)과 추심명령(推尋命令)의 차이

질 문

저는 건축업자인 A를 상대로 물품대금청구소송을 제기하여 승소판결을 받았는데, A가 변제하지 아니하여 A의 재산을 조사해 본 결과 뚜렷이 집행가능한 재산은 없고, 단지 A가 B의 건물을 지어 주고 아직까지 받지 못한 공사대금 잔액이 있음을 알게 되었습니다. 이러한 경우 어떻게 하여야 하는지요?

답 변

사례의 경우 귀하는 A가 B에 대하여 가지는 공사대금청구채권을 압류하여 변제받을 수밖에 없는데, 그 방법은 귀하의 선택에 따라 관할법원에 채권압류 및 추심명령 또는 전부명령을 신청하여 그 결정을 받아 제3채무자인 B로부터 변제받을 수 있다.

채권에 대한 추심명령이란 채무자가 제3채무자에 대하여 가지는 채권을 대위절차 없이 채권자가 직접 이를 청구하는 권리를 채권자에게 부여하는 집행법원의 명령을 말한다. 따라서 이에 의하여 압류채권자는 형식상으로는 자기명의로 추심권을 갖는 것이지만 실체상의 관계에 있어서는 그 추심권에 의하여 추심하려는 채권 자체는 여전히 채무자의 권리에 속하는 것이므로, 만약 제3채무자의 無資力으로 추심불능이 된 경우 채무자의 다른 재산을 압류하여 변제받을 수도 있게 되는 것이다. 추심명령은 그 명령이 제3채무자에게 송달한 때에 효력이 생기며 채권자가 추심을 완료하였다는 뜻을 집행법원에 신고한 때에 완료한다. 따라서 그 때까지는 다른 채권자는 원칙적으로 그 채권에 대하여 압류나 배당요구를 할 수 있다.

채권에 대한 전부명령이란 채무자가 제3채무자에 대하여 가지는 채권을 지급에 갈음하여 압류채권자에게 이전하게 하는 재판이다. 전부명령에 의한 채권의 이전은 채권양도와 유사하나 채권자가 제3채무자에게 통지하거나 또는 제3채무자의 승낙을 요하지 않고 집행법원의 전부명령이 제3채무자에게 송달된 때 효력이 발생하는 것이다. 전부명령이 제3채무자에게 송달되면 그 채권이 존재하는 한 채무자의 제3채무자에 대한 채권은 소멸하는 것으로 압류채권자는 이후 피전부채권에 대하여 일체의 처분을 할 수 있으며, 제3채무자가 그 이행을 하지 않는 때에는 직접 제3채무자를 상대로 소송을 제기하면 된다. 만일 피전부채권이 존재하지 않는 경우 채권자는 채무자에 대하여 다시 변제청구를 할 수 있으나(다만, 이 경우 피전부채권의 부존재를 입증하는 방법으로 실무상 전부금 청구소송에서 전부채권자가 패소한 패소 판결문을 제출하도록 하고 있으며, 이 경우 집행정본을 되돌려 받는 것은 아니고 집행정본이 전부명령에 사용되었다는 내용의 '사용증명'을 받아 이를 근거로 다시 집행정본을 받아 채무자의 다른 재산에 강제집행하여야 함), 전부채권이 확정되면 비록 제3채무자가 재산이 없어 변제를 받을 수가 없는 경우에도 채무자에 대하여 다시 청구할 수 없다.

그리고 전부명령이 제3채무자에게 송달된 후에는 다른 채권자의 배당요구가 허용되지 않는다. 즉, 전부명령의 경우에는 전부채권자가 후순위 다른 채권자들에 비하여 독점적으로 피전부채권을 취득하게 된다. 그러나 유의할 점은 전부명령이 제3채무자에게 송달될 때까지 그 채권에 대하여 다른 채권자가 압류·가압류 또는 배당요구를 한 때에는 그 전부명령은 효력이 없고 다만 압류의 효력만 있게 된다는 것이다.

전부명령과 추심명령은 위와 같이 여러 가지 면에서 차이점이 있고 그 효력이나 집행방법도 다르다. 따라서 제3채무자의 재산상태, 채무자와의 관계 등 구체적인 사안에 따라 어느 방법을 택할 것인지를 판단하여 결정해야 한다.

위 사례에 있어서 귀하로서는 우선 A가 B에 대해 가지고 있는 공사대금잔액을 확인·압류하면서 B의 변제능력이 충분한 경우는 법원에 전부명령을 신청하고 이를 B에게 송달시키게 되면 귀하의 채권의 만족을 얻게 될 것이다. 그러나 그 공사잔액채권에 대해 A의 다른 채권자가 가압류나 압류 등을 했을 때에는 전부명령을 하여서는 아니 되고 추심명령을 받아야 효과적일 것이며, 추심명령이 있게 되면 귀하는 A의 B에 대한 채권을 대위절차 없이 직접 B로부터 추심할 수 있는 권리가 생기게 된다. 그리고 귀하가 전부명령이나 추심명령을 받았음에도 B가 변제하지 않을 경우에는 B에 대하여 전부금 청구소송 또는 추심금 청구소송을 제기할 수 있다.

실무상 압류명령과 전부명령 또는 추심명령은 동시에 신청할 수 있으며, 그 명령도 압류 및 전부명령 또는 압류 및 추심명령의 형식으로 되어 있다.

13 어음의 지급제시 어떻게 하나

질 문

거래처로부터 어음을 받았는데 지급을 받으려면 지급제시기일 내에 지급장소에 제시해야 한다는데 어떻게 해야 합니까?

답 변

어음소지인이 어음표시금액의 지급을 청구하기 위해서는 먼저 제시기간내에 지급장소에 어음을 제시해야 한다. 대부분의 어음은 은행이 지급장소로 되어 있으므로 해당은행에 제시하면 된다.

그러나 지급장소가 은행으로 되어 있어도 그 은행에 제시하면 지급하여 주지 않고 어음교환소에 제시할 것을 요구하는 경우가 많으므로, 지급제시 전일까지 소지인의 거래은행에 추심위임을 하는 것이 좋다. 지급장소의 기재가 없을 때에는 지급지내에 있는 발행인의 영업소나 주소지에 제시하면 된다.

어음을 제시하더라도 지급제시기간이 경과한 후에 제시한 어음은 지급은행에서 지급을 하지 않으므로 이 경우에는 발행인에게 청구를 하여야 한다.

만기기재가 있는 어음의 경우는 만기일과 만기일 후 2일까지가 제시기간이 되고 소지인이 지급을 받기 위하여 어음을 제시한 일자를 만기로 하는 어음, 즉 일람출급어음의 경우는 발행일로부터 1년 이내가 제시기간이 된다. 아울러 발행인은 1년이라는 기간을 연장하거나 단축할 수 있으며 배서인은 기간을 연장하지는 못하나 단축할 수 있다.

또한 배서한 어음을 제시기간 내에 지급제시하고 이를 거절당하였을 때는 배서인에게 책임을 물을 수 있다. 만약 지급제시기간 내에 제시를 안 했을 경우에는 배서인에 대한 소구권행사를 할 수 없게 되므로 주의해야 한다. 그러나 제시기간 내에 제시하지 않았다고 해서 어음을 추심할 권리 자체가 소멸되는 것은 아니며, 배서인에 대한 소구권을 상실할 뿐이므로 어음의 발행인이나 환어음의 인수인에 대해서는 3년의 소멸시효가 완성되기 이전까지는 언제든지 지급을 청구할 수 있다.

14 부도어음의 회수

질 문

저는 자동차부품제조업자인 A에게 원료를 판매하고 A가 발행한 1억 원짜리 약속어음을 받았습니다. 마침 만기가 되어 지급제시하였으나 지급거절당하였습니다. 어떻게 해서라도 그 어음금을 회수하고 싶은데 어떻게 하면 좋을까요?

답 변

어음 또는 수표가 교환을 통하여 지급제시되었으나 일정한 사유(예금부족, 무거래, 계약불이행, 분실 · 도난 · 피사취, 위조, 변조, 인감 · 서명 상이, 제시기간 경과 후 지급위탁의 취소)로 인하여 지급에 응할 수 없는 경우가 있는데 이처럼 지급에 응할 수 없는 어음 또는 수표를 부도어음 · 부도수표라고 한다.

부도를 냈다고 해서 그 회사가 곧 도산한 것은 아니기 때문에(물론 발행인에게 돈이 없는 상태라면 도산을 의미) 부도어음을 회수할 수 있는 여러 방안을 침착하게 모색하여야 한다.

우선 사고신고담보금의 존재 여부를 조사하여야 한다. 만일 회사가 부도처분을 피하기 위해 지급은행에 부도어음 금액과 동액을 예치시켜 놓은 사고신고담보금이 있다면 예치은행을 상대로 사고신고담보금 반환을 청구한다. 사고신고담보금으로부터의 회수의 첫단계는 발행인이 지급은행에 대해 가지고 있는 사고신고담보금 반환청구권의 가압류이다.

둘째, 부동산으로부터의 회수이다. 즉 사고신고담보금이 없거나 있더라도 다른 채권자와의 관계에서 전부 만족을 얻지 못할 경우에는 회사부동산의 유무를 조사해서 가압류한다.

셋째, 외상매출금으로부터의 회수이다. 발행인이 사고신고담보금을 준비하고 있지 않을 때는 도산을 의미하므로 다른 재산에서 회수하여야 한다. 만일 부동산도 없다면 채무자와 교섭해서 외상매출금을 알아내어 곧바로 채권가압류를 한다.

넷째, 개인으로부터의 회수이다. 회사가 완전 도산하여 회사재산으로부터는 도저히 부도어음을 회수할 수 없는 경우에는 이사(사장 · 전무 등)가 개인보증을 서도록 교섭하는 것이 필요하다. 이 때 보증을 받으려면 각서와 같은 문서를 사용하는 것이 효과적이다.

다섯째, 배서인이 있을 때는 부도 후 영업일기준 4일 이내에 내용증명우편으로 부도통지를 하여 배서인에게 소구권을 행사한다.

〈부도발생 직후의 조치〉

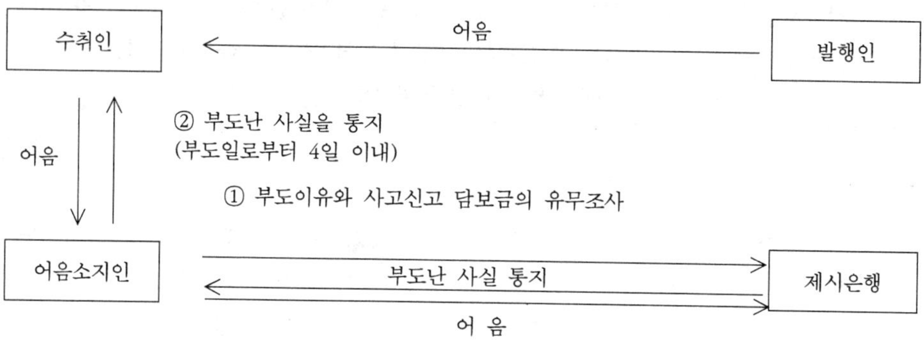

〈부도어음의 회수 상대방〉

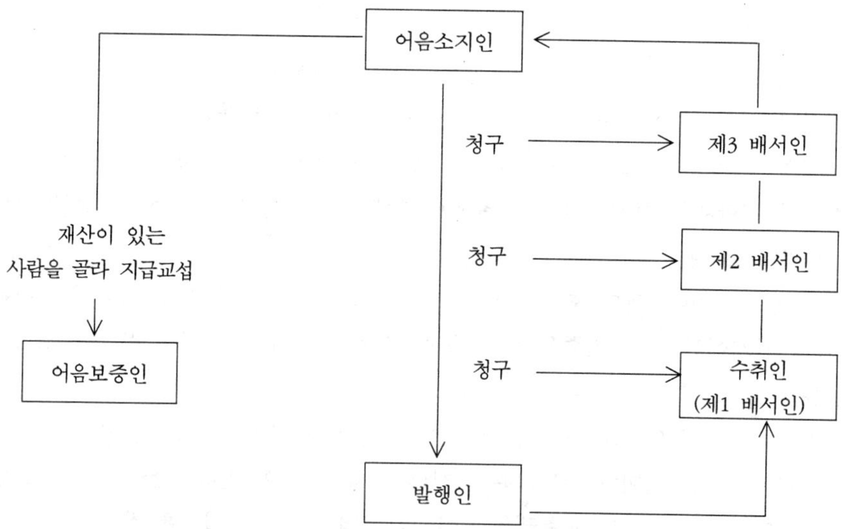

15 어음을 분실 · 도난당한 경우의 조치

질 문

저는 거래처에서 받은 어음을 가방에 넣고 지하철을 탔습니다. 그런데 하차하면서 그만 가방을 놓고 내려 어음도 잃어버렸습니다. 어음을 남이 사용할 수 없도록 하려면 어떻게 하면 좋을까요?

답 변

은행에 사고신고, 경찰에 피해신고한 후 법원에 공시최고 신청을 하여 제권판결을 받는다. 분실 또는 도난당한 어음을 선의의 제3자가 취득하게 되면 잃어버린 사람은 권리를 잃기 때문에 사고가 생기면 즉시 일정한 절차를 밟아야 한다.

첫째, 우선 은행에 사고신고를 한다. 사고신고는 발행인이 하여야 하므로 소지인은 즉시 발행인에게 의뢰하여야 한다. 발행인은 사고신고와 동시에 지급정지를 요청한다.

둘째, 경찰에 피해신고서(분실신고서, 도난신고서)를 낸다.

셋째, 법원에 공시최고 신청을 한다. 공시최고의 신청은 어음 · 수표를 분실하거나 도난당하거나, 화재나 그 밖의 원인으로 멸실한 경우에 한해서 인정된다. 따라서 사기당하기나 횡령당한 경우에는 공시최고 신청을 할 수 없다. 그 경우에는 경찰에 사기죄나 횡령죄로 고소해야 한다.

공시최고의 신청은 어음 · 수표의 최종소지인이 어음 · 수표에 기재된 지급지의 지방법원에 하며, 지급지가 없을 경우에는 발행인의 주소지가 있는 지방법원에 한다.

신청시에 은행의 어음용지, 수표용지의 교부증명서, 발행인의 발행증명서, 경찰의 분실신고 증명서(분실한 경우), 도난신고증명서(도난의 경우), 소방서의 화재증명서(소실한 경우) 등을 제출한다.

이와 같은 신청이 있으면 법원은 공시최고를 한다. 공시최고라고 하는 것은 "이러이러한 어음 · 수표를 소지하고 있는 사람은 ○년 ○월 ○일 ○시 공시최고 기일까지 신고하시기 바랍니다. 만약 신고하지 않으면 그 어음 · 수표는 무효가 됩니다."라고 공고하는 것이다.

공시최고는 법원의 게시판에 게시하거나 관보에 게재하기도 한다(보통 일간신문에 분실광고를 내는 데 그것은 별다른 효과도 없다). 관보게재일과 공시최고기일과의 사이의 신고기간은 적어도 3개월 이상 두게 되어 있다.

공시최고의 기간 내에 어음·수표 소지인이 법원에 신고하면 공시최고 절차는 끝나고, 어음·수표를 잃어버린 사람과 현재의 소지인 중에서 어느 쪽이 정당한 권리자인가를 새로운 소송으로 결말을 짓게 된다. 실제의 재판에서는 분실자와 습득자가 서로 화해하여 5대5, 6대4, 또는 7대3, 8대2 등의 비율로 어음금을 분배하는 수가 많다.

한편 공시최고 기간내에 어음·수표를 습득, 소지한 사람으로부터 신고가 없을 때에는 공시최고를 신청한 사람은 법원에 제권판결 신청을 한다. 법원은 이 신청에 따라 그 어음·수표는 무효라는 제권판결을 하고 관보에 공시한다.

따라서 당초의 어음소지인은 발행인에게 이 판결을 제시하면서 다시 한번 어음을 발행하여 달라고 할 수 있다. 또한 은행에 이 판결을 제시하면 어음 없이도 어음금을 지급받을 수 있다.

그런데 제권판결 절차는 공시최고의 신청으로부터 제권판결을 받기까지 보통 7~8개월이 소요된다. 따라서 그 사이에 어음을 취득한 선의의 제3자가 발행인을 상대로 어음금 소송을 제기할 수 있다. 이 때 발행인은 제3자의 악의를 증명하지 못하여 패소하는 경우가 많다. 그래서 이러한 소송에서 어음발행인을 보조하기 위하여 공시최고신청을 한 어음의 최종소지인이 보조참가를 하는 예가 많다.

문제는 제권판결을 받은 사람과 발행인을 상대로 승소판결을 받은 사람(선의 취득자) 중 누가 우선하는가이다. 학설은 대립하지만 판례는 제권판결을 받은 사람이 우선한다고 하고 있다. 따라서 공시최고 중이면 분실어음의 소지인은 선의취득자라 할지라도 공시최고 법원에 반드시 '권리신고'를 하여야지, 신고하지 않고 발행인을 상대로 어음금청구소송을 하여서는 승소판결을 받더라도 아무 소용이 없게 된다.

단, 그것은 어음·수표를 교부받은 사람이 잃어버린 경우이고, 발행인이 그 어음·수표를 수취인에게 교부하기 전에 잃어버린 경우에는 별개이다. 즉 제권판결을 받더라도 발행인은 제권판결 전에 선의취득한 제3자에 대하여는 어음금을 지급할 의무가 있다. 발행인은 원래 어음상의 지급의무가 있는 주채무자이기 때문이다.

이상과 같은 어음분실자의 제권판결에 대한 법리는 기타의 유가증권에 있어서도 같은 맥락이다.

16 판결확정된 채권의 소멸시효기간을 연장하려면 ?

질 문

저는 12년 전에 A에게 1,000만 원을 빌려 주었는데, 변제기일이 지나고 나서도 이를 갚지 않아 부득이 2년이 지난 후에 A를 상대로 대여금청구의 소를 제기하여 승소 후 판결이 확정되었습니다. 그런데 판결이 확정된 후에도 A는 돈을 갚지 않아 A의 행방까지 묘연하여 여지껏 변제받지 못하고 있습니다. 세월이 흘러 이제 약 한 달 후면 판결에 의하여 확정된 채권의 소멸시효기간인 10년이 경과하게 되는데 이를 연장할 방법이 있는지요?

답 변

확정판결을 받은 경우라도 시효중단을 위한 동일한 내용의 재판상 청구를 다시 할 수 있다(대판 1987.11.10, 87다1761).

따라서 귀하는 이미 받은 승소판결이 확정된 날로부터 10년이 경과되기 전에 시효중단을 위해 다시 소를 제기하면 된다. 그렇게 되면 새로운 재판상 청구에 의하여 시효중단의 효과가 발생하며(민법 제168조), 그 후 승소판결이 확정되면 그 때부터 다시 새로운 소멸시효기간(10년)이 진행되게 되므로, 귀하는 '갑'의 재산에 대하여 강제집행할 수 있는 기간을 10년간 연장받는 것이 된다.

그리고 위와 같이 확정판결의 시효중단을 위한 새로운 소송의 판결은 종전소송의 승소확정판결의 내용에 저촉되어서는 안 된다(대판 1998.6.12, 98다1645). 또한 이 때의 소송가액은 3,000만 원 이하이므로 소액심판에 의하여 비용과 시간을 절약할 수 있을 것이다.

17 소비자(개인)파산제도의 내용과 절차

질 문

저는 40세의 주부로 그 동안 신용카드의 과다사용, 과도한 은행대출 등으로 많은 채무를 지고 있으나, 최근 남편의 실직과 저의 무자력 등으로 위 채무를 부담할 능력이 없습니다. 소비자파산제도란 어떤 것이고 또 그 절차는 어떻게 진행되며 '소비자 파산선고'를 받은 경우 기존채무와의 관계 등 법적 효력은 어떻게 되는지요?

답 변

소비자파산절차라는 제도가 따로 정해져 있는 것은 아니다. 파산 중 그 신청자가 일반 개인소비자인 경우를 소비자파산, 개인사업자인 경우를 영업자파산이라 부를 따름이다. 봉급생활자, 주부, 학생 등 개인소비자가 소비활동의 일환으로 변제능력을 초과하여 물품 등을 구입하거나 금전을 차용한 결과 발생한 채무가 자산의 변제능력으로 감당할 수 없게 되어 자신의 모든 재산을 충당하여도 모든 채무를 변제할 수 없는 지급불능상태에 빠진 경우에, 법원에서 채무자의 모든 재산을 강제적으로 금전으로 환가(換價)하여 채권자 전원에게 공평하게 배당하는 절차를 소비자파산이라 할 수 있는데, 기존의 여러 법률(회사정리법, 화의법, 파산법 및 개인채무자회생법)에 흩어져 있던 파산 등 관련 규정을 통합, 정비하고자 위 법률을 폐지하고 새로이 「채무자 회생 및 파산에 관한 법률」(통합도산법이라고도 칭함)을 제정, 2006년 4월 1일부터 시행하고 있으므로 앞으로는 '개인파산'이라는 용어가 적절할 것이다.

개인파산절차는 채권자 또는 채무자의 신청에 의하여 개시되며, 파산신청은 채무자주소지를 관할하는 지방법원에 접수시키면 되고, 파산신청을 할 때에는 진술서, 채권자 일람표, 재산목록, 현재의 생활상황, 가계수지표 등 기타 필요서류를 첨부, 제출하여야 한다(채무자 회생 및 파산에 관한 법률 제3조, 제294조, 제302조). 채무자의 재산이 거의 없어 이를 금전적으로 환가(換價)하여도 파산절차의 비용을 충당할 수 없으면, 법원은 파산관재인을 선임함이 없이 파산선고와 동시에 파산절차를 종료시키는 동시에 폐지결정을 하고, 채무자의 재산을 관리하거나 금전으로 환가하여 배당하는 절차는 행하여지지 않는다(채무자 회생 및 파산에 관한 법률 제317조).

개인 채무자가 파산선고를 받더라도 선거권과 피선거권을 상실하는 것은 아니지만 법률상 여러 가지 자격제한을 받게 된다. 예컨대 파산자는 후견인, 유언집행자, 공무원, 변호사, 변리사, 공인회계사, 공증인 등이 될 수 없으며, 상법상으로는 합명회사나 합자회사 사원의 퇴사원인이 되고, 주식회사의 위임관계에 있는 이사도 그 위임관계가 파산선고로 종료되기 때문에 퇴직하여야 한다. 또한, 파산자는 파산에 관하여 필요한 설명을 할 의무를 부담하고, 파산관재인이 있는 경우 우편물, 전보 등이 파산자가 아닌 파산관재인에게 배달되어 파산관재인이 그 내용을 조사할 수 있게 된다(채무자 회생 및 파산에 관한 법률 제321조, 제484조).

파산자는 이러한 법률상의 제한 외에도 파산선고가 확정된 후 면책신청이 각하, 기각되거나 또는 면책불허가결정이 내려지거나 면책취소의 결정이 확정된 때는 파산자의 신원증명을 관장하는 등록기준지의 시, 구, 읍, 면장에게 통지되어 파산선고사실이 신원증명서에 신원증명사항의 하나로 기재되어 금융거래와 취직 등 일상생활의 면에서 여러 가지 사회적 평가상의 불이익을 받게 된다(개인파산 및 면책신청사건의 처리에 관한 예규 제6조).

파산선고를 받은 경우에도 파산절차에 의하여 채권자가 배당을 받지 못한 잔존채무에 대하여는 파산자가 변제할 책임을 면하는 것은 아니다. 다만, 파산자가 면책신청을 하여 법원으로부터 면책을 허가받아 그 결정이 확정되면 파산자가 파산선고 전에 부담하고 있던 채무에 대하여 조세 등 일부 예외를 제외하고는 변제할 책임을 면하게 되고, 법정복권이 되어 신분상의 공, 사권의 제한으로부터 회복된다(채무자 회생 및 파산에 관한 법률 제556조, 제566조, 제574조). 또한, 보증인 등이 파산채권자에 대하여 변제하여도 보증인 등의 파산자에 대한 구상권에도 면책의 효력이 미친다.

그러나 모든 파산자가 법원으로부터 면책을 허가받을 수 있는 것은 아니며, 파산자가 재산을 은닉하거나 재산가치를 감소시킨 경우나 낭비 또는 도박 기타 사해행위에 의하여 현저하게 재산을 감소하거나 과도한 채무를 부담한 경우 등 일정한 사유가 있는 경우에는 원칙적으로 면책허가를 받을 수 없다(채무자 회생 및 파산에 관한 법률 제564조). 또한, 면책은 파산채권자가 파산자의 보증인 기타 파산자와 더불어 채무를 부담하는 자에 대하여 가지는 권리 및 파산채권자를 위하여 제공한 담보에는 영향을 미치지 않는다(채무자 회생 및 파산에 관한 법률 제567조).

참고로 2006년 4월 1일부터 시행중인 「채무자 회생 및 파산에 관한 법률」을 살펴보면 기존의 개인파산과 비교하여 달라진 주요부분은 공고절차의 간이화로 신청비용 감소(제9조), 채무자의 기초생활보장을 위한 면제재산제도 신설(제383조), 파산 및 면책의 동시신청의 허용과 간주면책제도의 신설(제556조), 서면심리에 의한 면책결정 활성화(제558조) 등을 들 수 있다.

또한, 개인회생제도와 관련하여 달라진 부분은 신청자격의 완화(제595조), 변제기간의 단축(제611조), 최저변제액 제도의 신설(제614조), 급여에 대한 전부명령 효력 제한(제616조), 퇴직금에 대한 재산가치 축소 등이 있다.

결론적으로 개인채무자는 파산제도가 과도한 채무를 청산하기 위한 최후의 수단이라는 점을 충분히 염두에 두고 개인파산을 신청하기 전에 채권자들과의 사이에 민사조정제도, 개인회생제도 등 다른 법률적 수단을 통한 방안을 먼저 검토하여 보는 것이 좋을 것이다.

18 개인워크아웃(개인신용회복지원)제도

질 문

저는 젊은 기분으로 은행과 카드회사에서 대출받은 돈으로 명품을 사는 데 썼습니다. 그러다 보니 빚은 점점 눈덩이처럼 불어나 이제는 신용불량자로 등록된 상황입니다. 신용불량자로 등록되면 앞으로도 경제생활에 지장이 있어 어떻게 하든 갚으려고 하는데 엄두가 나질 않습니다. 어떻게 좋은 방법이 없을까요?

답 변

귀하와 같이 여러 금융기관에서 대출을 받아 대출금을 사실상 한 번에 갚기 어려운 경우에는 개인워크아웃(개인신용회복지원)제도를 활용할 필요가 있다. '개인신용회복지원제도'란 개인 및 개인사업자가 2개 이상의 금융회사에 총 5억 원 이하의 빚을 져 자기 힘으로는 사실상의 파산을 벗어날 수 없으나 빚을 갚겠다는 의지를 갖고 노력하는 채무자를 돕기 위한 제도이다. 이 제도를 이용하면 최장 8년 내에서 상환기간의 연장, 분할상환, 이자율조정, 변제기 유예, 채무감면 등을 받을 수 있다.

이 제도를 이용하기 위한 절차를 보면, 우선 빚을 가장 많이 지고 있는 금융회사에 자체 개인워크아웃제를 적용해 달라고 신청해야 한다. 만일 여기서 합의가 안

될 경우에는 신용회복지원협약 가입 금융회사들이 설립한 신용회복지원위원회의 사무국에 신청할 수 있다. 신청서 작성요령 및 신청서 양식 등은 위원회 홈페이지(http://www.crss.or.kr)를 참조하면 된다. 신청이 있으면 위원회 사무국은 해당 금융회사에 신청서 접수사실을 통보한다. 이때부터 해당 금융회사는 빚독촉 등 일체의 채권행사와 담보권행사를 하지 못하게 된다. 이어 사무국은 신청자의 빚 규모나 재산상태와 변제계획안을 검토한 후 지원책을 만들어 심의위원회에 보낸다. 신용회복지원위원회의 심의 결과에 따라 신용회복지원이 확정되면 채무자의 신용불량정보는 해제되며 신용회복지원내용이 별도로 관리된다.

그러나 채무자가 변제금을 3개월 이상 계속하여 불이행하는 경우에는 신용회복지원을 취소하고 원래의 채무조건으로 환원되게 되며, 신용회복지원 신청시 제출한 자료나 진술 등이 허위로 판명된 경우 및 재산을 도피, 은닉하거나 도박·투기 등으로 과다하게 빚을 지거나, 기타 책임재산의 감소행위 등의 도덕적 해이 사실이 확인되는 경우에는 신용회복지원이 취소되고, 금융질서문란자 등으로 등재되게 되는 등 불이익을 받게 된다. 결국 개인신용회복지원제도는 채무자, 채권금융기관, 신용회복지원위원회간의 신뢰를 바탕으로 시행되는 제도이므로 신용회복지원 결정시 채무자는 신용회복지원의 내용대로 변제계획을 성실히 이행하여야 함은 물론, 모든 진술 및 제출자료는 사실관계에 근거하여 진실되게 행할 의무가 있는 것이다.

그러나, 아무리 좋은 제도라 하더라도 건전하고 계획적인 소비생활이 몸에 배도록 함보다는 못할 것이다. 옛날 속담처럼 "공짜라면 양잿물도 마신다."라는 시절은 지나갔다. 귀하와 같이 신용카드로 명품을 살 때에는 공짜같지만, 그 결과는 인간성마저 파괴됨을 명심하시기 바란다. 사람의 됨됨이는 명품이라는 허울로 만들어 질 수 없기 때문이다.

19 개인회생과 새 삶

질 문

중소기업을 운영하던 남편은 IMF 등의 여파로 사업이 어렵게 되자 친구에게 사업자금 2억 원을 빌렸으나 회사 부도로 5년째 돈을 갚지 못하고 있습니다. 한동안 실의에 빠져 노숙자

생활도 해봤던 남편은 가족들의 눈망울이 아른거려 마음을 추스린 후, 몇 달 전부터 중소업체 잡역부로 취직해 월 250만 원을 받으며 생활하고 있습니다. 저도 가족들의 생존을 위해 식당일을 하며 생활비를 벌었었지만 지금은 몸이 아파 남편의 취직과 함께 식당일을 그만두었습니다. 저희들 재산이라고는 보증금 1000만 원에 월세 30만 원인 지하셋방이 전부입니다. 현재 초등학교에 다니는 두 딸의 장래를 위해서도 저희들은 뼈가 부숴지도록 돈을 벌어야 합니다. 그러나 남편의 빚이 걱정입니다. 남편이 진 빚을 해결하여 떳떳하게 경제생활을 할 수 있는 방법은 없는지요?

|답 변|

기업활동이나 일상생활을 하면서 빚을 과도하게 진 사람일지라도 생존권적 기본권은 보장받을 권리가 있다. 따라서 귀하의 남편과 같은 상황에 처한 경우일지라도 국가는 인간다운 생활을 할 수 있도록 배려해야 한다. 이와 같이 빚에 쪼들려 생존권을 위협받는 사람들의 인간다운 생활을 보장하기 위해 마련된 것이 채무면책 제도이다. 빚을 많이 진 채무자가 현재의 재산과 소득으로 빚을 갚기 어려워 정상적인 생활이 불가능하다고 판단될 경우 그 채무자는 법원에 개인파산이나 개인회생을 신청할 수 있으며, 면책요건에 해당하는 경우 법원은 채무면책을 결정해 준다.

그러나 채무자가 자신의 채무를 탕감해 달라고 법원에 신청한다고 무조건 법원이 받아들이지는 않는다. 빚이 도박이나 지나친 사치 등으로 초래됐거나, 재산을 빼돌린 경우 등은 면책 대상이 될 수 없다.

만일 귀하의 남편이 도박 등에 의해 진 빚이 아니고, 그 채무를 현재 다니는 회사에서 받는 월급으로는 도저히 빚을 갚을 수 없다면 개인파산을 신청하는 게 현실적일 것이다. 법원은 보통 개인파산의 경우 주거를 위한 생계비용을 지원해 주는 차원에서 월세 보증금 1,000만 원 정도를 뺀 나머지 재산을 채권자에게 나눠주게 된다. 그러나 귀하의 남편은 재산이 1,000만 원 밖에 없으므로 채무 전액에 대해 면책받을 수 있다. 이 때 파산선고만 받고 면책결정을 받을 때까지는 공무원, 교사 등 경제활동을 하는 데 제약이 따를 수 있다.

또한, 귀하의 남편은 고정적인 수입이 있으므로 개인회생 제도를 이용할 수도 있다. 개인회생은 향후 5년간 성실하게 빚을 갚으면 나머지 채무를 없애 주는 제도이다. 개인회생은 월평균소득[(2년간 총소득 - 제세공과금/12)]을 산정한 후 월평균 변제금액[월평균소득 - 생계비(대법원은 보건복지부장관이 정한 최저생계비의 1.5배를 기준으로

함)]을 산정하여 채무와 월 변제금액에 따라 3~5년 동안 변제함으로써 빚에서 해방되도록 하는 것이다.

귀하의 남편의 경우 월 소득에서 4인 가족 최저생계비 중 법원이 인정하는 생계비를 제외한 금액을 매월 정하여 5년간 빚을 갚는다는 내용으로 법원에 개인회생을 신청할 수 있다. 따라서 귀하의 남편은 5년간 법원이 정한 금액을 갚으면 나머지 채무(원금 및 연체이자)는 면책될 수 있다.

이와 같이 채무면책 제도는 빚에 허덕이는 채무자를 사회로 복귀시켜 정상적인 경제생활을 하도록 하기 위해 도입된 제도이다. 미국, 영국 등 선진국에서는 채무면책 제도가 100여 년 전부터 시행되고 있지만, 우리 나라는 개인파산 제도가 활성화된 것이 5~6년밖에 되지 않았고, 개인회생 제도도 2005년 9월 처음 시행되었다. 우리나라가 이런 제도를 도입한 것은 경기불황, 빚보증 제도 등 사회구조적 요인 때문에 신용불량자가 양산되자 이를 해소하기 위한 사회보장적 측면이 많이 고려된 점이 있었다.

그러나 이러한 제도가 어떤 경우에는 개인의 도덕적 불감증을 확산할 위험도 갖고 있다. 한편으로는 선의의 채권자가 피해를 보기도 하기 때문에 엄격한 적용이 요청되기도 한다. 그럼에도 불구하고 귀하의 상황에서 보듯이 다시 한 번 열심히 살아보려는 사람들에게는 희망의 제도임에 틀림없다.

주요 신용회복지원제도 비교

구 분	개인워크아웃	개인회생제도	개인파산제도
운영기관	신용회복위원회	법 원	법 원
주요 대상자	과중 채무자, 최저생계비 이상 소득자	파산 가능성이 있는 채무자 중 급여소득 등 소득이 있는 자	상환능력 상실자
대상채무	협약가입 금융회사	채무 제한 없음(사채 포함)	
채무금액	5억원 이하	담보채무 10억원 이하, 무담보 5억원 이하	제한없음
채무조정	변제기간 8년 이내	변제기간 5년 이내(청산시보다 변제액이 많을 것)	면책결정받으면 변제책임 면제
법적효력	사적 조정	변제계획에 따른 변제 완료시 법적 면책	면책 불허가사유 없는 경우 법적 면책

임대차의 법률관계/주택임대차의 법률관계
점포임대차의 법률관계/사례문답

제6장 임대차와 법률

제 1 절 임대차의 법률관계

Ⅰ. 임차권과 전세권의 관계

무주택자가 타인의 집에 세들어 사는 경우나 장사하기 위하여 타인의 건물(점포)을 이용하는 경우, 그에 대한 법률관계는 민법상의 전세권이나 임대차에 의하여 규율됨이 원칙이다. 전세권이란 전세금을 지급하고 타인의 부동산을 그의 용도에 좇아 사용·수익하는 용익물권(민법 제303조 제1항)을 말한다. 이에 반하여 임대차란 당사자의 일방(임대인)이 상대방(임차인)에게 목적물을 사용·수익하게 할 것을 약정하고, 상대방이 이에 대하여 임료를 지급할 것을 약정함으로써 성립하는 계약(민법 제618조), 즉 채권을 말한다.

물권인 전세권과 채권인 임차권은 모두 재산권에 속한다는 점에서는 공통되지만, 물권은 '특정의 물건을 직접 지배해서 이익을 얻는 배타적인 권리'(절대성, 지배성, 배타성)임에 반하여, 채권은 '어떤 특정인이 다른 특정인에 대하여 특정의 행위를 청구할 수 있는 권리'(상대성, 비배타성, 청구성)라는 점에서 구별된다.

이와 같이 물권은 배타성을 가지기 때문에 물권과 채권이 동일한 목적물 위에 성립하게 되면 언제나 물권이 우선한다. 따라서 타인의 건물을 이용하는 관계에서도 물권인 전세권에 의하느냐 채권인 임대차에 의하느냐에 따라 세든 사람의 지위는 달라지게 된다.

여기서 민법은 세들어 사는 사람들을 보호하기 위하여 전세권과 등기된 임대차에 대하여 대항권을 부여하는 등의 장치를 마련하고 있다. 그러나 경제적으로 우위에 있는 건물주의 협조를 얻기 어려워 현실적으로는 전세권이나 임대차의 등기가 이루어지는 경우는 매우 희박하다. 왜냐 하면 부동산의 소유자는 등기라는 절차가 복잡하고 귀찮을 뿐만 아니라, 등기하여 줌으로써 나타나는 법적 대항력과 처분권에 대한 거부감이 있기 때문이다.

오늘날 '전세 산다', '전세집이다'라고 할 때의 전세는 일반적으로 등기되지 않은 전세를 말한다. 이는 관습적으로 건물에 대한 임대차를 전세라고 불러 온 데서 연유한 것이다(관습적 전세권).

이런 점에서 볼 때 적어도 남의 집에 세들어 사는 경우에는 민법의 전세권제도가 死文化되어 있다고 할 수 있다. 따라서 법적으로 등기된 전세를 전세권, 등기되지 않은 전세를 전세권과 구별하기 위하여 채권적 전세라고 하기도 한다. 통설과 판례는 채권적 전세를 임대차계약(채권)의 일종으로 보고 있다.

II. 임대차 기간

1. 기간을 정한 경우

통상적인 임대차의 존속기간은 20년을 넘지 못하며, 만일 이보다 긴 기간을 약정한 때에는 그 기간은 20년으로 단축된다.

그러나 견고한 건물, 석조·석회조·연와조 등이나 기타의 공작물의 소유를 목적으로 하는 토지임대차나, 수목·채염을 목적으로 하는 토지임대차는 기간의 제한을 받지 않는다. 따라서 이 경우에는 20년을 넘는 약정기간도 유효하다(민법 제651조 제1항).

한편 주거용건물 임대차에 대하여는 최단기간을 보장하여 2년으로 하되 그 기간을 단축하더라도, 그것이 임차인에게 불리한 경우에는 효력이 없도록 하고 있다(주택임대차보호법 제4조 제1항, 제10조).

2. 기간을 정하지 않은 경우

각 당사자는 언제든지 계약해지의 통고를 할 수 있다(민법 제635조 제1항). 상대방이 해지의 통고를 받은 날로부터 임대인이 해지의 통고를 한 경우에는 6월, 임차인이 해지의 통고를 한 경우에는 1월이 경과하면 해지의 효력이 생긴다(민법 제635조 제

2항 제1호).

3. 기간의 갱신

임대차의 존속기간은 갱신할 수 있으나 갱신한 날로부터 10년을 넘지 못한다(민법 제651조 제2항). 만일 임대차의 기간만료 후 임차인이 임차물의 사용·수익을 계속하는 경우에는 임대인이 상당한 기간 내에 이의를 제기하지 않으면 전 임대차와 같은 조건으로 다시 임대차한 것으로 본다(묵시적 갱신, 민법 제639조 제1항 본문). 그러나 각 당사자는 기간의 약정이 없는 경우에 있어서와 같이 해지의 통고를 할 수 있다(민법 제639조 제1항 단서). 이 때에 전 임대차에 대하여 제3자가 제공한 담보는 기간의 만료로 소멸한다(민법 제639조 제2항).

Ⅲ. 필요비와 유익비

1. 필 요 비

필요비라 함은 임차인이 주택이나 점포(주로 주택보다는 점포임대차에서 활용됨)를 통상의 용도에 따라 사용하기 위하여 지출한 비용을 말한다. 필요비의 범위는 그 점포의 용도에 따라 차이가 나는데, 예컨대 낡은 전기배선, 바닥이나 벽면의 수리비 등이 필요비에 해당한다고 할 것이다. 필요비는 임차인이 지출한 직후 그 비용전액을 임대인으로부터 돌려받을 수 있다. 임대인에게는 임차인이 그 점포를 정상적으로 사용할 수 있도록 사전에 배려할 의무가 있기 때문이다.

2. 유 익 비

유익비라 함은 필요비와는 달리 점포의 가치를 높이기 위해 지출한 비용을 말한다. 따라서 점포를 보다 실용적으로 또는 고급스럽게 하기 위해 진열대를 새로 설치하거나 벽과 바닥재를 고급으로 장식함으로써 그로 인해 건물의 가치가 증가될 수 있는 것이면 이 유익비의 범위에 포함된다.

임차인이 유익비를 지출한 경우 임대인은 임대차가 종료한 때에 그 건물(점포) 가치가 증가한 때에 한하여, 임차인이 지출한 금액이나 현존하는 그 건물가치 증가액 중 어느 하나를 선택하여 임차인에게 상환하여야 한다.

3. 비용상환시 유의할 점

필요비 · 유익비는 다음의 경우에는 돌려받지 못하므로 유의할 필요가 있다.

첫째, 임차인이 점포를 반환한 날로부터 6개월 이후에는 임대인에게 필요비, 유익비를 청구할 수 없다.

둘째, 당사자의 약정으로 포기한 경우에는 필요비 · 유익비를 청구하지 못한다. 보통 임대차계약서상에 부동문자로 계약종료시 임차인의 원상회복의무를 규정하여 인쇄되어 있는데, 이 경우에는 당사자 사이에 유익비를 포기하는 약정이 있는 것으로 보아 임차인은 유익비를 청구할 수 없고 필요비만 청구할 수 있음을 유의하여야 한다.

Ⅳ. 임대차의 종료

1. 종료의 원인

임대차계약은 ① 그 존속기간이 만료하거나, ② 해지의 통고가 있거나, ③ 법정해지의 사유가 있는 경우에 종료한다. 임대차에 존속기간이 정하여져 있는 경우에는 그 기간의 만료로 임대차는 종료한다.

임대차의 존속기간을 약정하지 않은 때에는 당사자는 언제든지 계약해지의 통고를 할 수 있다. 이 때 임대차는 상대방이 이 통고를 받은 날로부터 일정기간, 예컨대 부동산임대차는 임대인이 해지통고를 하는 때는 6월이고 임차인이 통고하는 때는 1월이며, 동산임대차는 어느 쪽이 통고하든 5일이 경과한 때에 종료한다(민법 제635조, 제652조).

법정해지의 경우에는 그 사유 즉, ① 임대인이 임차인의 의사에 반하여 보존행위를 하는 때(민법 제625조), ② 임차물의 일부가 임차인의 과실에 의하지 않고서 멸실한 경우 잔존부분만으로는 임차의 목적을 달성할 수 없을 때(민법 제627조 제2항), ③ 임대인의 동의 없이 임차권을 제3자에게 양도하거나 전대한 때(민법 제629조 제2항), ④ 차임연체의 경우(민법 제640조, 제641조), ⑤ 기타 당사자의 일방의 채무불이행이 있는 때(민법 제544조)에는 일정기간의 경과를 기다리지 않고 곧 임대차 계약해지를 할 수 있다.

2. 종료의 효과

임대차관계는 장래에 향하여 소멸한다. 그러나 당사자의 일방에 과실이 있으면 그에 대한 손해배상을 청구하는 것은 상관없다(민법 제551조). 그리고 임대차의 종료로 임차인은 목적물을 반환하여야 하나, 그 반면에 유익비의 상환청구, 지상물·부속물매수청구 또는 철거를 할 수 있다.

제 2 절 주택임대차의 법률관계

Ⅰ. 주택임대차의 중요성

사람이 사람답게 살기 위해서는 필연적으로 의식주를 갖추어야 한다. 입는 것과 먹는 것이 인간의 가장 기본적인 욕구충족을 위하여 필요한 것이라면, 주거(주택)의 문제는 인간의 가장 기본적인 집단생활인 가족의 안정된 생활을 위하여 반드시 갖추어야 할 조건이라 할 것이다. 주거 생활의 안정이야말로 국가사회 전체의 안정에 필수불가결의 요소라고 할 수 있다.

오늘날 경제발전의 결과로 입고 먹는 데는 어느 정도 충족이 되고 있으나, 주택문제에 있어서는 한정된 토지와 빈익빈 부익부의 결과로 여전히 어려운 상황이다. 따라서 주택을 구입할 수 있는 여력이 없는 사람들은 자연히 남의 집을 빌려서 사용하게 된다. 주택임대차는 바로 이처럼 집을 가진 사람과 집을 가지지 못한 사람 사이에 주택을 빌려 주고 받는 관계를 법률적 용어로 표현한 것이다.

무주택자가 타인의 집에 세들어 사는 경우 그에 대한 법률관계는 민법상의 전세권이나 임대차계약에 의하여 규율되고 있음은 앞에서 언급한 바이다. 문제는 무주택자가 타인의 주택을 이용하는 경우에 어쩔 수 없이 등기되지 않은 임대차와 전세에 의존하고 있다는 것이다. 민법상 전세권에 의한 등기가 있는 경우에는 전세권자가 강력한 대항력을 갖출 수 있지만, 현실적으로 경제적 강자인 전세권설정자(집주인)로부터 기대하기 어려운 실정이다. 따라서 민법에서는 등기되지 않은 임대차에 관하여는 임차인보호를 위하여 몇 가지 규정이 마련되어 있기는 하나, 그것만으로는 근본적으로 사유재산의 보호와 계약자유의 원칙이라는 이념하에 규율되는 민법의 기본테두리 안에서는 미흡할 수밖에 없었다. 특히 그 목적물이 주택인 경우에는 주거생활이 인간다운 생활을 영위하기 위한 기본조건의 하나라는 점 등에 비추어 위와 같은 고전적인 이념에만 방치해 둘 수 없다는 반성이 일었다.

이에 따라 주택의 이용관계를 규율하는 민사법률을 계약자유의 원칙이 적용되는 시민법의 차원에서, 이제는 임차인의 주거생활과 경제적 지위를 보장하여야 한다는 사회법적 차원으로 전환할 필요성이 절실하게 되었다.

이상과 같은 반성에서 무주택자인 임차인의 권리와 지위를 보호하여 주택임차인의 주거생활의 안정을 보장하고자 주택임대차보호법(1981.3.5, 법률 제3379호)이 제정되었다. 이 법은 주택 내지 주거용 건물의 임대차에 관하여 민법상의 임대차에 대한 몇몇의 특례를 규정하여 임대차기간, 임대차계약의 대항력, 보증금의 회수 등에 있어서 주택임차인을 강하게 보호하고 있다.

II. 주택임대차보호법의 적용범위

1. 주거용 건물

주택임대차보호법은 주거용 건물의 임대차에 관하여 민법에 대한 특례를 규정하여 국민의 주거생활의 안정을 보장함을 목적으로 하고 있다. 따라서 이 법에 의해서는 주택임차인만이 보호를 받을 수 있다. 즉 이 법은 주거용 건물(주택)의 전부 또는 일부의 임대차에 관하여 적용된다. 따라서 주거용 건물 이외의 점포·사무실·창고 등 영업용 건물과 기타 비주거용 건물에는 적용되지 않는다(동법 제2조).

주거용 건물 즉 주택은 주택임대차보호법상의 입법취지와 사회통념상 건물이라고 인정하기에 충분한 요건을 구비하고 주거용으로 사용되고 있는 것이면 그 종류와 구조는 물론, 본건물이든 부속건물이든, 관할관청의 허가를 받아 지은 건물이든 아니든, 준공검사 미필상태의 건물이든, 등기가 있든 없든 묻지 않는다.

주거용이냐 비주거용이냐의 구별은 관할관청에 구비되어 있는 가옥대장이나 등기부 등 공부의 기재만에 의하여 형식적으로 결정할 것은 아니고, 임대 당시의 건물의 현황과 실제용도 등에 의하여 실질적으로 판단하여야 할 것이다. 따라서 건물의 내부구조를 주거용으로 변경하여 이용되고 있는 경우에는 주거용건물로 보아야 할 것이다. 대체로 주거용 건물의 구체적인 기준은 임대차 계약의 내용과 목적, 건물의 객관적인 용도, 건물의 소재지(주거지역, 상업지역, 공장지역인지 여부), 사용면적 등 실제적인 이용관계 여부, 가족 전부가 주거하는지 여부, 종업원만 주거하는지 여부 등이 될 것이다.

따라서 살림방이 딸린 점포나 사무실은 임차면적 중 주거용 비율이 반을 넘고 가족 대부분이 주거하고 있는 경우라면 주택임대차보호법의 보호를 받게 된다. 그러나 비록 소형점포(예컨대 구멍가게, 세탁소 등)라 하더라도 주거가 겸용되지 않은 경우에는 이 법의 적용대상에서 제외된다고 하겠다.

2. 주택임대차계약

주택에 대한 적법한 임대차계약이 체결되어야 한다. 따라서 유상계약인 임대차에 의한 것만이 주택임대차보호법상 보호대상이 된다. 그리고 원칙적으로 주택의 법률상 소유자를 임대인으로 하여 계약을 체결하여야 한다. 그러므로 임차인은 반드시 계약 전에 건물등기부등본을 열람하여 보고 임대인이 소유자인지 확인하는 것이 안전하다. 물론 등기 여부에 관계없이 보호는 받지만 등기된 건물을 임차하는 것이 추후에 문제를 간단히 해결하는 데 도움이 될 것이기 때문이다.

한편, 임대차기간이 일정기간 계속되어야 한다. 즉 임대차라 하더라도 일시적 사용을 위한 임대차, 예컨대 휴가기간 동안만 또는 시험기간 동안만 단기간 임차한다는 등의 경우에는 주택임대차보호법이 적용되지 아니한다(동법 제11조). 왜냐 하면 주택임대차보호법은 경제적 약자인 임차인의 주거생활의 안정을 도모하는 것이 주된 목적이기 때문에 임차인의 특수한 사정까지 감안하면서 보호할 필요가 없기 때문이다. 그러나 기존의 자기 주택을 헐고 신축하느라 임시로 주택이 완성될 때(적어도 수개월이 소요되는 경우)까지 임대차계약을 체결한 경우에는 보호대상이 된다 할 것이다.

그리고 주택임대차보호법은 등기된 전세권에는 적용되지 아니한다. 왜냐 하면 전세권자는 이미 전세권 설정등기를 함으로써 물권이라는 배타적 지배권을 갖게 되어 다른 대항력을 주장할 필요가 없어 주택임대차보호법상 보호할 실익이 없기 때문이다. 그러나 민법상 전형적인 임대차가 아니더라도 미등기전세 즉 채권적 전세의 경우에는 오래 전부터 관습상 발전하여 온 제도로서 주택임대차보호법이 적용된다(동법 제12조). 실제로 우리 생활에서 대부분의 임대차계약이 차임 없이 일정한 보증금

(전세금)만을 주고 체결되고 있다. 이러한 전세계약이 사실은 오랜 관행으로 내려온 채권적 전세계약이며, 주택임대차보호법이 보호하는 주된 대상이 되고 있다.

그러면 전세권의 등기가 아닌 임대차를 등기(민법 제621조)한 경우는 어떠한가. 임대차를 등기하더라도 이는 임대차의 대항력을 강화한 것뿐이지 즉, 등기로 인하여 채권인 임대차가 물권인 전세권이 된다고 할 수 없으므로 주택임대차보호법의 적용 대상이 된다고 하겠다. 다만 이 경우 임대차의 존속기간은 당사자의 완전한 합의로 등기까지 마쳤으므로 주택임대차보호법의 임대기간조항이 배제되고 등기에 기재된 기간이 존속기간이 된다고 해야 할 것이다.

한편 외관상 임대차계약의 형식만 갖추었을 뿐 실제는 주택의 사용·수익을 목적으로 한 것이 아니고, 단지 주택소유자 내지 담보채권자에 대한 채권을 담보할 목적으로 성립된 계약관계의 경우는 주택의 인도와 주민등록의 전입신고라는 요건을 갖추더라도, 이는 임대차계약이 아니므로 새로운 소유자에 대하여 대항력을 갖지 못한다.

Ⅲ. 임차인의 대항력

1. 대항력의 의미

임대차는 계약이므로 그 계약의 효력은 원칙적으로 계약 당사자인 임대인과 임차인 사이에서만 발생하고, 제3자에게 임대차의 효력을 주장하지 못한다. 그러므로 임대인이 임대차기간 중 그 목적건물을 다른 사람에게 매매 등의 방법으로 양도하는 경우나 경매 등으로 소유권이 넘어 간 경우, 건물의 새로운 소유자가 된 사람은 자기와 아무런 계약관계가 없는 임차인에게 주택을 비우도록(명도하도록) 요구할 수 있다. 이 때 임차인은 새로운 소유자에게 아무런 권리를 주장할 수 없어 설상가상으로 임차인의 지위는 매우 불안정하게 될 것이다.

이러한 경제적 약자인 주택임차인을 특별히 보호하기 위하여 주택임대차보호법은 계약에 관한 민법의 원칙을 사회법적으로 수정하여 임차인이 일정한 요건을 갖춘 경우에는, 주택임차인에게 당초의 임대인 외의 제3자(새로운 소유자)에게도 임대차관계를 주장할 수 있도록 하고 있는데 이것이 바로 대항력이다. 즉 주택임차인은 이 대항력에 의하여 계약기간 만료 후 보증금반환 청구를 할 수 있다든지, 아니면 보증금반환이 없이는 해당 임차물을 반환하지 않겠다든지, 당초의 임대차 계약대로 남은 기간이 끝날 때까지 임차물을 계속 사용·수익하겠다든지 하는 구체적인 권리가 생기는 것이다.

우리 민법에 의하여도 전세권 또는 임차권을 등기한 경우에는 제3자에 대한 대항력을 인정하고 있으나, 임차인이 주택을 임차하면서 전세권 혹은 임차권의 등기를 요구하여도 임대인이 이에 응하지 않는 것이 우리의 현실이므로 이러한 민법상의 제도는 아무런 실효성이 없었다. 이러한 점을 감안하여 주택임대차보호법은 임차인의 실제적인 보호를 위하여 다음의 요건을 갖추었을 때 등기 없이도 특별히 대항력을 인정하게 된 것이다.

2. 대항력의 성립요건

주택임대차는 그 등기가 없는 경우에도 주택의 인도(입주)와 주민등록신고(전입신고)를 마친 때에는 그 다음 날부터 제3자에 대하여 효력이 생긴다(주택임대차보호법 제3조 제1항 본문). 또한 국민주택기금을 재원으로 하여 저소득층 무주택자에게 주거생활안정을 목적으로 전세임대주택을 지원하는 법인이 주택을 임차한 후 지방자치단체의 장 또는 그 법인이 선정한 입주자가 그 주택을 인도받고 주민등록을 마쳤을 때에도 그 법인은 대항력이 인정된다(동법 제3조 제2항). 여기서 '그 등기가 없는 경우에도' 라는 의미는 주택임차권 자체의 설정등기가 없는 경우, 즉 채권적 전세(미등기 전세)의 경우를 말한다. 본조는 주택과 임대차에 관하여 민법이 취하는 등기 대신 '주택의 인도'와 '주민등록'을 갖추면 대항력을 갖춘 것으로 하고 있다. 따라서 이 중에서 어느 한 가지만 결여되어도 대항력은 인정되지 않는다. 또 '제3자에 대하여 효력이 생긴다.'라는 의미는 앞에서 본 바와 같이 임대인 이외의 자에 대하여도 세든 사람은 그 주택의 임대차관계를 주장할 수 있다는 의미이며, 이것은 결국 임대차기간 중 임대주택의 소유자가 변경되는 경우에도 임대인의 지위가 신소유자에게 포괄적으로 승계됨으로써 임차인은 계약기간동안(보증금을 준 경우에는 그 보증금을 반환받을 때까지) 그 집에서 쫓겨나지 않고 생활할 수 있다는 것이다.

그러나 주의할 점은 임차인이 입주와 전입신고를 하기 전에 그 집에 이미 저당권등기나 가압류·압류등기, 가등기 등이 행하여졌고, 그 결과로 경매나 가등기에 의한 본등기에 의하여 소유권자가 변경된 경우에는 임차권은 소멸되어 임차인은 신소유권자에 대하여 대항할 수 없다. 다만, 보증금이 모두 변제되지 아니한 대항력이 있는 임차권은 그러하지 아니하다.

따라서 타인의 주택을 임차하고자 할 때에는 최소한 등기부를 열람하여 저당권 설정이나 가등기 여부 등을 확인할 필요가 있다.

(1) 주택의 인도

주택임차인은 임대차계약상의 임차주택을 인도받아야 한다. 주택의 인도란 주택에 대한 사실상의 점유인 점유의 이전을 의미한다. 전형적인 점유이전의 형태는 임차인이 임차주택에 현실적으로 입주(이사)하는 것이다. 입주냐 아니냐의 판단은 통상적 사회통념에 따를 것인바, 임차인이 실제로 그 집에서 살기 시작하였을 때 그 효력이 인정된다고 할 것이다. 따라서 임대차계약 이후라도 실제로 입주(이사)하기 전에 임차주택의 소유자가 바뀌게 된 경우, 임차인은 신소유주에게 대항력을 주장할 수 없게 된다. 그러나 임차인이 그 임차주택의 일부를 임대(즉 轉貸)한 경우와 같이 간접점유 상태가 되어도 점유는 인정된다고 할 것이다.

(2) 주민등록(전입신고)

주택임차인은 임차주택의 주소로 주민등록을 마쳐야(전입신고) 한다. 임차인의 제3자에 대한 대항력은 주민등록 전입신고를 하면 그 다음날(주택의 인도와 주민등록을 마친 날 자정)부터 발생하는 것이므로 실제로 임차인이 임차주택에 입주하여 사는 경우라도 임차인이 주민등록 전입신고를 늦게 하는 경우에는 그만큼 대항력의 발생이 늦어진다.

이러한 주민등록의 공시방법으로서의 효력에 대하여 우리 대법원은 "주택임대차보호법 제3조 제1항에서 주택의 인도와 더불어 대항력의 요건으로 규정한 주민등록은 거래의 안전을 위하여 임차권의 존재를 제3자가 명백히 인식할 수 있는 공시방법으로 마련된 것이므로, 주민등록이 어떤 임대차를 공시하는 효력이 있는가의 여부를 일반사회통념상 그 주민등록으로 당해 임대차건물에 임차인이 주소 또는 거소를 가진 자로 등록되어 있는지를 인식할 수 있는가 여부에 따라 결정된다."라고 판시하고 있다(대판 1989.6.27. 89다카3370).

한편, 부실한 전입신고의 경우에도 주민등록을 마친 것으로 볼 것인가가 문제된다. 예컨대 주택임차인이 '경기도 고양시 화정동 953 아파트 5호'로 주민등록 전입신고를 하였는데 소유자에 의한 건물보존등기에는 건물표시가 같은 번지 아파트 1호로 된 경우에는 전입신고한 것으로 볼 수 없어 대항력이 없다 할 것이다(대판 1991.5.22. 89다카18648 참조). 그러나 임차인이 전입신고를 올바르게 하였는데 담당공무원의 착오로 주민등록표상에 신거주지 지번이 다소 틀리게 기재된 경우에는 임차인이 올바르게 전입신고를 한 자체로써 대항력이 생기는 것이므로 상관이 없다고 할 것이다(대판 1991.8.13, 91다18118).

이와는 반대로 임차인이 착오로 임대차건물의 지번과 다른 지번에 주민등록(전입신고)하였다가 그 후 관계공무원이 직권으로 정정을 하여 실제지번에 맞게 주민등록이 정리되었다면 이 임차인의 대항력은 주민등록이 직권정정으로 정리된 이후에 비로소 대항력을 취득한다고 하겠다(대판 1987.11.10, 87다카1573).

주민등록은 원칙적으로 임대차계약상의 임차인 본인의 것이어야 하나 그 배우자나 자녀의 주민등록이 된 경우에도 대항력을 인정하는 것이 우리 판례(대판 1988.6.14, 87다카3093, 3094)의 입장이다.

단독세대주인 경우 전입신고 후 타인이 근저당권 설정등기를 마친 다음 개인적 사정으로 타지로 전출하였다가 다시 전입신고 한 경우에는 점유를 계속하고 있었다 하더라도 대항력을 상실한다. 그러나 가족인 임차인이 그 가족과 함께 그 주택에 대한 점유를 계속하고 있으면서 그 가족의 주민등록을 그대로 둔 채 임차인만 주민등록을 일시적으로 다른 곳으로 옮긴 경우에는 전체적으로나 종국적으로 주민등록이 이탈된 것이라고 볼 수 없는 만큼 대항력이 상실되지 아니한다(대판 1989.1.17, 88다카143).

한편, 대항력을 갖춘 주택임차인이 그 임차권을 적법하게 양도 또는 전대한 경우 임차인이 갖는 위 임차권의 대항력은 존속하는가. 이 경우에 있어서 양수인이나 전차인의 주민등록퇴거일로부터 주민등록법상의 전입신고기간 내에 전입신고를 마치고 주택을 인도받아 점유를 계속하고 있다면, 비록 위의 임차권의 양도나 전대에 의하여 임차권의 공시방법인 점유와 주민등록이 변경되었다 하더라도 원래의 임차인이 갖는 임차권의 대항력은 소멸하지 아니하고 동일성을 유지한 채로 존속한다고 볼 것이다(대판 1988.4.25, 87다카2509).

(3) 임차권등기명령제도

입주 및 전입신고와 같은 대항요건과 우선변제권요건을 갖추었더라도 임대차가 종료된 후 보증금을 반환받지 못한 임차인은 임차주택의 소재지를 관할하는 법원에 임차권등기명령을 신청하여 임차권이 등기되면 이사하더라도 보증금을 반환받을 때까지 대항력과 우선변제권이 유지된다(동법 제3조의3 제1항, 제5항). 임차권등기명령이란 계약기간이 종료했음에도 보증금을 돌려받지 못한 세입자가 법원에 요청하면 법원이

7~10일 이내에 집주인(임대인)에게 임차권을 등기하도록 직권으로 명령하는 제도이다. 임차권등기명령을 신청하기 위해서는 확정일자인이 첨부된 임대차(전세)계약서와 주민등록등본, 그 집에 살고 있었다는 이웃의 확인서만 있으면 된다(동법 제3조의3 제2항 참조). 이 때 임차권등기와 관련하여 소요된 비용은 임대인에게 청구할 수 있다(동법 제3조의3 제8항).

한편, 임차권등기명령에 의한 임차권등기를 마친 주택(임대차의 목적이 주택의 일부분인 경우에는 해당부분)을 그 이후에 임차한 임차인은 동법 제8조에 의한 우선변제를 받을 권리가 없으므로(동법 제3조의3 제6항), 임차권이 등기된 주택을 임차할 때에는 주의하여야 한다. 이러한 임차권등기명령의 효력(동법 제3조의3 제5항 및 제6항)은 민법 제621조의 규정에 의한 임대차등기에도 미친다.

Ⅳ. 임대차 기간

1. 최소임차기간의 보장

주택임대차보호법은 임대차계약에 있어서 기간의 정함이 없거나 기간을 2년 미만으로 정한 임대차는 그 기간을 2년으로 본다(동법 제4조 제1항). 이 규정은 강행규정이므로 이 규정에 위반하여 임차인에게 불리한 약정이 있는 경우에는 이를 무효로 한다. 그러므로 계약당시에 계약기간을 1년으로 정하였다고 하더라도 임차인은 위 규정을 근거로 하여 2년간 주거할 수 있다.

다만 위 규정은 임차인의 보호를 위한 규정이므로 임차인의 필요에 따라 2년 미만으로 임대차기간을 정하는 것은 무방하다(동법 제4조 제1항 단서). 그러므로 임차인의 희망에 따라 1년 또는 6개월의 기간을 정하고 그 기간이 만료되어 임차인이 전세금(보증금)반환청구를 할 때 임대인은 이 규정을 근거로 2년을 임대기간으로 주장할 수는 없다(대판 1996.4.26, 96다5551).

한편, 주택임대차보호법에는 최장기 임대기간에 대하여는 제한이 없으므로 민법 제651조를 적용하여 20년을 넘지 않는 범위에서 계약을 체결할 수 있다. 이 때 20년을 초과하는 계약은 20년으로 본다.

임대차가 종료한 경우에도 보증금이 반환될 때까지는 임대차관계가 존속하는 것으로 본다(동법 제4조 제2항). 이는 계약기간의 만료시에 임차인이 보증금을 반환받지도 못한 상태에서 임대인이나 그 건물의 매수인으로부터 추방당하는 일이 없도록 하기 위함이다.

2. 기간의 갱신

주택임대차보호법상 임대차계약의 자동갱신이 인정되므로 임대인은 임대차를 종료시키려면, 임대차기간 만료 전 6월부터 1월까지의 사이에 임차인에게 임대차계약 갱신거절의 통지 또는 조건을 변경하지 아니하면 갱신하지 아니한다는 뜻의 통지를 하여야 한다. 임차인은 임대차기간 만료 전 1월까지 거절통지를 하여야 한다. 만일 이러한 거절통지가 없으면 자동갱신되어 종전과 동일한 조건으로 다시 임대차한 것으로 본다(동법 제6조 제1항). 이 경우 기간의 정함이 없는 임대차계약을 체결한 것으로 된다(동법 제6조 제2항). 따라서 자동갱신된 계약은 그 계약기간이 2년으로 된다(동법 제4조 제2항). 그러나 이 때 임차인은 언제든지 임대인에 대하여 계약해지의 통지를 할 수 있다(반대로 임대인은 할 수 없다). 다만 이 계약해지는 임대인이 그 통지를 받은 날로부터 3월이 경과하여야 그 효력이 발생한다(동법 제6조의2).

V. 보증금회수의 보장

1. 우선변제권의 인정

주택임차인에게는 보증금의 회수를 보장하기 위하여 우선변제권이 인정된다. 우선변제권이란 민사집행법에 의한 강제매각이나 담보권의 실행 등을 위한 경매 또는 국세징수법에 의한 공매시, 임차주택(대지 포함)의 환가대금에서 후순위권리자, 기타 채권자보다 우선하여 변제받을 수 있는 권리를 말한다. 다만, 임차인이 당해 주택의 양수인에게 대항할 수 있는 경우에는 임대차가 종료된 후가 아니면 보증금의 우선변제를 청구하지 못하며, 우선변제가 인정되더라도 임차인은 임차주택을 양수인에게 인도하지 아니하면 보증금을 수령할 수 없다.

2. 우선변제권의 행사요건

임차주택에 대한 경매 또는 공매 시에 임차인에게 인정되는 보증금의 우선변제권이 성립하기 위하여는 다음의 요건을 충족하여야 한다.

첫째, 주택임차인은 주택의 인도와 주민등록 이외에 임대차계약증서상에 확정일자를 더 갖추어야 한다(동법 제3조의2 제2항 본문). 확정일자는 당사자가 후에 변경하지 못하는 확정된 일자로서 제3자에 대하여 완전한 증거력이 법률상 인정되는 일자이다(민법 부칙 제3조). 확정일자를 갖추는 방법으로는 임대인의 동의 없이도 임대차계약서를 가지고 공증인사무소(공증인가합동법률사무소, 법무법인사무소) 또는 법원이나 등기소, 검찰청, 읍·면·동사무소에 가서 소정의 수수료를 납부하고 임대차계약서에 확정일자인의 압날을 받는 방법이 일반적이다.

확정일자 있는 임대차계약증서의 법적 성질은 다음과 같다. ① 확정일자 있는 임대차계약서는 작성된 일자에 대한 증거력 또는 공증력이 있다. ② 보증금채권의 대항요건인 공시방법이 된다. ③ 확정일자 있는 임대차계약증서의 보증금 기재에는 보증금채권의 존재에 관한 추정력이 있다. ④ 임대차계약증서의 확정일자는 후순위권리자 기타 채권자와의 우선변제순위를 결정하는 기준이 된다. 따라서 임차인과 후순위권리자와의 우선변제순위는 동법 제3조 제1항의 대항요건과 임대차계약증서의 확정일자의 요건을 충족시킨 최후일과 후순위권리자의 권리설정등기일과의 선후를 기준으로 결정한다.

둘째, 임차인의 순위가 후순위권리자 기타 채권자의 순위보다 선순위이어야 한다. 따라서 주택의 인도와 주민등록 그리고 확정일자의 요건을 갖춘 마지막 날이 후순위권리자의 저당권, 전세권 및 가등기담보권의 설정등기일이나 집행채권자의 압류(가압류 포함)등기일보다 앞서야 한다.

순위에 의한 우선변제권이 인정되는 보증금은 그 금액의 범위에 제한이 없으므로 다액의 보증금의 경우에도 적용된다.

3. 소액보증금의 최우선변제권

일정한 범위의 임차인은 일정한 범위의 보증금에 관하여는 대지의 가액을 포함하는 주택의 가액의 2분의 1 범위 안에서 다른 담보물권자보다 우선하여 변제받을 수 있는데 이것이 바로 소액보증금의 최우선변제권이다. 이러한 소액보증금의 최우선변제권은 등기하지 아니한 전세계약의 전세금반환채권에 관하여도 인정되고 있다(동법 제12조). 그리고 이러한 소액보증금은 임차인의 생존을 확보한다는 차원에서 조세채권(국세기본법 제35조 제1항 제4호; 지방세기본법 제99조 제1항 제4호) 및 최종 3월분의 임금채권을 제외한 그 밖의 임금채권보다도 우선한다(근로기준법 제37조 제2항 참조).

(1) 성립요건

소액보증금의 최우선변제권은 첫째, 임차인의 대항요건인 주택의 인도와 주민등록을 갖추어야 한다. 확정일자를 요하지 않는 점에서 소액보증금의 최우선변제권은 보증금의 우선변제권과 구별된다. 그러나 소액보증금에 대한 최우선변제권이 인정되더라도 보증금 전액에 대한 우선변제권이 인정되는 것이 아니므로 보증금전액의 우선변제권을 보장받기 위해서는 반드시 확정일자인을 받아 두어야 한다.

둘째는 위의 대항요건이 경매신청의 등기 전에 갖추어져야 하고 이 요건은 최종 매각허가(구 민사소송법에서는 '경락'이라는 용어를 사용)를 받을 때까지 유지하여야 한다.

한편, 원래는 소액보증금이 아니었다가 후에 합의에 의하여 소액으로 감액된 경우는 탈법의 의사 없이 적법한 의사로 이루어진 경우에는 보호된다. 소액임차인으로부터의 적법한 전차인에게도 최우선변제권이 인정된다.

(2) 임차인의 범위

최우선변제를 받을 자와 보증금 중 일정액의 범위와 기준은 주택가액(대지의 가액 포함)의 2분의 1 범위 내에서 대통령령에 위임되어 있다(동법 제8조 제3항). 즉, 보증금이 서울특별시는 1억 원 이하, 수도권정비계획법에 따른 과밀억제권역에서는 8,000만 원 이하, 광역시(수도권정비계획법에 따른 과밀억제권역에 포함된 지역과 군지역은 제외), 안산시, 용인시, 김포시 및 광주시에서는 6,000만 원 이하, 그 밖의 지역에서는 5,000만 원 이하인 임차인이어야 한다(동법 시행령 제4조).

(3) 소액보증금 중 일정액의 범위

보증금 중 일정액의 범위는 서울특별시에서는 3,400만 원 이하, 수도권정비계획법에 따른 과밀억제권역(서울특별시는 제외)에서는 2,700만 원 이하, 광역시(수도권정비계획법에 따른 과밀억제권역에 포함된 지역과 군지역은 제외), 안산시, 용인시, 김포시 및 광주시는 2,000만 원 이하, 그 밖의 지역에서는 1,700만 원 이하이다(동법 시행령 제3조 제1항). 이는 도시와 지방의 경제적 격차에 따라 탄력적으로 운영하기 위함이다.

그런데 임차인의 소액보증금이 주택가액(대지가액 포함)의 2분의 1을 초과하는 경우에는 주택가액의 2분의 1에 해당하는 금액에 한하여 최우선변제권이 인정된다(동법 시행령 제3조 제2항).

그러나 하나의 주택에 임차인이 2인 이상이고 그 중 소액보증금(보증금 중 일정액)의 합산액이 주택가액의 2분의 1을 초과하는 경우에는, 그 각 소액보증금의 합산액에 대한 각 임차인의 소액보증금의 비율로 그 주택의 가액의 2분의 1에 해당하는 금액을 분할한 금액을 각 임차인의 소액보증금으로 본다(동법 시행령 제3조 제3항).

그러나 하나의 주택에 임차인이 2인 이상이고 이들이 그 주택에서 가정공동생활을 하는 경우에는 이들을 1인의 임차인으로 보아 각 보증금을 합산하여 소액보증금 해당 여부 및 금액을 결정하여야 한다(동법 시행령 제3조 제4항).

4. 보증금의 회수요건

임차인이 임차주택의 양수인(제3자)에게 대항할 수 있는 경우에는 보증금의 수령 전에 먼저 임대차를 종료하여야 한다(동법 제3조의2 제4항). 그리고 보증금의 수령 전에 먼저 임차주택을 양수인에게 인도하지 않으면 보증금을 수령할 수 없다(동법 제3조 제3항). 그러나 임대차관계는 존속하는 것으로 본다(동법 제4조 제2항).

한편, 임차기간이 종료하였음에도 보증금을 반환받지 못한 임차인은 임차보증금반환채권의 확정판결 기타 이에 준하는(민사조정 등) 채무명의에 기하여, 임차주택을 경매신청하는 경우에도 반대의무의 이행 또는 이행의 제공을 집행개시의 요건으로 보지 않음으로써 임차인이 주택을 비우지 아니하고서도 경매신청할 수 있다(동법 제3조의2 제1항). 그리고 임차인이 임대인에 대하여 제기하는 전세(임차)보증금반환청구소송은 그 금액이 2,000만 원이 넘더라도 소액사건심판의 대상이 된다(동법 제13조).

5. 임차인에 대한 이의제도

주택임대차보호법 제3조의2 제2항에 의하여 임차주택의 환가대금에서 보증금의 변제를 받을 우선순위와 보증금의 인정이 잘못됨으로써 이해관계가 있는 자는 경매법원 또는 체납처분청에 이의를 신청할 수 있다(동법 제3조의2 제4항).

이의는 원칙적으로 경매나 공매의 실행개시 후 그 종료 전까지 신청하여야 하며 서면 또는 구술로 할 수 있다. 그러나 경매법원에 대한 이의는 반드시 소장에 의하여야 한다. 체납처분청에 대하여 이의를 제기하는 이해관계인은 이의신청일로부터 7일 이내에 임차인을 상대로 소를 제기하고 그 법원으로부터 소제기증명서를 발급받아 체납처분청에 이를 제출하여야 한다. 증명서를 접수한 체납처분청은 당해소송이 완결될 때까지 이의가 신청된 범위안에서 그 임차인에 대한 보증금의 변제를 유보하고 잔여환가대금을 우선순위에 따라 배당요구채권자에게 배분한다. 그리고 유보된 보증금은 소송의 결과에 따라 배분한다(동법 제3조의2 제6항).

6. 임대인의 차임증액청구권의 제한

임차인은 임차물의 일부가 임차인의 과실 없이 멸실 기타의 사유로 사용·수익할 수 없게 된 때에는 그 부분의 비율에 의한 차임의 감액을 청구할 수 있고, 그 나머지 부분만으로 임차의 목적을 달성할 수 없을 때에는 임차인은 계약을 해지할 수도 있다(민법 제627조). 이것은 강행규정으로서 이에 반하는 특약을 할 수 없고, 따라서 했다 하더라도 효력이 없다(민법 제652조).

그런데 주거용주택의 경우에는 주택임대차보호법 제7조의 적용을 받게 된다. 즉, 약정한 임차료 또는 보증금이 임차주택에 관한 조세·공과금 기타 부담의 증감이나 경제사정의 변경으로 인하여 상당하지 아니하게 된 때에는 당사자는 장래에 대하여 그 증감을 청구할 수 있다(동법 제7조 본문). 임차료 또는 보증금의 증액청구를 하는 경우에는 대통령령이 정하는 비율을 초과하지 못한다. 따라서 임대인의 임차료 증액청구는 약정한 임차료 등의 5%의 금액을 넘지 못하며 임대차계약 또는 약정한 임차료 등의 증액이 있은 후 1년 이내에는 이를 하지 못한다(동법 시행령 제2조).

7. 임차권의 승계

임차인이 임대차 기간 중에 사망하더라도 임대차는 종료하지 않으므로 임차권은 민법에 따라 당연히 상속된다(민법 제1005조). 따라서 상속권자가 없는 경우(재산분여도 해당되지 않은 경우)에는 국고에 귀속된다(민법 제1058조). 따라서 사실상의 혼인관계에 있는 자는 임차인의 사망으로 인하여 그 임차주택에서 쫓겨나는 신세가 되고 만다. 이러한 불합리를 제거하고 임차인과 사실혼관계에 있는 자의 주거생활의 안정을 위하여 주택임대차보호법은 주택임차권의 승계에 대하여 민법에 대한 특례를 두고 있다(동법 제9조).

첫째, 임차인이 상속권자 없이 사망한 경우이다. 이 경우에는 그 주택에서 가정공동생활을 하던 사실상의 혼인관계(사실혼관계)가 있는 자가 있으면 그 자가 사망한 임차인의 권리·의무를 승계한다(동법 제9조 제1항). 이 때 임대차관계에서 생긴 채권 · 채무는 사망한 임차인의 권리 · 의무를 승계한 자에게 귀속한다(동법 제9조 제4항). 그러나 임차인이 사망한 후 1개월 이내에 임대인에 대하여 반대의 의사를 표시함으로써 임차권을 승계하지 아니할 수 있다(동법 제9조 제3항). 여기서 사실혼관계에 있는 자라 함은 혼인예식 등 실제상의 혼인절차는 밟았으나, 다만 민법 및 가족관계등록법에서 정하는 혼인신고 절차만을 밟지 아니한 부부관계에 있는 자를 말한다.

둘째, 임차인 사망 당시 상속권자가 그 주택에서 가정공동생활을 하고 있지 않을 경우이다. 이 경우에는 그 주택에서 가정공동생활을 하던 사실상의 혼인관계에 있는 자와 2촌 이내의 친족은 공동으로 사망한 임차인의 권리 · 의무를 승계한다(동법 제9조 제2항). 이때에도 임대차관계에서 생긴 채권 · 채무는 사망한 임차인의 권리 · 의무를 승계한 자에게 귀속한다(동법 제9조 제4항). 또한 이들은 임차인이 사망한 후 1월 이내에 임대인에 대하여 반대의 의사를 표시함으로써 임차권을 승계하지 않을 수도 있음은(동법 제9조 제4항) 위의 첫 번째의 경우와 같다. 이는 예컨대 임차인이 사글세를 연체하고 있었다든지 혹은 그 집의 일부를 훼손하여 배상하여야 할 금액의 합계가 보증금보다도 많을 때처럼, 오히려 승계인에게 불리한 경우에 승계인의 불이익을 없애기 위한 조치이다.

제 3 절 점포임대차의 법률관계

Ⅰ. 상가건물임대차보호법의 적용범위

1. 영업용상가건물

상가건물임대차보호법은 상가건물의 임대차에서 일반적으로 사회적 · 경제적 약자인 임차인을 보호함으로써 임차인들의 경제생활의 안정을 도모하기 위하여 민법 임대차계약규정의 특별법으로 제정되었다. 이 법의 적용범위는 상가건물의 임대차(임대차 목적물의 주된 부분을 영업용으로 사용하는 경우를 포함)로서 대통령령이 정하는 보증금액(서울은 6억1천만 원, 수도권 중 서울을 제외한 과밀억제권역과 부산광역시는 5억 원, 광역시(수도권정비계획법에 따른 과밀억제권역에 포함된 지역과 군지역, 부산광역시 제외), 세종특별자치시, 파주시, 화성시, 안산시, 용인시, 김포시 및 광주시는 3억9천만 원, 그 밖의 지역은 2억7천만 원) 이내의 임대차에 대하여 적용한다. 따라서 동창회사무실 등 비영리목적으로 임대한 건물은 이 법의 적용대상에서 제외된다. 그리고 등기된 상가 전세권에도 이 법은 적용되지 아니한다.

2. 상가건물임대차계약

이 법의 보호를 받기 위해서는 상가건물에 대한 적법한 임대차계약이 체결되어야 한다. 이 때 임대인은 원칙적으로 상가건물의 법률상 소유자여야 하며, 임대차기간이 일정기간 계속되어야 한다.

II. 점포임차인의 대항력

1. 대항력의 성립요건

(1) 상가건물의 인도(입점)

상가건물임차인은 임대차계약상의 임차상가건물을 인도받아 점유하여야 한다. 이 때 임차인이 임차상가건물의 일부를 적법하게 임대(즉 전대)한 경우라도 점유로 인정된다.

(2) 사업자등록

상가임대차는 그 등기가 없는 경우에도 그 임차인은 부가가치세법 제5조, 소득세법 제168조 또는 법인세법 제111조의 규정에 의한 사업자등록을 관할 세무서에 하여야 한다. 이 때 임차인의 제3자에 대한 대항력은 사업자등록을 신청한 그 다음 날부터 발생하므로(제3조 제1항), 실제임차인이 임차건물에서 영업을 하는 경우라도 임차인이 사업자등록신청을 늦게 하는 경우에는 그만큼 대항력의 발생이 늦어진다.

2. 대항력의 내용

임차건물의 소유자가 임대차 중에 매매, 교환, 상속, 공용징수, 판결, 경매 등에 의하여 변경되어도 임차건물의 양수인은 임대인의 지위를 승계하므로, 새로운 상가건물소유자인 양수인(제3자)에 대하여 임차인은 종전 임대차계약상의 권리의무를 주장할 수 있다.

Ⅲ. 점포임대차기간

1. 최소 임대차기간의 보장

임대차기간은 그 기간에 관하여 정함이 없거나 기간을 1년 미만으로 정한 임대차는 그 기간을 1년으로 본다. 다만 임차인은 임차인의 필요에 따라 그 기간을 1년 미만으로 정하는 것은 무방하다(제9조). 따라서 임대인은 1년 미만의 기간을 임대차 기간으로 주장할 수 없다. 한편, 임대차가 종료한 경우라도 임차인이 보증금을 돌려받을 때까지는 임대차관계가 존속하는 것으로 본다.

2. 임대차기간의 갱신

임차인의 계약갱신요구(임대차기간 만료 전 6월부터 1월까지 사이에 할 수 있음)에 대하여 임대인은 상가건물임대차보호법 제10조 제1항에 규정된 정당한 사유 없이는 이를 거절하지 못한다. 이 때 임차인의 계약갱신요구권은 최초의 임대차 기간을 포함한 전체 임대차기간이 5년을 초과하지 않는 범위 내에서만 행사할 수 있다(제10조 제2항). 갱신되는 임대차는 전 임대차와 동일한 조건으로 다시 계약된 것으로 본다.

또한, 임대인이 임대자기간 만료 전 6월부터 1월까지의 기간 이내에 임차인에 대하여 갱신거절의 통지 또는 조건의 변경에 대한 통지를 하지 아니한 경우에는 그 기간이 만료된 때에 전 임대차와 동일한 조건으로 다시 임대차한 것으로 본다. 이 경우에 임대차의 존속기간은 1년으로 본다(제10조 제4항). 이 경우에도 임차인은 언제든지 임대인에 대하여 계약해지의 통고를 할 수 있고, 임대인이 그 통고를 받은 날부터 3월이 경과하면 그 효력이 발생한다.

한편, 이들 사항은 전대인과 전차인의 전대차관계에도 적용되는바, 임대인의 동의를 받고 전대차계약을 체결한 전차인은 임차인의 계약갱신요구권 행사기간 범위 내에서 임차인을 대위하여 임대인에게 계약갱신요구권을 행사할 수 있다(제13조).

Ⅳ. 점포임차보증금회수의 보장

1. 우선변제권

임차인이 임차건물에 대해 보증금반환 청구소송의 확정판결 등에 근거해 경매를 신청하는 경우에는 건물을 명도하지 않고도 집행할 수 있으며, 건물의 인도와 사업자등록을 신청하고 관할 세무서장으로부터 임대차계약서상의 확정일자를 받은 임차인은 우선적으로 변제를 받을 권리가 있다(제5조). 또 대통령령으로 정한 일정한 소액보증금은 경매신청의 등기 전에 대항력을 갖추면 확정일자를 받지 않았을지라도 임대건물가액의 2분의 1의 범위 안에서 보증금 중 일정액을 다른 담보물권자보다 우선하여 최우선적으로 변제받을 권리가 있다(제14조).

2. 우선변제에 대한 이의

임차상가건물의 환가대금에서 보증금의 변제를 받을 우선순위와 보증금에 대하여 이의가 있는 이해관계인은 경매법원 또는 체납처분청에 이의를 신청할 수 있다. 이 때 이의신청을 받은 체납처분청은 이해관계인이 이의신청일부터 7일 이내에 임차인을 상대로 소를 제기한 것을 증명한 때에는, 당해 소송의 종결시까지 이의가 신청된 범위안에서 임차인에 대한 보증금의 변제를 유보하고 잔여금액을 배분하여야 한다. 이 경우 유보된 보증금은 소송의 결과에 따라 배분한다(제5조 제6항).

3. 임차권등기명령

임대차가 종료된 후 보증금을 반환받지 못한 임차인은 임차건물의 소재지를 관할하는 지방법원·지방법원지원 또는 시·군법원에 임차권등기명령을 신청할 수 있다. 임차권등기명령의 신청에는 신청의 취지 및 이유, 임대차의 목적인 건물, 임차권등기의 원인이 된 사실 등을 기재하여야 하며, 신청의 이유 및 임차권등기의 원인이 된 사실은 이를 소명하여야 한다. 이 때 임차권등기명령의 신청 및 그에 따른 임차권등기와 관련하여 소요된 비용을 임대인에게 청구할 수 있다(제6조).

임차권등기명령이 결정되어 그 집행에 의한 임차권등기가 마쳐지면 임차권등기

이전에 갖고 있는 그 대항력 또는 우선변제권이 그대로 유지되며, 임차권등기 이후에는 대항요건을 상실하더라도 이미 취득한 대항력 또는 우선변제권을 상실하지 아니한다. 따라서 임차권등기명령의 집행에 의한 임차권등기를 마친 건물(임대차의 목적이 건물의 일부분인 경우에는 해당 부분에 한한다.)을 그 이후에 임차한 임차인은 우선변제를 받을 권리가 없다.

Ⅴ. 차임증액의 제한

상가건물소유자는 임대료 또는 보증금이 임차건물에 관한 조세 · 공과금 그밖의 부담의 증감이나 경제사정의 변동으로 인해 적정하지 않다고 판단되면 그 증감을 청구할 수 있다(제11조). 그러나 증액의 경우에는 연 5%를 초과하지 못하며, 임대차계약 또는 증액이 있은 후 1년 이내에는 증액을 하지 못한다. 이것은 보증금의 과다인상을 막아 영세상인인 임차인을 보호하기 위함이다.

Ⅵ. 점포임대인의 권리보장

상가건물임대차보호법이 영세상인을 보호하는 데 주안점을 두고 있지만, 반면에 건물주인 임대인을 위한 보호 장치도 마련하고 있다. 즉 법으로 보장된 임대차 보장기간은 5년이지만 임대인은 최소 1년 단위로 계약을 갱신할 수 있고, 임대료도 매년 5% 내에서 인상이 가능하다. 이와 함께 월세 3회 연체, 임차인이 거짓 등의 부정한 방법으로 임차한 경우, 임차인이 임대인 동의 없이 전대한 경우, 임차인이 고의 및 중대한 과실로 임차한 건물을 파손한 경우 등 8가지에 해당되는 경우(제10조 제1항 단서)에는 임대인은 임차인의 계약갱신요구를 거절할 수 있다.

Ⅶ. 점포를 비우지 않는 경우

1. 점포명도청구소송

임대차기간이 만료된 후 또는 임대차계약이 해지되거나 임차인이 점포를 계속

사용할 권리가 없게 되어 점포를 비워 주어야 할 때 임차인이 점포를 明渡하지 않는 경우가 있다. 이 때 임대인이 임차인을 강제적으로 내보낼 수 있는 유일한 방법은 점포명도청구소송을 제기하여 법원으로부터 명도판결을 받는 것이다.

즉 점포명도소송이란 건물주가 점포를 점유, 사용하는 임차인을 상대로 하여 법원에서 점포를 비우라는 판결을 얻는 과정을 말한다. 이 때 유의할 것은 소제기 전에 점포점유자에 대하여 점유이전금지 가처분을 해두어야 한다. 법원의 명도판결을 받은 임대인은 그 판결을 가지고 집행관에게 의뢰하여 집행관이 점포점유자를 강제로 내보냄으로써 건물주(임대인)의 권리를 실현할 수 있다.

2. 점포명도의무와 보증금반환의무의 동시이행관계

점포명도소송이 제기된 경우 소송을 당한 임차인은 임대차관계가 종료되었다면 점포를 비워 주어야 한다. 그러나 이때에도 임대인으로부터 반환받을 임차보증금·필요비·유익비를 상환할 것을 요구하고 모두 지급받기 전에는 점포를 비워줄 수 없다고 주장할 수 있다. 왜냐 하면 임차인의 점포명도의무와 임대인의 보증금반환, 필요비·유익비 등의 반환의무는 동시이행관계에 있기 때문이다.

Ⅷ. 권 리 금

1. 권리금의 의의

권리금이란 임대차 목적물인 상가건물에서 영업을 하는 사람 또는 영업을 하려는 사람이 영업시설·비품, 거래처, 신용, 영업상의 노하우, 상가건물의 위치(목)에 따른 영업상의 이점 등 유형·무형의 재산적 가치의 양도 또는 이용대가로서 임대인, 임차인에게 보증금과 차임 이외에 지급하는 금전 등의 대가를 말한다(제10조의3 제1항). 또한 권리금 계약이란 신규임차인이 되려는 자가 임차인에게 권리금을 지급하기로 하는 계약을 말한다(제10조의3 제2항).

2. 상가건물 임대차 권리금 표준계약서

(1) 권리금 표준계약서 작성

국토교통부에서는 임차인과 신규임차인이 되려는 자가 권리금 계약을 체결하기 위한 표준권리금계약서를 정하여 그 사용을 권장할 수 있다(제10조의6).

(2) 권리금 표준계약서의 주요 내용

계약서에는 권리금액, 임차인의 임대차 계약 현황, 권리금의 대가로 이전 되어야 할 대상의 범위를 특정하여 기재하고, 권리금계약채결 이후 임대차계약이 체결되지 못하면 권리금 계약은 무효가 되어 임차인은 신규임차인으로부터 받은 계약금 등을 반환하여야 하는 등의 의무사항을 계약 내용으로 기재하도록 하였다.

3. 권리금의 회수

(1) 권리금의 회수 대상

권리금은 새로운 임차인으로부터만 지급받을 수 있을 뿐이고, 보증금과는 달리 임대인에게 그 지급을 구할 수 없는 것이 일반적이다.

권리금이 임차인으로부터 임대인에게 지급된 경우에, 그 유형·무형의 재산적 가치의 양수 또는 약정기간 동안의 이용이 유효하게 이루어진 이상 임대인은 그 권리금의 반환의무를 지지 아니하며, 다만 임차인은 당초의 임대차에서 반대되는 약정이 없는 한 임차권의 양도 또는 전대차의 기회에 부수하여 자신도 그 재산적 가치를 다른 사람에게 양도 또는 이용케 함으로써 권리금 상당액을 회수할 수 있을 뿐이다(대법원 2002. 7. 26., 2002다25013 판결; 대법원 2001. 4. 10., 2000다59050 판결 참조).

(2) 권리금 회수기회 보호

임대인은 임대차기간이 끝나기 3개월 전부터 임대차 종료 시까지 다음의 어느 하나에 해당하는 행위를 함으로써 권리금 계약에 따라 임차인이 주선한 신규임차인이 되려는 사람으로부터 권리금을 지급받는 것을 방해해서는 안 된다. 다만, 「상가건물 임대차보호법」 제10조 제1항에 해당하는 사유가 있는 경우에는 그렇지 아니하다(제10조의4 제1항).

i) 임차인이 주선한 신규임차인이 되려는 사람에게 권리금을 요구하거나 임차인이 주선한 신규임차인이 되려는 사람으로부터 권리금을 수수하는 행위

ii) 임차인이 주선한 신규임차인이 되려는 사람으로 하여금 임차인에게 권리금을 지급하지 못하게 하는 행위

iii) 임차인이 주선한 신규임차인이 되려는 사람에게 상가건물에 관한 조세, 공과금, 주변 상가건물의 차임 및 보증금, 그 밖의 부담에 따른 금액에 비추어 현저히 고액의 차임과 보증금을 요구하는 행위

iv) 그 밖에 정당한 사유 없이 임대인이 임차인이 주선한 신규임차인이 되려는 자와 임대차계약의 체결을 거절하는 행위

(3) 임대인의 손해배상 책임

임대인이 위의 권리금 회수 금지 행위를 위반하여 임차인에게 손해를 발생하게 한 경우에는 그 손해를 배상할 책임이 있다(제10조의4 제3항 전단).

이 경우 그 손해배상액은 신규임차인이 임차인에게 지급하기로 한 권리금과 임대차 종료 당시의 권리금 중 낮은 금액을 넘지 못한다(제10조의4 제3항 후단).

임대인에게 손해배상을 청구할 권리는 임대차가 종료한 날부터 3년 이내에 행사하지 아니하면 시효의 완성으로 소멸한다(제10조의4 제4항).

(4) 임차인의 정보제공 의무

임차인은 임대인에게 임차인이 주선한 신규임차인이 되려는 자의 보증금 및 차임을 지급할 자력 또는 그 밖에 임차인으로서의 의무를 이행할 의사 및 능력에 관하여 자신이 알고 있는 정보를 제공하여야 한다(제10조의4 제5항).

4. 권리금 적용 제외

「상가건물 임대차보호법」 제10조의4의 규정은 ① 임대차 목적물인 상가건물이 「유통산업발전법」 제2조에 따른 대규모점포 또는 준대규모점포의 일부인 경우나 ② 임대차 목적물인 상가건물이 「국유재산법」에 따른 국유재산 또는 「공유재산 및 물품 관리법」에 따른 공유재산인 경우의 상가건물 임대차의 경우에는 적용하지 아니한다(제10조의5).

5. 임대인의 권리금 반환의무

판례는 임대인의 권리금 반환의무를 인정하기 위해서는 반환의 약정이 있는 등 특별한 사정이 있을 것을 요구하고 있다. 즉 권리금 수수 후 약정기간 동안 임대차를 존속시켜 그 재산적 가치를 이용할 수 있도록 약정하였음에도 임대인의 사정으로 중도 해지되어 약정기간 동안 재산적 가치를 이용할 수 없었거나, 임대인이 임대차의 종료에 즈음하여 재산적 가치를 도로 양수하는 경우 등의 특별한 사정이 있을 때에는 임대인은 권리금의 전부 또는 일부에 대해 반환의무를 부담한다(대법원 2002. 7. 26., 2002다25013 판결, 대법원 2001. 4. 10., 2000다59050 판결 참조).

권리금이 그 수수 후 일정한 기간 이상으로 그 임대차를 존속시키기로 하는 임차권 보장의 약정하에 임차인으로부터 임대인에게 지급된 경우에는 보장기간 동안의 이용이 유효하게 이루어진 이상 임대인은 그 권리금의 반환의무를 부담하지 않습니다. 그러나 백화점 내 매장에 관하여 2년 이상 영업을 보장한다는 약정하에 임차인에게서 영업권리금을 지급받았으나 백화점과의 계약이 갱신되지 않아 임차인에게 당초 보장된 기간 동안의 재산적 가치를 이용하게 해주지 못한 사안에서, 임대인은 임차인에게 영업권리금 중 일부를 반환할 의무가 있다고 판시하였다(대법원 2011.1.27., 2010다85164 판결 참조).

또한, 임대인이 반환의무를 부담하는 권리금의 범위는 지급된 권리금을 경과기간과 잔존기간에 대응하는 것으로 나누어, 임대인은 임차인으로부터 수령한 권리금 중 임대차계약이 종료될 때까지의 기간에 대응하는 부분을 공제한 잔존기간에 대응하는 부분만을 반환할 의무를 부담한다고 판시하고 있다(대법원 2002. 7. 26., 2002다25013 판결, 대법원 2001. 11. 13., 2001다20394, 20400 판결 참조).

제6장 임대차와 법률

1 임시사용의 임대차

질 문

저는 현재 살고 있는 주택이 좁고 마당도 없어 좀더 넓게 살아보려고 인접한 토지(대지)를 샀습니다. 1년 뒤에는 기존의 주택을 헐고 이 토지와 합필하여 좀 더 넓은 주택을 지으려고 계획하고 있습니다. 그런데 이웃집에서 주택을 신축하면서 6개월 정도 저의 땅을 빌려 달라고 합니다. 제 땅에 조립식 현장사무소를 지어 공사작업실로 하려고 한다는 것입니다. 혹시 제 땅에 6개월이 지나고 나서도 눌러 앉아버리면 어떻게 하나 고민하고 있습니다. 제 토지를 6개월간 빌려 주어도 괜찮을까요?

답 변

일시사용 할 목적으로 임대하는 경우에는 상관이 없다. 원래 건물을 소유하기 위한 토지임대차에서는 임차인의 기간갱신청구권, 지상물매수청구권 등의 문제가 발생한다. 그러나 일시적인 목적의 임대차인 경우에는 임차인이 임차토지에 건물을 짓는 경우라도 그러한 제약이 없다. 즉, 일시적인 임차인은 보통의 임차인처럼 보호받지 아니한다.

여기서 일시적인 사용(일시적 임차)이란 계약기간의 장단을 표준으로 하는 것이 아니라 임차물과 거기에 설치된 설비나 시설의 구조, 종류, 임차물을 사용하는 목적, 기타 사정에 비추어 당사자 사이에 '임차권을 단기간에 한하여 존속시킬 합의가 성립되어 있느냐'에 따라 종합적으로 판단하게 된다.

위 사례의 경우 상대방이 주택신축기간 중에만 수시로 사용할 수 있으면 좋다는 내용이면 일시사용에 해당한다고 할 것이다(건물의 경우라도 여름방학만 별장으로 빌려 주는 경우는 일시사용이다). 따라서 계약서에는 '일시사용토지임대차계약서'라는 표제아래, 왜 일시사용인지를 구체적으로 확실하게 기재하여야 한다.

이와 같이 일시사용 임대차에서는 약정기간이 만료되었을 때 미리 해지통고를 하지 않더라도 대지명도를 청구할 수 있다. 그래도 의심스러울 때는 위 계약서 자체에 제소전화해조서를 법원에서 받아 두면 보다 안심할 수 있다.

일시사용의 경우는 주택이라도 주택임대차보호법이 적용되지 않는다.

2 중간에 주민등록을 옮긴 경우

질 문

저는 2010년 6월에 보증금 6,000만 원에 2년 기간으로 하는 전세계약을 체결하고 입주한 후 주민등록을 이전하였습니다. 그리고 아울러 계약서에 확정일자인을 받아 두었습니다. 그런데 저의 직장에서 갑자기 지방으로 발령이 나서 세대주인 저 혼자만 이사하기로 하고 2010년 8월 28일에 주민등록을 저 혼자만 옮겼습니다. 아내와 아이들은 계속 그 집에서 살고 있는데 2011년 10월 5일에 아내와 아이들 사는 집에 경매가 들어왔습니다. 경락인(새로운 소유자)에게 주택임대차보호법상의 대항요건을 갖추었다고 볼 수 있는지요?

답 변

주택임대차보호법상 임차인이 임차주택에 입주하고 주민등록을 마친 다음날부터 대항력을 갖추게 되며(제3조 제1항), 판례상 주민등록이라는 대항요건은 임차인 본인뿐만 아니라 그 배우자나 자녀 등 가족의 주민등록도 포함된다(대판 1988.6.14, 87다카3093, 3094)). 따라서 이 경우 계약당사자의 주민등록이 옮겨졌으나 그 가족의 주민등록은 임차주택에 계속 등재되어 있으므로, 주택을 경락받게 되는 자에 대하여 대항력을 갖추었다고 볼 수 있다.

3 주민등록상 다가구주택 지번만 기재했는데…

질 문

저는 주거목적으로 A소유의 서울에 소재한 다가구주택 지층 1호를 임차보증금 4,000만 원, 계약기간 2년으로 임차하여 입주한 후 전입신고하면서 호실기재를 지층 1호로 하지 않고 이웃거주자들이 부르는 대로 천국빌라 101호로 기재하였습니다. 이 경우 저는 주택임대차보호법상 대항력이 있는지요?

답 변

다가구주택은 건축법이나 주택법상 이를 공동주택으로 볼 근거가 없어 단독주택으로 구분되며, 단독주택의 경우에 임차인이 건물의 일부나 전부를 임차하고 전입신고를 하는 경우에 지번만 기재하는 것으로 충분하다. 위 건물 거주자들이 편의상 구분하여 놓은 호수까지 기재할 의무나 필요가 없으며, 임차인이 실제로 건물의 어느 부분을 임차하여 거주하고 있는지 여부의 조사는 위 건물에 담보권을 설정하려는 이해관계인의 책임하에 이루어져야 할 것이므로, 임차인이 지번을 정확하게 기재하여 전입신고를 한 이상 임차인의 공시방법은 유효하고, 그 임차인이 위 건물 중 종전에 임차하고 있던 부분에서 다른 부분으로 옮기면서 그 옮긴 부분으로 다시 전입신고를 하였다고 하더라도 이를 달리 볼 것은 아니다(대판 1998.1.23, 97다47828).

따라서 귀하는 전입신고시 임차건물의 지번을 정확하게 기재한 것만으로도 유효한 공시방법이 되므로 설령, 임대차계약서상 확정일자를 받아 놓지 않았다 하더라도 대항력(입주와 전입신고)의 효력발생 당시 선순위 근저당등기, 가압류, 압류등기, 가등기 등이 없었다면 경락인에게 대항력을 주장하여 임차보증금을 보호받을 수 있다.

한편, 다가구주택이 2필지 이상에 걸쳐 건축된 경우 이 주택을 임차하여 주민등록을 하나의 지번만으로 전입신고 하더라도 유효한 공시방법이 되어 임차인은 보호된다. 왜냐 하면 이러한 경우 건축법상 하나의 대지로 보도록 규정하고 있고(동법 제2조 제1항 제1호), 행정관청에서도 이러한 경우에 주민등록상 한 필지의 지번만을 기재하고 있기 때문이다.

4 다세대주택의 동 · 호수 표시없는 주민등록의 공시력

질 문

저는 A로부터 A소유 다세대주택을 전세보증금 5,000만 원에 임차하여 입주하고 주민등록을 마쳤습니다. 그런데 B는 위 주택이 자기에게 매도되어 소유권이 이전되었다고 위 주택의 명도를 청구하므로 다시 확인한바, 주민등록상 위 다세대주택의 지번만 신고되어 있고, 동 · 호수가 표시되어 있지 않았습니다. 이 경우 저는 B에게 대항할 수 없는지요?

답 변

다세대주택은 건축법이나 주택법 등 건축관련법상 공동주택에 해당하고, 주민등록법시행령 제5조 제5항에 의하면 공동주택의 경우 동 · 호수까지 기재하여 전입신고하도록 규정하고 있다.

그리고 대법원은 임차인들이 다세대주택의 동 · 호수 표시 없이 그 부지 중 일부지번으로만 주민등록을 한 경우, 그 주민등록으로써는 일반사회통념상 그 임차인들이 그 다세대주택의 특정 동 · 호수에 주소를 가진 것으로 제3자가 인식할 수 없는 것이므로, 임차인들은 그 임차주택에 관한 임대차의 유효한 공시방법을 갖추었다고 볼 수 없다고 판시하고 있다(대판 1996.2.23, 95다48421).

또한, 대법원은 "연립주택의 경우 연립주택 가동 중 1층 102호에 대한 미등기전세권자가 주소로 연립주택 동 · 호수 등의 표시 없이 그 지번만을 신고하여 주민등록이 되었다면, 그 주민등록으로는 일반사회통념상 그 미등기전세권자가 그 연립주택 가동 102호 건물에 주소를 가진 자로 등록되었다고 제3자가 인식할 수 없으므로, 그 건물에 관한 미등기전세의 유효한 공시방법으로 볼 수 없다."라고 판시하고 있다(대판 1995.4.28, 94다27427).

따라서 귀하는 B에게 대항력을 주장할 수 없다.

5 가압류등기 후에 대항력 갖춘 주택임차권의 효력

질 문

저는 주택을 전세보증금 5,000만 원, 계약기간 2년으로 임차하여 입주와 주민등록전입신고를 마쳤습니다. 그런데 위 주택에는 저의 입주 전에 채권액 5,000만 원인 가압류등기가 있었습니다. 현재 위 주택의 시가는 8,000만 원 정도이고, 임대인은 위 주택 이외에는 별다른 재산도 없기 때문에 위 주택이 경락될 경우 손해가 예상됩니다. 이러한 경우 위 주택이 경매된다면 저의 주택임차권은 경락인에게 대항할 수 없는지요?

답 변

임차주택의 양수인(기타 임대할 권리를 승계한 자를 포함한다)은 임대인의 지위를 승계한 것으로 본다(동법 제3조 제2항). 이 경우의 양수인은 매매, 증여, 경매, 상속, 공용징수 등에 의하여 임차주택의 소유권을 취득한 자를 말하지만(대판 1993.11.23, 93다4083), 선순위 가압류등기가 있었을 경우, 그에 기한 경매의 경락자에게도 대항력을 주장할 수 있느냐가 문제된다.

이에 대하여 대법원은 임차인이 주민등록전입신고를 마치고 입주·사용함으로써 주택임대차보호법 제3조에 의하여 그 임차권이 대항력을 갖는다 하더라도 부동산에 대하여 가압류등기가 마쳐진 후에 그 채무자로부터 그 부동산을 임차한 자는 가압류 집행으로 인한 처분금지의 효력에 의하여 가압류사건의 본안판결의 집행으로 그 부동산을 취득한 매수인에게 그 임대차의 효력을 주장할 수 없다(대판 1983.4.26, 83다카116)고 판시하고 있다.

따라서 귀하의 경우 매수인에게 대항력을 주장할 수 없다. 그러나 귀하가 확정일자를 받아 둔다면 가압류채권자와 채권액에 비례하여 안분배당을 받을 수는 있을 것이다.

6 주택소액임차인의 최우선변제와 확정일자에 의한 우선변제방법의 관계

질 문

서울에서 경매(매각)가격 2억 원(경매비용 제외)의 주택에 A가 6,000만 원의 저당권을 설정한 2017년 1월 1일 이후 B · C · D는 각 6,000만 원, 6,000만 원, 4,000만 원의 보증금으로 전세살면서 주민등록전입신고 및 B · C · D의 순으로 확정일자를 받았고, 그 뒤 E가 이 주택에 7,000만 원의 저당권을 설정하였다면, 그 주택이 경매(매각)되었을 경우 A · B · C · D · E는 경매(매각)대금에서 각 얼마나 변제를 받게 되는지요?

답 변

주택임대차보호법은 주택의 인도와 주민등록의 전입신고를 마치고 임대차계약증서상의 확정일자를 갖춘 임차인은 민사집행법에 의한 경매(매각) 또는 국세징수법에 의한 공매시 임차주택 등의 환가대금에서 후순위권리자 기타 다른 채권자보다 우선하여 보증금을 변제받을 권리가 있다고 규정하고 있다(동법 제3조의2 제1항). 아울러 일정한 임차인(소액임차인)에게 전세보증금 중 일정액의 최우선변제권을 인정하고 있다(동법 제8조). 최우선변제권이란 일반채권자, 후순위담보권리자보다는 물론이고 자신보다 먼저 담보권을 설정한 담보권자보다도 우선하여 보증금을 변제받을 수 있는 권리를 말한다. 이는 영세한 소액임차인의 전재산이라고 할 수 있는 보증금을 절대적으로 확보해 주기 위하여 주택임대차보호법상 인정된 권리이다. 최우선변제권의 대상이 되는 소액보증금의 범위는 서울은 1억 원 수도권정비계획법에 따른 과밀억제권역의 경우에는 8천만 원, 광역시(수도권정비계획법에 따른 과밀억제권역에 포함된 지역과 군지역은 제외), 안산시, 용인시, 김포시 및 광주시의 경우에는 6천만 원, 그 밖의 지역은 5천만 원 이하이다. 그러나 각 소액보증금의 범위내인 소액임차인의 경우에도 최우선변제권이 인정되기 위해서는 그 주택에 대한 경매(매각)개시결정 전까지 대항력(입주+주민등록)을 갖추고 있어야 한다. 따라서 임대차계약서에 확정일자인(가까운 동사무소에서 받으면 편리하다)이 있어야만 최우선변제권이 인정되는 것은 아니다.

그런데 위와 같은 요건을 갖춘 임차인이라도 그 보증금 전체에 대하여 최우선변제권을 인정해 주는 것은 아니라, 그 소액보증금 중 일정액 즉, 서울은 3,400만 원, 수도권정비계획법에 따른 과밀억제권역의 경우에는 2,700만 원, 광역시(수도권정비계획법에 따른 과밀억제권역에 포함된 지역과 군지역은 제외), 안산시, 용인시, 김포시 및 광주시의 경우에는 2,000만 원, 그 밖의 지역은 1,700만 원까지 최우선변제권이 인정된다. 그리고 최우선변제권이 인정되는 금액의 합계가 그 주택가액(대지의 가액 포함)의 2분의 1을 초과하는 경우에는 2분의 1의 범위 내에서 최우선변제권이 인정된다.

그러므로 위 질문에서는 우선순위에 관계없이 최우선변제권을 가진 임차인이 가장 먼저 변제를 받게 되는데, 서울에서는 1억 원 이하의 보증금으로 입주한 임차인에게 최우선변제권을 인정하므로 B · C · D는 우선적으로 각 3,400만 원을 우선하여 변제받게 된다. 최우선변제권이 인정된 금액을 공제한 나머지금액(9천8백만 원)에 대하여는 B · C · D가 각 확정일자를 받았다면, B · C · D 보다 먼저 저당권설정등기를 한 선순위저당권자 A가 6,000만 원을 받고, 잔액 3천8백만 원은 확정일자 순위에 의하여 B가 2,600만 원, C가 1,200만 원을 우선변제 받게 된다. 결국 A는 6,000만 원, B는 6,000만 원, C는 4,600만 원, D는 3,400만 원을 변제받게 되고 E는 한 푼도 변제를 받지 못하게 된다.

그러나 위 질문에서 B · C · D가 각각 확정일자를 받아 두지 않았다면 B · C · D는 확정일자에 의한 우선변제권은 인정되지 않고, B · C · D의 최우선변제권만 인정되므로 B · C · D가 우선 각 3,400만 원씩 우선변제를 받고 나머지금액(9천8백만 원)은 순위에 의하여 A가 6,000만 원을 변제받게 된다. 그리고 B · C · D는 확정일자를 받지 않아 순위에 의한 우선변제권이 인정되지 않으므로 E가 나머지 금액 3,800만 원을 변제받게 된다.

이와 같이 소액임차인이라 할지라도 대항력 요건을 갖추고 확정일자인을 받아둔 경우와 대항력 요건은 갖추었으나 확정일자인을 받아 두지 아니한 경우와는 전세보증금을 회수(변제)하는 데 있어서 엄청난 차이가 있으므로, 어떠한 경우이든 대항력 요건을 갖춤과 동시에 전세(임대차)계약서에 확정일자인을 반드시 받아 두어야 제대로 보호를 받게 되는 것이다.

7 저당권과 경매신청 사이 대항력을 갖춘 주택임차권

질 문

저는 A로부터 A소유주택을 전세보증금 5,000만원, 계약기간 2년으로 임차하여 입주와 주민등록을 마쳤으나, 채권최고액 4,000만원인 선순위저당권이 이미 설정되어 있었고, A의 후순위채권자가 위 주택을 강제경매 신청하였습니다. 이 경우 저는 경락인에게 대항력을 주장할 수 없는지요?

답 변

근저당권설정등기와 제3의 집행채권자의 강제경매신청 사이에 대항력을 갖춘 주택임차인이 있는 경우에, 그 주택임차인이 매수인(구 민사소송법에서는 경락인이라고 하였다)에게 대항할 수 있다고 한다면 매수인은 임차권의 부담을 지게 되어 부동산의 경매가격은 그 만큼 떨어질 수밖에 없게 된다. 이것은 임차권보다 선행한 담보권을 해치는 결과가 되어 설정당시의 교환가치를 담보하는 담보권의 취지에 맞지 않게 되므로 주택임차인의 임차권은 매수인에게 대항할 수 없다(대판 1987.3. 10, 86다카1718).

따라서 귀하의 경우에는 매수인에게 대항하지 못하며 결국 귀중한 재산을 잃을 수 있게 되는 점을 감안하여 전세보증금보험에 가입해 두는 것이 바람직하다. 전세보증금보험에 들기 위해서는 임차주택등기부등본과 주민등록등본, 확정일자를 받은 계약서만 있으면 된다. 다만 보험료(2년 기준 전세보증금의 1%)가 부담이 될 수 있으나, 만일의 경우를 감안하면 가장 안전한 보증금회수방법이라고 할 수 있다.

8 동일자에 대항요건을 갖춘 세입자와 근저당권자 간의 배당순위

질 문

A는 B의 주택을 전세보증금 5,000만 원에 임차하여 전입신고 및 입주를 하면서 같은 날짜에 확정일자를 받았는데, B는 같은 날짜에 C은행에서 5,000만 원을 대출하면서 같은 날짜로 위 주택 및 대지에 근저당권을 설정하였으며, 그 후 B가 C은행에 대출금을 변제하지 않아 경매를 신청한 경우, 저당권자와 전세세입자간의 배당순위는 어떻게 되는지요?

답 변

주택임차인의 입주, 주민등록, 확정일자와 근저당권자의 근저당권설정등기가 동일자에 된 경우 주택임차권과 근저당권중 어느 것이 우선순위를 가질 것인지는 동법 제3조 제1항의 '대항력' 즉, 주택의 인도(입주)와 주민등록의 다음 날과 동법 제3조의 2 제1항의 '대항요건'이라는 개념을 같은 개념으로 해석해야 하는지 아니면 달리 해석할 수 있는지에 따라 달라질 수 있을 것이다.

우선 하급심판결은 "주택의 인도 후 주민등록 및 확정일자 부여가 같은 날 이루어진 경우 우선순위권을 취득하는 시점은 주민등록을 한 그 다음 날이 아니라 주택의 인도와 주민등록, 임대차계약증서상의 확정일자 부여라는 3가지 요건을 모두 충족한 그 시점이라 할 것이다."(서울고판 1997.4.16, 96나50393)라고 판시하여 대항요건과 확정일자를 갖춘 임차인은 그 익일로 배당순위가 결정되는 것이 아니라 당일로 배당순위가 결정됨을 확인하여 동법 제3조의2 제1항의 '대항요건(전입신고 및 입주)'을 동법 제3조 제1항의 '대항력이 발생하는 요건(입주 및 주민등록의 다음 날)'과는 다른 개념으로 보고 있다.

그러나 이후 대법원 판례는 "주택임대차보호법 제3조 제1항이 인도와 주민등록을 갖춘 다음날부터 대항력이 발생한다고 규정한 것은 제3자가 인도와 주민등록을 마친 임차인이 없음을 확인하고 등기까지 마쳤음에도 같은 날 임차인이 인도와 주민등록을 마침으로 인하여 입을 수 있는 불측의 피해 등을 방지하기 위해 임차인보다 등기를 먼저 마친 권리자를 우선시키고자 하는 취지이고, 같은 법 제3조의2 제1항에 규정된 우선변제적 효력도 주택임차권의 제3자 사이의 우선순위를 대항력과 달리 규율하여야 할 합리적인 근거가 없다면, 확정일자를 인도와 주민등록일과 같은 날 갖춘 경우에는 우선변제적 효력은 대항력과 마찬가지로 인도와 주민등록을 마친 다음 날을 기준으로 발생한다."라고 판시하여 '대항력'과 '대항요건'을 같은 개념으로 판시하고 있다(대판 1997.12.12, 97다22393).

하급심은 상급심에 기속된다는 취지에 따라 이 사안을 검토하면 임차인 A의 배당순위는 대항요건을 갖춘 그 다음 날에 발생하고, 근저당권자인 C의 배당순위는 설정일이 되므로 임차인 A보다 근저당권자인 C가 선순위의 배당권자가 된다.

9 확정일자받은 주택임대차계약서를 분실한 경우

질 문

저는 A소유의 주택에 전세보증금 5,000만 원, 계약기간 2년으로 하여 임대차계약을 체결한 뒤 입주하고, 주민등록전입신고를 마쳤으며 임대차계약서에는 확정일자도 받아 놓았습니다. 제가 계약할 당시는 1번 근저당권이 설정되어 있었지만 당시 그 주택의 가격이 1번 근저당최고액과 견주어 혹시 경매가 되더라도 2순위 우선변제권을 취득할 수 있다는 판단에 마음 놓고 살아오던 중 임대인이 사업에 실패하게 되자, 저보다 후순위로 근저당권을 설정한 채권자에 의해 경매가 진행되어 저는 법원 경매계에 권리신고 겸 배당요구를 하고자 임대차계약서를 찾아보았는데, 아이들이 찢어버렸는지, 분실했는지 도무지 찾을 길이 없었습니다. 이 경우 저의 우선변제권은 보호받을 수 있는지요?

답 변

주택임대차보호법 제3조의2 제1항에 따라 주택의 인도와 전입신고를 마친 임차인이 임대차계약서상의 확정일자를 갖춘 때에는 경매에 따른 환가대금에서 후순위권리자 기타 채권자보다 우선하여 보증금을 받을 수 있다. 따라서 귀하는 위의 요건을 갖추었으므로 2순위자로서 귀하보다 후순위인 근저당권자보다 우선하여 배당받을 수 있다.

그런데 귀하와 같이 임대차계약서를 분실한 경우 귀하가 임대인의 동의하에 임대차계약서를 다시 작성하더라도 소급하여 최초 계약서에 받은 확정일자인과 같은 날짜의 확정일자를 받을 수는 없다. 왜냐 하면 현재 확정일자부여기관의 '확정일자부여업무처리'를 보면 단순히 주택임대차계약서에 확정일자를 찍어줄 뿐이고, 확정일자 발급대장에도 보증금액수 등 그 계약서의 구체적 내용을 확인할 수 있는 자료를 남겨 두지 않기 때문이다.

그러나 임대차계약서가 분실 또는 멸실하였더라도 공증인가사무소 등에 보관된 확정일자 발급대장에 확정일자를 받은 사실이 인정된다면 우선변제권은 소멸하지 않는다(대판 1996.6.25, 96다12474). 따라서 위 주택이 경매개시된 경우 확정일자를 받은 기관에서 확정일자를 받은 사실의 증명 및 전세기간 및 보증금의 액수 등에 대한 임대인의 진술서 등 모든 관련자료를 첨부하여 권리신고 겸 배당요구 신청을 해본 후, 실무상 배당을 해주지 않을 경우에는 배당기일에 참석하여 배당이의의 진술을 하고 1주일 이내에 법원에 배당이의의 소를 제기하여 다투어 볼 수 있다.

10 동 · 호수 기재없는 확정일자의 효력

질 문

저는 확정일자에 아파트의 명칭과 동 · 호수를 기재하지 않았습니다. 이와 같은 경우에 확정일자는 효력을 잃게 되나요?

답 변

결론을 먼저 말하면, 아파트의 명칭과 동 · 호수를 기재하지 않았더라도 대항력과는 달리 확정일자의 효력에는 변함이 없다. 확정일자를 요구하는 이유는 임대인과 임차인 사이의 담합으로 임차보증금의 액수를 사후에 변경하는 것을 방지하기 위함이다. 즉, 확정일자는 주택임대차의 대항력의 대항요건으로 하는 주민등록전입신고처럼 임대차의 존재 사실을 제3자에게 공시하기 위함이 아니기 때문이다. 따라서 확정일자를 받은 임대차계약서가 진정하게 작성된 이상, 임대차계약서에 임대차 목적물을 표시하면서 아파트의 명칭과 동 · 호수의 기재를 누락하였다는 사유만으로 확정일자의 효력을 잃는다고 할 수 없다(대판 1999.6.11, 99다7992).

11 주택임차인이 경락받은 경우 임차보증금채권의 소멸여부

질 문

저는 A로부터 선순위 저당권 등이 전혀 없는 주택을 전세보증금 5,000만원에 임차하여 입주하고 주민등록전입신고를 하고 거주하던 중 제가 입주한 후 설정된 채권최고액 7,000만원인 B의 저당권에 의한 경매가 개시된 것을 알고서야 서둘러 확정일자를 받았지만 경매비용과 B의 채권을 변제하면 제가 배당받을 금액이 없을 것 같습니다. 그래서 위 주택을 아예 제가 경락받고 싶은데, 나중에라도 저의 전세보증금을 A에게 받을 수 있는지요?

답 변

사례의 경우 귀하는 대항력을 갖추었고, 선순위 저당권 등이 없었더라도 확정일자 순위가 늦어 매각대금에서 전세보증금을 배당받지는 못한다. 그러나 매수인(구 민사소송법에서는 경락인이라고 하였다)에게 대항력을 행사할 수는 있다. 따라서 결과적으로 귀하의 전세보증금은 매수인에게 받을 수 있게 된다.

한편, 귀하가 위 주택을 매수받게 될 경우에는 귀하의 전세보증금은 어떻게 될 것인지 문제된다. 판례는 "주택의 임차인이 제3자에 대한 대항력을 갖춘 후 임차주택의 소유권이 양도되어 그 양수인이 임대인의 지위를 승계하는 경우에는 임대차보증금의 반환채무도 부동산의 소유권과 결합하여 일체로서 이전하는 것이므로 양도인의 임대인으로서의 지위나 보증금반환채무는 소멸하는 것이고, 대항력을 갖춘 임차인이 양수인이 될 경우라고 하여 달리 볼 이유가 없으므로 대항력을 갖춘 임차인이 당해 주택을 양수한 때에도 임대인의 보증금반환채무는 소멸하고 양수인인 임차인이 임대인의 자신에 대한 보증금반환채무를 인수하게 되어, 결국 임차인의 보증금반환채권은 혼동으로 인하여 소멸하게 된다."라고 판시하고 있다(대판 1996. 11.22, 96다38216).

그러므로 귀하가 위 주택을 매수받게 된다면 귀하의 전세보증금반환청구채권은 혼동으로 소멸하였으므로 A에게 청구할 수 없다.

12 경매절차에서 배당요구하지 않은 소액임차인의 구제방법

질 문

저는 서울에서 전세보증금 4,000만 원에 주택을 임차하여 대항력을 갖추고 살고 있습니다. 그런데 어느 날 갑자기 저의 임차주택이 경매개시되어 경매법원으로부터 권리신고와 배당요구를 하라는 통지를 받았습니다. 그러나 저는 갑자기 바쁜 일로 배당요구 신청을 하지 못했습니다. 이런 경우 저는 보증금을 배당받지 못하는지요?

답 변

경매절차는 그 시작에서 종결까지 많은 단계를 거쳐야 하고 시간도 오래 소요될 뿐만 아니라, 매각에 따른 권리자들의 이해관계에 막대한 영향을 미치기 때문에 법은 엄격한 절차와 요건을 요구하고 있다. 따라서 배당권자의 배당요구시한을 매각(허가)기일까지로 엄격히 제한하여 그 이후의 배당요구는 할 수 없도록 제한하고 있다(민사집행법 제88조 제1항).

그러므로 근로자의 임금에 대한 우선변제권의 경우 매각(허가)기일까지 배당요구하지 않으면 배당절차에서 배당금을 수령할 권한이 없고, 배당에서 제외된 경우에도 부당이득반환을 청구할 수 없다(대판 1996.12.24, 95다28304).

그러나 최우선변제권이 있는 소액임차인이 경매절차에서 매각(허가)기일까지 배당요구하지 아니하여 근저당권자가 소액임차인이 배당받아야 할 임차보증금 상당의 금원까지 배당받았다면 이에 대하여 실체법상의 권리가 확정되는 것이 아니므로, 소액임차인은 근저당권자에 대하여 부당이득에 관한 법리에 따라 소액보증금상당에 관한 부당이득반환청구권이 있다(대판 1990.3.27, 90다카315, 339). 따라서 주택임대차보호법상의 확정일자에 의한 우선변제권과 소액임차인의 최우선변제권은 집행목적물의 교환가치에 대하여서만 우선변제권을 가지고 있는 법정담보물권자에 준하는 경우이므로(근로자의 임금채권우선변제권은 사용자의 총재산에 대하여 우선변제권이 인정되는 점에서 차이가 있음), 귀하는 적어도 3,200만 원까지는 배당받은 근저당권자(채권자)를 상대로 부당이득반환청구를 하여 반환받을 수 있고, 나머지 800만 원은 확정일자의 순위에 의하여 부당이득반환청구 여부를 판단하여야 한다.

참고로 기한 내에 배당요구를 하지 아니하면 위와 같이 더욱 복잡한 법률관계가 생긴다는 사실을 염두에 두어, 매각이 진행 중인 것을 알게 되면 즉시 권리신고와 배당요구를 하여 두는 것이 안전함을 유념해야 한다.

13 임차한 상가건물이 경매(매각)된다는데……

질 문

저는 서울 강남에서 보증금 2,000만 원과 월세 100만 원에 상가건물을 임차하여 편의점을 운영하고 있습니다. 그런데 이 상가건물이 곧 경매된다고 합니다. 상가건물임대차보호법에 의하면 저희같은 영세상인들은 임차보증금 등을 보호받는다는데 사실인지요?

답 변

영세상인들의 경제생활의 안정을 위하여 제정된 상가건물임대차보호법의 보호를 받기 위해서는 보증금총액이 대통령령이 정하는 보증금액 이내의 영업용 상가건물을 임차한 경우이다. 우선 귀하의 보증금총액을 계산하면 월세환산율은 연 12%의 금리를 적용(상가건물임대차보호법 시행령 제5조)하므로,

2,000만 원(보증금)+100만 원(월세)×12개월÷0.12(전환율)=1억2천만 원이 된다. 만일 귀하가 2014. 7. 26. 이후 임대차계약(혹은 재계약)을 체결하고, 대항요건(건물의 인도와 사업자등록)을 갖춘 후 계약서에 관할 세무서장의 확정일자를 받았다면, 질문에서와 같이 임차건물이 강제매각되더라도 임차건물(임대인 소유의 대지도 포함)의 환가대금에서 후순위권리자나 다른 채권자보다 우선하여 보증금을 변제받을 수 있다. 그러나 대항요건만 갖추고 확정일자를 받지 않은 경우에는 우선변제권이 없다.

한편, 소액보증금(서울은 6,500만 원, 서울을 제외한 과밀억제권역은 5,500만 원, 광역시(수도권정비계획법에 따른 과밀억제권역에 포함된 지역과 군지역은 제외), 안산시, 용인시, 김포시 및 광주시는 3,800만 원, 그 밖의 지역은 3,000만 원 이하)의 경우 대항요건을 갖춘 경우에는 임차건물가액의 2분의 1 범위내에서 일정액(서울은 2,200만 원, 서울을 제외한 과밀억제권역은 1,900만 원, 광역시(수도권정비계획법에 따른 과밀억제권역에 포함된 지역과 군지역은 제외), 안산시, 용인시, 김포시 및 광주시는 1,300만 원, 그 밖의 지역은 1,000만 원 이하)

을 최우선적으로 변제받을 수 있다. 그러나 귀하의 경우는 보증금총액이 약 1억 원에 해당되므로 최우선변제권이 없고, 다만 대항요건과 확정일자를 갖춘 경우라면 우선변제권에 의한 보호를 받을 수 있을 것이다(2018. 1. 26. 개정시행령 시행).

〈대항요건과 확정일자를 갖춘 임차인의 우선변제 순위〉

경매 전 권리 현황	경매대금 배당순위
2017. 7. 1.: 1순위 근저당권자 2017. 8. 1.: 확정일자 갖춘 임차인 2017. 9. 1.: 2순위 근저당권자	1순위: 1순위 근저당권자 2순위: 확정일자 갖춘 임차인 3순위: 2순위 근저당권자

〈대항요건은 갖췄으나 확정일자를 못 갖춘 임차인의 우선변제 순위〉

경매 전 권리 현황	경매대금 배당순위
2017. 7. 1.: 확정일자 못 갖춘 임차인 2017. 8. 1.: 1순위 근저당권자 2017. 9. 1.: 2순위 근저당권자	1순위: 1순위 근저당권자 2순위: 2순위 근저당권자 3순위: 확정일자 못 갖춘 임차인

부동산 매매계약/부동산등기제도
사례문답

제7장 부동산거래와 법률

제 1 절 부동산 매매계약

Ⅰ. 매매계약의 뜻

계약이란 서로 대립하는 두 개 이상의 의사표시의 합치로서 성립하는 법률행위이며 채권의 발생을 그 목적으로 한다. 여기서 서로 대립하는 의사표시라 함은 청약과 승낙을 말한다. 그리고 계약은 주로 낙성·쌍무·불요식의 유상계약으로 나타난다.

有償인 양도계약 중에서 대가가 화폐로 지급되는 것을 매매라고 하고, 화폐 아닌 재화, 즉 물건이나 권리(재산권)로 반대급부를 하여야 하는 계약을 교환이라 한다.

매매는 당사자 일방이 상대방에게 재산권을 이전할 것을 약정하고, 상대방은 그 대금을 지급하기로 약정함으로써 이루어지는 계약이다. 따라서 매매에 의하여 매도인은 소유권이전의무 및 목적물 인도의무를 부담하게 되고, 매수인은 반대급부로서 대금지급의무를 부담한다. 이 양자의 의무는 동시이행의 관계에 있는 것이 원칙이다.

Ⅱ. 매매의 성립

1. 매매의 예약

매매의 예약이란 당사자 사이에 장래 매매계약(본계약)을 체결하는 채무를 발생하게 하는 계약을 말한다. 일반적으로 예약에 있어서는 예약권자가 본계약체결의 청약을 하면 상대방은 이를 승낙할 의무가 있다. 민법은 이 점을 간단히 하여, 매매의 일방예약으로 예약권자가 상대방에게 본계약성립의 의사표시(완결의 의사표시)를 하면 매매가 성립한다고 규정하고 있다(민법 제564조 제1항). 그래서 매매의 일방예약을 완결의 의사표시를 정지조건으로 하는 매매라고 해석한다.

매매의 일방예약에 의하여 예약권자는 상대방에 대하여 매매완결의 의사표시를 할 수 있는 권리를 가지는데 이를 예약완결권(豫約完結權)이라고 한다. 따라서 이 권리는 형성권이다.

부동산물권을 이전하여야 할 본계약의 예약완결권은 가등기를 할 수 있고(부동산등기법), 이를 하면 제3자에게 대항할 수 있다. 그리고 예약완결권은 양도성이 있다.

2. 계 약 금

계약금이란 계약을 체결할 때에 당사자의 일방으로부터 상대방에게 교부되는 금전 기타의 유가물이다. 계약금의 교부도 계약으로서 유가물의 교부에 의하여 성립하는 요물계약(要物契約)이다.

매매는 낙성계약(諾成契約)이므로 계약금이 계약의 성립요건(成約契約金)은 되지 않는다. 따라서 계약금은 단순한 계약성립의 증거로서 혹은, 계약위반의 경우에 몰수하는 위약벌로서 혹은, 해제권의 유보로서(해약금)의 의미를 가질 수 있다. 민법은 당사자 사이에 다른 약정이 없는 한 해제권을 유보하기 위하여 수요된 것, 즉 해약금으로 추정하고 그에 관한 규정을 두었다(민법 제565조). 내금 · 약정금 · 계약금 · 전도금 · 착수금 · 선금 등의 여러 명칭으로 교부되지만, 그 명칭에 구애받지 않고 원칙적으로 해약금으로 해석하여 무방하다. 해약금이 교부되었을 때에는 상대방이 계약의 이행에 착수할 때까지 계약을 해제할 수 있다.

계약을 해제할 때에는 매수인(교부자)은 해약금액을 포기하거나 매도인(수령자)은 그 배액을 상환하여야 한다. 이 경우에 손해배상청구권은 발생하지 않는다(민법 제565조 제2항). 그러나, 계약금이 수수되어 있더라도 당사자는 채무불이행을 이유로 하는 해제를 할 수 있음은 물론이다. 이때에는 다른 특약이 없는 한 손해배상 및 계약금의 반환(다만 해제를 이유로 손해배상을 청구하는 경우에는 이미 지급한 계약금은 이를 공제 또는 가산하게 될 것이다) 등의 원상회복도 청구할 수 있다. 계약금으로서 교부한 것은 부당이득으로서 그 반환을 청구할 수 있다. 그리고 계약이 이행된 때에는 계약금은 부당이득으로서 반환청구되는 대신에 대금에 충당되는 것이 통례이다.

Ⅲ. 매매의 효력

매매계약이 체결되면 매도인은 계약의 목적인 물건이나 권리를 계약내용에 따른 완전한 것으로 매수인에게 이전할 의무가 있다. 이를 매도인의 재산권이전의무라고 한다. 따라서 매도인은 그 재산권이 물권인 경우에는 인도 또는 등기의 이전에 협력하여야 하고, 채권이 매매의 목적물인 때에는 준물권행위 이외에 대항요건을 갖추게 하기 위해서 채무자에게 통지를 하여야 한다.

한편, 매매계약 후에 아직 인도하지 않은 목적물로부터 생긴 과실은 매도인에게 속하게 된다(민법 제587조 전단). 이는 인도할 때까지는 매수인이 대금의 이자를 지급하지 않아도 되는 것(민법 제587조 후단)과 형평을 맞추기 위함이다.

매도인이 재산권을 이전할 때에는 완전한 재산권을 이전해야 할 책임이 있다. 이를 매도인의 하자담보책임(瑕疵擔保責任)이라고 한다. 즉 부동산의 계약면적과 등기면적의 차이 등과 같이 매매에 의하여 매수인이 취득하는 권리 또는 권리의 객체인 물건에 하자(瑕疵) 내지 불완전한 점이 있을 때에는, 매도인의 과실유무를 묻지 않고 매수인에게 일정한 책임을 지게 된다. 따라서 매수인에게는 계약해제권, 대금감액청구권, 손해배상청구권, 완전물급부청구권 등이 인정된다.

그러나 반대로 매수인은 대금을 지급하여야 할 의무가 있다(민법 제568조 제1항 후단). 그리고 이 의무는 매도인의 재산권 이전의무와 원칙적으로 동시이행관계에 있기 때문에 즉, 매도인과 매수인이 부담하는 의무는 서로 대가적인 의미가 있으므로 매매는 쌍무계약의 전형적인 모습이라고 할 수 있다.

제 2 절 부동산등기제도

Ⅰ. 의 의

등기라 함은 등기부(登記簿)라고 불리는 공적 장부(公的 帳簿)에 일정한 사항을 기재하는 것 또는 기재된 것 그 자체를 말한다. 부동산등기를 비롯하여 법인등기·상업등기·부부재산계약의 등기 등 여러 가지가 있다.

그 중 부동산등기라 함은 부동산등기법에 따라 등기관이 등기부에 부동산에 관한 일정한 권리관계를 기재하는 행위를 말하며, 이러한 등기는 부동산물권 변동의 공시방법으로서의 기능을 갖고 있다. 우리 나라는 이러한 공시방법을 갖추지 않으면 제3자에 대한 관계에서는 물론이고, 당사자 사이에서도 물권변동이 생기지 않는 것으로 하고 있다(성립요건주의 또는 형식주의). 따라서 공시를 신뢰하고 거래를 한 경우에는 비록 그 공시방법이 진실한 권리관계에 합치하지 않더라도 그 공시된 대로의 효과를 인정할 필요가 있다. 이것이 바로 公信의 原則이다. 그러나 공신의 원칙을 인정하면 거래의 안전은 보호되나 진정한 권리자는 희생당할 수도 있다. 따라서 우리 민법은 부동산의 등기에 관하여는 공신의 원칙을 인정하지 않고, 동산의 점유에 관하여서만 이를 인정하고 있다(민법 제249조 내지 제251조). 선의취득(善意取得)이 바로 그것이다.

II. 부동산등기부

부동산등기부란 물적 편성주의(物的 編成主義)에 의하여 부동산에 관한 권리관계와 부동산의 상황을 기재하는 국가의 공적 장부이다. 부동산등기부에는 토지등기부, 건물등기부와 입목등기부의 세 가지가 있다. 등기부는 1필의 토지 또는 1동의 건물에 대하여 1용지를 각각 사용한다(1부동산 1등기용지주의). 따라서 등기부는 권리의 객체인 1개의 부동산을 단위로 하여 편성된다.

1등기용지는 다음과 같이 등기번호란, 표제부, 갑구, 을구의 네 부분으로 구성된다(부동산등기법 제16조).

〈표〉 **등기용지의 구성내용**

① 등기번호란: 토지 또는 건물대지의 지번

② 표제부
- 표시란: 목적물의 표시(예컨대 토지나 건물의 소재지 · 지번 · 지목 · 평수 등)와 그 변경에 관한 사항.
- 표시번호란: 표시란에 등기한 순서

③ 갑구
- 사항란: 소유권에 관한 사항(예컨대 소유권 보존등기, 소유권 이전등기 혹은 소유권에 관한 가처분, 가등기, 경매개시등기 등)
- 순위번호란: 사항란의 사항을 기재한 순서

④ 을구
- 사항란: 소유권 이외의 권리에 관한 사항(예컨대 저당권, 전세권, 지상권 설정등기 등)
- 순위번호란: 사항란의 사항을 기재한 순서.

등기부를 볼 때에 가장 중요한 점은 갑구와 을구에 기재된 가등기, 소유권 이전등기, 저당권 설정등기 등의 등기의 전후와 접수일자(접수번호)를 잘 살펴 보아야 한다는 것이다. 등기된 권리의 우선순위는 같은 갑구나 을구에서는 등기의 선후(순위번호)에 의하여, 갑구나 을구 간에는 접수번호에 의하여 결정되기 때문이다.

Ⅲ. 등기의 종류

등기는 여러 표준에 의하여 여러 가지로 나누어진다. 그 주요한 것은 다음과 같다.

1. 사실의 등기와 권리의 등기

사실의 등기라 함은 부동산의 상황을 밝혀 주는 등기를 말하며 표제부에의 등기가 이에 속한다. 권리의 등기는 갑구 · 을구의 사항란에 하는 등기이다. 이 양자의 구별의 실익은 ① 등기의 실체법상의 효력(즉 권리변동의 효력)은 권리의 등기에 의해서만 인정되고, ② 양자의 등기절차가 다르고, ③ 양자에 대한 등기관의 심사권한이 다르다는 데 있다.

2. 보존등기와 권리변동의 등기

미등기의 부동산에 관하여 처음으로 행하여지는 소유권의 등기가 보존등기이다. 보존등기의 신청서에는 등기원인을 적을 필요가 없다. 따라서 권리취득의 원인(예컨대 신축 · 분양 · 매립 등)은 공시되지 아니한다.

권리변동의 등기는 소유권의 보존등기를 기초로 하여 행하여진다. 따라서 소유권의 이전이나 제한물권(지상권 · 전세권 · 저당권 등)의 설정은 언제나 소유권의 보존등기가 있은 후에만 할 수 있다.

3. 등기의 내용에 의한 분류

(1) 기입등기

기입등기는 새로운 등기원인에 기하여 어떤 사항을 등기부에 새로이 기입하는 등기이다. 보통 등기라고 하면 이를 가리킨다(예컨대 소유권 보존등기 · 소유권 이전등기 · 저당권 설정등기 등).

(2) 경정등기

경정등기는 등기절차에 원시적으로 착오 또는 유루(遺漏)가 있어서 등기와 실체관계가 일치하지 않아(예컨대 소유권 이전등기에 있어서 등기공무원이 소유자의 주소를 誤記하거나 또는 일부를 빠뜨린 때), 이를 시정하기 위하여 하는 등기이다.

(3) 변경등기

변경등기는 등기와 실체관계와의 불일치가 당해 등기가 완료한 후에 후발적으로 생긴 경우(예컨대 소유자의 성명의 변경 · 저당권의 이율변경합의 등)에 이 불일치를 시정하기 위하여 하는 등기이다.

(4) 말소등기

말소등기는 기존의 등기가 원시적 또는 후발적 이유로 인하여 등기사항의 전부에 대하여 부적법으로 된 경우에 기존의 등기의 전부를 소멸시키기 위하여 하는 등기이다. 즉 등기에 대응하는 실체관계가 없는 경우에(예컨대 변제에 의한 저당권의 소멸 · 경매 등의 등기원인의 무효로 부동산소유권의 양도가 무효임이 판명된 때 등) 또는 중복등기와 같이 형식적 내지 절차적인 부적합한 이유로 그 등기를 법률적으로 소멸시킬 목적으로 하는 등기이다.

말소등기는 말소의 등기(어떤 등기를 말소한다는 뜻의 등기)를 한 후에, 말소할 등기를 주말(朱抹)하여서 한다.

(5) 회복등기

회복등기는 기존의 등기가 부적법하게 소멸한 경우에 이를 부활 · 회복하는 등기로서 등기를 실체관계에 합치하게 하기 위하여 행하여진다. 회복등기는 기존등기의 소멸원인에 따라 말소회복등기와 멸실회복등기로 분류된다.

㈎ 말소회복등기(抹消回復登記)

이는 구 등기의 전부 또는 일부가 부적법하게 말소된 경우에 하는 회복등기이다. 예컨대, 저당권소멸의 원인이 없음에도 불구하고 부적법하게 저당권말소등기가 된 경우 등이다.

(나) 멸실회복등기(滅失回復登記)

이는 등기부의 전부 또는 일부가 멸실한 경우에 행하는 회복등기이다.

(6) 멸실등기

멸실등기는 부동산이 멸실한 경우에 행하여지는 등기이다. 따라서 멸실등기는 사실의 등기이나, 부동산이 멸실한 때에는 그 부동산 위의 권리도 모두 소멸한다. 멸실등기를 하는 때에는 등기부 표시란에 멸실 원인을 기재하고, 부동산의 표시와 표시번호를 朱抹(주말)해서 그 등기용지를 폐쇄한다. 여기서 주의할 것은 토지나 건물의 일부가 멸실한 때에는 지적 또는 건물의 표시의 변경등기가 행하여질 뿐이고, 멸실등기를 하는 것이 아니다.

4. 등기의 효력에 따른 분류

(1) 본등기(終局登記)

본등기는 등기의 본래의 효력 즉 물권변동의 효력을 발생하게 하는 등기로서 보통의 등기는 모두 이에 속한다.

(2) 예비등기

예비등기는 등기의 본래의 효력인 물권의 변동에는 직접 관계가 없고, 다만 간접적으로 이에 대비하여서 하는 등기이다. 이에는 가등기가 있다.

가등기는 본등기를 할 수 있는 실체적 또는 절차법상의 요건이 갖추어지지 않은 경우에, 장래에 그 요건이 완비된 후에 할 본등기의 순위를 보전하기 위하여 미리 하는 등기이다. 가등기는 부동산에 관한 권리의 변동(임차권 등도 포함)을 목적으로 하는 청구권을 보전하기 위하거나, 그러한 청구권이 시기부(始期附) 또는 정지조건부(停止條件附)일 때 기타 장래에 있어서 확정될 것인 때에 할 수 있다. 뒤에 본등기를 하면 본등기의 순위는 가등기의 순위에 의하게 된다.

Ⅳ. 등기의 절차

등기는 원칙적으로 당사자의 신청(공동신청주의) 또는 관공서의 촉탁에 기하여 행하여지며(부동산등기법 제22조), 예외적으로 등기관의 직권 또는 법원의 명령으로써 행하여진다(동법 제36조, 제107조). 당사자가 하는 경우에는 등기권리자와 등기의무자 또는 이들의 대리인이 등기소에 출두하여 공동으로 신청하게 된다(동법 제24조).

소유권 보존등기를 신청할 때는 주민등록표 등본 1통, 신청서, 신청서부본 2통, 등록세 납부영수필 통지서, 영수필 확인서 각 1통씩과 미등기토지의 토지대장등본 또는 미등기건물의 건축물관리대장 등본과 동일한 대지상에 수개의 건물이 있거나 구분건물인 경우에는 건물도면 1통씩이 필요하다.

소유권 이전등기 신청 시에는 등기필증(구 권리증), 등기의무자(매도인 등)의 인감증명서, 등기원인을 증명하는 서면(예컨대 매매계약서, 증여계약서 등), 등록세납부영수필통지서, 영수필확인서 각 1통씩과 신청서, 신청서부본 1통, 등기의무자(매도인 등), 등기권리자(매수인 등)의 각 주민등록등본, 토지대장(건물인 경우에는 건축물관리대장)등본 등이 필요하며, 계약(예컨대 매매, 증여, 교환 등)을 원인으로 하여 소유권 이전등기를 신청할 때에는 계약서에 부동산의 소재지를 관할하는 시장(구가 설치되어 있는 시는 구청장)·군수의 검인을 받아 제출하여야 하며, 상속등기의 경우에는 가족관계등록부등본(제적등본)을 제출하여야 하고, 또한 부동산의 과세시가 표준액이 500만 원 이상인 때에는 소정의 주택채권을 매입하여야 한다. 등기원인에 대하여 제3자의 허가·동의 또는 승낙을 받을 것이 요구되는 때에는 이를 증명하는 서면(예컨대 토지등거래계약허가증·농지매매증명서·택지취득허가증)을 첨부하여야 한다.

한편, 등기필증을 분실했을 때에는 종전에는 보증서를 첨부하였으나 지금은 등기의무자 또는 법정대리인이 직접 등기소에 출석하거나 변호사 또는 법무사가 대리인으로서 위임받았음을 확인하는 서면을 제출하거나, 등기신청서 또는 위임장에 공증인의 공증을 받아야 한다.

등기부상 소유자의 주소가 틀리거나 변경된 때 이를 변경등기하려면 틀린 사실 또는 변경된 사실을 증명하는 시·구·읍·면장의 서면(예컨대 동일인 보증서)과 신청서부본 2통이 필요하다.

등기부상 소유자의 성명이 잘못 기재되어 이를 정정하려면 등기부의 기재가 잘못되었음을 증명하는 시·구·읍·면장의 서면(예컨대 가족관계등록부의 기본증명서, 주민등록표등본 등)이나 이를 증명할 수 있는 서면(예컨대 동일인 보증서)과 신청서 부본 2통이 필요하다.

지상권, 지역권, 전세권, 저당권, 임차권 등의 설정등기를 신청하려면 소유권 이전등기 시에 필요한 서류 중 검인계약서 등 대신에 원인관계를 증명하는 서류 즉,

지상권설정계약서, 저당권설정계약서 등이 필요하나, 신청서부본과 등기의무자 즉 설정자의 주민등록표 등본은 불필요하다.

V. 등기의 효력

1. 본등기의 효력

본등기를 하게 되면 다음과 같은 효력을 가지게 된다.

첫째, 권리변동적 효력을 가진다. 등기는 원칙적으로 부동산물권의 변동을 일으키는 효력을 가지는데 그 효력은 등기를 신청한 때가 아니라, 등기부에 기재된 때이다. 따라서 등기공무원이 등기신청을 접수하였고 등기필증까지 교부하였더라도 실제로 등기부에 기재되지 않은 경우에는 등기의 변경적 효력은 발생하지 않는다.

둘째, 대항적 효력을 가진다. 지상권 · 지역권 · 전세권 · 저당권의 변동은 등기할 수 있는데(부동산등기법 제3조), 등기를 함으로써 그 등기의 내용으로서 기재된 일정한 사항을 가지고(예를 들면, 지상권 또는 전세권의 존속기간 등, 저당권의 변제기 등) 제3자에게 대항할 수 있다(일정 사항을 등기하지 않으면 당사자 사이에서 채권적 효력이 있을 뿐이다).

셋째, 순위확정적 효력을 가진다. 동일 부동산에 관하여 등기된 2개 이상의 권리 사이의 순위는 등기한 순서에 따른다(부동산등기법 제4조 제1항). 그리고 등기의 순서는 등기기록 중 동구(同區)에서 한 등기 상호간에는 순위번호에 따르고, 다른 구에서 한 등기는 접수번호에 따른다(동법 제4조 제2항). 다만 부기등기(附記登記)의 경우에는 주등기(主登記) 순위에 의한다(동법 제5조).

넷째, 등기는 점유적 효력을 가진다. 민법은 등기부취득시효를 규정(제245조 제2항)하고 있다. 즉, 부동산소유자로 등기되어 있는 자가 10년간 자주점유를 한 때에는 소유권을 취득하며 소유권 이외의 재산권에도 준용된다(민법 제248조). 따라서 마치 동산취득시효에 있어서의 점유와 같은 효력을 갖는다.

다섯째, 추정적 효력을 가진다. 등기에는 등기부상에 기재된 바와 같은 실체적 권리관계가 존재한다는 추정을 받는다. 즉 등기의 내용을 신뢰하는 것은 선의(善意)에 관하여 무과실이 추정되고 따라서 등기의 내용을 조사하지 않는 것은 선의라고 할지라도 과실이 추정된다. 그런데 점유의 추정적 효력(민법 제200조)이 등기된 부동산에도 적용되는가에 대하여는 학설이 나뉘어 있으나 등기가 공시방법으로 인정되어 있으므로 등기된 부동산에 대하여 점유의 추정력을 인정할 여지는 없다(대판 1966.7.26, 66다864).

여섯째, 등기에는 공신력이 없으므로 실체적 무권리자의 등기는 무효이고, 이를 믿고 이전등기를 하더라도 무효이다.

일곱째, 형식적 확정력을 가진다. 등기는 절차를 중시하는 것이므로 그 유·무효를 떠나서 절차에 의하지 아니하고는 그 효력이 없다. 예컨대 무효인 등기라도 말소등기에 의하지 아니하고는 등기가 말소되지 아니한다.

2. 가등기의 효력

첫째, 본등기 순위보존의 효력(본등기 후의 효력)을 가진다.

가등기를 한 후에 이에 따라서 본등기를 하면, 본등기의 순위는 가등기에 의한다(부동산등기법 제91조).

둘째, 본등기 전의 효력을 가진다.

가등기 후에 본등기가 없으면 가등기 자체로는 아무런 실체법상의 효력이 없으므로 등기의무자인 본등기명의인은 그 부동산을 처분할 수 있다. 예컨대 A로부터 B에게의 소유권 이전 또는 제한물권 설정에 관한 가등기가 있더라도 A는 C를 위하여 소유권을 이전하거나 또는 제한물권을 설정할 수 있다. 즉 그러한 본등기를 할 수 있는 것이다. 다만 후에 B가 가등기에 기하여 본등기를 하면 C의 본등기는 B의 가등기에 저촉하는 범위에서 그 효력을 잃거나 또는 그것에 우선 당하게 될 뿐이다(대판 1965.5.24, 66다485; 대판 1970.3.10, 69다1699). 따라서 가등기는 그 자체가 공시수단이기 때문에 가등기가 되어 있는 부동산에 대하여 거래를 하는 자는 후에 그 순위가 가등기시까지 소급하여 본등기가 된다는 것을 예상하여야 한다. 또한 가등기권리자는 가등기의무자가 파산선고를 받아도 파산관재인(破産管財人)에 대하여 본등기절차를 청구할 수 있다.

3. 등기청구권

등기는 공동신청이 원칙이기 때문에 등기권리자에게는 등기의무자에 대하여 등기신청에 협력할 것을 요구할 수 있는 권리가 인정된다. 이것이 바로 등기청구권이다. 만일, 상대방이 등기에 협력하지 않는다면 등기권리자는 이를 소구(訴求)하고 판결을 얻어 이에 기하여 단독으로 등기를 신청할 수 있다(부동산등기법 제23조).

VI. 등기에 관한 특수문제

1. 중간생략등기

중간생략등기(中間省略登記)는 부동산이 최초의 양도인으로부터 중간취득자에게 그리고 최종취득자에게 전전 이전될 경우에 그 중간취득자의 등기(중간등기)를 생략해서 최초의 양도인으로부터 직접 최후의 취득자에게 이전등기 하는 것을 말한다.

중간생략등기는 등록세 기타의 조세부담을 경감하고, 그 밖에 절차나 비용을 절약하기 위하여 오래 전부터 널리 관행적으로 이용되어 왔다. 그러나 부동산등기특별조치법(1990. 8. 1. 법률 제4244호)은 그 등기가 조세회피, 시세차익을 목적으로 하거나 법령회피를 목적으로 하는 것인 때에는 이를 금지하고 있다. 따라서 이를 위반한 경우에는 처벌을 받게 된다(3년 이하의 징역 또는 1억 원 이하의 벌금).

2. 실제와 다른 등기원인에 의한 등기

등기부에는 반드시 '등기원인'이 기재되기로 되어 있다(부동산등기법 제34조). 그러나 실제 거래계에서는 세금관계 또는 등기절차의 번거로움 등으로 이러한 등기원인을 사실과 다르게 표시해서 등기를 신청하는 일이 많다. 예컨대 '증여'에 의한 소유권 이전등기를 '매매'에 의한 이전등기로서 신청하는 것이다. 이 때 이 등기가 유효한지가 문제된다. 이 경우 물권행위와 등기는 부합한다. 다만 그 등기원인이 다를 뿐이므로 이러한 등기를 무효라고 볼 필요는 없을 것이다(대판 1955.1.24, 4287민상200). 그 외에도 법률행위의 무효(예컨대 허위표시 등)로 물권이 복귀한 경우에 말소등기를 하지 않고 이전등기를 한다든가, 또는 법률행위가 취소 · 해제되어 물권이 복귀하는 경우에 등기의 원상회복방법으로서 이전등기를 말소하지 않고서 다시 이전등기를 하는 등의 편법도 이용되고 있다. 그러나 이들 등기도 당사자 사이의 실체관계는 부합하는 것이므로 유효하다고 할 것이다(대판 1970.7.24, 70다1005).

3. 무효등기의 유용

어떤 등기가 되어 있으나 그것이 실체적 권리관계에 부합하지 않는 것이어서 무효로 되었으나, 그 후에 그 등기에 부합하는 실체적 권리관계가 있게 된 때에는 유효하다고 할 것이냐가 문제이다. 예컨대, 가장매매(假裝賣買)를 원인으로 한 소유권 이전등기는 그 매매행위가 무효이므로(허위표시이기 때문에) 무효가 되나, 그 후에 적법한 매매 등으로 다시 이전등기를 하게 되었다면, 처음의 무효등기를 말소함이 없이 그 등기를 가지고 후의 적법한 원인에 의한 등기로 流用(유용)할 수 있느냐가 문제된다. 이러한 편법을 인정하더라도 당사자간 하등의 부당한 결과를 초래하지 않기 때문에 이를 유효하다고 할 것이다.

4. 명의신탁

명의신탁(名義信託)이란 부동산의 등기를 실제소유자가 아닌 제3자 명의로 해두는 것을 말한다. 예컨대 宗中의 토지와 건물을 종중 대표자의 명의로 등기하여 두거나, 사업상 필요에 의하여 타인명의로 등기하는 경우이다.

이와 같이 명의신탁 된 부동산은 실제소유자와 등기부상의 소유자가 서로 다르기 때문에 분쟁의 소지가 있다. 즉 등기명의자가 그 부동산을 명의신탁자 몰래 제3자에게 매도하는 경우이다. 제3자로서는 어느 부동산이 명의신탁된 것인지 모르고 등기명의인과 거래를 하는 경우가 발생한다. 이 때 제3자는 그 등기가 명의신탁에 의한 것인지 여부를 알고 있었던 또는 몰랐던 상관없이 그 부동산에 대한 소유권을 취득하게 된다. 이러함에도 불구하고 오랜 관행으로 명의신탁이 애용되어 온 것은 법률관계의 간편성에도 기인하지만, 대개는 조세회피나 투기, 법령회피의 수단으로 악용되기 때문이다. 따라서 부동산등기특별조치법에서는 이를 금지하고 있다(동법 제7조). 더구나 1996년부터는 부동산실명제에 의하여 일정한 경우(종중, 배우자, 종교단체의 부동산 등) 외에는 명의신탁을 절대적으로 금지하고 있다.

5. 부동산등기특별조치법상의 문제

(1) 소유권 이전등기 신청의무

부동산양도 거래시에는 반드시 등기를 신청하여야 한다(동법 제2조 제1항). 따라서 부동산의 소유권 이전을 내용으로 하는 계약을 체결한 자는 그 계약의 종류에 관계없이 반드시 등기신청을 할 수 있는 때(잔금지급일 등)로부터 60일 이내에 소유권 이전등기를 신청하여야 한다.

만일 이와 같은 등기신청의무를 게을리 하였을 때는 과태료가 부과된다(동법 제11조). 즉, 등기신청의무를 상당한 사유 없이 이행하지 아니하면 해태한 날 당시의 그 부동산에 대한 등록세액의 5배 이하의 과태료를 부과하게 된다. 이 때 과태료는 원칙적으로 등기를 함으로써 이익을 얻게 되는 등기권리자에게 부과하되 등기를 제때에 신청하지 못한 원인이 등기의무자의 책임 있는 사유에 의한 때에는 등기의무자에게 과태료가 부과된다.

(2) 거래내용에 부합하지 않는 등기신청행위 등에 대한 형사처벌

(가) 등기원인 허위 기재시

등기의무자가 등기원인 등을 허위로 기재한 경우에는 형사처벌을 받게 된다(동법 제8조 제2항, 제6조). 따라서 토지를 매매한 자가 증여를 받은 것으로 하여 등기를 신청하거나 저당권설정등기를 신청하면 위와 같은 처벌을 받게 된다(3년 이하의 징역 또는 1억 원 이하의 벌금).

(나) 미등기 전매시

부동산의 소유권을 넘겨받을 것을 목적으로 하는 계약을 체결한 사람이 조세부과를 회피하려 하거나, 다른 시점 간의 가격변동에 따른 이득을 얻으려 하거나, 소유권 등 권리변동을 규제하는 법령의 제한을 회피할 목적을 가지고 다음과 같은 기간 내에 전매계약을 체결하면 형사처벌을 받게 된다(동법 제8조 제1호).

첫째, 전매계약(轉賣契約)을 체결하기 전에 이미 원 계약에 따른 등기신청을 할 수 있었던 경우, 즉 원 계약에 따른 소유권 이전등기를 신청하지 아니하고 전매한 때(동법 제2조 제2항)

둘째, 전매계약을 체결한 후 원 계약에 따른 등기신청을 할 수 있게 된 경우 즉, 전매계약 체결 후 원 계약에 따른 등기신청을 할 수 있게 된 날로부터 60일 이내에 소유권 이전등기를 신청하지 아니한 때(동법 제2조 제3항)에는 3년 이하의 징역 또는 1억 원 이하의 벌금형에 처하여진다.

㈐ 검인(檢印)받지 않고 전매행위를 한 경우

거래 상대방과 계약을 맺어 그로부터 부동산에 대한 소유권을 넘겨받게 되어 있는 사람은 그 계약서에 검인을 받지 아니한 상태에서 다시 제3자와 그 부동산의 소유권을 넘겨 주는 것을 내용으로 하는 계약이나 당사자의 지위를 이전하는 계약을 체결할 때에는 1년 이하의 징역 또는 3천만 원 이하의 벌금형에 처한다(동법 제9조 제1호, 제4조).

(3) 탈법행위 방지를 위한 제도보완

소유권 이전등기를 신청하기 위해서는 부동산거래계약서에 행정관청의 검인(검인계약서)을 받아야만 할 수 있다. 즉 부동산 매매계약을 원인으로 소유권 이전등기를 신청할 때에는 반드시 검인을 받은 계약서를 제출하여야 하며, 확정판결 등에 의하여 소유권 이전등기를 하려고 하는 경우에도 그 판결서 등에 검인을 받아 제출하여야 한다.

또한 부동산을 취득하기 위하여 행정관청으로부터 허가를 받아야 하거나 신고를 하여야 하는 경우에는 등기신청시에 반드시 그 허가(신고)를 증명하는 서면을 함께 제출하여야 등기가 가능하며, 확정판결이나 그와 같은 효력이 있는 조서 등에 의하여 등기를 하려고 하는 경우에도 마찬가지이다.

제7장 부동산거래와 법률

1 날인(捺印)없는 계약서는 무효인가?

질 문

저는 A와 부동산매매계약서를 작성하면서 서명을 하였으나 인감도장을 찍지 않고 무인(拇印)을 찍었습니다. 그 후 제가 A에게 매매계약의 내용에 따라 이행을 촉구하자 A는 인감도장이 아닌 무인으로 찍은 계약은 무효라고 주장합니다. 날인과 무인은 어떻게 다르며 그 효력은 어떠한지요? 그리고 구두계약의 효력은 어떠한지요?

답 변

무인으로 한 계약서 작성도 유효하다. 일반적으로 계약서등 문서를 작성함에 있어서 효력발생요건으로 서명 또는 기명날인을 요한다. 법률상 서명의 경우에는 서명만으로도 충분하다. 기명의 경우에는 반드시 도장을 찍어야 그 효력을 발생하게 된다.

여기서 서명은 문서에 자기의 성명을 스스로 쓰는 것을 말하고, 기명은 예컨대, 고무인·인쇄·타이프 등의 방법 여하를 불문하고 자기의 성명을 기입하는 것을 말한다. 날인(捺印)은 조인(調印)·압인(押印)이라고도 하며 인장을 찍는 것을 말한다. 기명날인은 행위자로서의 동일성을 표시하는 수단이 된다. 그러나 민법과 상법에서는 기명날인 이외에 서명도 유효한 것으로 하고 있다.

한편 계약서에 무인(拇印) 즉 손가락 끝(보통 엄지손가락)에 인주를 묻혀 찍는 것은 흔히 볼 수 있는 일이다. 대개는 법률상 또는 관습상 날인이 요구되는 때가 많으나 인장(인감도장이 아니어도 무방하나 대개는 인감도장을 선호함)이 없을 때에는 무인으로 대신하는 수가 있다. 따라서 계약서에 무인으로 찍어도 유효한 증거가 될 수 있다. 오히려 요즈음은 분실염려 있는 도장을 지참하여 찍는 것보다 무인이 더욱 편리할 수가 있다.

또한 계약은 당사자의 합의만 있으면 성립하는 낙성계약(諾成契約)이 원칙이다. 따라서 계약은 반드시 서면계약을 요하지 않고 구두로 합의하여도 유효하게 성립한다. 그러나 구두계약의 경우에는 상대방이 그 계약의 내용을 이행하지 않거나, 그러한 사실의 존재를 부정하게 되면 계약사실을 입증하기가 곤란하게 된다. 따라서 되도록이면 나중의 분쟁방지를 위해서라도 서면계약이 생활화되어야 할 것이다.

2 법률행위의 무효와 취소의 차이

질 문

저는 퇴직 후에 한적한 전원생활을 하고 싶어 넓은 대지가 딸린 허름한 농가주택을 사서 나중에 개축하려 합니다. 그런데 매매계약을 잘못하면 계약이 무효 또는 취소된다고 합니다. 어떤 경우에 그렇게 되며, 무효와 취소는 어떻게 다른지요?

답 변

無效란 법률행위(계약)가 성립한 당초부터 법률상 당연히 그 효력이 발생하지 않는 것이 확정되어 있는 것을 말한다. 법률행위를 무효로 하는 원인은 그 행위의 결함이 중대하고 명백한 경우로서, 유아(幼兒)·술에 만취한 자 등의 계약과 같이 당사자의 의사능력에 결함이 있는 경우, 밀수·도박 등과 같이 법률행위의 목적이 불법적인 경우, 폭리행위 등과 같이 공정하지 못한 법률행위의 경우, 가장매매 등과 같이 통정한 허위표시의 경우 등이 있다. 취소(取消)는 원칙적으로 무능력 또는 의사표시가 착오·사기·강박(强迫)으로 행하여졌다는 것을 이유로, 일단 유효하게 성립한 법률행위의 효력을 나중에 행위시에 소급하여 소멸케 하는 특정인(취소권자)의 의사표시이다. 이와 같이 취소할 수 있는 상태에 있는 법률행위를 취소할 수 있는 법률행위라고 한다. 취소할 수 있는 법률행위로는 제한능력자(미성년자 · 피성년후견인 · 피한정후견인)의 행위, 착오 · 사기 · 강박에 의한 의사표시 등이 있다.

무효와 취소의 가장 근본적인 차이는, 취소는 특정인이 특히 그 효력을 잃게 하기 위한 주장 내지 행위를 하는 때에 비로소 효력이 없는 것으로 되는 데 반하여, 무효는 누구의 주장이나 행위를 기다리지 않고서 당연히 처음부터 효력이 없는 것으로 되는 점에 있다. 이러한 근본적인 차이점을 중심으로 하여 양자를 비교하면

첫째, 무효는 특정인의 주장을 필요로 하지 않으며 당연히 효력이 없는데, 취소는 특정인의 주장(취소)이 있어야 비로소 효력이 없게 된다.

둘째, 무효는 처음부터 효력이 없으므로 누구든지 효력이 없는 것으로서 다루게 되는데, 취소는 취소를 하기 전에는 일응 효력이 있는 것으로 다루어진다.

셋째, 무효는 시간이 경과하더라도 효력에는 아무런 변동이 없는데, 취소는 일정한 시간이 경과하면 소멸하고, 따라서 유효한 것이 되어버리나, 취소되면 처음부터 효력이 없었던 것으로 된다.

그러나 이러한 차이점에도 불구하고 취소의 효과는 소급효가 있기 때문에 결과적으로는 무효와 취소는 공통점을 가지고 있다고 하겠다.

따라서 부동산매매든 상품매매든 어떠한 계약을 하더라도 원천적으로 무효인 계약이나, 나중에 취소함으로써 무효가 되는 계약은 계약 당시부터 잘 살펴서 해야 할 것이다.

3 계약의 해제와 해지의 차이

질 문

저는 가옥을 매수하기로 하고 집주인과 가옥매매계약을 체결하였는데 나중에 매도인이 계약을 해제하겠다는 내용증명을 보내왔습니다. 또 어떤 때는 계약을 해지하겠다고도 하는데 해제와 해지는 어떻게 다른지요?

|답 변|

해제란 유효하게 성립한 계약의 효력을 당사자 일방의 의사표시에 의하여 소급적으로 소멸시킴으로써 당사자 사이에 처음부터 계약이 존재하지 않았던 것과 동일한 효과를 생기게 하는 것이고, 해지는 계속적 법률관계에 있어서 당사자 일방의 의사표시에 의하여 장래에 향하여 그 계약관계를 소멸케 하는 것이다.

해지는 해지권자의 일방적 의사표시에 의하여 행하여지는 점과 해지권의 발생원인 등은 해제와 유사하나, 해제는 소급효가 있는데 반하여 해지는 장래에 향하여서만 효력이 발생하는 점이 근본적으로 다르다. 계약이 해제되면 원상회복의무·손해배상청구권이 생기는데, 계약이 해지되면 반환의무가 생기는 점은 해제와 다르나 손해배상 청구권이 있음은 해제와 같다. 계약에서 해지란 용어가 쓰이는 것은 소비대차·사용대차·임대차·고용·위임·임치·조합·종신정기금 등 계속적 채권관계를 발생하는 계약에 한한다. 따라서 부동산매매계약에서는 계약의 해지가 아니라 해제로 하여 의사표시를 하여야 한다.

4 증여한 부동산을 돌려받을 수 있는지?

질 문

저는 소유하고 있던 부동산을 2년 전에 자식명의로 아무런 조건 없이 소유권이전등기를 해 주었습니다. 그런데 자식은 이를 미끼로 다니던 직장도 그만 두고 친구와 사업한다면서 저의 유일한 거처인 이 부동산을 처분하려고 하고 있습니다. 이 부동산을 되돌려받고 싶은데 가능한지요?

|답 변|

증여의 특유한 해제원인으로 민법은 세 가지를 규정하고 있다.

첫째, 서면에 의하지 않은 증여는 이행이 있기 전에는 각 당사자가 해제할 수 있다(동법 제555조). 그러나 이미 이행한 부분에 대하여는 영향을 미치지 않는다. 여기서 이행이라 함은 증여자가 약속대로 재산을 수증자(受贈者)에게 수여하는 것을 말한다. 동산의 증여에 있어서는 인도(引渡)가 이행이며, 부동산의 증여에 있어서는 소유권이전등기를 한 때에 이행을 한 것이 된다.

둘째, 수증자의 증여자에 대한 일정한 망은(忘恩)행위가 있는 때에는, 증여자가 증여계약을 해제할 수 있다(동법 제556조). 즉 증여자 또는 그 배우자나 직계혈족에 대한 범죄행위가 있는 때와 증여자에 대하여 부양의무가 있는 경우에 이를 이행하지 아니하는 때이다. 망은행위에 의한 해제권은 해제권자인 증여자가 망은행위가 있었음을 안 날로부터 6개월을 경과하거나, 또는 증여자가 수증자에 대하여 용서의 의사를 표시한 때에는 소멸한다. 수증자의 망은행위를 이유로 계약을 해제하더라도 증여자가 이미 이행한 부분이 있는 때에는 그 부분에 대하여는 영향을 미치지 않는다.

셋째, 증여계약 후에 증여자의 재산상태가 현저히 변경되고 그 이행으로 생계에 중대한 영향을 미칠 경우에는 증여자는 증여를 해제할 수 있다(동법 제557조). 이 때 '그 이행으로 인하여 생계에 중대한 영향을 미치는 경우인지'의 여부는 증여자가 속하는 계급 · 지위 등을 고려하여 객관적으로 결정하여야 하며, 증여자의 생존권을 위태롭게 하는 경우 등이 이에 해당된다고 할 것이다. 그러나 증여자의 재산상태 악화에 의한 해제에 있어서도 해제할 수 있는 것은 아직 이행하지 않은 부분에 한하며, 이미 이행한 부분에 대하여는 영향을 미치지 않는다.

따라서 귀하의 경우 위의 어떤 경우에 해당되는지 구체적 사정을 알 수는 없으나, 위의 증여계약해제사유가 있다고 하더라도 귀하는 이미 자식에게 소유권이전등기를 해주어 증여계약이 이미 이행된 것이므로 그 해제가 불가능하다고 할 것이다(대판 1991.8.31, 90다6729).

5 잔금지급 전 불에 탄 가옥은?

질 문

저는 저의 집을 A에게 1억 원에 팔기로 매매계약을 체결하고 선금(계약금)조로 1,000만 원, 중도금조로 3,000만 원을 받았습니다. 그런데 잔금을 받기 열흘 전 옆집에 불이 나서 저의 집에 옮겨 붙어 저의 집이 완전히 다 타버렸습니다. 이 경우 저와 A와의 법률관계는 어떻게 됩니까?

|답 변|

이와 같은 경우를 민법은 소위 위험부담(危險負擔)의 문제로 처리하고 있다. 즉 민법은 "쌍무계약의 당사자 일방의 채무가 당사자 쌍방의 책임 없는 사유로 이행할 수 없게 된 때에는 채무자는 상대방의 이행을 청구하지 못한다(민법 제537조)."라고 규정하여 이 경우의 위험은 채무자가 부담하게 된다(채무자부담주의). 그러나 채권자의 귀책사유로 이행불능이 된 경우에는 채권자에게 책임이 있으므로 채무자는 채권자에게 이행을 청구할 수 있다.

이 사례에서는 집을 넘겨주어야 할 채무자인 귀하의 귀책사유 없이 불에 타서 이행불능상태가 된 것이고 따라서 가옥의 이전등기의무라는 채무는 소멸하게 된다. 그러나 채무자 위험부담의 원칙에 따라서 상대방의 대금지급의무도 소멸하게 되므로 귀하는 A로부터 받은 선금과 중도금을 반환하여야 한다.

결국 귀하의 집의 손실로 발생한 위험을 귀하가 부담하여야 한다.

여기서 전부소실이 아니고 일부소실로 일부불능이 되었다고 보면, 그 일부불능이 거래의 통념 또는 계약의 목적으로 보아 급부 전체의 가치를 잃게 하는 성질의 것이면 전부불능으로서 반대급부청구권이 전부 소멸하고, 그렇지 아니한 경우에는 반대급부 청구권은 불능으로 된 부분에 상응하여 그만큼 당연히 감축된다.

6 부동산 이중매매의 경우

질 문

A는 B로부터 부동산을 매수하였으나 아직 소유권 이전등기를 하지 않고 있던 중 B로부터 이중으로 매수한 C가 A보다 먼저 이전등기를 마쳤습니다. 이 경우 A는 B와 C에 대하여 어떤 권리를 주장할 수 있나요?

|답 변|

이중매매란 부동산소유자가 동일한 부동산을 여러 사람에게 파는 경우를 말한다. 이런 경우 과연 누가 그 부동산의 소유자인가 하는 문제가 발생한다.

우리 민법은 부동산에 대한 소유권 취득은 매매계약을 체결하는 것만으로는 부족하고 등기를 하여야 효력이 발생한다고 규정(제186조 참조)하고 있다. 따라서 동일 부동산에 대해 여러 명의 매수자가 있다 하더라도 소유권을 취득하는 사람은 제일 먼저 계약을 하거나 대금을 지급한 사람이 아니라, 제일 먼저 이전등기를 한 사람이 된다.

따라서 위 사례의 경우 A가 먼저 매수하였더라도 이전등기를 하지 않은 이상 소유자가 될 수 없다. 비록 C가 A보다 나중에 샀더라도 C가 A보다 먼저 이전등기를 하였다면 C가 소유권자이며 A는 C에 대하여 아무런 권리도 주장하지 못한다.

한편 B는 이중매매로 인하여 A에게 이전등기를 해줄 수 없으므로 A와의 계약은 이행불능이 되는 것이다. 따라서 A는 B에 대하여 당연히 그 매매계약을 해제할 수 있고(민법 제546조), 손해배상을 청구할 수 있다(민법 제551조). 또한 형법상으로는 배임죄에 의하여 처벌이 가능하다.

7 실제면적이 등기면적보다 적은데…

질 문

저는 집을 짓기 위해 1년 전에 대지 250㎡를 매수하였습니다. 그러나 땅을 사고 나서 실제로 측량해보니 등기부상 250㎡보다 적은 240㎡였습니다. 그래서 매도인에게 등기면적보다 적은 10㎡부분의 대금을 반환하여 달라고 청구하였지만 거절당하였습니다. 과연 매도인은 책임이 없는지요?

답 변

토지의 등기면적이 실제면적과 약간의 차이가 나는 것은 흔히 볼 수 있는 일이다. 그래서 토지매매에서는 매도인이 특별히 “등기부 상에 있는 면적이 실제면적과 같다”는 것을 보증한 경우가 아니면 면적부족에 대한 책임이 없다. 그러나 계약서 중에 적극적인 보증규정을 기재하였거나, 등기부상 토지를 기재하고 대금을 계산하면서 1평(또는 1㎡)당 단가를 정하고 거기에 등기면적을 곱한 내용이 있을 때에는 매도인이 토지면적을 보증한 취지로 본다.

위 사례의 경우 보증이 없었던 것으로 보이는데 이때는 매도인에게 매매대금의 감액을 청구할 수 없다고 할 것이다.

실제로 부동산매매에서 매도인은 실제면적에 부족이 있더라도 책임을 지지 아니한다는 취지의 내용을 계약서에 명시하는 경우가 많다. 그러나 이 경우에도 그 차이가 클 때에는 대금을 청산하는 것이 타당할 것이다. 이때는 면적부족을 알고 나서 1년 안에 청산을 요구하여야 한다.

반대로 실제평수는 300㎡인데 등기평수는 250㎡인 경우에는 특약이 없는 이상 매도인은 대금을 추가로 청구할 수 없다.

8 가등기 또는 예고등기된 부동산의 매입효과

질 문

저는 모처럼 집을 마련하기 위하여 시세보다 훨씬 싸게 나온 집의 등기부를 열람해 보니, 어떤 부동산은 가등기가 되어 있고, 또 어떤 부동산은 예고등기가 되어 있는 것을 보았습니다. 가등기 · 예고등기란 무엇이며 이러한 부동산을 사도 괜찮은가요?

답 변

가등기는 부동산물권 또는 부동산임차권의 변동을 목적으로 하는 청구권을 보존하려고 할 때와, 이들 청구권이 시기부 또는 정지조건부이거나 기타 장래에 있어서 확정될 것인 때에 하는 등기이다(부동산등기법 제88조). 이들 청구권에 기하여 장차 본등기를 하게 되면 가등기의 순위가 그 본등기의 순위로 된다(동법 제91조).

가등기는 위와 같이 본등기순위보전의 효력을 가지므로, 가등기에 기하여 본등기를 하더라도 물권의 변동은 그 본등기를 하는 때에 일어나고, 다만 그 순위가 가등기를 한 때를 기준으로 하여 결정될 뿐이다. 그러므로 본등기가 없는 한 가등기만으로는 실체법상의 효력(즉 소유권이전 등의 효력)이 생기지 않지만 장래 본등기를 하게 되면 그 등기의 순위는 가등기를 한 때로 소급하므로 가등기가 되어 있는 부동산을 사는 사람 입장에서는 위험이 있다고 하지 않을 수 없다(가등기 후 본등기를 하기 전에 새로이 소유권이전등기를 받은 자는 그 후 가등기권리자가 본등기를 하면 그 소유권이전등기는 직권말소사항이 되어 소유권을 상실할 수 있다).

예고등기는 등기원인의 무효 또는 취소로 인한 등기의 말소 또는 회복의 소가 제기된 경우에 이를 제3자에게 경고하기 위하여 수소법원(受訴法院)의 촉탁으로 행하여지는 등기이다. 이것은 다만 소송의 제기가 있었다는 것에 관한 경고를 주는 효력밖에 없으며, 예고등기가 있다고 해서 그 부동산에 관하여 처분금지의 효력이 생기는 것은 아니다. 또한 소송이 반드시 정당한 이유에 기하여 제기된다고도 할 수 없으므로, 예고등기가 있더라도 그 소송제기의 이유인 등기원인의 무효 또는 실효가 진정으로 존재한다는 추정이 생기게 하지는 않는 등의 문제가 있어 2011. 10. 13. 부동산등기법에서 폐지하였다.

9 명의수탁자가 소유권을 주장하는데…

질 문

저는 몇 년 전 아파트를 매수하면서 세금 등의 관계로 무주택자인 친구명의를 빌려 등기를 해 두었습니다. 그런데 최근에 이 친구가 명의신탁 해 둔 아파트의 소유권을 자기 것이라고 주장하고 있습니다. 등기의 공시의 효력상 저는 빼앗길 수밖에 없는지요?

답 변

그 동안 우리 사회에서는 소유권을 이전할 진정한 의사 없이 세금추징을 면하기 위해 혹은 재산을 은닉하기 위해 타인의 명의를 빌려 등기해 두는 경우가 흔히 있어 왔다. 이러한 소유권 이전행위는 허위표시로 법률상 무효이다. 따라서 실제 소유자는 명의대여인을 상대로 명의신탁에 의한 소유권 이전등기청구를 하여 승소판결을 받아 소유권을 이전받을 수 있다. 이러한 명의신탁은 재산은닉에 의한 채무면탈, 세금포탈, 부동산투기 등의 방법에 악용되어 많은 사회적 문제를 야기 시켜 왔다. 따라서 최근에는 「부동산등기특별조치법」이나 「부동산실권리자명의 등기에 관한 법률」에 의하여 처벌하고 있다. 그 주요내용을 살펴보자.

「부동산실권리자명의 등기에 관한 법률」에서는 부동산을 취득하고 3년 이상 등기를 하지 않거나, 이 법의 시행일인 1995년 7월 1일 이후 명의신탁방법으로 부동산을 등기하거나, 기존 명의신탁부동산을 1996년 6월 30일까지 실명으로 전환하지 않거나, 명의신탁을 양도담보로 위장하기 위해 등기부에 양도담보로 기재하는 등의 실명등기의무를 위반한 행위에 대해서는, 그 부동산의 30%에 해당하는 과징금을 물어야 하며 형사처벌도 받도록 하고 있다.

따라서 앞으로는 모든 부동산을 실제소유자명의로 등기해야 한다. 종전과 같은 방법으로 한 명의신탁은 매도인과 실제 매수인 간의 매매계약 자체는 유효하다. 그러나 명의대여인 앞으로 된 등기이전과 매수인과 명의대여인 간의 명의신탁 약정은 무효다. 따라서 부동산에 대한 법적 소유권은 여전히 원소유자에게 있다. 부동산을 산 사람은 명의대여인이 아니라 원소유자를 상대로 등기이전청구를 해야 한다(종전에는 명의대여인을 상대로 제소 가능). 만약 원소유주가 거부하면 매매대금만 돌려받을 수 있다.

10 분규교회 재산의 사용수익 및 귀속관계

질 문

교회의 교인들이 교리 등을 이유로 양분되어 반목하고 있습니다. 이러한 경우 교회재산의 사용 · 수익 및 그 귀속관계는 어떻게 되는지요?

답 변

먼저 재산귀속관계를 살펴보면, 단일교회가 2개 이상으로 분열된 경우 그 재산의 처분에 있어서는 교회의 장정(章程), 회칙(會則), 기타 일반적으로 승인된 규정이 있다면 그에 따를 것이지만, 그와 같은 규정이 없는 경우에는 그 재산은 분열당시의 그 교회교도의 총유에 속하는 것이므로, 종전교회의 교종(敎從)들의 총의에 따른 의결방법에 의하여 그 귀속을 결정해야 한다(대판 1971.2.9, 70다2478).

교회의 사용·수익과 관련하여 분열된 각 교회는 별개의 독립된 교회로서 각각 상대방교회의 사용·수익을 방해하지 않는 범위내에서 총유권자로서 교회건물(교회당) 등 종전의 교회재산을 사용·수익할 수 있는 것으로서 교회재산을 사용·수익하는 가장 중요한 방법은 예배행위라 할 것인즉, 교회의 구성원이 계속적으로 변경되어 가는 교회의 속성에 비추어 볼 때 분열된 각 교회는 새로운 교인을 받아들일 수 있음은 물론 예배행위를 주관할 목사를 초빙하여 총유재산인 교회당을 사용할 수 있다(대판 1988.3.22, 86다카1197; 1990.12.21, 90다카22056).

11 등기 후 10년 이상 점유한 경우의 등기부취득시효

질 문

저는 2년 전 A로부터 토지를 매수하고 바로 소유권이전등기를 필한 후 계속 점유하여 왔습니다. 그런데 최근에 B라는 사람이 나타나 제가 매수하여 점유하고 있는 위 토지는 자기의 것이라면서 토지를 자기에게 이전하라고 하고 있습니다. 그래서 등기부를 열람해보니 위 토지는 B가 13년 전까지 소유자로 되어 있고, 그 후 12년 전 B로부터 C가 매수하고 11년 전에 C로부터 A가 매수하여 소유권이전등기 한 것으로 되어 있습니다. 그러나 B는 C에게 위 토지를 매도한 사실이 없으며 C의 등기는 서류를 위조하여 한 원인무효의 등기라는 주장을 합니다. 저는 A로부터 토지를 매수할 당시 등기부도 확인해보았고, 바로 소유권이전등기를 마치고 지금까지 아무런 일없이 점유하고 있었는데 과연 B의 주장대로 위 토지를 B에게 넘겨주어야 하는지요?

답 변

민법 제245조 제2항은 "부동산의 소유자로 등기한 자가 10년간 소유의 의사로 평온·공연하게 선의이며 과실 없이 그 부동산을 점유한 때에는 소유권을 취득한다."라고 규정하고 있다.

종래의 판례는 "등기부취득시효의 기간에 대하여 점유자가 소유자는 아니지만 소유자로 등기되어 있는 경우에는 소유자로 등기된 기간과 점유기간이 다같이 10년이어야 한다."(대판 1969.6.24, 69다436; 1985.1.29, 83다730)라고 하여 본인의 명의로 등기되어 있는 기간이 10년에 미달하면 시효취득이 인정되지 않았었다.

그러나 그 후 대법원은 전원합의체판결로서 "등기부취득시효에 관한 민법 제245조 제2항의 규정에 의하여 소유권을 취득하는 자는 10년간 반드시 그 명의로 등기되어 있어야 하는 것은 아니고, 앞사람의 등기까지 아울러 그 기간 동안 부동산소유자로 등기되어 있으면 된다."(대판 1989.12.26, 87다카2176)고 판시하여 종래판례를 변경하였다.

또한, 점유자는 소유의사로 선의, 평온 및 공연하게 점유한 것으로 추정을 받게 되지만(민법 제197조 제1항), 판례는 "점유자가 점유개시 당시에 소유권취득의 원인이 될 수 있는 법률행위 기타 법률요건 없이 그와 같은 법률요건이 없다는 사실을 잘 알면서 타인소유의 부동산을 무단점유 한 것임이 입증된 경우 특별한 사정이 없는 한 점유자는 타인의 소유권을 배척하고 점유할 의사를 갖고 있지 않다고 보아야 할 것이므로 이로써 소유의 의사가 있는 점유라는 추정은 깨어진다."라고 판시하여(대판 1998.2.10., 97다3422) 시효취득을 주장하는 자가 점유의 권원을 입증하도록 하고 있다.

그리고 등기부취득시효의 요건으로서의 소유자로 등기한 자라 함은 적법 · 유효한 등기를 마친 자일 필요는 없고 무효의 등기를 마친 자라도 상관없으며, 등기부취득시효에서의 선의 · 무과실은 등기에 관한 것이 아니고 점유취득에 관한 것이며(대판 1998.1.20, 96다48527), 그 무과실에 관한 입증책임은 시효취득을 주장하는 쪽에 있다. 다만, 부동산을 취득한 자는 부동산을 양도하는 자가 처분할 권한이 있는지 여부를 조사하여야 하며, 이를 조사하였더라면 양도인에게 처분권한이 없음을 알 수 있었음에도 불구하고 이러한 조사를 하지 아니하고 양수하였다면 그 부동산의 점유에 대하여 과실이 있다고 하지 않을 수 없다는 판례가 있다(대판 1997.8.22, 97다2665).

그러므로 귀하의 경우 위 토지에 대하여 B의 주장대로 C에게로의 소유권이전등기가 원인무효의 등기라고 하더라도 귀하와 A의 점유 및 소유자로 등기된 기간을 합하여 그것이 10년을 넘는다는 점과 무과실을 입증하면 B가 귀하와 A의 점유가 소유의사로 선의, 평온 및 공연하게 점유한 것이라는 추정을 깨뜨리지 못하는 한, 귀하는 위 토지를 민법 제245조 제2항의 규정에 의해 시효취득을 할 수 있으므로 B에게 위 토지를 넘겨 주지 않아도 된다.

12 등기 없이 20년 이상 경작한 토지의 점유취득시효

질 문

저는 부친이 경작하던 밭을 포함한 임야를 상속받아 30년 가까이 경작 · 관리하여 왔는데, 최근에 A라는 사람이 위 임야의 임야대장상의 사정명의와 등기부상의 소유자명의가 그의 조부명의로 되어 있다는 이유로 임야의 인도를 요구하고 있습니다. 위 임야는 저의 부친이 A의 조부로부터 매수하였다고 들었습니다. 어떻게 하면 좋겠는지요?

답 변

다른 사람으로부터 토지 등 부동산을 매수하였다 하더라도 소유권이전등기를 하지 않았다면 소유권을 취득할 수 없으므로(민법 제186조), 등기명의자나 그의 상속인이 법적인 소유자가 된다. 따라서 귀하가 위 토지를 점유하고 있다고 하더라도 법적인 소유자라고 할 수 없다.

그러나 귀하의 경우 부친이 위 임야를 매수하여 이전등기를 하지 않았지만 그 임야를 인도받아 돌아가실 때까지 점유하였고, 그 후 귀하가 점유를 승계하여 경작 · 관리하여 왔다면 등기청구권은 점유하는 동안에는 소멸시효가 진행하지 않는다는 것이 판례의 태도이므로, 귀하는 위 임야에 대하여 매도인의 상속인들을 상대로 매매를 원인으로 한 소유권이전등기청구를 할 수 있다. 한편, 귀하가 매매사실을 입증할 수 있는 방법이 없는 경우에는 점유취득시효를 주장하여 소유권이전등기를 청구할 수도 있다.

즉, 20년간 소유의 의사로 평온 · 공연하게 부동산을 점유한 자는 등기함으로써 그 소유권을 취득하므로(민법 제245조 제1항), 귀하는 A에게 취득시효완성으로 인한 소유권이전등기를 요구할 수 있는 것이다.

그러므로 귀하는 A의 요구에 응할 의무가 없고, 오히려 등기명의자의 상속인인 A를 상대로 처분의 위험성이 있는 경우에는 처분금지가처분을 한 후 매매를 원인으로 또는 점유취득시효로 인한 소유권이전등기절차 이행청구소송을 제기하여 소유권을 취득할 수 있다.

13 미등기무허가건물도 명의변경되나…

질 문

등기가 되어 있지 않은 무허가건물도 명의변경이 가능한지 여부와 가능하다면 무허가건물의 범위와 명의변경 신청방법은 어떻게 됩니까?

답 변

무허가건물이라 하더라도 1979년 무허가건물 전수조사 때 확인등재 되어 무허가건축물대장에 올라있는 경우는 명의변경이 가능하다.

명의변경은 무허가건물 소재지 동사무소에 신청하면 되는데 매매에 의한 경우에는 신청서, 매매계약서, 매도인 인감증명서를 제출하고 상속받은 경우에는 신청서와 상속인 인감증명서 및 주민등록등본, 상속을 증명할 수 있는 서류를 갖추면 된다.

만약 전매로 인해 사실상 전소유자의 소재확인이 불가능하다면 통·반장 또는 건물소재지 통에서 3년 이상(주민등록상 거주기간) 실제 거주하고 있는 가구주 2명을 인우보증인으로 세워 보증인의 인감증명과 주민등록등본 각 1통, 현 소유자의 인감증명 및 주민등록등본 각 1통을 내면 처리된다.

14 계약금과 중도금의 차이

질 문

저는 모처럼 주택을 사게 되었는데 계약시 2주내로 중도금을 내야 한다고 합니다. 계약금을 주는 데도 중도금을 꼭 내야 하는 것이며, 양자 간에는 차이가 있는 것인가요?

|답 변|

부동산매매의 경우 계약시에는 계약금을, 부동산명도일에는 잔금을, 그 중간에는 중도금을 지급하는 것이 거래의 관행이다. 그러나 중도금은 반드시 지급해야 하는 것은 아니고, 계약시에 당사자의 합의로 중도금뿐만 아니라 계약금, 잔금 등에 대하여 그 금액과 기일 등을 자유롭게 정할 수 있는 것이다. 여기서 계약금이란 계약을 체결할 때 당사자의 일방(매수인)이 상대방(매도인)에 대하여 교부하는 금전 또는 유가물을 말한다. 거래의 관행상 매수인이 계약을 이행하지 않을 때에는 계약금을 포기하고, 매도인이 계약을 이행하지 않을 때에는 계약금의 배액을 지급하도록 하고 있다. 이는 계약금이 위약금과 손해배상액의 豫定違約金(예정위약금) 내지 證約金(증약금)으로서의 성질을 가지고 있다고 보기 때문이다. 주의할 점은 계약금의 수수가 있었다고 해서 그것이 언제나 배상액의 예정으로서 해석되는 것이 아니라 위약시에는 교부자는 그것을 몰수당하고, 교부받은 자는 그 배액을 상환한다는 특약을 반드시 해야 한다는 것이다.

이러한 특약을 하고 있는 한, 실제로 발생한 손해액이 계약금 또는 그 배액을 초과하고 있더라도 초과액은 청구하지 못한다. 중도금은 內金(또는 선급금)이라고도 한다. 중도금은 매매대금의 일부를 기한 전에 지급하는 것으로서 매수인의 채무의 일부를 이행하는 것으로 본다. 이를 지급하는 이유는 채무자의 신용상태에 관하여 의심을 가진다든가, 분할 지급하는 것이 편리하다든가 하기 때문이다. 중도금은 본질적으로 대금 기타의 일부변제이므로 해약금과 같이 해제권을 발생시키는 것은 아니다. 따라서 계약시 주의할 것은 계약금이나 중도금을 지급할 때 그 돈의 성질을 명백히 하고 영수증 등에 돈의 성질을 명기해 두는 것이 좋다. 그렇지 않으면 중도금도 계약금의 일부로 취급될 우려가 있기 때문이다.

15 취득세는 언제, 어떻게 내나?

질 문

저는 2개월 전 잔금을 지급하고 아파트를 사서 이전등기도 마쳤습니다. 등기 때 등록세를 낸 일이 있는데 또 취득세를 내야 한다고 합니다. 취득세는 언제, 어떻게 내는 것인지요?

|답 변|

취득세는 부동산뿐만 아니라 각종 회원권(골프, 콘도미니움, 헬스크럽 회원권 등)과 상속재산까지도 광범위하게 과세대상으로 하고 있다.

이때 세금계산의 기준과 취득시기는 첫째, 부동산을 국가나 법인으로부터 취득하거나 공매 등에 의하여 매입한 경우에는 실거래 금액을 기준으로 한다.

둘째, 개인과의 거래인 때는 검인계약서상 금액의 70%(특별감면조례에 의거)를 기준으로 한다. 이 금액이 시가표준액(재산세 및 종합토지세 과세기준)보다 적을 때는 시가표준액을 기준으로 한다. 취득일은 계약서상 잔금 지급일(먼저 등기했을 때는 등기일)이다.

셋째, 상속 또는 증여를 받은 때에는 신고가액과 시가표준액중 큰 금액을 기준으로 과세되는데, 일반적으로 시가표준액을 기준으로 하고 있다. 상속시의 취득일은 사망일(상속 개시일)이며, 증여인 경우는 증여계약서상의 약정일(증여세의 경우는 등기 접수일)이다.

넷째, 골프 회원권 · 콘도미니엄 회원권 및 헬스클럽 회원권을 매입한 때는 도지사가 조사, 결정한 매년 1월 1일의 시가표준액을 기준으로 계산한다. 이때 취득일은 계약서상의 잔금지급일이 없으면 명의변경등록을 한 날이다.

이상의 기준가액에 세율 2%를 곱한 금액이 취득세가 된다(지방세법 제11조). 이와 같이 계산한 세금은 취득유형에 따라 해당 취득일로부터 등기와 관계없이 30일 이내에 부동산 및 골프장 등의 소재지 시 · 군 · 구에 자진신고하여 납부하도록 되어 있다. 만일 이 기간내 신고납부하지 않거나 세금을 적게 냈을 때는, 내야 할 세금에 20%의 가산세를 더 부담하게 된다.

16 등기 이전 때 등록세는 어떻게 내나?

질 문

저는 2개월 전 아파트를 사서 소유권 이전등기를 하려고 합니다. 이 때 필히 등록세를 내야 한다는데 어떻게 내야 하나요. 잘못하면 등록세가 횡령된다고도 하는데요.

▌답 변▌

부동산(토지건물)을 사면 소유권 이전등기를 해야 하고 또한 상속을 받거나 증여를 받았을 때도 명의이전등기를 하게 된다. 이 때에 내는 세금이 지방세인 등록세인데 세금계산의 기준은 실제 취득금액으로 하는 것이 원칙이지만 거래 내용에 따라 일부 계산기준이 다르고 세율도 등기 원인에 따라 다르다.

등록세의 과세기준과 세율은 첫째, 국가나 법인으로부터 취득하거나 공매 등에 의하여 매입한 경우에는 실거래금액을 기준으로 하며 세율은 2%이다(지방세법 제27조).

둘째, 개인과의 거래에 의하여 매입한 때는 검인계약서상 금액의 70%(특별감면조례에 의거)를 기준으로 하는데, 이 금액이 시가표준액(재산세 및 종합토지세 과세기준)보다 적을 때는 시가표준액을 기준으로 하여 2%가 적용된다(지방세법 제28조).

셋째, 증여받은 부동산의 명의를 이전할 때에는 신고가액과 시가표준액 중 큰 금액에 대해 1.5%의 세율을 적용하고 상속받은 부동산의 경우에는 0.8%의 세율이 적용된다.

이상의 기준가액에 해당 세율을 곱한 금액이 등록세가 되는데 이에 부가하여 교육세로 등록세의 20%를 납부하게 된다.

일반적으로 부동산의 소유권이전등기 업무는 변호사 및 법무사가 대리하고 있다. 등록세는 등기할 때 납부하게 되므로 그 동안에는 법무사가 등록세 및 교육세를 계산하여 국고(금융기관)에 납부하였다. 그러나 1995년부터는 부동산소재지 시 · 군 · 구에 신고하여 전산입력에 의한 등록세 영수증 및 영수필확인서, 영수필통지서 등을 발급받아 국고에 수납토록 하고 있다.

이와 같이 납부한 등록세는 국고 수납은행과 등기소에서 보낸 영수필통지서에 따라 해당 시 · 군 · 구에서 다시 확인하여 만일 과세기준 및 세율 등의 착오로 부족하게 납부되었을 때는 덜 낸 세금에 가산세 20%를 추가하여 등기권리자(소유자)에게 고지하게 된다.

17 부동산거래시 유의할 점

질 문

저는 1남 2녀를 둔 가장입니다. 결혼한 지 10년 만에 내 집을 장만하고자 조그마한 집을 계약하려고 합니다. 그런데 막상 집을 살려고 하니 난생 처음이라서 어떻게 계약을 해야 할지 어리둥절합니다. 잘못하면 부동산사기도 당한다던데 부동산거래시 유의할 점들은 무엇인지요?

답 변

우리 나라와 같이 부동산가격이 높은 데서 내 집을 장만한다는 것은 여간 어려운 일이 아니다. 따라서 부동산을 사고자 할 때에는 다음과 같은 유의사항을 지켜서 귀중한 재산이 허비되는 일이 없도록 하여야 하겠다.

(1) 계약 전 유의사항

부동산을 사고자 하는 자는 먼저 해당 지번의 지적을 확인하고, 등기부등본(등기소에서 발부), 토지대장, 가옥대장, 임야대장, 도시계획확인원, 용도지역확인원(이상 시·군·구청에서 발부) 등을 교부받아 본 후, 직접 현장을 답사하여 현장과 각 서류들 간에 일치하는지 여부를 살펴야 한다. 또한 매도인이 실제 그 부동산의 소유자인지 여부도 확인하여야 한다.

이러한 여러 확인사항 중에서도 가장 중요한 것이 등기부인데, 부동산중개업자 또는 매도인이 제시하는 등기부등본을 확인하는 것만으로 그치지 말고, 반드시 매수자 본인이 직접 등기부를 열람하여 등기내용을 확인할 필요가 있다. 등기부열람 결과 저당권 등의 담보물권, 가등기가 되어 있는 경우에는 일단 매수하지 않는 것이 좋다. 다만 그래도 꼭 매수하여야 할 사항이 있는 경우에는 매도인 및 채권자 등 등기부상의 권리자와 협의하여 위 등기된 내용을 고려하여 매매대금을 정하며, 추후 위 등기를 말소할 수 있는 확실한 방법을 강구한 후 매수하여야 한다.

다만 위와 같이 공시된 권리관계 외에도 미등기된 전세와 임대차에 의하여 사는 사람이 있는지의 여부 등도 현지조사를 통하여 확인할 필요가 있다.

(2) 계약시의 유의사항

계약서는 구체적으로 명백하게 작성하되 애매한 문구는 사용하지 않아야 하고, 통상적으로 인쇄된 계약서 용지를 사용할 경우에는 인쇄된 내용을 면밀히 검토한 후 계약내용에 따라 정정 또는 특약사항(예컨대 세금, 정원수, 비용, 벌칙 등)을 기재하는 등 정확히 작성하여야 한다.

계약당사자는 매도인 · 매수인 모두 본인 간에 직접 계약하는 것이 안전하다. 부득이한 경우 대리인과 계약할 때에는 대리인이 본인의 적법한 권리자라는 것을 확인(매매목적 부동산의 처분권에 대한 위임장 등 첨부)하여야 한다. 그리고 위의 어떤 경우이든 계약입회인을 두는 것이 좋다. 특히 토지거래규제대상지역의 토지거래시에는 토지거래계약 허가 등의 절차를 거쳐야 한다. 또한 고가의 부동산 매매시에는 법률을 잘 아는 사람과 협의하여 하는 것이 분쟁을 미리 방지하는 방법일 것이다.

(3) 대금지급시 유의사항

모든 금전거래와 같이 부동산거래에서도 계약금, 중도금, 잔금을 지급할 때에는 반드시 영수증을 받아 두어 대금 지급내용을 명백히 하여야 한다.

그리고 중도금과 잔금을 지급하기 전에 매번 등기부를 확인하여 그 동안에 권리관계에 이상이 있는지 유무를 확인하여야 한다. 잔금을 지급할 때에는 동시에 등기권리증, 매도자 인감증명서 등 등기에 필요한 서류를 넘겨받아 즉시 이전등기를 마친 후, 등기부등본을 발급받아 등기신청 한 대로 이전등기가 되어 있는지도 확인하여야 한다.

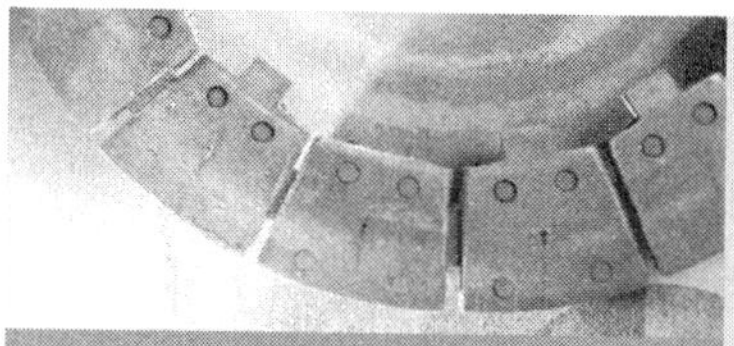

서설/일반적 불법행위의 성립요건
불법행위의 효과/특수한 불법행위
사례문답

제8장 손해배상과 법률

제1절 서 설

사람이 사회생활을 영위해 가면서 남에게 손해를 끼치는 수가 있다. 그러한 손해를 입히는 원인은 크게 두 가지로 나누어 볼 수 있다. 하나는 채무불이행이고, 다른 하나는 불법행위이다. 채무불이행은 계약불이행이라고도 하는데 주로 이행지체, 이행불능, 불완전이행의 세 가지를 들 수 있다. 이행지체는 이행이 가능함에도 불구하고 이행기가 지났는데도 아직 이행하지 않고 있는 것(예컨대 어떤 물건의 매매계약을 하였는데 약속한 인도기일에 인도를 하지 않고 있는 경우)이고, 이행불능은 채권(채무)의 성립 후에 이행할 수 없게 된 것(예컨대 주인의 요청으로 보관하고 있는 물건을 失火로 인하여 소실케 하여 주인에게 돌려 줄 수 없게 된 경우)이다. 불완전이행은 채무의 이행으로서 어떤 급부를 하긴 하였으나 그것이 불완전한 경우(예컨대 진도개 5마리를 팔기로 하였으나 실제는 진도개 3마리와 삽살개 2마리로 인도한 경우)이다. 넓게는 적극적 채권침해(積極的 債權侵害)(예컨대 주문한 사료를 제때에 주문자의 양계장에 실어다 주었으나, 그 사료를 먹은 닭들이 폐사한 경우)도 불완전이행에 속한다고 할 것이다. 이 외에도 채권자지체(債權者遲滯)는 적어도 그것이 채무자의 채무불이행의 책임을 면제 내지 경감해 준다는 점에서 일종의 채무불이행의 범위에 넣을 수 있을 것이다.

한편 불법행위는 고의나 과실로 인한 위법행위로 타인에게 손해를 입히는 행위이다. 불법행위는 당사자의 의사에 기한 것이 아닌 점에서 계약 기타의 법률행위와 다르고, 사람의 행위인 점에서 사건인 부당이득과 다르며, 전혀 특별한 관계가 없는 사람 사이의 위법행위인 점에서 채권·채무 관계에 있는 사람 사이의 위법행위인 채무불이행과 다르다.

불법행위는 일반적 불법행위(민법 제750조)와 특수한 불법행위(민법 제755조~제761조)로 분류된다. 일반적 불법행위란 성립요건으로서 고의 또는 과실이 요구되고, 그 입증책임이 전환되지 않는 불법행위이다. 특수한 불법행위란 성립요건으로서 고의 또는 과실이 요구되지 않고, 또는 요구되고 있어도 그 입증책임이 전환되고 있는 불법행위 및 공동불법행위이다. 이 특수한 불법행위는 민법상의 특수한 불법행위와 특별법상의 불법행위로 분류하기도 한다. 민법상의 특수한 불법행위에는 감독자책임, 사용자책임, 토지공작물점유자 · 소유자책임, 동물점유자 · 보관자책임 및 공동불법행위자책임이 있다. 특별법상의 특수한 불법행위에는 자동차운행공용자책임, 국가배상책임, 원자력배상책임, 대기오염 · 수질오탁배상책임, 선박소유자책임, 환경사업자의 배상책임, 독점사업자의 책임 등이 있다.

이하에서는 불법행위로 인한 손해배상을 중심으로 살펴보기고 한다.

제 2 절 일반적 불법행위의 성립요건

일반적 불법행위가 성립하기 위해서는 고의 · 과실, 위법성, 손해의 발생, 인과관계 및 책임능력의 다섯 가지가 필요하다. 이 중 앞의 네 가지는 피해자(원고)에게 입증책임이 있다.

여기서 고의란 가해자가 자기의 행위에 의하여 일정한 결과가 발생할 것을 예견하면서 감히 이를 실현하는 것을 말한다. 그리고 과실이란 타인의 권리 · 이익을 침해하는 것을 인식(예견)할 수 있었음에도 불구하고 부주의로 이를 인식(예견)하지 못하고 행위한다고 하는 심리상태, 혹은 권리 · 이익의 침해라는 결과를 예견 혹은 회피해야 할 주의의무의 위반(일반인 · 통상인으로서 할 수 있는 주의를 태만히 한 경우)을 말한다.

제3절 불법행위의 효과

불법행위가 행하여졌을 때는 민사책임과 형사책임의 두 가지가 성립한다. 민사책임은 가해자에 대한 개인적 책임을 묻는 사법적 제도로서 손해의 전보(塡補)가 그 목적이므로, 주관적 사정을 중시하지 않고 고의로 한 것이든, 과실로 한 것이든 불문하고 손해를 배상하여야 한다. 이에 반하여 형사책임은 가해자의 사회에 대한 책임을 묻는 공법적 제재로서, 행위자의 악성을 추급하여 그 도의적 책임을 묻는 것이므로 행위자의 주관적 사정을 중시하며, 원칙적으로 고의범만을 처벌하고 과실범은 예외적으로 처벌한다.

민사적으로 불법행위의 성립요건을 갖추면 가해자는 피해자에 대하여 그 발생한 손해를 배상할 책임이 생긴다.

Ⅰ. 손해배상의 방법

손해배상의 방법은 원칙적으로 금전배상이다(민법 제394조). 원상회복은 예외이고, 명예훼손의 경우만 적당한 명예회복처분이 인정된다(민법 제764조). 그러나 헌법재판소는 '명예회복에 적당한 처분'에 사죄광고를 강제시키는 것은 양심의 자유에 반하는 것으로 위헌이라는 결정을 내린 사례가 있다(헌재 1991.4.1, 89헌마160).

Ⅱ. 손해배상청구권자

피해자 본인은 당연 청구권자이다. 법인과 태아도 청구권자가 될 수 있다. 생명침해 또는 이에 버금가는 신체상해의 경우는 피해자 본인 이외에 피해자의 근친자(부모·배우자·자 등)도 청구권자로 된다. 역시 이들의 근친자는 피해자 사망의 경우에는 그 피해자의 청구권을 상속법의 규정에 따라서 상속한다.

Ⅲ. 손해배상의 범위

손해배상의 범위는 가해행위와 발생한 손해 사이에 상당인과관계가 있는 범위의 모든 손해를 배상하여야 한다. 따라서 재산적 손해인 적극적 손해(치료비 등)와 소극적 손해(일실수익), 그리고 정신적 손해(위자료)를 포함한다. 특히 서울중앙지방법원은 교통·산재사고 피해자 위자료 산정기준에서 위자료 상한액을 4,000만 원으로 인상하였다. 이 기준에 따르면 사고사망자가 과실이 없는 경우에는 세대주·비세대주 여부에 관계없이 4,000만 원을 지급하도록 하고, 피해자의 과실이 있을 때는 4,000만 원에서 과실비율에 따라 감액하되, 비록 100% 과실인 경우라도 60%에 해당하는 부분만큼을 무과실상태의 보상액에서 감액한 뒤 지급하도록 하고 있다.

Ⅳ. 손해배상액의 산정

배상해야 할 손해의 범위가 결정된 후에 손해배상액이 산정된다. 이때 피해자가 피해를 받았던 그 불법행위에 의하여 이익을 받은 경우에는 그 이익을 공제하여 손해배상액이 산정된다(손익상계). 또 피해자에게 과실이 있는 경우 통상 이를 참작하고 피해자의 과실분을 공제하여(과실상계) 손해액이 산정된다(민법 제763조). 또한 중간이자가 발생하는 경우에는 이를 공제한다.

Ⅴ. 손해배상청구권의 소멸시효

불법행위로 인한 손해배상청구권은 피해자나 그 법정대리인이 그 손해 및 가해자를 안 날로부터 3년, 불법행위가 있은 날로부터 10년을 경과하면 청구하지 못한다.

제4절 특수한 불법행위

Ⅰ. 감독자 책임

책임제한능력자(민법 제755조)가 제3자에게 위법하게 손해를 끼친 경우, 그 책임제한능력자의 감독자(예컨대 법정감독의무자, 친권자, 후견인) 및 대리감독자(예컨대 보육원의 보모·초등학교의 교사)는 감독상의 무과실을 입증하지 않는 한 발생한 손해를 배상할 책임을 진다. 여기에서는 과실의 입증책임이 전환되고 있다(중간책임).

Ⅱ. 사용자 책임

피용자가 직무의 집행에 대하여 제3자에게 위법하게 손해를 끼친 경우 사용자 및 대리감독자(예컨대 지점장·영업소장)는 그 피용자의 선임·감독상의 무과실을 입증하지 않는 한 발생한 손해를 배상할 책임을 진다(민법 제756조). 물론 그 피용자 자신은 일반적 불법행위에 의한 손해배상책임을 진다.

이들의 사용자·대리감독자 및 피용자는 부진정연대채무의 관계에 있게 된다.

Ⅲ. 공작물 등의 점유자·소유자의 책임

토지의 공작물(예컨대, 건물·굴·담장)의 설치·보존의 하자 또는 수목의 재식(栽植) 또는 보존의 하자로 인하여 타인에게 손해가 발생한 경우, 그 공작물의 점유자(예컨대, 차가인(借家人))는 관리상의 무과실을 입증하지 않는 한 발생한 손해를 배상할 책임을 진다(민법 제758조).

점유자가 무과실을 입증한 경우는 소유자가 배상책임을 진다(무과실책임).

Ⅳ. 동물점유자의 책임

동물의 점유자는 동물의 종류 및 성질에 따라 상당한 주의를 가지고 이를 보관하고 있음을 입증하지 않는 한 손해배상책임을 면하지 못한다(민법 제759조). 점유자를 대신하여 동물을 보관하는 자도 마찬가지이다.

그러나 점유자가 아닌 소유자는 책임자에서 제외되고 있다. 이는 손해를 방지하는 동시에 가까운 곳에 있는 자에게 책임을 부담시키려는 취지라고 생각된다.

V. 공동불법행위자의 책임

수인이 공동의 불법행위로 타인에게 손해를 가한 때에는 연대하여 그 손해를 배상하여야 한다. 공동 아닌 수인의 행위 중 어느 자의 행위가 그 손해를 가한 것인지 알 수 없는 경우에도 마찬가지이다(민법 제760조).

VI. 교통사고운전자의 책임

1. 교통사고의 의의

교통사고란 일반적으로 항공기 · 선박 · 자동차 등 모든 교통수단에 의하여 발생하는 사고를 말한다. 그러나 여기서는 자동차에 의한 교통사고에 한정하여 살펴보기로 한다. 교통사고는 도로뿐만 아니라 운동장, 공장, 창고, 앞마당과 같은 도로가 아닌 곳에서도 차의 교통으로 사람을 사망하게 하거나 다치게 하거나, 타인의 물건을 못 쓰게 만드는 것(도로교통법 제50조; 교통사고처리특례법 제2조 참조)을 말한다.

2. 교통사고시 가해자의 조치의무

차의 교통으로 인하여 다른 사람을 사망하게 하거나, 다치게 하거나 또는 남의 물건을 못 쓰게 한 때에는 그 차의 운전수나 그 밖의 승무원은 자기에게 잘못이 있든 없든 즉시 차를 세우고, 피해상황을 확인하고 사상자를 구호하는 등의 필요한 조치를 취하여야 한다.

피해자의 구호에 필요한 조치란 경우에 따라서 다르겠지만, 차량 밑에 깔려 있는 부상자를 구출하거나 현장에서 응급조치를 한다든지, 또는 지나가는 사람이나 근처의 가까운 병원에 연락하여 구급차의 출동을 요청하거나 병원으로 후송하는 등의 조치를 말한다.

3. 교통사고시 피해자의 조치

피해자가 사고 상황에 대해 기억이 애매하여 수사단계에서 정확한 진술을 하지 못하면 가해자의 주장만이 민·형사상 재판의 근거로 인정되어, 피해자는 불리한 상황에 놓이게 되므로 피해자에게 있어서 가장 중요한 것은 사고의 상황을 보존하는 것이다. 피해자 스스로 현장상황을 잘 기억해 두어야 하는 것은 말할 필요도 없으며, 사고의 목격자 2~3명을 확보해 두고 그들의 주소, 연락처 등의 인적 사항을 알아 두어야 한다.

그리고 목격자들이 증인이나 참고인의 자격으로 수사기관이나 법정에 나오기 전에 피해자는 그들을 만나 사고 당시의 상황에 관한 진술서를 받아 두는 것이 좋다.

(1) 현장상황보전

피해자는 사고현장의 상황, 즉 사고차량의 위치, 차량의 부서진 부분, 사고 장소, 스키드 마크, 가해자의 음주 여부, 신호의 상황 등에 관해 확인하여 두고, 가능하면 스프레이나 사진기 등을 이용하여 위의 내용에 관한 현장상황을 보존해 두어야 한다.

(2) 가해자 신원확보

수사결과 가해자의 잘못이 인정되어 피해자가 손해배상을 받게 될 경우에, 현실적으로 가해자가 영업용 기사 등인 경우에는 그에게는 손해를 배상해 줄 재산이 없는 경우가 많다. 또한 가해자가 사고를 내고 그대로 도주한 경우에는 치료비는 고사하고 가해자를 알지 못하여 형사상 처벌을 할 수 없는 경우도 많다.

그러므로 피해자는 일단 가해자의 주소·직업·직장 등을 알아 두고, 운전면허번호·차량번호 등을 메모해 두어야 한다.

이렇게 가해자의 인적 사항을 알아 두면 그 이후에 가해자 및 운행의 이익을 갖는 자를 찾을 수 있어 민·형사상 책임을 물을 수 있다.

(3) 검사증, 보험증서 등 확인

사고발생시 피해자는 가해자에게 차량검사증이나 보험가입증명서의 제시를 요구하여 그 사고차량의 소유자가 누구인지, 누구의 이름으로 어떠한 보험에 가입해 있는지, 그 기간은 언제까지인지 등을 확인해 두어야 한다.

(4) 기타 조치사항

도로교통법은 가해자에게 신고의무를 부과하고 있으나, 피해자의 입장에서도 이를 신고하는 것이 바람직하다.

현실적으로 가해자는 사고발생 시에 가능한 한 경찰의 개입 없이 사고처리를 하려고 하는데, 피해자가 이에 응하고 나면 후에 예상치 못한 불이익을 입을 수 있으므로, 피해자는 사고즉시 경찰에 신고하여 경찰의 도움으로 정확한 실황조사서를 작성해 두는 것이 좋다.

4. 사고운전자의 민사책임

교통사고로 사람을 사상하게 하거나 타인의 재물을 손괴한 경우 형사상 일정한 처벌이나 행정상의 통고처분을 받는다. 그러나 이와는 별도로 운전자는 민사상으로도 교통사고로 인한 피해자의 손해를 배상할 책임을 진다. 형사적으로 처벌을 받는 것과 민사적으로 손해를 배상하는 것은 전혀 별개의 것이기 때문이다.

따라서 사고를 낸 운전자가 구속되지 않거나 집행유예로 풀려났다고 해서 피해자가 손해를 배상받지 못하는 것도 아니고, 손해배상을 모두 해줬다고 해서 처벌이 면제되는 것도 아니다. 즉, 형사상 처벌되는 것 외에 이와는 별도로 민사상 손해를 배상해야 한다. 민사상 손해는 교통사고, 즉 고의 또는 과실로 인한 위법행위로 타인에게 손해를 가한 경우에 해당하므로 불법행위책임이 성립하게 된다. 따라서 가해자인 사고운전자는 피해자에 대하여 손해배상책임을 지게 되고, 만일 자동차보험에 가입한 경우에는 보험회사가 그 손해를 전보하여 피해자에게 직접 보상하게 된다.

5. 사고운전자의 형사책임

(1) 형법상의 문제

형법은 과실로 재물을 손괴한 경우는 처벌하지 않고 있으므로 대물사고의 경우에는 형법상 문제가 되지 않는다. 그러나 도로교통법은 이에 대한 처벌규정을 두고 있으므로 도로교통법 상 문제가 될 수 있다(동법 제151조 : 과실재물손괴죄).

그런데 교통사고로 인하여 사람을 사상한 경우, 즉 대인사고의 경우에는 형법상 업무상 과실치사상죄가 문제된다. 업무상 과실치사상죄는 업무상 과실로 인하여 사람을 사상에 이르게 함으로써 성립하는 범죄이다. 본죄의 성립 여부가 문제되는 가장 대표적인 경우는 자동차운전사고와 의료사고의 경우일 것이다. 업무상 과실치사상죄(형법 제268조)는 과실치사상죄(형법 제267조)에 비하여 업무자라는 신분관계로 인하여 형이 가중되는 경우이다. 중과실치사상죄는 중대한 과실로 인하여 사람을 사상에 이르게 함으로써 성립하는 범죄이다.

(2) 교통사고처리특례법상의 특례

교통사고처리특례법은 도로교통법상의 업무상과실·중과실로 인한 재물손괴의 경우와 업무상과실·중과실치상의 경우에 한하여 피해자의 명시한 의사에 반하여 공소를 제기할 수 없다고 하여 반의사불벌죄(反意思不罰罪)로 하고 있다. 따라서 이 경우에는 피해자가 운전자를 처벌하지 않기를 원한다는 의사를 명백히 표시하면 검찰의 공소권이 없어지기 때문에 운전자를 처벌할 수 없게 된다. 통상 피해자와 가해자간의 합의가 있으면 處罰不願의 의사표시가 있는 것으로 간주되며, 또 종합보험이나 공제조합의 공제에 가입되어 있으면 합의가 있는 것으로 취급된다(동법 제4조 제1항: 보험 등에 가입된 경우의 특례). 그러나 ① 업무상과실·중과실 사망사고의 경우 ② 도주의 경우 ③ 중과실의 예외적인 사유에 해당하는 경우에는 합의의 유무나 보험 등에의 가입여부를 묻지 않고 공소를 제기할 수 있다.

여기서 10대 중과실이라 함은 ① 신호 위반, ② 중앙선 침범, ③ 속도위반(제한속도를 매시 20Km 초과시), ④ 앞지르기방법 위반, ⑤ 건널목통과방법 위반, ⑥ 횡단보도사고, ⑦ 무면허운전(이 경우에는 보험혜택도 없다), ⑧ 음주운전, ⑨ 보도침범 및 보도횡단방법 위반, ⑩ 추락방지의무 위반, ⑪ 어린이 보호구역 의무위반으로 어린이를 상해한 경우이다.

VII. 산재사고로 인한 손해배상

근로자가 사업장에서 일을 하다가 업무상 재해를 입었을 때에는 산업재해보상보험법에 의하여 재해에 대한 보상을 받을 수 있다. 이를 산업재해보상이라고 하는데 이때에는 사용자의 책임유무를 불문하고 재해가 발생하면 무조건 지급하게 된다.

그러나 그 재해가 사용자측의 고의 또는 과실(안전배려의무 위반 등)에 의하여 발생한 경우에는 산업재해보상과는 관계없이 민법상 불법행위에 해당되어, 피해를 입은 근로자는 그 피해에 대하여 사용자에게 손해배상을 청구할 수 있다. 손해배상 청구의 범위는 산업재해로 인한 노동능력 감퇴로 장래 얻을 수 있는 수입상실액(정년까지의 일실수익), 정신적 위자료, 치료비(장래치료비 포함) 등을 청구할 수 있다. 이 때 근로자의 과실이 있는 경우에는 과실상계된다. 그리고 사용자를 상대로 손해배상을 청구하는 경우에는 이미 받은 산업재해보상금을 공제하고 청구하여야 한다(이중배상금지).

Ⅷ. 의료과오

1. 의료과오의 뜻

의료행위는 질병의 치료예방과 건강의 유지를 위하여 필요불가결한 것으로서 끊임없이 행하여지고 있으나, 사람의 신체를 대상으로 하는 것이므로 물리적 · 화학적 작용에 의한 인체에의 침식을 필연적으로 생기게 한다.

따라서 의사의 의료는 항상 환자에 대한 좋은 결과만을 줄 수는 없다. 때로는 의료의 목적에 반하여 오히려 환자의 병상을 악화시킨다거나, 환자를 사망케 하는 등의 의료과오에 의하여 의료가 환자에게 손해를 주는 일이 있다.

여기서 의료과오(醫療過誤)라 함은 의사가 진료행위를 함에 있어서 업무상 필요로 하는 주의를 게을리하여 그 결과, 환자가 사상(死傷)함으로써 환자에게 손해를 입히는 것을 말한다. 이 경우에 의사의 법적 책임 문제가 발생하는바, 여기서는 형법상 업무상과실치사상죄를 제외한 의사의 민사책임문제에 대해서 살펴보기로 한다.

한편 의사는 이 외에도 진료거부금지, 진단서 등의 교부의무, 무자격 · 무허가진단서 등의 작성 · 교부금지, 변사체의 신고의무, 요양방법상의 지도의무, 각종기록부의 비치 · 송부의무, 비밀유지의무, 설명의무 등의 의료법상의 의무를 지고 이에 위반한 경우에는 형사상의 처벌을 받게 된다.

2. 의사의 책임

의사와 환자와의 계약관계는 통상 의사가 환자를 상당한 기술과 주의를 해서 치료할 것을 내용으로 하는 일종의 위임(委任)계약이다. 따라서 위임을 받은 의사는 병의 치료라는 목적을 위하여 선량한 관리자의 주의를 가지고 행하여만 하며, 만약 이 주의의무를 다하지 못한 경우에는 과실이 있는 것으로 되어 환자 측에 대해 채무불이행으로 인한 손해배상책임이 발생하게 된다. 또한 의사와 환자와의 사이에 위임계약 관계가 없을 때의 의료과오는 불법행위 책임이 발생하게 된다.

의사의 과실에 있어서는 의사로서 일반적으로 요구되는 주의를 기준으로 과실의 유무가 판단되며, 일반의와 전문의와는 주의의무가 다르고, 전문의 중에서도 그 전문과목에 따라 주의의무의 내용이 다르다. 다만 '허용된 위험의 법리'에 따라 어떠한 의료행위도 어느 정도의 위험은 언제나 내포된다는 점에 비추어 볼 때, 의료행위로 인한 모든 위험발생에 대하여 의사에게 전적으로 책임을 지울 수는 없다고 보여 진다. 따라서 그 외 신뢰의 원칙에 따라 의사가 어느 정도의 범위 안에서 동료의사·간호사·보조원 등의 공동작업을 신뢰하고, 자기의 주의의무를 다한 때에는 그에게 책임을 지울 수 없다는 이론도 대두되고 있다.

그 밖에 의료제도, 진료의 긴급성, 진료의 재량성, 진단의 곤란성, 환자의 특이체질, 지역에 따르는 특수성 등을 고려하여 판정의 기준을 세워야 할 것이다. 또한 의사에게 과실이 있는 동시에 환자에게도 과실이 있다면 과실상계가 행하여진다.

3. 의사의 과실

의사의 과실에는 여러 가지 유형이 있지만, 의료행위상의 순서에 따라 나누어 보면 오진·주사 과실·투약 과실·수술 과실·수혈 과실·정신병환자의 간호에 따른 과실 등이 있다. 이와 관련하여 환자의 승낙이 있는 경우, 예컨대 병원에서는 환자를 수술함에 있어 미리 환자 측으로부터 나쁜 결과에 대하여 그 책임을 추궁하지 않겠다는 취지의 승낙서를 받는 예가 많은데, 치료를 받음에 있어 환자의 승낙이 공서양속(公序良俗)에 반하지 않는 한 유효하다고 보겠으나, 모든 승낙이 의사의 책임을 면제한다고는 할 수 없을 것이다. 특히 의사의 설명의무를 다하지 못한 경우에 더욱 그러하다고 할 것이다.

4. 입증책임문제

의료과오로 인한 의사의 손해배상책임은 의사의 의료행위와 환자의 손해 사이에 상당한 범위의 인과관계가 있어야 한다. 인과관계의 입증책임은 환자가 의사의 채무불이행책임을 추궁하든 불법행위책임을 추궁하든 모두 환자 측에 속한다.

그러나 의료는 의학이라고 하는 전문영역에서 일어나는 것이므로 의료과오의 책임을 묻기 위해서 요건사실을 주장 · 입증함에도 고도의 전문성이 요구된다. 그런데 환자 측은 비전문가인데다가 의료의 밀실적 성격으로 증거를 수집하기가 쉽지 않다. 더구나 감정인(鑑定人) 역시 의사인 경우가 대부분이어서 직업적 동료의식 등으로 인하여 진실을 은폐할 가능성도 없지 않아, 그 입증이 극히 곤란한 상태에 있게 된다.

그러므로 의료과오 사건에 있어서 입증책임의 문제는 결국 의사에게 부당한 피해를 입히지 않는 범위 안에서 어떻게 하면 환자 측의 입증부담을 경감시키느냐 하는 점에 귀착하게 된다.

이러한 실제적 요청에 의하여 실체법적 측면에서 의료과오소송의 청구과정을 채무불이행으로 보아 의사에게 입증책임을 부담시키는 방법과, 소송법적 측면에서 입증책임의 일반원칙에 대한 예외를 인정하려는 입증책임의 전환 · 입증방해의 이론 등이 제시되어 왔다.

판례도 소송상의 인과관계의 입증은 일점의 의혹도 허락되지 않는 자연과학적 증명이 아니라, 경험칙에 비추어 전 증거를 종합검토하고 특정의 사실의 특정의 결과발생을 초래한 관계를 시인할 수 있는 고도의 개연성을 증명하는 것이고, 이 판정은 통상인이 의심을 품지 않을 정도로 진실성의 확신을 가질 수 있는 것이라는 것을 필요로 하고 동시에 그것으로 족하다는 것으로서 환자의 증명책임의 경감을 도모하고 있다.

또한, 인과관계의 인정의 방법에 있어서도 일반적으로 원인이 될 수 있는 것을 몇 개 들어, 그 중의 하나를 원인으로 하거나 혹은 2개의 원인으로 될 수 있는 것을 들어 그 몇 개를 원인으로 한다고 하는 등 역학적 인과관계의 방법이 도입되고 있다.

IX. 환경오염으로 인한 손해배상

1. 환경과 환경오염

환경이란 우리들이 생활하고 있는 주위를 둘러싸고 직 · 간접으로 영향을 주는 자연을 말하며, 사회의 조건이나 형편으로 이러한 환경이 오염물질로 더럽혀지는 현상 또는 상태를 환경오염이라고 한다.

오늘날 사회가 고도로 산업화, 도시화되어짐에 따라 환경오염 내지 환경파괴문제가 심각하게 대두되고 있다. 세계 각국의 일반적인 추세는 환경오염과 그로 인한 건강침해가 이제는 더 이상 산업발전에 따른 부수적 현상 내지는 필요악이 아니라, 산업화에 못지않은 오히려 그보다 더 중요하고 시급한 생존의 문제로 인식되기에 이르렀다.

우리 나라도 예외는 아니어서 그 동안 경제개발의 어쩔 수 없는 대가로 나타난 고도의 산업화, 도시화 등으로 환경오염현상이 심각해지자 쾌적한 환경의 확보를 위하여 여러 법적, 제도적 제도를 강구하기에 이르렀다.

이러한 연유로 헌법에서는 "모든 국민은 건강하고 쾌적한 환경에서 생활할 권리를 가지며, 국가와 국민은 환경보전을 위하여 노력하여야 한다."라고 규정하여(제35조) 환경권을 명시하고 있다. 이에 따라 환경정책기본법, 수질환경보전법, 대기환경보전법, 유해화학물질관리법, 소음·진동규제법, 환경오염피해분쟁조정법, 해양오염방지법, 폐기물관리법, 오수·분뇨 및 축산폐수의 처리에 관한 법률, 환경범죄의 처벌에 관한 특별조치법 등을 통하여 환경보호 내지 보전에 심혈을 기울이고 있다.

2. 환경오염의 원인

환경오염은 대기오염, 수질오염, 토양오염 등 여러 가지 형태로 나타나는 바, 오늘날은 이들의 서로 복합적인 순환현상에 의하여 환경오염이 더욱 가속화되어 가고 있다.

대기는 주로 난방, 자동차운행, 산업용 열공급 등 석유나 석탄을 태울 때 나오는 물질에 의하여 오염되며, 오염물질로는 황산화물(SOx), 질소산화물(NOx), 일산화탄소(CO), 먼지, 옥시탄트(Ox) 등이 있다.

수질은 가정의 생활하수, 공장의 산업폐수, 농촌에서의 축산폐수나 비료·농약 등의 영농화학물질 등에 의하여 오염되고 있는 실정이다.

토양은 국민소득의 증가로 소비가 늘어나고 산업발달이 가속화되면서 쓰레기 발생량이 급격히 증가하며, 대기오염·수질오염·쓰레기발생 등의 여러 복합적인 원인에 의하여 오염되고 있는 실정이다.

3. 환경오염으로 인한 피해의 구제

환경오염으로 인한 피해는 일반적으로 대기 · 물 · 토양 등의 매개체를 통하여 발생하는 간접적인 피해로서 대개 서서히 그리고 계속적 침해를 통하여 피해를 발생케 하므로, 개개의 오염발생 원인으로부터 적은 양이 배출되더라도 그 양이 누적되어 심각한 피해를 초래하는 경우가 많다. 또 오염이 확산되어 피해범위가 넓고 피해대상이 불특정다수인이기 때문에 그 배상액도 막대한 액수에 달하며 피해내용도 복잡다양한 것이 특징이다.

이렇게 환경오염이라는 불법행위로 인한 피해를 입은 사람이 구제를 받는 방법은 여러 가지(당사자합의, 소송 등)가 있으나, 여기서는 그 중 행정적인 구제제도인 환경오염분쟁조정제도에 관하여 살피기로 한다.

(1) 분쟁조정기관

분쟁조정을 담당할 기관으로 환경부 산하에 중앙환경분쟁조정위원회, 시도에 지방환경분쟁조정위원회를 두고 있는데, 조정절차는 비공개로 진행된다.

(2) 분쟁조정방법

㈎ 알 선

분쟁당사자의 일방 또는 쌍방이 신청하고 3인 이내의 알선위원이 피해당사자간에 합의가 이루어질 수 있는 여건조성 등을 한다.

㈏ 조 정

분쟁당사자의 일방 또는 쌍방이 신청할 수 있는데, 3인으로 구성된조정위원회가 조정안을 작성하고, 기간을 정하여 당사자에게 수락을 권고하며, 기간 내에 수락거부 의사표시가 없으면 조정안에 대하여 합의가 성립된 것으로 간주한다.

㈐ 재정(裁定)

재정은 피해당사자가 또는 알선 · 조정이 중단된 경우의 분쟁당사자가 신청할 수 있다. 이 때 5인으로 구성된 재정위원회는 신문(訊問)의 기일을 정하여 당사자에게 의견진술을 하게하고, 조정에 회부하는 것이 적합하다고 인정되는 때에는 당사자의 동의를 얻어 직권으로 직접조정하거나, 지방환경분쟁조정위원회에 송부하여 조정하게 할 수 있다. 만약 재정의 신청이 부적합한 경우에는 각하한다.

재정위원회가 재정을 행한 경우 재정문서의 정본이 당사자에게 송달된 날로부터 60일 이내에 관련소송을 제기하지 아니하거나, 소송이 취하된 때에는 그 손해배상에 대하여 당사자간에 재정내용과 동일한 합의가 성립된 것으로 본다.

그러나 재정에 대한 불복이 있을 경우에는 재정문서 정본을 송달받은 날로부터 60일 이내에 법원에 손해배상청구소송을 제기할 수 있다. 입법론으로는 우리 나라도 조속히 단체소송제도를 도입하여 일괄 해결하는 방안을 모색하여야 한다.

X. 국가의 불법행위로 인한 손해배상

1. 국가배상제도의 의의

일반 국민이 공무원의 불법행위로 인하여 입는 손해를 국가 또는 지방자치단체에 대하여 그 손해를 배상받는 것을 말한다. 예컨대 교도소에서 탈옥한 죄수들에게 감금되었던 사람들이 감금당하는 동안 입었던 정신적 고통에 대하여 손해배상을 청구한다든가, 공무원의 잘못으로 인감증명이 부정발급 되어 피해를 입은 사람이 그 손해를 청구하는 등이 그것이다.

이와 같이 국가배상은 공무원의 위법한 행위로 입은 손해를 국가 또는 지방자치단체가 배상하는 것이므로, 공무원의 적법한 행위로 인하여 입은 손실을 매워주는 국가보상(손실보상)과는 다르다.

2. 국가배상의 요건

(1) 공무원의 불법행위

국가배상이 성립되기 위해서는 공무원이 그 직무를 집행함에 있어 고의 또는 과실로 위법하게 손해를 가한 경우이어야 한다. 이를 나누어 설명하면 다음과 같다.

첫째, 공무원의 행위이어야 한다. 국가는 공무원을 통하여 행정행위를 하게 되므로 공무원의 행위에 대한 책임을 국가가 지게 된다. 따라서 공무원이 아닌 자의 행위로 인한 피해는 국가에 대하여 배상청구 할 수 없다.

둘째, 공무원이 그 직무집행과 관련된 행동이어야 한다. 따라서 공무원이 퇴근 후에 개인적으로 사고를 내거나, 공무와는 관계없이 개인적으로 부동산거래를 하다가 손해를 입힌 경우에는 국가는 책임이 없다. 다만 공무원의 행위가 직무집행행위 자체는 아니더라도 직무집행의 기회 또는 직무 기인성만 인정된다면 국가는 책임이 있게 된다.

셋째, 공무원이 고의 또는 과실에 의하여 위법하게 손해를 가한 경우이어야 한다. 따라서 공무원에게 아무런 잘못이 없었던 불가항력적 상황인 경우, 예컨대 전속력으로 달리는 기차에 갑자기 사람이 달려들어 급정차할 수 없는 상황에서 사고가 난 경우에는 국가는 책임이 없다. 또한 공무원의 적법한 행위로 인한 피해에 대해서도 국가는 책임이 없다.

(2) 공공시설의 하자

도로, 하천 등 국가나 지방자치단체의 공공시설의 결함으로 인하여 개인이 손해를 입은 경우에도 국가는 배상책임을 진다. 예컨대 국도의 일부가 무너져 교통사고를 당한 경우, 홍수 때 배수지의 기계고장으로 가옥이 침수되는 관계로 수해를 입은 경우(망원동 유수지 사건) 등이 그것이다.

3. 국가배상절차

국가배상절차는 임의적 결정전치제도에 따라 민사상 손해배상청구소송을 제기하거나 국가배상심의회에 배상금지급신청을 해야 한다.

국가배상심의회에 배상신청을 하는 경우에는 배상신청을 한 후 3개월이 지나도록 배상심의회의 결정이 없거나, 결정이 있더라도 그 결정에 불복할 경우에는 법원에 민사상 손해배상청구소송을 제기할 수 있다. 이 경우에는 통상적인 민사소송절차에 따라 소송이 진행된다.

이 때 법원으로부터 국가의 손해배상책임을 인정하는 판결이 있게 되면 국가로부터 임의로 그 손해를 지급받든지 혹은 국가재산에 대한 강제집행을 통하여 회수할 수 있다. 예컨대, 서울역 등 국가기관에 가서 국고수입에 대한 강제집행(압류)을 하는 경우가 그것이다.

제8장 손해배상과 법률

1 인부가 지나가는 행인에게 손해를 입힌 경우

질 문

저는 건축공사장 앞길을 지나다가 공사장에서 떨어진 벽돌에 맞아 어깨에 부상을 당했습니다. 그런데 그 건축공사장은 통행인들이 다치지 않도록 보호망을 설치해야 하는데도 보호망 등 안전시설이 되어 있지 않았습니다. 그 날도 벽돌을 4층으로 옮기던 인부의 등에서 잘못 쌓여진 벽돌이 떨어져 다친 것입니다. 이런 경우 저는 누구를 상대로 손해배상을 청구하여야 제대로 배상을 받을 수 있는지요?

답 변

타인을 사용하여 어떤 사무에 종사하게 한 자 및 사용자에 갈음하여 그 사무를 감독하는 자는 그 피용인(고용인)이 그 사무집행에 관하여 제3자에게 손해를 입힌 때에는, 그 피용자의 선임 및 사무감독을 게을리 하지 않았음을 입증하지 못하는 한, 그 손해를 배상할 책임이 있다. 이를 사용자책임이라고 한다.

위 사례의 경우 첫째, 건축공사의 도급이 자재·노무관계 등 일체를 수급인인 건축업자가 책임지는 완전도급일 경우에는 도급인인 건축주는 책임이 없다. 다만 수급인인 건축업자(시공업자)에게 안전시설의 잘못(안전배려의무 위반) 및 벽돌을 잘못 나른 인부의 감독소홀에 대한 책임을 물어 손해배상을 청구할 수 있다.

둘째, 만일 도급이 자재나 노무 등은 건축주가 대는 등 이른바 노무도급일 경우에는, 도급인인 건축주에게도 안전시설의 잘못 및 감독소홀의 책임을 물을 수 있다. 물론 벽돌을 잘못 나른 인부에게도 불법행위책임이 인정되어 직접 손해배상을 청구할 수 있으나, 대개 재산이 없다고 보기 때문에 손해배상 청구의 실익이 없을 것이므로, 도급인인 건축주나 수급인인 건축업자를 상대로 손해배상청구를 하는 것이 나을 것이다.

이 때 손해배상범위는 치료비와 향후치료비, 어깨를 못쓰게 된 경우라면 그로 인한 노동능력 상실에 따른 장래의 수입 상실액(일실수익), 정신적 고통에 따른 위자료 등으로 하여 청구할 수 있다. 만약 건축주나 건축업자가 손해배상을 제대로 해주지 않을 것으로 보이면 그들의 재산에 대한 가압류를 한 후, 곧장 손해배상청구를 하는 것이 후에 배상금을 쉽게 집행하는 데 도움이 된다.

2 공작물의 설치 하자(瑕疵)로 인한 손해배상

질 문

저희 집과 담 하나를 사이에 두고 있는 옆집이 낡아서 언제 무너질지 몰라 만약 무너지면 저희 집에 피해를 줄까 봐 옆집에 세 들어 사는 사람에게 보수해 줄 것을 요청하였습니다. 그러나 세든 사람은 자기는 집주인이 아니라서 고칠 수 없다며 주인에게 연락하겠다고 하고는 그대로 방치해 두었습니다. 며칠 후 집주인이 나타나 곧 수리하겠다는 말만 믿고 있다가 지난여름 장마와 태풍으로 옆집 일부가 무너지면서 저희 집을 덮쳐 1/3가량 파손되었습니다.

저는 화가 나서 세든 사람과 집주인에게 피해복구를 요청하니 세든 사람은 집주인에게 따지라고 하고, 집주인은 불가항력으로 발생한 천재지변이니 책임이 없다고 합니다. 당장 생활하는 데 불편하여 어쩔 수 없이 제비용으로 피해복구를 하고 그 비용명세서도 가지고 있는데 피해배상을 누구에게 청구해야 하는지요?

답 변

우리 민법은 공작물의 점유자와 소유자에게 공작물의 설치 또는 보존의 잘못으로 타인에게 손해를 입힌 데 대하여 1차적으로 공작물의 점유자가 손해배상책임을 지고, 점유자가 그 손해방지에 필요한 주의의무를 게을리 하지 않은 때에는 공작물의 소유자가 책임을 지도록 규정하고 있다(제758조 참조).

위 사례의 경우 옆집의 현재 점유자는 세든 사람이므로 1차적으로 세든 사람이 책임이 있다고 하겠다. 그러나 세든 사람에게 보수해 줄 것을 요청하였을 때 세든 사람이 버팀목을 받쳐 무너지지 않게 임시조치를 하고, 집주인에게도 그 사실을 알려서 보수할 것을 요청하는 등 나름대로 붕괴방지에 필요한 주의의무를 다했다면 세든 사람은 그 사실을 증명하여 책임을 면하고, 대신 집주인이 붕괴로 인한 손해를 배상하여야 한다. 이때의 집주인의 책임은 점유자의 책임과는 달리 무과실책임이다.

그러나 위 사례의 내용으로만 보아서는 세든 사람이 붕괴방지에 대한 필요한 주의의무를 다했다고 볼 수 없어 일단 세든 사람에게 손해배상청구를 할 수 있다고 하겠다. 만일 세든 사람이 필요조치를 다했음을 입증한다면 집주인에게 배상책임이 있음은 당연하다. 이 때 집주인의 책임은 무과실책임이고 천재지변으로 인한 피해라 할지라도, 사전에 집을 수리하였다면 피해를 방지할 수 있었다고 보아지므로 집주인은 책임을 면할 수 없다고 하겠다. 따라서 귀하는 세든 사람(점유자)과 집주인(소유자)을 공동피고로 하여 손해배상청구를 하는 것이 보다 유리할 것이다.

3 도사견에게 물렸는데……

질 문

저의 조카가 놀이터에서 놀다가 인근 사철탕집에서 키우던 도사견이 달려들어 팔다리를 물어 전치 5주의 상해를 입혔습니다. 손해배상을 받을 수 있는지요?

답 변

우리 민법은 동물의 점유자는 그 동물이 타인에게 가한 손해를 배상할 책임이 있고, 다만 동물의 종류와 성질에 따라 그 보관에 상당한 주의를 기울인 때에는 책임이 없다고 규정하고 있다(제759조 제1항 참조).

따라서 도사견의 주인은 그 보관상에 상당한 주의를 태만히 하지 않았다는 입증을 하지 못하는 한 책임을 면할 수 없다. 다만, 피해자로서도 상당한 주의를 하였더라면 면할 수 있었거나 줄일 수 있었을 때에는 그 범위에서 피해자의 과실도 참작된다.

위 사례의 경우에는 피해자가 어린 아이이고, 도사견과 같은 맹견은 그 점유자가 개목걸이 등을 단단한 줄로 묶어서 특별히 신경을 써야 한다는 점에서 도사견 점유자인 사철탕집 주인은 책임을 면할 수 없다고 하겠다.

4 깡패들에게 집단으로 폭행당한 경우

질 문

저는 밤중에 길을 가다가 깡패들에게 습격을 당하여 가지고 있던 현금과 시계, 결혼반지 등을 빼앗기고 이빨도 2개나 부러졌습니다. 마침 현장을 순찰 중이던 방범대원 아저씨가 이들을 뒤쫓아 그 중 한명인 A를 붙잡았습니다. A에게 제가 당한 피해를 배상하라고 하니, 자기는 단순히 망만 보았다고 합니다.

그런데 A의 말은 사실인 것 같습니다. 그렇다면 저는 다른 깡패들을 붙잡기 전에는 A에게 저의 손해전부를 배상받을 수 없는지요?

답 변

우리 민법은 여러 사람이 공동으로 타인에게 손해를 입힌 때에는 연대하여 책임을 지고, 공동이 아닌 數人의 행위 중 누가 손해를 가한 것인지 알 수 없는 경우이거나, 교사자나 방조자는 그 손해를 배상할 책임이 있다고 규정하고 있다(제760조 참조).

이와 같이 공동으로 불법행위를 저지르거나, 가해자가 누구인지 분명하지 않은 공동불법행위의 경우에도 그 행위자들은 연대책임(부진정연대채무)을 지게 된다. 또한 불법행위를 시킨 자(교사자)나 도와 준 자(방조자)도 공동불법행위자로 간주한다. 민법에서 공동불법행위자의 책임을 무거운 연대책임으로 하고 있는 이유는 피해자를 보다 두텁게 보호하기 위함이다. 연대책임이란 채무자 중의 어느 한 사람에게 채무전부의 이행을 청구할 수 있다는 의미이다. 이렇게 하는 것이 결과적으로 채권자(피해자)에게 보다 유리하기 때문이다.

따라서 귀하는 단순한 방조자에 불과한 A라 하더라도 그에게 모든 손해를 배상하라고 청구할 수 있다. 물론 A는 손해전부를 배상하고 나서 나중에 다른 동료 깡패들에게 구상권을 행사할 수 있으나, 그것은 귀하와는 무관한 별도의 문제인 것이다.

5 사관학교 졸업 후 소위로 복무 중 사망한 경우

질 문

저의 친구 A는 공군사관학교 졸업 후 소위로 복무중 교통사고로 사망하였습니다. 친구의 일실이익은 어떻게 산정하는지요?

답 변

각종 사관학교, 경찰대학, 세무대학 등 졸업 후 100% 취업되는 특수학교의 졸업생이나, 재학생인 경우에는 일실이익을 산정함에 있어서 다른 경우와 좀 다르다. 여기서 일실이익이라 함은 死傷으로 장래 얻을 수 있는 수익을 잃는 것을 말한다.

불법행위로 인하여 노동능력을 상실한 급여소득자가 입은 일실이익은 특별한 다른 사정이 없는 한, 원칙적으로 손해가 발생한 불법행위 당시 피해자가 얻고 있었던 임금수입금액을 기준으로 삼아 산정하여야 한다. 다만 장차 그 수입금액이 증가될 것이 상당한 정도로 확실하게 예측할 수 있는 객관적인 자료가 있을 때에는, 장차 증가될 임금수입금액도 일실수익을 산정함에 있어서 고려될 수 있을 것이다.

위 사례의 경우 공군 사관학교 졸업 후 소위로 임관한 자가 최근 5년간의 평균 진급률이 소위에서 소령까지는 100%라면, 피해자 A가 적어도 소령까지 진급하여 공군장교로서 복무할 수 있었을 것이라고 보고, 그의 일실이익을 산정함에 있어 소령의 연령정년 또는 근속정년까지는 공군장교 봉급을 기준으로 하여야 할 것이다. 그 이후는 대학 졸업 이상의 학력을 가진 남자의 평균임금을 기준으로 산정하여야 한다(대판 1991.4.23, 91다5389).

6 겸업종사자의 일실소득의 산정기준

질 문

A는 회사경비원으로서 격일제로 근무하면서 비번인 날을 이용하여 종업원 4명을 고용하여 철강도소매업을 경영해왔는데, 교통사고로 사망하였습니다. 이 경우 손해배상청구에 있어서 일실소득을 회사원으로서의 수입과 철강도소매업으로 인한 수입을 함께 산입하여 청구할 수는 없는지요?

답 변

불법행위의 피해자가 사고당시 두 가지 이상의 수입원에 해당하는 업무에 동시에 종사하고 있는 경우에는 각 업무의 성격이나 근무형태 등에 비추어 그들 업무가 서로 독립적이어서 양립가능한 것이고, 또 실제로 피해자가 어느 한쪽의 업무에만 전념하고 있는 것이 아닌 이상, 피해자의 일실소득을 산정함에 있어 각 업종의 수입 손실액을 모두 개별적으로 평가하여 합산하여야 한다(대판 1993.7.16, 93다9880).

또한, 피해자가 사고 당시 어느 한쪽의 영업에 전념하지 아니하고 독립적으로 2개의 영업을 겸업한 경우, 어느 한쪽의 대체고용비 또는 양쪽의 대체고용비를 합산하여 평균한 액을 일실소득산정의 기초로 하여야 한다거나 양쪽의 대체고용비를 합산하는 것이 16시간의 근로를 인정하는 결과가 되어 부당하다고 볼 수는 없고, 2개 업체를 경영하던 피해자의 일실소득을 산정함에 있어서 각 업체의 대체고용비 즉 두 사람분의 대체고용비를 합산하여 산정할 수 있다(대판 1996.2.13, 94다42419).

따라서 위 사안에 있어서도 A가 회사원으로 격일제로 근무해오면서 비번인 날을 이용하여 종업원 4명을 고용하여 철강도소매업을 경영해왔고, 그 사업의 성격이나 영업형태로 보아 A가 회사의 비번인 날에만 근무하고서도 지장없이 그 영업을 꾸려나갈 수 있을 정도였다면, 회사에서의 임금소득과 위 도소매업의 경영수익(실제로는 대체고용비용으로 산출한 직종별임금실태조사보고서상 도소매업종사자의 평균임금 상당액) 모두를 피해자에 대한 일실소득산정의 기초로 삼을 수 있을 것이다.

7 자동차사고시 자동차손해배상보장법과 민법의 관계

질 문

저는 자동차사고로 전치 8주의 부상을 당하였습니다. 손해배상을 청구함에 있어서 자동차손해배상보장법과 민법 중 어느 법에 따라야 하는지요?

답 변

자동차사고로 인하여 손해를 입은 자가 자동차손해배상보장법에 의하여 손해배상을 소구(訴求)하는 주장을 하지 않았다 하더라도 법원은 민법에 우선하여 자동차손해배상보장법을 적용하여야 한다. 그러나 그렇다고 하여 피해자가 민법상의 손해배상청구를 하지 못한다는 것은 아니다. 특히 피해자가 자동차손해배상보장법 제3조에서 말하는 '다른 사람'이 아닌 경우에는 그 법에 의한 손해배상청구의 길은 막히게 되므로, 이 때는 민법상의 손해배상청구를 하는 수밖에 없다(대판 1987.10.28, 87다카1388).

8 중앙선 침범

질 문

저는 중앙선이 설치된 편도 2차선 도로의 2차선상을 운행하고 있던 중 반대방향에서 중앙선을 넘어 오는 자동차를 발견하였으나 차선을 지키느라고 그대로 주행하다가 그 차와 충돌하였습니다. 중앙선을 침범한 차량의 운전자는 저에게 주의의무를 다하지 못했다고 오히려 저에게 과실을 덮어씌웁니다. 저는 이런 경우에도 주의의무를 게을리 한 것이 되는지요?

|답 변|

자동차를 운행하다 보면 중앙선을 침범하는 운전자들을 자주 보게 된다. 다행히 사고가 나지 않은 경우도 많지만, 때로는 대향차끼리 충돌하여 아까운 인명을 앗아 가는 일이 종종 있다. 이때 중앙선 침범차량을 발견한 반대차선의 운전자의 주의의무 내지 신뢰의 원칙에 대하여 우리 판례는 긍정하는 경우와 부정하는 경우로 나누어져 있다. 그러나 긍정한 예이든 부정한 예이든 그것은 그 사고 발생시의 구체적 상황에 따라 다를 것이다.

위 사례의 경우를 보면 귀하가 중앙선을 침범하는 것을 보았다 하더라도 특별한 사정이 없는 한, 그 자동차는 이쪽 도로의 1차선으로 통과할 것이 예상되는 것이므로 그 자동차가 중앙선을 침범한 데에 그치지 않고, 다시 이쪽 도로의 1차선을 넘어서 2차선 쪽으로까지 들어올 것을 예상하여 미리 도로의 가장자리로 피행하거나, 속도를 줄여 운행할 주의의무가 있다고 보기는 어려울 것이다(대판 1992.12.22, 92다29245). 따라서 귀하에게는 아무런 과실이 없다고 할 것이다.

한편 대법원은 "자동차의 대향운전시 상호 충돌을 피하기 위하여 교통법규를 준수하여 운전할 것이라고 신뢰할 수 있으므로, 통상의 경우 상대방이 도로의 중앙선을 침범하여 운전할 경우까지 예상하여 이에 대비할 업무상 주의의무는 없다. 따라서 중앙선 표시가 있는 직선 도로에 있어서 특별한 사정이 없는 한 대향차선상의 차량은 그 차량을 유지운행하고 도로 중앙선을 넘어 반대차선에 진입하지 않으리라고 믿는 것이 우리의 경험칙에 합당하다고 할 것이므로, 대향차선상을 달려오는 차량을 발견하였다 하여 자기가 운전하는 차를 정지 또는 서행하거나 일일이 그 차량의 동태를 예의주시할 의무가 있다고 할 수 없다."(대판 1984.2.14, 83도3086)라고 판시하여 주의의무를 부정하고 있다.

그러나 "상대방이 도로 중앙선을 넘어 자기의 진로에 따라 자동차를 운행하고 있거나 이와 같은 사정이 예상되는 객관적 사정이 있는 때에는 그 대향운전사로서도 경적을 울린다거나 감속서행, 일단정지 또는 가능한 한 도로의 우측으로 피하여 자동차를 운행하는 등의 적절한 조치를 취함으로써 상호간의 충돌을 방지할 업무상 주의의무가 있다고 할 것이다"(대판 1986.2.25, 85도2561)라고 하여 주의의무를 긍정한 경우도 있다.

9 버스 급정차로 인한 사고발생시 보상청구

질 문

저는 시내버스를 타고 가던 중 버스가 급정차함으로 인하여 목과 머리에 부상을 입고 치료를 받았음에도 불구하고 경추부 손상으로 인한 노동력상실율 14%의 장해판정을 받았습니다. 그런데 버스공제조합에서는 이에 대하여 보상을 해주지 않고 미루기만 하고 있어 직접 공제조합을 상대로 소송을 하려고 하는데 그것이 가능한지요?

답 변

여객자동차운수사업법 제61조 및 동법 시행령 제24조에 따라 버스나 택시 등의 사업자는 공제사업을 목적으로 공제조합을 구성할 수 있는바, ① 시내버스 · 시외버스 · 특수여객자동차운송사업자로 구성된 조합이 설립한 연합회, ② 일반택시운송사업자로 구성된 조합이 설립한 연합회, ③ 개인택시운송사업자로 구성된 조합이 설립한 연합회, ④ 화물자동차운송사업자로 구성된 조합이 설립한 연합회(화물자동차운송사업법), ⑤ 전세버스운송사업자로 구성된 조합이 설립한 연합회를 규정하고 있다.

또한, 동법 시행령 제64조는 공제사업의 내용으로 ①조합원의 자동차사고로 인한 대물 및 대인배상에 대비하는 공제및 보상업무, ② 자동차사고로 인하여 재해를 입은 종사원에 대한 보상업무, ③ 기타조합원의 경제적 이익을 도모하기 위한 업무 등을 규정하고 있다.

따라서 위 전국시내버스운송사업조합연합회의 산하기구인 공제조합도 공제사업 내용 중 '조합원의 자동차사고로 인한 대물 및 대인배상에 대비하는 공제 및 보상업무'로서 피해자에게 공제규약에 의하여 조합원인 버스회사의 책임을 부담하게 된다.

그런데 위 사안과 같이 공제에 가입한 경우 피해자의 손해배상을 공제조합에 직접 청구할 수 있는지를 규정한 법률의 명문규정은 없으나, 통합공제약관 제17조에 손해배상청구권자의 직접청구권 조항을 두고 있으므로 보험의 경우와 동일하게 직접 청구할 수 있다고 하여야 할 것이다.

그러나 직접청구를 할 경우에도 위 공제조합은 전국버스운송사업조합연합회 산하의 공제기구이고, 판례도 "전국화물자동차운송사업조합연합회공제조합은 동 연합회의 공제사업을 위한 동 연합회 산하 부속기관에 불과하고, 동 연합회와는 별개의 독립된 단체라고 볼 수 없다."라고 판시한 바 있다(대판 1991.1.29, 90다4419).

그러므로 귀하가 위 공제조합에 직접 손해배상을 청구할 경우에도 상대방을 공제조합이 아닌 전국버스운송사업조합연합회를 당사자로 하여 청구하여야 할 것이다.

10 공무원이 자기차로 공무수행중 발생한 사고책임

질 문

공무원이 직무상 공무원 자신소유의 자동차를 운전하다가 사고를 일으킨 경우, 공무원 개인의 손해배상책임은 어떻게 되는지요?

답 변

자동차손해배상보장법의 입법취지에 비추어 볼 때, 같은 법 제3조는 자동차의 운행이 사적인 용무를 위한 것이건, 국가 등의 공무를 위한 것이건 구별하지 아니하고 민법이나 국가배상법에 우선하여 적용된다. 따라서 일반적으로 공무원의 공무집행상의 위법행위로 인한 공무원개인책임의 내용과 범위는 민법과 국가배상법의 규정과 해석에 따라 정하여질 것이지만, 자동차의 운행으로 말미암아 다른 사람을 사망하게 하거나 부상하게 함으로써 발생한 손해에 대한 공무원의 손해배상책임의 내용과 범위는 이와는 달리 자동차손해배상보장법이 정하는 바에 의할 것이므로, 공무원이 직무상 자동차를 운전하다가 사고를 일으켜 다른 사람에게 손해를 입힌 경우에는 그 사고가 자동차를 운전한 공무원의 경과실에 의한 것인지 중과실 또는 고의에 의한 것인지를 가리지 않고, 그 공무원이 자동차손해배상보장법 제3조의 자기를 위하여 자동차를 운행하는 자에 해당하는 한 자동차손해배상보장법상의 손해배상책임을 부담하게 된다(대판 1996.3.8, 94다23876).

그러므로 위와 같은 사안의 경우에는 국가 또는 지방자치단체의 국가배상책임과는 별도로 사고를 야기 시킨 공무원개인은 자동차손해배상보장법에 따라 손해배상책임을 부담하여야 할 것이다.

11 야간에 도로주차 차량과의 충돌

질 문

야간에 아무런 등화도 켜지 않고 가로등도 없는 도로상에 주차시킨 차량에 오토바이를 타고 가던 저의 남편이 추돌하여 사망하였습니다. 차주 또는 운전자로부터 손해배상을 받을 수 있는지요?

답 변

도로교통법상 차량의 왕래가 빈번한 도로상에는 주차할 수 없다. 부득이 주차한 경우에는 야간인 경우 등화를 켜는 등의 방법으로 그 곳을 통과하는 차량이 부딪히는 일이 없도록 하여야 할 의무가 있다. 이를 다하지 아니함으로써 발생한 손해에 대하여는 배상할 책임이 있다. 따라서 일차적으로 운전자가 그 유족에게 그가 입은 일실수익, 장례비, 위자료 등 손해를 배상할 책임이 있다. 그리고 자동차손해배상보장법은 차주에게도 그 배상책임을 지우고 있다.

위 사례와는 달리 주정차금지구역이 아니고 조명시설이 되어 있는 경우라면 어떠할까? 대법원은 야간에 車道 3차선 상에 미등 및 차폭등을 켜놓지 아니한 채 주차한 트레일러와 추돌한 교통사고에 대하여, 주정차금지구역이 아니고 조명시설이 되어 있는 점을 고려하여 트레일러 운전자에게 과실이 없다고 판시하고 있다(대판 1991.6.25, 91다3024). 그러나 주차금지 된 편도 2차선 도로의 2차선 상에 주차하여 놓은 버스로 인한 추돌사고에 대하여는 버스운전자에게 과실을 인정하고 있다(대판 1991.5.14, 91다5391).

12 차량 명의이전 전의 사고

질 문

저는 새 차를 사기 위하여 기존의 자동차를 A에게 팔고 명의이전서류까지 넘겨주었습니다. 그런데 매수인 A가 명의이전을 게을리 한 채 그 차를 운행하다가 인사사고를 냈습니다. 이 때 손해배상책임은 누구에게 있나요?

답 변

매도인이 계약금만 받고 중도금과 잔금을 받기 전에 자동차를 인수해 간 매수인이 사고를 낸 경우에는 매도인도 배상책임을 진다. 그러나 매도인이 잔금을 받은 후 명의이전서류까지 모두 건네주었으나 단지, 매수인이 이전등록을 하지 않은 채 자동차를 운행한 경우에는 매도인은 배상책임을 지지 않는다. 요컨대, 자동차의 운행을 누가 지배하고 있느냐(운행지배성), 운행의 이익을 누가 보고 있느냐(운행이익성)가 책임의 소재를 결정하는 중요한 조건이라고 하겠다.

따라서 귀하는 A에게 명의이전서류를 건네준 사실을 증명하여 책임을 면할 수 있다. 이와 같이 중고자동차를 사고 팔 경우에는 잔금영수증과 명의이전 서류를 건네준 사실을 서로 간에 확인해 두는 것이 필요하다.

13 자동차보험의 승계

질 문

저는 출퇴근용으로 친구 A로부터 중고자동차를 샀습니다. 이때 자동차보험관계도 자동적으로 승계되는지요.

답 변

자동차를 매매할 경우에는 자동차 자체의 이전등록도 해야 하지만, 그와 더불어 자동차보험의 권리와 의무가 당사자 간의 합의에 의하여 정확히 승계되는지의 여부를 확인하고, 이에 따른 적절한 조치를 취하는 것도 매우 중요하다.

우선 책임보험의 경우 과거에는 자동차를 양도할 때 의무적으로 책임보험도 함께 양도되는 불편함이 있었다. 그러나 자동차종합보험과 책임보험이 일원화됨에 따라 보험가입자가 기존의 자동차를 타인에게 양도하고 동일한 차종으로 대체하는 경우에는 양수인의 동의를 얻었거나, 양도한 자동차에 유효한 다른 책임보험 계약이 체결되었다는 사실을 서면으로 보험회사에 알리고, 승인을 받게 되면 예전의 보험계약을 승계할 수 있다.

또한 자동차종합보험에서도 보험계약자가 보험계약에 의하여 생긴 권리와 의무를 자동차의 양수인에게 양도한다는 뜻을 서면으로 보험회사에 통지하여 보험회사가 이를 승인한 때만이 보험계약이 승계되고, 이 경우에 한하여 보상이 된다는 것을 약관에 명시하고 있다.

특히 자동차 종합보험은 차종별, 성별, 연령, 결혼여부, 사고경력 등과 같은 운전자의 개별요소에 따라 보험료의 할인·할증이 결정되고, 자동차의 양도·양수에 따른 보험계약의 승계 시에도 양수인이 어떤 사람이냐에 따라 보험료를 다시 계산하여 추가로 차액보험료가 발생한 경우에는 모자라는 보험료를 납입한 때로부터 일어난 사고를 보상받게 되므로, 자동차를 타인으로부터 인수할 때에는 필히 보험회사에 알리고 필요한 조치를 취하는 것이 중요하다.

14 호의(好意) 동승시의 사고

질 문

저는 직장동료의 권유로 퇴근시에 동승하여 귀가하던 중 사고로 전치 6주의 부상을 당했습니다. 보험회사에서는 제가 그 자동차에 무상으로 호의동승하였다는 이유를 내세워 치료비 등 손해배상액 중 40%를 과실상계하겠다고 합니다. 이게 타당한 일인지요?

답 변

무상으로 다른 사람의 자동차에 호의동승한 때에 사고가 난 경우에 종래의 판례는 "사고차량에 무상으로 동승하여 그 운행으로 인한 이익을 누리는 지위를 가졌다 하여 특별한 사정이 없는 한 이를 손해배상액의 감경사유로 삼은 것은 위법"(대판 1987.1.20, 84다카2250)이라고 하였다.

그러나 그 후 태도를 바꾸어 "다만 운행의 목적, 호의동승자와 운행자와의 인적 관계, 피해자가 차량에 동승한 경위 특히 동승요구의 목적과 적극성 등의 제반사항에 비추어 가해자에게 일반의 교통사고와 같은 책임을 지우는 것이 신의칙이나 형평의 원칙에 비추어 매우 불합리한 것으로 인정되는 경우에는 그 배상액을 감경할 사유로 삼을 수도 있을 것이다."(대판 1987.12.22, 86다카2994)라고 하고 있다.

이는 오늘날 교통 혼잡의 해결과 자동차사고의 감소를 목적으로 시행되고 있는 '승용차 함께 타기'시책에도 상충할 뿐만 아니라, 실제로 Car Pool제 등에 의한 출퇴근시의 호의동승자에게는 손해배상액을 감액하지 않고 있는 경우와도 배치된다고 하겠다.

따라서 위 사례의 경우 신의성실의 원칙에 비추어 보아 호의동승자가 손해의 일부를 스스로 부담해야 할 사정이 없다고 보여 지므로 손해배상액을 40%씩이나 감액당할 이유가 없다고 하겠다.

15 렌터카 임차인의 운전사고

질 문

저는 친구가 찾아와 "렌터카를 빌렸으니 설악산에 놀러가자" 고 권하기에 차를 같이 타고 드라이브를 하다가 친구의 운전부주의로 교통사고를 당하여 중상을 입었습니다. 알고 보니 그 렌터카는 친구의 형이 빌린 것이었습니다. 렌터카 회사에서는 제3자가 운전한 사고에 대하여는 책임을 질 수 없다고 하는데 어떻게 해야 하나요?

|답 변|

일반적으로 자동차 소유자가 다른 사람에게 차를 빌려 주어 교통사고가 난 경우 특별한 사정이 없는 한, 자동차의 소유자나 빌려 탄 사람이 모두 운행에 대한 지배와 이익을 가지고 있으므로 공동운행자로서 책임을 지게 된다.

특히 렌터카 영업은 업주가 차를 임대할 때 나름대로의 기준에 따라 운전할 사람을 선별하고, 임대기간이 비교적 단기간이며, 운전자에게 운행시간이나 구역 등에 관하여 충분히 주의를 주고 적지 않은 사용료를 받고 있기 때문에, 사고발생시 운전자의 부주의 등과는 상관없이 업주의 운행자 책임을 인정하고 있다.

자동차를 빌린 사람(임차인)이 렌터카 회사와의 약정을 어기고 제3자에게 운전을 하도록 하여 사고가 발생한 경우가 문제될 수 있으나, 이런 때에도 임차인의 계약위반이 사회적으로 통상 예상할 수 있는 것으로 보아야 하므로 렌터카 회사는 운행자로서의 책임을 면하지 못한다.

따라서 이 사례의 피해자는 운전자인 친구, 렌터카 회사, 또는 그 차량이 가입한 보험회사 중 한 곳을 정하여 손해배상을 요구할 수 있다. 만약 피해자가 자신의 이익이나 필요에 따라 운전자의 호의를 구해 동승한 것이라면 형평에 비추어 배상액을 감경할 수 있으나, 사례에서와 같이 순전히 친구의 권유에 따라 동승한 것이라면 손해액 감경사유로 보기 어렵다고 할 것이다.

16 뺑소니 운전

질 문

제 친구 A는 얼마 전 음주운전을 하다가 행인을 치었습니다. 당황한 나머지 약 200미터쯤 갔다가 응급조치라도 해야 한다는 정신이 들어, 가던 길을 되돌아 와서 자신의 차에 태워 병원정문 앞에 내려놓은 후 자칫 음주운전 사실이 발각될까 봐 일단 집으로 갔다가 술이 깬 후 그 이튿날 다시 그 병원으로 갔답니다. 이 때 뺑소니 운전에 해당하는지요?

답 변

일단 교통사고가 발생하여 부상자가 생긴 경우에는 당사자는 흔히 당황하여 평소와는 달리 냉정을 잃어 필요하고도 적절한 조치를 취하지 못하는 경우가 많다.

사고가 나더라도 원칙적으로 교통사고처리특례법에서 정한 보험 등에 가입되어 있는 경우 사망, 뺑소니 및 10대 중대사고에 해당되지 않으면 형사소추를 받지 않으며, 예외사유에 해당된다 하더라도 보험가입여부 · 합의여부, 사고 후조치 등에 따라 관대한 처분을 받을 수 있음에도 불구하고, 순간적인 판단 잘못으로 사고시 부상자 구호 등의 적절한조치를 취하지 아니하고 도주하였을 때 자신에게 엄청난 불행을 초래할 수 있는 것이다. 일단 사고시에는 피해자의 경상 · 중상에 관계없이 가장 우선적으로 구호조치를 취하여야 한다. 부상자를 병원에 옮긴다든가 구급차를 부르는 등 가능한 방법을 전부 동원해야 할 것이며, 輕傷일 경우에도 의사의 진단을 받게 하여 진단서 등을 준비해 놓는 것이 후일에 도움이 되는 경우가 많다.

우리 판례의 뺑소니에 대한 구체적인 사례를 보면

1) 운전자가 차주에게 단순한 사고발생의 보고를 하기 위하여 사고 장소를 이탈하였다 할지라도 피해자구호 등의 조치가 없었던 경우(대판 1974.9.24, 74도2013).

2) 버스운전자가 트럭이 운행하는 차선전방에 갑자기 진입하여 트럭과 충돌하면서 이로 인해 그 트럭이 중앙선을 넘어서 마주오던 승용차와 충돌한 사고가 발생된 사실을 알면서 그대로 진행해 간 경우(대판 1983.8.23, 83도1328).

3) 피해자가 교통사고 당시 자기의 버스에 피해자가 충격되어 땅바닥에 넘어졌다가 일어난 것을 본 이상 피해자가 위 충격으로 인하여 상해를 입을 수도 있을 것이라는 예견을 할 수 있다 할 것이므로 피해자가 상해를 입었는지의 여부, 구호의 필요여부를 검토하여야 함에도 이러한 조치를 취함이 없이 피해자가 걸어가는 것을 보고 그대로 버스를 운행해 간 경우(대판 1987.8.25, 87도1118).

4) 사고운전자가 피해자에게 자신의 신원을 알려 주었다 하더라도 구호조치를 이행하지 않고 사고현장을 이탈한 경우(대판 2002.1.11, 2001도5369) 등이 있다.

그 외에도 사고현장에서 정차할 마땅한 장소가 없어 사고지점으로부터 약 150 내지 200미터 전진하여 정차한 뒤 사고현장 쪽으로 약 50미터 정도 되돌아오다 뒤쫓아 온 사람과 마주쳐 피해자를 병원에 싣고 간 경우, 운전자가 지나가던 택시에게 피해자를 병원으로 운송해 줄 것을 의뢰하고 사고 지점으로부터 약 200미터 떨어진 골목길에 주차시킨 경우도 도주한 것으로 볼 수 있을 것이다.

또한 사고운전자가 피해자를 경찰서나 병원정문 앞에 두고 간 경우, 지나가는 택시에 태운 것만으로는 도로교통법 제54조 제1항에서 정하는 구호조치를 취하였다고 보기 어려워 이 경우에도 도주한 것으로 처리될 것이다.

위 사례의 경우는 음주운전에 대한 죄책은 별도로 하더라도 약 200m를 전진한 점과 병원 앞에다가 내려놓은 점만으로는 필요하고도 적절한 조치를 취하였다고 보기 어렵다고 하겠다.

한편, 도주차량에 피해를 입은 피해자는 보험에 가입한 사고차량의 보유자가 확인되면 보험회사로부터 보상을 받게 된다. 무보험인 차라면 당연히 보유자에게 책임을 지우게 된다. 문제는 뺑소니차량 운전자나 그 보유자를 알지 못할 때이다.

그러나 이러한 경우에도 가해차량은 책임보험에는 확실히 가입되어 있는 것으로 추정되기 때문에 책임보험의 한도 내에서 보상을 해 주고 있다(자동차손해배상보장법 제26조 제1항).

보험금을 청구하려면 보유불명자동차손해배상청구서(보험회사소정양식), 관할경찰서에서 발급하는 교통사고 사실확인원, 진단서, 장해진단서, 치료비명세서, 영수증 및 기타 보험회사에서 필요로 하는 서류 등을 갖추어 인근 손해보험회사나 지점에 제출하면 된다.

17 지워진 횡단보도 위에서 자전거를 받은 경우

질 문

저는 자동차를 운전하고 가다가 길을 가로질러 건너던 자전거를 받아 중상을 입혔습니다. 알고 보니 그 곳은 원래 횡단보도였으나 도로포장공사 때문에 횡단보도 표시가 없어진 상태였습니다. 이런 경우에도 형사처벌을 받게 되는지 궁금합니다.

답 변

교통사고처리특례법상 횡단보도에서 보행자 보호의무를 위반해 사고를 낸 운전자는 이른바 '10대 항목 위반사고'에 포함돼 합의나 종합보험가입 여부와 상관없이 형사처벌을 받게 된다. 이 때 알아 둘 것은 '횡단보도'의 정확한 의미다. 가령 신호 등이 설치돼 있는 곳에서는 차량정지신호와 보행자 진행신호가 켜져 보행자의 횡단이 허용될 때에 한해서 횡단보도로서의 성격을 갖는다. 반대로 차량 진행신호가 점등돼 있으면 횡단보도로서의 성격을 잃게 되므로 교통사고를 냈다 하더라도 가해자에 대한 형사처벌 문제는 생기지 않는다.

신호등이 설치돼 있긴 한데 고장이 나 있다든지, 야간에 황색점멸등으로 바뀌어 작동 중인 때에는 '신호등 없는 횡단보도'와 똑같이 취급된다. 이런 곳에서는 운전자는 항상 보행자를 보호할 주의의무가 있으므로 사고를 내면 형사처벌을 받게 된다.

어떤 경우든 횡단보도상에서의 보호대상은 어디까지나 보행자에 한한다. 다시 말해 자전거나 오토바이를 타고 횡단하는 사람은 보행자가 아니므로, 횡단보도상에서 사고가 났다 하더라도 10대 항목 위반사고에 포함되지 않는다는 뜻이다. 또, 도로포장공사로 종전의 횡단보도표시가 지워져 운전자가 통상의 주의를 다했는데도 횡단보도로 인식하지 못했다면 그 곳은 이미 횡단보도로서의 기능을 상실한 것으로 보는 것이 타당하다. 결론적으로 이 질문의 당사자는 형사처벌을 받지 않아도 되는 것이다.

18 합의공탁금을 찾는 방법

질 문

형사사건의 가해자가 합의가 되지 않는다고 합의금을 변제공탁 하였는데, 그 합의금을 찾을 경우 어떠한 효과가 발생하는지요?

답 변

교통사고나 폭행사고 등이 발생한 경우 그 가해자는 피해자와 합의가 성립되지 않으면 일정금액을 일방적으로 공탁하고 그 공탁통지서를 받은 피해자는 그 공탁금이 자기의 손해를 충분히 배상할 만큼이라면 별문제가 없겠으나, 그 이상의 손해배상을 청구하고자 하는 경우에 공탁금을 찾아야 할지 여부를 놓고 망설이는 경우가 있다.

이 때 주의할 점은 가해자가 채무를 전부 갚는다는 조건 즉, 채무의 전부변제임을 밝히고 공탁한 경우 피해자가 채권의 일부로 수령한다는 등의 특별한 유보의사표시를 하지 않고 공탁금을 수령하게 되면 채무자의 의도대로 전부변제의 효과가 발생한다는 점이다(대판 1983.6.28, 83 다카 88,89). 이것을 방지하기 위해서는 공탁금을 찾을 때, 공탁공무원이나 채무자에 대하여 적극적으로 합의금의 일부라는 내용 등의 이의유보 의사표시를 해야 한다.

19 합의의 중요부분에 착오가 있는 경우 합의 취소

질 문

저의 아들인 A가 교통사고로 인해 의식불명인 상태에서, 저는 위 교통사고가 오로지 피해자인 A의 과실로 인하여 발생한 것이라는 상대방 보험회사 직원의 말만 믿고 사고 10일 후 치료비 일부만을 받고 일체의 손해배상청구권을 포기하기로 합의하였으나 그 후 가해자 B의 과실이 경합되어 발생한 사실이 밝혀진 경우 착오를 이유로 위 합의계약을 취소할 수 있는지요.

답 변

민법상 법률행위의 내용의 중요한 부분에 착오가 있는 경우 의사표시자의 중대한 과실이 없는 한 착오로 취소할 수 있으나, 화해계약에 있어서는 착오를 이유로 취소하지 못하고 다만 화해당사자의 자격 또는 화해의 목적인 분쟁 이외의 사항에 착오가 있는 때에 한하여 취소할 수 있다(민법 제733조).

위 규정에서 화해의 목적인 분쟁 이외의 사항이라 함은 분쟁의 대상이 아니라 분쟁의 전제 또는 기초가 된 사항으로써, 쌍방당사자가 예정한 것이어서 상호 양보의 내용으로 되지 않고 다툼이 없는 사실로 양해된 사항을 말한다.

그러므로 이 사건 사고가 A의 과실로 인하여 발생하였다는 사실은 쌍방당사자 사이에 다툼이 없어 양보의 대상이 되지 않았던 사실로써 화해의 목적인 분쟁의 대상이 아니라 그 분쟁의 전제가 되는 사항에 해당하는 것이므로, 이 사건 사고발생에 가해자 B의 과실이 경합되어 있는데도 A의 일방적 과실에 의한 것으로 착각하여 위와 같은 합의를 한 것이라면 착오를 이유로 위 합의, 즉 화해계약을 취소할 수 있다(대판 1997.4.11, 95다48414).

20 형사사건 관련 합의금의 손익상계여부

질 문

저는 A가 운전하는 자가용승용차에 충격되어 요추부염좌 등으로 노동력상실율 20%의 장해까지 예상되는 부상을 입었고, A는 횡단보도상 사고였기 때문에 구속되자 형사상 정상참작을 받기 위하여 저에게 합의요청하여 500만 원을 지급받고 합의를 해주었습니다. 그런데 위 차량이 종합보험에 가입한 보험회사에 손해배상을 청구할 때 형사사건과 관련하여 지급받은 500만 원을 공제하여야 하는지 알고 싶습니다.

답 변

불법행위가 피해자에게 손해를 줌과 동시에 이익도 준 경우에는, 그 이익이 불법행위와 상당인과관계에 있는 한, 손익상계에 의하여 이익이 공제되게 된다. 그런데, 형사사건과 관련하여 지급받은 합의금이 위와 같은 손익상계대상이 되는가에 관하여는 그 합의금이 어떤 명목으로 지급되었느냐에 따라서 결론이 달라진다고 보아야 할 것입니다.

이에 관련하여 판례는 "불법행위의 가해자에 대한 수사과정이나 형사재판과정에서, 피해자가 가해자로부터 합의금 명목의 금원을 지급받고 가해자에 대한 처벌을 원치 않는다는 내용의 합의를 한 경우, 그 합의 당시 지급받은 금원을 특히 위자료 명목으로 지급받은 것임을 명시하였다는 등의 특별한 사정이 없는 한, 그 금원은 재산상 손해배상금일부로 지급되었다고 봄이 상당하다."라고 판시하고 있다(대판 1996.9.20, 95다53942).

따라서 특별히 위자료 또는 위로금 명목으로 지급하였다고 볼 사정이 있는 경우를 제외하고는 형사합의금도 손익상계대상이 될 수 있다.

21 과실상계와 손익상계의 우선순위

질 문

불법행위로 인한 손해배상청구사건에 있어서 손익상계와 과실상계를 모두 하여야 할 경우에 어느 것을 먼저 하여야 하는지요?

답 변

불법행위에 있어서 '손익상계'란 불법행위가 피해자에게 손해를 줌과 동시에 이익도 준 경우에는 그 이익이 불법행위와 상당인과관계에 있는 한, 손해로부터 그 이익을 공제하는 것을 말한다.

그리고 '과실상계'란 불법행위의 피해자에게 과실이 있을 경우에는 법원은 손해배상책임의 유무 및 금액을 정하는 데 있어서 이를 참작하여야 하는바, 이것을 과실상계라고 한다.

그런데 불법행위로 인한 손해배상청구사건에 있어서 손익상계와 과실상계를 모두 하여야 할 경우 손익상계와 과실상계 중 어느 것을 먼저 산정하느냐에 따라서 손해배상금액이 다르게 산정된다.

이에 관한 판례를 보면, "불법행위로 인하여 손해가 발생하고, 그 손해발생으로 이득이 생기고 동시에 그 손해발생에 피해자에게도 과실상계를 하여야 할 경우에는, 먼저 산정된 손해액에서 과실상계를 한 다음에 위 이득을 공제하여야 한다."라고 하고 있다(대판 1990.5.8, 89다카29129).

따라서 손익상계와 과실상계를 모두 하여야 할 경우 산정된 손해액에 대하여 과실비율에 따른 과실상계를 하고 난 이후에 그 불법행위로 인한 이득을 공제하여 구체적인 손해배상액을 산출하여야 할 것이다.

22 형사합의금을 보험회사에 청구할 수 있나요?

질 문

저는 운전중 부주의하여 정지신호를 발견하지 못하고 횡단보도를 건너던 사람을 충격하여 부상을 입히고 말았습니다. 사고 당시 제차는 종합보험에 가입되어 있었으나 제가 일으킨 사고는 교통사고처리특례법 제3조 제2항에 해당하기 때문에 종합보험에 가입되어 있다고 하더라도 처벌을 면하지 못한다고 합니다. 저는 되도록 가벼운 형사처벌을 받을 욕심으로 피해자에게 형사합의금으로 500만 원을 지급한 사실이 있습니다. 저는 피해자에게 지급한 형사합의금을 보험회사로부터 받을 수 있는지요?

답 변

교통사고 중 사망사고나 신호위반 등 10대 중과실사고를 내면 가해자는 피해자나 유가족들과 합의를 하려는 경우가 있다. 이때는 보통 형사합의금 명목으로 돈을 지급하게 된다. 이렇게 형사합의를 하는 이유는 구속 직전에는 구속을 면해보려고, 이미 구속됐다면 구속에서 풀려나려고 그리고 최종적으로는 형사처벌을 덜 받으려는 데 있다. 형사합의금액은 따로 정해져 있는 것은 아니고 보통 사망사고는 3,000만 원~5,000만 원, 상해사고는 치료기간 1주당 100만 원 정도로 계산하여 합의를 보고 있는 것이 현실이다.

대법원은 형사합의금의 성격에 대하여 불법행위의 가해자에 대한 수사나 형사재판과정에서 피해자가 가해자로부터 합의금명목의 금원을 지급받고 가해자의 처벌을 원치 않는다는 내용의 합의를 한 경우에, 그 합의 당시 지급받은 금원을 특히 위자료명목으로 지급받는 것임을 명시하였다는 등의 사정이 없는 한, 그 금원은 손해배상금(재산상 손해금)의 일부로 지급된 것으로 보고 있다(대판 1996.9.20, 95다53942).

이와 같이 재산상 손해금의 성격을 띤 형사합의금은 자동차종합보험약관에서 정한 사고차의 운행으로 남을 사망케 하거나 다치게 하여 법률상 손해배상책임을 짐으로써 입은 손해에 대한 배상으로 지급된 것이고, 그 지급목적이 형사상처벌을 원하지 아니한다는 의사표시를 얻어내기 위한 형사상 합의에 있었다 하더라도 사정이 달라진다고 할 수 없으므로, 보험회사는 그 보험계약에 따라 보험금으로 형사합의금으로 지급한 금액 상당을 피보험자에게 지급할 의무가 있다고 할 것이다.

따라서 귀하가 피해자에게 지급한 500만 원이 명백히 위로금 명목으로 지급된 것이었다면 몰라도, 재산상 손해금의 성격의 것이라면 보험회사에 청구할 수 있다. 그러나 이 경우에도 귀하가 피해자와 합의를 하면서 자동차종합보험약관의 규정에 반하여 보험사에 이를 통지하지 않았을 경우, 그 사실을 모르고 피해자에게 손해배상을 한 보험사는 피보험자가 한 합의금 상당의 손해배상금을 피보험자에게 지급할 의무가 없음을 주의할 필요가 있다(서울지법 1998.4.2, 97나41713).

23 산재보상금 수령 후에도 손해배상청구소송이 가능한지?

질 문

저는 A건설회사에서 시공하는 건축공사장에 인부로 취업하여 작업 중 미끄러운 땅에 넘어지면서 부상을 입은 바 있습니다. 산재보험에서 휴업보상금과 장해보상금을 수령하였으나 적은 것 같습니다. 소송을 통하여 추가로 청구할 수는 없는지요?

답 변

근로자가 사업장에서 일을 하다가 부상·질병·신체장해 또는 사망 등 업무상의 재해를 당한 경우에 치료는 물론 각종 보상금(휴업급여, 상병보상연금, 장해급여, 유족급여, 장의비 등)을 받게 하는 제도를 산업재해보상보험이라고 한다. 산재보상은 사용자의 고의·과실을 묻지 않고 청구할 수 있다. 그런데 위 사안에서와 같이 귀하가 산재보상금을 수령하였다 하더라도 업무상의 재해발생에 사용자측의 고의·과실이 있는 경우에는 사용자를 상대로 민법상의 불법행위로 인한 손해배상청구를 할 수도 있다. 다만, 그 소송과정을 통하여 사고발생에 있어서 사용자측에 고의·과실이 있었음이 입증되어야 한다는 점, 사고발생에 관하여 근로자 본인의 과실이 있었다면 과실상계라고 하여 손해배상금액이 적당한 비율로 감축될 수도 있다는 점, 그리고 소멸시효기간(손해 및 가해자를 안 날로부터 3년, 불법행위를 한 날로부터 10년)내에 청구를 하여야 한다는 점이 산재보상과 다르다.

24 약관설명의무위반과 고지의무위반의 관계

질 문

보험모집인이 약관에 관하여 제대로 설명을 하지 않고 보험계약자도 약관에 규정된 고지의무를 위반한 경우, 보험계약자가 보험금을 청구할 수 있는지요?

답 변

보험자가 약관의 중요한 내용에 관하여 설명을 하지 않은 경우에 보험계약자는 그 계약을 취소할 수 있다(상법 제638조의3).

그러나 쌍방이 모두 자기의 의무를 위반한 경우에 관하여는 명문의 규정이 없는데, 여기에 관하여 판례는 "보험자 및 보험계약체결 또는 모집에 종사하는 자는 보험계약체결에 있어서 보험계약자 또는 피보험자에게 보험약관에 기재되어 있는 보험상품의 내용, 보험료율의 구체적이고 상세한 명시 · 설명의무를 지고 있으므로 보험자가 이러한 보험약관의 명시 · 설명의무에 위반하여 보험계약을 체결한 때에는 그 약관의 내용을 보험계약의 내용으로 주장할 수 없고, 보험계약자나 그 대리인이 그 약관에 규정된 고지의무를 위반하였다 하더라도 이를 이유로 보험계약을 해지할 수 없다. 상법 제638조의3 제2항에 의하여 보험자가 약관의 교부 및 설명의무를 위반한 때에 보험계약자가 보험계약 성립일로부터 1월내에 행사할 수 있는 취소권은 보험계약자에게 주어진 권리일 뿐 의무가 아님이 법문상 명백하므로, 보험계약자가 보험계약을 취소하지 않았다고 하더라도 보험자의 설명의무위반의 법률효과가 소멸되어 이로써 보험계약자가 보험자의 설명의무위반의 법률효과를 주장할 수 없다거나 보험자의 설명의무위반의 하자가 치유되는 것은 아니다"(대판 1996.4.12, 96다4893)라고 판시하고 있다. 그러므로 보험계약자는 보험사고 발생시 보험금을 청구할 수 있다.

한편 보험대리점 내지 보험모집인(생활설계사)이 보험가입을 권유하면서 보통보험약관의 내용과 다른 내용을 설명하여 계약을 체결하였다는 것을 입증한다면 보통보험약관의 적용을 배제하고 보험모집인 등이 설명한 내용대로의 계약을 주장할 수 있다(대판 1989.3.28, 88다4645).

25 응급환자와 수련의

질 문

저는 수련의로서 당직근무 중이던 1주일 전 한밤중인 새벽 1시경 극심한 호흡곤란으로 찾아온 응급환자에 대하여 일반적인 대증요법에 따라 치료를 하였으나 치료 중 그 환자가 사망하였습니다. 그 유가족들은 저의 멱살을 잡고 흔들며 살려내든지 책임을 지라고 아우성입니다. 그들의 마음은 이해되지만 그 당시 저로서는 최선을 다한 치료였다고 자부하는 데 저는 그에 대한 의료과오책임을 져야 하나요?

답 변

자기가 치료한 환자가 사망한 경우 어느 의사인들 마음이 편하겠는가. 그러나 결국은 사망한 환자의 유족들과의 문제에서 법적인 책임문제가 대두될 수밖에 없는 게 현실이다.

사례의 경우 그 응급환자를 진료함에 있어서 귀하가 수련의로서 가지고 있는 의학지식에 의하여 그 치료방법으로 우선 호흡곤란을 완화시키기 위한 대증요법(對症療法)을 쓰기로 하고, 그에 일반적으로 쓰이는 주사약제를 선택한 다음 간호사에게 지시하여 적절한 방법에 따라 주사하였다면, 그 진료방법이나 약제의 선택 및 사후의 처치과정에서 명백히 합리성을 결여한 것이 아닌 한 의료과오에 대한 책임이 없다고 할 것이다. 결국 위 응급환자의 처치는 의사의 재량에 속한다 할 것이므로 그 치료중에 환자가 사망하였더라도 위와 같은 합리적 처치가 있었다면 책임이 없다고 할 것이다. 그러나 의사로서의 인간에 대한 외경심을 더욱 간직하여 항상 최선을 다하는 성실함을 잃지 않아야 할 것이다. 이것은 법 이전의 도덕이요, 의사의 참된 윤리라고 보기 때문이다.

26 의사의 설명의무

질 문

저는 23세 된 여성으로서 취직 등 앞으로 인생살이에 미모가 중요한 것 같아 얼굴 성형수술을 받았습니다. 그러나 후유증이 심하여 수술 전보다 더욱 추하게 되었습니다. 수술 전에 의사는 두피이동술 및 식피술 등의 수술에 대한 동의만 구했을 뿐 구체적인 후유증에 대해서는 설명이 없었습니다. 저는 의사의 과실을 들어 손해배상을 청구할 수 있는지요?

답 변

우선 신체발부는 부모님의 선물임을 깊이 인식하여 본래의 용모를 자랑스럽게 생각하고, 마음의 양식을 쌓는 일에 더욱 열중해야 하겠다. 물론 후천적으로 사고 등에 의하여 성형이 필요하다면 신중을 기하여 오히려 더 악화되는 일이 없도록 해야 할 것이다.

사례의 경우 의사는 환자에게서 수술에 관한 동의서를 받기 이전에 의사로서의 설명의무를 다해야 함을 잊은 것 같다. 의사는 성형수술이 그 성질상 긴급을 요하지 아니하고, 수술을 한다 하더라도 외관상 다소간의 호전이 기대될 뿐이며, 다른 한편으로는 피부이식수술로 인한 피부제공 부위에 상당한 상처로 인한 후유증이 발생할 가능성이 있음을 고려하여 환자에게 충분한 설명이 있어야 한다. 즉, 의사는 수술 전에 충분한 검사를 거쳐 환자에게 수술 중 피부이식에 필요하거나, 필요하게 될 피부의 부위 및 정도와 그 후유증에 대하여 구체적인 설명을 하여 준 연후에, 그의 사전 동의를 받아 수술에 임하여야 하는 업무상 주의의무가 있는 것이다.

따라서 성형외과 의사가 이러한 구체적 설명의무가 없이 수술한 경우에 피해자가 입은 상해는 당연히 배상하여야 한다(대판 1987.4.28, 86다카1136 참조).

27 공해로 인한 과수목 고사

질 문

저는 2,000여 평의 사과나무 과수원을 경작하고 있습니다. 그런데 5년 전에 과수원 옆에 공장이 들어선 이 후로 사과나무들이 하나 둘씩 고사하더니 이제는 90%가 말라 죽은 상황입니다. 저와 이웃 주민들은 호흡기에 이상이 있다는 진단도 받았습니다. 원인을 알고 보니 공장 굴뚝에서 나오는 매연이 주범이라고 합니다. 이로 인한 손해를 청구할 수 있는지요?

답 변

사례의 경우처럼 사과나무가 고사하고 인근 주민들의 호흡기에 이상이 생긴 것이 공장에서 나오는 공해가 원인임이 증명된다면 귀하는 그 회사를 상대로 손해배상을 청구할 수 있다. 다만 이 경우 법원에 환경오염으로 인한 손해배상을 청구하기 전에 행정적인 구제제도인 환경오염분쟁조정제도를 활용하는 것이 비용과 시간을 절약하는 방법이 될 것이다. 그러나 이 제도로서 소기의 목적을 달성할 수 없을 때에는 소송을 통하여 그 손해를 배상받을 수 있다.

오늘날 환경오염문제는 우리 인간의 생존의 문제로 대두되었다. 우리가 사는 이 지구는 하나뿐이며, 후손에게 물려주는 유산이라기보다 후손들로부터 잠시 빌려 쓰고 있음을 깨달아 환경보전에 전력투구해야 할 시점에 와 있다고 하겠다.

28 일조권 침해와 손해배상

질 문

저는 얼마 전 새 아파트에 입주하여 살고 있는데, 갑자기 바로 옆에 재건축아파트 공사로 인하여 조망권은 물론 일조권의 침해로 생활에 어려움을 겪고 있습니다. 이로 인한 손해를 배상받으려면 어느 정도의 피해기준에 맞아야 하는지요?

|답 변|

요즘 도심재개발과 노후주택 개선을 위한 재건축에 따른 일조권 분쟁이 빈번하게 발생하고 있다. 법원은 재건축 아파트 A가 비슷한 시기에 지어진 인근의 재건축 아파트 B를 상대로 일조권을 침해당했다며 낸 손해배상 청구소송과 관련하여 일조권 분쟁에 핵심적인 6가지 기준을 제시하고 있다.

먼저 일조권 침해를 주장하는 측에서 갖춰야 할 요건은 2가지로 ① 주거지역에서 주거용 건물에 거주하고 있어야 하고, ② 인근의 새 건물이 골조를 완성하기 이전부터 상당 기간 거주해 생활이익이 이미 형성돼 있었어야 한다.

반대로 새로 들어선 건물은 ③ 주변에 비해 이례적인 건물이어야 하고, ④ 일조권 침해를 주장하는 쪽에 직접적인 압박감을 줄 정도로 근접해 있거나 채광을 방해해야 한다. 이와 같이 새로 들어선 건물이 "이례적인 건물이거나 근접해 있다"는 두 가지를 충족시키지 못하면 건축과정에서 법규 위반이 없는 한 손해배상 책임을 인정하기 어렵다.

또한 ⑤ 일조량 감소로 인한 피해가 상당한 정도여야 한다. 동짓날을 기준으로 오전 9시부터 오후 3시 사이에 연속 2시간 이상 햇빛을 받지 못하거나 오전 8시에서 오후 4시 사이를 통틀어 4시간 정도 일조권을 침해당하고 있다는 것이 입증돼야 한다. 여기에 ⑥ 규제위반 여부 등이 일조권 침해의 기준으로 고려될 수 있다고 할 것이다.

따라서 귀하의 재건축 아파트에 대한 옆에 들어서는 재건축 아파트의 일조권 침해 여부는 위의 6가지 기준을 적용했을 때 비슷한 시점에 재건축이 시작돼 상당 기간 거주에 따른 생활이익이 형성되지 않았고 늦게 골조가 완성된 B측이 주변에 비해 이례적인 건물이 아니거나 A와 아주 근접한 것은 아니라면 일조권 침해에 따른 손해배상은 쉽지 않을 것으로 보인다.

29 분양공동주택의 하자보수

질 문

저는 A로부터 500세대의 아파트 중 48평형을 2억 원에 1층 1칸을 매수하여 소유하는 있는바, 같은 동 윗 층 B소유의 화장실에서 누수가 되어 제가 살고 있는 집의 가구에 물이 떨어져 많은 손해를 보고 있습니다. 이 주택은 사용검사를 받은 지 1년도 채 지나지 않았습니다. 이럴 때에 누구에게 집수리를 요구해야 되는지요?

답 변

귀하가 매수한 아파트는 분양을 목적으로 건축된 공동주택으로 보이는바, 사용검사를 받은 지 1년도 안 되어 누수가 된다면 주택법에 따라 건축주를 상대로 하자보수청구를 할 수 있다. 즉, 주택법에 의하면 동법 제16조 소정의 사업계획의 승인을 얻어 공동주택을 건설한 사업주체 및 기타 건축법 제8조에 의하여 건축허가를 받아 분양을 목적으로 공동주택을 건축한 건축주는 공동주택의 하자를 보수할 책임이 있고, 이를 담보하기 위해 총공사비의 100분의 3에 해당하는 금액을 하자보수보증금으로 예치하도록 되어 있으며, 하자보수책임기간은 사용검사일로부터 주요시설인 경우에는 2년 이상, 그 외의 시설인 경우에는 1년 이상으로 정하도록 되어 있으며, 내력구조부의 하자보수에 대해서는 무너지거나 무너질 위험이 있는 경우의 기둥 · 내력벽은 그 사용검사일로부터 10년, 보 · 바닥 · 지붕은 5년으로 규정하고 있다(동법시행령 제59조 제1항).

따라서 귀하는 위 아파트의 입주자대표회의가 구성되어 있는 경우에는 입주자대표회의를 통해서, 그렇지 않은 경우에는 귀하가 직접 건축주에게 하자의 보수를 요구할 수 있고, 만약 건축주가 이에 응하지 않는 경우에는 사용검사권자(시 · 군 · 구청)에게 통보하여 사용검사권자로 하여금 건축자에게 하자보수를 명하게 할 수도 있으며, 그래도 건축자가 이에 응하지 않는 경우에는 예치된 하자보수보증금으로 직접 보수할 수가 있다.

그리고 A에 대하여는 민법의 규정에 따라 그 동안의 손해 및 수리비에 상당하는 손해배상을 청구할 수 있는데 이것은 누수의 사실을 안 날로부터 6월 이내에 하여야 할 것이다(민법 제580조, 제582조).

30 데모진압 차량의 불법행위책임

질 문

저는 모대학교 앞에서 농민들이 우루과이 라운드 반대를 위해 데모하는 것을 구경하다가 경찰병력 호송차량에 치어 중상을 입었습니다. 경찰 호송차량이 갑자기 뒤에서 진행하여 오는 바람에 미처 피하지 못하고 횡단보도에서 사고를 당한 것입니다.

물론 경찰병력의 긴급수송은 데모진압이라는 국가업무 수행을 위해서 불가피했다고 생각하지만 저로서는 너무 억울하게 피해를 당하였습니다. 이런 경우 누구에게 손해배상을 청구해야 하며 그 청구절차는 어떠한지요?

답 변

일반적으로 교통사고로 피해를 입은 피해자가 피해보상을 받는 방법은 가해자가 보험에 가입하였을 경우에는 보험회사로부터 그 보험금을 수령하면 된다. 그러나 무보험인 경우에는 가해자를 상대로 손해배상 청구를 하면 된다. 이 때 보험에 가입했더라도 그 보험금에 의해서는 실제보상금액에 미치지 않아 합의가 성립되지 않으면 가해자를 상대로 손해배상 청구를 할 수 있다.

사례의 경우 가해차량이 경찰서 소속 차량이기 때문에 먼저 관할 지방검찰청에 있는 국가배상심의위원회에 배상신청 하여 그 위원회의 결정내용에 따라 배상금을 수령하거나, 그렇지 않으면 이에 불복하여 법원에 손해배상 청구소송을 하여야 한다(결정전치주의).

여기서 만약 배상심의위원회의 결정에 따라 배상금을 수령한다면 민사소송법상 재판상 화해가 된 것으로 보기 때문에 다시 불복할 수 없다. 따라서 국가배상심의위원회의 결정에 동의하거나 배상금의 수령은 신중해야 한다.

배상심의위원회의 배상신청절차는 소정양식의 신청서에 등본, 손해액계산서 및 기타 손해발생 소명자료를 첨부해서 관할 지방검찰청 배상심의위원회에 신청하여야 한다. 그리고 국가배상심의위원회에 배상신청을 한 후 3개월이 경과하여도 결정이 없을 때에는 바로 법원에 국가를 상대로 손해배상 청구소송을 제기할 수 있다.

위 사례의 경우 아무리 데모진압이란 국가업무 수행과정에서 일어난 사고라 하더라도, 횡단보도상에 있는 행인을 주의의무를 저버리고 운전 잘못으로 상해를 입힌 경우이므로 "공무원이 그 직무를 집행함에 있어 고의 또는 과실로 법령에 위반하여 타인에게 손해를 가하거나 자동차손해배상보장법의 규정에 의하여 손해배상 책임이 있는 때"에 해당되어, 귀하는 이 사고로 인하여 입은 손해 전부를 국가를 상대로 국가배상심의위원회의 결정을 거쳐 법원에 청구할 수 있다.

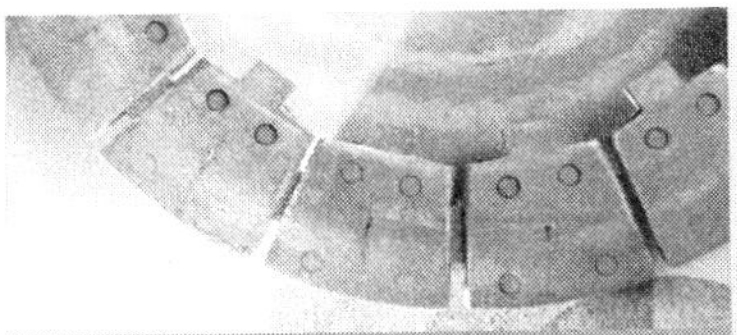

서 설/소비자기본법/할부거래에 관한 법률
방문판매 등에 관한 법률/사례문답

제9장 소비생활과 법률

제1절 서 설

현대사회는 대량소비의 사회라고 한다. 사람들이 옛날처럼 집에서 만든 물건으로 자급자족하는 것이 아니라 기업체에서 대량생산하는 상품을 사서 쓰는 사회인 것이다. 이러한 사회에서는 기업이 생산하는 상품에 문제가 있어 소비자에게 피해가 발생할 경우에, 약한 소비자의 힘으로 막강한 재력을 가진 기업을 상대로 피해의 원인을 밝혀 보상을 받는다는 것은 사실상 어려우므로, 소비자를 특별히 보호할 필요가 있게 된다.

이러한 경제적 약자인 소비자들의 권익옹호를 위해 지금까지 많은 민간소비자단체들이 활동하여 왔으나, 그 규모가 작고 재정상의 어려움도 있어 진 국민에 대한 조직적 · 체계적인 봉사를 하지 못하였고 또한 활동에 따른 다툼도 적지 않았다.

이제는 소비생활이 우리 일상생활을 지배하고 있는 만큼, 보다 강력한 법적 · 제도적 소비자보호정책이 필요하게 된 것이다. 이에 따라 법적으로는 민법상의 매도인의 하자담보책임이나 제조물책임 등과 함께 할부거래에 관한 법률, 방문판매 등에 관한 법률, 소비자기본법 등이 제정되어 시행되고 있고, 제도적으로는 소비자의 피해를 보상하기 위한 구제절차제도를 두고 있다.

제 2 절 소비자기본법

Ⅰ. 목 적

소비자기본법은 소비자의 기본권익을 보호하기 위하여 국가·지방자치단체 및 사업자의 의무와 소비자 및 소비자 단체의 역할을 규정함과 아울러, 소비자보호시책의 종합적 추진을 위한 기본적 사항을 규정함으로써 소비생활의 향상과 합리화를 기할 것을 목적으로 하고 있다.

Ⅱ. 소비자의 기본적 권리

소비자는 스스로의 안전과 권익을 위하여 다음과 같은 권리(동법 제4조)를 향유한다.

1) 물품 및 용역으로 인한 생명·신체 및 재산상의 위해로부터 보호받을 권리
2) 물품 등을 선택함에 있어서 필요한 지식 및 정보를 제공받을 권리
3) 물품 등을 사용함에 있어서 거래의 상대방·구입 장소·가격·거래조건 등을 자유로이 선택할 권리
4) 소비생활에 영향을 주는 국가 및 지방자치단체의 정책과 사업자의 사업 활동
5) 물품 등의 사용으로 인하여 입은 피해에 대하여 신속·공정한 절차에 의하여 적절한 보상을 받을 권리
6) 합리적인 소비생활을 위하여 필요한 교육을 받을 권리
7) 소비자 스스로의 권익을 증진하기 위하여 단체를 조직하고 이를 통하여 생활할 수 있는 권리
8) 안전하고 쾌적한 소비생활 환경에서 소비할 권리

한편, 소비자는 스스로의 안전과 권익을 향상시키기 위하여 필요한 지식을 습득하는 동시에, 자주적이고 성실한 행동을 함으로써 소비생활의 향상과 합리화에 적극적인 역할을 다 하여야 한다(동법 제5조).

Ⅲ. 국가 및 지방자치단체의 책무

국가 및 지방자치단체는 소비자의 기본적 권리가 실현되도록 하기 위하여 다음과 같은 의무를 진다(동법 제6조).

1) 관계법령 및 조례의 제정 및 개폐

2) 필요한 행정조직의 정비 및 운영 개선

3) 필요한 시책의 수립 및 실시

4) 소비자의 건전하고 자주적인 조직 활동의 지원 · 육성에 대한 의무를 진다.

아울러 국가는 사업자가 제공하는 물품 또는 용역으로부터 소비자의 위해를 방지하는 기준을 정하고(동법 제8조 참조), 계량 및 규격의 적정화를 위한 시책을 강구하며(동법 제9조 참조), 물품 및 용역의 표시기준을 정하여야 한다(동법 제10조 참조). 또한 광고의 기준을 제정하고(동법 제11조 참조), 사업자의 불공정한 거래조건이나 방법으로 인하여 소비자가 피해를 입지 아니하도록 필요한 시책을 수립 · 실시하되, 사업자의 부당한 행위에 대하여는 지정 · 고시할 수 있다(동법 제12조 참조). 그리고 국가와 지방자치단체는 소비자가 자주성을 가지고 건전한 소비생활을 영위할 수 있도록 소비자에게 정보를 제공하고, 소비자피해에 대한 신속 · 공정한 구제조치를 강구하여야 한다(동법 제13~17조 참조).

Ⅳ. 사업자의 책무

사업자는 그 공급하는 물품 또는 용역에 대하여 소비자보호를 위하여 필요한 조치를 강구하여 ① 국가 및 지방자치단체의 소비자보호시책에 적극 협력하여야 하고, ② 각종 위해의 방지에 노력해야 한다. 그리고 ③ 물품 또는 용역에 관하여 소비자로부터 제기되는 정당한 의견이나 불만을 반영하고 그 피해를 보상처리 하는 적절한 기구를 설치 · 운영하여야 한다(동법 제18조 이하 참조).

Ⅴ. 소비자단체와 한국소비자원

1. 소비자단체

소비자단체라 함은 소비자의 권익을 옹호 내지 증진하기 위하여 소비자가 조직한 단체로서 다음과 같은 업무를 행한다(동법 제28조).

1) 국가 및 지방자치단체에 대한 소비자보호시책에 관한 건의
2) 물품 또는 용역에 대한 시험 · 검사 · 거래조건이나 거래방법에 대한조사
3) 소비자문제에 관한조사 · 연구
4) 소비자의 교육
5) 소비자피해 및 불만처리를 위한 상담 · 정보제공 및 당사자간 합의의 권고
6) 소비자단체는 물품 또는 용역에 대한 시험 · 검사 및 거래조건이나 거래방법에 대한조사 등의 결과를 공표할 수 있다.
7) 소비자단체는 소비자불만 및 피해를 처리함에 있어서 소비자와 사업자간에 합의가 이루어지지 아니한 때에는 상대방 소비자를 대리하여 소비자분쟁조정위원회에 분쟁조정을 신청할 수 있다.

2. 한국소비자원

한국소비자원은 소비자보호시책의 효과적인 추진을 위하여 설립된 기관으로서 다음과 같은 업무를 관장한다(동법 제35조).

1) 소비자의 권익과 관련된 제도와 정책의 연구 및 건의
2) 소비자의 권익증진을 위하여 필요한 경우 물품 등의 규격 · 품질 · 안전성 · 환경성에 관한 시험 · 검사 및 가격 등을 포함한 거래조건이나 거래방법에 대한 조사 · 분석
3) 소비자의 권익증진 · 안전 및 소비생활의 향상을 위한 정보의 수집 · 제공 및 국제협력
4) 소비자의 권익증진 · 안전 및 능력개발과 관련된 교육 · 홍보 및 방송사업
5) 소비자의 불만처리 및 피해구제(다만, 국가 또는 지방자치단체가 제공한 물품 등으로 인하여 발생한 피해구제, 그 밖에 다른 법률의 규정에 따라 설치된 전문성이

요구되는 분야의 분쟁조정기구에 신청된 피해구제 등으로서 대통령령이 정하는 피해구제는 제외)

6) 소비자의 권익증진 및 소비생활의 합리화를 위한 종합적인 조사 · 연구

7) 국가 또는 지방자치단체가 소비자의 권익증진과 관련하여 의뢰한 조사 등의 업무

8) 그 밖에 소비자의 권익증진 및 안전에 관한 업무

또한 한국소비자원은 업무수행 과정에서 취득한 사실 중 소비자의 권익증진, 소비자피해의 확산 방지, 물품 등의 품질향상 그 밖에 소비생활의 향상을 위하여 필요하다고 인정되는 사실은 이를 공표하여야 한다. 다만, 사업자 또는 사업자단체의 영업비밀을 보호할 필요가 있다고 인정되거나 공익상 필요하다고 인정되는 때에는 그러하지 아니하다.

VI. 소비자피해의 구제절차

소비자는 물품이나 용역의 구입이나 사용 또는 이용으로 인하여 입은 피해에 대하여 신속하고 공정한 절차에 의해 적절한 보상을 받을 권리를 가지고 있다. 따라서 소비자는 소비자가 구입한 상품을 사용하는 중에, 또는 서비스를 이용하는 과정에서 불만이 있거나 피해를 입었을 경우에는 먼저 해당사업자(판매업자, 제조업자, 수입업자, 서비스 제공자)에게 연락하여 적절한 보상을 받을 수 있다.

여기서 '보상'이라 함은 품질보증기간 또는 유효기간 이내에 제조 · 유통과정 또는 용역의 이용과정에서 발생한 소비자의 피해에 대하여, 사업자가 행하는 수리 · 교환 · 환불 · 배상 · 해약 등을 말하며 물품의 제조업자, 수입업자, 판매업자(수입물품 판매업자 포함) 및 용역의 제공자가 보상책임을 지도록 하여 소비자는 제조업자이든 판매업자이든 관계없이 손쉽게 보상청구를 할 수 있다.

사업자는 소비자가 피해구제를 요구한 날(사업자가 요구를 받는 날)로부터 7일 이내에 보상할 것인지 여부와 보상내용을 소비자에게 알려 주어야 한다. 소비자에게 통보된 보상내용은 소비자에게 알려 준 날로부터 14일 이내에 이행하여야 한다. 이 기간은 최대기간이므로 간단한 수리 등은 1～2일 내에 해주어야 할 것이다.

만일 사업자가 만족할 만한 보상을 해주지 않을 경우에는 한국소비자원에 신청할 수 있다(동법 제55조 제1항). 그리고 국가 · 지방자치단체 · 소비자단체 또는 사업자

가 소비자로부터 피해구제청구를 받은 때에는 한국소비자원에 그 처리를 의뢰할 수 있다(동법 제55조 제2항). 원장은 피해구제의 청구를 받은 날로부터 30일 이내에 합의 권고에 따른 합의가 이루어지지 아니할 때에는 지체 없이 조정위원회에 조정을 요청하고 그 결정에 따라야 한다(동법 제58조).

한국소비자원의 소비자분쟁조정위원회는 조정요청을 받은 때에는 30일 이내에 조정을 하여야 한다. 그러나 부득이한 사정으로 그 기한 내에 조정을 완료할 수 없는 경우에 그 기한을 연장하고자 할 때에는, 그 사유와 기한을 명시하여 피해구제청구의 당사자 및 대리인에게 통보하여야 한다(동법 제66조).

조정위원회 위원장은 분쟁조정이 있는 때에는 지체 없이 그 결과를 당사자에게 통보하여야 한다. 당사자가 통보를 받은 날로부터 15일 이내에 조정을 수락한 경우에는 조정위원회는 조정서를 작성하고 당사자가 기명·날인하여야 한다. 이 기간 내에 분쟁조정에 대한 수락거부의 의사표시를 하지 아니한 때에는 분쟁조정을 수락한 것으로 본다(동법 제67조).

소비자분쟁조정위원회의 조정결정에 사업자와 소비자가 합의를 하게 되면 이 결정사항은 재판상의 화해와 같은 효력을 갖는다. 그러나 소비자나 사업자의 어느 한 쪽이 조정내용에 불만이 있으면 민사소송을 제기하여 사건을 해결할 수밖에 없으며, 당초부터 한국소비자원 등을 거치지 않고 바로 민사소송을 제기할 수 있음은 물론이다.

제 3 절 할부거래에 관한 법률

Ⅰ. 목적과 적용범위

할부거래에 관한 법률은 할부계약에 의한 거래를 공정하게 함으로써 소비자 등의 권익을 보호하고 건전한 상거래 질서를 확립함을 목적으로 제정된 것이다.

이 법은 대금을 2월 이상의 기간에 걸쳐 3회 이상 분할하여 지급하면서 대금을 완납하기 전에 물건을 인도받거나, 용역을 제공받는 형태의 계약에 대하여는 그 명칭이나 형식에 관계없이 적용된다. 다만 상행위를 목적으로 물건을 인도받거나, 용역을 제공받는 할부계약에 대하여는 적용하지 아니한다(동법 제2조).

II. 할부계약

할부계약을 체결할 때에는 현금가격·할부금액·지급회수·할부수수료율·계약금 등을 미리 알려 주고 반드시 서면으로 하여야 한다. 그리고 그 외에 당사자간에 합의된 소유권의 유보에 관한 사항, 철회권의 행사에 관한 사항 등에 대해서도 계약서에 함께 명기해야 한다.

할부계약을 체결함에 있어서 그 계약의 내용 중 구매자의 철회권, 판매자의 할부계약의 해제권행사의 유예기간, 판매자의 손해배상청구금액의 제한, 구매자의항변권 등 이 법률의 규정에 의하는 것보다 구매자에게 더 불리한 것은 그 효력을 인정하지 아니한다(동법 제13조).

III. 매수인의 계약철회권

매수인은 계약서를 교부받은 날 또는 계약서를 교부받지 아니한 경우에는 목적물의 인도 등을 받은 날부터 7일 이내에 할부계약에 관한 청약을 철회할 수 있다. 매수인이 계약에 관한 청약을 철회하고자 하는 때에는 기간 내에 매도인에게 철회의 의사표시가 기재된 서면을 발송하여야 한다. 청약의 철회는 서면을 발송한 날에 그 효력이 발생한 것으로 본다. 매수인에게 책임 있는 사유로 목적물이 감실 또는 훼손된 경우에는 매수인은 계약에 관한 청약을 철회하지 못한다(동법 제8조 제2항).

계약서의 교부사실 및 그 시기, 목적물의 인도 등의 사실 및 그 시기에 관하여 다툼이 있는 경우에는 매도인이 이를 입증하여야 한다. 이때에는 매수인은 이미 인도받은 동산 또는 제공받은 용역을 반환하여야 하며, 매도인은 이미 지급받은 할부금을 동시에 반환하여야 한다.

그러나 이미 용역이 제공된 경우에는 이미 제공된 용역과 동일한 용역의 반환이나 그 용역의 대가, 또는 그 용역에 의하여 얻어진 이익에 상당하는 금액의 지급을 청구할 수 없다.

이러한 경우에 목적물의 반환에 필요한 비용은 매도인이 이를 부담하며, 매도인은 매수인에게 위약금 또는 손해배상을 청구할 수 없다.

Ⅳ. 매도인의 할부계약해제

매도인은 매수인이 할부금 지급의무를 이행하지 아니한 경우에는 할부계약을 해제할 수 있다. 이 경우 매도인은 그 계약을 해제하기 전에 14일 이상의 기간을 정하여 매수인에게 그 이행을 서면으로 최고하여야 하며, 계약이 해제된 경우에는 각 당사자는 그 상대방에 대하여 원상회복의 의무를 진다. 이 경우 상대방이 그 이행의 제공을 할 때까지 자기의 의무이행을 거절할 수 있다. 목적물의 소유권이 매도인에게 유보된 경우에 매도인은 그 계약을 해제하지 아니하고는 그 반환을 청구할 수 없다(동법 제11조 제3항).

Ⅴ. 매수인의 기한이익 상실

매수인이 할부금이 다음 지급기일까지 연속하여 2회 이상 지급하지 아니하고, 그 지급하지 아니한 금액이 할부가격의 10분의 1을 초과하거나, 생업에 종사하기 위하여 외국에 이주하는 경우와 외국인과의 결혼 및 연고관계로 인하여 이주하는 경우에는 기한이익을 상실한다(동법 제10조).

그러나 매수인이 기한이 도래하기 전에 나머지 할부금을 일시에 지급할 때에는 나머지 할부금에서 나머지 기간에 대한 할부수수료를 공제한 금액으로 한다.

한편 매수인은 이러한 기한이익의 상실 없이 ① 할부계약이 무효·취소 또는 해제된 경우, ② 목적물의 전부 또는 일부가 목적물의 인도 등의 시기까지 매수인에게 인도 또는 제공되지 아니한 경우, ③ 매도인이 하자담보책임을 이행하지 아니한 경우, ④ 기타 매도인이 채무불이행으로 인하여 할부계약의 목적을 달성할 수 없는 때에는 할부금지급을 거절할 수 있다.

다만, 신용카드를 사용하여 할부거래를 한 경우에는 그 할부금액이 20만 원 이하일 때에는 할부금 지급을 거절할 수 있다(동법시행령 제6조 제2항 제1호 단서).

제 4 절 방문판매 등에 관한 법률

Ⅰ. 목적과 적용범위

최근 유통시장 개방과 더불어 다양한 판매방식이 개발되고 있는바, 이 법은 그 중 물의를 빚고 있는 방문판매·전화권유판매, 다단계판매, 계속거래 및 사업권유거래에 의한 상품의 판매 및 용역의 제공에 관한 거래를 공정하게 하여 소비자 등의 이익을 보호하고, 상품의 유통 및 용역의 제공을 원활히 함으로써 국민경제의 건전한 발전에 이바지함을 목적으로 하고 있다.

이 법은 상품 또는 용역의 성질상 이 법을 적용하는 것이 적당하지 아니한 상품 또는 용역, 예컨대 ① 농산물·수산물·축산물·임산물·광산물로서 제조업에 의하여 생산되지 아니한 것, ② 의약품, ③ 보험·유가증권·어음·채무증서, ④ 주문에 의하여 개별적으로 제조 또는 제공되는 것에는 적용되지 아니한다.

Ⅱ. 방문판매 및 전화권유판매

방문판매라 함은 상품의 판매업자 또는 용역을 유상으로 제공하는 것을 업으로 하는 자가 방문 등의 방법으로, 그의 영업소·대리점 기타 부령이 정하는 영업소 외의 장소에서 계약의 청약을 받거나 계약을 체결하여 상품을 판매하거나 용역을 제공하는 것을 말한다. 또한, 전화권유판매라 함은 전화를 이용하여 소비자에게 권유하여 계약의 청약을 받거나 계약을 체결하여 재화 등을 판매하는 것을 말한다.

Ⅲ. 다단계판매

다단계판매라 함은 자기회사 제품을 구매한 사람을 판매원으로 활용하여 또 다른 구매자를 끌어들여 판매원의 가입이 2단계 이상 순차적·단계적으로 확산하는 과정에서 이루어지는 판매방식이다.

다단계판매계약을 체결하고자 할 때에는 상대방이 계약의 내용을 이해할 수 있도록 다단계판매자(또는 다단계판매조직을 개설한 자)의 주소와 성명, 상품의 종류, 판매가격, 대금지급방법, 다단계판매에 따른 이익 및 부담, 철회방법, 계약금, 계약해제사유 등을 미리 서면으로 알려 주어야 한다.

특히 다단계판매계약의 철회 및 해제에 관한 사항과 다단계판매 계약에 따른 이익 및 부담에 관한 사항은 붉은색으로 기재하여 테두리를 쳐야 한다. 다단계판매계약은 반드시 서면으로 하되, 계약서에는 철회권 행사에 관한 서식이 포함되어야 한다.

다단계판매광고에는 다단계판매자(또는 다단계판매조직을 개설한 자)의 주소와 성명, 상품의 종류, 판매가격, 다단계판매에 따른 이익 및 부담, 계약금, 철회방법, 계약해제사유 등을 명시해야 한다(허위광고시 3년 이하의 징역 또는 1억 원 이하의 벌금에 처해짐).

Ⅳ. 계속거래 및 사업권유거래

계속거래라 함은 1월 이상 계속하여 재화 등을 공급하는 계약으로서, 중도에 해지할 경우 대금환급의 제한 또는 위약금에 관한 약정이 있는 거래를 말한다. 그리고 사업권유거래라 함은 사업자가 소득기회를 알선·제공하는 방법으로 거래 상대방을 유인하여 재화 등을 구입하게 하는 거래를 말한다.

계속거래업자 등과 계속거래 등의 계약을 체결한 소비자는 언제든지 계약 기간 중 계약을 해지할 수 있다. 다만, 다른 법률에 별도의 규정이 있거나 거래의 안전 등을 위하여 대통령령이 정하는 경우에는 그러하지 아니하다(방문판매 등에 관한 법률 제31조).

Ⅴ. 청약의 철회와 효과

구매자 등은 계약서를 교부받은 날 또는 계약서를 교부받은 때보다 재화 등의 공급이 늦게 이루어진 경우에는 재화 등을 공급받거나 공급이 개시된 날로부터 14일 이내에 서면에 의하여 당해 계약에 관한 청약을 철회할 수 있다. 그러나 재화 등의 내용이 표시·광고의 내용과 다르거나 계약내용과 다르게 이행된 경우에는 당해 재화 등을 공급받은 날부터 3월 이내, 그 사실을 안 날 또는 알 수 있었던 날부터 30

일 이내에 청약철회 등을 할 수 있다. 청약의 철회는 서면을 발송한 날에 그 효력이 발생한 것으로 보며, 계약서의 교부사실 및 그 시기, 상품의 인도사실 및 그 시기 또는 용역의 제공사실 및 그 시기에 관하여 다툼이 있는 경우에는 판매자가 이를 입증하여야 한다.

청약을 철회한 경우에는 구매자 등은 이미 인도받은 상품 또는 제공받은 용역을 반환하여야 하며, 방문판매자는 이미 지급받은 상품의 대금 또는 용역의 대가를 동시에 반환하여야 한다.

청약철회시 방문판매자는 이미 용역(일정한 시설을 이용하거나 용역의 제공을 받을 권리를 제외한다)이 제공된 경우에는, 이미 제공된 용역과 동일한 내용의 용역의 반환이나 그 용역의 대가 또는 그 용역에 의하여 얻어진 이익에 상당하는 금액의 지급을 청구할 수 없다.

구매자가 청약을 철회한 경우에 인도받은 상품 또는 제공받은 용역의 반환에 필요한 비용은 방문판매자가 이를 부담하며, 방문판매자는 구매자 등에게 위약금 또는 손해배상금을 청구할 수 없다.

구매자가 청약을 철회한 경우에 구매자 등은 용역의 제공과 관련하여 자기의 토지 또는 건물 기타 공작물의 형태가 변경된 경우, 당해 방문판매자에게 무상으로 원상회복을 하여 줄 것을 청구할 수 있다.

한편, ① 구매자 등에게 책임있는 사유로 상품이 멸실 또는 훼손된 경우, ② 상품의 판매가격 또는 용역의 대가가 대통령령이 정하는 금액 이하인 경우, ③ 사용 또는 일부 소비에 의하여 가치가 현저히 감소될 우려가 있는 상품으로서 낱개로 밀봉된 음반·비디오 및 소프트웨어를 사용 또는 소비한 경우, ④ 기타 거래의 안정을 위하여 사용자가 그 종업원에 대하여 거래를 하는 경우에는 구매자는 청약을 철회하지 못한다.

사례문답

제9장 소비생활과 법률

1 할부거래시 청약철회

질 문

저는 자동차딜러 A로부터 2천만 원짜리 자동차를 12개월 할부로 구입하였습니다. 그런데 저는 1) 자동차를 인도받은 후, 할부매매계약을 철회할 수 있는지요? 그리고 2) 제가 3회까지 할부금을 지급하였으나, 그 후 연3회에 걸쳐 할부금을 지급하지 않았다면 A는 어떤 법적 조치를 취할 수 있는지에 대해 알고 싶습니다.

답 변

할부매매의 경우 충동구매나 비합리적인 구매로부터 매수인을 보호하기 위하여 제정된 「할부거래에 관한 법률」에 의하면 매수인은 계약서를 교부받은 날로부터 7일 이내에 서면으로 할부계약에 관한 청약을 철회할 수 있다(동법 제8조 제1항). 이 경우 청약의 철회는 매도인에게 철회의 의사표시가 기재된 서면을 발송하여야 하며(동법 제8조 제3항), 청약의 철회는 서면을 발송한 날에 그 효력이 발생한 것으로 본다(동법 제8조 제4항).

그러나 매수인의 철회권은 목적물의 성질 또는 계약체결의 형태에 비추어 철회를 인정하는 것이 적당하지 아니한 경우로써 대통령령으로 정하는 것에 대하여는 인정되지 아니한다(동법 제8조 제2항 단서). 즉, 사용에 의하여 그 가치가 현저히 감소될 우려가 있는 것(선박, 항공기, 중기, 자동차, 냉장고, 세탁기, 낱개로 밀봉된 음반·비디오물·소프트웨어), 설치에 전문인력 및 부속자재 등이 요구되는 것, 할부가격이 10만 원 이하인 할부계약(다만 여신전문금융업법에 의한 신용카드를 사용하여 할부거래를 하는 경우에는 할부가격이 20만 원 이하)은 철회권을 행사할 수 없다.

매수인의 철회권 행사가 있으면, 각 당사자는 원상회복의무가 있다. 따라서 매수인은 인도받은 동산을 반환하여야 하며, 매도인은 동시에 할부금을 반환하여야 한다. 그리고 목적물의 반환에 필요한 비용은 매도인이 이를 부담하여야 하며, 매도인은 매수인에게 위약금 또는 손해배상을 청구할 수 없다(동법 제10조 제10항).

위 사안 1)의 경우, 사용에 의하여 그 가치가 현저히 감소될 우려가 있는 것으로써 철회권을 행사할 수 없다. 위 사안 2)의 경우, 상당한 이유 없이 매수인에게 부여된 기한의 이익을 박탈하는 경우의 당해조항은 무효이다(약관의 규제에 관한 법률 제11조). 그런데 어느 정도에 해당하여야 매수인에게 기한이익의 상실을 가져올 난큼 상당한 것인가에 대하여 「할부거래에 관한 법률」은 다음의 두 가지 사유를 규정하고 있다(동법 제13조). 즉, 첫째 할부금을 다음 지급기일까지 연속하여 2회 이상 지급하지 아니하고 그 지급하지 아니한 금액이 할부가격의 10분의 1을 초과하는 경우, 둘째 생업에 종사하기 위하여 외국에 이주하는 경우와 외국인과의 결혼 및 연고관계로 인하여 이주하는 경우에 매수인은 기한의 이익을 주장하지 못하며, 따라서 매도인은 잔대금을 일시에 청구할 수 있다.

따라서 위 사안 2)의 경우 귀하는 연3회에 걸쳐 지체하고 그 지체한 금액이 할부가격의 10분의 1을 초과하고 있으므로, A는 귀하에 대하여 잔대금을 일시에 청구할 수 있다.

다만, 매수인에게 다음과 같은 항변사유가 발생한 경우, 즉 ① 할부계약이 무효·취소 또는 해제된 경우, ② 목적물의 전부 또는 일부가 할부계약의 내용에서 정한 목적물의 인도 등의 시기까지 매수인에게 인도 또는 제공되지 아니한 경우, ③ 매도인이 하자담보책임을 이행하지 아니한 경우, ④ 기타 매도인의 채무불이행으로 인하여 할부계약의 목적을 달성할 수 없는 경우에는 매도인에게 할부금의 지급을 거절할 수 있다(동법 제16조 제1항).

2 출판사 영업사원으로부터 구입한 책의 반품여부

질 문

저는 7살과 5살 아이를 둔 가정주부인데 집으로 A출판사의 영업사원이라는 B가 찾아와서 아이들의 영어조기교육에 도움이 되는 도서를 보여 주며 30만 원만 내면 매주 2시간씩 가정방문을 하여 아이의 영어교육을 시켜 주겠다며 장시간 영어교육의 필요성을 강조하였습니다. 이에 영어교육을 시키지 않으면 저의 아이만 뒤떨어질 것 같은 불안감을 느껴 6개월 할부로 구매키로 하고 신용카드로 결재했습니다. 구입도서는 5일 후 집으로 배달되었는데, 책의 내용이 너무 조잡하여 계약을 해약하려고 마음먹고 계약서에 적힌 A출판사의 전화번호와 주소로 연락을 시도하였지만 연락이 되지 않습니다. 저의 경우에는 도서를 구입할 수밖에 없는지요?

답 변

물품매매에 있어서 청약의 철회 등의 경우에 「할부거래에 관한 법률」과 「방문판매 등에 관한 법률」이 경합할 때에는 소비자에게 유리한 법률이 우선 적용된다.

「방문판매 등에 관한 법률」 제8조에 의하면 "방문판매 또는 전화권유판매의 방법으로 재화 등의 구매에 관한 계약을 체결한 소비자는 다음 각 호의 기간 내에 당해 계약에 관한 청약을 철회할 수 있다. ① 계약서를 교부받은 날부터 14일. 다만 그 계약서를 교부받은 때보다 재화 등의 공급이 늦게 이루어진 경우에는 재화 등을 공급받거나 공급이 개시된 날부터 14일, ② 계약서를 교부받지 아니한 경우, 방문판매자 등의 주소 등이 기재되지 아니한 계약서를 교부받은 경우 또는 방문판매자의 주소가 변경되는 등의 사유로 제1호의 기간 내에 청약의 철회를 할 수 없는 경우에는 그 주소를 안 날 또는 알 수 있었던 날부터 14일"이라고 규정하고 있으므로, 귀하는 A출판사의 주소를 안 날 또는 알 수 있었던 날부터 14일 내에 위약금 없이 계약을 철회할 수 있다.

이 경우에도 계약해제를 요구하는 내용의 서신을 3통 작성한 후 우체국에 가서 이를 내용증명우편으로 발송해 두면 후일의 법적 분쟁 시 유력한 증거로 사용할 수 있다. 다만, 소비자에게 책임 있는 사유로 상품이 멸실 또는 훼손된 경우, 사용 또는 일부 소비에 의하여 가치가 현저히 감소될 우려가 있는 상품은 철회권을 행사할 수 없으므로 도서를 보관함에 있어 유의할 필요가 있다.

한편, 물품대금을 신용카드로 결제한 경우에 계약이 철회되면 방문판매업자는 즉시 당해 신용카드업자에게 상품대금의 청구를 정지 또는 취소할 것을 요청하여야 하고, 이미 지급받은 때에는 즉시 지급받은 금액을 신용카드업자에게 환급하고 그 사실을 소비자에게 알려야 한다(동법 제9조 제3항). 이에 위반하면 1천만 원 이하의 과태료에 처해진다(동법 제66조).

3 다단계 판매계약을 철회하고 싶은데……

질 문

저는 이웃집 아주머니가 저희 집에 와서 건강에 좋은 자석요를 자랑하면서 사라고 하여 이웃 간의 정도 있고 해서 사기로 하였습니다. 그런데 며칠 후 친구로부터 자석요가 건강에 꼭 좋다는 검증된 사실도 없을 뿐더러 잘못하면 오히려 건강을 해칠 수 있다는 말을 듣고 해약을 하고자 하였으나, 그 아주머니는 안 된다고 합니다. 저는 꼭 해약하고 싶은데 어떻게 해야 하나요?

답 변

다단계판매에 있어서 구매자는 계약서를 교부받은 날부터 14일 이내에 그 계약에 관한 청약을 철회할 수 있다. 따라서 위 기간내에 철회의 의사표시가 기재된 서면을 판매업자에게 발송하면 계약이 체결되지 않은 것으로 된다. 이 때 상품과 그 대금은 서로 반환하도록 하고 반환에 필요한 비용은 다단계판매업자가 부담하며 다단계판매업자는 상대방에게 위약금 또는 손해배상은 청구하지 못한다.

그러나 계약이 체결된 뒤 계약을 구매자가 해제한 경우(계약서를 교부받은 날로부터 14일이 경과한 경우 즉, 청약의 철회를 할 수 있는 기간이 경과한 후)에는 판매업자에게 「방문판매 등에 관한 법률」 제10조에 의한 손해배상을 하여야 한다.

사례의 경우 귀하는 계약이 체결되기 전 청약만 한 상태이면 그 청약을 철회할 수 있고, 이미 계약이 체결된 경우라면 계약해제에 따르는 소정의 손해액을 상대방에게 배상하고 해제할 수 있다.

4 세탁물 훼손에 따른 피해구제

질 문

저는 세탁소에 여자용원피스 한 벌을 세탁 의뢰하였는데, 세탁소 주인이 당연히 드라이해야 할 것을 물세탁함으로써 옷이 구겨져 육안으로 보더라도 흠이 훤히 드러나 다시 입을 수가 없게 되었는데, 세탁소 주인에게 손해배상청구를 할 수 있는지요?

답 변

세탁물을 세탁소에 세탁할 것을 의뢰하는 행위는 민법상 도급계약에 해당하므로, 완성된 목적물에 하자있는 경우에는 도급인은 수급인에 대하여 하자의 보수 또는 하자의 보수에 갈음한 손해배상을 청구할 수 있다(민법 제667조).

따라서 세탁의뢰자가 세탁물을 의뢰하면서 옷감의 질에 관하여 구체적으로 지시 및 지적을 하지 않더라도 세탁업자는 전문업종에 종사하는 자로서 지식, 경험에 의하여 최소한 물세탁해서는 안 되는 옷감과 물세탁해도 원형이 보존되는 옷감을 구별하여 세탁하여야 할 주의의무가 있다. 세탁업자가 이를 게을리 하여 옷에 하자가 발생하였다면, 세탁소 주인은 옷감 훼손에 따른 배상책임을 면할 수 없다. 여기서 주의해야 할 점은, 세탁업자에 대한 하자보수 또는 손해배상청구는 옷을 인도받은 날로부터 1년 내에 하여야 한다는 점이다(민법 제670조).

또한, 귀하는 세탁소 주인의 용역제공(세탁행위)으로 인한 손해에 대해 한국소비자보호원에 피해구제의 청구도 할 수 있다.

5 품질보증기간 내 동일하자가 재발한 경우

질 문

저는 A전자회사 제품 비디오카메라 1대를 구입하여 3개월 정도 사용하였는데, 줌(zoom)작동이 잘 되지 않아서 수리를 하였음에도 역시 작동이 불량하여 제품을 판매한 대리점에 가서 제품을 교환, 또는 환불해 줄 것을 요구하였으나 대리점측에서는 수리를 해보고 또 다시 고장이 발생하면 그 때에 제품을 교환해 주겠다고 합니다. 저는 곧바로 제품의 교환 또는 대금환불을 받고 싶은데 가능한지요?

답 변

소비자기본법상 소비자피해보상규정 제9조에 의한 별표 2 품목별 보상기준을 보면 가전제품의 경우, ① 구입 후 10일 이내에 정상적인 사용상태에서 발생한 성능ㆍ기능상의 하자로 중요한 수리를 요할 때에는 제품교환 또는 구입가환불, ② 구입 후 1개월 이내에 정상적인 사용상태에서 발생한 성능ㆍ기능상의 하자로 중요한 수리를 요할 때에는 제품교환, ③ 품질보증기간 이내에 정상적인 사용상태에서 발생한 성능ㆍ기능상의 하자 중 하자발생시는 무상수리, 수리불가능시는 제품교환 또는 구입가환불, 교환불가능시는 구입가환불, 동일하자에 대하여 3회까지 수리하였으나 고장이 재발한 경우에는 제품교환 또는 구입가환불, 교환된 제품이 1개월 이내에 중요한 수리를 요하는 고장발생시는 구입가환불을 받을 수 있도록 규정되어 있다.

따라서 귀하의 경우 품질보증기간 내에 동일하자로 인하여 2회의 수리를 받고 고장이 재발한 상태이므로 즉시 제품의 교환 또는 구입가 환불을 받을 수는 없다.

서 설/헌법상 여성의 지위/민법상 여성의 지위
노동관계법상 여성의 지위/기타 법규/여성과 범죄
여성이 알아 두어야 할 성범죄/사례문답

제10장 여성과 법률

제1절 서 설

인간의 반은 여성이다. 오늘날 여성은 정치·사회·경제·문화의 각 분야에서 남성에 뒤지지 않는 역할을 담당하고 있다. 그럼에도 불구하고 여성은 여러 가지 측면에서 특별한 보호의 대상이 되고 있다. 이것은 아마도 과거의 남존여비사상에 대한 반성에서 연유하는 것인지도 모른다. 사실 역사적으로 볼 때 여성은 남성에 비하여 차별대우를 받았던 게 사실이다. 그러나 여성도 엄연한 한 인간으로서의 존엄과 가치를 가진다. 이것은 결국 오늘날 사회적·제도적·법률적 측면에서 상대적으로 향상되는 변화를 가져왔다. 따라서 법률적인 측면의 변화만 보더라도 헌법·민법·노동관계법과 기타 여성과 관련된 법조항들에서 두드러지게 나타나고 있다. 그러나 아직도 남녀평등의 이상이 완전히 실현되었다고는 볼 수 없다. 아마도 이것은 남성과 여성의 '합리적 차별'에서 오는 것인지도 모른다. 하지만 그동안 차별받았던 여성이 인간의 존엄성이란 이념하에 본래의 가치를 인정받아야 할 것이다. 이것은 결국 일차적으로 법제도의 변화를 통해서 이루어질 수 있을 것이다.

이하에서는 현재의 여성의 지위를 헌법상의 남녀평등규정과 민법, 노동법 그리고 기타 현행법상의 규정들을 통하여 살펴봄으로써, 앞으로의 보다 바람직한 여성의 지위 향상의 지표로 삼고자 한다. 아울러 여성과 관련된 범죄에 대하여도 살펴보기로 한다.

제 2 절 헌법상 여성의 지위

우리 나라의 최고법이자 근본법인 헌법은 전문에서 "정치 · 경제 · 사회 · 문화의 모든 영역에 있어서 各人의 기회를 균등히 하고…… 국민생활의 균등한 향상을 기하고……"라고 선언하고, 제11조 제1항에서는 성별 · 종교 또는 사회적 신분에 의한 차별금지와 정치 · 경제 · 사회 · 문화 등의 각 생활영역에 있어서의 차별금지를 보장하였다.

또한 헌법 제36조 제1항에서는 "혼인과 가족생활은 개인의 존엄과 兩性의 평등을 기초로 성립되고 유지되어야 하며 국가는 이를 보장한다."고 규정함으로써, 여성의 인간으로서의 존엄성을 선언하고 가정공동체 생활의 주체를 인정하였다. 따라서 여성은 개인의 존엄과 양성의 평등에 입각하여 평등보호를 국가에 요구할 수 있으며, 국가는 개인의 존엄과 양성의 평등에 입각하여 법을 제정하고 적용할 의무가 있는 것이다. 그리고 제36조 제2항에서는 "국가는 母性의 보호를 위하여 노력하여야 한다."라고 규정하여 모든 인간의 고향인 여성의 보건을 보장하고 있다.

그러나 헌법에서 남녀평등을 선언하고 각 제도를 보장한 것은 그동안 여러 측면에서 존엄성을 강조한 것이지, 남녀의 근본적인 차이점에서 오는 차등대우까지 금지하는 것은 아니다. 즉 양성의 평등에 있어서 Aristoteles의 평균적 정의에 입각하기보다는 배분적 정의에 입각한 것이라 할 수 있다.

이는 또한 Platon의 정의 관념에서 설파한 '공동생활 속에서 분수를 지키는 것'이라든가 '각자에게 자기 몫을' 인정하는 것이다. 따라서 정의의 핵심적 내용을 평등이라고 할 때, 평등은 '같은 것은 같게, 다른 것은 다르게' 대우하는 것이라고 하겠다. 그러므로 양성의 합리적 차별은 헌법상 남녀차별금지에 위배되지 않는다고 할 것이다.

제 3 절 민법상 여성의 지위

우리 민법은 1958년(1958.2.22. 법률 제471호)에 제정된 이래 수차례의 개정을 통하여 여성에 관계된 규정들을 신설 · 개폐하였다. 따라서 우리 민법의 개정역사는 곧 우리 나라 여성의 지위향상에 대한 발자취라고 해도 과언이 아닐 것이다. 그 중에서도 특히 제1차 개정(1962.12.29. 법률 제1237호), 제5차 개정(1977.12.31. 법률 제3051호), 그리고 제7차 개정(1990.1.13. 법률 제4199호)에서 여성의 지위와 밀접한 가족법조항을 개정함으로써 여성의 권리를 크게 신장시켰다.

이것은 그 동안 우리 사회구조의 변화를 바탕으로 하고 있는 것이다. 즉 우리 사회가 농업경제 · 대가족제도에서 급속한 산업화 · 도시화에 편승한 여성의 교육수준의 향상과 소(핵)가족제도로 중심축이 이동되면서 나타난 당연한 사회현상적 귀결이라고 할 것이다.

민법상 여성의 지위향상과 관련된 구체적인 사항을 보면 다음과 같다.

제1차 개정시의 법정분가제도(민법 제788조 이하)와 제5차 개정시의 소유불명부부재산의 공유추정(민법 제830조 제2항), 협의 이혼시 가정법원 확인제도(민법 제836조 제1항), 친권공동행사(민법 제909조), 법정상속분(민법 제1009조) 등이 있다.

특히 1991년 1월 1일부터 시행된 제7차 개정민법에서는 남녀평등 정신에 보다 충실하도록 규정하고 있다. 그 주요내용은 다음과 같다(자세한 내용은 관련분야에서 상술함).

제7차 개정 민법의 주요 내용

첫째, 가족의 범위를 부계 · 모계 동일하게 8촌 이내로 하였다(민법 제777조 제1호). 이는 가부장제가족원리인 宗法制(종법제)에서 父母兩系親族關係(부모양계친족관계)로 전환하였다고 볼 수 있다.

둘째, 법정친자관계로서의 繼母子(계모자) 관계와 嫡母子(적모자) 관계를 폐지하고 인척관계로 하였다(민법 제775조). 이러한 관계는 본인들의 의사에 의하지 않는다는 점, 가부장제와 첩제도가 잔재한다는 점에서 종래 그 부당성이 지적되어 왔다.

셋째, 부모가 이혼한 경우 친권의 행사자는 부모의 협의로 정한다. 즉, 이혼 후에 미성년자인 子에 대하여 친권자나 교육권자 아닌 者가 주기적으로 방문, 면접하는 권리인 면접교섭권을 신설하였다(민법 제837조의2).

넷째, 이혼배우자의 재산분할청구권을 신설하였다(민법 제839조의2). 민법은 부부별산제(민법 제829조)를 취하고 있으나 실제로는 부부가 협력하여 축적한 재산일지라도 대개 부의 재산으로 귀속하고 만다. 이러한 재산에 대하여 이혼시 그 분할을 청구할 수 있음을 명문화하여, 이혼시 여성의 경제자립생활을 보장한 것이다(민법 제839조 제1항).

다섯째, 호주제도를 존치하되 호주상속제도를 호주승계제도로 하고, 장남의 호주

승계권을 포기할 수 있도록 하였다(민법 제980조 이하).

여섯째, 직계비속간의 상속분의 차이를 없애고, 배우자의 상속분은 직계비속의 상속분에 5할을 가산하도록 하였다(민법 제1003조, 제1009조 제2항). 종래 남녀차별의 비판을 받아오던 상속순위와 상속분을 합리적으로 조정한 것이다. 그리고 상속인 중에서 피상속인재산의 유지 또는 증가에 참여하는 등 특별한 공헌을 하거나, 피상속인을 특별히 부양하는 등 특별히 연고가 있는 자에게 기여분제도(민법 제1008조의2)와 분여분제도(민법 제1057조의2)를 신설하였다.

한편, 종전 민법(2005. 3. 31 법률 제7427호로 개정되기 전의 것)의 친족편에 규정되어 있는 호주를 중심으로 가(家)를 구성하는 호주제도는 양성평등이라는 헌법이념과 시대변화에 부합하지 아니하므로 이를 폐지하고, 동성동본금혼제도와 친생부인의 소의 제척기간을 헌법불합치결정의 취지에 따라 합리적으로 조정하며, 입양제도의 현실을 반영하고 양자의 복리를 증진시키기 위하여 양친과 양자에게 친족관계를 인정하면서 양친의 성과 본을 따르게 하는 친양자제도를 도입하였다.

2005년 개정 민법의 주요내용은 다음과 같다.

2005년 개정 민법의 주요 내용

첫째, 호주에 관한 규정과 호주제도를 전제로 한 입적 · 복적 · 일가창립 · 분가 등에 관한 규정을 삭제하는 한편, 호주와 가(家)의 구성원과의 관계로 정의되어 있는 가족에 관한 규정을 새롭게 정하였다.

둘째, 자녀의 성(姓)과 본(本)은 부(父)의 성과 본을 따르는 것을 원칙으로 하되, 혼인신고시 부모의 협의에 의하여 모(母)의 성과 본도 따를 수 있도록 하였다(제781조 제1항).

셋째, 자녀의 복리를 위하여 자녀의 성과 본을 변경할 필요가 있는 때에는 부(父) 또는 모(母) 등의 청구에 의하여 법원의 허가를 받아 이를 변경할 수 있도록 하였다(제781조 제6항).

넷째, 남녀평등과 혼인의 자유를 침해할 우려가 있는 동성동본금혼제도를 폐지하고 근친혼금지제도로 전환하되, 근친혼제한의 범위를 합리적으로 조정하였다(제809조).

다섯째, 부성추정의 충돌을 피할 목적으로 여성에 대하여 6월의 재혼금지기간을 두고 있는 것은 여성에 대한 차별적인 규정으로 비쳐질 수 있고, 친자관계감정기법의 발달로 이러한 제한 규정을 둘 필요성이 없어졌으므로 이를 삭제하였다.

여섯째, 지금까지 친생부인의 소는 夫만이 제기할 수 있고 제소기간도 출생을 안 날부터 1년 내로 제한하였으나, 이는 혈연진실주의 및 부부평등의 이념에 부합되지 아니하는 측면이 있으므로 앞으로는 夫뿐만 아니라 妻도 제소할 수 있도록 하고, 제소기간도 친생부인사유를 안 날부터 2년 내로 연장하는 등 친생부인제도를 합리적으로 개선하였다(제846조 및 제847조). 일곱째, 종전 양자제도를 그대로 유지하면서 양자의 복리를 더욱 증진시키기 위하여, 양친과 양자를 친생자관계로 보아 종전의 친족관계를 종료시키고 양친과의 친족관계만을 인정하며 양친의 성과 본을 따르도록 하는 친양자제도를 신설하였다(제908조의2 내지 제908조의8 신설).

여덟째, 부모 등 친권자가 친권을 행사함에 있어서는 자의 복리를 우선적으로 고려하여야 한다는 의무규정을 신설하였다(제912조 신설).

2007년 개정 민법의 여성 관련 주요 내용을 보면 다음과 같다.

첫째, 헌법상의 양성평등원칙을 구현하기 위해 남녀의 약혼연령 및 혼인적령을 모두 만 18세로 일치시켰다(법 제801조 및 제807조).

둘째, 신중하지 못한 이혼을 방지하기 위하여 이혼숙려기간 제도를 도입하고, 이혼 가정 자녀의 양육 환경을 개선하기 위하여 협의이혼시 자녀 양육사항 합의를 의무화하였다(법 제836조의2 제2항, 제3항 및 제4항).

셋째, 유엔아동권리협약상 '아동이익 최우선의 원칙'을 실현함과 아울러 아동의 권리를 강화하기 위해 자녀의 면접교섭권도 규정하였다(법 제837조의2 제1항).

넷째, 재산분할청구권 보전을 위한 사해행위취소권을 인정하여 재산 명의자가 아닌 배우자의 부부재산에 대한 잠재적 권리 보호를 강화하였다(법 제839조의3).

제 4 절 노동관계법상 여성의 지위

Ⅰ. 근로기준법상 여성보호규정

1. 취업상 보호규정

(1) 사용금지직종

근로기준법은 "사용자는 임신중이거나 산 후 1년이 지나지 아니한 여성과 18세 미만자를 도덕상 또는 보건상 유해 · 위험한 사업에 사용하지 못한다"(제65조 제1항)라고 규정하고, 그 시행령에서 고압의 전기기구사용업무 및 중량물사용업무 등 6개의 여자사용금지직종을 구체적으로 열거하고 있다.

이러한 취업제한은 성년남자보다 체력적으로나 생리적으로 차이가 있는 여성에 대하여 안전을 보장하기 위한 것이다.

(2) 갱내노동금지

근로기준법 제72조는 "사용자는 여성과 18세 미만자를 갱내에서 근로시키지 못한다."라고 규정함으로써 여자의 안전 · 위생 · 도덕상의 위험을 예방하고 있다.

2. 근로시간상 여성보호규정

(1) 야간 및 휴일노동금지

근로기준법은 "사용자는 18세 이상의 여성을 오후 10시부터 오전 6시까지의 사이 및 휴일에 근로시키고자 하는 경우에는 당해 근로자의 동의를 얻어야 한다."라고 규정하고, "사용자는 임산부와 18세 미만자를 오후 10시부터 오전 6시까지의 사이 및 휴일에 근로시키지 못한다. 다만 노동부장관의 인가를 얻은 경우에는 그러하지 아니하다."(제70조 제2항)라고 규정하여 노동여성의 야간근로 및 휴일근로를 원칙적으로 금지하고 있다. 야간근로는 인간의 변칙적인 활동으로서 남자근로자를 포함한 모든 근로자의 정신적 · 육체적 건강을 해치는 것은 물론 가정이나 사회생활에도 큰 장애가 되는데 특히 여성에게는 보건상 · 풍기상 유해한 것이다. 또한 휴일근로도 여성의 건강이나 가정생활에 지장을 주므로 법으로 금지하고 있으나, 예외적으로 인정된 야간근로 및 휴일근로에 대하여는 통상임금의 50% 이상을 가산하여 지급하도록 하고 있다(제56조).

(2) 시간외 근로제한

근로기준법은 "사용자는 산 후 1년이 지나지 아니한 여성에 대하여는 단체협약이 있는 경우라도 1일에 2시간, 1주일에 6시간, 1년에 150시간을 초과하는 시간 외 근로를 시키지 못한다."(제71조)라고 규정하여 산 후 여성의 근로시간에 제한을 두고 있다. 산 후 여성의 시간 외 근로제한규정은 장시간 노동을 규제함으로써, 산후 여성의 심신의 피로와 작업능률의 저하로 인한 재해발생을 예방하고, 노동력의 보전을 도모하고 있다. 시간 외 근로에 대해서는 당연히 할증임금이 지급됨은 물론이다.

3. 모성보호규정

(1) 생리휴가

근로기준법은 "사용자는 여성인 근로자에 대하여 월 1일의 유급생리휴가를 주어야 한다."(제73조)라고 규정하고 있다. 생리는 질병은 아니지만 생리중의 육체적 · 정신적조건은 직장환경 기타 사회적 조건에 큰 영향을 받으므로, 그러한 조건이 열악하면 여자의 건강은 물론 그 후의 임신 · 출산에 나쁜 영향을 미칠 우려가 있기 때문이다.

(2) 출산휴가

근로기준법은 "사용자는 임신중의 여자에 대하여 출산 전후를 통하여 90일(한 번에 둘 이상 자녀를 임신한 경우에는 120일)의 유급출산휴가를 주어야 한다. 다만 유급출산휴가는 산후에 45일(한 번에 둘 이상 자녀를 임신한 경우에는 60일) 이상 확보되도록 해야 한다."(제74조 제1항)라고 규정함으로써 여성근로자의 출산휴가를 인정하고 있다. 즉, 출산을 전후한 여성근로자의 정상적인 근무는 모체에 나쁜 영향을 주고 태아나 유아의 발육에도 지장을 초래하는 등 여러 가지 부작용을 발생시킬 가능성이 높으므로 이를 방지하기 위한 규정이다. 또한 사용자는 임신중인 여자근로자의 요구가 있는 경우에는 쉬운 종류의 근로로 전환하여야 하고, 임신 후 12주 이내 또는 36주 이후에 있는 여성근로자가 1일 2시간의 근로시간 단축을 신청하는 경우 이를 허용하여야 한다. 다만, 1일 근로시간이 8시간 미만인 근로자에 대하여는 1일 근로시간이 6시간이 되도록 근로시간 단축을 허용할 수 있다(제74조 제7항). 태아와 모체의 건강을 보전하기 위해서는 임산부의 강도 높은 노동을 피해야 하며, 또한 임산부의 노동능률과 재해의 위험을 고려할 때, 그들에 대한 작업배치의 고려 및 법정기준 근로시간보장이 필요하므로 이 규정이 마련된 것이다.

(3) 수유(授乳)시간

근로기준법은 "생후 1년 미만의 유아를 가진 여자근로자의 청구가 있는 경우에는 1일 2회, 각각 30분 이상의 유급 수유시간을 주어야 한다."(제75조)라고 규정하여 일종의 육아시간을 보장하고 있다. 이 규정은 유아의 성장발육상 인공영양에 의하는 것보다 모유에 의한 경우가 이상적이며, 모체의 건강회복을 위해서도 바람직하므로 근로기준법상의 휴게시간(제54조)과는 별도로 마련된 것이다.

II. 남녀고용평등법상 여성보호규정

1. 모집 · 채용상 보호규정

사업주는 근로자의 모집 및 채용에 있어서 여성에게 남성과 평등한 기회를 주어야 한다(남녀고용평등과 일 · 가정 양립 지원에 관한 법률 제7조).

2. 교육 · 배치 · 승진상 보호규정

사업주는 근로자의 교육 · 배치 및 승진에 있어서 여성인 것을 이유로 남성과 차별대우를 하여서는 아니 된다(동법 제10조).

3. 정년 · 퇴직 · 해고상 보호규정

사업주는 근로자의 정년 · 퇴직 및 해고에 있어서 남녀를 차별하여서는 아니 된다(동법 제11조 제1항). 또한 사업주는 근로여성의 혼인 · 임신 또는 출산을 퇴직사유로 예정하는 근로계약을 체결하여서는 아니 된다(동법 제11조 제2항).

4. 모성보호규정

국가는 출산전후 휴가 또는 유산 · 사산 휴가를 사용한 근로자 중 일정한 요건에 해당하는 자에게 그 휴가기간에 대하여 통상임금에 상당하는 금액을 지급할 수 있다(동법 제18조). 사업주는 근로자가 배우자의 출산을 이유로 휴가를 청구하는 경우 5일의 범위에서 3일 이상의 휴가를 주어야 한다(동법 제18조의2).

사업주는 만 8세 이하 또는 초등학교 2학년 이하의 자녀를 가진 근로자가 그들의 양육을 위하여 휴직(육아휴직)을 신청하는 경우 이를 허용하여야 한다(동법 제19조 제1항). 이 경우 육아휴직기간은 1년 이내로 한다(동법 제19조 제2항). 또한 사업주는 근로여성에게 육아휴직을 이유로 불리한 처우를 하여서도 아니 되며, 육아휴직 기간 동안은 당해 근로자를 해고하지 못한다(동법 제19조 제3항).

제 5 절 기타 법규

이상과 같은 여성의 지위향상을 위한 법제도 외에 남녀차별금지법, 부녀자의 정치적 권리에 관한 협약(1959.9.21. 조약 제48호)과 여성에 대한 모든 형태의 차별철폐에 관한 협약(1985.1.7. 조약 제855호)이 있다.

또한 여성을 보호하기 위한 법제도로서 모성의 생명과 건강을 보호하고 건전한 자녀의 출산과 양육을 도모함으로써 국민보건향상을 목적으로 하는 모자보건법, 모 · 부자가정이 건강하고 문화적인 생활을 영위할 수 있게 함으로써 모 · 부자가정의 생활안정과 복지증진을 목적으로 하는 모 · 부자복지법, 아동이 건전하게 출생하여 행복하고 건강하게 육성되도록 그 복지를 보장함과 아울러 보호를 요하는 임산부의 보호조치를 규정한 아동복지법 등이 있다.

제 6 절 여성과 범죄

Ⅰ. 여성범죄의 특징

전체범죄 중 여성범죄가 차지하는 비율은 나라마다 차이는 있으나 일반적으로 남성범죄보다 낮은 것이 특징이다. 이는 생물학적 · 심리학적 원인으로 자녀의 출산, 육아로 인한 인내심과 헌신성이 강하고 수동적인 특질이 있으며, 사회학적 원인으로서 생활전선에의 참여기회가 제한되어 있기 때문이다.

질적인 면에서의 여성범죄의 특징은 절도 · 사기 · 폭행 등의 범죄보다는 수동적 특징으로 인한 성매매방지법위반(성매매 · 성매매알선자), 낙태, 간통, 유기 등의 범죄가 많다는 점이다.

특히 여성범죄는 남성과 달리 생리적 측면에서 나타나는 특징이 있다. 즉 월경 중에는 정신혼탁, 불화, 피로, 충동성 등에서, 분만 중에는 흥분상태와 몽롱상태에서 오는 영아살해 등의 위험성, 그리고 폐경으로 인한 정신장애, 예컨대 우울, 불안, 의

욕상실감 등에서 범죄를 일으키는 특징 등을 들 수 있다.

II. 여성관련 범죄

1. 낙 태 죄

(1) 의의 및 처벌

낙태란 임신중절에 의하여 태아를 살해하는 것을 말한다. 모체 안에서 태아를 살해하는 경우뿐만 아니라, 자연분만기에 앞서서 태아를 모체 외에 배출하는 경우를 포함한다. 인간의 존엄성에 입각하여 태아의 생명을 보호하기 위한 범죄이나 부수적으로 부녀의 신체도 보호법익이 된다. 태아가 되는 시기는 수정시가 아니라 착상시이다. 낙태는 모자보건법에 의하여 예외적으로 허용되는 경우를 제외하고는 원칙적으로 금지되고 있다(형법 제27장).

낙태죄에는 부녀가 자기 스스로 하는 자기낙태죄(형법 제269조 제1항: 1년 이하의 징역 또는 200만 원 이하의 벌금), 의사 등이 아닌 자가 의뢰받아 낙태시킨 일반동의낙태죄(형법 제269조 제2항: 1년 이하 징역 또는 200만 원 이하 벌금), 의사 등이 의뢰받아 낙태시킨 업무상동의낙태죄(형법 제270조 제1항, 2년 이하 징역과 7년 이하의 자격정지 병과), 그리고 부녀의 촉탁 또는 승낙없이 한 부동의낙태죄(형법 제270조 제2항: 3년 이하 징역과 7년 이하의 자격정지 병과)가 있다.

(2) 모자보건법상 예외

母性의 생명과 건강을 보호하고, 건전한 자녀의 출산과 양육을 목적으로 제정된 모자보건법은 적법한 낙태를 허용하고 있다. 적법한 낙태가 되기 위해서는

첫째, 일반적 요건으로서 ① 의사에 의한 수술 ② 본인과 배우자(사실혼 포함)의 동의 ③ 임신한 날로부터 28주 이내일 것을 요한다.

둘째, 이러한 일반적 요건에 더하여 ① 보건의학적 이유 ② 우생학적 이유 ③ 윤리적 이유라는 개별적 요건이 충족되어야 한다.

2. 부녀매매죄와 매매음(賣買淫)

형법 제288조는 추업(醜業)에 사용할 목적으로 부녀를 매매한 자는 1년 이상의

유기징역, 상습으로 그러한 죄를 범한 자는 2년 이상의 유기징역에 처한다(동조 제2항, 제3항)고 규정하고 부녀매매죄를 두고 있다.

본 죄의 주체에는 제한이 없다. 따라서 보호자라 할지라도 본 죄의 주체가 될 수 있다. 본 죄의 객체는 부녀이기 때문에 남자는 객체가 될 수 없고 부녀인 이상 성년 · 미성년 · 기혼 · 미혼 등을 불문한다.

3. 결혼목적약취 · 유인죄

결혼할 목적으로 사람을 약취 · 유인함으로써 성립하는 범죄이다(형법 제291조). 본 죄의 미수범은 처벌하고(형법 제294조), 고소가 있어야 논한다(형법 제296조, 친고죄).

약취와 유인이란 사람을 보호받는 상태 내지 자유로운 생활관계로부터 자기 또는 제3자의 실력적 지배하에 옮기는 점에서 유사하나, 약취는 폭행 또는 협박을 수단으로 하는 데 반하여, 유인이란 기망 또는 유혹을 그 수단으로 한다는 점에서 양자는 구별된다.

제7절 여성이 알아 두어야 할 성범죄

Ⅰ. 성범죄의 의의

성범죄라 함은 건전한 성도덕(선량한 성풍속)을 침해하는 행위를 내용으로 하는 범죄이다. 성이란 인간에게 있어서 자기보호본능과 종족보존본능을 충족시켜 준다. 특히 종족보존본능은 바로 성욕으로 나타나는데, 성욕이란 한 인간의 다른 하나의 인간존재와 정신적 · 육체적 합일을 이루기 위하여, 쾌락과 황홀한 상태에서 이를 극대화하려는 자극을 수반한 욕망이라고 할 수 있다. 이러한 성욕은 인격적인 영역(인간의 존엄성, 인간행동의 합목적성, 책임감, 수치심)과 생물학적인 영역(생식, 욕구충족, 쾌감)으로 나눌 수 있다. 인간이 생물학적 본성에서 성을 즐기는 동물과 다른 것은 인간의 성이 생물학적 측면은 물론, 가치적 · 윤리적 측면에서 상호 조화시킬 수 있는 인격이 있기 때문이다. 따라서 인간의 성욕은 의도적으로 조절되지 않으면 아니 된다. 성욕이 생물학적 측면만을 지향하다보면 자칫 인간으로서의 인격은 물론 가정생활, 사회생활에 커다란 파탄을 가져올 수 있다. 이것은 결국 건강한 사회질서를 파괴할 수 있기 때문에 법규범에 의해서라도 규제가 불가피하게 된다. 물론 인간의 성에 대하여 법규범이 어느 정도로 규제할 수 있느냐는 그 시대의 가치관에 따라 달라질 수 있을 것이다.

물론 개인의 성적 자유 내지 애정의 자유를 법규범에 의하여 규제한다는 것은 인간본연의 자유를 박탈한다는 비판이 있을 수 있으나, 성을 매개로 한 결과가 결국은 여성에게 막대한 피해를 준다는 점에서 제재수단을 강구할 수밖에 없을 것이다.

우리의 법제도하에서는 건전한 성도덕과 성 풍속을 통하여, 여성의 성과 인격을 공익적 차원에서 보호한다는 의미에서 주로 刑事法에서 규제하고 있다. 따라서 형법은 제32장에서 정조에 관한 죄를, 제22장에서는 풍속에 관한 죄를 규정하여 성범죄를 규제하고, 「성폭력범죄의 처벌 및 피해자보호 등에 관한 법률」과 같은 특별법을 통하여 강력히 규제하고 있다.

II. 정조에 관한 죄

정조에 관한 죄란 개인의 성적 자유 내지 애정의 자유를 침해하는 것을 내용으로 하는 범죄를 말한다. 즉 개인의 성적 자기결정의 자유를 침해하는 범죄라고 할 수 있다. 성적 자기결정의 자유는 성생활의 여부를 스스로 결정할 자유뿐만 아니라, 인격적 성숙을 기초로 성생활의 가능성을 포함하는 개념이다.

정조에 관한 죄에는 강제추행죄를 중심으로 이보다 불법이 가중되는 강간죄(형법 제297조)가 있다. 강간이나 강제추행은 아니지만 이에 준하는 것으로 준강간 · 강제추행죄(형법 제299조)와 의제강간 · 강제추행죄(형법 제305조)가 있다.

그리고 강간죄와 강제추행죄의 결과적 가중범으로서 불법이 가중되는 강간 · 강제추행치사상죄(형법 제304조)가 있다. 이외에도 인간의 성적 자유를 보호한다는 점에서 몇 가지 유형을 특히 보호하고 있는데, 미성년자간음죄(형법 제302조), 업무상 위력 등에 의한 간음죄(형법 제303조), 혼인빙자간음죄(형법 제304조)가 그것이다.

1. 강 간 죄

강간죄는 폭행 또는 협박으로 부녀를 강간함으로써 성립하는 범죄이다. 이 죄를 범한 자는 3년 이상의 유기징역에 처한다(형법 제297조). 다른 죄에 비하여 가중하여 처벌하는 이유는 강간으로 인하여 부녀의 성적 자기결정의 자유가 현저히 침해되었다는 점에 있다.

여기서 폭행이란 사람에 대한 有形力의 행사를 말하고, 협박이란 사람에게 해악을 고지하는 것을 말한다. 폭행·협박은 상대방의 반항을 불가능하게 하는 경우뿐만 아니라 그것을 현저히 곤란하게 하는 경우도 포함된다. 마취제또는 수면제등의 약물을 사용하거나 최면술을 거는 것도 본죄의 폭행에 해당한다고 해야 한다.

또한 부녀라 함은 부녀인 이상 기혼·미혼, 성년·미성년은 물론, 음행의 습벽이 있는 매춘부이거나 행위자와 성관계를 맺어오던 자이거나를 묻지 않는다. 그러나 법률상의 처에 대하여는 부부관계의 특수성(민법 제826조 제1항)을 고려하여 본죄가 성립하지 않는다고 하는 것이 통설과 판례의 입장이다.

강간이란 폭행·협박에 의하여 상대방의 반항을 곤란하게 하고 부녀를 간음하는 것을 말한다. 따라서 남자는 강간죄의 보호대상(객체)이 아니다. 여기서 간음이란 남자의 성기를 부녀의 성기 속에 몰입케 하는 것을 말한다. 폭행·협박과 간음 사이에는 인과관계가 있어야 한다. 폭행·협박은 간음의 종료 이전에 행하여져야 하며, 행위자에 의하여 행하여져야 한다. 타인이 행한 폭행·협박을 이용하여 부녀를 간음한 때에는 준강간죄가 성립할 수 있을 뿐이다. 부녀의 반항의사는 간음시에도 존재하여야 한다. 따라서 행위자가 폭행·협박을 하기 전에 부녀가 간음에 동의한 때에는 강간이라 할 수 없다. 이 경우의 피해자의 동의는 구성요건해당성을 조각(阻却)하는 양해가 된다. 행위자가 폭행·협박을 한 이후에 부녀가 간음에 동의한 때에는 본 죄의 미수가 된다. 그러나 삽입한 후에 부녀가 성적 흥분으로 인하여 반항하지 않거나 동의한 때에는 본죄의 성립에 영향을 미치지 않는다.

본 죄의 실행의 착수시기는 부녀를 간음하기 위하여 폭행·협박을 개시한 때이다. 기수시기는 남자의 성기가 여자의 성기 속에 들어가는 순간(삽입설)에 기수가 된다는 데 이론이 없다. 따라서 남자의 성기가 완전히 삽입되거나 그 이상 사정(사정설), 또는 성욕의 만족이 있을 것(만족설)까지를 요구하지는 않는다.

따라서 강간죄는 남자만 범할 수 있다는 견해도 있으나, 갑녀(甲女)가 백치인 을 남(乙男)을 이용하여 간접적으로 丙女를 강간한 경우와 같이 여자가 여자를 강간하는 것도 가능하다고 할 것이다.

2. 강제추행죄

강제추행죄는 폭행 또는 협박으로 사람에 대하여 추행함으로써 성립한다. 이를 범한 자는 10년 이하의 징역 또는 1,500만 원 이하의 벌금에 처한다(형법 제298조). 강간죄와 강제추행죄는 모두 폭행 또는 협박을 수단으로 하여 상대방의 자유의사를 억압한다는 점에 있어서는 같으나, 강간은 부녀를 간음할 목적으로 하는 것임에 반하여, 강제추행은 사람에 대하여 추행을 목적으로 한다는 점에서 양자는 구별된다.

3. 준강간 · 준강제추행죄

본 죄는 사람의 심신상실 또는항거불능의 상태를 이용하여 간음 또는 추행함으로써 성립하는 범죄이다. 폭행 또는 협박의 방법으로 간음 또는 추행한 것은 아니지만, 심신상실 또는 항거불능의 상태를 이용하여 같은 결과를 초래한 때에 이를 강간 또는 강제추행죄와 같이 처벌하는 것이다. 처벌은 강제추행 또는 강간죄에 의한다(형법 제299조).

본 죄의 대상은 심신상실 또는 항거불능의 상태에 있는 사람이다. 준강제추행죄의 대상은 남녀를 묻지 아니하나, 준강간죄의 대상은 부녀에 한한다.

4. 미성년자 의제강간 · 강제추행죄

13세 미만의 부녀를 간음하거나 13세 미만의 사람에게 간음 또는 추행함으로써 성립하는 범죄이다. 이 죄를 범한 자에 대하여는 강간(형법 제297조), 강제추행(형법 제298조) 또는 간음 등에 의한 치사상(형법 제301조)의 예에 의하여 처벌한다(형법 제305조). 본 죄는 13세 미만인 자의 성적 발전을 보호하기 위하여, 그 동의가 있는 때에도 강간죄 또는 강제추행죄의 예에 의하여 처벌하는 것이다.

본 죄는 13세 미만의 부녀 또는 사람이라는 情을 알고 간음 · 추행하면 성립하며, 그 피해자에게 강압을 가하지 않고 승락하에 간음을 하였다 하더라도 본 죄가 성립된다.

5. 강간 · 강제추행치사상죄

본 죄는 강간죄 · 강제추행죄, 준강간 · 준강제추행죄 및 미성년자 의제강간 · 강제추행죄를 범하여 사람을 사상에 이르게 함으로써 성립하는 결과적 가중범이다. 이 죄를 범한 자에 대하여는 무기 또는 5년 이상의 징역에 처한다(형법 제301조). 그리고 강간죄, 준강간, 강제추행죄 및 미성년자의제강간 · 강제추행죄를 범한 자가 사람을 살해한 때에는 사형 또는 무기징역에 처한다. 그리고 사망에 이르게 한 때에는 무기 또는 10년 이상의 징역에 처한다(형법 제301조의2).

강간 또는 강제추행이 기수에 이를 것을 요하지 않으며, 강간 등이 미수에 그친 경우에도 본 죄가 성립한다. 강간죄 · 강제추행죄 등의 미수범은 모두 처벌되기 때문이다. 본 죄는 결과적 가중범이므로 사상(死傷)의 결과는 강간 등의 행위와 인과관계가 있어야 하고 그 결과를 예견할 수 있어야 한다.

사상의 결과가 발생하였다고 하기 위해서는 반드시 외관상의 상해가 있을 것을 요하는 것은 아니다. 따라서 강간으로 인하여 회음부찰과상을 입힌 경우는 물론, 성병의 감염, 처녀막의 파열, 보행불능 · 수면장애 · 식욕감퇴 등 기능의 장애를 일으키거나, 히스테리증을 야기한 경우 등은 상해의 결과가 발생한 경우에 해당한다.

6. 미성년자 · 심신미약자 간음 · 추행죄

본 죄는 미성년자 또는 심신미약자에 대하여 위계 또는 위력으로 간음 또는 추행함으로써 성립하는 범죄이다. 이 죄를 범한 자에 대하여는 5년 이하의 징역에 처한다(형법 제302조).

여기서 미성년자란 18세 미만의 자를 말한다. 다만 제305조와의 관계에서 13세 미만의 자는 제외한다. 혼인한 미성년자는 성년으로 보게 되므로 본 죄의 보호대상이 될 수 없다. 심신미약자란 정신기능의 장애로 정상적인 판단능력이 부족한 자를 말하며, 그 연령을 묻지 않는다.

또한, 僞計(위계)라 함은 상대방을 착오에 빠지게 하여 정당한 판단을 못하게 하는 것을 말하며, 기망뿐만 아니라 유혹도 포함된다. 위력이란 사람의 의사를 제압할 수 있는 힘을 말한다. 폭행 · 협박은 물론 지위 권세를 이용하여 상대방의 의사를 제압하는 일체의 행위를 포함한다. 그러나 강간죄에서 요구하는 정도의 폭행 · 협박으로 간음한 때에는 본 죄가 아니라 강간죄가 성립한다.

7. 업무상 위력 등에 의한 간음죄

(1) **被保護**(피보호) · **監督婦女姦淫罪**(감독부녀간음죄)

본 죄는 업무 · 고용 기타 관계로 인하여 자기의 보호 또는 감독을 받는 부녀를 위계 또는 위력에 의하여 간음함으로써 성립하는 범죄(형법 제303조 제1항)이다.

업무란 개인적 업무와 공적 업무를 포함하며, 고용이란 사용자와 피용자를 말한다. 기타 관계로 인하여 보호 · 감독을 받는 부녀란 고용은 되지 않았으나 사실상 보호 · 감독을 받는 관계를 말하며, 그 원인은 묻지 않는다.

(2) **被拘禁女姦淫罪**(피구금녀간음죄)

본 죄는 법률에 의하여 구금된 부녀를 감호하는 자가 그 부녀를 간음함으로써 성립하는 범죄(형법 제303조 제2항)이다.

법률에 의하여 구금된 자란 형사소송법에 의하여 구금된 사람을 말하며, 여기에는 확정판결에 의하여 형의 집행을 받고 있는 자, 노역장에 유치된 자, 구속된 형사피의자 및 피고인이 포함된다. 피구금부녀는 공포 또는 심리적 열약감 때문에 폭행 · 협박 또는 위계 · 위력의 수단에 의하지 않아도 성적 자유가 침해될 수 있음을 고려하여 법률이 특별한 보호 · 감독관계를 규정한 것이라고 할 수 있다. 따라서 피의자의 승낙하에 간음에 이르렀다고 하여도 본 죄는 성립한다.

8. 성범죄와 친고죄

(1) 친고죄의 원칙

친고죄라 함은 피해자의 고소가 있어야만 논할 수 있는 범죄로서 고소가 있어야만 수사에 착수하고 고소가 취소되면 수사가 종결되는 것을 말한다.

친고죄에서 유의할 점은 고소는 범인을 알게 된 날로부터 6개월 내에 하여야 한다는 것이다. 이 기간을 경과하면 처벌할 수 없기 때문이다. 또한 친고죄에서 고소를 한 후에 일단 고소를 취소하면, 같은 사건으로 다시 고소할 수 없게 되는 점에 유의하여야 한다.

(2) 성범죄에 대한 친고죄의 예외

그 동안 성범죄자가 피해자들의 고소 취소만 있으면 공소권이 행사되지 않는다는 점을 악용해 피해자들을 협박 · 합의를 강요하고 풀려난 뒤, 범행을 다시 저지르는 등 민생을 침해하는 경우가 많아 엄벌의 필요성이 생기게 되었다.

이에 형법상의 성범죄 처벌에 대한 특례로서 성폭력 범죄의 처벌 등에 관한 특례법이 있다. 이 법은 성폭력 범죄를 예방하고 그 피해자를 보호하며, 성폭력 범죄의 처벌 및 그 절차에 관한 특례를 규정함으로써, 국민의 인권신장과 건강한 사회질서의 확립을 목적으로 제정된 것이다.

이 법에서는 법률에 의하여 구금된 자를 감호하는 자의 추행 및 장애인보호시설 종사자 등의 간음 · 추행죄도 친고죄에서 제외하였다.

청소년 대상 성범죄의 처벌을 강화하여 재범 발생을 억제하고 피해 청소년에 대한 보호지원을 하기 위한 「아동 · 청소년의 성보호에 관한 법률」에서는 아동 · 청소년을 대상으로 한 강간 · 강제추행, 형법상 강간, 강제추행, 준강간 · 준강제추행과 그 미수범 및 미성년자 등에 대한 간음, 업무상 위력 등에 의한 간음, 미성년자에 대한 간음 · 추행의 죄, 성폭력 범죄의 처벌 및 피해자보호 등에 관한 법률의 업무상 위력 등에 의한 추행의 죄에 대하여는 피해자의 고소가 없어도 공소를 제기할 수 있도록 하였다. 아울러 성범죄자 등록 · 열람 등의 대상을 확대하는 한편, 가해자가 친권자인 경우 격리 및 보호결정을 하도록 하였다.

또한, 가정폭력 범죄의 처벌 등에 관한 특례법은 가정폭력 범죄피해자의 고소가 취소되거나 불처벌의 의사가 있더라도 보호처분을 할 수 있도록 하고, 보호처분의 불이행시 과태료를 부과할 수 있도록 하고 있다.

Ⅲ. 풍속을 해하는 죄

풍속을 해하는 죄라 함은 성도덕 또는 건전한 성적 풍속을 보호하기 위한 성생활에 관계된 범죄를 말한다. 형법은 이에 대하여 음행매개죄 및 음란물죄 · 공연음란죄로 처벌하고 있다.

음행매개죄는 성도덕과 함께 개인의 성적 자유도 동시에 보호하기 위한 범죄이다. 또한 음란물죄와 공연음란죄는 건전한 성풍속이라는 일반의 이익을 보호하기 위한 범죄라고 할 수 있다.

1. 음행매개죄

이 죄는 영리를 목적으로 미성년 또는 음행의 상습 없는 부녀를 매개하여 간음하게 함으로써 성립하는 범죄이다(형법 제242조). 만일 18세 미만의 아동에게 음행을 시키거나 음행을 매개시킨 때에는 본 죄가 성립함은 물론 그 외에도 아동복지법(동법 제18조 제5호, 제38조)에 의해 처벌되며, 성매매행위를 하게 한 때에는 성매매알선 등 행위의 처벌에 관한 법률(동법 제4조, 제18조)에 의하여 처벌된다.

본 죄를 범할 수 있는 매개자에는 제한이 없다. 부녀의 부모나 감독자 또는 남편도 본 죄를 범할 수 있다.

미성년자란 13세 이상 19세 미만의 부녀를 말한다. 13세 미만의 부녀에 대하여는 擬制强姦罪(의제강간죄; 제305조)가 성립되기 때문이다. 미성년자에 대한 음행매개죄의 성립에는 그 미성년자가 그 음행의 습벽이 있거나 그 음행에 자진 동의한 사실은 하등 영향을 미치지 아니한다. 음행의 상습 없는 부녀란 매춘부 기타 불특정한 남자를 상대로 성생활을 하고 있는 부녀 이외의 부녀를 말한다. 따라서 과거에 매춘경험이 있는 부녀는 물론 특정한 남자와 사통관계에 있는 첩도 본 죄의 보호대상이 된다.

2. 음화 등 반포 · 판매 · 임대 · 공연전시죄

이 죄는 음란한 문서 · 도서 기타 물건을 반포 · 판매 기타 임대하거나 공연히 전시함으로써 성립하는 범죄이다. 음화 등 제조 · 소지 · 수입 · 수출죄(형법 제244조)와 함께 음란죄가 된다(형법 제243조).

본 죄의 객체가 되는 문서 · 도서 기타 물건은 음란성이 인정되어야 한다. 그러나 음란성의 기준에 대하여는 시대와 풍속에 따라 다를 수 있다. 통설과 판례에 의하면 음란성의 개념을 파악함에 있어서 그 내용이 성욕을 자극 또는 흥분시키고, 보통인의 정상적인 성적 수치심을 해하고 선량한 성적 도의관념에 반하는 것을 말한다고 하고 있다.

3. 음화(淫畫) 등 제조 · 소지 · 수입 · 수출죄

이 죄는 반포 · 판매 · 임대 또는 공연전시할 목적으로 음란한 물건을 제조 · 소지 · 수입 또는 수출함으로써 성립하는 범죄이다(형법 제244조)이다. 음화판매 등 죄를 범할 목적이 있어야 하는 목적범이다.

4. 공연음란죄(형법 제245조)

이 죄는 공연히 음란한 행위를 함으로써 성립하는 범죄이다. 음란물죄가 음란한 물건에 대한 범죄임에 반하여, 본 죄는 음란한 행위 자체를 처벌하는 것이다.

5. 성매매 알선 등 처벌

성매매 알선 등 행위의 처벌에 관한 법률(2004.3.22., 법률 7196호로 구 윤락행위 등 방지법을 폐지하고 제정된 것)은 선량한 풍속을 해치는 성매매 공급자와 중간매개체를 차단하기 위하여 성매매 목적의 인신매매를 처벌하고, 성매매 알선 등 행위로부터 취득한 금품 그 밖의 재산상 이익은 몰수 · 추징하도록 하는 등 성매매 알선 등 행위와 성매매의 근절을 목적으로 제정되었다.

이 법에서는 누구든지 성매매, 성매매 알선 등 행위, 성매매 목적의 인신매매, 성을 파는 행위를 하게 할 목적으로 타인을 고용 · 모집하거나 성매매가 행하여진다는 사실을 알고 직업을 소개 · 알선하는 행위를 할 수 없도록 규정하고(동법 제4조), 위계 · 위력 그 밖에 이에 준하는 방법으로 성매매를 강요당한 자 등 성매매피해자의 성매매는 이를 처벌하지 아니하도록 하고, 이 법에 의한 범죄를 신고한 자 또는 성매매피해자를 조사하거나 증인으로 심문하는 경우 특정범죄신고자 등 보호법의 규정을 준용하여 신고자 및 피해자를 보호하고 있다(동법 제6조).

또한, 신고자 등을 법원에서 증인으로 신문하거나 수사기관이조사하는 때에는 신뢰관계에 있는 자를 동석하게 할 수 있도록 하고, 청소년이나 의사능력이 없는 자 등의 경우 신청이 있는 때에는 특별한 사유가 없는 한 동석을 허용하고(동법 제8조), 법원은 신고자 등의 사생활 보호 또는 신변보호 등을 위하여 결정으로 심리를 공개하지 아니할 수 있도록 하고 있으며(동법 제9조), 성매매알선 등 행위를 한

자가 성을 파는 행위를 하였거나 할 자에게 가지는 채권은 계약의 형식이나 명목에 관계없이 무효로 하고, 그 채권을 양도하거나 그 채무를 인수한 경우에도 이를 무효로 하며, 검사 또는 사법경찰관은 성을 파는 자의 채무불이행사건을 수사할 때 당해 채권이 불법원인채권인지 여부를 확인하여 수사에 참작하도록 하였다(동법 第10조).

그리고, 외국인 여성이 이 법에 규정된 범죄를 신고하거나 외국인 여성을 성매매피해자로 수사하는 때에는 당해 사건을 불기소처분하거나 공소를 제기할 때까지 출입국법상의 강제퇴거명령이나 보호의 집행을 유예하도록 하고(동법 제11조), 판사는 성매매를 한 자에 대하여 사회봉사 · 수강명령, 특정장소나 지역에의 출입금지, 보호관찰, 감호위탁 등의 처분을 할 수 있도록 하되, 사회봉사 · 수강명령은 100시간을, 다른 보호처분의 기간은 6월을 초과하지 못하도록 하되(동법 제14조 및 제15조), 성매매강요 또는 성매매 알선 등 행위를 할 목적으로 단체 또는 집단을 구성하거나 단체 또는 집단에 가입한 자는 폭력행위 등 처벌에 관한 법률의 예에 의하여 처벌하도록 규정하고 있다(동법 第22조).

6. 성매매방지와 피해자보호법

「성매매방지 및 피해자보호 등에 관한 법률」은 성매매 된 자 및 성을 파는 행위를 한 자의 사회복귀를 돕기 위하여 지원시설 및 상담소의 설치 및 운영을 활성화하고, 이용자의 의사에 따라 지원시설 및 상담소에서 제공하는 의료지원 · 취업교육 및 법률지원 등을 자유롭게 이용할 수 있도록 하여 원활한 사회복귀와 성매매행위의 재발을 방지하기 위한 것이다. 이 법에서는 국가와 지방자치단체는 성매매를 방지하고 성매매피해자 및 성을 파는 행위를 한 자의 보호와 자립의 지원을 위하여, 성매매 · 성매매알선 등 행위 및 성매매 목적의 인신매매를 방지하기 위한 조사 · 연구 · 교육 · 홍보, 성매매피해자 등의 보호와 자립을 지원하기 위한 시설의 설치 · 운영에 대한 법적 · 제도적 장치를 마련하고 필요한 행정적 · 재정적 조치를 취하도록 하고(동법 제3조), 초 · 중 · 고등학교장은 성에 대한 건전한 가치관 함양과 성매매를 방지하기 위하여 성매매 예방교육을 실시하도록 하며(동법 제4조), 국가 또는 지방자치단체는 성매매피해자 등을 위한 지원시설을 설치 · 운영할 수 있도록 하였다.

Ⅳ. 성 희 롱

성희롱이라 함은 업무, 고용 기타 관계에서 상대방이 원하지 아니하는 신체적 접촉, 음란한 출판물 등을 보여 주는 행위, 성과 관련된 언동을 하여 성적 굴욕감 또는 혐오감을 느끼게 하는 행위를 말한다(남녀고용평등과 일·가정 양립 지원에 관한 법 제2조 제2호). 성희롱은 주로 직장생활에서 나타나기 쉬우므로 「남녀고용평등과 일·가정 양립 지원에 관한 법 시행규칙」 제2조에서 직장내 성희롱 판단을 위한 기준의 예시를 통하여 주의를 환기시키고 있다.

직장내 성희롱 판단을 위한 기준의 예시

1. 성적인 언동의 예시

가. 육체적 행위

(1) 입맞춤이나 포옹, 뒤에서 껴안는 등의 신체적 접촉행위

(2) 가슴·엉덩이 등 특정 신체부위를 만지는 행위

(3) 안마나 애무를 강요하는 행위

나. 언어적 행위

(1) 음란한 농담을 하거나 음탕하고 상스러운 이야기를 하는 행위(전화통화를 포함한다)

(2) 외모에 대한 성적인 비유나 평가를 하는 행위

(3) 성적인 사실관계를 묻거나 성적인 내용의 정보를 의도적으로 유포하는 행위

(4) 성적인 관계를 강요하거나 회유하는 행위

(5) 회식자리 등에서 무리하게 옆에 앉혀 술을 따르도록 강요하는 행위

다. 시각적 행위

(1) 음란한 사진·그림·낙서·출판물 등을 게시하거나 보여 주는 행위(컴퓨터통신이나 팩스밀리 등을 이용하는 경우를 포함한다)

(2) 성과 관련된 자신의 특정 신체부위를 고의적으로 노출하거나 만지는 행위

라. 그 밖에 사회통념상 성적 굴욕감 또는 혐오감을 느끼게 하는 것으로 인정되는 언어나 행동

2. 고용에서 불이익을 주는 것의 예시

채용탈락·감봉·승진탈락·전직·정직·휴직·해고 등과 같이 채용 또는 근로조건을 일방적으로 불리하게 하는 것

※ 비고: 성희롱 여부의 판단은 피해자의 주관적 사정을 고려하되, 사회통념상 합리적인 사람이 피해자의 입장이라면 문제가 되는 행동에 대하여 어떻게 판단하고 대응하였을 것인가를 함께 고려하여야 하며, 결과적으로 위협적·적대적인 고용환경을 형성하여 업무능률을 저해하게 되는지를 검토하여야 한다.

사례문답

제10장 여성과 법률

1 강간으로 임신한 경우

질 문

저는 대입수험생으로 독서실에서 밤늦게 귀가하다가 동네 불량청소년에게 강간을 당했습니다. 너무 뜻밖이라 정신적으로 혼돈되어 괴로워하던 차에 신체에 이상이 생겨 알아보니 임신 2개월이라는 청천벽력 같은 진단을 받았습니다. 낙태수술을 할 수 있는지요?

|답 변|

참으로 어처구니 없는 일이다. 오늘날 특히 청소년들의 성범죄는 사회적 책임이라고 밖에 더 할 말이 없다. 청소년들의 건전한 사고와 생활을 위해 이 사회가 노력하여야 한다. 귀하가 몹시 괴로운 일을, 그것도 참으로 불행한 일을 당함을 이 사회의 일원으로서 어떻게 위로의 말을 해야 할지 난감하다.

일반적으로 자연 유산의 경우를 제외한 인공유산은 낙태죄가 성립한다(형법 제269조 제1항). 그러나 낙태라고 해서 항상 처벌되는 것은 아니고 비록 낙태행위를 하였다 하더라도 우리의 건전한 사회통념에 비추어 보아 그 행위를 탓할 수 없는 경우에는 처벌되지 않는다. 즉, 우리나라 모자보건법은 이른바 인공 임신중절수술의 허용한계에 관하여 제8조에 다음과 같은 사정의 어느 하나에 해당하는 경우에는 지정의사가 본인과 배우자(사실상의 혼인도 포함)의 동의를 얻어 인공 임신중절 수술을 할 수 있다. 즉 ① 본인 또는 배우자가 우생학적 또는 유전학적 정신장애나 신체질환이 있는 경우, ② 본인 또는 배우자가 전염질환이 있는 경우, ③ 강간 또는 준강간에 의하여 임신된 경우, ④ 법률상 혼인할 수 없는 혈족 또는 인척간에 임신된 경우, ⑤ 임신의 지속이 보건의학적 이유로 모체의 건강을 심히 해하고 있거나 해할 우려가 있는 경우이다. 따라서 귀하는 낙태를 하더라도 위와 같은 사항에 해당되므로 낙태죄가 성립되지 않는다. 다만 낙태는 정신적·신체적 후유증이 심하므로 몸조리에 각별히 신경 써야 할 것이다. 대입시험도 중요하나 우선 신체와 마음이 건강한 것이 우선이다.

2 여자가 여자를 강간할 수 있는지?

질 문

강간은 남자만이 할 수 있나요. 아니면 여자도 여자를 강간할 수 있는지요?

답 변

원래 강간이라는 것은 남자와 여자에 대한 경우에 한하고 여자가 남자에 대한 경우는 성립할 수 없다. 그러므로 여자가 여자를 강간한다는 것은 원칙적으로 상상할 수 없다.

그러나 법률상으로는 여자의 여자에 대한 강간이 가능하다. 예컨대 A녀가 백치인 B男을 이용하여 간접으로 C녀를 강간케 한 경우이다.

이것을 형법에서는 間接正犯(간접정범)이라고 한다. 예컨대 어린애를 시켜서 타인의 물건을 절취한다든지 또는 정을 모르는 가정부를 시켜서 독약을 조미료라고 하면서 음식물에 혼입케 하여 사람을 죽이게 하는 등의 행위가 그것이다.

따라서 A녀는 심신장애자인 B남을 자신의 범행의 도구로 이용한 것이므로 간접정범으로서 강간죄가 성립되고, B남은 의사결정능력이 없는 심신장애자이기 때문에 무죄이다(형법 제10조).

3 성전환 여성에 대한 강간죄 성립여부

질 문

A는 성전환수술을 하여 여성으로 된 자인데, B남이 A를 성폭행한 경우 B남을 강간죄로 처벌할 수 있는지요?

답 변

형법 제297조는 '폭행 또는 협박으로 부녀를 강간한 자'라고 하여 객체를 부녀에 한정하고 있다. 여기에서 부녀란 성년·미성년, 기혼·미혼을 불문하며 곧 여자를 가리킨다.

문제는 여성으로 성전환수술을 한 사람을 여자로 볼 것인가이다.

판례를 보면, "피해자가 어릴 때부터 정신적으로 여성에의 성귀속감을 느껴왔고, 성전환수술로 인하여 남성으로서의 내·외부성기의 특징을 더 이상 보이지 않게 되었으며, 남성으로서의 성격도 대부분 상실하여 외견상 여성으로서의 체형을 갖추고 성격도 여성화되어, 개인적으로 여성으로서의 생활을 영위해 가고 있다 할지라도, 기본적 요소인 성염색체구성이나 본래의 내·외부성기의 구조, 정상적인 남자로서 생활기간, 성전환수술경위·시기 및 수술 후에도 여성으로서의 생식능력은 없는 점, 그리고 이에 대한 사회일반인의 평가와 태도 등 여러 요소를 종합적으로 고려하여 보면 사회통념상 여자로 볼 수는 없다."(대판 1996.6.11, 96도791)라고 판시하고 있다.

그러므로 위 사안의 경우 형법 제298조 강제추행죄가 문제되는 것은 별론으로 하고 강간죄는 성립하지 않는다.

한편, 성전환자는 출생시와는 달리 전환된 성이 법률적으로도 그 성전환자의 성이라고 평가받을 수 있으므로 「가족관계의 등록 등에 관한 법률」상 성정정(性訂正)은 가능하다(대판 2006.6.22, 2004스42 전원합의체 결정 참조).

4 강간 후 스트레스 장애

질 문

A女는 B와 C로부터 강간을 당하였고 외부적인 상처는 없으나 그들의 강간행위로 인하여 불안, 불면, 악몽, 자책감, 우울증, 대인관계 회피, 일상생활에 대한 무관심, 흥미상실 등의 증상을 보여 5일간 치료약을 복용하였으며, 수개월간 치료를 요하는 진단을 받았습니다. 이 경우 B와 C를 강간 등 상해 · 치상죄로 처벌할 수 있는지요?

답 변

「성폭력범죄의 처벌 등에 관한 특례법」 제4조 제1항은 "흉기 기타 위험한 물건을 지닌 채 2인 이상이 합동하여 형법 제297조(강간)의 죄를 범한 자는 무기 또는 5년 이상의 징역에 처한다."라고 규정하고 있고, 같은 법 제8조는 "① 제3조 제1항, 제4조, 제6조, 제7조 또는 제15조(제3조 제1항, 제4조, 제6조 또는 제7조의 미수범으로 한정한다)의 죄를 범한 자가 사람을 상해하거나 상해에 이르게 한 때에는 무기 또는 10년 이상의 징역에 처한다."라고 규정하고 있다.

그런데 정신과적 증상인 외상 후 스트레스 장애가 같은 법 제8조 제1항 소정의 상해에 해당하는지에 관하여 판례는 "제8조 제1항의 상해는 피해자의 신체의 완전성을 훼손하거나 생리적 기능에 장애를 초래하는 것으로, 반드시 외부적인 상처가 있어야만 하는 것이 아니고, 여기서의 생리적 기능에는 육체적 기능뿐만 아니라 정신적 기능도 포함된다."라고 하면서, "정신과적 증상인 외상 후 스트레스 장애가 제8조 제1항 소정의 상해에 해당한다."라고 본 사례가 있다(대판 1999.1.26, 98도3732).

따라서 위 사안에 있어서도 A의 정신과적 증상인 외상 후 스트레스 장애가 강간을 당한 모든 피해자가 필연적으로 겪는 증상이라고 할 수 없는 정도라면, 그러한 증상도 「성폭력범죄의 처벌 등에 관한 특례법」 제8조 제1항 소정의 상해에 해당한다고 볼 수 있다.

5 순간적으로 스쳐도 강제추행인지 여부

질 문

A와 B가 춤을 추면서 B의 의사에 반하여 유방을 순간적으로 만졌습니다. 이렇게 가슴을 만진 행위가 순간적인 행위에 불과하더라도 강제추행죄가 성립하나요?

답 변

「형법」 제298조는 "폭행 또는 협박으로 사람에 대하여 추행을 한 자는 10년 이하의 징역 또는 1천500만원 이하의 벌금에 처한다."라고 하여 강제추행을 규정하고 있다. 이때 폭행이라는 행위가 순간적으로 발생한 행위인 경우에도 폭행으로 볼 수 있는지 여부이다.

판례는 "강제추행죄는 상대방에 대하여 폭행 또는 협박을 가하여 항거를 곤란하게 한 뒤에 추행행위를 하는 경우뿐만 아니라 폭행행위 자체가 추행행위라고 인정되는 경우도 포함되는 것이며, 이 경우에 있어서의 폭행은 반드시 상대방의 의사를 억압할 정도의 것임을 요하지 않고 상대방의 의사에 반하는 유형력의 행사가 있는 이상 그 힘의 대소강약을 불문한다."라고 폭행의 형태와 정도를 정의하고 있다. 아울러 "추행이라 함은 객관적으로 일반인에게 성적 수치심이나 혐오감을 일으키게 하고 선량한 성적 도덕관념에 반하는 행위로서 피해자의 성적 자유를 침해하는 것이라고 할 것인데, 이에 해당하는지 여부는 피해자의 의사, 성별, 연령, 행위자와 피해자의 이전부터의 관계, 그 행위에 이르게 된 경위, 구체적 행위태양, 주위의 객관적 상황과 그 시대의 성적 도덕관념 등을 종합적으로 고려하여 신중히 결정되어야 한다."라고 추행의 의미 및 판단 기준을 제시하였다. 그에 따라 "피해자와 춤을 추면서 피해자의 유방을 만진 행위가 순간적인 행위에 불과하더라도 피해자의 의사에 반하여 행하여진 유형력의 행사에 해당하고 피해자의 성적 자유를 침해할 뿐만 아니라 일반인의 입장에서도 추행행위라고 평가될 수 있는 것으로서, 폭행행위 자체가 추행행위라고 인정되어 강제추행에 해당된다."라고 하여 피해자와 춤을 추면서 순간적으로 피해자의 유방을 만진 행위 역시 힘의 대소강약을 불문하고 강제추행에 해당된다고 판단하고 있다(대법원 2002. 4. 26. 선고 2001도2417 판결 참조).

따라서 이 경우는 강제추행죄가 성립한다.

6 SNS 등을 이용한 음란행위를 처벌하고 싶은데...

질 문

저는 요즘 통신매체를 통해 음란한 영상이나 그림, 언어로 심한 수치심을 당하고 있습니다. SNS 등으로 성적 수치심을 느끼는 경우에도 처벌할 수 있나요?

답 변

요즘 스마트폰이나 컴퓨터를 이용하여 SNS나 메신저 등으로 타인에게 음란한 문자, 글, 영상 등을 보내면서 타인을 괴롭히는 사례가 빈번하게 발생하고 있다.

따라서, 성폭력범죄의 처벌 등에 관한 특례법(성폭법)에서는 이런 범죄를 처벌하기 위해 통신매체이용음란죄(제13조)를 규정하여 처벌하고 있다. 한편, 카메라나 그 밖에 이와 유사한 기능을 갖춘 기계장치를 이용하여 성적 욕망 또는 수치심을 유발할 수 있는 다른 사람의 신체를 그 의사에 반하여 촬영하거나 그 촬영물을 반포·판매·임대·제공 또는 공공연하게 전시·상영한 자는 5년 이하의 징역 또는 1천만원 이하의 벌금에 처한다(14조).

먼저 통신매체이용음란죄는 통신매체를 이용해서, 성적 수치심이나 혐오감을 일으킬 만한 말, 음향, 글, 그림, 영상, 또는 물건을 상대방에게 도달하게 한 경우 성립하는 범죄이다. 형법에 규정된 강제추행죄 등은 직접 상대방과 대면하여 범행을 한 경우 성립하는 범죄인 데 반해, 본 죄는 기술의 발전에 따라 통신매체를 이용해 상대방에게 음란한 내용을 도달하게 한 경우 성립하는 범죄이다.

이러한 통신매체이용음란죄가 성립하는 경우, 2년 이하의 징역 또는 500만원 이하의 벌금에 처해진다(제13조). 이와 같은 성범죄는 형량도 형량이지만, 혐의를 받아 혹시라도 실제 처벌을 받게 될 경우 사회적으로 큰 비난의 대상이 될 수 있어 조심해야 한다.

그런데 통신매체이용음란죄가 성립하기 위해서는 1) 자기 또는 다른 사람의 성적 욕망을 유발하거나 만족시킬 '목적'이 있어야 한다(목적범). 여기서의 의도(목적)는 "미필적 의도('다른 사람의 성적 욕망이 유발될 수도 있겠다.'라는 정도)"로도 족하다. 따라서 핸드폰 문자, 카카오톡, 이메일을 통해 음란한 글, 영상을 보내는 경우에는 본

죄의 처벌대상이 된다.

2) 본 죄는 통신매체(전화, 우편, 컴퓨터, 핸드폰 등)를 이용해 범행한 경우에 한해 적용된다. 따라서, 상대방에게 직접 음란한 말을 하거나 행동을 한 경우라면 형법상 강제추행죄 등의 처벌대상이 될 수 있는 것이지, 본 죄의 처벌대상이 되지는 않는다.

3) 본 죄에 해당하기 위해서는, 성적 수치심이나 혐오감을 불러일으킬 말, 문자 등이 상대방에게 도달된 경우여야 한다. 여기서 성적 수치심이나 혐오감의 의미는 '음란'을 의미하는 것이며, '음란'의 개념은 사회통념에 따라 판단한다. 다만, 성적 수치심을 불러일으킬 사진이나 영상 등을 특정인에게 전송하지 않고 인터넷 사이트에서 올리는 행위는 본 죄에는 해당하지 않는다. 이런 행위는 통신매체이용음란죄가 아닌 정보통신망법 위반행위로 처벌받을 수 있다.

4) 본죄는 비친고죄에 해당한다. 따라서, 피해자의 고소가 없어도 가해자는 처벌받을 수 있음을 유의해야 한다.

7 떼어먹은 성의 대가

질 문

저는 성행위의 대가로 10만원을 주겠다는 말을 믿고 A라는 사람과 성행위를 하였으나 A는 약속과 달리 주지를 않습니다. A를 처벌할 수 없는지요?

답 변

일반적으로 부녀와의 성행위 자체는 경제적으로 평가할 수 없고, 부녀가 상대방으로부터 금품이나 재산상 이익을 받을 것으로 약속하고 성행위를 하는 약속 자체는 선량한 풍속 기타 사회질서에 위반한 사항을 내용으로 하는 법률행위로서 무효이다. 그러나 사기죄의 객체가 되는 재산상의 이익이 반드시 사법상 보호되는 경제적 이익만을 의미하지 아니하고, 부녀가 금품 등을 받을 것을 전제로 성행위를 하는 경우 그 행위의 대가는 사기죄의 객체인 경제적 이익에 해당하므로, 부녀를 기망하여 성행위 대가의 지급을 면하는 경우 사기죄가 성립한다(대판 2001.10.23, 2001도2991).

따라서 귀하는 A라는 파렴치한을 사기죄로 고소할 수 있다고 할 것이다. 그러나 귀하의 행위도 다시 한 번 생각해 볼 일이 아닐까?

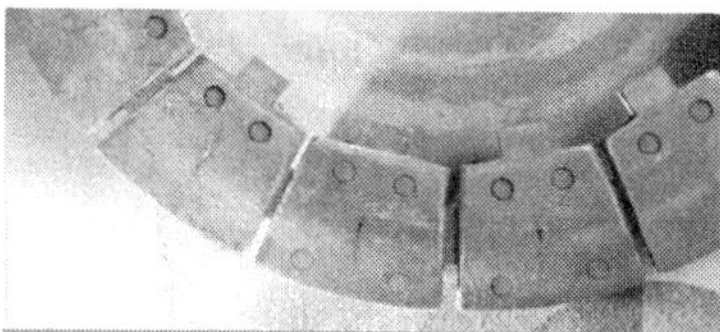

범죄의 성립요건/미수범
공 범/범죄의 종류/사례문답

제11장 죄와 벌

제 1 절 범죄의 성립요건

Ⅰ. 구성요건해당성

범죄는 형법의 각 본조 기타의 형벌법규에 규정되어 있는 구성요건에 해당하는 행위이다. 형법은 일정한 반사회적 행위를 유형화하여 이를 죄로서 규정하고 있다. 이것이 법률상의 구성요건이다. 죄형법정주의 하에서는 구체적인 인간의 행위가 범죄로 되기 위하여는 먼저 그것이 형벌법규에 규정하는 어떠한 구성요건(범죄유형)에 해당하는 것이 절대적으로 필요하다. 따라서 설령 아무리 반도덕적·반사회적인 행위라 하더라도 법률이 정하는 구성요건에 해당하지 아니하는 한 범죄로는 되지 아니한다.

Ⅱ. 위법성(違法性)

일정한 행위는 구성요건에 해당하는 것만으로써는 아직 범죄로 되지 아니하고 위법인 행위라야 한다. 여기에 위법이란 형식적으로는 법규위반을 말하고, 실질적으로 사회상규(社會常規)에 위배하는 것을 말한다.

구성요건은 원래 위법행위를 유형적으로 규정하는 것이므로 이에 해당하는 행위는 일단 위법이라고 추정할 수 있다. 그러나 구체적인 행위가 실질적으로 사회상규에 위배되지 아니하는 경우에는 설령 형식적으로 구성요건에 해당하더라도 그것은 위법으로 되지 아니하고(위법성조각) 범죄는 성립하지 아니한다. 예컨대, 사람을 살해한다는 구성요건(형법 제250조)에 해당하더라도 그것이 정당방위(형법 제21조)로서 행하여졌을 때에는 위법성이 조각되어 범죄로 되지 아니한다. 이와 같이 일정한 행위가 구성요건에 해당함으로써 생기는 위법성의 추정을 깨고 그 행위의 위법성을 배재하는(즉 적법으로 하는) 예외적인 특별사유를 위법성조각사유(違法性阻却事由)라고 한다.

현행 형법은 위법성조각사유로서 정당행위(제20조) · 정당방위(제21조) · 긴급피난(제22조) · 자구행위(제23조) 및 피해자의 승낙에 의한 행위(제24조)를 규정하고 있다.

1. 정당행위

형법은 일반적 위법성조각사유로서의 정당행위에 관하여 "법령에 의한 또는 업무로 인한 행위 기타 사회상규에 위배되지 아니하는 행위는 벌하지 아니 한다."(형법 제20조)라고 규정하고 있다. 여기서 정당행위란 사회상규에 위배되지 아니하여 국가 · 사회적으로 정당시되는 행위를 의미한다고 할 수 있다.

(1) 법령에 의한 행위

이는 법령의 정한 바에 좇아서 권리 또는 의무로서 하는 행위로 공무원의 직무집행행위(예컨대 소송법에 의한 강제처분 · 형벌의 집행, 세법상의 강제처분 등), 징계행위(예컨대 친권자의 그 자녀에 대한 징계행위 · 학교장의 학생에 대한 징계행위)를 말한다.

(2) 업무로 인한 행위

업무로 인한 행위는 의사의 치료행위, 변호사의 변론행위 등과 같은 것이다.

(3) 기타 사회상규에 위배되지 아니하는 행위

이는 법 전체의 정신에 비추어 초법규적으로 보아 실질적으로 위법이 아닌 정당한 행위를 의미한다. 사회상규에 위배되지 아니하는 행위의 예로서는 自損行爲(자손행위) 및 징계권 없는 자의 징계행위 등을 들 수 있다.

2. 정당방위

정당방위는 자기 또는 타인의 법익에 대한 현재의 부당한 침해를 방위하기 위한 행위로서 상당한 이유가 있는 행위를 말한다(형법 제21조).

정당방위가 성립하기 위해서는 ① 현재의 부당한 침해가 존재하여야 하고, 이에 대해 ② 자기 또는 타인의 법익을 방위하기 위한 행위로서, ③ 상당한 이유가 있어야 한다. 따라서 방위행위가 상당한 정도를 초과한 경우에는 과잉방위로 되어 형을 감경 또는 면제할 수 있는 데 그친다(형법 제21조 제2항).

3. 긴급피난(緊急避難)

긴급피난이란 자기 또는 타인의 법익에 대한 현재의 위난을 피하기 위한 행위로서 상당한 이유가 있는 행위를 말한다(형법 제22조). 긴급피난도 정당방위와 같이 위난에 직면한 자가 이를 모면하기 위한 긴급행위이다. 다만 긴급피난과 정당방위의 차이점을 말하면, 정당방위는 법익에 대한 현재의 부당한 침해를 방위하기 위하여 침해자에게 반격을 가하는 것으로서 不正 대 正의 관계에 있는데 반하여, 긴급피난은 법익에 대한 현재의 위반을 피하기 위하여 정당한 제3자의 법익을 침해하는 것으로서 不正 대 正의 관계에 있다.

긴급피난이 성립하기 위해서는 ① 자기 또는 타인의 법익에 대한 현재의 위난이 존재하고, ② 이를 피하기 위한 행위로서, ③ 상당한 이유가 있어야 한다. 특히 상당성의 요건으로서 보충성의 원칙과 법익균형의 원칙이 필요하게 된다. 이들 원칙이 상실되면 과잉피난이 되어 형을 감경 또는 면제할 수 있는 데 그친다(형법 제22조 제3항).

한편, 긴급피난은 현재의 위난을 피하기 위하여 타인의 정당한 이익을 침해하는 행위이므로 업무상 위난을 피하지 못할 책임이 있는 특별의무자, 예컨대 군인 · 경찰관 · 소방관 · 의사 · 선장 등에게는 허용되지 않는다(형법 제22조 제2항). 이러한 경우에도 특별한 의무 때문에 일반인과 같은 조건에서 피난행위를 금할 뿐이지 긴급피난을 절대적으로 금지하는 것은 아니다.

4. 자구행위

자구행위(自救行爲)는 법정절차에 의해서는 청구권을 보전하기 불능한 경우에 그 청구권의 실행불능 또는 현저한 실행곤란을 피하기 위한 행위로서, 상당한 이유가 있는 행위를 말한다(형법 제23조). 자구행위는 정당방위, 긴급피난과 함께 긴급행위의 하나로서 권리가 침해되었을 때, 그 권리를 보전하는 데 있어서 법률상의 절차에 의한 구제(국가의 공권력에 의한 구제)를 기다려서는 이미 그 시기를 잃어 권리실행이 불가능하든가, 또는 현저하게 곤란한 경우에 私人(권리자) 스스로 그 실력에 의해 보전에 필요한 구제행위를 하는 것을 말한다.

예컨대, 채무자가 변제기일이 지났는데도 불구하고 채무를 이행하지 아니하고 외국에 도주하려고 비행기를 탑승하려고 할 때, 채권자가 협박을 가하여 채무의 변제를 받는 경우이다.

5. 피해자의 승낙에 의한 행위

형법은 피해자의 승낙에 의한 행위에 관하여 "처분할 수 있는 자의 승낙에 의하여 그 법익을 훼손한 행위는 법률에 특별한 규정이 없는 한 벌하지 아니 한다."(형법 제24조)라고 규정하고 있다. 그러나 피해자의 승낙에 의한 행위일지라도 그 방법 · 목적이 사회상규에 위배되면(예컨대 유아 · 정신병자 · 이취자(泥醉者)의 승낙 또는 협박에 의한 승낙, 비의학적인 방법의 채혈, 채혈분량 초과의 경우 등) 위법성이 조각되지 않고 처벌된다.

Ⅲ. 책 임 성

범죄가 성립하기 위해서는 일정한 행위가 구성요건에 해당하는 위법인 행위일 뿐만 아니라 다시 주관적으로 행위자에게 책임 있는 행위라야 한다. 책임이란 당해 행위를 한 주체인 행위자에 대한 비난가능성을 말한다. 즉, 책임능력자의 고의 또는 과실 있는 행위가 책임 있는 행위이다. 그러므로 구성요건에 해당하는 위법인 행위가 책임 있는 행위이다. 그러므로 구성요건에 해당하는 위법인 행위라도, 예컨대 14세 미만의 자(형법 제9조), 심신장애자(형법 제10조)와 같이 책임능력이 없는 자의 행위 또는 고의 · 과실 없는 불가항력인 행위는 책임이 없어(責任阻却) 범죄로 되지 아니한다.

제2절 未 遂 犯(미수범)

형법에 있어서 범죄라고 할 때에는 일반적으로 기수(既遂)를 의미한다. 범죄는 법적 구성요건의 모든 요소가 충족된 때에 기수가 된다. 그런데 행위자의 범죄의사가 범죄로 실현되는 데에는 여러 가지 단계를 거치게 된다. 즉 범죄의사는 예비·실행의 착수·결과의 발생을 거쳐 종료의 단계에 이르게 되는 것이다. 미수는 범죄의 실행에 착수하였으나 그 범죄의 완성에 이르지 못한 경우이다.

Ⅰ. 장애미수

장애미수란 형법 각 범죄의 구성요건 실현에 대한 확정적인 고의를 가지고 실행에 착수하였으나, 범죄가 완성되지 못한 경우를 말한다.

1. 범죄실행의 착수

여기서 범죄 실행의 착수란 범죄 실행의 개시를 말한다. 이에 관하여는 행위를 객관적으로 관찰하여 구성요건의 일부 또는 이에 밀접한 행위를 하였을 때에 실행의 착수라고 보는 객관설이 있다.

이에 대하여 주관설은 행위를 주관적으로 관찰하여 범죄적 의사가 수행적 행위에 확실히 인정될 때에 실행의 착수가 있다고 한다. 예컨대 甲이 독살의사로써 독물을 乙에게 우송했을 경우에, 객관설은 乙이 독물을 수령하여 음용할 수 있는 상태에 놓여 있을 때를, 주관설은 우체국에 탁송했을 당시 비로소 독살행위의 착수가 있다고 본다.

2. 범죄의 미완성

미수범의 성립에는 행위를 종료하지 못하였거나 또는 결과가 발생하지 아니하여 범죄의 완성에 이르지 아니하여야 한다. 여기에 '행위를 종료하지 못한 것'이란 범죄의 실행에 착수하여 그 실행행위 자체를 종료하지 못한 경우(착수미수)를 말하고, '결과가 발생하지 아니한 것'이라 함은 실행행위를 종료하였으나 결과가 발생하지 아니한 경우(실행미수)를 말한다. 예컨대 권총으로 사람을 사살하려는 순간 타인에게 제지되어 사살하지 못한 경우는 전자에 속하고, 발사하였으나 명중하지 않았다든가 또는 명중은 하였으나 치명상이 아니었든가 하여 사망의 결과가 발생하지 않은 경우는 후자에 속한다.

II. 중지범(중지미수)

중지범(중지미수)이란 범죄의 실행에 착수한 자가 아직 범죄의 완성에 이르기 전에 자기의 의사로써 이를 중지하거나 결과의 발생을 방지한 경우를 말하고, 전술한 미수(장애미수)에 대하여 중지미수 또는 임의미수라고 한다. 형법은 중지범에 관하여 제26조에 "범인의 자의로 실행에 착수한 행위를 중지하거나 그 행위로 인한 결과의 발생을 방지한 때에는 형을 감경 또는 면제한다."라고 규정하고 있다.

중지범도 범죄의 실행에 착수하여 범죄의 완성에 이르지 못한 점으로는 미수의 한 형태이지만, 보통의 미수(장애미수)는 범죄의 실행에 착수하였으나 의외의 장애로 인하여 범죄를 완성하지 못한 경우이고, 중지범은 행위자가 자기의 의사로 범죄실행에 착수한 행위를 중지하거나(착수중지), 또는 실행행위는 종료였으나 그 행위로 인한 결과의 발생을 방지하여(실행중지) 범죄를 완성시키지 아니한 경우이다.

예컨대, 사람을 독살시킬 의사로서 상대방에게 독극물을 교부하려는 순간 마음을 고쳐먹고 자기 스스로 이를 중지한 경우는 착수중지에 속하고, 상대방에게 음독시킨 후 자기 스스로 해독제를 주어 사망의 결과를 방지하였을 경우에는 실행중지에 속한다.

III. 不 能 犯(불능범)

불능범(또는 불능미수)이란 범죄의 실행에 착수하였으나 그 행위의 성질상 또는 행위의 대상인 객체의 성질상 범죄의 구성요건의 내용을 완전히 실현할 가능성, 즉 위험성이 없어 미수범으로서도 처벌할 수 없는 경우를 말한다. 따라서 구성요건의 내용을 완전히 실현할 위험성의 유무가 미수범과 불능범을 구별하는 중요한 표준으로 된다. 예컨대 독살의 의사로써 설탕을 청산가리로 오인하여 상대방에게 복용시켰을 경우(수단의 착오), 또는 살해의 의사로써 사체를 생명있는 사람으로 오인하여 살해행위를 하였을 경우(대상의 착오)에도 결과의 발생은 절대적으로 불가능하더라도 추상적 위험이 있다고 할 수 있으므로 불능범으로 되지 않고 미수범으로 된다. 그러나 설탕으로써도 사람을 살해할 수 있다고 믿고서 복용시킨 경우라든가, 미신범과 같이 결과발생이 절대로 불가능하고 동시에 추상적 위험도 전혀 없는 경우에 한하여 불능범으로 되어 죄(미수범)가 성립되지 않는다.

제3절 共 犯(공범)

I. 공범의 의의

공범이란 2인 이상의 자가 협력하여 범죄의 구성요건을 실현하는 경우를 말한다. 형법은 원칙적으로 단독범의 기수의 형식을 기본으로 하여 규정하고 있다. 이와 같이 단독범으로서 규정되어 있는 범죄를 수인이 가공한 경우를 공범이라고 한다. 그러나 구성요건상 수인의 행위자를 예상하여 규정된 경우(예컨대 내란죄, 소요죄, 도박죄 및 간통죄)가 있는데 이러한 종류의 범죄를 필요적 공범이라고 하고, 단독범으로 규정된 범죄에 수인이 협력·가공하는 경우를 임의적 공범이라고 하며, 보통 공범이라고 할 때에는 이 임의적 공범을 가리킨다(형법 제30조 이하의 공범).

II. 공범의 종류

1. 공동정범

공동정범이란 2인 이상이 공동하여 범죄를 실행하는 경우를 말하고, 형법은 제30조에 "2인 이상이 공동하여 죄를 범한 때에는 각자를 그 죄의 정범으로 처벌한다."라고 규정하고 있다. 공동정범은 2인 이상이 공동하여 죄를 범하는 것이므로 공동정범의 성립요건은, 주관적으로는 범죄의 실행을 공동으로 한다는 의사의 존재가 필요하고(주관적 요건), 객관적으로는 실행행위의 공동이라는 사실의 존재가 필요하다(객관적 요건). 공동정범은 각자를 正犯(정범)으로 처벌한다. 따라서 공동정범의 각자는 공동행위로 인하여 실현된 사실에 관하여 정범자로서 책임을 지게 되고 각 각 법정형으로써 처벌된다. 예컨대 갑과 을이 공동으로 A를 살해하려고 동시에 A를 향하여 발포하였으나, 갑의 탄환만이 명중하여 A를 살해한 경우에도 을의 행위는 단독범의 원칙에 의하면 살인미수로 되나, 갑·을은 다 함께 살인기수의 책임을 지게 된다.

2. 교사범(教唆犯)

교사범이란 타인을 교사하여 범죄를 실행하게 하는 경우를 말한다. 형법 제31조 제1항에 "타인을 교사하여 죄를 범하게 하는 자는 죄를 실행한 자와 동일한 형으로 처벌한다."라고 규정하고 있다. 교사범은 타인을 교사하여 죄를 범하게 하는 것이므로 자기 스스로 실행행위를 분담하지 아니하는 점에서 공동정범과 구별되고, 또 타인(他人)의 범죄실행을 방조하지 않고 이를 유발케 하는 점에서 從犯(종범)과도 구별된다. 교사범의 요건으로서는 먼저 타인을 교사함을 요한다. 따라서 이미 범죄의 의사를 결의하고 있는 자에 대하여는 교사란 있을 수 없고, 다만 그 결의를 굳게 한다는 의미에서 종범이 성립한다.

3. 종범(방조범)

종범이란 타인의 범죄실행을 방조하는 경우를 말하고 방조범이라고도 한다. 형법 제32조 제1항에 "타인의 범죄를 방조한 자는 종범으로 처벌한다."라고 규정하고, 동조 제2항에 "종범의 형은 정범의 형보다 감경한다."라고 규정하고 있다. 여기서 방조(幇助)란 그 자체가 범죄의 실행행위에 속하지 않는 행위로서, 정범의 실행행위를 원조하여 그 실행을 용이하게 하는 것을 말한다. 방조의 수단방법에는 제한이 없고 흉기제공 등의 물질적(有形的) 방법에 의하건,조언·격려 등의 정신적(無形的) 방법에 의하건 불문한다.

Ⅲ. 공범과 신분

범죄에는 행위자에 일정한 신분이 있는 것을 구성요건으로 하는 경우(예컨대 수뢰죄, 횡령죄)와 신분으로 인하여 형이 가중되는 경우(예컨대 존속살해죄)가 있다. 전자를 진정신분범(眞正身分犯), 후자를 부진정신분범(不眞正身分犯)이라고 한다. 이러한 신분범이 신분 없는 자가 가공한 경우에 신분 없는 자를 어떻게 취급할 것인가가 공범과 신분의 문제이다. 형법은 제33조 본문은 “신분관계로 인하여 성립될 범죄에 가공한 행위는 신분관계가 없는 자에게도 前3조의 규정을 적용한다.”라고 규정하고 있다. 따라서 가공행위의 종류에 따라 신분관계가 없는 자도 공동정범, 교사범 또는 종범으로 될 수 있다. 예컨대 비공무원 갑이 공무원 을을 교사하여 수뢰케 하였을 경우에는 비공무원 갑은 수뢰죄의 교사범으로 된다.

다음으로 신분 없는 공범의 科刑에 관하여 형법은 제33조 단서에 “신분관계로 인하여 형의 경중이 있는 경우에는 중한 형으로 벌하지 아니한다.”라고 규정하고 있다. 본조 단서의 규정은 신분관계로 인하여 형의 경중이 있는 경우에 신분 있는 자와 비신분자가 공범관계에 있을 때는 형벌의 개별화원칙에 의하여 비신분범은 보통의 법정형으로써 처벌한다는 취지이다. 예컨대 갑과 을이 공동하여 甲의 부친을 살해했을 경우에는 을도 존속살해의 공동정범으로 되나, 과형(科刑)은 보통 살인죄의 형으로 처벌된다.

제4절 범죄의 종류

Ⅰ. 국가적 법익에 관한 죄

1. 국가의 존립에 대한 죄

(1) 내란죄(형법 제87조 이하)

국가조직의 기본제도를 다중의 폭력에 의하여 혁명하는 범죄이다. 형법은 이를 국토를 참절(僭)하거나 국헌문란(國憲文亂)의 목적으로 폭동 또는 살인을 하는 것으로 규정하고 있다.

(2) 外患(외환)의 죄(형법 제92조 이하)

외국과 통모하여 우리 나라에 대하여 전단(戰端)을 열게 하거나 외국인과 통모하여 우리나라에 항적(抗敵)하는 외환유치죄(外換誘致罪)를 비롯하여 모병이적죄(募兵利敵罪), 시설제공이적죄(施設提供利敵罪), 간첩죄 등이 있다.

(3) 國交(국교)에 관한 죄(형법 제107조 이하)

우리 나라에 체재하는 외국원수에 대하여 폭행 · 협박 또는 모욕을 하거나 명예를 훼손하는 외국원수에 대한 죄를 비롯하여 외교사절에 대한 죄, 외국의 국기 · 國章에 대한 죄 등이 있다.

2. 국가의 권위와 기능에 대한 죄

(1) 國旗(국기)에 관한 죄(형법 제105조)

대한민국을 모욕할 목적으로 국기 또는 國章(국장)을 침해함을 내용으로 하는 범죄이며, 국기 또는 국장을 손상 · 제거 또는 오욕함으로써 성립한다.

(2) 공무원의 직무에 관한 죄(형법 제122조 이하)

공무원이 그 직무의 신성과 존엄을 모독함으로써 국가의 위신 · 권의를 손상시키는 행위를 말하며, 직무유기죄를 비롯하여 직권남용죄, 피의사실공표죄, 뇌물죄 등이 있다.

(3) 공무방해에 관한 죄(형법 제136조 이하)

공무원의 직무집행에 의하여 실현되는 국가 또는 공공단체의 기능을 방해함을 내용으로 하는 범죄이며, 공무집행방해죄를 비롯하여 직무강요죄, 위계공무집행방해죄, 공무상 비밀표시무효죄, 공용물파괴죄, 법정 · 국회의장모욕죄 등이 있다.

(4) 도주와 범인은닉의 죄(형법 제145조 이하)

법률에 의하여 체포 또는 구금된 자가 단순히 도주하는 단순도주죄를 비롯하여 집합명령위반죄, 특수도주죄, 도주원조죄 및 벌금 이상의 형에 해당하는 죄를 범한 자를 은닉 또는 도주케 하는 범인은닉죄 등이 있다.

(5) 위증(僞證)과 증거인멸죄(證據湮滅罪)(형법 제152조 이하)

법률에 의하여 선서한 증인·감정인·통역인·번역인이 허위의 증언·감정·통역·번역함으로써 성립하는 위증죄를 비롯하여 모해위증죄(謀害僞證罪) 및 타인의 형사사건 또는 징계사건에 관한 증거를 인멸·은닉·위조 또는 변조하거나 증인을 은닉 또는 도주하게 하는 증거인멸죄 등이 있다.

(6) 무고죄(誣告罪)(형법 제156조)

국가의 심판작용의 공정을 침해하는 것을 내용으로 하는 범죄이며, 타인으로 하여금 형사처분 또는 징계처분을 받게 할 목적으로 공무소 또는 공무원에 대하여 허위의 사실을 신고함으로써 성립한다.

II. 사회적 법익에 관한 죄

1. 사회의 평온에 대한 죄

(1) 공안을 해하는 죄(형법 제114조 이하)

범죄를 목적으로 하는 단체를 조직하거나 이에 가입하는 것 및 병역 또는 납세의 의무를 거부할 목적으로 단체를 조직하거나 이에 가입하는 범죄단체조직죄를 비롯하여 소요죄, 다중불해산죄(多衆不解散罪) 등이 있다.

(2) 폭발물에 관한 죄(형벌 제119조 이하)

폭발물을 사용하여 사람의 생명·신체 또는 재산을 해하거나 기타 공안을 혼란케 하는 폭발물사용죄, 전시폭발물제조·수입·수출·수수·소지죄 등이 있다.

(3) 放火와 失火의 죄(형법 제164조 이하)

고의 또는 과실로 화재를 일으켜 공중의 생명·신체 또는 재산에 대하여 위험을 주는 범죄이며, 방화죄, 진화방해죄, 실화죄, 폭발물파열죄 등이 있다.

(4) 일수(溢水)와 수리(水利)에 관한 죄(형법 제177조 이하)

물을 넘겨 주거나 기타의 물건을 침해하는 일수죄를 비롯하여 방수방해죄, 수리방해죄 등이 있다.

(5) 교통방해의 죄(형법 제185조 이하)

육로 · 수로 · 교량을 손괴 또는 불통하게 하거나 기타 방법으로 교통을 방해하는 일반교통방해죄를 비롯하여 기차 · 선박 등의 교통방해죄 등이 있다.

2. 공공의 신용에 대한 죄

(1) 통화에 관한 죄(형법 제207조 이하)

통화의 위조 · 변조 · 행사 · 수입 · 수출 또는 취득을 내용으로 하는 범죄이며, 통화위조 · 변조죄를 비롯하여 위조 · 변조통화행사죄 등이 있다.

(2) 유가증권 · 우표와 인지에 관한 죄

행사할 목적으로 대한민국 또는 외국의 공채증서 기타 유가증권을 위조 · 변조하거나 또는 유가증권의 권리 · 의무에 관한 기재를 위조 · 변조하는 유가증권위조 · 변조죄를 비롯하여 자격모용유가증권작성죄(資格冒用有價證券作成罪) 등이 있다.

(3) 文書에 관한 죄(형법 제225조 이하)

행사할 목적으로 공무원 · 공무소의 문서나 도화를 위조 · 변조하는 공문서위조 · 변조죄, 위조 · 변조공문서행사죄, 사문서위조 · 변조죄 등이 있다.

(4) 印章에 관한 죄(형법 제238조 이하)

인장 · 서명 · 기명 · 기호에 대한 공중의 신용과 거래안전을 침해하는 죄이며, 공인위조 · 부정사용 및 동행사죄와 사인위조 · 부정사용 및 동행사죄가 있다.

3. 공중의 위생에 대한 죄

(1) 음료수에 관한 죄(형법 제192조 이하)

일상의 飮用에 제공되는 정수에 오물을 혼입하여 음용하지 못하게 하거나 수도에 의하여 공중의 음용에 제공되는 정수 또는 水源에 오물을 혼입하여 음용하지 못하게 하는 음료수사용방해죄를 비롯하여 독물혼입죄, 水道不通罪 등이 있다.

(2) **아편에 관한 죄**(형법 제198조 이하)

아편·몰핀 또는 그 화합물을 제조·수입 또는 판매하거나 판매할 목적으로 소지하는 아편 등 제조·수입·판매·소지죄를 비롯하여 아편흡식기 등 제조죄, 세관 공무원의 아편 수입죄 등이 있다.

4. 사회도덕에 대한 죄

(1) **풍속을 해하는 죄**(형법 제241조 이하)

국민의 성도덕에 관한 선량한 풍속을 침해하는 죄이며, 배우자 있는 자가 자기의 배우자 이외의 남자 또는 여자와 합의의 성교를 함으로써 성립하는 간통죄를 비롯하여 음행매개죄(淫行媒介罪), 공연음란죄(公然淫亂罪) 등이 있다.

(2) **도박과 복표(福票)에 관한 죄**(형법 제246조 이하)

우연의 사실에 의하여 재물의 득실을 결정하는 것을 내용으로 하는 범죄이며, 단순도박죄를 비롯하여 상습도박죄, 복표발매죄 등이 있다.

(3) **신앙에 관한 죄**(형법 제158조 이하)

장식·제전·예배 또는 설교를 방해하거나 신앙에 관한 선량한 풍속감정을 해하는 범죄이며, 장식·제전·예배·설교방해죄를 비롯하여 사체·유골·유발오욕죄 등이 있다.

Ⅲ. 개인적 법익에 관한 죄

1. 생명과 신체에 대한 죄

(1) **살인의 죄**

사람을 살해함으로써 성립하는 죄이며, 이에는 단순히 보통 사람을 살해하는 보통살인죄를 비롯하여 존속살인죄, 영아살해죄, 촉탁·승낙에 의한 살해죄, 자살관여

죄, 위계 · 위력에 의한 살인죄 등이 있다.

(2) 상해와 폭행의 죄(형법 제257조 이하)

본죄는 신체의 안정성을 보호법익으로 하며 타인의 신체를 상해하는 단순상해죄를 비롯하여 존속상해죄, 중상해죄, 존속중상해죄, 상해치사죄, 존속상해치사죄와 타인의 신체에 대하여 폭행을 가하는 폭행죄 및 특수폭행죄 등이 있다.

(3) 과실사상의 죄(형법 제266조 이하)

과실로 인하여 타인을 사상에 이르게 함으로써 성립하며, 과실로 인하여 타인을 상해하는 과실상해죄를 비롯하여 과실치사죄, 업무상과실치사상죄, 중과실치사상죄 등이 있다.

(4) 낙태의 죄(형법 제269조 이하)

본죄는 모체로부터 자연의 분만기 전에 태아를 분리하는 행위에 의하여 성립한다. 포태한 부녀 자신이 약물을 사용하거나 기타 방법으로 낙태하는 자기낙태죄를 비롯하여 동의낙태죄, 부동의낙태죄, 업무상낙태죄, 낙태치사상죄 등이 이에 속한다(자세한 내용은 제2부 제10장 여성과 법률 참조).

(5) 유기(遺棄)의 죄(형법 제271조 이하)

보호의무 있는 자가 부조(扶助)를 요하는 자에 대하여 장소를 이전 · 격리하거나, 생존에 필요한 보호를 하지 않음으로서 그 생명 · 신체를 위험한 상태에 빠지게 하는 행위이며, 이에는 노유(老幼) · 질병 기타 사정으로 인하여 부조를 요하는 자를 보호할 법률상의 의무가 있는 자가 유기하는 단순유기죄를 비롯하여 존속유기죄, 영아유기죄, 단순학대죄, 존속학대죄, 아동혹사죄 등이 있다.

2. 자유와 안전에 대한 죄

(1) 체포와 감금의 죄(형법 제276조 이하)

개인을 체포 · 감금함으로써 신체적 활동의 자유를 침해하는 행위이며, 단순히 사람을 체포 · 감금하는 단순체포 · 감금죄를 비롯하여 존속체포 · 감금죄, 가중체포 · 감금죄, 특수체포 · 감금죄, 체포 · 감금치사상죄 등이 있다.

(2) 협박의 죄(형법 제283조 이하)

사람을 협박, 즉 공포심을 일으키게 하는 해악을 통고하여 개인이 법적 안전성을 해치는 죄이다. 단순히 타인을 협박하는 단순협박죄를 비롯하여 존속협박죄, 특수협박죄 등이 있다.

(3) 略取(약취)와 誘引(유인)의 죄(형법 제287조 이하)

타인을 현재 보호받고 있는 생활환경에서 이탈시켜 자기 또는 제3자의 실력적 지배내에 옮김으로써 성립하는 범죄이다. 이에는 미성년자를 약취·유인하는 미성년자약취·유인죄를 비롯하여 영리약취·유인죄, 부녀매매죄, 약취·유인매매죄, 국외이송죄, 결혼약취·유인죄 등이 있다.

(4) 정조에 관한 죄(형법 제297조 이하)

폭행·협박·위계·위력 등으로 간음 또는 추행을 하여 개인의 성생활의 자유를 침해하는 죄이다. 이에는 폭행 또는 협박으로 부녀를 강간하는 강간죄를 비롯하여 준강간죄, 강제추행죄, 강간·추행치사상죄, 미성년자등 간음·추행죄, 피보호부녀간음죄 등이 있다.

상세한 내용은 제10장 '여성과 법률' 참조.

3. 평온생활에 관한 죄

(1) 주거침입의 죄(형법 제319조)

사람의 주거·간수하는 저택·건조물·선박 또는 점유하는 방실에 침입하는 주거침입죄를 비롯하여 불퇴거죄, 특수주거침입죄 등이 있다.

(2) 비밀침해의 죄(형법 제316조 이하)

봉함 기타 비밀장치한 타인의 신서·문서 또는 도서를 개봉함으로써 성립하는 비밀침해죄를 비롯하여 업무상비밀누설죄 등이 있다.

4. 명예 · 신용 · 업무 · 경매에 관한 죄

(1) 명예에 관한 죄(형법 제307조 이하)

사실 또는 허위의 사실을 적시(摘示)하여 타인의 명예를 훼손하는 명예훼손죄를 비롯하여 출판물에 의한 명예훼손죄, 모욕죄 등이 있다.

(2) 신용 · 업무와 경매에 관한 죄(형법 제313조 이하)

사람의 경제적 생활의 안전을 침해하는 죄이며, 이에는 허위의 사실을 유포하거나 기타 위계로써 사람의 신용을 훼손하는 신용훼손죄를 비롯하여 업무방해죄, 경매 · 입찰방해죄 등이 있다.

5. 권리행사를 방해하는 죄(형법 제323조 이하)

타인의 점유 또는 권리의 목적이 된 자기의 물건에 대하여 타인의 권리행사를 방해하거나, 강제집행을 면할 목적으로 재산을 은닉하거나 기타 방법으로 채권자를 해하는 행위를 하거나, 또는 일반적으로 타인의 권리행사를 방해하는 것을 내용으로 하는 범죄이다. 이에는 단순권리행사방해죄를 비롯하여 폭력에 의한 권리행사방해죄, 점유강취죄, 강제집행면탈죄 등이 있다.

6. 재산에 대한 죄

(1) 절도의 죄(형법 제329조 이하)

타인의 재물을 그 의사에 반하여 탈취함으로써 성립하는 범죄이며, 이에는 단순절도죄를 비롯하여 야간도주침입절도죄, 특수절도죄 등이 있다.

(2) 강도의 죄(형법 제333조 이하)

폭행 또는 협박으로 타인의 재물을 강취하거나 기타 재산상의 이익을 취득하거나 제3자로 하여금 취득하게 하는 단순강도죄를 비롯하여 특수강도죄, 강도상해치사상죄, 강도살인죄, 강도강간죄 등이 있다.

(3) 사기의 죄(형법 제347조 이하)

사람을 기망하여 재물의 교부를 받거나 재산상의 이익을 얻거나, 또는 제3자로 하여금 재물의 교부를 받게 하거나 재산상의 이익을 얻게 하는 사기죄를 비롯하여 준사기죄(형법 제348조), 부당이득죄(형법 제349조) 등이 있다.

(4) 공갈(恐喝)의 죄(형법 제350조 이하)

타인을 공갈하여 재물의 교부를 받거나 재산상의 이익을 얻거나, 또는 제3자로 하여금 재물의 교부를 받게 하거나 재산상의 이익을 얻게 하는 죄이다.

(5) 횡령과 배임(背任)의 죄(형법 제355조 이하)

타인의 재물을 보관하는 자가 그 재물을 횡령하거나 그 반환을 거부하는 단순횡령죄를 비롯하여 업무상횡령죄, 점유이탈물횡령죄, 그리고 타인의 사무를 처리하는 자가 그 임무에 위배하여 재산상의 이익을 얻거나 제3자로 하여금 얻게 하여 본인에게 손해를 가하는 단순배임죄와 업무상배임죄, 배임수증죄 등이 있다.

(6) 장물(贓物)에 관한 죄(형법 제362조 이하)

재산죄에 의하여 불법으로 영득한 재물을 취득·양여·운반·보관 또는 알선함으로써 성립하는 범죄이다. 장물은 재산죄에 의하여 영득한 재물로서 피해자가 법률상 이를 회복·추구할 수 있는 것을 말한다.

(7) 손괴의 죄(형법 제366조 이하)

손괴죄는 타인의 재물에 대한 효용을 멸각(滅却)·감소하는 행위에 의하여 성립한다. 이에는 타인의 재물 또는 문서를 손괴 또는 은닉 기타 방법으로 효용을 해하는 재물·문서손괴죄를 비롯하여 공익건조물파괴죄, 특수손괴죄, 경계침범죄 등이 있다.

제11장 죄와 벌

1 불끄려고 남의 차를 부순 경우

질 문

얼마 전 골목 안 친구 집에 불이나 소방차가 왔습니다. 그러나 골목길에는 불법주차로 인하여 소방차가 들어올 수 없어 애를 태우는 동안 옆집에도 옮겨 붙었습니다. 하는 수 없이 소방대원과 함께 주차차량들을 포크레인으로 찍어서 옮긴 다음 소방차가 들어가 불을 껐습니다. 그런데 나중에 차량 소유자들이 와서 차값을 물어내라고 합니다. 저는 어떻게 해야 되나요?

답 변

긴급피난이란 자기 또는 타인의 법익에 대한 현재의 위난을 피하기 위한 행위로서 상당한 이유가 있으면 처벌되지 않는다. 이는 정당방위와 같이 긴급상태하에서의 개인의 자력구제수단의 하나라는 점에서는 같으나, 정당방위는 법익에 대한 현재의 부당한 침해를 방위하기 위하여 침해자에게 반격을 가하는 것으로서 '不正 대 正'의 관계임에 비하여, 긴급피난은 법익에 대한 현재의 위난을 피하기 위하여 부득이 정당한 개인의 법익을 침해하는 것으로서 '正 대 正'의 관계에 있는 점이 정당방위의 경우와 다르다.

여기서 위난이란 법익에 대한 위험 있는 상태를 말하고, 반드시 위법함을 요하지 않으며 위험은 사람의 행위로 인한 것이든, 동물 또는 자연현상에 의하여 야기된 것이든 불문하나, 위난이 피난자의 귀책사유로 인하여 발생하였을 경우에는 긴급피난은 허용되지 않는다. 또한 위난은 긴급·절박함을 요하며, 과거 또는 장래의 위난에 대해서는 긴급피난을 할 수 없다.

피난할 수 있는 법익은 자기 또는 타인의 법률상 보호되는 모든 이익을 말하며, 공익도 포함된다. 또 피난행위는 그 제한이 없으나 사회 일반적 견지에서 상당한 정도를 초과하지 않았다고 인정되어야 하며, 타인의 법익을 침해하지 않고서는 위난을 피할 다른 방도가 없는 경우에, 또 동등 또는 보다 큰 이익을 보전하기 위하여 동등 또는 작은 이익을 희생시키는 경우에 한하여 긴급피난이 원칙적으로 허용된다.

위 사례의 경우 귀하는 차주들에게 아무런 책임이 없다. 오히려 귀하의 친구 집이나 그 옆집에서 그 불법 주차차량들로 인하여 진화가 늦어져 입은 손해를 그 차량소유자들에게 청구할 수 있다.

2 보안처분이란…

질 문

소년범은 보호처분 대상이 된다는데 보호처분을 받아도 전과가 남는지요?

답 변

소년범에 대한 보호처분과 같이 형벌의 대용 또는 그 보충으로서 하는 처분으로서 형벌을 과함으로는 형벌의 목적을 달성할 수 없는 자(예컨대 소년) 또는 사회에 대하여 위험한 행동을 할 우려가 있는 자에 대하여 과하는 것을 보안처분이라 한다. 우리 나라 현행 형법전에는 보안처분에 관한 규정이 없으나 사회보호법에는 ① 보호감호(수개의 형을 받거나 수개의 죄를 범한 자와 범죄를 목적으로 하는 단체 또는 집단의 수괴 및 간부인 자에 대하여 적용되는 보안처분), ② 치료감호(심신장애자와 중독자를 치료감호시설에 수용하여 치료를 위한조치를 행하는 보안처분), ③ 보호관찰(가석방된 피보호감호자와 치료위탁된 피치료감호자를 감호시설 외에서 지도·감독하는 것을 내용으로 하는 보안처분)이, 소년법 제2장 제3절에는 ④ 보호처분이 규정되어 있다.

사례의 경우 우리 형법은 만 14세 미만자를 형사 미성년자라고 하여 처벌하지 않으나, 소년법은 12세 이상 19세 미만의 소년을 보호대상으로 하고 있다. 소년에 대한 보호처분은 범법행위를 하거나, 그럴 우려가 있는 소년 또는 죄를 범한 소년 중 범행의 동기, 장래 개선 가능성 등을 고려하여 형사처벌하는 대신 보호관찰 등을 통하여 선도하는 것이 좋다고 생각되는 소년에 대하여 소년부 법원에서 하게 된다. 이와 같이 법원 소년부의 보호처분은 소년의 보호육성이라는 형사정책적 배려에서 형사처벌과 달리, 그 처분의 종류 여하를 불문하고(비록 소년원 송치 처분이라도) 형벌은 아니기 때문에 전과자가 되지 않는다. 따라서 귀하는 안심하고 앞으로는 보다 귀중한 삶을 영위하도록 노력해야 할 것이다.

3 형의 실효와 형의 시효

질 문

형의 실효와 시효는 어떻게 다른가요?

답 변

형벌권은 형집행 종료, 형집행 면제, 형의 선고, 또는 집행유예 기간의 만료, 시효완성, 범인사망, 사면, 복권 등으로 소멸되더라도 형의 선고의 법률상의 효과 즉, 전과의 사실은 그대로 남아 있게 된다. 이 전과의 사실로 인해 해당자는 공무원이 되는 자격, 일정한 직업(교원, 의사, 변호사 등)에 종사하는 자격, 기타 필요한 자격에 제한을 받게 되어 사회생활에 적응하지 못하고, 또 다시 범죄의 소굴로 회귀하여 죄와 벌의 악순환이 계속되는 사회문제가 초래된다.

따라서 이러한 전과사실을 말소시켜 전과자의 자격을 회복시키고 그로 하여금 사회복귀를 용이하게 할 형사정책적 배려가 필요한데 이를 위하여 마련된 제도가 형의 실효제도이다.

「형의 失效(실효) 등에 관한 법률」에서는 수형인(受刑人)이 자격정지 이상의 형을 받음이 없이 형의 집행을 종료하거나 그 집행이 면제된 날부터 ① 3년을 초과하는 징역·금고는 10년, ② 3년 이하의 징역·금고는 5년, ③ 벌금은 2년을 경과한 때에는 그 형이 실효되도록 규정하고 있다(제7조). 다만 구류·과료는 형의 집행을 종료하거나 그 집행이 면제된 때에 그 형이 실효된다(제7조 단서). 따라서 수형인명표

(수형인의 등록기준지 시·구·읍·면사무소 관리)는 폐기되고, 수형인명부(검찰청 관리)는 해당란을 삭제하게 된다(동법 제8조).

형의 시효(時效)란 형의 선고를 받은 자가 그 집행을 받지 아니하고 일정기간을 경과하면 그 집행을 면제하는 제도로서, 이는 범죄 후 일정한 기간의 경과로써 공소권이 소멸되어 소추할 수 없는 공소시효제도와는 다르다.

형의 시효제도는 어떤 사실 상태가 일정한 기간 계속된 때에는 사회 일반인은 그 상태를 정당한 것으로 인식하게 되는데 이를 새삼스럽게 전복하는 것은 사회의 안전성을 저해하게 되며, 또한 증거의 멸실 등 사실 확정의 곤란, 그 범죄에 대한 사회의식의 감소, 범인의 개선이 추측된다는 점에서 마련한 제도이다.

우리 형법이 규정하고 있는 형의 시효는 형을 선고한 재판이 확정된 후 그 집행을 받음이 없이 다음 기간을 경과함으로써 완성되는데 ① 사형은 30년, ② 무기의 징역 또는 금고는 20년, ③ 10년 이상의 징역 또는 금고는 15년, ④ 3년 이상의 징역이나 금고 또는 10년 이상의 자격정지는 10년, ⑤ 3년 이하의 징역이나 금고 또는 5년 이상의 자격정지는 5년, ⑥ 5년 미만의 자격정지·벌금·몰수 또는 추징은 3년, ⑦ 구류 또는 과태료는 1년이 그것이다(형법 제78조).

형의 선고를 받은 자는 시효의 완성으로 인하여 그 집행이 면제된다. 다만 시효는 형의 집행의 유예나 또는 가석방·기타 집행할 수 없는 기간은 진행되지 아니하며, 또한 사형·징역·금고와 구류에 있어서는 수형자를 체포함으로써, 벌금·과료·몰수와 추징에 있어서는 강제처분을 개시하면 시효가 중단된다.

4 근저당 잡힌 사실을 숨기고 부동산을 매도한 경우

질 문

저는 중개업소의 소개로 A소유의 대지 100평을 대금 2억 원에 매수하고 잔금까지 지급한 후 이전등기하려고 등기부를 떼어보니 위 대지에 B앞으로 채권최고액 8,000만 원의 근저당이 설정되어 있었습니다. 중개업자와 A의 말만 믿고 등기부를 열람하지 아니한 잘못은 저에게 있지만, A가 근저당 설정된 사실을 숨긴 채 저에게 매도하여 잔금까지 받은 것은 사기죄가 아닌지요? A는 근저당을 말소해 주겠다고 하지만 지금까지의 행태로 보아 믿을 수 없습니다.

|답 변|

사기죄란 사람을 기망하여 재물을 편취하거나, 혹은 재산상의 이득을 얻거나 또는 타인으로 하여금 이를 취득하게 함으로써 성립되는 범죄이다.

부동산매매의 경우 저당권 등의 담보물권이 설정되어 있으면 매도인은 그 사실을 매수인에게 알려 주고, 매매당사자 사이에 그 저당채무액수를 확인하여 매수인이 저당채무를 부담하되, 매매대금에서 공제하는 것이 거래의 일반 관행이라 하겠다. 또한 저당채무를 매수인이 인수하지 않을 경우에도 매매대금 중에서 저당채무가 우선 변제되어 적어도, 잔금이 완납될 단계에서는 저당채무도 완납되어 근저당등기가 말소되어야 할 것이다. 만일 그렇지 않으면 매도인은 채무불이행책임 즉 저당권말소등기를 이행하지 못한 책임을 지게 된다.

그러나 위 사례와 같이 A가 근저당설정사실을 숨기고 귀하에게 매도한 다음 그 매매대금에서 근저당채무액에 해당하는 금액을 공제하거나, 또는 근저당등기를 말소함이 없이 매매잔금까지 받았으므로, A는 근저당채무에 해당하는 금액만큼 귀하를 기망하여 귀하의 재물을 편취한 것이므로 동액상당(8,000만 원)의 사기죄에 해당된다고 하겠다.

따라서 귀하는 A를 상대로 사기죄로 형사고소하여 처벌할 수 있으며 동시에 매매계약을 해제하고 매매대금의 반환과 위약금의 배상청구를 할 수 있다.

한편 매매계약시 매도인 측에서 귀하에게 교부한 등기부에는 근저당설정이 없었는바, 그 원인은 매도인측에서 변조한 때문이라면 매도인은 공문서변조죄(형법 제225조)와 사기죄의 경합범으로서 처벌된다.

5 백화점의 변칙세일

질 문

A백화점 숙녀의류부장인 저는 판매전술의 일환으로 종전에 출하한 일이 없던 신상품에 대해 첫 출하시부터 할인가격표를 표시하여 막바로 세일에 들어가는 이른바 변칙세일을 자행하였습니다. 저의 행위가 죄가 되나요?

|답 변|

이른바 변칙세일은 사기죄가 성립된다.

사기죄의 요건으로서 기망은 널리 재산상의 거래관계에 서로 지켜야 할 신의성실의무를 저버리는 모든 적극적·소극적 행위로서 사람으로 하여금 착오를 일으키게 하는 것을 말한다. 사기죄의 본질은 기망에 의한 재물이나 재산상 이익의 취득에 있고, 상대방에게 현실적으로 재산 손해가 발생할 필요는 없다. 일반적으로 상품의 선전·광고에서 다소의 과장·허위가 수반되는 것은, 그것이 일반 상거래의 관행과 신의칙에 비추어 시인될 수 있는 한 기망성이 결여된다고 하겠다. 그러나 거래의 중요한 사항에 관해 구체적 사실을 거래상의 신의성실의무에 비추어 비난받을 정도의 방법으로 허위로 고지한 경우에는 과장, 허위광고의 한계를 넘어 사기죄의 기망행위에 해당된다. 왜냐 하면 현대산업사회에서 소비자가 갖는 상품의 품질, 가격에 대한 정보는 대부분 생산자 및 유통업자의 광고에 의존할 수 밖에 없고, 백화점과 같은 대형유통업체에 대한 소비자들의 정당한 품질, 정당한 가격에 대한 신뢰는 백화점의 대대적인 광고에 의해 창출된 것으로서 이에 대한 소비자들의 신뢰와 기대는 보호되어야 하기 때문이다(대판 1992.9.14, 91도2994 참조).

6 할부구매한 물품을 처분한 죄

질 문

저는 몇 달 전에 PC 1대를 대리점에서 10개월 할부로 구입하였고 그 후 사정이 생겨 이를 한 달 전에 중고품 시장에 팔았습니다. 그런데 할부대금을 2회 연체하자 대리점에서는 컴퓨터의 반환을 요구하다가 컴퓨터를 팔아버린 것을 알고는 횡령죄로 고소하겠다고 합니다. 저의 경우 할부대금잔액의 변제이외에 형사책임까지도 져야 하는지요?

|답 변|

횡령죄는 타인의 재물을 보관하는 자가 그 재물을 횡령하거나 그 반환을 거부한 때에 성립된다(형법 제355조 제1항).

여기에서 할부구매한 물품을 사용하는 자를 '타인의 재물을 보관하는 자'로 볼 수 있느냐가 문제되는데, 일반적으로 할부판매의 경우 할부대금을 완납하기 전까지는 그 물품의 소유권이 판매자에게 유보되어 있다고 보고 있다. 따라서 할부구매물품을 점유·사용하고 있는 자는 그 대금완납 전까지는 물품보관자의 지위에 있다고 할 것이다. 다만, 할부구매계약상 소유권까지도 매수인에게 이전하는 것으로 되어 있을 경우에는 그 소유권은 매수인에게 있고 매수인은 할부대금의 지급의무만 있게 된다.

따라서 이러한 반대의 약정이 없는 한 귀하가 할부대금을 완납하기 전에 위 물품을 처분하였다면 귀하의 PC 판매행위는 횡령죄에 해당된다. 그리고 이 경우 나중에 할부대금잔액을 완납하더라도 이미 성립한 횡령죄에는 영향을 주지 못한다.

7 타인의 오토바이를 잠시 사용 후 가져다 놓은 경우

질 문

저는 길가에 세워 둔 타인의 오토바이를 잠시 사용하고 반환할 생각으로 소유자의 승낙 없이 사용하고 1시간 후에 오토바이를 본래 장소에 갖다 놓았습니다. 이 경우 처벌되는지요?

답 변

타인의 재물을 소유자 내지 점유자의 승낙 없이 임의로 가져가 일시적으로 사용한 후 반환하는 사용절도의 처벌에 대해, 우리나라의 통설과 판례는 절도죄의 성립에 불법영득의 의사(재물 또는 가치에 대하여 소유권자에 유사한 지배를 행사하여 소유권자를 계속 배제하고, 재물의 본래 용도에 따라 이용·처분하기 위해 일정기간 이를 자기의 재산으로 편입시킬 의사)가 필요하다고 한다. 이에 따르면 목적물을 단지 일시 사용할 뿐 그것을 계속 사용함으로써 소유권을 배제하는 데까지 이르는 것이 아닌 사용절도는 절도죄가 아니라고 하고 있다.

그러나 형법 제331조의2(자동차등불법사용)에서는 "권리자의 동의 없이 타인의 자동차, 선박, 항공기, 또는 원동기장치자전거를 일시 사용한 자는 3년 이하의 징역,

500만 원 이하의 벌금, 구류, 과료에 처한다."라고 규정하고 있다.

따라서 귀하의 경우에도 위 형법 제331조의2 자동차 등 불법사용죄로 처벌될 수 있을 것이다.

8 학생체벌의 한계

질 문

저는 중학교 교사로 재직중입니다. 어느 날 담배를 피운 학생을 훈계하기 위해 학생의 뺨을 몇 차례 때렸는데 고막이 파열되고 말았습니다. 이 경우 저의 법적 책임은 어떻게 되는지요?

답 변

옛부터 군사부일체(君師父一體)란 말이 있듯이 스승은 존경받아야 할 대상이다. 그러나 오늘날 사회풍조는 꼭 그렇지만은 아닌 것 같아 마음이 씁쓸하다. 초·중등교육법시행령 제31조 제7항에는 학생지도는 교육상 불가피한 경우를 제외하고는 신체적 고통을 가하지 아니하는 훈육·훈계 등의 방법으로 행하여야 한다고 규정하고 있다. 이 규정의 취지에 의하면 비록 체벌이 교육적 효과가 있는지에 관하여는 별론으로 하더라도, 교사는 학교장이 정하는 학칙에 따라 불가피한 경우 체벌을 가하는 것이 금지되어 있지는 않다고 보여 진다(헌법재판소 2000.1.27, 99헌마481 결정).

그러나 어떤 경우에 어떤 방법으로 체벌을 가할 수 있는지에 관한 기준은 명확하지 않으므로 개별 구체적 사안에 따라 해석하여야 할 것인데, 관련 판례를 보면 "교사의 학생에 대한 체벌이 징계권의 행사로서 정당행위에 해당하려면, 그 체벌이 교육상의 필요가 있고 다른 교육적 수단으로는 교정이 불가능하여 부득이 한 경우에 한하는 것이어야 할 뿐만 아니라, 그와 같은 경우에도 그 체벌의 방법과 정도에는 사회관념상 비난받지 아니할 객관적 타당성이 있지 않으면 아니 된다."라고 판시한 예가 있다(대판 1991.5.28, 90다17972). 따라서 "학생이 교내에서 흡연을 하였을 뿐만 아니라 거짓말까지 하여 이를 훈계하고 선도하기 위한 교육 목적의 징계의 한 방법으로서 그 학생을 때리게 된 것이고, 그 폭행의 정도 또한 그리 무거운 것이 아니라면 그 교사의 행위는 교사의 교육 목적 달성을 위한 징계로서 사회통념상 비난의 대상이 될 만큼 사회상규를 벗어난 것으로 볼 수 없다."라고 할 것이다(대판 1996.12.27, 96노170). 그러나 "교사가 학생을 엎드러지게 한 후 몽둥이와 당구 큐대로 그의 둔부를 때려 3주간의 치료를 요하는 상해를 입혔다면 비록 제자를 훈계하기 위한 것이었다 하더라도 이는 징계의 범위를 넘는 것"이라 할 것이고(대판 1991.5.14, 91도513) 또한 "체벌을 가한 부위가 다리, 둔부 등의 비교적 안전한 부분이 아니라 신체 부분 중 가장 중요하고 위험한 머리부분으로서 그 상처의 종류와 정도가 통상 외부로부터 상당히 강력한 힘이 가하여질 경우에 발생되는 성질의 것이며, 체벌을 가한 방법도 막대기만으로 때린 것이 아니라 구둣발로 여러 번 차는 등 심히 비인격적·비교육적 방법까지 사용하는 것은 징계의 범위를 넘는 것"이라고 판시하고 있다(대판 1990.2.27, 89다카16178).

이와 같이 교사의 체벌이 사회상규에 위배되지 않는 범위 내에서는 이른바 정당행위로서 법률상 허용되며 법적 책임도 부담하지 않을 것이나 교사의 징계권행사라 할지라도 그 방법이 지나치게 가혹하거나 징계행위로 인하여 학생에게 상해를 입힌 때에는 법적 책임을 면할 수 없을 것이다. 따라서 위 사안에서 학생이 고막파열까지 되었다면 사회상규를 벗어난 것으로 손해배상 등의 민사적 책임은 물론 상해죄 또는 폭행치상죄에 상응한 형사적 책임을 면할 수 없으리라 생각된다.

9 대리시험 본 죄밖에…

질 문

저는 X회사 입사시험에 응시하기 위해 서류를 내었으나 실력이 모자라 낙방할 것을 염려한 나머지 친구 A를 교사하여 대리시험을 치르도록 하였습니다. 그런데 시험장소에서 A가 발각되어 제가 A를 시킨 것이 탄로났습니다. 저는 어떤 죄로 처벌받나요?

|답 변|

일반적으로 출입이 허용된 경우에도 부정행위를 할 목적이 있는 경우에는 주거침입죄가 성립된다.

다만, 점포 등과 같이 다중의 출입이 자유로운 장소에 들어가는 것은 주거권자의 명시적인 승낙이 없더라도 주거침입죄가 성립하지 않는다.

위 사례의 경우 귀하는 주거침입교사죄와 업무방해교사죄로 처벌된다.

10 몰래 한 사랑과 혼인신고

질 문

저는 대학동아리 선배로부터 청혼을 받았으나 저에게는 같은 학과 남자 친구도 있고 해서 그때마다 거절하였습니다. 그런데 그 선배는 임의로 저와 혼인신고까지 해 놓고 소문을 내고 다닙니다. 이를 안 제 남자친구는 당황해 하면서 저를 의심하고 있습니다. 어떻게 해야 하나요? 그 선배를 처벌할 수는 없는지요?

|답 변|

공정증서원본 불실기재죄란 공무원에 대하여 허위신고를 하여 공정증서원본이나, 면허장, 감찰, 또는 여권에 불실의 사실을 기재하게 함으로써 성립하는 범죄로서, 공정증서 등에 대한 공공의 신용 및 안전을 보호하기 위하여 우리 형법에 규정하고 있다.

여기서 공정증서원본이란 공무원이 그 직무상 작성하는 문서로서 사실증명의 효력을 가진 공문서 즉 사실증명에 관한 공부를 말하는데 부동산등기부, 토지대장, 상업등기부 및 가족관계등록부 등이 해당되며, 증명 목적이 아닌 법원의 판결원본이나 지급명령원본 또는 수사기관의 진술조서 등은 이에 해당되지 않는다. 또한 '원본'에 한하므로 부본이나 등·초본 등도 해당되지 않는다.

사례의 경우 A가 귀하의 동의도 없이 허위로 부부관계라는 신분적 효력을 창설하는 혼인신고를 하여, 사실증명에 관한 공부인 가족관계등록부에 그 정을 모르는 담당 공무원으로 하여금 진실에 반하는 사실을 불실기재하게 한 것은, 공정증서원본 불실기재죄를 구성하게 되며, 또한 위 불실기재한 가족관계등록부를 그 곳에 비치하는 줄 알았으므로 불실기재 공정증서원본 행사죄를 구성하게 된다. 따라서 귀하는 A를 공정증서원본 불실기재죄 및 동 행사죄로 고소하여 형사처벌받게 할 수 있다(대판 1987.4.11, 87도399).

참고로 위와 같이 가족관계등록부에 기재된 혼인은 당사자간의 혼인의 합의가 없는 경우이므로 무효이다. 따라서 법원에 혼인무효확인 심판을 청구하여 심판을 받아 가족관계등록부에서 말소시키면 될 것이다.

11 준공무원의 알선행위

질 문

건설업자가 지하철공사의 도급을 받기 위하여 국회의원을 통해 서울시 지하철 관계자와 교섭해 줄 것을 의뢰하고 그 사례로서 공사비의 일부를 지급하기로 약속하였던바, 국회의원이 서울시에 건설업자의 편의를 봐 줄 것을 부탁한 경우에 이 국회의원은 처벌받나요?

답 변

알선수뢰죄는 공무원이 그 지위를 이용하여 다른 공무원의 직무에 속한 사항의 알선에 관하여 뇌물을 수수, 요구, 약속함으로써 성립하는 범죄다. 본죄가 성립하기 위해서는 주관적 구성요건으로 지위를 이용하여 다른 공무원의 직무에 속한 사항을 알선하는 데 대한 인식 · 의욕이 있어야 한다. 알선의사 없이 알선할 것처럼 기망하여 뇌물을 수수하면 사기죄가 성립한다. 알선의사는 가지고 있고, 다만 그 내용에 대해 상대방을 속여서 재물을 교부받으면 이 죄와 사기죄의 상상적 경합이 된다.

알선수뢰죄에서 '공무원이 그 지위를 이용한다.'함은 다른 공무원이 취급하는 사무처리에 영향을 줄 수 있는 관계에 있으면 족하고, 반드시 상하관계 · 협동관계 · 감독관계 등의 특수한 지위에 있음을 요하지 아니한다. 또한 '다른 공무원의 지위에 관한 사항의 알선행위'는 그 공무원의 직무에 속하는 사항에 관한 것이면 되는 것이지 그것이 반드시 부정행위라거나 그 직무에 관하여 결재권한이나 최종결정권한을 갖고 있어야 하는 것은 아니다(대판 1992.5.8, 92도532). 여기서 주의할 것은 알선으로 인한 수뢰액이 5천만 원 이상인 경우에는 「특정범죄가중처벌 등에 관한 법률」(동법 제2조 제1항 제1호)에 의거 가중처벌을 받는다(사형 · 무기 또는 10년 이상의 징역).

12 횡단보도상의 보행자 여부

질 문

A는 승용차를 운전하고 가던 중 손수레를 끌고 횡단보도를 건너가던 피해자를 발견하고 급정거하였으나, 미처 피하지 못하고 충격하여 전치 4주의 상해를 입혔습니다. A는 종합보험에 가입되어 있는데 형사처벌을 받게 되는지요?

답 변

사고 당시 가해차량이 종합보험 또는 공제조합에 가입되어 있거나(교통사고처리특례법 제4조), 피해자와 합의가 성립된 경우(동법 제3조 제2항 본문)에는 원칙적으로 형사처벌이 면제된다. 그러나 피해자가 사망한 경우, 뺑소니운전, 신호위반, 중앙선침범, 제한시속 20km초과, 앞지르기위반, 건널목통과위반, 횡단보도상의 보행자보호위반, 무면허 · 음주 또는 약물복용운전, 인도상의 사고, 개문발차사고 등의 경우에는 가해운전자의 잘못이 크다고 보이므로 보험가입여부나, 합의에 관계없이 처벌을 받게 된다(동법 제3조 제2항 단서 및 제4조 제1항 단서).

귀하의 경우는 손수레를 끌고 횡단보도를 건너가는 사람이 횡단보도상의 보행자에 해당하는지 여부가 문제해결의 열쇠라고 생각된다. 손수레는 사람의 힘에 의하여 도로에서 운전되는 것이므로 도로교통법상의 차에는 포함된다(도로교통법 제2조 제16호). 그러나 손수레는 자전거나 오토바이와는 달리 끌고가는 것 외에 다른 이동방법이 없으므로, 자전거나 오토바이를 끌고서 횡단보도를 건너는 사람을 보행자로 보는 것과 마찬가지로 손수레를 끌고 횡단보도를 건너는 사람도 횡단보도상의 보행자로서 보호를 받게 된다(대판 1990.10.16, 90도761).

따라서 귀하는 횡단보도에서의 보행자보호의무를 위반하였다 할 것이므로, 종합보험에 가입되었다 하더라도 교통사고처리특례법에 의한 처벌을 면할 수 없다.

참고로 오토바이나 자전거를 타고서 횡단보도를 건너는 사람은 보행자로서 취급하지 않기 때문에 교통사고처리특례법에 의한 처벌은 받지 않는다.

13 도로교통법상 음주측정불응죄 성립여부

질 문

A는 망년회에서 2홉들이 소주 1병을 마시고 승용차를 운전하여 귀가하던 중 위 차량을 인도로 돌진하도록 하여 행인에게 중상을 입히고 정지하였다. 옆에 있던 경찰관이 음주측정을 요구하였으나 이에 불응하였습니다. 이를 이유로 A는 음주측정불응죄로 처벌받는지요?

답 변

도로교통법은 술에 취한 상태에서 자동차 등을 운전하였다고 인정할 만한 상당한 이유가 있는 때에는 음주측정을 할 수 있고 이에 불응한 경우 음주측정불응죄가 성립된다고 규정하고 있다(동법 제44조 제2항, 제150조 제2호).

그리고 판례도 "교통안전과 위험방지를 위하여 필요한 경우가 아니라고 하더라도 음주측정요구 당시의 객관적 사정을 종합하여 볼 때 운전자가 술에 취한 상태에서 자동차 등을 운전하였다고 인정할 만한 상당한 이유가 있고 운전자의 음주운전여부를 확인하기 위하여 경찰공무원은 당해 운전자에 대하여 음주측정을 요구할 수 있고, 당해 운전자가 이에 불응한 경우에는 음주측정불응죄가 성립한다."라고 판시하고 있다(대판 1997.6.13, 96도3069).

그러므로 귀하의 경우에도 이미 사고가 발생하였고 더 이상 차량운행이 불가능하여 교통안전과 위험방지의 필요성이 존재하지 않는다고 하여도 당시의 객관적 사정을 종합하여 볼 때, 귀하가 술에 취한 상태에서 자동차 등을 운전하였다고 인정할 만한 상당한 이유가 있을 경우에는 음주측정에 응하여야 하고, 이에 불응한 때에는 음주측정불응죄(2년 이하의 징역이나 500만 원 이하의 벌금)가 성립될 것으로 보인다.

따라서 음주운전은 내 자신과 다른 사람을 불행하게 만드는 범죄행위임을 명심해야 한다. 한편 주차장이나 대학교 구내에서의 음주측정불응은 도로교통법상의 도로가 아니므로 음주측정불응죄에 해당되지 않는다.

14 빌려 준 수표가 부도처리되면 누가 처벌받나?

질 문

저는 친구인 A에게 제명의의 당좌수표 1,000만 원권 1매를 빌려 주었는데, 당시 A는 기일전에 반드시 입금을 시킬 것이며 수표로 인한 모든 책임은 A가 지기로 약속하였습니다. 그러나 A는 약속을 지키지 못하고 부도를 내고 말았습니다. 수표를 부도내면 부정수표단속법에 의해 형사처벌을 받는다는데 저의 경우 누가 형사처벌을 받게 되며 어느 정도의 처벌을 받게 되는지요?

답 변

수표를 발행하거나 작성한 자가 수표를 발행한 후에 예금부족, 거래정지처분이나 수표계약의 해제 또는 해지로 인하여 제시기일에 지급되지 아니하게 한 때에는 5년 이하의 징역 또는 수표금액의 10배 이하의 벌금에 처하며, 과실로 그러한 때에는 3년 이하의 금고 또는 수표금액의 5배 이하의 벌금에 처하게 된다(부정수표단속법 제2조 제2항, 제3항).

부정수표단속법 제2조 제2항의 위반죄는 예금부족으로 인하여 지급제시일에 지급되지 아니할 것이라는 결과발생을 예견하였거나 예견가능성이 있음에도 수표를 발행하는 경우에 성립하는 고의범이며, 동조 제3항의 위반죄는 과실로 인하여 그 수표가 예금부족 등으로 지급거절 되는 점을 예견치 못하였을 때 성립하는 과실범으로, 귀하의 경우 지급거절에 대한 미필적 고의 또는 입금이 되리라고 믿는 데에 대한 과실이 있다고 할 것이며, 주체는 어디까지나 수표를 발행하거나 작성한 자 본인이므로 형사처벌의 대상은 A가 아닌 귀하가 될 것이다.

그러므로 타인에게 수표를 빌려 줄 때에는 예금부족으로 처벌을 받을 수 있다는 점을 각오하여야 한다.

15 훔친 전화카드로 전화한 경우

질 문

저는 친구의 전화카드를 훔쳐 공중전화기에 넣어 사용하였습니다. 죄가 되나요?

답 변

사용자에 관한 각종 정보가 전자기록되어 있는 자기띠가 카드번호와 카드발행자 등이 문자로 인쇄된 플라스틱 카드가 부착되어 있는 전화카드의 경우 그 자기띠 부분은 카드의 나머지 부분과 불가분적으로 결합되어 전체가 하나의 문서를 구성하므로, 전화카드를 공중전화기에 넣어 사용하는 경우 비록 전화기가 전화카드로부터 판독할 수 있는 부분은 자기띠 부분에 수록된 전자기록에 한정된다고 할지라도, 전화카드 전체가 하나의 문서로서 사용된 것으로 보아야 하고 그 자기띠 부분만 사용된 것으로 볼 수는 없으며, 따라서 피고인이 절취한 전화카드를 공중전화기에 넣어 사용한 것은 권리의무에 관한 타인의 사문서를 부정행사한 경우에 해당한다(대판 2002.6.25, 2002도461).

한편, 후불식 통신카드를 절취하여 전화통화에 이용한 경우에는 통신카드 이용계약상 절취당한 피해자가 그 통신요금을 납부할 책임을 지므로 절취자는 대가를 지급하지 아니하고 공중전화를 이용한 경우에 해당된다고 할 수 없어 편의시설부정이용죄를 구성하지 아니하고(대판 2001.9.25, 2001도3625), 사문서부정행사죄를 구성한다.

16 컴퓨터내장프로그램을 타인이 복제한 경우

질 문

저의 컴퓨터에 저장된 설계도면을 타인이 복제하여 가지고 간 경우 절도죄로 처벌할 수 없는지요?

답 변

절도죄는 타인이 점유하는 재물을 절취함으로써 성립하는 범죄로 재물에는 유체물 뿐만 아니라 관리할 수 있는 동력도 포함한다(형법 제346조).

우리나라의 통설은 여기서 '관리'란 물리적 관리를 뜻하고, 사무적 · 법적 관리를 포함하는 것이 아니므로 권리 그 자체, 라디오 · TV의 전파, 전화, FAX송수신기능, 프로그램이나 전자기록의 복사에 의한 경제적 가치 등은 절도죄의 객체인 재물로 간주할 수 없다고 하고 있다.

대법원도 절도죄의 객체는 관리가능한 동력을 포함한 '재물'에 한한다 할 것이고, 또 절도죄가 성립하기 위해서는 그 재물의 소유자 기타 점유자의 점유 내지 이용가능성을 배제하고 이를 자신의 점유하에 배타적으로 이전하는 행위가 있어야만 할 것인바, 컴퓨터에 저장되어 있는 '정보' 그 자체는 유체물이라고 볼 수도 없고, 물질성을 가진 동력도 아니므로 재물이 될 수 없다 할 것이며, 또 이를 복사하거나 출력하였다 할지라도 그 정보 자체가 감소하거나 피해자의 점유 및 이용가능성을 감소시키는 것이 아니므로 그 복사나 출력 행위를 가지고 절도죄를 구성한다고 볼 수도 없다(대판 2002.7.12, 2002도745)고 판시하고 있다.

그러므로 컴퓨터프로그램절도는 절도죄로 처벌할 수 없다. 다만 귀하가 프로그램의 저작자인 경우는「저작권법」제124조와 제136조에 따라 프로그램저작권 침해행위로 처벌할 수 있을 뿐이다.

17 가짜 논문에 대한 형벌과 책임

질 문

대학교수 A씨는 지난해 초 국내 유명 의학잡지에 "암 치료를 위한 획기적인 약품을 개발했다" 며 거짓 논문을 발표했습니다. A씨는 이후 논문을 근거로 연구비 신청절차를 거쳐 소속 대학에서 1억 원, 보건복지가족부에서 2억 원의 연구비를 받았습니다. 또한 각종 강연회에서 '암 정복은 시간문제' 라고 말했으며, 이에 감동받은 암환자 한 명이 자발적으로 1억 원을 연구비에 보태 쓰라며 기부했습니다. 저는 A씨가 관여한다는 소문이 있던 제약회사의 주식에 1억 원을 투자하였습니다. 그런데 최근 A씨의 논문이 가짜로 밝혀졌습니다. A씨의 법적 책임은 어떠하며, 저는 제약회사 주식에 투자한 돈을 A씨에게 청구할 수 있나요?

답 변

요즈음 일부 대학교수를 비롯한 연구원들이 연구비의 부당한 처리나 연구조작 등으로 인하여 사회적 물의를 일으킴은 물론 국가 이미지를 실추시키는 사례가 빈번히 발생하고 있다. 이것은 결국 자라나는 미래의 과학자들에게도 엄청난 정신적 충격을 주고 있어 연구자들의 뼈를 깎는 자성이 절실히 요구되는 때라고 하겠다. 형법상 사람을 '속여' 재물을 받거나 재산상의 이익을 취득한 자는 사기죄(10년 이하의 징역 또는 2000만 원 이하의 벌금)로 처벌을 받는다. 이 때 재물을 본인이 직접 받지 않고 제3자에게 받게 했을 때도 마찬가지로 사기죄에 해당된다.

A씨의 경우 대학과 정부를 적극적으로 속여 돈(연구비)을 받아냈으므로 사기죄가 성립된다. 더 나아가 암환자를 상대로 한 사기죄를 적용받을 수도 있다. 사기죄에서 '속인다'는 것은 어떤 사실을 잘못 알고 있는 상태, 즉 '착오' 상황을 소극적으로 이용하는 경우도 포함된다. 위 질문의 내용을 보면 A씨가 적극적으로 암환자를 속이지는 않았다 하더라도 암환자로 하여금 A씨의 연구결과물로 곧 암 정복이 이루어질 것이라는 착오에 이르게 하였고, 결과적으로 암환자의 기부금을 이용한 것이라고 할 것이다. 따라서 암환자는 A씨의 논문 내용이 가짜인 줄 알았다면 연구비를

기부하지는 않았을 것이다. 결국 A씨는 논문이 가짜라는 사실을 알려 주지 않은 만큼 '신의'를 저버린 책임도 지게 된다. 만일 A씨가 연구기자재를 구입하여 소속 대학에 기증했거나, 제3의 연구기관에 돈을 전달했더라도 민·형사상 법적 책임을 피할 수 없다.

결과적으로 A씨는 의학잡지에 조작된 가짜논문을 게재한 것에 대해서는 형사상 업무방해죄, 민사상 손해배상책임을 질 수 있다. 업무방해죄는 허위사실을 유포하거나, 위계(僞計; 거짓으로 꾸밈), 위력(威力)으로 업무를 방해한 경우에 해당된다. 만일 대학원생이 허위로 논문을 써 제출한 경우 사립대생인 경우 업무방해죄, 국립대생인 경우라면 공무집행방해죄로 처벌될 수 있다.

위 사례의 경우 A씨와 함께 일한 연구원이 가짜논문 작성에 참여했다면 논문작성의 관여 정도에 따라 연구원의 형사처벌 여부가 결정된다. 만약 연구원이 A씨의 부당한 지시를 거부하지 못해 소극적으로 일부분만 도와 줬다면 처벌을 피할 수 있을 것이나 A씨와 적극 공모했다면 법적 책임을 지는 게 불가피하다.

한편, A씨의 암 치료 약품개발과 관련하여 A씨가 어떤 제약회사의 신약개발에 관여하고 있다는 소문을 듣고 해당 제약회사의 주식을 산 귀하에 대하여 A씨는 법적 책임을 지지 않는다. 왜냐 하면 귀하의 투자행위에 대하여 A씨가 직접적으로 권유한 게 아니기 때문이다. 주식투자는 결국 투자자의 책임하에 이루어지는 것이다.

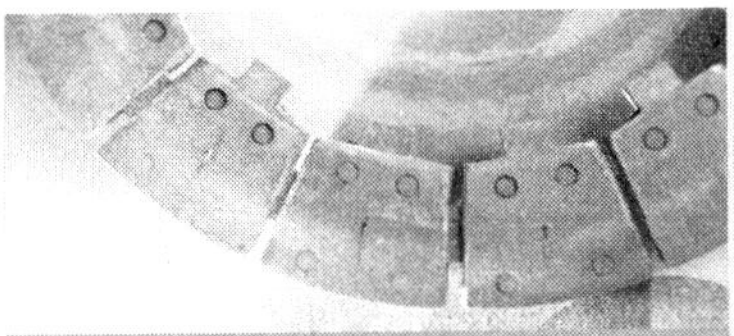

서 설/소송제도/민사소송절차/형사소송절차
행정소송절차/법률구조제도/사례문답

제12장 소송과 법률

제 1 절 서 설

사람이 살아가노라면 본의 아니게 여러 가지 문제로 갈등을 겪게 된다. 자신에 대한 갈등은 정신적 수양으로 극복할 수도 있으나 다른 사람 또는 사회, 국가에 대한 갈등은 재판이라는 제도에 의하여 해결되고 있는 것이 사회생활의 실정이다.

재판은 당사자간의 분쟁 또는 이해의 대립에 의한 충돌이 있고, 그것을 해결·조정할 필요가 있을 때, 국가기관인 법원이 법을 적용하여 행하는 법적 판단이다. 그리고 재판을 공정하게 행하기 위하여는 대립된 이해관계인을 관여시키고 그 주장을 듣는 절차를 밟는 것이 원칙인데 이것을 소송이라고 한다. 이러한 소송은 소송법이라는 절차법에 의하여 실행되어지고 있다.

제 2 절 소송제도

Ⅰ. 소송의 종류

민사소송은 그 목적물이 사법상의 권리관계에 대한 분쟁이며 원고·피고가 모두 私人이다. 사건은 私益에 관한 것이고, 당사자의 화해·청구의 인락(認諾) 등이 인정되고 있다. 법원은 제3 자적인 입장에서 재판을 함으로써 당사자의 대립된 이익의 모순을 해결하고, 당사자의 주장 및 입증의 범위 안에서 판단하는 것(당사자주의, 변론주의)이 원칙이다.

형사소송은 검사가 원고로 되며, 국가이익을 위하여 피고인을 소추하는 재판절차이다. 국가기관인 검사는 법의 정당한 적용을 청구해야 되는 동시에 피고인의 정당한 이익도 보호하지 않으면 안 된다. 이를 검사의 객관의무라고 한다.

행정소송은 행정사건을 그 목적물로 하고, 관권과 민권의 조화를 위하여 법의 적용을 판단하는 재판절차이다. 행정소송은 행정사건의 특수성 때문에 행정소송법이 제정되었고, 그 특수성 이외에는 민사소송법을 준용하도록 되어 있다.

II. 법 원

사법권은 법관으로 구성된 법원에 속한다. 법원의 조직에 관하여는 법원조직법이 정하고 있다. 법원에는 최고법원인 대법원과 그 하급법원인 고등법원 · 지방법원 · 행정법원 · 특허법원 및 가정법원의 6종이 있다. 지방법원과 가정법원은 그 사무의 일부를 처리하기 위하여 그 관할구역 내에 지원과 소년부지원을 둘 수 있다. 가정법원은 지방법원과 동격의 법원이며, 가사사건을 처리하는 특수한 법원이다. 이외에 특수법원으로서 군사법원이 인정된다.

대법원의 심판권은 대법관 3인 이상의 대법관으로 구성된 합의부에서 행하되, 의견이 일치하지 않거나 중요한 사건, 즉 법률 · 명령 · 규칙의 위헌이 인정되거나 명령 · 규칙의 위법이 인정되는 경우, 종전의 대법원판례를 변경할 필요가 인정되는 경우, 기타 부에서 재판함이 적당하지 아니한 경우에는 대법관 전원의 2/3 이상의 전원합의체에서 행한다. 고등법원의 심판권은 판사 3인으로써 구성된 합의부에서 행한다. 지방법원(가정법원) 및 지방법원지원의 심판권은 단독판사가 행하는 것이 보통이지만, 합의심판을 요할 때에는 판사 3인으로써 구성된 합의부에서 행한다.

이와 같이 법원에 등급이 있는 것은 하급법원의 심판에 불복할 때에는 다시 상급법원의 심판을 받을 수 있게 하여 그릇된 심판이 없도록 하고자 한 것이다. 민사소송과 형사소송은 3심제로 하여 같은 사건에 대하여 세 번까지 법원의 심판을 받을 수 있게 하고 있다(3심제의 원칙). 제1회의 심급을 제1심, 제2회의 심급을 항소심, 최후의 심급을 상고심이라고 부른다. 보통 제1심은 지방법원, 항소심은 고등법원, 상고심은 대법원의 관할로 되어 있다. 그러나 경미한 사건에 있어서는 지방법원단독판사를 제1심, 지방법원본원합의부를 항소심으로 하고, 상고심은 대법원이 된다.

민 · 형사소송이 3 심제인데 반하여, 선거소송은 특히 신속하게 처리하도록 하기 위하여 이것을 단심제로 하여 대법원의 전속관할로 하고, 다른 사건에 우선하여 신속히 재판하도록 하고 있다. 한편 하급법원의 심판에 대하여 불복인 경우에 상급법원의 심판을 신청하는 것을 상소라고 부른다.

상소에는 2 단계가 있어서 제1 심판결에 불복이어서 항소심의 심판을 청구하는 것을 항소라고 하고, 항소심판결에 불복이어서 상고심의 심판을 청구하는 것을 상고라고 한다.

Ⅲ. 소송당사자

소송에는 반드시 서로 대립되는 양편 당사자가 있다. 민사소송과 행정소송 · 선거소송 및 정당해산소송에 있어서의 원고와 피고, 형사소송에 있어서의 검사와 피고인이 그것이다.

소송당사자가 될 수 있는 자격을 당사자능력이라고 부른다. 민사소송법상 당사자능력은 원칙적으로 민법의 권리능력에 준하므로, 모든 자연인과 법인은 당사자능력이 있다. 형사소송법에 있어서도 같다. 그러나 민법에 있어서 권리능력자가 모두 행위능력을 가진 것이 아닌 것처럼, 당사자능력이 있는 자가 모두 소송능력을 가진 것은 아니다. 소송능력이라는 것은 단독으로 유효한 소송행위를 할 수 있는 능력을 말한다. 말하자면 소송법상의 행위능력이라고 할 수 있다. 소송능력도 민사소송에 있어서는 민사상의 행위능력에 준하지만, 형사소송에 있어서는 의사능력만 있으면 소송능력이 있다고 해석된다.

소송능력은 있더라도 법의 지식이 부족한 사람은 자기의 이익을 법적으로 충분히 주장 · 보호하지 못하기 때문에, 변호인에 의뢰하여 변호인이 소송대리인으로서 소송당사자를 대리하여 소송행위를 하여 나가는 것이 보통이다. 변호인은 소송보조자로서 이에는 임의(私選)변호인과 국선변호인이 있다.

제 3 절 민사소송절차

Ⅰ. 민사소송의 의의

사람들 사이에 이해관계가 충돌하여 분쟁이 생길 경우 자력에 의한 구제를 원칙적으로 금하고 있는 법치국가에 있어서, 국가기관인 법원이 분쟁당사자 사이에 개입하여 분쟁을 조정 해결해 주는 절차를 민사소송이라 한다.

민사소송은 국가가 적극 관여하여 실체적 진실을 밝히는 형사소송과는 달리 당사자, 즉 원고와 피고의 주도하에 진행되고, 법원은 제3 자적 입장에서 객관적 판단을 하는 소극적 관여자란 점이 특징이다.

Ⅱ. 민사소송절차의 종류

민사소송절차에는 통상소송절차와 특별소송절차(제5장 제3절Ⅱ. 참조)가 있다. 통상소송절차에는 판결절차와 강제집행절차가 있으며, 이에 부수하는 절차(증거보전절차, 소송비용액확정절차, 집행보전절차, 집행문부여절차 등)도 있다. 특별소송절차에는 특수한 민사사건에 적용되는 절차로서 소액사건심판절차, 독촉절차, 가사소송절차, 파산절차 등이 있다.

Ⅲ. 민사소송의 준비

민사소송을 보다 효과적으로 수행하기 위하여서는 소장을 법원에 제출하기에 앞서서 미리 공정증서, 가압류, 가처분, 내용증명우편 등의 조치를 해두면 편리하다. 물론 이들을 이용하지 아니하여도 민사소송을 제기하는데 별도의 지장이 있는 것은 아니다. 그러나 이러한 조치를 해두면 민사소송을 실제로 수행하거나, 강제집행을 함에 있어서 예상되는 어려움을 사전에 제거할 수 있다는 측면에서 유익한 점이 있다.

Ⅳ. 소의 제기

1. 소송당사자(원고와 피고)

민사소송을 먼저 제기하는 사람을 원고, 제기당하는 사람을 피고라고 한다. 개인이나 주식회사 등의 법인은 물론 사교단체, 종중, 자연부락, 동창회와 같은 사실상의 단체도 원·피고가 될 수 있다.

다만 미성년자와 같은 행위제한능력자는 법정대리인이 소송을 대리하여야 한다.

2. 관할법원

재산권에 관한 것은 원칙적으로 피고의 주소지를 관할하는 법원에 소송을 제기하여야 하나, 특별한 사정이 있는 경우 원고의 편의를 위하여 여러 가지 예외를 인정하고 있다. 예컨대 채무이행지, 불법행위지, 부동산의 소재지를 관할하는 법원 등에 소제기 하는 경우가 그것이다.

그 외에 소송물의 가액이 얼마이냐에 따라 합의부 또는 단독판사가 관할(사물관할)하는 소송이 구별되고 있다.

3. 소장의 제출

민사소송은 소장을 작성하고 인지를 붙여서 관할법원에 제출하면 된다.

(1) 소장의 기재사항

(가) 소장에는 원고와 피고의 주소·성명을 명확히 기재하여야 한다. 피고가 있는 곳을 알 수 없을 때에는 공시송달을 신청할 수 있다. 또 주소가 변경되면 보정신청을 하여야 한다.

(나) 청구취지를 특정하여 기재하여야 한다. 즉 "피고는 원고에게 돈 1,000만원을 지급하라."라는 식으로 원고가 판결을 통하여 얻어내려는 결론을 말한다.

(다) 청구원인을 기재하여야 한다. 즉 "피고는 돈 1,000만 원을 빌려가서 갚지 않았다."라는 식으로 판결을 구하게 된 원인이 무엇인가를 구체적으로 기재한다.

(2) 수입인지 첩부(貼付)

소장의 정본에는 소송물가액(訴價)에 따라 「민사소송 등 인지법」에 정한 금액 상당의 수입인지를 붙이고, 피고 등을 소환하는 데 필요한 송달비용도 납부하여야 한다.

(3) 소장 제출

피고의 수만큼 소장부본을 만들어 함께 제출하여야 한다(피고수+1). 이 때 소장에 첨부하는 증거서류도 항상 법원용 외에 피고용도 함께 제출하여야 한다.

Ⅴ. 민사소송의 진행

1. 변론기일의 지정 및 소환

원고로부터 소장이 제출되면 법원은 변론기일을 정하여 원고와 피고를 소환한다. 이때 피고에게는 소장부본을 송달하고 답변서의 제출을 요구한다.

2. 변 론

(1) 공격 · 방어(주장과 답변 · 항변)

지정된 변론기일에 쌍방이 출석하여 재판장의 지휘에 따라 공개된 법정에서 서로 공격 · 방어의 변론을 한다. 예컨대 원고가 먼저 '돈 1,000만원을 빌려주었다'는 사실을 주장하면, 피고는 이에 대하여 '빌린 사실이 있다(자백)' 또는 '빌린 사실이 없다(부인)'는 식의 답변을 하는 것이다. 여기서 주의할 것은 대답을 하지 않으면(침묵) 자백하는 것과 같이 취급되고, 모르겠다(부정)고 하는 것은 부인하는 것으로 취급된다는 것이다.

그 외에 피고는 '돈 빌린 사실은 있으나(자백), 그 후에 갚았다. 또는 빚으로 상계했다'라는 식으로 새로운 사실을 내놓을 수도 있는데 이를 항변이라 하고, 그 항변에 대하여 원고는 자백 · 부인 등의 답변을 하여 소송이 진행되는 것이다.

이러한 변론은 원 · 피고가 변론기일에 출석하여 구두로 하는 것이 원칙이나, 서면으로 제출할 수도 있는데 이를 준비서면 또는 답변서(피고의 최초 준비서면)라고 한다.

(2) 증거조사

법원은 쌍방이 제출한 증거에 대하여 증거조사를 한다. 즉 당사자 신문을 비롯하여 당사자 · 증인신문, 현장검증 · 감정 등에 의한 조사를 행한다. 이 때 증거에 대한 증명력은 법원의 자유로운 판단에 맡기는데 이를 '자유심증주의'라고 한다.

(3) 의제자백 · 쌍불취하

원 · 피고 중 어느 한 쪽이 적법한 소환을 받고도 변론기일에 불출석하면 상대방(출석하는 쪽)이 주장하는 사실을 자백한 것으로 간주(의제자백)되기 때문에 불리한 판결을 받을 수 있다. 따라서 특히 피고측에서는 사정이 있어 출석할 수 없는 경우이면 그 사실을 부인하는 답변서를 제출해 둘 필요가 있다.

한편 쌍방(특히 원고 또는 항소인)이 모두 2 회에 걸쳐서 소환을 받고도 불출석하거나 변론하지 않고 1월 이내에 기일지정 신청이 없으면 소 또는 상소취하로 간주될 수 있다.

3. 변론종결

당사자의 주장과 증거조사가 완료되어 판결하기에 성숙하였다고 판단되면 재판장은 변론을 종결하게 된다.

4. 변론재개

변론을 종결하였으나 당사자의 주장이 누락되었거나, 증거조사가 미비하다는 등의 이유가 있어 심리가 더 필요하다고 판단되면, 재판장은 종결된 변론을 재개할 수 있다. 당사자도 변론종결 후에 아직 제출하지 아니한 증거가 있다든지, 주장할 것이 아직 남아 있다든지 할 경우 법원에 변론재개신청을 할 수 있다.

5. 판결 등 소송절차의 종료

증거 조사등 심리절차를 종결하면 법원은 결심하여 판결을 선고(종국판결)하는데, 판결은 원고의 승소 · 패소 또는 일부승소로 나타나는 바, 이것으로 제1심 소송절차는 종료된다.

한편, 원고가 판결확정 전에 소를 취하하거나 또는 청구의 포기·인낙·화해 등으로도 소송절차가 종료된다.

6. 상소 및 판결의 확정

(1) 판결문 송달

판결을 선고한 재판장은 판결원본을 서기관·서기에게 교부하여 그 정본을 만들어 당사자에게 송달한다.

(2) 항　　소

당사자가 제1 심판결에 불복하는 경우 판결정본이 송달된 날로부터 2주일 이내에 항소장(항소이유서 기재)을 제1 심 법원에 제출하면 판결이 확정되지 않고, 항소심에서 다시 재판을 받게 된다(속심, 사실심). 이때 항소장에 붙이는 인지대는 1심의 1.5배이다.

(3) 상　　고

항소심 판결에 불복할 경우 판결정본이 송달된 날로부터 2주 이내에 상고장(상고이유서 기재)을 상고심 법원에 제출하여야 한다. 상고심 즉 대법원에서는 제1 심, 제2 심과는 달리 사실심리는 하지 않고, 원심판결의 적법여부를 서면으로 심리한다(법률심, 사후심). 상고시에 상고장에 붙이는 인지대는 1심의 2배이다.

(4) 항　　고

항고라 함은 판결 이외의 재판, 즉 결정이나 명령에 대한 상소를 말한다. 항고의 제기는 항고장을 원심법원에 제출함으로써 한다(민소법 제415조). 원심법원이 항고를 이유 있다고 인정하는 때에는 그 재판을 更正(경정)하여야 하며, 이유 없다고 인정하는 때에는 의견서를 첨부하여 항고기록을 항고법원에 송부하여야 한다(민소법 제416조).

(5) 판결의 확정

당사자가 상소를 하지 않거나, 상고심의 판결이 선고된 때에는 그 소송은 끝나고 판결이 확정되어 다시 다툴 수 없게 된다.

(6) 재 심

재심이라 함은 확정된 종국판결로 끝난 소송사건에 대하여 당사자의 신청으로 변론을 재개하고, 그 내용인 소나 상소에 관하여 새로이 심판하는 절차를 말한다. 이 절차는 소의 형식으로 개시되므로 재심신청을 재심의 소라고 한다. 재심의 소는 당사자가 판결확정 후 재심의 사유를 안 날로부터 30일 내에 제기하여야 하며, 판결확정 후 5년을 경과한 때에는 재심의 소를 제기하지 못한다(민소법 제426조).

VI. 강제집행

이에 대해서는 제5장 제4절 Ⅲ을 참조할 것.

VII. 기타의 민사분쟁해결제도

사적 분쟁의 해결을 위한 전형적인 제도가 민사소송이지만, 이것 외에도 당사자의 자주적인 분쟁해결을 위한 제도가 마련되어 있다. 즉, 화해, 조정, 중재 등의 제도는 민사소송과는 달리 당사자들이 자주적으로 사적 분쟁을 해결하는 제도로서 그 가치가 인정되고 있다.

분쟁의 자주적 해결방식인 화해에는 재판외의 화해와 재판상의 화해 두 가지가 있다. 재판외의 화해란 민법상의 화해계약을 말하는 것으로서, 당사자가 서로 양보하여 그들 사이의 분쟁을 끝낼 것을 약정하는 해결방식이다. 재판상 화해에는 제소전 화해와 소송상 화해의 두 종류가 있다.

1. 제소전 화해

제소전 화해는 소송을 제기하기 전에 분쟁당사자의 일방이 지방법원 단독판사에게 화해신청을 하여 이루어지는 화해로서, 화해가 성립되면 그 효력에 있어서 소송상 화해와 다른 점이 없다.

2. 소송상 화해

소송상 화해는 소송계속 중에 다툼이 있는 권리관계에 대하여 당사자 쌍방이 서로 양보하여, 그 내용을 법원에 진술하여 이러한 내용이조서(화해조서)로 기재되면, 소송은 이제 그것으로 종료되도록 하는 제도이다.

3. 조　　정

조정이란 법관이나 조정위원회가 분쟁당사자 사이에 개입하여 화해를 유도하는 절차이다. 조정이 성립되어 조정조서가 기재되면 재판상 화해와 동일한 효력이 생기게 된다. 소송에 비하여 그 비용이 저렴하며, 신속 간편하게 처리된다는 장점이 있는 당사자의 자주적 분쟁해결 방식이다. 조정에는 법원에 의한 조정과 각종 행정위원회에 의한 조정이 있다. 법원에 의한 조정에는 민사조정법에 의한 조정과 가사소송법에서 정하고 있는 가사조정이 있다.

각종 행정위원회에서 마련하고 있는 주요한 조정제도로는 소비자분쟁조정위원회(소비자기본법 제45조), 의료심사조정위원회(의료법 제70조 이하), 환경분쟁조정위원회(환경분쟁조정법 제4조 이하), 저작권위원회(저작권법 제112조 이하) 등이 하는 조정이 있다.

4. 중　　재

중재라 함은 당사자의 합의로 선출된 중재인의 중재판정에 당사자가 복종함으로써 분쟁을 해결하는 제도이다. 중재의 본질은 중재인이라는 법관 아닌 私人이 하는 재판이라고 할 수 있다. 중재는 단심제이므로 일반재판에 비하여 신속하고, 또한 일반적으로 해당분야의 전문가가 중재인이 되므로 보다 합리적인 판단을 도출하기 용이하다는 장점이 있다. 그러나 중재인은 당사자가 선임하기 때문에 자칫 중재인이 당사자의 이익대변자로 변질될 염려도 있다. 실제중재제도는 국제간의 무역거래에서 발생하는 분쟁을 해결하는 제도로 많이 이용되고 있다.

제 4 절 형사소송절차

Ⅰ. 형사소송의 주체

형사소송의 주체는 법원 · 검사 및 피고인이다. 검사와 피고인을 당사자라고 하며, 검사는 국가기관이면서 원고의 지위를 가진다. 형사소송법이 국가소송주의를 채택하고 있는 이상 어느 경우이거나 법원 · 검사(원고) 및 피고인의 삼자가 소송주체이다. 즉 법원은 심판을 하는 주체이고, 검사와 피고인은 심판을 받는 주체이다.

Ⅱ. 형사소송절차

1. 수 사

(1) 수사기관의 수사착수

수사란 형사사건에 관하여 공소를 제기하고 이를 유지 · 수행하기 위한 준비행위로서 범죄사실을 조사하고, 범인 및 증거를 발견하고 수집하는 수사기관의 활동을 말한다.

수사기관에는 검사와 사법경찰관리가 있다. 사법경찰관리에는 일반사법경찰관리와 삼림, 해사, 전매, 세무, 군수사기관 기타 특별한 사항에 관하여 사법경찰관리의 직무를 행하는 특별사법경찰관리가 있다(형사소송법 제196조, 제197조). 일반사법경찰관리 중 수사관, 경무관, 총경, 경감, 경위는 사법경찰관으로서 검사의 지휘를 받아 수사를 하여야 하고, 경사, 순경은 사법경찰리로서 검사 또는 사법경찰관의 지휘를 받아 수사의 보조를 한다(형사소송법 제196조 제1항, 제2항).

형사소송법은 수사개시의 단서로서 현행범(현재 범죄실행중이거나 실행 직후인 자), 고소(피해자 기타 고소권자가 수사기관에 범죄사실을 신고하여 소추를 구하는 의사표시), 고발(범인 또는 고소권자 이외의 자가 수사기관에 범죄사실을 신고하여 소추를 구하는 의사표시), 자수(범인 자신이 수사기관에 자기의 범죄사실을 신고하여 소추를 구하는 의사표시) 및 변사자의 검시(변사 또는 변사의 의심 있는 사체의 상황을 조사하여 그 사망이 범죄로 인한 것인가의 여부를 확인하는 처분)를 규정하고 있으나, 반드시 이에 한하지 않고 직무질문, 세간의 풍문, 수사기관의 인지 등 그 원인을 불문한다.

일단 정식으로 수사에 착수하면 수사기관의 사건부에 그 사건을 기재하게 되는데 이를 입건이라 하고, 입건된 사람을 피의자라고 한다. 이와는 달리 수사기관이 아직 정식으로 수사에 착수하지 않고 내부적으로만 범죄혐의를 조사하는 것을 내사라고 하는데, 내사 결과 혐의가 발견되지 않으면 내사사건을 종결하여 사건화되지 못하게 된다.

(2) 수사의 실행

수사의 방법에는 임의수사와 강제수사가 있다. 임의수사는 수사를 받는 상대방의 동의 · 승낙을 전제로 하는 수사를 말하고, 강제수사란 상대방의 의사 여하를 불문하고 강제적으로 실시하는 수사를 말한다.

강제수사는 공소의 제기를 위한 준비적 활동으로서 범인 및 증거를 발견 · 모집 · 확보하는 절차로서 강제처분(구속 · 압수 · 수색)에 의하게 된다.

(가) 구속수사(형사소송법 제70조)

구속은 피의자의 부자유한 상태에서의 수사의 실행이므로 매우 신중하게 적법절차에 따라 행해져야 한다.

따라서 피의자가 주거부정, 증거인멸 우려, 현행범인 경우 반드시 검사의 청구에 의하여 법관이 구속영장을 발부하여야 한다. 그러나 구속영장이 청구된 경우에도 검사나 법관이 그 사건내용을 검토하여 구속영장청구를 기각(영장기각)시키는 경우도 있는데, 이때 피의자는 석방되어 불구속 상태로 수사받게 된다.

(나) 긴급체포(형사소송법 제200조의3 제1항)

피의자가 죄를 범하였다고 의심할 만한 상당한 이유가 있고, 정당한 이유 없이 출석요구에 응하지 아니하거나 아니할 우려가 있는 경우에는 사전에 판사로부터 체포영장을 발부받아 체포하고(체포영장에 의한 체포), 48시간 이내에 구속영장을 청구하지 아니하는 경우에는 즉시 석방하여야 한다(형사소송법 제200조의4 제1항). 또한 피의자가 체포 및 구인된 기간은 구속기간에 산입되고(형사소송법 제203조의2), 체포된 경우에도 적부심사청구를 할 수 있다(형사소송법 제214조의2 제1항).

(다) 구속기간

구속기간은 경찰에서 최장 10일(형소법 제202조), 검찰에서 최장 20일(형소법 제205조)을 넘길 수 없고, 그 기간 내에 검사가 공소제기(기소)하지 아니하면 석방하여야 한다(다만 국가보안법 사건의 피의자는 경찰에서 20일, 검찰에서 30일까지 연장가능).

(3) 사건의 송치

사법경찰관은 그가 수사한 모든 형사사건에 대하여 기록과 증거물 및 구속한 피의자를 검찰청으로 보내야 하는데, 이를 송치라 하며 모든 형사사건의 수사는 검사가 그 책임하에 종결한다. 사법경찰관이 송치를 할 때 의견을 붙여서 송치할 수 있으나, 이 의견은 검사가 수사를 종결하는 데 참고가 될 뿐이다.

(4) 구속적부심 · 보증금납입조건부 피의자석방제도

구속적부심제는 구속영장의 발부가 법률의 규정에 위반하였거나 중대한 사정변경(예컨대, 구속 후 형사합의된 경우 등)이 있어 구속을 계속할 필요가 없는 때에, 피의자 등의 청구에 의해 법원이 일단 구속하였던 피의자를 석방하는 제도이다. 이에 대하여 검사는 항고를 하지 못한다.

구속적부심은 구속된 피의자나 가족, 동거인, 고용주, 변호사가 법원에 청구한다. 이 때 법원은 즉시 구속된 피의자(심사청구 후 기소된 자를 포함한다)를 불러 심리해보고 석방여부를 결정하게 된다. 구속적부심은 검사가 법원에 기소하기 전이면 청구할 수 있다는 점에서 기소된 후에 인정되는 보석제도와 다르다. 다만, 형사소송법은 보석제도의 취지를 기소전 단계에까지 확대하기 위하여 구속적부심사시 보증금납입을 조건으로 하는 피의자석방제도(기소전 보석제도)를 두고 있다(제214조의2 제4항).

(5) 수사의 종결

(가) 기 소(공소제기)

검사는 사법경찰관으로부터 송치 받은 사건이나, 직접인지 수사한 사건에 대하여 피의자가 재판을 받음이 마땅하다고 판단되는 경우 법원의 재판에 회부하게 되는데, 이를 공소의 제기(제소)라 하며, 검사에 의해 기소된 사람을 '피고인'이라고 한다.

(나) 약식명령(약식기소)의 청구

검사가 피의자에 대하여 징역형이나 금고형에 처하는 것보다 벌금형에 처함이 좋다고 생각되는 경우에는, 기소와 동시에 법원에 대하여 벌금형에 처해 달라는 뜻의 약식명령을 청구할 수 있는데 이를 약식기소라고도 한다. 이 약식기소를 할 때에는 석방하여야 하며, 판사는 공판절차를 거치지 아니하고 수사기록만으로 재판을 하게 된다. 피고인이나 검사는 판사의 약식명령에 대하여 불복이 있으면 7일 이내에 정식재판을 청구할 수 있다. 실무상으로는 검사가 약식기소를 할 때 미리 벌금상당액을 예납받는다.

㈐ 불기소처분

1) 검사가 사건을 수사한 결과 재판에 회부하지 않는 것이 상당하다고 판단되는 경우에는 기소를 하지 않고 사건을 종결하는데 이를 불기소 처분이라고 한다.

2) 기소유예죄는 인정되나 피의자의 연령 · 성행 · 환경 · 범행동기 · 기타 정상을 참작하여, 기소하여 전과자를 만드는 것보다는 다시 한번 성실한 삶의 기회를 주기 위해 검사가 기소를 하지 않고 용서해 주는 것을 말한다.

소년범의 경우 선도위원의 선도를 조건으로 하는 '선도조건부 기소유예제도'를 많이 활용하고 있다.

3) 무혐의처분 검사가 사건을 수사한 결과 범죄를 인정할 만한 증거가 없는 경우에 피의자의 무고함을 최종적으로 판단하는 처분이다(민사문제는 별개로 남아 있음).

4) 그 외의 검사의 '죄가 안 됨', '공소권 없음', '기소중지', '공소유보' 등의 처분으로도 수사가 종결된다.

(6) 보석제도

㈎ 검사에 의해 구속 기소된 피고인은 재판(공판)을 담당하고 있는 법원에 보증금을 납부할 것을 조건으로 석방하여 줄 것을 청구할 수 있는데, 이를 보석이라 하며, 기소 전 · 후에 청구할 수 있다는 점에서 기소 전에만 청구하는 구속적부심과 다르다. 보석이 허가되면 피고인은 불구속상태에서 재판을 받게 된다.

㈏ 원칙적으로 보석은 예외사유(예컨대 피고인이 10년 이상의 징역에 해당하는 중죄를 범하였거나, 누범, 상습범, 증거인멸 우려, 도주 우려 또는 주거부정인 때)에 해당하지 않는 한 허용하도록 되어 있다(형사소송법 제95조 · 제96조).

㈐ 보석은 피고인, 변호인, 배우자, 법정대리인, 직계친족, 형제자매, 가족, 동거인 또는 고용주 등이 청구할 수 있고, 법원이 보석을 결정할 때에는 경제력, 범죄성질, 증거 등을 고려하여 상당한 보증금의 납부 및 주거제한 등의 조건을 붙인다.

㈑ 보석보증금을 납입하면 당일 석방되며, 법원이 직권으로 보석을 허가할 수도 있다. 보석보증금이란 피고인의 재판출석을 담보하기 위한 것으로 피고인이 도주하지 않고 재판이 종결되면 다시 피고인에게 반환하는 것이다. 요즘은 반환절차 등의 복잡성을 피하고 자금능력이 없는 피고인도 보석청구할 수 있도록 하기 위하여 현금대신 보석보증보험증권이 주로 이용되고 있다.

2. 제1심 공판절차(재판)

(1) 공판심리절차

검사가 기소한 사건에 대하여 법원은 공판정에서 공개리에 공판을 진행하는데, 보통 다음과 같은 순서로 진행된다.

㈎ 인정신문

재판장은 피고인의 성명 · 연령 · 본적 · 주소와 직업을 물어서 공소장에 기재된 피고인과 공판정에 출정한 피고인이 동일인임을 확인하여야 한다.

㈏ 검사의 모두진술

검사는 공소장에 의하여 기소의 요지를 진술하여야 한다.

㈐ 피고인의 답변

검사의 기소요지의 진술이 끝나면 재판장은 피고인에게 그 이익되는 사실을 진술할 기회를 주어야 한다.

㈑ 피고인의 신문

검사와 변호인은 순차로 피고인에 대하여 공소사실과 정상에 관하여 필요사항을 직접 신문할 수 있고, 재판장, 합의부원도 신문할 수 있으나, 피고인은 각개의 신문에 대하여 진술을 거부할 수 있다(진술거부권).

㈒ 증거조사

당사자는 서류나 물건을 증거로 제출할 수 있고, 증인, 감정인, 통역인 또는 번역인의 신문을 신청할 수 있고, 법원도 필요한 때에는 직권으로 증거조사를 할 수 있다.

㈓ 변론(검사의 논고와 변호인의 변론, 피고인의 최후진술)

증거조사가 종료한 때에는 검사는 사실과 법률적용에 관하여 의견을 진술해야 한다(구형). 재판장은 검사의 의견을 들은 후 피고인과 변호인에게 최후의 의견을 진술할 기회를 주어야 한다.

㈔ 판　　결

최종진술이 끝나고 변론절차가 종결되면(결심), 보통 2주 후 판결선고를 한다. 판결은 공판정에서 재판서에 의하여 재판장이 선고하며, 주문을 낭독하고 판결이유를 설명해야 한다.

(2) 재판의 종류

(가) 형식적 재판

형식적 소송조건의 결여를 이유로 하는 사건의 이송결정, 관할 위반의 판결, 공소기각의 결정, 공소기각의 판결, 면소의 판결이 있다.

(나) 실체적 재판

① 유죄판결; 심리 결과 피고인의 죄가 인정되면 판사는 유죄의 판결을 하는데 정상에 따라 실형을 선고할 수 있고, 집행유예를 붙여 주는 경우도 있고, 정상이 특히 참작될 때에는 선고유예를 하는 수도 있다.

② 무죄판결; 기소된 사건이 범죄로 되지 아니하거나 범죄사실의 증명이 없는 때에는 판결로 무죄를 선고해야 한다.

③ 판결 전 미결구금일수는 유죄판결의 형에 산입한다.

3. 상소절차

(1) 항 소

(가) 검사와 피고인은 제1심 판결에 불복이 있으면 선고받은 날로부터 7일 이내에 제2심 법원에 항소할 수 있다.

(나) 불이익변경의 금지

피고인이 항소한 사건과 피고인을 위하여항소한 사건에 대해서는 원심판결보다 중한 형을 선고하지 못한다.

(다) 항소가 제기되면 항소심 재판이 확정될 때까지 1심재판의 확정이 정지됨은 물론이다.

(2) 상 고

(가) 검사와 피고인은 제2심 판결에 불복이 있으면 선고받은 날로부터 7일 이내에 대법원에 상고할 수 있다.

(나) 불이익변경금지원칙이 적용되고, 상고심 재판이 확정될 때까지 항소심재판의 확정이 정지되고, 상고심 재판이 확정되면 비로소 재판은 확정된다.

(3) 항 고

항고는 결정에 대한 상소방법이다. 항고에는 일반항고와 재항고의 두 종류가 있고, 일반항고에는 다시 보통항고와 즉시항고가 있다. 재항고란 대법원에 즉시항고 할 수 있는 것이 특히 허용된 항고를 말하고(형사소송법 제415조), 즉시항고란 단기(3일)의 제기기간의 제한이 있고 형사소송법에 특히 규정이 있다(형사소송법 제405조). 보통항고는 즉시항고 이외의 상고를 말한다.

(4) 상소권의 회복청구

(가) 상소권자는 자기 또는 대리인이 책임질 수 없는 사유로 인하여 상소기간 내에 상소를 하지 못하였음을 주장하여 상소권 회복을 원심법원에 서면으로 청구할 수 있다.

(나) 약식명령을 선고받고, 책임질 수 없는 사유로 정식재판 청구기간내에 정식재판 청구를 하지 못하였을 경우에도 상소권회복청구 규정이 준용된다.

(5) 재심 및 비상상고(비상구제절차)

확정판결에 있어서 사실오인에 대한 고도의 개연성이 보이는 일정한 사유가 있거나, 그 기초가 된 사실이 다른 확정판결에 의해 사후에 변경될 경우에는 피고인의 이익을 위하여 당사자의 신청이 있는 경우에, 새로이 심급에 따라 그 사실의 심판을 다시 할 수 있다(형사소송법 제420조 이하).

또한 확정판결에 법령위반의 하자가 있는 경우에는 비상상고를 통하여 구제할 수 있다(형사소송법 제441조 이하).

4. 형의 집행

(1) 형 집 행

법원의 판결에 의하여 선고된 형은 검사의 지휘에 의하여 집행되는데, 징역형이나 금고형은 교도소에서 집행된다.

벌금은 판결확정일로부터 30일 이내에 납부하여야 하며, 벌금을 납부하지 않을 경우 1일 이상 3년 이내의 범위 내에서 노역장에 유치하게 된다.

(2) 가 석 방

징역 또는 금고의 형을 집행 중에 있는 자 가운데 복역성적이 양호하고 뉘우침이 있는 때에는 무기형에 있어서는 20년, 유기형에 있어서는 형기의 1/3을 경과한 후에 법무부장관이 가석방할 수 있다(형법 제72조).

(3) 형집행정지

형의 집행으로 생명을 보전할 수 없거나, 잉태 후 6개월 이상인 때, 또는 연령이 70세 이상인 때, 기타 중대한 사유가 있으면 검사는 형집행을 정지시키고 석방할 수 있다(형사소송법 제470조, 제471조).

5. 형의 실효(전과말소)

제11장(죄와 벌 사례) 참조.

6. 형사보상과 구제

(1) 형사보상의 청구

구속되었다가 법원으로부터 무죄의 판결을 받았거나, 검사로부터 불기소처분(기소유예처분은 제외)을 받은 사람 중 범인이 아닌 것이 명백한 사람과 처음부터 잘못 구속된 사람은 형사보상법에 따라 구속에 대한 보상을 청구할 수 있고, 보상결정이 확정되면 법원은 2주일 이내에 보상 결정의 요지를 관보에 게재하고 공시함으로써 본인의 명예를 회복시켜 준다.

(2) 범죄피해자의 구조제도

㈎ 구조요건

생명 또는 신체를 해하는 범죄행위로 인하여 사망하거나 중상해를 당하고서도 가해자를 알 수 없거나, 가해자에게 아무런 자력이 없어서 피해의 배상을 받지 못하여 그 생계유지가 곤란할 때에, 국가에 대하여 피해자 또는 유가족은 일정한 한도의 구조금의 지급을 신청할 수 있다.

(나) 구조금 신청

구조금을 지급받고자 하는 사람은 관할 지방검찰청에 설치된 범죄피해구조심의회에 해당 구조대상 범죄피해의 발생을 안 날부터 3년, 해당 구조대상 범죄피해가 발생한 날부터 10년 안에 신청할 수 있다(범죄피해자보호법 제25조 제2항).

(다) 구조금 지급

구조신청이 있으면 위 심의회에서는 요건해당 여부를 심사하여 구조금지급 여부를 결정한다. 이 때 구조결정이 있으면 피해자가 사망한 경우에는 유족구조금액은 평균임금의 48개월분 이내, 장해구조금액은 평균임금의 40개월분 이내에서 지급된다(범죄피해자보호법 시행령 제22조, 제23조).

(3) 배상명령제도

(가) 절도나 상해를 당한 형사사건의 피해자가 범인의 형사재판 과정에서 간편한 방법으로 민사상의 손해배상명령까지 받아낼 수 있는 제도(소송촉진 등에 관한 법률 제25조 이하)로서, 따로 민사소송절차를 밟지 않고 피해자에게 신속·간편하게 보상을 받도록 해주기 위해 마련한 제도이다.

(나) 배상명령의 신청은 범죄로 인하여 발생한 직접적인 물적 피해와 치료비에 한정되며, 배상명령이 기재된 유죄재판서은 민사재판서과 동일한 효력이 있으므로 강제집행이 가능하다.

7. 형사사건과 합의, 국선변호인

(1) 합　　의

피해보상은 근본적으로 민사문제이나, 범죄를 저질러 남에게 피해를 입혔다면 적절한 피해보상을 해주고 합의를 하는 것이 바람직하다. 따라서 형사사건의 처리과정에서 검사나 판사는 피의자나 피고인에게 합의를 권유하고, 합의를 하면 이를 참작하여 가벼운 처분이나 판결을 하는 것이 관례이다.

(2) 국선변호인

(가) 우리 헌법은 “누구든지 체포 또는 구속을 당한 때에는 즉시 변호인의 조력을 받을 권리를 가진다.”라고 규정하여 변호인선임권을 보장하는 한편, “형사피고인이 스스로 변호인을 구할 수 없을 때는 법률이 정하는 바에 의하여 국가가 변호인을

붙인다."라고 하여 국선변호인의 조력을 받을 권리를 보장하고 있다(제12조 제4항).

(나) 검찰이나 경찰 등 국가기관에 비하여 실제적으로나 심리적으로 열악한 지위에 있는 피의자, 피고인은 법률전문가인 변호인의 조력을 받아 수사기관에 대항하여 자기방어를 할 수 있다.

현행 형사소송법상 법원이 직권으로 국선변호인을 선정하여야 할 경우에는 ① 피고인이 미성년자, 70세 이상인 자, 농아자, 심신장애의 의심이 있는 자인 때, ② 빈곤 기타 사유로 변호인을 선임할 수 없는 때에 피고인의 청구가 있을 때, ③ 사형, 무기 또는 단기 3년 이상의 징역, 금고에 해당하는 사건으로 기소된 때, ④ 군사법원에서 피고인에게 변호인이 없는 때, ⑤ 피고인이 구속된 때 등이 있다.

8. 즉결심판절차

즉결심판이란 지방법원의 순회판사가 경미한 범죄에 대하여 공판절차를 거치지 않고 즉결하는 심판절차를 말한다.

즉결심판의 청구권자는 경찰서장에 한한다. 이 점에서 검사가 청구하는 약식절차와 다르다. 이것은 공소권은 검사에게 있다는 이른바 기소독점주의에 대한 예외이다. 즉결심판의 청구는 서면으로 하여야 하고, 즉결심판청구서에는 피고인의 성명·기타 피고인임을 지정할 수 있는 사항·죄명·범죄사실과 적용 법조를 기재하여야 한다.

즉결심판을 받은 피고인이 이에 불복하는 경우에는 법정에서 구두로 또는 즉결심판의 고지를 받은 날로부터 5일 이내에 경찰서장에게 정식 재판청구서를 제출하여 정식재판을 청구할 수 있다.

즉결심판은 정식재판을 청구하지 아니하거나 포기한 때, 청구한 정식재판을 취하한 때 또는 정식재판의 청구가 기각된 때에는, 즉 즉결심판이 확정된 때에는 확정판결과 같은 효력이 있다.

제 5 절 행정소송절차

Ⅰ. 행정소송의 의의

영업허가 취소, 세금부과처분, 건축허가, 토지수용 등과 같이 오늘날 우리생활의 많은 부분이 행정기관의 처분에 영향을 받고 있다. 이처럼 행정기관의 국민에 대한 우월적 위치에서 행하는 처분을 행정처분이라고 한다.

문제는 잘못된 행정처분으로 인한 국민의 희생인바, 이러한 경우 그 피해자인 국민은 행정처분의 시정을 요구하는 제도가 필요하다. 이를 위한 절차로 행정기관에 그 시정을 요구하는 행정심판과 법원에 소송을 제기하여 구제받는 행정소송이 있다.

행정소송은 잘못된 행정처분의 효력을 다투는 당사자가 그 행정처분을 한 행정청을 상대로 하여 관할 서울행정법원 또는 지방법원 행정부(특별부)에 소송을 제기함으로써 진행되는 절차이다.

Ⅱ. 행정소송의 종류

행정소송 중 대표적인 것이 항고소송이다. 항고소송은 행정기관이 우월적 지위에서 국민에 대하여 하는 행정처분 또는 부작위(처분을 해야 함에도 하지 않는 것)가 잘못되었음을 다투는 소송을 말한다. 이는 크게 취소소송, 무효 등 확인소송, 부작위위법확인소송으로 나누어진다.

1. 취소소송

취소소송은 행정권의 위법한 처분 등을 취소 또는 변경하는 소송으로서 조세부과처분 취소, 영업허가취소처분의 취소, 토지수용재결처분 취소, 운전면허취소처분 취소청구 등이 그 예이다.

2. 무효 등 확인소송

이는 행정청의 처분 등의 효력의 유무 또는 존재여부를 확인하는 소송으로 행정처분의 하자(瑕疵)가 중대하고 명백한 경우에 제기되고 있다.

3. 부작위 위법확인소송

이는 행정청의 부작위가 위법하다는 것을 확인하는 소송을 말한다. 예컨대 건축허가신청을 했으나 행정청에서 허가 또는 신청기각 등과 같은 처분을 하지 않고 그대로 방치해 둘 경우, 그 부작위에 대하여 제기하는 것이다.

Ⅲ. 행정소송절차

1. 행정심판 (임의적)전치주의

종래에는 행정소송을 제기하기 위해서는 행정심판의 절차를 경유하여야 하며, 이를 경유하지 않은 경우 행정소송을 제기할 수 없었으나, 이제는 이를 거치지 아니하고 행정소송을 제기할 수 있다(임의적 전치주의). 다만, 다른 법률에 당해 처분에 대한 행정심판의 재결을 거치지 아니하면 행정소송을 제기할 수 없다는 규정이 있는 때에는 행정심판절차를 먼저 거쳐야 한다. 그러나 이 경우에도 법에 정한 사유(행정소송법 제18조 제2항)가 있는 때에는 곧바로 행정소송을 제기할 수 있다.

2. 행정심판청구기간

행정심판청구는 행정처분이 있음을 안 날로부터 90일 내, 행정처분이 있은 날로부터 180일 내에 제기하여야 한다. 이 기간은 제척기간이다. 따라서 기간을 경과하면 행정심판청구를 할 수 없다.

3. 행정소송의 제소기간

행정소송은 처분 등이 있음을 안 날로부터 90일 이내, 처분 등이 있은 날로부터 1년 내에 제기하여야 한다. 다만, 행정심판청구가 있은 경우에는 그 재결서의 정본을 송달받은 날로부터 90일 이내, 행정심판재결이 있은 날로부터 1년 내에 행정소송을 제기하여야 한다. 이 경우에도 이 기간은 제척기간이므로 이 기간을 경과하면 더 이상 행정처분의 효력을 다툴 수 없게 된다.

IV. 심리 · 판결

1) 민사소송에 준하여 변론주의에 의해 심리하나, 필요하다고 인정할 때에는 직권으로 심리할 수 있다.

2) 심리가 끝나면 청구의 당부에 대하여 인용 또는 기각의 판결을 한다. 고등법원의 판결은 당사자인 행정청과 그 밖의 관계된 행정청을 기속한다.

3) 행정소송의 제기로 당해 행정처분의 집행이 정지되지 않음이 원칙이다.

4) 실무상으로는 제소기간의 경과나 전심절차(행정심판)의 미비 등을 이유로 소를 각하하는 경우가 많음을 유의해야 한다.

V. 행정처분의 집행정지

행정처분에 대하여 행정소송이 제기되었다 하더라도 그 처분의 효력이나 집행, 절차의 속행에는 영향이 없으므로, 취소판결이 확정될 때까지는 행정처분이 유효하게 집행된다. 예컨대, 위법한 영업허가 취소처분에 대하여 행정소송을 제기하였다 하더라도 그 취소판결 확정시까지는 영업허가취소 상태가 계속되므로 장기간 영업을 할 수 없는 피해를 입게 된다. 이러한 손해를 예방하기 위하여 긴급한 필요가 있는 때에는 당사자는 행정처분의 집행정지 신청을 재결청 또는 행정법원에 신청하여 영업을 계속하면서 재판을 할 수 있다.

제 6 절 법률구조제도

Ⅰ. 법률구조의 의의

법률구조란 억울한 피해를 당하고도 법을 모르거나 소송비용이 없어서 정당한 법절차에 따른 권리구제절차를 밟지 못하는 서민들에게, 무료로 법률상담을 해주고 소송비용을 빌려 주거나 변호사를 선임해서 소송을 해 줌으로써, 모든 국민이 평등하게 법의 보호를 받도록 도와주는 제도이다. 사회와 경제의 발달에 따라 국민들이 법의 보호를 필요로 하는 경우가 더욱 많아지고 있으므로, 법률구조는 법률분야의 사회복지제도로서 점점 더 중요한 역할을 하고 있다.

기존의 소송구조제도는 소송비용을 면제하여 주는 제도가 아니라 단지 소송비용의 납입을 유예해 주는 효과밖에 없어, 실무적으로 거의 이용되지 않고 있는 실정이나 법률구조제도는 이들 단점을 보완한 것이다.

Ⅱ. 법률구조의 요건

1. 법률구조의 대상범위

법률구조는 민사 · 가사사건(단, 국가를 상대로 하는 민사소송사건은 제외), 형사사건, 행정심판사건(중앙 및 각 시도의 지방행정심판위원회 사건에 한정)과 행정소송사건, 헌법소원사건을 대상으로 한다.

2. 법률구조를 받을 수 있는 사람

1) 농 · 어민, 장애인, 생활보장수급자, 체불임금근로자, 범죄피해자, 소상공인과 같이 특별한 지원이 필요하여 무료법률구조 대상자로 지정된 사람

2) 월평균 수입 260만 원 이하의 국민 및 국내 거주 외국인

3) 국가보훈대상자 및 5 · 18민주유공자, 참전유공자

4) 6급 또는 6급 상당 이하의 공무원

5) 위관급 장교 이하의 군인(형사는 제외)

6) 물품의 사용 및 용역의 이용으로 인한 피해를 입은 소비자

7) 헌법재판소가 공단 소속변호사 또는 공익법무관을 국선대리인으로 선정한 사건의 청구인

8) 법원으로부터 소송구조결정(개인회생 · 파산사건 포함)을 받은 사람(다만, 인지대 등 소송비용에 대해서만 소송구조결정을 받은 사람은 제외)

9) 법원이 소속변호사 또는 공익법무관을 국선변호인으로 선정한 사건의 피의자 또는 피고인

10) 가정폭력 · 성폭력으로 인한 피해를 입은 여성(단, 국내 거주 외국인 여성 포함)

11) 국내 거주 북한이탈주민

12) 기타 생활이 어렵고 법을 몰라 혼자서는 법률문제를 처리할 수 없는 국민이다.

3. 법률구조를 받을 수 없는 사람

1) 의뢰자의 주장을 입증할 증거가 부족하여 소송에서 이길 가망이 없는 경우

2) 상대방이 무자력이거나 소재를 알 수 없어 소송에 이긴다고 하더라도 집행을 할 수 없는 경우

3) 국가 또는 지방자치단체를 상대로 하는 경우

4) 부모형제간의 재산싸움 등 사회적으로 지탄을 받아 구조할 가치가 없는 경우 등에는 구조를 받을 수 없다.

Ⅲ. 법률구조신청 방법

구조신청은 전국 각 법률구조공단 지부 및 출장소에 구두나 서면으로 신청하면 되는데 다음과 같은 약간의 구비서류가 필요하다. 즉, ① 주민등록등본 ② 구조대상자임을 증명하는 생활보호대상자 증명, 비과세증명 등의 서류 ③ 소송을 제기하는데 근거가 될 수 있는 각종의 증거서류가 그것이다.

Ⅳ. 법률구조절차

법률구조신청이 있으면 지부나 출장소에서조사담당자가 구조요건에 관한 사실을 조사한 후 법률구조심사위원회의 심사에 회부하게 된다.

심사결과 요건에 해당되면 구조결정을 하게 되지만, 요건에 맞지 않으면 구조를 기각하는 결정을 하고, 만일 관할이 다른 지부에 있으면 사건을 그 곳으로 이송하게 된다.

구조를 기각하는 결정에 불복하면 중앙법률구조심사위원회에 이의를 제출하여 재심사를 받게 되는데, 중앙법률구조심사회에서 이의를 받아들이면 사건을 다시 조사하여 소송구조를 하게 된다.

구조결정이 되면 법률구조공단과 의뢰자간에 소송구조계약을 체결한 후 즉시 변호사를 선임하여 소송을 제기하고, 법원으로부터 승소판결을 받으면 상대방의 재산에 대한 집행을 하여 종국적으로 피해를 구제한다. 물론 소송을 제기하기 전 공단측은 먼저 상대방에게 원만한 화해를 권유한다. 또한 소송에 필요한 경우에는 공탁, 보전처분, 강제집행 절차도 밟아 완벽한 권리를 구제하고 있다.

Ⅴ. 소송비용과 상환

1. 공단측의 소송비용 부담

소송구조결정이 된 사건은 인지대에서부터 송달료, 감정료, 변호사 선임료 등 모든 비용을 공단에서 지급하게 된다.

2. 소송비용의 상환

소송에서 승소한 경우 패소자로부터 비용을 반환받기 때문에 의뢰자는 구조공단에 소송비용을 상환하여야 한다.

소송비용에는 인지대, 송달료, 감정료, 여비, 변호사보수, 공탁금 등 여러 가지가 있다. 구조공단에서는 민사소송법과 대법원규칙이 정하고 있는 최소한도의 비용만을 상환받게 된다.

3. 상환의 유예나 면제

소송비용을 즉시 상환하기 어려운 사정이 있는 사람은 구조공단과 상의하여 비용상환을 연기받거나 분할상환할 수도 있다. 또 소송비용이 극히 소액인 경우나 패소한 경우 또는 의뢰자가 극빈자로서 상환이 어렵다고 인정되는 경우에는 비용의 전부나 일부를 면제해 줄 수 있는 절차도 구비되어 있다.

사례문답

제12장 소송과 법률

1 공정증서의 효력

질 문

돈을 빌려 줄 때 차용증서를 쓰고 공증을 받아 두면 판결과 같은 효력이 있는 경우도 있어 확실히 받을 수 있다는데 사실인지요? 법원 판결 없이도 바로 채권을 회수할 수 있다는 데 그런가요?

답 변

돈을 빌려 주고 차용증서를 받아 두거나 지불각서를 받아 두더라도 채무자가 변제기일에 갚지 않을 경우에는, 부득이 법원에 소송을 제기하여 확정판결을 받아야 비로소 강제집행을 할 수 있다.

그런데 돈을 빌려 줄 때 이러한 경우를 대비해서 금전이나 유가증권의 지급·인도를 청구하는 경우라든가 대체물의 인도를 내용으로 하는 경우에 "기일이 되면 즉시 강제집행할 수 있다"는 내용의 문언을 기재하는 공정증서를 작성하여 두면, 이 공정증서는 확정판결과 마찬가지로 일종의 채무명의가 되어 소송을 거치지 않고 바로 강제집행 절차에 들어갈 수 있다.

그 외에도 공정증서는 하나의 공문서로서 그 원본이 공증인사무소에 보관되므로, 그 번호만 알고 있으면 언제든지 등본을 교부받을 수 있고, 또 그 증서를 작성한 날짜를 증명할 수 있다.

공정증서를 작성하려면 공증인사무소나 공증인가 합동법률사무소, 또는 법무법인사무소에 의뢰를 하면 되는데, 이 때 당사자의 인감증명·주민등록증이 있어야 하고, 공정증서를 만들고자 하는 내용의 문서나 계약서 등을 미리 준비하여 가지고 가는 것이 좋다. 대리인을 시켜서 공정증서를 작성하려면 대리인에게 위임한다는 내용의 위임장, 대리인의 인장 · 인감증명 · 주민등록증 등을 지참해야 한다.

2 지급명령이란?

질 문

저는 이웃에 사는 A에게 돈 600만 원을 빌려 주었습니다. 갚기로 약속한 기일이 지나도 갚지 않고 있는데 빨리 받는 방법은 없겠는지요? A는 돈을 빌려간 것은 인정하고는 있으나 이 핑계 저 핑계를 대며 미루고 있습니다. 지급명령 신청을 하면 빨리 받을 수 있다는데 사실인지요?

답 변

채권자가 강제집행을 통하여 만족을 얻기 위해서는 일일이 이행의 소를 제기하여 승소판결에 대한 채무명의를 얻어야 하는데, 채무자가 채권의 존부에 관하여 다투지 않는 경우에 금전 기타 대체물이나 유가증권의 일정 수량의 지급을 목적으로 하는 청구권에 관하여 통상의 판결절차보다 간이 · 신속하게 싼 비용으로 채무명의를 얻게 하는 것이 독촉절차, 즉 지급명령이다.

지급명령의 신청은 공정증서에 의한 강제집행의 경우와 마찬가지로 금전, 기타의 대체물 또는 유가증권의 일정한 수량의 지급 또는 인도를 목적으로 하는 청구에만 할 수 있다.

지급명령의 신청은 신청하는 취지와 원인 등을 기재하여 신청서 3통을 작성하여 채무자의 주소지 관할법원에 제출하면 된다. 법원에서는 신청서의 내용을 검토하여 이유 있다고 인정되면 당사자의 출석 없이 지급명령을 내리고 이를 당사자 쌍방에게 송달하게 된다.

지급명령을 송달받은 채무자가 2주일 이내에 이의를 하지 않으면 지급명령은 확정되어 확정판결과 같은 효력을 발생하므로(채무명의), 채권자는 이것으로 강제집행을 할 수 있다.

그러나 지급명령의 송달을 받은 채무자가 2주일 내에 이의를 하게 되면 지급명령은 효력을 상실하고, 대신 정식 소송절차로 이행하게 된다. 따라서 이 경우에는 부득이 정식 재판절차를 밟아야 한다는 점에서 지급명령을 일면 판결절차의 대용절차라고 할 수 있으나, 한편은 판결절차로 이행하는 점에서 판결절차의 선행절차라 할 수 있다.

한편, 지급명령을 받은 상대방은 지급명령 송달에 대한 이의신청기간이 지난 경우에는 청구이의의 소(민사소송법 제505조)를 제기하면(이 소는 집행력의 배제에 목적이 있으므로 집행문이 부여되기 전이라도 소제기가 가능함) 강제집행을 당할 이험을 방지할 수 있다. 다만, 강제집행을 정지하기위해서는 청구이의의 소제기와 별도로 강제집행 정지신청을 하여야 한다.

3 어느 법원에 소 제기해야 하나?

질 문

저는 충남 보령시에 살고 있습니다. 3년 전 이웃집 A에게 2,000만 원을 빌려 주었는데 갚지 않고 서울로 이사를 했습니다. 대여금청구소송을 하려고 하는데 서울에 있는 법원에 해야 하나요? 시간과 비용 때문에 보령시 근방에 있는 법원에서 하고 싶은데요?

답 변

우리 민사소송법은 원칙적으로 소송은 피고의 주소지 법원에 제기하는 것을 원칙으로 하고 있다. 주소가 없을 때에는 거소지의 법원에, 또 피고가 회사 기타 단체일 때에는 주된 사무소의 소재지 법원에, 사무소나 영업소가 없는 때에는 주된 업무담당자의 주소를 관할하는 법원에 소송을 제기하도록 규정하고 있다.

그러나 피고, 즉 채무자의 주소지에서 소송하는 것이 반드시 공평하다고 말할 수 없는 경우가 있을 때, 계약의 이행지가 정해진 경우에는 이행지에서도 재판을 받을 수 있도록 하는 것이 원고, 즉 채권자측에 대해서도 어느 정도 공평하다고 할 수 있다.

따라서 우리 민사소송법은 위 원칙에 따라 피고의 주소지 관할법원에 소를 제기해도 좋으며, 다음의 경우에는 선택하여 제기할 수 있도록 하고 있다(토지관할).

(가) 의무이행지 법원: 특정물의 인도청구 이외의 채무에 대해서는 특약이 없는 한 채무자가 채권자의 주소지에 와서 이행해야 하는 지참채무가 원칙이므로 원고가 되는 채권자의 주소지나 영업소 소재지 법원에 소를 제기할 수 있다. 어느 곳에서 계약이 체결되었는가는 상관이 없다.

(나) 어음수표의 경우: 지급지의 법원.

(다) 사무소 · 영업소 소재지 법원: 그 사무소나 영업소의 업무에 관한 소송의 경우.

(라) 불법행위지 법원: 교통사고를 당한 장소를 관할하는 법원.

(마) 부동산 소재지 법원: 부동산에 관한 소송의 경우.

이상의 경우는 중요한 경우이고 이 이외에도 다소의 피고의 주소지 관할 원칙에 대한 특별규정이 있다.

위 사례의 경우 채무자인 A가 서울로 이사를 갔기 때문에 원칙적으로 채무자 A의 주소지 법원인 서울 소재지 법원에 소를 제기해야 하나, 한편 대여금 채권의 의무이행지는 채권자인 귀하의 주소지이므로, 귀하는 귀하의 주소지 관할법원인 대전지방법원 홍성지원에도 A를 상대로 소를 제기할 수 있다.

4 보다 간편해진 민사소송절차

질 문

민사소송을 하려면 시간과 비용이 많이 들어 주저하였는데 이제는 실질적이고 신속한 재판을 받을 수 있다고 하는데 어떤 것인가요?

|답 변|

2002년에 개정된 민사소송법은 신속하고 공정한 분쟁해결을 바라는 국민들의 여망에 부응하고자 실질적이고 신속한 권리구제를 위한 새로운 제도들을 도입하였다. 그 주요 내용을 보면 다음과 같다.

1) 지적 재산권이나 국제거래와 같이 전문지식이나 거래실무가 심리의 주요 내용이 되는 특정한 유형의 소는 그에 관한 전문재판부가 설치된 고등법원 소재지 지방법원에 특별재판적을 인정하여 심리의 원활을 기할 수 있도록 하고(동법 제24조),

2) 공동소송인 가운데 일부의 청구가 다른 공동소송인의 청구와 법률상 양립할 수 없거나 공동소송인 가운데 일부에 대한 청구가 다른 공동소송인에 대한 청구와 법률상 양립할 수 없는 경우에는 주위적 및 예비적으로 소를 병합하여 하나의 소로 제기할 수 있도록 허용함으로써 분쟁의 통일적 해결을 도모하였으며(동법 제70조),

3) 단독사건의 소가(訴價)가 상향되고 재정단독사건이 꾸준히 증가하여 복잡하고 전문적인 단독사건이 늘어남에 따라 변호사가 아닌 소송대리인을 허용할 사건의 범위를 단독사건 중 대법원규칙으로 정하는 일정액 이하의 소가(5천만원 이하)를 가진 사건으로 한정하였으며(동법 제87조 및 제88조),

4) 소송절차를 신속하고 탄력적으로 운영하기 위하여 공격방어방법은 소송의 정도에 따라 적절한 시기에 제출하도록 하고, 특정한 사항에 대한 주장을 제출하거나 증거를 신청할 기간을 정할 수 있도록 하며, 그 기간을 넘길 때에는 정당한 사유를 소명하지 아니하는 한 이를 제출할 수 없도록 하였고(동법 제146조 및 제147조),

5) 법원은 소송계속 후 판결선고 전까지 화해권고결정을 할 수 있도록 하고, 그 조서 또는 결정정본을 송달한 후 2주 내에 이의가 없으면 화해가 성립되도록 하며, 당사자는 변론준비기일 또는 변론기일에서 진술하는 방법 외에 언제나 서면으로 화해·인낙(認諾)·포기의 의사표시를 할 수 있도록 하여 화해제도의 활성화를 도모하였고(동법 제148조, 제225조 내지 제232조),

6) 소송기록 중 당사자의 사생활 및 영업비밀이 기재된 부분에 대한 열람, 복사, 정본·등본 또는 초본의 교부를 신청할 수 있는 자를 당사자로 한정할 수 있도록 하여 사생활 및 영업비밀보호에 철저를 기하였으며(동법 제163조),

7) 제1심 판결로서 제257조의 규정에 의한 무변론 판결, 제150조 제3항이 적용되는 경우의 판결 및 공시송달로 기일통지를 받고 변론기일에 출석하지 아니한 경우의 판결에 해당하는 때에는 청구를 특정함에 필요한 사항과 상계항변의 판단에 관한

사항만을 간략하게 표시할 수 있도록 하였으며(동법 제208조),

8) 피고가 원고의 청구를 다투는 때에는 소장의 부본을 송달받은 후 30일 내에 답변서를 제출하도록 하고, 피고가 기한 내에 답변서를 제출하지 아니한 경우에는 변론 없이 판결할 수 있도록 함으로써 원고의 출석 부담을 줄여 소송의 촉진을 도모하였고(동법 제256조 및 제257조),

9) 소가 제기되면 재판장은 변론준비절차를 거칠 필요가 없는 경우를 제외하고는 모든 사건을 변론준비절차에 회부하여 사전에 쟁점과 증거를 정리하도록 함으로써 변론기일에서의 신속하고 집중적인 심리가 가능하도록 하였으며(동법 제258조),

10) 문서소지자에 대한 문서제출의무를 확대하여 직무비밀 · 직업비밀 등 증인의 증언거절사유와 같은 일정한 사유가 있는 경우와 공무원이 직무상 보관하는 문서의 경우를 제외하고는 모든 문서를 제출하도록 함으로써 실체적 진실의 발견이 용이하도록 하였으며(동법 제344조 내지 제347조),

11) 법원은 재심의 소송절차에서 재심의 소의 적법성 여부와 재심사유의 존부에 대한 심리 및 재판을 본안에 대한 심리 및 재판과 분리하여 먼저 시행할 수 있도록 하고, 이 경우에 재심사유가 있다고 인정되는 때에는 중간판결을 한 뒤 본안에 대하여 심리 · 재판하도록 함으로써 심리의 효율성을 높이고 재심사유가 없음에도 본안을 심리하게 되는 사례를 방지하는 등(동법 제454조), 실질적이고 신속한 재판이 되도록 여러 제도를 도입하였다.

5 구속된 경우 최장구속수사기간은 얼마나 되는지?

질 문

저의 남편은 퇴근 후 동료들과 회식중, 사소한 시비로 동료를 때려 전치 4주의 부상을 입힌 후 관할경찰서에 구속되어 현재조사를 받고 있습니다. 폭행사건으로 구속된 저의 남편은 언제까지 구속되어 있어야 하는지요?

|답 변|

검사는 범죄의 혐의 있다고 사료하는 때에는 범인, 범죄사실과 증거를 수사하여야 하고, 수사관, 경무관, 총경, 경감, 경위는 사법경찰관으로서 검사의 지휘를 받아 수사를 하여야 하며, 경사 및 순경은 사법경찰리로서 검사 또는 사법경찰관의 지휘를 받아 수사의 보조를 하여야 한다(형사소송법 제195조, 제196조).

이 경우 범인으로 지칭되는 자를 피의자(被疑者)라 하고, 피의자가 죄를 범하였다고 의심할 만한 상당한 이유가 있으며 형사소송법상의 구속사유 즉, ① 피고인이 일정한 주거가 없는 때, ② 피고인이 증거를 인멸할 염려가 있는 때, ③ 피고인이 도망하거나 도망할 염려가 있는 때 등의 경우 검사는 관할지방법원판사에게 청구하여 구속영장을 받아 피의자를 구속할 수 있고, 사법경찰관은 검사에게 신청하여 검사의 청구로 관할지방법원판사의 구속영장을 받아 피의자를 구속할 수 있다(형사소송법 제201조, 제70조).

사법경찰관이 피의자를 구속한 때에는 10일 이내에 피의자를 검사에게 인치(引致)하지 아니하면 석방하여야 하고, 검사가 피의자를 구속한 때 또는 사법경찰관으로부터 피의자의 인치를 받은 때에는 10일 이내에 공소를 제기하지 아니하면 석방하여야 한다(형사소송법 제202조, 제203조). 이 경우 구속기간은 피의자를 체포 또는 구인한 날부터 기산하며, 지방법원판사는 검사의 신청에 의하여 수사를 계속함에 상당한 이유가 있다고 인정한 때에는 10일을 초과하지 아니하는 한도에서 제203조의 구속기간의 연장을 1차에 한하여 허가할 수 있다(형사소송법 제203조, 제205조).

따라서 귀하의 남편은 최장 30일 내의 기간을 구속된 상태에서조사를 받을 수 있다. 그러나 이 기간은 수사상 필요한 경우에 따른 최장기간이므로 모든 사건이 이에 따라 처리되는 것은 아니다.

그리고 공소제기 후에는 2개월간 구속된 채 공판을 진행할 수 있다. 그러나 이 기간도 형사소송법 제92조에 의거하여 특히 구속을 계속할 필요가 있는 경우에는 각 심급마다 2차에 한하여 결정으로 갱신(更新)할 수 있고 갱신한 기간도 2월로 하기 때문에, 귀하의 남편에 대한 공판절차의 기간은 최장 1심에서 6개월까지도 소요될 수 있으며 2심과 3심에서의 구금기간을 2차 갱신하는 경우 각 4개월간 구금될 수 있으므로 3심까지는 14개월까지도 구금될 수 있다. 그리고 일정한 사유로 인하여 공판절차가 정지된 기간은 위 기간에 산입되지 아니한다(형사소송법 제92조).

6 증언하러 가기 싫은데……

질 문

저희 친족들끼리 땅 문제로 시비가 있다가 급기야 소송까지 갔습니다. 어느 날 친족 A와 친족 B가 각각 저를 증인으로 채택하여 법원에서 출석통지서가 날라 왔습니다. 저는 어느 편도 들 수 없어 입장이 난처하여서 아예 출석하지 않으려고 합니다. 괜찮은가요?

답 변

일단 법원의 소환을 받은 증인은 지정된 일시와 장소에 출석하여 선서하고 신문에 대하여 증언할 의무가 있다. 증인이 정당한 사유 없이 불출석하는 때에는 소송비용을 부담하거나 과태료를 내게 할 수 있고, 또 구인(拘引)까지 할 수 있다.

또 증인은 신문 전에 선서를 함이 원칙이나 16세 미만자나 선서취지를 이해 못하는 자는 선서의무가 없고, 또 증인이 자기 또는 친족, 호주, 가족에게 현저한 이해관계가 있는 사항에 관하여는 선서를 거부할 수 있고, 또 법원은 선서를 면제시킬 수 있다(증언이 증인이나 증인의 친족 · 호주 · 가족 등의 공소제기 또는 유죄판결을 받을 염려가 있는 사항, 또는 그들의 치욕이 될 사항에 관한 것인 때에는 증언을 거부할 수 있다). 이 때 증인의 증인거부는 그 이유를 소명하여야 하며, 선서한 증인이 허위진술을 하면 위증죄로 처벌받을 수 있다.

위 사례에서 귀하는 원고, 피고가 증인의 친족이고, 또 현저한 이해관계가 있는 사항인 점을 소명하여 선서를 거부할 수도 있고, 또 유죄판결을 받을 염려가 있는 사항이거나 치욕이 될 사항에 관한 것인 점을 소명하여 증언을 거부할 수도 있다.

그러나 위와 같은 사유의 소명 없이 선서를 거부하거나 증언을 거부하면 500만원 이하의 과태료처분을 받으며, 만일 증인이 1회의 과태료의 처분을 받고도 다시 출석하지 않는 경우에는 7일 이내의 감치에 처해질 수 있다.

7 재산을 빼돌리고 안 갚는데……

질 문

저는 사업을 하는 A에게 사업자금으로 5,000만 원을 대여하였는데 A가 기일이 지나도 갚지 않아서 소송을 제기하여 승소판결을 받았습니다. 그 후 A의 재산을 강제집행하려고 하니 A는 모든 재산을 제3자 명의로 빼돌려서 할 수가 없습니다. 수소문 끝에 B에게 외상물품대금 2,000만 원의 채권이 있음을 알게 되었습니다. 어떤 방법으로 채권을 회수함이 좋을까요?

답 변

귀하는 채권 5,000만 원 중 2,000만 원은 추심명령이나 전부명령으로 회수할 수 있으나 나머지는 다른 방법을 택할 수밖에 없다. 이와 같이 민사집행법은 고의적으로 채무불이행인 자를 제재하는 수단으로 채무불이행자명부 등재제도를 두고 있다(민사집행법 제70조 내지 73조). 이 절차는 채무자가 집행권원의 집행력 발생 후 6월이 지나도 채무를 이행하지 아니하거나, 재산관계 명시명령에 위반한 때에 채권자의 신청에 의하여 채무불이행자명부에 등재하고, 이를 일반에게 공개, 열람, 등사케 하는 절차로서 간접적으로 채무이행을 강제함을 목적으로 하는 제도이다.

신청요건을 상술하면 ① 확정된 판결 또는 지급명령이나 화해, 인락, 민사조정의조서 기타 집행증서 등 집행권원 정본 소지자나 재산명시신청채권자가, ② 집행력 발생일로부터 6월 내에 채무이행을 받지 못한 경우이거나, ③ 민사집행법 제70조 제1항 각호 사유가 있을 때에(재산명시 위반이 있을 때에), ④ 강제집행이 용이하지 않을 것을 조건으로, ⑤ ②,③사유에 해당한다는 것을 소명하고, ⑥ 채무자의 등록기준지(법인, 비법인 사단·재단은 주사무소 소재지)를 소명하는 자료(가족관계등록부등본, 법인등기부등본 등)를 첨부하여, ⑦ 관할법원에 신청서를 제출하도록 되어 있다. 또한 채무불이행자명부나 그 부본은 누구나 제한없이 열람 또는 등사를 청구할 수 있도록 되어 있다.

위와 같은 채무불이행자명부 등재절차는 금전집행에 있어서 간접 강제적 본질을 가지는 절차인바, 본 사안에서 채무불이행자명부에 등재될 경우 신용에 지장이 있으므로 변제를 위한 노력을 할 것으로 보인다.

한편 사례의 경우 A의 B에 대한 외상물품대금으로부터 채권을 회수하기 위해서는 추심명령과 전부명령이라는 별도의 환가절차를 거쳐야 한다. 여기서 추심명령이라 함은 압류채권자가 대위의 절차를 거치지 않고 채무자에 갈음하여 압류채권의 목적인 급부를 제3채무자에게 청구하여 이를 수령하되, 원칙적으로 자기의 소유로서 자기 채권의 변제에 충당할 권한을 수여하는 집행법원의 명령을 말한다. 그리고 전부명령이라 함은 압류한 채권이 집행채권의 변제에 갈음하여 압류채권자에게 이전하여 그 채권의 만족을 주는 집행법원의 명령이다.

보통의 경우 추심명령과 전부명령은 채권자가 채권압류 신청과 동시에 신청하여 하는데, 그 시기나 방법을 선택하는 것은 채권자의 자유이다. '전부명령'에 의한 경우 채권자는 독점적 이익을 받게 되나, 제3채무자가 무자력일 경우 지급을 받을 수 없는 위험을 부담하게 되고, '추심명령'에 의하는 경우 채권자가 현실적인 만족을 얻기 전에 집행채권이 소멸하고 마는 위험은 없으나, 대신 다른 채권자로부터의 배당요구 때문에 채권자의 몫이 줄어들 위험이 있다는 장단점이 있으므로 그 선택에 신중을 기해야 한다.

사례의 경우 채무자 A가 B에 대하여 가지고 있는 외상물품대금 채권을 압류한 후, 제3채무자인 B의 변제능력이 충분할 경우에는, 전부명령을 신청하여 법원이 동 명령을 B에게 송달하게 되면 위 외상물품대금 채권은 그대로 귀하에게 이전되므로, 귀하는 채권의 만족을 얻을 수 있을 것이다. 만약 A의 B에 대한 외상물품대금 채권에 대하여 이미 다른 채권자가 압류 등을 하였을 때에는 전부명령은 할 수 없고, 추심명령에 의할 수밖에 없으며, 다른 채권자와 채권액에 비례하여 배당받을 수 있을 것이다

8 영장 없는 수색

질 문

저는 밀수범으로 오해받아 경찰서로 연행되었고 저의 집은 압수 · 수색을 당하였습니다. 마른하늘에 날벼락이라 어안이 벙벙하다가 정신을 차리고 영장 없음을 이유로 경찰에게 따졌습니다. 담당형사는 전혀 문제없다면서 저의 죄나 자백하라고 닥달합니다. 이게 뭡니까. 이래도 되는 겁니까?

|답 변|

원래 압수나 수색을 하려면 법관이 발부한 압수·수색영장을 제시하여야 한다. 영장을 제시하고 이를 집행할 때에도 특별히 급속을 요하는 경우를 제외하고는 변호인이나 피고인 등에 미리 통지를 하여 참여할 수 있도록 하는 것이 원칙이다. 검사의 지휘를 받아서 사법경찰관이 집행을 하는데, 일출 전과 일몰 후, 즉 야간에는 영장을 집행할 수 있다는 기재가 없는 한 집행하지 못한다. 뿐만 아니라 타인의 비밀을 보호하여 집행당하는 자의 명예를 침해하지 않도록 주의하지 않으면 안 된다(형소법 제115조, 제116조, 제125조). 영장에는 피의자의 성명, 죄명, 압수할 물건, 수색할 장소, 발부년월일, 유효기간과 그 기간을 경과하면 집행에 착수하지 못하며 영장을 반환해야 한다는 취지, 기타 대법원규칙으로 정한 사항을 기재하고 재판장 또는 受命法官이 서명날인하도록 되어 있다(형소법 제114조).

위의 요건과 절차를 위반한 압수·수색은 원칙적으로 무효이며, 또 위법한 절차로 수집한 압수물은 유죄의 증거로 할 수 없다.

그러나 위의 사례의 경우처럼 관세법 위반 사건에 대해서는 특별한 예외가 인정되어 급속을 요하는 경우에는 사후 영장의 교부를 허용하고 있으니, 밀수품을 압수·수색한 것은 적법이라고 할 수 있다(관세법 제212조). 그 밖에 현행범의 체포나 긴급수색을 할 경우와 같이 급속을 요할 때에는 사전영장 없이 압수 수색할 수 있다(형소법 제216조).

9 구속적부심 청구

질 문

저의 남편은 출근길에 급히 운전하고 가다가 횡단보도 앞에서 행인을 치어 전치 6주의 중상을 입혔습니다. 이로 인하여 남편은 구속되었는데 그 후 피해자와 잘 합의가 되었고 자동차 종합보험에도 가입되어 있습니다. 엄동설한에 구치소에 있는 남편이 걱정됩니다. 들리는 말로는 구속적부심을 청구하면 석방될 수 있다고 하는데 가능한지요?

답 변

구속적부심제도는 구속영장의 발부가 법률의 규정에 위반하였거나 중대한 사정 변경(예컨대 구속 후 형사합의 된 경우 등)이 있어 구속을 계속할 필요가 없는 때에, 피의자 등의 청구에 의해 법원이 일단 구속하였던 피의자를 석방하는 제도이다. 이것은 피의자에 대한 구속기간이 장기간이다 보니, 구속된 피의자의 인권보장을 위하여 마련된 제도이다.

구속적부심을 청구하려면 구속된 피의자 또는 그 변호인, 법정대리인, 배우자, 직계혈족, 형제·자매, 가족이나 동거인 또는 고용주가 관할법원에 구속적부심 청구서를 제출하여야 한다. 그 청구서에는 ① 구속된 피의자의 성명·생년월일·성별·주거, ② 구속영장의 발부일자, ③ 청구취지 및 청구이유, ④ 청구인의 성명 및 구속된 피의자와의 관계 등을 기재하여야 하고 또한 청구권자임을 증명할 수 있는 서류(주민등록등본 또는 가족관계등록부등본 등)와 피해자로부터 받은 합의서, 기타 피해보상을 입증할 수 있는 서류를 청구서에 첨부하여야 한다.

구속적부심 청구서를 접수한 법원은 당일 또는 다음 날에 심문기일을 정하여 청구자에게 심문기일을 통지하고 피의자를 출석시켜 심리를 하게 된다. 이 때 청구자는 심문기일에 출석하여 피의자의 석방을 위한 유리한 자료를 법원에 제출할 수 있고, 또한 피의자를 심문할 수도 있다. 피의자를 심문한 때로부터 24시간 이내에 법원은 피의자를 석방할 것인가의 여부를 결정하게 되어 있는데, 법원의 석방 결정이 있으면 구속된 피의자는 당일 석방된다.

구속적부심제도는 검사가 법원에 기소하기 전이면 청구할 수 있다는 점에서 기소된 후에 인정되는 보석제도와 다르다. 보석의 경우 보석보증금을 납부하여야 석방되나, 구속적부심에서는 이런 조건 없이 석방된다. 다만, 법원은 구속된 피의자(심사청구 후 공소제기 된 자를 포함한다)에 대하여 피의자의 출석을 보증할 만한 보증금의 납입을 조건으로 하는 피의자석방제도(기소 전 보석제도)를 두고 있다(형사소송법 제214조의2 제4항). 한편, 법원이 구속적부심사를 통하여 구속된 피의자를 석방한 경우, 검사는 이에 대하여 항고를 하지 못한다.

10 경찰관 불심검문의 정당성 범위

질 문

저는 21세의 학생으로서 학원에 가기 위해 나섰다가 지하철역 입구에서 경비중이던 경찰관에게 불심검문을 당했습니다. 불심검문을 받을 이유가 없어 이를 거부하자 경찰관은 저를 인근파출소로 끌고 가려고 했습니다. 이를 거부하려는 가운데 실랑이가 벌어져 인근시민들의 도움으로 연행되는 사태는 일어나지 않았습니다. 경찰관은 아무나 불심검문하여 소지품을 검사할 수 있는 것인지 그리고 이를 거부할 수는 없는 것인지요?

답 변

불심검문 또는 직무질문이란 경찰관이 거동이 수상한 자를 발견한 때에 이를 정지시켜 질문하는 것을 말한다. 경찰관직무집행법에는 불심검문에 관한 규정이 있으며(동법 제3조), 전투경찰대설치법도 검문에 관한 규정을 두고 있다(동법 제2조의2).

불심검문의 목적은 특정인에게 피해를 주기 위함이 아니라 범죄를 미리 예방하고 도주 중인 범인의 검거에 있다. 그리고 불심검문의 대상은 수상한 거동 기타 주위의 사정을 합리적으로 판단하여, 죄를 범하였거나 범하려 하고 있다고 의심할 만한 상당한 이유가 있는 자 또는 이미 행하여진 범죄나 행하여지려고 하는 범죄행위에 관하여 그 사실을 안다고 인정되는 자이다.

경찰관은 질문함에 있어서 답변을 강요할 수는 없으며, 질문하는 동안 수갑을 채우는 것과 같이 답변을 사실상 강요하는 결과가 되는 행위도 금지되어 있다. 동행요구는 그 장소에서 질문하는 것이 당사자에게 불리하거나 교통에 방해가 된다고 인정되는 때에 한하여 할 수 있고, 임의동행이 아닌 의사에 반한 동행의 강요는 할 수 없다.

소지품검사에 있어서는 흉기소지 여부만을 조사할 수 있으나, 의복 또는 소지품의 외부를 손으로 만져서 확인하는 정도, 소지품의 내용을 개시할 것을 요구하는 것은 강요적이지 않는 한 허용된다고 보고 있다.

불심검문에 있어 경찰관의 질문에 대하여 거부하는 경우 또는 처음에는 응했으나 질문도중 자리를 떠나는 경우에는 원칙적으로 경찰관의 강제나 실력행사는 허용되지 않으나, 다만 사태의 긴급성, 혐의의 정도, 질문의 필요성과 수단의 상당성을 고려하여 어느 정도의 유형력의 행사(정지를 위하여 길을 막거나 몸에 손을 대는 정도)는 허용된다고 보고 있다.

11 임의동행요구에 불응한다면…

질 문

저는 경찰관으로부터 임의동행을 요구받았는데, 이에 응하지 않고 반항하자 경찰관은 저의 허리띠를 잡아채면서 저에게 공무집행을 방해한다고 말하였습니다. 제가 임의동행에 응하지 않고 반항하는 것이 공무집행방해죄에 해당되는지요?

답 변

형사소송법에 정해진 구속영장, 체포영장 등에 의한 연행이 아닌 임의동행은 그 의사에 반하여 강요될 수는 없는 것이다.

공무집행방해죄는 직무를 집행하는 공무원에 대하여 폭행 또는 협박을 가할 때 성립되는데, 여기에서의 공무원의 직무집행은 적법해야 하는 것이므로 경찰관이 귀하에게 임의동행을 요구하다가 무리하게 귀하를 잡아끄는 등 강제로 인치(引致)하려고 하였는데, 현행범(형사소송법 제211조 제1항, 제2항은 범죄의 실행 중이거나 범죄의 실행 직후인 자는 현행범으로, 범인으로 불리어 추적되고 있는 때, 장물이나 범죄에 사용되었다고 인정되는 흉기 등 물건을 가지고 있는 때, 신체 또는 옷 등에 범죄의 흔적이 있는 때, 누구임을 물음에 대하여 도망하려 하는 때를 준현행범으로 규정함)으로 체포하려 하거나, 긴급구속의 요건도 갖추지 아니하고 체포하려고 한 것인 이상 적법한 공무집행행위라 할 수 없다(대판 1976.3.9, 75도3779). 따라서 일단 영장의 제시 없는 경찰관의 임의동행요구에 응하지 아니한 것만으로는 공무집행방해죄에 해당하지 않는다 할 것이다.

12 경찰자백조서의 증거능력

질 문

A는 경찰서에 연행된 후 담당형사가 피의자신문조서를 작성할 때 강요에 못이겨 절도사실을 자백하였으며 그 절도사실로 구속기소되었습니다. 사법경찰관의 수사단계에서의 자백이 기재된 피의자신문조서를 유죄의 증거로 사용하지 못하도록 하는 방법은 없는지요?

답 변

현행 형사소송법은 경찰자백조서의 증거능력을 제한하고 있는데, 즉 검사 이외의 수사기관 작성의 피의자신문조서는 공판준비기일 또는 공판기일에 그 피의자였던 피고인이나 변호인이 그 내용을 인정한 때에 한하여 증거로 할 수 있는 것이다(동법 제312조 제2항).

판례도 "피고인이 당해 공소사실에 대하여 법정에서 부인한 경우에는 사법경찰관작성의 피의자신문조서의 내용을 인정하지 아니한 것이므로 그 피의자신문조서의 기재는 증거능력이 없고, 이러한 경우 피고인을 조사하였던 경찰관이 법정에 나와 '피고인의 진술대로조서가 작성되었고, 작성 후 피고인이 조서를 읽어 보고 내용을 확인한 후 서명·무인하였으며 피고인이 내용의 정정을 요구한 일은 없었다'고 증언하더라도 그 피의자신문조서가 증거능력을 가지게 되는 것은 아니다."라고 판시하였다(대판 1997.10.28, 97도2211).

이와 같은 경찰자백이 기재된 피의자신문조서의 증거능력을 제한하고 있는 것은 경찰수사단계에서의 자백강요로 인한 인권침해를 방지함으로써 피의자의 인권보장을 도모하기 위함이다.

그러므로 귀하가 공판준비기일 또는 공판기일에 귀하의 수사기관에서의 진술이 사실이 아님을 부인하면 위 자백이 증거로 인정되기 어려울 것으로 보인다.

그러나 검사가 작성한 피의자 또는 피의자 아닌 자에 대한 신문조서는 공판준비기일 또는 공판기일에서의 진술자의 진술에 의하여 그 성립의 진정함이 인정될 때에는 증거로 할 수 있으며, 나아가 특히 피고인이 된 피의자의 진술을 기재한 조서는 그 진술이 특히 신빙할 수 있는 상태하에서 행하여진 때에 한하여, 그 피의자였던 피고인이 공판준비 또는 공판기일에서의 진술에 불구하고 증거로 할 수 있다(형사소송법 제312조 제1항 단서).

13 형사재판상 사실인정의 민사재판에서의 증명력

질 문

저는 A로부터 폭행당하여 요추제1번 압박골절상 등으로 노동력상실이 예상되는 정도의 상해를 입었고, 형사재판에서 A의 폭행으로 인하여 저의 위 상해가 발생하였다는 것이 인정되어 A는 실형을 선고받았습니다. 그런데 제가 민사소송을 제기하자 A는 위 상해가 A의 폭행으로 발생된 것이 아니라고 주장하고 있습니다. 형사재판에서 인정된 사실은 민사재판에서도 그대로 인정될 수 있는 것이 아닌지요?

답 변

원래 민사재판에 있어서는 형사재판의 사실인정에 구속을 받는 것이 아니라고 하더라도 동일한 사실관계에 관하여 이미 확정된 형사판결이 유죄로 인정한 사실은 유력한 증거자료가 되므로 민사재판에서 제출된 다른 증거들에 비추어 형사재판의 사실판단을 채용하기 어렵다고 인정되는 특별한 사정이 없는 한 증명력이 인정된다 (대판 1996.5.28, 96다9621).

따라서 위 사안의 경우에도 위 요추압박골절상이 순전한 기왕증이었다는 등 특별한 사정이 없는 한 민사소송에서도 형사재판에서 인정된 사실이 번복되지 않을 것이다.

그러므로 귀하는 'A'가 폭행행위에 대한 자기책임을 계속적으로 부인할 경우에 형사판결을 증거자료로 활용한다면 소송상 입증에 많은 도움이 될 것이다.

한편, 절도나 상해를 당한 형사사건의 피해자가 신속·간편하게 보상을 받기 위해서는 형사재판과정에서 형사배상명령제도를 이용하는 것이 편리하다. 다만 손해배상의 범위는 범죄로 인하여 발생한 직접적인 물적 피해와 치료비에 한정되는 점에 유의해야 한다. 그리고 배상명령이 기재된 유죄판결문은 민사판결문과 동일한 효력이 있으므로 강제집행도 가능하다.

14 몰래 녹음한 녹음테이프의 증거능력

질 문

저는 3년전 평소 잘 아는 A에게 차용증서 등 아무런 서류를 받지 않고 1,000만 원을 대여하는데 A는 변제일이 지난 현재까지 갚지 않고 있습니다. 후에라도 A가 차용사실을 부인할 것 같아 A의 차용사실 및 변제하겠다고 약속하는 말을 A 몰래 녹음하는 경우 이 녹음테이프를 재판에서 증거로 할 수 있는지요?

답 변

어떠한 사람이나 물건을 증거로 할 수 있는가 하는 물음에는 두가지 의미가 포함되어 있다. 하나는 그 사람이나 물건이 증거방법으로써 증거조사의 대상이 될 자격이 있는가 하는 것으로써 이를 증거능력이라 하고, 다음은 증거자료가 입증을 요하는 사실의 인정에 미치는 정도가 어떠한가 하는 것으로 이를 증명력 또는 증거가치라고도 한다. 다시 말하면 전자는 증거가 될 자격이 있느냐의 문제이고, 후자는 그 증거에 의하여 당사자가 주장하는 사실을 인정할 수있는가 하는 문제라고 말할 수 있다.

우리 민사소송법에서는 자유심증주의를 채택하고 있기 때문에 형사소송과 달리 증거능력에 제한이 없음이 원칙이다. 다만 증거능력이 인정되는 증거라도 이를 믿을 것인지 여부는 자유심증주의에 의하여 전적으로 법관의 판단에 의하게 된다.

판례에 의하면 우리 민사소송법이 자유심증주의를 채택하였음을 들어 상대방 모르게 비밀로 녹음한 녹음테이프를 위법으로 수집된 증거라는 이유만으로 증거능력이 없다고는 단정할 수 없다고 하였으며(대판 1981.4.14, 80다2314), 형사소송에 있어서도 피고인이 범행 후 피해자에게 전화를 걸어오자 피해자가 증거를 수집하려고 그 전화내용을 녹음한 경우 그 녹음테이프가 피고인 모르게 녹음된 것이라 하여 이를 위법하게 수집된 증거라고 할 수 없다고 판시하고 있다(대판 1997.3.28, 97도240).

그러므로 귀하의 경우 일단 그 녹음테이프를 증거로서 신청할 수 있고, 이 때 상대방이 그 수집절차의 위법 따위의 주장을 하게 되면 그 증거능력을 인정할 것인가 여부는 궁극적으로는 법관이 판단하게 될 것이다. 그리고 녹음테이프의 증거능력이 인정될 경우 그 증거조사는 검증의 방법에 의하여야 한다. 다만 귀하가 테이프에 녹음된 내용을 변론에 제출할 때에는 먼저 그 내용을 문서에 옮겨 적어(녹취서 작성) 이를 서증으로 제출하고, 이어 서증의 증명력의 보강을 위해 녹음테이프를 증거물로 제출하는 것이 바람직하다.

15 불기소처분에 대한 불복

질 문

저는 A에게서 약속어음을 받았는데 만기에 부도가 났습니다. A에게 책임지라고 하니 A는 돈이 없는데 어떡하느냐면서 마음대로 하라고 합니다. 하는 수 없이 사기죄로 고소하였으나 검찰에서는 별다른 조사도 없이 A에게 혐의가 없어 불기소처분 했다는 통지를 보내 왔습니다. 제가 보기로는 A가 사기 친 것이 분명한데 검찰청의 불기소처분이 납득이 안 갑니다. 불복하여 재조사하는 방법은 없는지요?

답 변

고소사건에 대한 검사의 불기소처분에 불복하는 방법으로는 재정신청, 검찰항고 또는 헌법소원이 있다.

검사는 피해자의 고소나 고발에 의하여, 또는 스스로 범죄사실을 인지하여 수사를 개시할 수 있다. 고소 또는 고발에 의해 수사를 개시할 때에는 고소 또는 고발을 접수한 날로부터 원칙적으로 3월 이내에 수사를 완료하여 공소제기 여부를 결정하여야 하고, 이러한 사건에 관해 공소를 제기하거나 제기하지 아니하는 처분을 한 때에는 그 처분을 한 날로부터 7일 이내에 서면으로 고소인 또는 고발인에게 그 취지를 통지하여야 한다. 또한 검사가 불기소처분을 한 경우에 고소인·고발인의 청구가 있으면 7일 이내에 고소인·고발인에게 그 이유를 서면으로 설명하도록 되어 있다.

현행법상 불기소처분은 검사의 전권이며, 사법경찰관은 불기소처분의 권한이 없다. 불기소처분에는 ① 범죄불성립, ② 피의사건에 관하여 공소를 제기함에 충분한 범죄의 객관적 혐의가 없는 경우의 무혐의처분, ③ 피의사건에 관하여 소송조건이 결여된 경우에 하는 '공소권 없음' 처분 및 刑이 면제된 경우, ④ 기소유예, ⑤ 기소중지처분 등이 있다(위의 ①, ②, ③을 좁은 의미의 불기소처분이라고 한다).

검사의 불기소처분에 대해서 고소인이 불복하는 방법은, 첫째 검찰항고로서 불기소처분의 통지를 받은 날로부터 30일 이내에 관할 고등검찰청 검사장에게 서면으로 항고할 수 있다. 이 항고를 기각하는 처분에 대하여 다시 검찰총장에게 재항고할 수 있다. 둘째, 재정신청으로서 불기소처분의 통지를 받은 날로부터 10일 내에 관할 고등법원에 서면으로 하여야 하고, 고등법원에서 심리한 결과 재정신청이 이유 있다고 인정한 때에는 사건을 지방법원의 심판에 부하는 결정을 하게 된다. 이 때 재정신청은 수사공무원 등의 직권남용죄에 관한 불기소처분에 대해서만 할 수 있다. 셋째, 헌법소원인바 검사의 불기소처분에 대하여 공권력의 행사·불행사로 인하여 헌법상 보장된 기본권을 침해받았음을 이유로 직접 헌법재판소에 헌법소원 심판을 서면으로, 재항고기각 통지 등 최종통지 받은 날로부터 30일 내에 청구할 수 있다. 헌법재판소의 인용결정은 모든 국가기관과 지방자치단체를 기속하므로, 당해 불기소처분을 한 검사도 기속되어 수사를 재개하여 경정처분 하도록 할 수 있다.

따라서 귀하는 불기소처분을 통지받은 날로부터 30일 내에 불기소처분을 한 검사가 속한 지방검찰청 또는 지청을 거쳐 서면으로 고등검찰청 검사장에게 항고할 수 있다. 이 경우 당해 검찰청의 검사는 항고가 이유 있다고 인정하는 때에는 그 불기소처분을 경정하도록 하여야 한다. 또한 불기소처분이 헌법상 보장된 기본권의 침해사항이면 직접 헌법재판소에 헌법소원 심판을 청구하여 시정할 수 있다.

16 공소시효란?

질 문

공소시효는 무엇이며 그 기간은 몇 년인지요?

답 변

공소시효라 함은 형의 시효와는 달리 범죄성립 후 확정판결 전에 일정한 기간의 경과에 의하여 범인에게 가해지는 국가형벌권이 소멸되는 제도(형사소송법 제249조 제1항)를 말한다.

공소시효제도가 인정되는 이유는 일정한 시간의 경과로 인하여 생긴 사실상의 상태를 존중하자는데 있다. 즉, 시간의 경과로 인하여 범죄의 사회적 영향이 약화되었다는 실체법상의 의미에서 공소시효제도가 존재하는 것이고, 동시에 시간경과로 인하여 유죄 또는 무죄의 증거가 희미해짐으로써 공정한 재판을 하기가 어렵다는 것도 존재이유의 하나이다.

형사소송법 제249조의 공소시효기간을 살펴보면, ① 사형에 해당하는 범죄에는 25년, ② 무기징역 또는 무기금고에 해당하는 범죄에는 15년, ③ 장기 10년 이상의 징역 또는 금고에 해당하는 범죄에는 10년, ④ 장기 10년 미만의 징역 또는 금고에 해당하는 범죄에는 7년, ⑤ 장기 5년 미만의 징역 또는 금고, 장기 10년 이상의 자격정지 또는 다액 1만 원 이상의 벌금에 해당하는 범죄에는 5년, ⑥ 장기 5년 이상의 자격정지에 해당하는 범죄에는 3년, ⑦ 장기 5년 미만의 자격정지, 구류, 과료 또는 몰수에 해당하는 범죄에는 1년이다. 공소기간이 만료되면 수사검사는 '공소권 없음'으로 불기소처리를 하게 되고, 설사 그것을 간과하여 기소되더라도 법원은 공소시효가 만료되었다는 사유로 면소판결을 하게 된다(동법 제326조 제3호). 그리고 공소가 제기된 범죄는 판결의 확정이 없이 공소를 제기한 때로부터 25년을 경과하면 공소시효가 완성한 것으로 간주하게 된다(동법 제249조 제2항).

또한, 2개 이상의 형을 병과하거나 2개 이상의 형에서 그 1개를 과할 범죄에는 중한 형에 의하여 위 규정을 적용하게 되고(동법 제250조), 형법에 의하여 형을 가중 또는 감경한 경우에는 가중 또는 감경하지 아니한 형에 의하여 위 규정을 적용한다(동법 제251조).

17 억울한 구속수감자의 보상과 배상

질 문

저는 자동차사고를 내지도 않았는데, 사고를 내고도 피해자를 구호하지 않고 도주하였다는 이유로 특정범죄 가중처벌에 관한 법률 위반으로 구속되어 1심에서 징역 3년을 선고받았으나, 항소심에서 재판을 받던 도중 실제로 사고를 내고 도망을 한 진범이 붙잡혀 무죄선고를 받고 구속된 지 9개월 만에 석방되었습니다. 무죄로 석방되면 그 동안 구속으로 입었던 정신적 · 물질적 피해에 대하여 국가에서 보상해 준다고 하는데 어떤 절차를 밟아야 하나요?

답 변

현행 형사소송법에서 허용하는 인신구금 기간을 보면 경찰에서 10일, 검찰에서 최장 20일을 넘길 수 없고, 그 기간 내에 검사가 공소제기(기소)하지 아니하면 석방하여야 한다. 그러나 검사가 구속 후 공소제기한 경우이면 구속 후 1심 판결 선고시까지 6월, 항소심에서 4월, 상고심에서 4월까지 구금할 수 있다. 따라서 무죄로 확정판결이 났을지라도 최대한 14개월간을 구금할 수 있게 되어 있어서 이로 인하여 피구속자가 입는 정신적 · 사회적 · 물질적 손해는 막심하다고 할 것이다.

이에 우리 형법은 "형사 피고인으로 구금되었던 자가 무죄판결을 받은 때에는 법률이 정하는 바에 의하여 국가에 상당한 보상을 청구할 있다"고 규정하고 있고, 형사보상법과 국가배상법 등에서 구체적인 보상절차를 마련하고 있다.

우선 형사보상법에 의한 보상청구는 형사소송의 일반절차나 재심 또는 비상상고 절차에서 무죄판결을 받은 경우와 면소(免訴), 공소기각의 재판을 받을 경우에도 면소 또는 공소기각의 사유가 없었더라면 무죄판결을 받을 만한 현저한 사유가 있는데도 구금 또는 형의 집행을 받을 경우, 판결을 선고한 법원에 서면으로 본인이나 상속인이 보상을 청구하여야 한다. 이 때 법원에 의하여 보상결정이 확정되면 법원은 2주일 이내에 형사보상결정의 요지를 관보에 게재함으로써 본인의 명예를 회복시켜 준다.

한편, 본인이나 상속인은 국가배상법에 의한 국가배상을 국가에 대하여 청구할 수 있다. 형사보상법상의 형사보상은 공법상의 손해배상이므로 형사보상을 청구할 수 있는 자가 국가배상법 등 다른 법률에 의한 손해배상을 청구하는 것을 금지하지 아니하므로, 형사보상법과 별도로 국가배상법에 의한 배상청구를 할 수 있다. 다만 이 때는 피고인을 구속한 공무원의 고의·과실과 손해액을 청구인이 입증하여야 하며, 관할 지방검찰청에 있는 국가배상심의위원회에 배상신청을 하거나 법원에 민사상 손해배상청구소송을 제기할 수 있다.

따라서 귀하는 형사보상법에 의한 형사보상청구를 하여 보상을 받든지, 국가배상에 의한 배상청구를 하여 구금으로 인하여 그 동안 받았던 정신적·물질적 피해에 대하여 보상이나 배상을 받을 수 있다.

18 헌법소원심판 청구

질 문

저는 A를 사기죄로 고소하였으나 검찰은 무협의 처리하였습니다. 저는 이에 불복하여항고 및 재항고까지 하였으나 검찰은 기각하였습니다. 저는 사기를 증명할 충분한 증거자료를 제출하였었는데 검찰의 처분이 도저히 수긍되지 않습니다. 이런 경우에도 헌법소원이 가능한지요. 가능하다면 그 절차는 어떠한지요?

답 변

헌법재판소법에 의하면, 국가 또는 지방자치단체 등의 공권력의 행사 또는 불행사로 인하여 헌법상 보장된 기본권을 침해받은 자는 법원의 재판을 제외하고는 헌법재판소에 헌법소원심판을 청구할 수 있다고 규정하고 있어, 직접 헌법재판소에 의한 피해구제의 길을 마련하고 있다.

위 사례의 경우와 같이 만일 검사의 불기소처분이 적절하게 행사되지 못하였거나 자의적으로 행사된 것이 명백한 경우에는, 헌법상 보장된 국민의 기본적 인권과 평등권 및 피해자 진술권을 침해하였다고 볼 수 있다. 그래서 헌법소원심판의 대상이 되며, 귀하는 헌법재판소에 헌법소원심판을 청구할 수 있다.

헌법재판소에 헌법소원심판을 청구하려면, 공권력의 행사 또는 불행사로 피해를 입은 국민이 그 사유가 있음을 안 날로부터 90일 이내에, 그 사유가 있는 날로부터 180일 이내에 청구해야 하며, 다른 구제절차가 있는 경우 그 절차를 모두 거친 후 그 최종결정 통지를 받은 날로부터 30일 이내에 청구해야 한다.

소원심판 청구서에는 ① 청구인 및 대리인의 표시, ② 침해된 권리, ③ 침해의 원인이 되는 공권력의 행사 또는 불행사, ④ 청구 이유, ⑤ 기타 필요한 사항을 기재하고, 대리인의 선임을 증명하는 서류 또는 국선대리인 선임 통지서를 첨부하여야 한다.

또 소원심판을 청구할 때에는 반드시 변호사를 대리인으로 선임하여야 하며, 변호사를 선임할 자력이 없는 경우에는 헌법재판소에 국선대리인을 선임하여 줄 것을 신청할 수 있다. 헌법재판소에서 심리 후 인용결정을 하면 그 결정은 모든 국가기관과 지방자치단체를 기속하며, 피청구인인 국가기관은 결정취지에 따라 새로운 처분을 하여야 한다.

귀하는 검사의 불기소처분에 대해 헌법상 보장된 국민의 기본적 인권과 평등권 및 피해자 진술권을 침해당하였음을 이유로, 헌법재판소에 검찰에서 재항고 기각결정 통지를 받은 날로부터 30일 이내에 소원심판 청구를 하여 피해구제를 받으면 될 것이다.

19 대통령의 처분도 행정심판대상인지 ?

질 문

대통령의 처분에 대하여도 행정심판청구를 할 수 있는지요?

답 변

행정심판의 대상을 규정하는 입법주의를 살펴보면, 일반적으로 개괄주의와 열기주의로 나누어 볼 수 있다. 이 중 개괄주의란 법률상 특히 예외가 인정된 사항을 제외한 모든 사항에 대하여 행정심판을 인정하는 제도이고, 열기주의란 법률상 특히 열기한 사항에 대해서만 행정심판을 인정하는 제도를 말한다.

그런데 행정심판법 제3조 제1항은 "행정청의 처분 또는 부작위에 대하여 다른 법률에 특별한 규정이 있는 경우를 제외하고는 이 법에 의하여 행정심판을 제기할 수 있다"라고 규정하여 개괄주의를 취하고 있다 하겠다. 그러나 동법 제3조 제2항에서 대통령의 처분 또는 부작위에 대해서는, 대통령이 행정부의 수반인 점을 감안하여 다른 법률에 특별한 규정이 있는 경우를 제외하고는 행정심판의 실익이 없다고 보아 행정심판의 대상에서 제외하고 있다.

따라서 대통령의 처분에 대하여는 행정심판을 제기할 수는 없고, 직접 행정소송을 제기하여야 할 것이다.

20 직위해제처분에 대한 불복

질 문

저는 지방공무원 6급인데, 약 10년이 되는 공직생활 근무 중 최근에 근무하는 A면사무소는 생활여건상 불편한 점이 많이 직원전출희망을 자주 신청했더니 저를 근무미숙자로 직위해제했습니다. 어떻게 해야 구제를 받을 수 있는지요?

답 변

지방공무원에 대한 징계처분 기타 그 의사에 반하는 불이익한 처분에 대한 구제방법에는 '소청'과 '소송'이 있다. 소청이란 징계처분 기타 그의 의사에 반하는 불이익처분을 받은 자가 그 처분에 불복이 있는 경우에 관할 소청심사위원회에 심사청구하는 행정심판을 말한다. 지방공무원법이 행정심판법에 의한 행정심판에 대한 특례로 소청제도를 마련한 것은 공무원 신분을 보다 강하게 보장하려는 데 있다.

귀하는 직위해제에 대한 처분사유설명서를 교부받은 때 또는 처분사유설명서를 받지 않은 경우에는 그 처분이 있음을 안 날로부터 30일 이내에 관할 지방공무원 소청심사위원회에 소청을 제기할 수 있다(지방공무원법 제67조 제2항). 소청심사위원회는 소청사건을 심사한 후 원칙적으로 접수한 날로부터 60일 이내에 결정하여야 한다(동법 제67조 제6항). 소청심사위원회의 결정에 불복하려면 직위해제처분취소의 행정소송을 제기해야 한다.

21 위법한 대집행에 대한 구제

질 문

저는 구청장으로부터 건축허가를 받아 주택을 건축하여 준공검사를 받고, 구청의 건축물 관리대장에 등재를 하고, 이어서 소유권보존등기까지 마치고 거주하고 있는데, 준공검사를 마친 지 1년이 지난 이제서야 구청장은 건물 및 담장의 일부가 건축선 지정부분에 저촉되니 1달 이내에 철거할 것을 지시하여, 그 부당성을 주장하고 철거하지 아니하였더니, 15일 안으로 자진 철거하지 않으면 대집행하겠다는 내용의 대집행계고장을 보내왔습니다. 구청장의 대집행계고가 적법한지요? 만약 부적법하다면 불복하는 절차는 어떠한지요?

답 변

우선 무효 또는 위법한 대집행통고처분에 대하여 행정심판 또는 행정소송으로 다툴 수 있다. 건물의 준공검사란 건축허가를 받아 건축한 건축물이 허가사항대로 이행하여 건축행정의 목적에 적합한가의 여부를 확인하고, 준공검사필증을 교부하여 줌으로써 허가받은 자로 하여금 건축한 건물을 사용·수익할 수 있게 하는 법률효과를 발생시키는 확인행위이다.

따라서 위 사례의 경우 구청장이 준공검사를 한 적법한 건축물에 대하여 약 1년이라는 장기간이 경과한 후에, 동 준공검사의 효력에 아무런 변동이 없는 상태에서 행한 일부 철거명령은 준공검사와 상충되는 중대하고도 명백한 흠 있는 무효인 행정처분이라 할 수 있다.

그리고 일정한 건축물의 철거를 명하는 행정처분은 그 철거할 건물 내지 건물의 부위가 특정되어야 하는데, 막연히 "건물 및 담장의 일부가 건축선 지정부분에 저촉되니 철거하라"고 명한 것은 건물 및 담장의 어느 부위를 얼마만큼 철거할 것인지, 그리고 저촉되었다는 건축선의 지정부분은 무엇을 가리키는지가 불분명하여, 이러한 행정처분은 내용상 중대하고 명백한 흠이 있는 무효의 행정처분이라 하겠다.

설령 구청장의 철거명령이 유효한 것이라 할지라도 행정대집행법에 의하면 행정상의 의무불이행이 있는 경우에 다른 수단으로서는 그 이행을 확보하기 곤란하고, 또 "그 불이행을 방치함이 심히 공익을 해할 것으로 인정될 때"에 한하여 대집행이 허용되는 것이다. 그러나 이 경우에는 적법하게 준공검사가 있었고, 또 준공검사를 받은 날로부터 약 1년간이나 아무런 조치가 없었던 점으로 보아, 이건 건물의 상태의 유지가 심히 공익을 해치는 경우라고 보기 어렵다.

따라서 구청장의 철거명령처분은 무효이며, 그러한 무효인 철거명령을 전제로 한 대집행계고처분 역시 그 전제인 의무 자체가 존재하지 아니하므로 무효라 하겠다. 그러므로 귀하는 먼저 구청장의 직근 상급관청인 시 · 도지사에게 행정심판을 청구하고, 그 결정에 불복하는 경우에는 구청장을 상대로 계고처분의 취소, 또는 무효확인의 행정소송을 행정법원에 제기할 수 있다.

만약 계고기간이 급박하여 철거당한 경우 회복 곤란한 손해가 발생할 우려가 있는 경우라면, 행정심판 중이면 재결청에 집행정지 신청을 하고, 행정소송을 제기한 후이면 행정법원에 집행정지 신청을 하여 대집행의 집행을 정지시켜 철거당하지 않은 상태에서 본 행정처분의 적법여부에 관해 다툴 수 있다.

22 사실상 도로로 사용되는 토지상의 건축허가

질 문

저는 군사시설보호구역내의 건축허가를 신청하였으나, 행정관청은 이 지역 인근에 상가가 형성되면서 자연발생적으로 이 부지가 도로로 사용되어 왔기 때문에 건축 허가를 해 줄 경우 교통 및 인근주민들의 통행에 불편을 초래할 우려가 있다는 이유로 반려처분을 받았습니다. 그러나 이 부지는 토지대장상 지목이 대지이고 도시계획상 상업지역으로 고시되어 있는데, 이 경우 위 반려처분이 타당한지요?

답 변

군사시설보호구역내에서의 건축허가 등 개발행위를 하기 위해서는 먼저 관할 군부대의 동의가 필요하다. 군부대에서는 개발행위가 유사시 사격범위가 제한(射界制限)되는지, 군사작전계획에 저촉되는지 등을 고려하여 협의(동의) 여부를 결정한다. 또한 군동의를 받았다 하더라도 귀하의 건축허가신청부지가 도로인지의 여부에 따라 건축허가를 받을 수 있는지를 결정한다고 볼 수 있다. 건축법 제2조 제1항 제11호에서 '도로'라 함은 보행 및 자동차통행이 가능한 너비 4미터 이상의 도로(지형적 조건으로 자동차통행이 불가능한 경우와 막다른 도로의 경우에는 대통령령이 정하는 구조 및 너비의 도로)로서 국토의 계획 및 이용에 관한 법률 · 도로법 · 사도법 기타 관계법령에 의하여 신설 또는 변경에 관한 고시가 된 도로 및 건축허가 또는 신고시 특별시장 · 광역시장 · 도지사 또는 시장 · 군수 · 구청장(자치구의 구청장에 한함)이 그 위치를 지정 · 공고한 도로 또는 그 예정도로를 말한다.

그러나 막다른 골목길이 오래 전부터 인근 주민들의 통행로로 사용되어 왔더라도 그것이 폭 4m 이상으로서 1976. 2. 1. 전에 이미 주민들의 통행로로 이용되고 있어서 위 구 건축법(1975. 12. 31. 법률 제2852호로 개정된 것) 부칙 제2항에 의하여 도로로 보는 것을 제외하고는 건축법상의 도로가 되었다고 할 수 없고(대판 1999.2.9., 98두12802 참조), 어느 토지의 일부가 사실상의 도로로 사용되고 그 부분에 대한 재산세가 면제되어 왔더라도 국토의 계획 및 이용에 관한 법률 · 도로법 · 사도법 기타 관계법령에 의하여 도로의 신설 또는 변경에 관한 고시가 되거나 건축허가시 시장 또는 군수가 그 위치를 지정한 도로가 아니라면 건축법 제2조 제1항 제1호 소정의 도로라 할 수 없으나, 건축법 제8조 제1항의 건축허가권자는 건축하고자 하는 건축물이 건축법, 국토의 계획 및 이용에 관한 법률 등의 관계법령에서 정하는 제한에 배치되지 않는 이상 당연히 같은 법조의 건축허가를 하여야 하는 것이므로, 관계법령에서 정하는 제한사유 이외의 사유를 들어 그 허가신청을 거부할 수는 없다(대판 1989.6.27, 88누7767 참조).

한편, 어느 토지의 일부가 오래 전부터 사실상의 도로로 사용되어 왔고 인근주민들이 그 위에 시멘트포장까지 하였더라도 이러한 사유만으로 위 토지부분이 건축법상의 도로로 되었다고 할 수 없고, 또한 건축허가신청인은 신청 당시 그 대지의 일부가 사실상 도로로 사용되고 있음을 허가관청에 신고할 의무가 있는 것은 아니므로, 신청인이 사전에 이를 신고하지 아니하였거나 이로 인하여 허가관청이 그 토지부분을 도로로 지정할 기회를 갖지 못하였더라도 건축허가가 가능하다. 다만, 사실상의 도로 위에 건물을 신축할 경우 인근주민이 설령 기존보다 협소한 우회도로를 사용할 수밖에 없게 되더라도, 이는 주위토지통행권을 보장한 민법 제219조의 위반 여부 문제로서 사실상의 도로의 소유자와 주민들간에 민사절차에 의하여 해결되어야 할 별개의 문제라고 볼 것이다.

따라서 귀하는 건축허가신청서반려처분취소의 행정심판을 청구하거나 행정소송을 제기하여 구제받을 수 있을 것으로 보인다.

23 운전면허취소시 여러 종류의 면허를 일괄취소할 수 있는지?

질 문

한 사람이 제1종보통면허와 대형면허, 특수면허를 모두 취득하고 있는데, 그자가 트레일러를 음주운전하여 면허취소될 경우 다른 면허까지 모두 일괄하여 취소할 수 있는지요?

답 변

판례를 보면, 한 사람이 여러 자동차운전면허를 취득한 경우 이를 취소함에 있어서 서로 별개로 취급하는 것이 원칙이나(대판 1995.11.16, 95누8850 전원합의체), 취소사유가 특정의 면허에 관한 것이 아니고 다른 면허와 공통된 것이거나 운전면허를 받은 사람에 관한 것일 경우에는 여러 면허를 전부 취소할 수도 있다고 판시하고 있다(대판 1997.5.16, 97누1310).

그리고 도로교통법시행규칙 제53조 [별표18]에 의하면 트레일러는 제1종특수면허로는 운전이 가능하나 제1종보통면허나 대형면허로는 운전할 수 없도록 되어 있으므로, 운전자가 트레일러를 운전하다 사고를 일으킨 경우 운전자는 자신이 가지고 있는 면허중 특수면허로만 트레일러를 운전한 것이 되고, 제1종보통면허나 대형면허는 트레일러의 운전과는 아무런 관련이 없으며, 또한 시행규칙에 의하면 제1종특수면허로는 제1종보통면허나 대형면허로 운전할 수 있는 차량 중 일부만 운전할 수 있을 뿐이므로, 운전자가 주취상태에서 트레일러를 운전하다 사고를 일으킨 것은 운전자가 가지고 있는 면허중 제1종특수면허에 대한 취소사유가 될 수 있을 뿐 제1종보통면허나 대형면허에 대한 취소사유가 되지 아니한다(대판 1998.5.29, 98두2515). 따라서 위 사안의 경우 특수면허만 취소되어야 할 것이다.

24 생계형음주운전자 등의 구제

질 문

저는 1톤 트럭에 야채와 과일을 싣고 동네 골목을 누비면서 행상을 하는 사람입니다. 3개월 전 행상을 하던 중 그날따라 장사도 잘 안되고 해서 인근 가게에서 소주를 사다가 팔던 과일을 안주삼아 한 잔 걸친 후, 귀가하던 중 경찰의 음주단속에 걸렸습니다. 이 때 혈중 알콜 농도 0.11%였는데 얼마 후 경찰은 제 면허를 취소한다는 통지서를 보내왔습니다. 저는 운전으로 먹고 사는 트럭행상을 더 이상 할 수 없어 지금은 리어카로 행상을 하는데 앞길이 막막합니다. 물론 제가 잘못한 일이지만 저 같은 경우 운전면허취소를 없던 일로 할 수 없나요?

답 변

음주운전은 운전자뿐만 아니라 불특정다수에게도 큰 위험이 되는 범죄행위이다. 그러므로 음주운전을 하다가 적발되어 음주측정을 한 결과 알콜농도가 0.10% 이상인 경우에는 운전면허가 취소된다. 따라서 귀하의 운전면허취소는 당연하고도 마땅한 처분이다.

그러나 귀하와 같이 음주운전 등으로 운전면허가 취소·정지된 운전자 중 생계유지를 위해 운전면허가 절실히 필요한 사람(택시운전자, 버스운전자, 운전기사, 차량노점상, 화물자동차운전자 등)의 구제를 위한 제도가 있다. 즉 경찰청에서는 귀하와 같은 생계형운전자들을 위해 '운전면허행정처분심의위원회'를 설치하여 운영하고 있다. '운전면허행정처분심의위원회'는 각 지방경찰청에 설치하여 운영하고 있는데, 여기서는 처분통지를 받은 날로부터 60일 이내에 주소지를 관할하는 지방경찰청에서 이의신청을 받아 혈중 알콜농도가 0.12퍼센트를 초과하여 운전한 때, 주취운전 중 인적 피해 교통사고를 일으킨 때, 경찰관의 음주측정 요구에 불응한 때 또는 도주하거나 단속경찰관을 폭행한 때, 과거 5년 이내에 3회 이상의 인적 피해 교통사고의 전력이 있는 때에 해당하지 않는 한, 운전면허를 취소당한 경우에는 110일의 면허정지로 감경하고, 면허정지를 당한 경우에는 원래 받은 정지기간을 2분의 1로 감경하여 주고 있다.

따라서, 귀하가 생계형운전자로서 구제받기 위해서는 '처분이 있음을 안 날(통지받은 날)로부터 60일 이내'에 이의신청을 해야만 구제받을 수 있다. 만일 이의신청기간이 지났다면 행정심판이나 행정소송을 통하여 감경사유에 해당하는 경우 구제받을 수 있는데, 아무래도 그 절차가 복잡하므로 되도록이면 경찰청의 '운전면허행정처분심의 제도'를 활용함이 좋을 것이다.

25 무허가주택의 보상 및 이주택지공급 가부

질 문

저는 고모님 소유 무허가주택에서 고령인 고모님을 모시고 살아왔습니다. 그런데 제가 살고 있는 지역이 국가에서 시행하는 공익사업으로 철거되게 되었습니다. 담당 공무원은 공익사업으로 인한 보상기준일이 2003. 2. 8.인데, 저희 고모님이 보상기준일 이전인 2002. 12. 1. 돌아가셨고 저는 직계비속이 아니기 때문에 보상 및 이주택지를 공급할 수 없다고 합니다. 저는 직계비속은 아니지만 고모님의 외아들이 스님이 되어 고모님을 모실 수 없게 되어 제가 고모님이 돌아가실 때까지 고모님을 모시고 살았고, 주민등록도 10년 전에 이전한 후 지금까지 고모집에서 거주해 왔고, 고종사촌형인 스님도 저에게 모든 권리를 승계한다는 각서를 써줬습니다. 제가 건축물보상과 이주택지를 공급받을 수 있는 방법은 없는지요?

답 변

국가 · 지방자치단체나 공공기관(한국토지주택공사 등)이 시행하는 공익사업구역에 편입되는 주택이나 토지 등 재산에 대하여 국가 등은 「공익사업을 위한 토지 등의 취득 및 보상에 관한 법률」 제78조에 따라 손실보상 및 이주대책을 수립해야 한다. 특히 귀하의 경우와 같이 공익사업에 주택이 편입되어 생활의 근거를 상실하게 되는 경우에는 손실보상은 물론 이주대책을 수립 · 실시하거나 이주정착금을 지급하여야 한다. 이때 주택은 허가건축물은 당연하지만, 무허가주택인 경우에는 동법 시행령 부칙 제6조에 따라 1989년 1월 24일 이전에 건축한 것임이 입증되어야 한다. 이를 입증하기 위해서는 관할 행정기관에서 관리하는 무허가건축물관리대장이나 당시의항공사진 등에서 찾을 수 있다. 그러나 이러한 입증자료가 있고 실제 거주하고 있더라도 본인 소유가 아니면 이주택지를 공급받을 수 없다.

위 사례의 경우 위와 같은 요건에 해당한다면 귀하의 고모는 보상 및 이주택지

공급의 대상이 될 수 있었으나, 보상기준일인 2003. 2. 8. 이전에 돌아가셨기 때문에 그 대상이 될 수 없다. 만일 귀하의 고모 상속인이 위 무허가주택에서 보상기준일 현재 거주하였다면 그 상속인은 대상이 되지만, 고모의 상속인인 귀하의 고종사촌이 출가(출가했더라도 민법상 상속인임)함으로써 보상기준일 현재 위 무허가주택에 거주하지 않았음으로, 귀하의 고종사촌은 손실보상의 대상은 될지언정 이주택지공급 대상은 될 수 없다. 그러나 다행스럽게도 귀하 고모의 상속 제1순위자인 귀하의 고종사촌이 상속권을 포기하였고 민법 제1000조 제1항에 따라 다른 후순위자(직계존속, 형제자매)가 없다면, 피상속인인 귀하 고모의 4촌 이내의 방계혈족인 귀하가 상속인이 되고, 아울러 귀하는 보상기준일 이전부터 위 무허가주택에 주소를 두고 계속하여 거주해왔기 때문에 건물보상뿐만 아니라, 이주택지를 공급받을 수 있다.

26 부당한 세금 부과

질 문

저는 2년간 살던 33평짜리 아파트를 팔고 49평짜리로 이사하였습니다. 그런데 어느 날 관할 세무서장으로부터 8,000만 원의 양도소득세를 부과 받았습니다. 저는 거의 매도한 아파트 값에 해당하는 세 부과에 승복할 수 없어 불복하려고 합니다. 불복하는 절차는 어떤지요?

답 변

세무서의 조세부과 처분에 불복하려면 이의신청, 심사청구, 국세심판청구를 거쳐 행정소송을 제기하거나, 감사원의 심사청구를 거친 후 바로 행정소송을 제기하여 구제받을 수 있다.

조세쟁송절차에 대해 간단히 살펴보면 다음과 같다.

① 이의신청: 세무서장으로부터 위법·부당한 과세처분을 받은 자는 그 처분의 통지를 받은 날로부터 또는 처분이 있는 것을 안 날로부터 60일 내에, 당해 세무서장이나 직근 상급행정청(지방국세청장)에 불복을 구하는 이의신청을 하면, 접수받은 행정청은 접수일로부터 30일 이내 기각·인용여부를 결정한다.

그런데 이 이의신청은 선택적 전심절차이므로 이를 거치지 아니하고 바로 심사청구를 할 수 있다.

② 심사청구: 세무서장으로부터 위법 · 부당한 과세처분을 받은 자는 이의신청을 거친 경우이면 이의결정을 통지받은 날로부터 90일 이내, 이의신청을 거치지 않은 경우에는 처분이 있는 것을 안 날 또는 처분의 통지를 받은 날로부터 90일 이내에, 국세청장에게 그 불복을 서면으로 처분청을 경유하여 청구할 수 있다. 이 때 국세청장은 심사청구서 접수일로부터 90일 이내에 기각 · 인용여부를 결정하여 청구인에게 통지하여야 한다.

③ 심판청구: 세무서장이나 국세청장의 심사결정에 불복이 있으면 당해 처분이 있은 것을 안 날(처분의 통지를 받은 때에는 그 받은 날)부터 90일 이내에 국세심판원장에게 심판청구를 할 수 있으며, 이의신청을 거친 후 심판청구를 할 때에는 이의신청에 대한 결정의 통지를 받은 날로부터 90일 이내에 할 수 있다. 다만, 이의신청 결정기간인 30일 내에 결정의 통지를 받지 못한 경우에는 그 결정기간이 경과한 날부터 심판청구를 할 수 있다. 심사청구를 받은 국세심판원장은 심판청구를 받은 날로부터 90일 이내에 기각 · 인용 여부를 결정하여 청구인에게 통지하여야 한다.

④ 감사원의 심사청구: 위 이의신청, 심사청구 및 심판청구를 거치지 아니하고 바로 처분이 있는 것을 안 날 또는 그 처분의 통지를 받은 날로부터 90일, 그 행위가 있은 날부터 180일 이내에, 처분의 위법 · 부당함을 이유로 서면으로 관계기관장을 경유하여 감사원장에게 심사청구를 할 수 있다. 이 때 감사원장은 심사청구서를 접수한 날로부터 3월 이내에 기각 · 인용여부를 결정하여 청구인에게 통지하여야 한다.

이와 같이 감사원장에게 심사청구를 한 경우에는 다시 이의신청이나 심사청구 등은 할 수 없다.

⑤ 행정소송: 국세심판소장의 결정이나 감사원장의 결정에 불복하는 청구인은 심판결정서 통지를 받은 날 또는 심판청구 결정기간 경과일, 감사원장 심사청구결정 통지일로부터 90일 이내에 관할 행정법원에 처분이 위법임을 이유로 행정소송을 제기할 수 있다.

한편 이의신청, 심사청구 또는 심판청구는 세법에 다른 특별한 규정이 있는 경우를 제외하고는 당해 처분의 집행에 효력을 미치지 않으며, 다만 재결청이 필요하다고 인정하는 때에는 그 처분의 집행을 중지할 수 있다. 따라서 불복청구 계류 중에는 그것이 확정되기 전에는 관계압류재산을 매각할 수 없다. 그러나 행정소송 계류 중에는 매각할 수 있으나, 사실상 보류하는 것이 관례이다.

27 돈 없어서 소송도 못 하다니……

질 문

저는 불법행위로 인한 손해배상 청구소송을 하고 싶은데 그 놈의 소송비용이 없어 소송도 못하고 있습니다. 상대방은 더욱 뻔뻔스러워지는데 감정만 쌓입니다. 돈이 없어도 소송할 수 있는거 뭐 없나요?

답 변

소송을 제기하여 이를 수행하는 데에는 각종 인지대, 변호사 선임비용, 증거조사비용 등 여러 가지 비용이 들게 마련이다. 따라서 이러한 소송비용이 마련되지 않은 사람은 꼭 필요한 소송을 하고 싶어도 할 수 없어 소송제도가 무용지물이 되어버릴 수 있다. 이는 결국 헌법에서 보장하고 있는 '재판을 받을 권리'를 박탈하는 것이나 마찬가지이다.

이를 보장하기 위해 나타난 제도가 소송구조제도와 법률구조제도이다. 소송구조제도는 소송비용을 면제하여 주는 제도가 아니라 단지 일시적으로 그 납입을 유예해 주는 효과밖에 없어 거의 활용되지 못하고 있다.

현재 소송구조제도는 대법원의 「소송구조제도의 운영에 관한 예규」에 의해 운영되고 있으며, 대한법률구조공단에서도 소송구조제도를 운영하고 있다. 대한법률구조공단의 경우 공단의 각 지부와 출장소에 가서 구두나 서면으로 소송구조를 신청하게 되면 일정요건을 심사한 후, 공단의 비용으로 소송을 대행해 주고 그 비용을 후에 상환받는 제도가 있으므로 이를 이용하면 된다. 따라서 법률구조제도를 통하여 승소한 경우에만 소송비용을 상환하고, 상환할 비용도 여유롭지 못할 때에는 소송비용상환의 면제, 또는 연기, 할인받을 수 있다.

또한 대한법률구조공단에서는 이러한 소송구조뿐만 아니라 법률구조상담도 하고 있으니 잘 활용하면 국민들의 권리보호에 큰 보탬이 될 것이다.

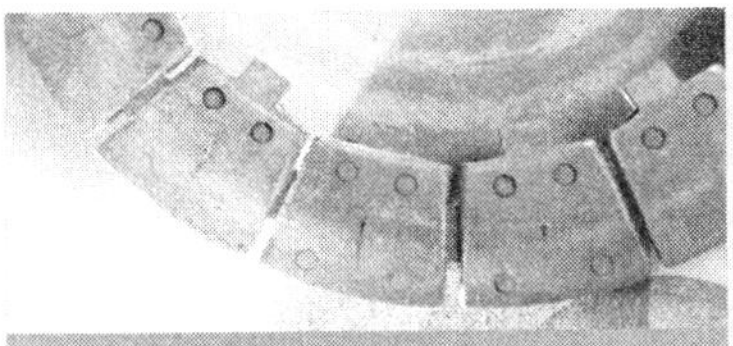

서 설/재산상속
유 언/유류분/사례문답

제13장 사망과 법률

제1절 서　설

사람이 죽는 것은 자연의 이치이다. 아무리 한 시대를 풍미했던 권세가라 할지라도 자연의 섭리 앞에서는 어쩔 수 없는 노릇이다. 불노초를 구해다 복용한들 모든 게 사람의 욕심일 뿐이지 자연의 수레바퀴를 되돌리지 못하는 법이다. 문제는 살아 있는 동안 어떻게 살다가 어떻게 죽음을 맞이하느냐 일 것이다. 무릇 살아 있는 동안 선을 쌓아 인류평화에 한 그루터기를 마련하는 것이 최선의 삶일 것이다.

사람의 죽음은 가정적으로는 함께 공동생활을 하던 가족원에 대한 슬픔과 다짐이 있을 것이요, 사회적으로는 한 사회구성원에 대한 애도와 생전의 활동에 대한 평가가 있을 것이다. 종교적으로는 절대자의 부름에 순응하면서 내세에서의 보다 편한 삶을 기원할 것이며, 우주적으로는 한 줌의 흙으로 돌아가 자연에 동화될 것이다.

그러나 한 인간의 죽음은 법률적으로는 법률관계의 많은 변동을 초래한다. 우선 권리능력이 상실됨으로써 권리의무의 객체가 된다. 여기서는 몇 가지 법적인 문제들을 살펴보되 상속과 유언을 중심으로 살펴보기로 한다.

Ⅰ. 사망의 시기

사람(자연인)의 사망시기에 대하여는 호흡이 멈춘 때(호흡정지설), 심장이 멎은 때(심장박동정지설), 뇌파가 정지된 때(뇌사설) 등 여러 학설이 있으나 다수설은 심장이 멎은 때를 사망으로 보고 있다. 그러나 이 설에 따르면 오늘날 의학적으로 널리 이용되고 있는 장기이식 등에 있어서 심각한 법적 문제를 야기할 수 있다(뇌사설에 따라 타인의 심장을 이식수술한 경우 그 의사는 업무상살인죄가 됨). 따라서 오늘날은 의학과 과학의 발달에 힘입어 뇌사로 인한 죽음을 인정하려는 학설이 유력시되고 있다.

한편 이와 같은 자연사 외에 실종선고(민법 제28조)와 동시사망의 추정(민법 제30조), 인정사망이라는 법적 효과를 통하여 사망이 인정되는 경우도 있다.

II. 사망의 법적 효과

1. 민법상의 효과

사람은 살아 있는 동안 권리의무의 주체가 되므로(제3조), 사망과 동시에 민법상 권리능력이 상실된다. 따라서 상속·유언의 효력발생, 잔존배우자의 재혼 등의 문제가 대두된다.

한편, 시신(시체)은 상속권자의 소유에 속하는 민법상 물건이다. 그러나 다른 물건과 달라서 시신은 매장이나 화장, 제사의 대상으로만 되는 물건이다. 그러므로 시신의 전부나 일부를 처분하는 행위는 대체로 반사회적인 행위가 되어 무효가 된다.

2. 형법상의 효과

형법은 죽은 사람도 범죄의 대상으로 삼아 사자(死者)의 명예훼손과 사체를 중심으로 신앙에 관한 죄를 규정하고 있다. 즉 공연히 허위의 사실을 적시하여 死者의 명예를 훼손하는 경우 사자명예훼손죄(제308조)로 처벌한다. 또한 장식(葬式) 등의 방해에 관한 죄(제158조), 시체 등의 오욕에 관한 죄(제159조), 분묘의 발굴죄(제160조), 사체 등의 영득죄(제161조), 변사자의 검시방해죄(제163조) 등도 사람의 죽음과 관련된 범죄들이다.

3. 가족관계등록법상 효과

(1) 사망신고

사람이 사망하게 되면 우선 가족관계등록법에 의한 사망신고를 하여야 한다. 사망신고는 동거하는 친족이 하여야 하나, 친족, 동거자 또는 사망 장소를 관리하는 사람, 사망장소의 동장 또는 통장, 이장도 할 수 있다. 사망신고는 사망의 사실을 안 날로부터 1월 이내에 진단서 또는 검안서를 첨부하여, 사망자의 성명 · 성별, 등록기준지 및 주민등록번호 · 사망년월일시 · 사망장소를 기재하고 사망지 · 매장지 또는 화장지에서 할 수 있다. 다만, 사망지가 분명하지 아니한 때에는 사체가 처음 발견된 곳에서, 기차나 그 밖의 교통기관 안에서 사망이 있었을 때에는 그 사체를 교통기관에서 내린 곳에서 항해일지를 비치하지 아니한 선박 안에서 사망한 때에는 그 선박이 최초로 입항한 곳에서 할 수 있다(동법 제84조, 제86조).

신고기간 내에 사망신고를 하지 않으면 과태료를 물게 된다(동법 제122조).

(2) 인정사망

수해, 화재나 그 밖의 재난으로 인하여 사망한 사람이 있는 경우에는 이를 조사한 관공서는 지체 없이 사망지의 시 · 읍 · 면의 장에게 통보하여야 한다. 다만, 외국에서 사망한 때에는 사망자의 등록기준지의 시 · 읍 · 면의 장에게 통보하여야 한다(동법 제87조). 실종신고가 사망을 의제한 것인 데 반하여, 인정사망은 사망의 확증은 없으나 홍수 등 주위상황으로 보아 사망이 확실하다고 볼 경우에 가족관계등록부상 사망의 기재를 하기 위한 절차적 특례 즉, 강한 사망추정적 효과를 인정하는 데 지나지 않는다. 따라서 인정사망이 사실과 다른 경우에는 개별적 소송에 있어서 사실을 입증 · 주장하는 것이 허용된다.

4. 장사 등에 관한 법률상의 문제

사망한 사람은 매장하거나 화장하여야 하고, 그 장소는 묘지 · 화장장 · 납골당이 된다. 어느 곳이든 보건위생상의 위해를 방지하고 국토의 효과적 이용 및 공공복리 증진에 기여하여야 한다.

한편, 매장 · 화장 · 개장의 시기는 다른 법령에 특별한 규정이 있는 경우를 제외하고는 사망 또는 사망시로부터 24시간을 경과한 후이어야 한다. 다만, 임신 7개월 미만의 사태(死胎)는 예외이다.

5. 저작권법에 의한 사후보장

저작권은 생존 중에는 물론이고 사후까지도 배타적·특권적 권리로서 보장된다. 즉 저작권의 보호기간은 특별한 규정이 있는 경우를 제외하고는 생존 시와 사후 50년간 존속한다. 다만 저작자가 사망 후 40년이 경과하고 50년이 되기 전에 공표된 저작물의 저작재산권은 공표한 때로부터 10년간 존속한다(동법 제36조 제1항). 또한 공동저작물은 맨 마지막으로 사망한 저작자의 사망 후 50년간(동법 제36 제2항), 무명 또는 이명저작물(異名著作物)은 공표된 때부터 50년간(동법 제37조), 단체명의 저작물은 공표 시부터 50년간 존속한다(동法 제38조).

6. 세법상의 효과

사망과 동시에 개시되는 피상속재산에 대하여 상속세가 부과된다.

7. 기 타

이외에도 보험법상의 보험금청구권, 군인연금법상의 유족연금청구권, 공무원연금법상의 유족연금청구권, 국민연금법상의 유족연금청구권이 발생한다.

제 2 절 재산상속

상속이란 사람이 사망한 경우에 그 死者의 재산상의 지위 내지 권리·의무가 그 자와 일정한 친족관계에 있는 자에게 포괄적으로 승계되는 것을 말한다. 여기서 사망으로 상속당하는 자를 피상속인이라 하고, 이 사자와 일정한 친족관계에 있어 상속하는 자를 상속인이라고 한다. 또 피상속인이 생전에 가지고 있었던 재산상의 권리·의무를 상속재산이라고 한다.

I. 재산상속의 개시

재산상속은 자연인의 사망에 의해서만 발생한다. 실종선고 받은 자는 실종기간이 만료한 때에 사망한 것으로 보므로 실종기간 만료 시에 상속이 개시된다.

II. 재산상속인의 범위와 순위

1) 피상속인(사망한 사람)의 재산을 상속하는 범위와 순위는 다음과 같다.
   제1순위, 피상속인의 직계비속(자녀, 손자녀 등)
   제2순위, 피상속인의 직계존속(부모, 조부모 등)
   제3순위, 피상속인의 형제자매
   제4순위, 피상속인의 4촌 이내의 방계혈족
2) 같은 순위에 있는 상속인이 여러 명일 경우 최근친이 선순위로 되고, 또 같은 순위에 있는 자가 여러 명일 때에는 공동상속인이 된다.
3) 배우자는 피상속인의 직계비속 및 직계존속이 있는 때에는 그 상속인과 같은 순위로 공동상속인이 되고, 그 상속인이 없는 때에는 단독상속인이 된다(제1003조).
4) 상속인이 될 직계비속 등이 상속개시 전에 사망 또는 상속인의 자격을 잃을 때에는 그 직계비속 및 배우자가 같은 순위로 공동상속인이 되며 그 상속인(직계비속)이 없는 때에는 배우자가 단독 상속한다(대습상속).
5) 한편, 상속인이 상속능력이 있는 경우일지라도 민법이 정하는 반도덕적 행위를 한 때에는 상속자격이 박탈된다(제1004조 참조).

III. 재산상속분 및 상속재산

같은 순위의 상속인이 여러 명인 때에는 그 법정상속분은 균분으로 하고, 배우자는 5할을 가산한다(예컨대, 배우자 : 장남 : 장녀 =1.5 : 1 : 1). 다만 피상속인을 부양한 자의 상속분은 법정상속분의 5할을 가산한다.

공동상속인 중에 피상속인으로부터 재산의 증여 또는 유증을 받은 자가 있는 경우에는 그 수증재산(受贈財産)이 자기의 상속분에 이르지 못한 때에는 부족한 부분의 한도에서 상속분이 있다(민법 제1008조).

공동상속인 중에 상당한 기간 동거·간호 그 밖의 방법으로 피상속인을 특별히 부양하거나 피상속인의 재산의 유지 또는 증가에 관하여 특별히 기여한 자가 있을 때에는 상속개시 당시의 피상속인의 재산가액에서 공동상속인의 협의로 정한 그 자의 기여분을 공제한 것을 상속재산으로 보고, 법정상속분 및 대습상속분에 의하여 산정한 상속분에 기여분을 가산한 액으로써 그 자의 상속분으로 한다(민법 제1008조의 2). 寄與分의 인정 여부 및 그 인정범위에 대해서는 공동상속인들이 협의하여 결정하는 데, 그 제안은 공동상속인이면 누구나 할 수 있다. 만일 협의가 이루어지지 않을 때에는 기여분 주장자가 법원에 청구할 수 있다. 이 때에는 법원이 결정하게 된다. 기여분 산정에 있어서는 기여의 시기·방법·내용·상속재산가액 기타 모든 사정이 참작된다. 이 때 기여분은 피상속인의 상속재산가액에서 피상속인이 다른 데 유증한 가액을 초과하지 못한다(민법 제1008조의2 제3항).

한편 상속인은 피상속인의 재산에 관한 포괄적인 권리 의무를 모두 상속하므로 실질적 유산뿐만 아니라 부채까지 승계하나, 피상속인의 일신에 전속(專屬)한 것은 승계되지 않는다.

Ⅳ. 상속재산의 분할

공동으로 상속하는 경우 상속인들은 각자의 상속분에 따라 상속재산을 분할하게 되는데, 구체적인 분할방법은 공동상속인들의 협의에 의한다(협의가 안 될 때는 공유물분할청구소송을 제기할 수 있다). 그러나 피상속인이 유언으로 각자의 상속분량이나 분할방법 등을 지정한 때에는 유언에 따라야 한다. 분할금지유언에 의한 분할금지기간은 5년을 넘지 못한다.

상속재산의 분할이 끝난 다음에 인지 또는 재판의 확정 등에 의해 공동상속인이 된 자는 각 공동상속인의 상속분에 상당한 가액의 지급을 청구할 수 있다.

V. 재산상속의 승인 · 포기

상속인은 상속되는 채무가 그 재산을 초과하는 사실을 중대한 과실 없이 상속개시가 있음을 안 날로부터 3개월 이내에 알지 못하고 단순승인한 경우에는 상속되는 채무가 그 재산을 초과하는 사실을 안 날로부터 3월내에 한정승인 또는 포기할 수 있다(민법 제1019조 제3항). 여기서 한정승인이란 상속한 재산의 한도에서 피상속인의 채무 · 유증을 변제할 것을 조건으로 상속을 승인하는 것을 말한다.

상속되는 채무가 상속재산을 초과하는 사실을 안 날로부터 3월 이내에 한정승인이나 포기의 신고를 하지 않으면, 상속을 단순승인한 것으로 되어 피상속인의 권리, 의무를 무제한으로 승계하게 된다. 또 상속재산에 대한 처분을 한 때 등은 단순승인한 것으로 간주된다.

VI. 재산상속인이 없을 때

상속인의 존부가 분명하지 않을 때에는 친족 · 이해관계인의 청구에 의해 법원이 상속재산 관리인을 선임하고, 공고하여야 한다(민법 제1053조 제1항). 이 공고가 있은 날로부터 3월 내에 상속인의 존부를 알 수 없는 때에는 관리인은 지체 없이 일반상속채권자와 유증받은 자에 대하여 일정한 기간 내에 그 채권 또는 수증을 신고할 것을 2월 이상 공고하여야 한다(민법 제1056조). 이 기간이 지나도 상속인의 존부를 알 수 없는 때에는 법원은 관리인의 청구에 의하여 1년 이상 상속인 수색의 공고를 하여야 한다(민법 제1057조). 또한 이 기간이 지나도 상속권을 주장하는 자가 없는 때에는 가정법원은 피상속인과 생계를 같이하고 있던 자, 피상속인의 요양간호를 한 자, 기타 피상속인과 특별한 연고가 있던 자의 청구에 의하여 상속재산의 전부 또는 일부를 分與할 수 있다. 이때의 청구는 상속인 수색 공고기간(1년 이상)의 만료 후 2월 이내에 하여야 한다(상속재산분여분청구, 민법 제1057조의2). 그러나 이 기간 내에도 분여되지 아니한 상속재산은 결국 국가에 귀속한다(민법 제1058조).

제3절 遺 言(유언)

Ⅰ. 유언의 의의

사람은 사망하기 전에 누구든지 유언을 할 수 있다. 유언이란 유언자의 사망과 동시에 일정한 법률효과를 발생시키는 것을 목적으로, 일정한 방식에 따라서 일정한 법률사항에 대하여 하는 상대방 없는 단독행위이다. 이 점에서 유언은 계약인 死因贈與(사인증여)와는 다르다. 유언은 死後贈與(사후증여)이다. 따라서 유언자의 사망으로 효력이 발생한다. 유언은 그 효력이 발생하기까지는 언제든지 철회할 수 있다(민법 제1108~1111조). 유언은 유언자 자신이 하는 것이므로 대리는 허용되지 않는다.

Ⅱ. 유언사항

유언을 할 수 있는 내용은 법률로 정하여져 있으며, 따라서 법률로 정하여져 있는 내용에 대하여 유언을 한 경우에만 법적으로 효력이 생긴다. 그러므로 "어머니에게 효도를 하라."라는 등의 유언은 이른바 유훈(遺訓)으로서 법적으로 아무런 효과가 없다.

민법은 재단법인의 설립(제47조 제2항), 친생부인(제850조), 인지(認知)(제859조 제2항), 후견인 지정(제931조), 상속재산분할방법의 지정 또는 위탁(제1012조 전단), 상속재산분할금지(제1012조 후단), 유언집행자의 지정 또는 위탁(제1093조), 유증(제1074조 이하), 신탁(신탁법 제2조) 등을 유언사항으로 규정하고 있다.

Ⅲ. 유언능력

유언도 다른 계약에 있어서와 마찬가지로 의사표시이기 때문에 의사능력이 없는 사람은 유언을 하더라도 그것은 무효이다. 그러나 제한능력자라 할지라도 의사능력, 즉 자기가 한 유언이 어떤 결과를 가져오는가에 대한 판단능력만 있으면 그 유언은 유효하다. 따라서 미성년자는 만17세 이상이면 유언할 수 있다. 다만 피한정후견인에 대해서는 의사가 심신회복상태를 유언서에 부기하고 서명 · 날인하여야 한다(민법 제1063조).

Ⅳ. 유언증인의 결격자

유언방식 중 자필증서에 의한 유언의 경우를 제외한 그 밖의 방식에 의한 유언에 있어서는 1인 또는 2인 이상의 증인이 참여한다. 그러나 미성년자, 피성년후견인과 피한정후견인, 유언에 의하여 이익을 얻을 자 및 그 배우자와 직계혈족(민법 제1072조) 등은 증인이 될 수 없다.

Ⅴ. 유언의 방식

유언은 민법에 정하는 방식에 따라서 하지 않으면 그 효력이 없다(제1060조). 민법이 정하는 유언방식으로서는 자필증서 · 녹음 · 공정증서 · 비밀증서 · 구수증서의 5종이 있다(제1065조). 즉, 유언은 이들 5종의 방식 중 어느 하나를 택해서 하여야만 유효하다.

1. 자필증서에 의한 유언

자필증서유언이란 유언자가 유언서의 全文과 그 작성의 연월일, 그리고 주소 · 성명을 자서(自書)하고 날인함으로써 성립하는 유언이다(민법 제1066조 제1항). 자필증서는 加除變更(가제변경)을 할 수 있으나, 이를 하려면 유언자가 자서하고 날인하여야 한다(민법 제1066조 제2항). 이 자필증서에 의한 유언은 가장 간단하면서도 또한 가장 비밀로 할 수 있는 방식이나, 반면에 분실 · 은닉 · 파기 등의 위험이 따른다.

유언서의 전문은 자필로 표시한 의사가 정확하게 나타나 있으면 되고 어떤 표현에 의하여도 상관없다. 따라서 타자기나 컴퓨터를 사용하면 자필증서가 되지 않는다. 작성의 연월일이 없는 유언서는 무효이다. 그러나 반드시 연월일로 적어야 하는 것은 아니고, 연월일을 확정할 수 있는 표현(몇 회의 생일 또는 회갑일 등의 표현)이면 그것으로 충분하다. 그리고 작성일자는 반드시 유언서의 본문에 자서할 필요는 없다. 예컨대, 적성한 유언서를 봉통(封筒)에 넣고, 그 봉함에 연월일을 자서하여도 상관이 없다. 주소·성명은 유언자 본인의 동일성을 확인할 수 있으면 된다. 따라서 아호(雅號)나 예명(藝名) 등으로 표시하여도 좋다. 날인은 반드시 실인(實印)으로 하여야 하는 것은 아니고, 예컨대 손도장이나 서명도 상관없다. 피한정후견인이 유언을 하는 경우에는 참여한 의사가 심신상실의 상태를 유언서에 부기하고 서명날인 하여야 한다(민법 제1063조 제2항).

2. 녹음에 의한 유언

녹음유언이란 유언자가 유언의 취지·그 성명과 연월일을 구술·녹음하고, 이에 참여한 증인이 유언의 정확함과 그 성명을 구술·녹음함으로써 성립하는 유언이다(민법 제1067조). 전술한 자필증서에 의한 유언보다도 더 간편하고, 특히 몸이 불편해서 필기에 곤란을 갖고 있는 자도 이용할 수 있어서 유용하다. 비밀도 확보되나 분실·은닉·파기의 위험, 특히 변조·위조·소음의 위험이 높다. 과학의 발달로 각종의 녹음방법이 비교적 손쉽게 이용될 수 있고, 또한 실제에 있어서도 널리 보급되어 있는 데서 민법이 특히 인정한 유언이다.

3. 공정증서에 의한 유언

공정증서유언은 증인 2인의 참여하에 유언자가 공증인의 면전에서 유언의 취지를 구수하고, 공증인이 이를 필기한 후 낭독하여 유언자와 증인이 그 정확함을 승인한 다음에, 각자 서명 또는 기명하고 날인한 후(민법 제1068조) 공증인이 서명날인 하는 방식의 유언이 공정증서유언이다. 이는 분실·멸실·변조 등의 위험이 없는 반면에 비밀을 확보하기 어려운 단점이 있다.

4. 비밀증서에 의한 유언

비밀증서로 유언을 하려면 먼저 유언자가 유언이 적혀 있는 증서(자필임을 요하지 않고 또는 작성일자가 없어도 좋다)에 성명을 기입한 후, 그 증서를 엄봉(嚴封)해서 봉인하고 이를 2인 이상의 증인의 면전에 제출하여 자기의 유언서임을 표시한 다음,

그 봉서의 표면에 제출년월일을 적고 유언자와 증인이 각각 서명 또는 날인하여야 한다(민법 제1069조 제2항). 이 유언봉서는 그 표면에 기재된 날로부터 5일 이내에 공증인 또는 법원서기에게 제출하여 그 봉인 위에 확정일자를 받아야 한다(민법 제1069조 제2항).

위의 비밀증서에 의한 유언이 그 방식에 흠결이 있으면 그것은 물론 무효로 된다. 그러나 그 무효인 비밀증서가 자필증서의 방식을 갖추고 있는 때에는 자필증서에 의한 유언으로 본다(민법 제1071조).

5. 구수증서에 의한 유언

구수증서유언이란 유언자가 질병 등으로 사망의 위급이 다가오고 있는 급박한 사정으로 상술한 4종의 방식에 의할 수 없는 때에 할 수 있는 유언방식이다. 이를 하려면 유언자가 2인 이상의 증인이 참여한 가운데서 그 1인에게 유언의 취지를 구수하고, 구수를 받은 자가 이를 필기 · 낭독하여 유언자와 증인이 정확함을 승인한 후, 각자 서명 또는 기명날인한다(민법 제1070조 제1항).

이 구수증서에 의한 유언은 그 작성에 참여한 증인이나 이해관계인이 급박한 사유가 종료한 날로부터 7일 이내에 법원에 그 검인을 신청하여야 한다(민법 제1070조 제2항). 가정법원은 이 검인을 심판으로써 한다(가사소송법 제2조 제1항).

VI. 유언의 무효 · 취소 · 철회

유언도 하나의 법률행위이므로 유언능력 없는 자의 유언이나 법정의 방식을 갖추지 않은 유언은 당연히 무효이다. 또한 사회질서위반의 유언도 무효이고, 착오나 사기 · 강박에 의한 유언은 취소할 수 있다.

주의할 것은 유언은 상대방 없는 단독행위이므로 비진의표시는 언제나 유효하고, 통정허위표시는 문제될 여지가 없다. 유언의 무효 · 취소가 문제가 되는 것은 유언자의 사망 후이다. 유언의 무효 · 취소의 소는 상속인 · 그 법정대리인 · 유언집행자 · 수증자(受贈者) 기타 이해관계인이 이를 제기할 수 있다.

유언자는 유언이 유효하게 성립하였으나 아직 그 효력을 발생하고 있지 않은 유언에 관하여는 이를 장래에 향하여 효력을 발생하지 못하도록 할 수 있다. 이를 유언의 철회(撤回)라고 한다. 유언자는 그의 유언이 효력을 발생하기 전, 즉 그의 생존중에는 언제든지 별개의 유언(철회의 유언) 혹은 유언에 저촉하는 생전행위에 의하여 그의 유언의 전부 또는 일부를 철회할 수 있다(민법 제1108조 제2항).

제4절 遺 留 分(유류분)

Ⅰ. 유류분제도의 의의

상속(상속이라 함은 재산상속만을 의미한다)은 유언이 우선이다. 그러나 피상속인이 유언에 의하여 상속인 이외의 사람 또는 상속인 중 일부의 사람에게 모든 재산을 상속하게 되면, 상속인의 일부는 뜻하지 않은 문제에 이를 수 있다. 이에 민법은 유류분제도를 두어 피상속인의 유언에 의해서도 침해할 수 없는 상속인의 권리(유류분권)를 보호하고 있다. 즉 유류분 제도는 피상속인이 상속재산 중에서 일정부분을 일정한 상속인을 위하여 반드시 남겨 두어야 하는 제도이다.

Ⅱ. 유류분권리자

민법은 유류분 권리자로서 피상속인의 직계비속·배우자·직계존속 및 형제자매로 한정하고 있다(제1112조). 따라서 피상속인의 4촌 이내의 방계혈족까지 인정하는 법정상속인의 범위보다 좁다. 태아도 피상속인의 직계비속으로서 유류분 권리자가 된다. 또한 대습상속인도 피대습자의 상속분의 범위 내에서 유류분권을 취득한다(민법 제1118조, 제1001조, 제1010조).

Ⅲ. 유류분의 비율

피상속인의 직계비속과 배우자는 그 법정상속분의 1/2, 직계존속 및 형제자매는 그 법정상속분의 1/3이다(민법 제1112조).

Ⅳ. 유류분의 산정

유류분은 상속개시시에 있어서 피상속인이 가진 재산의 가액에 증여재산의 가액을 가산하고 채무의 전액을 공제하여 산정한다(민법 제1113조 제1항). 산입될 증여에 관하여는 증여는 상속개시 전의 1년간에 행한 것에 한하며, 권리자의 손해를 가할 것을 알고 증여를 할 때에는 1년 전에 한 것도 같다(민법 제1114조). 예컨대 공동상속인 중에 피상속인으로부터 재산의 증여에 의하여 특별수익(피상속인이 사망 2년 전에 자기명의인 대지와 주택을 특정상속인에게 명의이전 한 경우)한 자가 있는 경우에는 민법 제1114조의 규정은 그 적용이 배제된다.

유류분액 = (상속개시 당시의 재산가액 + 상속개시 전 1년 이내의 증여액 - 채무액) × 상속인의 법정 상속분 × 유류분 비율

Ⅴ. 유류분의 보전

유류분 권리자가 받은 상속재산이 유류분을 침해하는 유증 또는 증여의 결과로 그 유류분에 부족이 생긴 때에는 부족한 한도 내에서 유증 또는 증여된 재산의 반환을 청구할 수 있다(민법 제1115조 제1항). 이 때 증여 및 유증을 받은 자가 수인인 때에는 각자가 얻은 유증가액의 비례로 반환하여야 한다.

한편, 유류분 부족분에 대한 반환청구권은 유류분 권리자(또는 그 승계인)가 상속개시와 반환할 유증 또는 증여한 사실을 안 때로부터 1년 이내, 상속개시 된 때로부터 10년 내에 행사하여야 한다(민법 제1117조).

유류분반환청구의 목적인 증여나 유증이 병존하고 있는 경우에는 유류분권리자는 먼저 유증을 받은 자를 상대로 유류분침해액의 반환을 구하여야 하고, 그 후에도 여전히 유류분침해액이 남아 있는 경우에 한하여 증여를 받은 자에 대하여 그 부족분을 청구할 수 있다(민법 제1116조). 사인증여의 경우에는 유증의 규정이 준용될 뿐 아니라 그 실제적 기능도 유증과 달리 볼 필요가 없으므로 유증과 같이 보아야 한다(대판 2001.11.30, 2001다6947).

제13장 사망과 법률

1 사망진단서 없는 사망신고

질 문

저의 아저씨가 오래 전에 돌아가셨는데 사망진단서가 없어 아직 사망신고를 못 했다고 합니다. 신고를 할 수 있는 방법이 없을까요?

답 변

사람이 사망하면 원칙적으로 사망신고의 의무자가 사망의 사실을 안 날로부터 1월 이내에 진단서 또는 검안서(檢案書)를 첨부하여 사망신고를 하여야 한다(가족관계등록법 제84조 제1항). 진단서는 사망자를 진찰한 의사가 작성한 것이며 검안서는 진찰을 하지 않은 의사가 사망 후에 사체를 검안하여 작성하는 것을 말한다.

그러나 수년 전에 사망하였거나 또는 벽지와 같이 의료기관이 없어서 진단서·검안서를 첨부할 수 없는 경우에는, 사망의 사실을 증명할 만한 서면으로써 이에 갈음할 수 있다. 이 경우 신고서에 그 진단서 또는 검안서를 얻지 못한 사유를 기재하여야 한다(가족관계등록법 제84조 제3항). 지진으로 인한 사망자의 사망신고에는 진단서의 첨부가 없어도 사망자의 사실을 안 자의 증명에 의하여 사망의 사실을 확인할 수 있는 때에는 담당공무원은 반드시 이를 수리하게 되어 있다. 또한 태풍조난자의 사망에 대하여 사망의 증명서를 첨부하여 신고를 할 때에도 시·구·읍·면의 장이 사망의 사실을 확인할 수 있는 경우에는 그 사망신고를 수리한다.

2 상속의 포기와 한정승인

질 문

저의 아버지는 중소기업을 경영하시다가 부도가 나서 화병으로 돌아가셨습니다. 저의 집은 빚 받으러 오는 채권자들로 어수선합니다. 빚은 모두 1억 원 정도 되는데 채권자들은 저보고 아들의 도리를 못 한다고 꾸짖으며 빨리 대신 갚으라고 성화입니다. 제가 갚아야 하는지요? 아버지께서 갑자기 돌아가시는 바람에 상속재산이 얼마나 되는지도 잘 모르고 있는 상태입니다.

답 변

피상속인의 사망으로 인하여 상속되는 재산은 적극적인 재산뿐만 아니라 소극적인 재산(빚 등)까지 포괄적으로 승계된다. 따라서 귀하는 집이나 임야, 토지 등 부동산이나 은행예금, 주식, 채권 등의 동산과 같은 적극적 재산뿐만 아니라 부친이 생전에 다른 사람에게 부담하고 있는 차용금채무, 외상금 채무, 보증채무 등 소극적 재산도 그대로 승계받게 된다. 그런데 우리 민법은 상속인을 보호하기 위하여 비록 이익이 있다고 하더라도 본인의 의사에 반하여 상속재산을 억지로 귀속시키지 않을 수 있도록 한정승인 및 상속포기 제도를 마련하고 있다. 여기서 한정승인이란 상속인이 상속으로 인하여 얻는 재산의 한도 내에서 피상속인의 채무를 변제하는 것을 조건으로 상속을 승인하는 것을 말한다. 그리고 상속의 포기란 무조건 부채를 포함한 일체의 재산을 상속하지 않겠다는 것을 말한다. 따라서 한정승인의 경우에는 유산이 채무를 다 변제하고 남은 것이 있다면 나머지는 상속인에게 상속되나, 상속의 포기의 경우는 그렇지 않다.

사례의 경우에 귀하는 부친의 빚은 얼마인 줄 아는데 적극적 상속재산보다 많다는 것이 확실하지 않은 한 한정승인을 신청할 필요가 있다. 한정승인을 하려면 상속인이 상속되는 채무가 그 재산을 초과하는 사실을 과실없이 상속개시일로부터 3월 이내에 알지 못한 경우에는 그 사실을 안 날로부터 3월 이내에 상속재산의 목록을 첨부해서 가정법원에 한정승인의 신고(인감증명서 첨부)를 하여야 한다(민법 제1030조). 이때 대리인에게 위임(인감증명서 첨부)할 수도 있다(상속포기절차도 같다).

그러나 이 기간이 지나면 한정승인을 신청할 수 없다. 따라서 귀하는 아버지의 빚을 갚아야 할 것이다. 만일 귀하가 외국 등에 장기간 체류중이어서 부친의 사망 사실을 귀국한 후에 알았고, 상속되는 채무가 그 재산을 초과한다는 사실을 안 날이 3개월이 지나지 않았다면 지금이라도 법원에 한정승인이나 상속포기 신고를 하면 부친의 부채를 갚지 않아도 될 것이다.

한편, 귀하가 상속 1순위자이며 단독상속인인 경우 소정의 기간 내에 상속포기를 하였다 하더라도 귀하의 아들이 있다고 하면 귀하의 아들이 상속 1순위가 되어 결국 할아버지의 채무를 부담하게 되므로 귀하의 아들(즉 피상속인의 손자)도 상속포기나 한정승인을 하여야 한다.

그리고 상속회복청구권은 그 침해를 안 날로부터 3년, 상속권의 침해가 있는 날부터 10년 내에 행사하여야 한다(민법 제999조 제2항).

3 단독 상속하고 싶은데…

질 문

저의 아버지는 별다른 재산없이 주택 1동만 남긴 채 병사하였습니다. 아버지가 남긴 주택엔 어머니와 저희 형제가 같이 살고 있는데 가족이 의논 끝에 주택은 저의 단독명의로 하는 것이 좋겠다는 결론을 얻었는데 가능할는지요? 그런데 남동생은 이제 18세밖에 되지 않았습니다.

답 변

공동상속인들의 상속포기나 협의분할로 귀하 단독명의로 등기할 수 있다. 먼저 재산의 상속은 상속인이 그 상속권을 포기할 수 있으므로 공동상속인들 중 등기명의를 할 귀하를 제외한 나머지 상속인들이 그 상속지분을 포기하면, 상속을 포기하지 아니한 귀하 한 사람이 단독상속을 하여 단독명의로 등기할 수 있다.

그런데 상속포기는 상속 개시 있음을 안 날(사망한 것을 안 날)로부터 3개월 이내에 법원에 신고하여야 효력이 있다. 그러므로 귀하의 부친이 사망한 것이 3개월이 경과되기 전이면 귀하를 제외한 나머지 상속인들이 상속포기 신고를 하여 귀하 단독명의로 등기할 수 있으나, 만약 3개월이 경과되었다면 부득이 상속재산분할의 방법에 의할 수밖에 없다.

상속재산의 분할이라 함은 상속개시로 인하여 생긴 공동상속인간에 있어서의 상속재산의 공유관계를 종료시키고, 각 상속인에게 그의 상속분을 확정 배분시키는 일종의 청산행위이다. 상속재산을 분할하는 방법에는 세 가지가 있다.

첫째, 유언에 의한 분할이다. 피상속인은 유언으로 상속재산의 분할방법을 정하거나 이를 정할 것을 제3자에게 위탁할 수 있고, 상속개시의 날로부터 5년을 초과하지 아니하는 기간 내에 그 분할을 금지할 수 있다(민법 제1012조).

둘째, 협의에 의한 분할이다. 공동상속인은 유언에 의한 분할방법의 지정이나 분할금지가 없으면 언제든지 그 협의에 의하여 상속재산을 분할할 수 있다(민법 제1013조 제1항). 협의는 공동상속인 전원이 동의가 있어야 하며, 그 분할되는 몫은 반드시 각자의 법정상속분에 따르지 않아도 된다. 그러나 상속인 중에 미성년자와 그 친권자가 있는 경우에는 친권자가 그 미성년자의 주소지를 관할하는 가정법원에 특별대리인 선임신청을 하여 그 선임된 특별대리인과 분할의 협의를 하여야 한다(민법 제921조).

셋째, 법원의 조정 또는 심판에 의한 분할이다. 상속재산의 분할의 협의가 성립되지 않으면 각 공동상속인들은 가정법원에조정을 신청하고, 조정이 성립되지 않으면 분할심판 청구를 할 수 있다. 법원의 심판에 의한 분할은 현물분할을 원칙으로 하며, 현물분할을 할 수 없는 경우 등에는 물건을 경매해서 분할하기도 한다.

사례의 경우에는 상속인들 전부가 협의된 경우이므로(미성년자인 남동생의 특별대리인이 선임되어 협의된 경우) 주택을 귀하의 단독소유로 한다는 분할협의서를 작성하여 분할등기 신청을 하면 가능하다. 분할협의서는 공증을 받거나 이에 참가한 사람들의 인감증명서를 첨부하면 된다.

4 첩과 서자(庶子)의 재산상속

질 문

저는 처자식이 있는 남자와 동거생활을 하고 있습니다. 그러나 저와의 사이에도 아들 1명이 있는데 갑자기 남편이 사망하였습니다. 이 경우 제아들과 저도 남편의 재산을 상속할 수 있는가요?

답 변

유산에 관하여 특별히 유언이라도 하지 않은 이상, 첩은 남편의 재산을 상속할 권리가 없다. 그리고 아들은 아버지의 가족관계등록부에 등록이 되지 않은 이상 유산을 상속할 권리가 없다. 그러나 만일 아버지의 사후에라도 인지가 확정되면 그 인지의 효력은 그 자의 출생시에 소급하여 생기게 되므로(민법 제860조), 아들도 소급해서 재산상속을 받게 된다. 아버지가 인지를 하면 혼인외의 자가 되나, 법정상속분에 있어서는 혼인중의 자, 즉 본처의 아들과 차별이 없다.

그런데 재판으로 인지가 확정되기 전에 다른 공동상속인이 이미 유산을 분할하였거나 기타 처분을 한 때는, 인지를 받아서 공동상속인이 된 사람이 상속재산의 분할을 청구하게 되면 법률관계가 복잡하게 될 염려가 있으므로, 이런 경우에는 상속재산의 분할을 다시 받을 필요는 없고, 그 자의 상속분에 상당한 가격을 금전으로 청구하면 된다(민법 제1014조).

5 남편과 아들의 동시사망

질 문

1년 전 제남편과 독자인 아들이 섬으로 낚시하러 갔다가 돌아오는 길에 여객선이 침몰하면서 한 날에 사망하였습니다. 현재 저는 시아버님과 혼인 전인 시동생, 시누이와 함께 살고 있습니다. 현재 우리 일가족의 유일한 재산이라고는 남편 명의의 아파트 1채 밖에 없습니다. 이런 경우 남편의 재산을 상속받을 수 있나요?

답 변

비행기 · 선박 · 자동차 등의 사고나 지진 · 태풍 · 화재 등의 재난으로 피상속인과 상속인이 서로 전후하여 사망하여 어느 쪽이 먼저 사망하였는지 불분명한 경우가 생기는데, 실은 어느 쪽이 먼저 사망하였느냐에 따라 상속관계에 매우 다른 결과가 나온다. 즉, 남편이 먼저 사망하였으면 유산은 처와 아들이 공동상속하게 되나, 그 후에 아들이 또한 사망하였으므로 결국은 처가 남편의 전 유산을 상속하게 된다. 그러나 만일 아들이 남편보다 먼저 사망하였다면 처는 시부모와 공동상속을 하게 된다(민법 제1003조 제1항). 이 때 시동생들은 후순위이므로 문제되지 않는다.

예컨대, 사례의 경우 아파트 1채를 금전으로 환산하여 1억 원으로 보자(아들은 재산이 없음). 이 때 귀하는 6,000만 원(1억 원×1.5/(1.5+1.0)), 시아버지는 4,000만 원(1억 원×1/(1.5+1.0))을 상속한다.

만일 시간적으로 남편이 아들보다 먼저 사망한 경우라면 귀하가 6,000만 원, 아들이 4,000만 원을 일단 상속하고, 아들도 곧 사망한 것이 되어 아들의 상속분을 귀하가 전부상속한다. 결국 귀하가 1억 원을 모두 상속하여 시아버지는 상속분이 없게 된다.

그러나 아들이 남편보다 먼저 사망한 경우에는 아들의 재산이 없으므로 상속도 있을 수 없다. 그 후 곧 남편도 사망하였으므로 그의 재산을 귀하가 6,000만 원, 시아버지가 4,000만 원을 각자의 상속분대로 상속한다.

이와 같이 피상속인과 상속인이 함께 사망하였다고 하는 경우에는 실제로는 사망신고에 있어서, 어느 쪽을 먼저 사망한 것으로 하느냐에 따라서 상속인 사이의 상속재산 취득이 달라진다는 불합리성이 생긴다. 그래서 동일한 위난으로 피상속인과 상속인이 사망하였을 때 불합리성을 시정하기 위하여 민법은 동시에 사망한 것으로 추정하도록 하였다(민법 제30조). 물론 이것은 어디까지나 추정이므로 피상속인이 상속인보다 먼저 사망했다는 것, 즉 아들은 아버지의 상속인이라고 주장할 수 있으나, 그 경우에는 주장하는 사람이 그것을 입증하여야 한다.

위 사례와 같이 선박침몰사고는 동시에 사망했을 개연성이 크므로 특별한 반증이 없는 한, 아들과 남편이 동시에 사망한 것으로 추정하여 상속분을 정할 수밖에 없다. 그러나 이 경우에 상속재산이 아파트 1채밖에 없으므로 상속재산의 분할문제가 대두된다(상속재산의 분할문제는 위 사례문답 4번 참조).

6 상속인의 결격사유

질 문

일정한 사유가 있는 경우에는 아무리 1순위자라 하더라도 상속을 받을 수 없다는데 어떠한 사유입니까?

답 변

상속인은 상속능력이 있는 경우에도 민법이 정하는 반도덕적 행위를 한 때에는 상속자격이 박탈된다. 즉, ① 고의로 직계존속·피상속인·피상속인 배우자·상속의 선순위자나 동순위자를 살해하거나 살해하려고 한 자(제1004조 제1호), ② 고의로 직계존속·피상속인·피상속인의 배우자에게 상해를 가하여 사망에 이르게 한 자(제1004조, 제2호), ③ 사기 또는 강박으로 피상속인의 상속에 관한 유언 또는 유언의 철회를 방해한 자(제1004조 제3호), ④ 사기 또는 강박으로 피상속인의 상속에 관한 유언을 하게 한 자(제1004조 제4호), ⑤ 피상속인의 상속에 관한 유언서를 위조·변조·파기 또는 은닉한 자(제1004조 제5호)의 상속자격은 박탈된다.

7 사실혼 배우자에 대한 유증

질 문

저는 20년 전 처자식이 있는 남자인 줄도 모르고 속아서 결혼하여 아들과 딸 각각 하나씩을 두고 있습니다. 본처와 남편은 제가 결혼하기 전부터 별거하고 있습니다만 저는 아직도 혼인신고를 못했습니다(중혼금지 사유로). 따라서 제가 낳은 애들도 혼인외의 자로 되어 있습니다. 남편은 심장병이 있어 언제사망할지 모르는데 남편이 사망하면 저와 제가 낳은 자식들은 상속을 받을 수 있는지요?

|답 변|

안타까운 일이다. 우리 민법상 재산상속은 사실혼 관계에 있는 배우자에게는 인정하고 있지 않다. 이는 혼인신고가 되어 있지 않기 때문이다. 그러나 귀하의 자녀들은 혼인외의 자이지만 혼인중의 자와 동순위로 상속권이 주어진다. 만일 이에 만족하지 않고 귀하도 지난 세월이 안타까워 기꺼이 상속받으려면 귀하의 남편이 전처를 상대로 가정법원에 이혼심판 청구를 하여 법원의 판결로 전처의 가족관계등록을 말소시킨 후, 귀하가 남편과 혼인신고를 하여 등록해 두면 남편이 갑자기 사망하더라도 법률상 처인 귀하에게도 상속권이 있어 상속받을 수 있다.

만약 이혼이 어렵다면 남편의 유증으로 귀하에게 재산을 물려줄 수 있다. 남편이 사망하기 전에 유언으로 일정 재산(전부나 일부)을 귀하에게 증여하는 의사표시를 하고, 남편 사망 후 그 유언에 대한 법원의 검인 절차를 밟으면 유증받은 재산에 대해서는 다른 상속인에 우선하여 그 재산을 이전받을 수 있다.

유언의 방식에는 자필증서, 녹음, 공정증서, 비밀증서, 구수증서 등 다섯 가지 방법이 있다. 그리고 유언의 경우에는 상속인들의 몫인 유류분에 의하여 제한범위 내에서만 유언자의 재산을 받을 수 있게 된다.

또한 아예 남편의 생전에 일정 재산을 귀하가 증여받아 이전등기절차 등 이행절차를 해두면 귀하가 완전히 소유권을 취득하게 된다. 따라서 귀하는 혼인신고를 하든지 증여를 받든지 유증을 받아 두면 남편의 재산을 물려받을 수 있다.

8 내용이 다른 2통의 유언서

질 문

아버지의 사후에 내용이 다른 유언서가 2통이 발견되었습니다. 이와 같은 경우에는 어떻게 처리하면 좋습니까? 또 유언의 취소는 인정되는 것입니까?

|답 변|

유언은 사람의 최종처분이며 그의 사후에 실현되는 법률행위로서 엄격한 법정방식에 의하지 않은 것은 효력이 없다. 그런데 질문과 같이 상반하는 2통의 유언서가 작성되는 예가 있을 수 있는 것은 유언이 사람의 최종처분이라는 데서 오히려 당연시되고 있다. 민법은 위와 같은 경우를 미리 예상하고 해결할 수 있는 근거를 마련하고 있다. 즉, 그 철회방식으로 2가지가 있다. 그 하나는 유언자는 유언 또는 생전행위로써 유언을 철회할 수 있는데(민법 제1108조) 이것을 임의철회라고 한다. 그 두 번째는 전후의 유언이 서로 다르거나, 유언 후의 생전행위가 유언과 저촉되는 경우, 그 저촉되는 부분의 전 유언은 철회된 것으로 보며(민법 제1109조), 또 유언자가 고의로 유언증서나 목적물을 파훼한 때에는 그 파훼(破毁)된 부분에 관한 유언은 철회된 것으로 본다(민법 제1110조). 이것을 法定撤回(법정철회)라고 한다.

9 일기장에 쓴 유언

질 문

저의 아버지는 평소에 일기를 써 오셨습니다. 고혈압으로 갑자기 돌아가셨는데 장례를 치루고 나서 유품을 정리하다가 일기장에 상속재산 처리방법을 유언하신 것을 발견하였습니다. 일기장에 한 유언도 효력이 있는지요?

답 변

우리 민법은 유언의 존재여부를 분명히 하고 위조·변조를 방지할 목적으로 일정한 방식에 의한 유언에 대해서만 그 효력을 인정하고 있다. 법에 규정된 유언의 방식으로는 자필증서에 의한 유언, 녹음에 의한 유언, 공정증서에 의한 유언, 비밀증서에 의한 유언, 구수증서(口受證書)에 의한 유언이 있는데, 위의 경우에는 자필증서에 의한 유언에 해당하는 것으로 볼 수 있을 것이다.

자필증서에 의한 유언은 반드시 유언자가 자필로 작성하여야 하고 작성연월일의 기재와 유언자의 기명·날인이 있어야만 유효하다. 위 사례의 경우 그 일기장에 유언내용 밑에 개괄적인 연월일과 서명이 있어도 유효하다고 볼 것이다. 그리고 자필증서에 의한 유언서를 보관한 자나 처음 발견한 자는 유언자의 사망 후 지체 없이,

상속개시지 관할 가정법원에 유언서를 제출하여 검인을 받아야 한다. 물론 검인을 받지 않았다고 하여 유언의 효력이 발생하지 않는 것은 아니나 유언의 형식과 기재 내용을 법원이 확증하는 절차이므로 받아 두는 것이 좋다.

10 부의금의 귀속주체

질 문

부친인 A가 돌아가시자 장례식에 오신조문객들이 낸 부의금의 분배에 관하여 상속인인 자녀 B · C · D 3인간에 불화가 생겼습니다. 이 경우 부의금은 누가 가질 수 있는지요?

답 변

사람이 사망한 경우에 부조금 또는 조위금 등의 명목으로 보내는 부의금은 상호부조의 정신에서 유족의 정신적 고통을 위로하고 장례에 따르는 유족의 경제적 부담을 덜어줌과 아울러 유족의 생활안정에 기여함을 목적으로 증여되는 것으로서, 장례비용에 충당하고 남는 것에 관하여는 특별한 다른 사정이 없는 한 사망한 사람의 공동상속인들이 각자의 상속분에 응하여 권리를 취득하는 것으로 봄이 우리의 윤리감정이나 경험칙에 합치된다고 할 것이다(대판 1992.8.18, 92다2998). 따라서 위 질문에 있어서도 장례비용에 충당하고 남는 부의금에 관하여는 달리 특별한 사정이 없는 한 공동상속인들이 각자의 상속분에 따라 그 권리를 취득한다고 하여야 할 것이므로, 그 상속분에 따라 배분하면 될 것이다.

11 전재산을 사회복지단체에 바쳤는데……

질 문

저의 아버지는 많은 재산이 있음과 동시에 빚도 있는 것으로 알고 있습니다. 그런데 아버지가 전 재산을 사회복지단체에 기증하시고 사망하였습니다. 이에 상속인들은 유류분을 산정해야 하겠는데 어떻게 하는 것입니까?

답 변

유류분을 산정하기 위해서는 우선 상속의 기초가 되는 피상속인의 재산액을 산정하여야 한다. 그것은 피상속인이 상속개시 시에 있어서 가진 재산의 가액에 증여재산의 가액을 가산하고 채무의 전액을 공제하여 이를 산정한다(민법 제1113조 제1항). 이를 산술적으로 표시하면 '상속개시 시에 존재한 재산' + '증여재산' - '채무' = '유류분산정의 기초되는 재산'이라는 형식으로 나타난다. 그리고 상속재산 중에 조건부의 권리 또는 존속기간이 불확정한 권리가 있으면, 가정법원이 선임한 감정인의 평가에 의하여 그 가액을 결정한다(민법 제1113조 제2항).

여기서 상속개시시에 있어서 가진 재산이란 상속재산 중의 적극재산을 의미한다. 다만 분묘에 속한 1정보 이내의 금양임야(禁養林野)와 600평 이내의 묘토인 농지, 족보와 제구 등은 제사를 주재하는 자가 승계하기 때문에(민법 제1008조의3) 당연히 여기서 제외된다.

증여에 관해서는 상속개시가 있기 전의 1년 사이에 행해진 것에 한해서는 그 가격을 산정한다. 그러나 당사자 쌍방이 유류분권리자에 대하여 손해를 가할 것을 알고 증여한 경우에는 1년 전에 한 것이라도 산입하게 된다(민법 제1114조).

공동상속인 중에 피상속인으로부터 특별수익분을 받은 것이 있다면 그것은 비록 상속개시 1년 전의 것이라 하더라도 모두 산입한다. 즉, 공동상속인 중 1인이 피상속인으로부터 혼인·입양 등을 위하여 또는 생계의 보조로서 받은 증여는 증여시기의 여하 또는 가해인식의 존부를 불문하고 유류분재산에 산입한다.

이 때 유류분권자가 수인이 있는 때에는 각자의 유류분에 따라 가지는 반환청구권을 각 개인의 이름으로 각각 행사하여야 한다. 반환청구권의 소멸시효는 상속개시와 반환하여야 할 증여 또는 유증을 한 사실을 안 날로부터 1년, 상속개시 된 때로부터 10년이다.

12 기여분을 주장하고 싶은데…

질 문

저는 집안 형편상 중학교만 졸업한 뒤 아버지의 농사일을 도우면서 동생들은 모두 대학교육을 받아 촉망받는 사회인으로 살도록 뒷바라지를 해왔습니다. 10년 전부터는 복합영농을 통한 목장까지 장만하여 아버지를 도와왔습니다. 그러던 중 아버지께서 갑자기 돌아가셨습니다. 유족으로는 어머니와 동생 셋 그리고 제처자식이 있습니다. 동생들은 대학교육까지 받았으면서 아버지재산을 법정상속하자고 합니다. 아버지 재산을 증가시키는데 저도 많은 부분에서 기여하였다고 자부하는데 어떻게 하면 좋을까요?

답 변

공동상속인 중에 상당한 기간 동거·간호 그 밖의 방법으로 피상속인을 특별히 부양하거나 피상속인의 재산의 유지 또는 증가에 관하여 특별히 기여한 자가 있을 때에는, 상속개시 당시의 피상속인의 재산가액에서 공동상속인의 협의로 정한 그 자의 기여분을 공제한 것을 상속재산으로 보고 법정상속분 및 대습상속분에 의하여 산정한 상속분에 기여분을 가산한 액으로 상속받을 수 있다(민법 제1008조의2).

상속재산 중에 기여분이 있음을 주장할 수 있는 권리자는 ① 상당한 기간 동거·간호 그 밖의 방법으로 피상속인을 특별히 부양한 자와 ② 상속재산의 유지 또는 증가에 관하여 특별히 기여한 자이다(제1008조의2 제1항). 공동상속인 자격이 없는 사람은 아무리 기여가 있어도 기여분 권리자가 아니다. 예컨대, 자식이 월급을 받지 않고 아버지가 경영하는 점포나 공장 또는 사업에 함께 종사하여 아버지의 재산을 증가시킨 경우, 아버지가 경영하는 사업에 자식이 자본을 대거나 아버지의 사업상 빚을 대신 갚아 아버지의 재산이 남에게 넘어가지 않게 한 경우, 아내가 남편과 함께 점포를 공동으로 경영하여 높은 이익을 올리게 하거나 남편 명의의 재산을 크게 증가시킨 경우, 장기간 요양을 하게 된 부모를 옆에서 헌신적으로 간호하여 직업적 간호인에게 지출한 비용을 지출하지 않게 된 경우 등은 그 부분에 대하여 기여분을 주장할 수 있다.

공동상속인 중에 기여분을 인정할 것인지의 여부 및 그 인정범위에 대하여는 공동상속인들이 협의하여 결정한다(제1008조의2 제1항). 협의하자는 제안은 기여자가 먼저 해야 하는 것은 아니고, 공동상속인이면 누구나 제안할 수 있다. 협의시기는 피상속인 사망 후, 최소한 상속재산을 분할하기 전까지이다. 공동상속인 간에 협의되지 않거나 협의할 수 없을 때에는 기여자가 법원에 청구할 수 있고 이때는 법원이 결정한다(제1008조의2 제2항).

기여분 산정에 있어서는 기여의 시기 · 방법 · 내용 · 상속재산가액 기타 모든 사정이 참작된다(제1008조의2 제2항). 다만 기여분이 인정되어도 그 상한선은 정해져 있다. 즉 피상속인의 상속재산가액에서 피상속인이 다른 데 유증한 가액을 공제한 가액을 넘지 못한다(민법 제1008조의2 제3항).

공동상속인들간에 기여분에 관한 협의가 이루어지거나 법원에서 기여분이 인정될 경우는 피상속인의 상속재산가액에서 기여분 가액을 공제하고, 공제된 상속재산을 공동상속인이 공동상속하게 된다. 따라서 기여상속인은 총 상속재산에서 자기 기여분을 받는 외에, 또다시 기여분이 공제된 상속재산에서 자기의 법정상속분만큼 상속받는다.

따라서 귀하는 가족들 간에 기여분 협의가 이루어지지 않으면 법원에 기여분 산정을 청구하여 인정받은 다음, 그만큼 공제한 나머지 상속재산 중에서 다시 법정상속분을 상속받을 수 있다.

13 특별연고자의 분여(分與)

질 문

저는 1 · 4후퇴 때 피난 내려와 홀로 사는 노인을 1년 전부터 간호하게 되었습니다. 그 노인은 6촌 동생가족 외에는 사고무친이었습니다. 그런데 그 노인은 포목장사 등을 하면서 30억 원이라는 재산을 가지고 있었습니다. 저는 자원봉사대원으로 병든 노인의 수발을 든 것뿐입니다. 결국 그 노인은 유언없이 사망하였고, 그 재산은 국고에 귀속된다고 합니다. 저는 그 재산이 탐나서가 아니라 그 재산이 국고에 귀속되는 것보다는 저의 봉사단체에 기부되기를 원하는데 어떤 방법이 없을까요?

답 변

지난날 산업의 역군들이 이제는 늙어 의지할 데 없어 병들어 조용히 죽음을 맞이하고 있는 실정은 참으로 애처롭기 그지없다. 더구나 핵가족화와 더불어 어른에 대한 공경심 등이 땅에 떨어져 더더욱 외롭게 병마에 시달리는 노인들이 많은 것 같다. 불행중 다행인 것은 귀하와 같은 숭고한 봉사정신을 가진 분들이 어두운 이 세상에 밝은 빛을 밝혀 주고 있다는 점이다.

어떤 사람이 재산을 남기고 사망한 경우 피상속인의 4촌 이내의 방계혈족(상속인 범위)이 없으면 그 재산은 1년 이상의 상속인 수색공고기간을 거쳐 국고에 귀속하게 된다. 그러나 특별연고자가 있음에도 국고에 귀속한다는 것은 형평에 맞지 않고, 더욱이 사회가 각박해지는 것을 막아 보고자 민법에서 특별연고자의 재산상속분여제도를 규정하고 있는 것이다.

이 특별연고자에 대하여 민법은 피상속인과 생계를 같이 하였거나 피상속인의 요양간호를 한 자 및 피상속인과 특별한 연고가 있던 자를 들고 있다. 기타의 특별연고자로는 사실혼의 배우자 · 사실상의 양자 · 피상속인과 동거하고 있던 친척 · 피상속인을 헌신적으로 돌본 피상속인의 知人 · 이웃, 그 밖에 피상속인이 장기간 도움을 받았던 요양소나 양로원 등을 들 수 있겠다.

이러한 특별연고자는 상속인 수색공고 기간이 끝난 뒤에도 상속인이 나타나지 않을 경우, 2개월 이내에 상속재산의 전부 또는 일부를 나누어 줄 것을 법원에 청구할 수 있다(민법 제1057조의2). 특별연고자의 분여청구가 이유 있으면 상속재산의 일부는 물론, 경우에 따라 전부가 돌아갈 수도 있다.

사례의 경우 귀하는 법원에 재산분여를 청구하여 피상속인의 재산을 분여받아 귀하가 원하는 대로 사회봉사단체에 기증할 수 있다. 아무쪼록 재산을 분여받아 각박해진 현대사회에 소금과 빛의 역할을 하는 많은 봉사자들이 활약하기를 기대한다. 이렇게 될 때 외로운 우리의 할머니·할아버지들은 보다 편하게 노년을 보낼 수 있을 것이라 생각한다.

Chapter

부 록

〈표 1〉 연령에 따른 법률의 규정

〈표 2〉 일실수익 산정시 각 직업의 가동연한

〈표 3〉 법원경매 진행과정 및 부동산경매 사건진행표

〈서식 1〉 화해계약서

〈서식 2〉 공시최고신청서

〈서식 3〉 제권판결신청서

〈서식 4〉 최고장(부동산매매계약)

〈서식 5〉 사실혼관계 해소 및 위자료조정신청서
〈서식 6〉 가압류신청서(부동산)
〈서식 7〉 가압류이의신청서
〈서식 8〉 가처분신청서
〈서식 9〉 소 장
〈서식10〉 답변서
〈서식11〉 채권양도계약서
〈서식12〉 채권양도통지서
〈서식13〉 고소장
〈서식14〉 구속적부심청구서
〈서식15〉 보석허가청구서
〈서식16〉 항고장
〈서식17〉 배상명령신청서
〈서식18〉 형의 실효선고신청서
〈서식19〉 집행정지신청서
〈서식20〉 상속의 한정승인신고서

〈表 1〉 연령에 따른 법률의 규정

나이	입학 기타 할 수 있는 일	근거 법령
3세～초등학교 취학 전	유치원	유아교육법 2조
5～12세	초등학교 입학교육	초·중등교육법 13조 1항
6세미만 취학 전	영유아보육시설	영유아보육법 2조
6세	무임운송대상	여객자동차운수사업법 9조
7세	철도전시관 무료관람	철도전시관진열품관람규칙 5조
9～24세	청소년기본법 적용대상	청소년기본법 3조
10～13세	비행을 저지르면 보호처분 받음	소년법 4조
13～15세	중학교 입학교육 (고등학교, 대학교 입학에는 연령제한이 없음)	초·중등교육법 13조 3항
13세	13세 미만의 부녀를 간음하면 강간죄	형법 305조
14세	형사책임능력자(처벌받을 수 있음)	형법 9조
15세	근로자로 취업가능, 근로시간의 제한	근로기준법 64조, 69조
	타인의 양자로 들어갈 수 있고 파양도 가능(법정대리인의 동의 필요)	민법 869조, 899조, 입양특례법 4조 2항
	선원이 될 수 있음	선원법 81조 1항
16세	원동기장치자전거 운전면허	도로교통법 82조
	16세 미만자를 혹사하면 범죄	형법 274조
	법정에서 선서가능(선서능력자)	민소법 322조, 형소법 159조, 군사법원법 199조, 국회에서 증언감정 등에 관한 법률 3조
	소년원에서 16세 미만자와 분리수용	보호소년 등의 처우에 관한 법률 8조
	헌혈가능	혈액관리법시행규칙 9조 별표3
17세	주민등록발급·소지 제시	주민등록법 25조
	유언 가능	민법 1061조
	외국인등록증발급신청	출입국관리법 33조
	사관학교입학(17세～21세 미만의 미혼자)	사관학교설치법 3조
	간호사관학교입학(17세～21세 미만의 미혼자)	국군간호사관학교설치법 3조

18세	제1국민역편입 대상자 신고	병역법 8, 9조
	자동차운전면허	도로교통법 82조
	건설기계조종사면허	건설기계관리법 27조
	부모의 동의 얻어 약혼, 혼인	민법 801조, 807조
	공무원연금법상의 유족이 됨(18세 미만자, 18세 이상의 자 중 폐질 상태에 있는 자)	공무원연금법 3조 2항
	공무원의 손자녀로 18세 달하면 유족연금을 받을 권리는 상실됨	공무원연금법 59조 1항 3호
	원자로조종사 면허 등 취득가능, 방사성물질 취급가능	원자력안전법 85조, 96조
	경범죄처벌법에서 규정한 "범칙자"가 될 수 있음	경범죄처벌법 5조 2항
	18세 미만의 자는 일정한 직종에 취업할 수 없음	의무경찰대설치법 3조 2항, 경비업법 10조, 총포·도검·화약류 등 단속법 19조, 근로기준법 65조(유해, 위험한 사업), 69조(근로시간제한), 70조(야간작업), 72조(갱내근로), 64조(교육시설)
	형사상 특별취급(18세 미만자)	소년법 59조(사형, 무기형선고불가), 62조(벌금 못내도 유치선고 불가), 특정강력범죄처벌에 관한 특례법 4조(사형, 무기형선고 불가)
	병역의무부담(제1국민역)	병역법 5조 1항 4호, 8조
	육·해·공군에 지원입대 가능	병역법 20조
	연소자관람불가(만18세 미만자)	공연법 5조
	부사관이 될 수 있음	군인사법 15조 1항
	건설기계조종사면허결격(만 18세 미만)	건설기계관리법 27조 1호
	아동보호시설에서 퇴소	아동복지법 16조
	의료급여수급권자인 아동에서 제외	의료급여법 3조 1항 4호
	국민연금가입	국민연금법 6조, 8조, 10조
	유족연금수급권의 소멸	국민연금법 73조, 75조, 76조
	한부모가족지원법의 아동에서 제외(단, 취학 중에는 22세 미만)	한부모가족지원법 4조 5호
	최저임금법에서 특별취급(18세 미만자)	최저임금법 5조 2항

19세	약혼, 혼인, 입양(부모 동의없이)가능	민법 800조, 807조, 808조, 866조
	청소년보호대상(연19세 미만)	청소년보호법 2조 1호
	담배판매금지(연19세 미만)	국민건강증진법시행령 15조
	19세 미만자만 소년으로 취급됨	소년법 2조, 7조
	보호처분변경의 경우는 19세 이상이라도 소년법 적용	보호관찰법 49조
	선거권 취득	공직선거법 15조
	징병검사	병역법 11조
	투표권 취득	국민투표법 7조
	1종대형면허, 제1종특수면허취득가능(19세 이상)	도로교통법 82조 6호
	외국인이 한국으로 귀화 가능	국적법 5조 2호
	교도소에 수용대상	형집행법 11조 1항
20세	공무원, 변리사, 공인노무사가 될 수 있음	공무원임용 및 시험시행규칙 3조, 변리사법 3조, 공인노무사법 3조
	민방위대원이 됨(만19세 되는 해의 1.1.부터 만40세 되는 해의 12.31까지).	민방위기본법 18조
	최저연령이 19세인 사람이 준위로 임용 가능	군인사법 15조
	육군3사관학교 입학 가능(19세~25세 미만의 미혼자)	육군3사관학교설치법 3조
23세	소년원에서의 형집행 한계연령	소년법 63조
25세	피선거권이 있다(입후보가능 ; 국회의원, 지방의회의원)	공직선거법 16조 2항, 3항
35세	특수병과 장교 편입 가능	병역법 58조 3항
36세	현역병으로 입영할 의무 면제(보충역에 편입).	병역법 71조
40세	대통령, 대법원장, 대법관, 헌법재판소 재판관이 될 수 있음	헌법 67조 4항, 공직선거법 16조 1항, 법원조직법 42조, 헌법재판소법 5조 1항.
55~60세	노령연금 지급 개시	국민연금법 61조
57세	각종의 정년	
60세	공무원, 군인 등의 정년	국가공무원법 74조 1항, 지방공무원법

		66조 1항, 군인사법 8조, 외무공무원법 27조 1항
60~64세	노령연금액에 차등이 있음	국민연금법 63조 3항
62세	교육공무원 등의 정년	교육공무원법 47조
63세	검사	검찰청법 41조,
	대장(군인)정년	군인사법 8조
65세	판사, 검찰총장 등 정년	법원조직법 45조, 헌법재판소법 7조, 감사원법 6조, 교육공무원법 47조 1항 단서
	노인복지의 대상자	노인복지법 25, 26, 27, 28조
70세	대법원장, 헌법재판관, 대법관 정년	법원조직법 45조, 헌법재판소법 7조
	70세 이상의 형사피고인에게는 국선변호인을 반드시 선임, 형집행정지	형사소송법 33조, 471조 1항, 군사법원법 514조 1항

※ 자유직업인은 정년이 없다. 공증인은 임기 5년 단임이고, 1차에 한하여 재임가능하다(판사, 검사, 변호사 자격이 있어야 공증인이 될 수 있다). 검찰총장, 경찰청장, 참모총장의 임기는 2년이다.

〈表 2〉 일실수익 산정시 각 직업의 가동연한

직 업	나 이	비 고
제조업대리점운영	60	광주고법(90.2)
공산농산품행상	60	서울고법(90.3)
대중음식점경영	60	서울고법(90.5)
용접 · 새시공	60	서울고법(90.6)
금속제품 디자이너	60	서울고법(90.11)
일용도장공	60	대법원(90.9)
피복판매상	60	대법원(91.8)
피아노 개인교사	60	서울고법(90.10)
목공	60	서울고법(90.3)
보험설계사	60	서울고법(86.12)
정육점경영	60	서울고법(87.10)
분식점경영	60	서울고법(87.12)
농업종사자	65	서울지법(96.2)
가축사육 종사자	60	서울고법(90.5)
재봉사	60	서울남부지원(90.4)
야간업소 무용수	27	서울동부지원(90.1)
다방여종업원(레지)	35	서울고법(87.3)
골프장캐디	35	서울고법(90.2)
프로야구선수	35	서울지법(90.9)
가수	40	서울고법(87.8)
면도사	45	서울남부지원(90.2)
스탠드바 여주인	45	서울남부지원(90.7)
다방여종업원(카운터)	50	서울고법(90.5)
웨이터	55	서울고법(90.11)
TV탤런트	60	서울고법(90.5)
여자간호사	55	서울고법(88.4)
개인택시 운전기사	60	대법원(91.12)
재단사	60	서울고법(87.2)
법무사	65	서울고법(87.7)
시인	60	서울동부지원(90.7)
의사	65	서울고법(90.11)
약사	65	서울고법(87.10)
교사	65	서울고법(90.10)
건축사	65	서울고법(88.9)
목사	70	서울남부지원(90.2)
변호사	70	대법원(93.2)
승려	70	서울지법(94.10)

〈表 3〉 법원경매 진행과정 및 부동산경매 사건진행표

입찰공고(입찰기일 14일전, 법원게시판, 신문)

↓

입찰물건 명세서 · 임대조사서 · 시가감정서 비치 열람(입찰기일에는 한시간 동안 열람)

↓

입찰실시(입찰기일, 입찰법정)

↓집행관

입찰개시선언(종울림, 입찰표 제출 최고, 입찰마감, 개찰시각고지)

↓집행관

입찰표의 기재 입찰표기재대, 봉투2개 봉함

↓입찰자

입찰함에 입찰봉투 투입 연결번호와 각인 받은 수취증 보관

↓입찰자

입찰마감 선언 종울림, 입찰표제출 최고후 1시간 경과후 집행관선언

↓입찰자

응찰자들은 수취증, 도장, 주민등록증 지참

↓입찰자

개찰 및 최고가입찰자 결정, 입찰종결고지(입찰마감 시각후 10분내)

↓집행관

낙찰여부 결정신고(판사의 확인과정) (낙찰기일, 입찰기일 7일내)

↓법원

대금납부(대금지급기일, 낙찰허가 결정확정후 1일 이내)

↓낙찰자

소유권 이전(각종 저당권, 가압류 등은 그 순위에 상관없이 원칙적 말소)

↓

배당(배당기일, 대금납부후 2주일 이내, 3일전 배당표 작성, 법원)

종 별	적 요	기 간
경매신청서 접수	즉일	개시
결정 및 등기촉탁	접수일로부터	2일이내
공고 주문관청에의 최고	개시결정일로부터	3일이내(최고기간 2주일 이내)
임대차 및 공과금조사명령	개시결정일로부터	3일이내(조사기간 2주일 이내)
평가명령	등기공무원의 등본송부일로부터	3일이내(평가기간 2주일 이내)
경매기일 및 경락기일	평가서접수 또는 신경매 또는 재경매	경매기일은 공고발송일로부터 20일 이내
지정공고		공고일로부터 14일이후 경락기일은 경매기일후 7일 이내
이해관계인에게 통지, 배당요구	공고일로부터 요구일	3일이내 즉일
통지		경매기일
경매실시		경매기일
경매조서 및 보증금 인계		경매즉일
경락기일 개정		경매기일
채권계산서 접수		경매기일까지
경락허부 결정		경매기일
경락부동산의 관리명령		신청즉일
대금지급기일의 지정	경락허가결정확정일로부터	3일이내
경매부동산의 인도명령		신청즉일
배당기일지정	대금수령일	즉일(배당기일 1주일 이내)
집행비용계산서 및 배당표 작성	배당기일	2일전까지
배당표확정, 동실시		배당기일
불출석의 채권자에 대한 배당액 공탁	배당기일로부터	2일이내
경락등기촉탁	배당기일 또는 등록세 납부일로부터	3일이내
기록인도	경락등기완료 후	5일이내

〈서식 1〉 화해계약서

화 해 계 약

1. 채무자(을) ○○○는 채권자(갑) ○○○이 을에 대하여 있다고 주장하는 20○○년 ○○월 ○○ 일 현재의 외상대금채권액 만원 중 금 만원의 한도에서 채무를 승인하고 갑은 그 여분의 청구를 포기한다.
2. 을은 전조의 승인한 채무액 금 만원을 20○○년 ○○월 ○○일까지 매월 균분하여 갑에게 변제한다.
3. 을은 전조의 월부금의 변제를 1개월 이상 연체한 경우 기한의 이익을 상실하고, 잔금에 대한 월 2부의 비율로 지연손해금을 일시에 지급한다.
4. 갑은 을에 대하여 본계약 외에 별도의 채권을 보유하지 않음을 확인한다.
5. 을이 본계약에서 정한 채무를 이행하지 아니할 때 갑이 을의 재산에 대한 강제집행을 하여도 을은 이의를 하지 아니하며, 이 계약서에 의하여 공정증서를 작성하는데 을은 동의한다.

위의 계약을 증명하기 위하여 이 계약서를 2통 작성하여 서명날인하고 각자 1통씩 보관한다.

20 년 월 일

주 소

채권자(갑) ○ ○ ○ 인

주 소

채권자(을) ○ ○ ○ 인

〈서식 2〉 공시최고신청서

공 시 최 고 신 청

신청인 ○ ○ ○
주소

약속어음공시최고

신 청 취 지

별지목록 기재증서에 관하여 공시최고 기간 내에 권리신고할 것을 고하고 이를 해태하면 제권판결에 의하여 증서의 무효 또는 실권이 되는 수가 있다. 라는 결정의 재판을 구합니다.

신 청 원 인

신청인은 별지목록기재 약속어음의 최종 소지인인바, 위 어음을 19 . . ○○시 ○○구 ○○동 ○○번지 본인 사무실에서 ○ ○ ○이 청소할 때 다른 휴지와 함께 태워버렸습니다.

위 소실된 어음에 관하여 제권판결을 구하고자 본 신청에 이른 것입니다.

소 명 방 법

1. 약속어음 발행증명서 1통
1. ○ ○ ○의 진술서 1통
1. 별지목록

20 . . .

위 신청인 ○ ○ ○ 인

○ ○ ○ ○ 법원 귀중

※ 〈별지 목록〉

1. 어음의 종류 및 수량	약속어음 1통
2. 어음의 액면금액	일금 ○○원
3. 지 급 기 일	20 . . .
4. 지 급 지	○ ○시
5. 지 급 장 소	주식회사 ○ ○은행 ○ ○지점
6. 수 취 인	○ ○ ○
7. 발 행 지	○ ○시
8. 발 행 인	○ ○ ○○ 주식회사
9. 발 행 일	20 . . .
10. 최종소지인	○○○

〈서식 3〉 제권판결신청서

제 권 판 결 신 청

신청인 ○ ○ ○
주 소

신 청 의 취 지

귀원 ○ ○ 카 ○ ○ ○공시최고 신청사건에 관하여 다음과 같이 제권판결을 신청합니다.

별지목록기재 수표에 대한 무효를 선고한다. 라는 제권판결을 구함

신청의 이유

신청인은 별지목록기재 수표의 정당한 소지인으로서 주소지에서 이를 분실하고 19년 월 일 귀원에 공시최고를 신청하였습니다(○ ○카 ○ ○ ○).

19 년 월 일 위 공시최고기일이 경과하도록 위 수표에 대한 권리신고가 없으므로 위 수표에 대한 무효신고의 제권판결을 구합니다.

20○○. ○. ○.

신청인 ○ ○ ○

○ ○ 지방법원 귀중

〈서식 4〉 부동산매매계약 최고장

최　고

발 신: 주 소
○ ○ ○
수 신: 주 소
○ ○ ○

귀하는 　년 월 일 시 동 번지에 소재하는 대지 평에대한 매매계약을 본인과 체결하고, 계약금 　원을 매도인에게 지급한 바 있습니다.

그런데 계약상 중도금 　원은 동년 월 일 까지 지급하도록 되어 있으나 귀하는 아직 이를 이행하지 아니하고 있습니다. 이러한 귀하의 계약위반은 매수인으로서의 의무를 저버린 중대한 과오라고 생각합니다. 본인으로서는 더 이상 이 계약을 믿을 수 없어 마지막으로 매매대금의 지급을 최고(독촉)하오니 　년 월 일까지 지연된 중도금과 함께 대금전액을 지급하시기 바랍니다.

위 기간내에 채무의 이행이 없으면 별도의 통지없이 위 매매계약은 해제한 것으로 하고, 동 계약서 제4항에 따라 이미 지급한 계약금은 매도인이 반환의무를 지지 않게 됨을 아울러 밝혀 두는 바입니다.

년 월 일

매도인 ○ ○ ○ 인

※ 위 최고장은 내용증명우편으로 매매대금의 지급을 독촉하는 최고의 한 모습이다. 최고를 하는 방식에는 아무런 제한이 없지만, 이와 같이 내용증명우편으로 최고를 해두면 장래에 발생할 수 있는 분쟁에서 유리한 입장을 차지할 수 있다.

〈서식 5〉 사실혼관계해소 및 위자료조정 신청서

사실혼관계해소 및 위자료조정신청

신청인 ○ ○ ○
19. . .일생
본 적
주 소
피신청인 ○ ○ ○
19. . .일생
본 적
주 소

신 청 취 지

1. 신청인은 피신청인과 사실상혼인관계를 해소한다.
2. 피신청인은 신청인에게 금 ○ ○ 원의 위자료를 지급하라. 라는조정을 구합니다.

신 청 원 인

1. 신청인은 피신청인과 연애중에 임신을 하여 동거를 시작하여 19 . . . 아들을 출산하고 19 . . . 결혼식을 하고 혼인신고만 하지 않은 사실상의 부부입니다.
2. 피신청인은 결혼 당시부터 일정한 직업없이 신청인의 부업 수입에만 의존해서 생활하고 있으면서 술값까지 요구하여 때로 불응하면 욕설과 폭행으로 신청인을 괴롭혀 오던 중,
3. 신청인은 피신청인의 폭행 등 비인간적인 처사에 견딜 수 없어 19 . . . 자살까지 기도했다가 실패하고 시내 모 병원에서 4주간을 입원가료중이었는데, 피신청인은 신청인의 패물 등을 임의로 처분해서 유흥비로 탕진하고 신청인에게는 위로의 말 한마디 없을 뿐만 아니라, 피신청인의 횡포는 날로 심해져 신청인은 더 이상 참고 지낼 수가 없고 그간의 입은 정신적 고통에 대한 보상을 금전으로 환산할 수 없을 것이나 이를 다소나마 위로받고자 이 신청에 이른 것입니다.

첨 부 서 류

1. 가족관계등록부등본 2통
1. 결혼사진 1통
1. 주민등록표등본 1통
1. 기타 사실증명서면 등 〈생략〉
1. 납부서
1. 신청서부본

20 . . .

위 신청인 ○ ○ ○ 인

○ ○ 가정법원 귀중

※ 사실혼은 법률혼에 비하여 법적인 보장을 충분하게 받지 못한다. 그러므로 사실혼관계에 있는 여성은 불안할 수밖에 없다. 혼인신고를 하고자 하여도 남자측에서 특별한 사유없이 응해 주지 않을 때, 사실혼관계가 존재함을 법원에 의하여 확인을 받아 이를 기초로 혼인신고할 수 있다. 또한 혼인신고 전에 혼인관계를 종료시킬 때에도 여성은 상대적으로 많은 손해를 입기 때문에 사실혼관계해소로 인한 위자료 등을 청구할 수 있다.

〈서식 6〉 가압류신청서(부동산)

부동산가압류신청

채권자(신청인) ○ ○ ○
서울특별시 ○○구 ○○동 ○○번지
채무자(피신청인) ○ ○ ○
서울특별시 ○○구 ○○동 ○○번지

청구채권의 표시

채권자가 채무자에 대하여 20 . . . 대부한 원금 ○ ○ 만원

신 청 취 지

"채권자가 채무자에 대하여 가지는 위 채권의 집행을 보전하기 위하여 채무자 소유의 다음 건물을 가압류한다"라는 재판을 구한다.

다 음

○ ○시 ○ ○구 ○ ○동 ○ ○번지 지상슬라브즙 ○층 건물 ; 주택 ○동, 건평 ○ ○ 평외 ○층 ○ ○평

(위 건물 가액 ○ ○ 만원)

신 청 이 유

1. 채권자는 채무자에 대하여 20 . . . 금 ○○만원을 변제기인 동년 ○월 ○일 이자 월 ○푼으로 정하고 대부하였다. 그런데 피고는 1개월분의 이자만을 지급

하였을 뿐 나머지는 불이행하고 있다.

2. 채무자는 다른 사람에게도 다액의 부채를 지고 있어 지급능력은 약화되고 본 건 물만이 유일한 재산으로 되어 있다. 이 건물도 매각하려고 부동산중개업자의 손에 위탁하였음이 판명되었다. 따라서 채권자의 본건 채무자의 집행보전을 위하여 이 신청에 이른 것이다.

소 명 방 법

1. 차용증서
1. 건물매각광고증명서
1. 시장권리양도증명서

첨 부 서 류

1. 위 증명서 각1통
1. 건물등기부 등본 1통
1. 고정자산 평가액증명서 1통

20○○년 ○월 ○일

위 채권자 ○ ○ ○ ㉧

○○지방법원 귀중

〈서식 7〉 가압류이의신청서

가압류이의신청

채권자 ○ ○주식회사

채무자 ○ ○ ○

위 당사자간 ○ ○카 ○ ○ ○ ○ 동산가압류신청사건에 관하여 채무자는 다음과 같이 이의를 신청합니다.

신 청 취 지

"본건에 대하여 20○○년 ○월 ○일에 한 가압류결정은 이를 취소한다.
채권자의 가압류신청을 기각한다
소송비용은 채권자의 부담으로 한다"라는 판결 및 가집행의 선고를 구한다.

신 청 이 유

1. 채권자는 채무자가 발행한 20○○년 ○월 ○일자 액면 금○○만원의 약속어음이 부도가 되었다고 하나, 동 어음에 관하여는 당사자간에 합의가 되어 20○○년 ○월 ○일 내입금 ○○만원을 지급하고, 잔금 ○○만원에 관하여는 동년 ○월 ○일을 만기로 하는 약속어음으로 개서하여 교부하였으므로 이미 해결이 끝난 것이다. 따라서 채권자 주장의 피보전채권은 존재하지 않는다.
2. 설사 채권자 주장과 같다고 하더라도 채무자는 ○○시 ○○구 ○○동 ○○번지에 점포를 갖고 동 건물 ○○평, 그 부지 ○○평의 부동산을 갖고 있으며 또한 거래은행으로부터 거래정지를 받은 사실도 없다. 상거래가 다소 부진상태라고 하

더라도 지금 곧 지급능력을 잃은 것도 아니다. 따라서 가압류결정의 취소를 구하기 위하여 이 신청에 이른 것이다.

20○○년 ○월 ○일

위 채무자 ○ ○ ○ ㊞

○ ○지방법원 귀중

〈서식 8〉 가처분신청서

부동산가처분신청

채 권 자 ○ ○ ○
○○시 ○○구 ○○동 ○○번지
채 무 자 ○ ○ ○
○○시 ○○구 ○○동 ○○번지

부동산 가처분신청사건
목적물의 가액 ; 금 ○○만원

신 청 취 지

"채무자는 별지목록 기재의 토지 · 건물에 관하여 매매, 양도, 저당권 및 임차권의 설정, 기타 일체의 처분을 하여서는 아니된다"라는 가처분을 구함.

신 청 원 인

1. 채권자는 채무자로부터 별지목록 기재의 토지 · 건물을 20○○년 ○월 ○일 ○○○의 중개로 대금 ○○만원에 매수하여 동일 대금 중 금 ○○만원을 지급하고 잔금 ○○만원은 ○월 ○일 등기절차를 함과 상환으로 지급하기로 약정하였다.
2. 그런데 채무자는 위 약속의 등기절차를 이행하지 않을 뿐 아니라 잔대금도 수령하지 않는 일방, 위 토지, 건물의 매도는 중개인이 임의로 한 행위이고 채무자 자신으로서는 금 ○○만원으로 매도할 의사가 없었다고 주장하고 있다.
3. 그래서 채권자로서는 위 매매에 인한 소유권이전등기 등 절차청구의 소를 제기하려고 준비중이나 채무자는 본건 토지 · 건물을 고가로 매각하려고 업자를 통해 노력 중임을 탐지해 냈다. 이와 같이 되어서는 채권자가 본안소송에서 승소하여도 그보다 앞서 채무자가 본건 토지 · 건물을 처분하면 권리의 실현을 기할 수 없게 될 우려가 있으므로 신청취지와 같은 가처분을 구하기에 이른 것이다.

소 명 방 법

1. 매매계약서
2. 영 수 증
3. 채무자가 본지 토지 · 건물을 매각할 예정임의 증명
4. 토지등기부등본
5. 건물등기부등본

첨 부 서 류

1. 위 소명서류 각 1통

20○○년 ○월 ○일

위 채권자 ○ ○ ○ ㊞

○○지방법원 귀중

〈서식 9〉 소 장

소 장

원고 ○ ○ ○
시 구 동 번지
피고 ○ ○ ○
시 구 동 번지

대여금청구의 소

청 구 취 지

1. 피고는 원고에게 금 10,000,000원과 이에 대한 1993. 1. 15일부터 이 건 소장부본송달일까지는 월 2푼의 이율, 그 익일부터 완제에 이르기까지는 연 2할의 이율에 의한 금원을 지급하라.
2. 소송비용은 피고의 부담으로 한다.
3. 위 제1항은 가집행할 수 있다.

라는 판결을 구함.

청 구 원 인

1. 원고는 피고에게 다음과 같은 금원을 대여하였습니다.
   1) 대여일자 : 2011. 8. 14.
   2) 대여금액 : 10,000,000원
   3) 변 제기 : 2012. 8. 15.
   4) 이 자 : 월 2푼(매월 15일 지급)
2. 그런데 피고는 2011. 12. 15일의 이자지급 이후에는 일절 이자를 지급하지 않고 있으며, 원고의 수차에 이른 독촉에도 불구하고 차일피일 미루기만 하므로 원고는 피고에 대하여 원금 10,000,000원과 이에 대한 소장부본송달일까지의 약정이자 및 소장부본송달 익일부터 완제일까지의 연 2할의 비율에 의한 지연손해금을 지급해 줄 것을 청구하고자 본소에 이르게 된 것입니다.

입 증 방 법

1. 차용증서(갑 제1호증)
1. 내용증명(갑 제2호증)
1. 기타 변론시 수시 제출하겠음.

첨 부 서 류

1. 위 갑 제1, 2호증 사본 각1통
1. 소장부본 1통
1. 납부서 1통

년 월 일

위 원고 ○ ○ ○ ㊞

○ ○지방법원 ○ ○지원 귀중

※ 소장은 법원공문서규칙에서 정하고 있는 규격에 합당한 용지(A4용지)로 작성하면 되는데, 법원에서 접수인을 날인할 충분한 여백을 두기 위하여 소장표지를 붙이는 것이 관례로 되어 있다.

〈서식 10〉 답변서

2018가합 제 호

답 변 서

원고 ○ ○ ○

피고 ○ ○ ○

위 당사자간 귀원 ○○가단 ○○○호 ○○청구사건에 관하여 피고는 다음과 같이 답변합니다.

청구취지에 관한 답변

1. 원고의 청구를 기각한다.
2. 소송비용은 원고의 부담으로 한다.

라는 판결을 구합니다.

청구원인에 관한 답변

1. 청구원인 제1항의 금전차용사실은 이를 시인합니다.
2. 그러나 위 대여금채무에 대하여는 피고가 원고에 대하여 가지고 있던 금 10,000,000원의 상품대금청구권과 2007. 7. 10일 상계하였으므로, 원고의 대여금 채권은 소멸한 것입니다.

   따라서 피고는 아무런 지급의무가 없으므로 원고의 청구는 부당한 것으로 마땅히 기각되어야 할 것입니다.

년 월 일

위 피고 ○ ○ ○ ㊞

○○ 법원 ○○지원 귀중

※ 답변서도 소장과 마찬가지로 표지를 만들고 표지의 좌상부에 사건번호를 기재하여 다른 사건과 구별을 용이하도록 해주면 좋다. 답변서에는 인지를 첩부하지 않아도 된다. 답변서의 내용은 원고의 청구취지나 청구원인에 관하여 부인이나 항변하는 글을 간단히 기재하면 된다. 자세한 내용은 속행되는 변론기일에 준비서면으로 기재하여 제출하면 된다.

〈서식 11〉 채권양도계약서

채권양도계약서

1. 채무자(양도인) 김○○은 채무자가 제3채무자 ㅇㅇ주식회사에 대하여 가지는 외상매출금채권 중 채권자(양수인) 박○○에 대한 대여금채무 금 ○○억원을 채권자(양수인)에게 양도한다.

2. 채무자(양도인)는 본 계약 체결 후 지체 없이 제3채무자에게 확정일자있는 증서로써 통지를 한다.

3. 채권자(양수인)가 제3채무자로부터 양수금을 지급받는 경우 채무자(양도인)의 채권자(양수인)에 대한 대여금채무는 대등액으로 상계한다.

첨 부 서 류

1. 차용증 및 지불각서 사본 각 1부.

20.○○ ○. ○○.

양도인(채무자) 김○○(주민등록번호)
경기 고양시 ○○구 ○○로 99, ○○동 ○○호(○○동,○○마을)

양수인(채권자) 박○○(주민등록번호)
경북 포항시 ○○구 ○○로 26, ○○동 ○○호(○○동,○○아파트)

〈서식 12〉 채권양도통지서

채권양도통지서

수 신 ○○주식회사
서울 영등포구 ○○로24 ○○빌딩 13층

양도인(채무자)은 ○○주식회사에 대한 외상매출금채권 중 대여금채무 금○○억원을 아래의 사람에게 별지 채권양도계약서 사본과 같이 2017. 8. 30. 채권양도하였음을 통지하오니, 위 외상매출금 중 금○○억원을 양수인(채권자)에게 지급하여 주시기 바랍니다.

아 래

양수인 (채권자) 박○○(주민등록번호)
경북 포항시 ○○구 ○○로 26, ○○동○○호(○○동, ○○아파트)

첨 부: 채권양도계약서 사본 1부.

20.○○ ○. ○.

양도인 김○○(주민등록번호)
경기 고양시 ○○구 ○○로 99, ○○동 ○○호(동○○, ○○마을)

※ 유의사항: 민법 제450조는 지명채권의 양도는 양도인이 채무자에게 통지하거나 채무자의 승낙을 요하며, 통지나 승낙은 확정일자있는 증서에 의하지 않으면 채무자 이외의 제3자에게 대항할 수 없도록 규정하고 있다. 따라서 채권의 양도통지를 할 경우 내용증명에 의하여 통지하면 제3자에게도 대항할 수 있게 된다.(배달증명은 확정일자있는 증서로 보지 않음(대법원 2002. 4. 9., 2001다80815 판결 참조)

〈서식 13〉 고소장(사기)

고 소 장

1. 고소인

성명:
주소:

2. 피고소인

성명:
주소:

3. 고소취지

고소인은 피고소인을 사기죄로 고소하오니 처벌하여 주시기 바랍니다.

4. 범죄사실

1) 피고소인은 (주)○○에 근무하는 회사원입니다.

2) 20○○. 3. 2. 16:00경 서울 강남구 ○○길 ○○번지에 있는 ○○음식점에서, 피고소인은 고소인에게 갚을 의사나 능력이 없음에도 고소인에게 "5천만 원을 빌려 주면 월 2%의 이자를 지급하고 20○○. 11. 30.까지 원금을 갚겠다."라고 거짓말하여 이에 속은 고소인으로부터 20○○. 3. 3.경 차용금으로 금 5천만 원을 받아 편취하였습니다.

5. 고소이유

1) 고소인은 ○○주식회사 ○○부에서 근무 중이며, 피고소인은 고소인의 친구 김○○으로부터 20○○ 2월초에 소개받아 알게 되었습니다.

2) 피고소인은 자신이 (주)○○에 근무한다고 하면서 투자를 할 만한 좋은 부동산이 있어 투자비 중 일부인 5천만 원이 급히 필요하다면서, "5천만 원을 빌려 주면 월 2%의 이자를 지급하고 20○○. 11. 30.까지 원금을 갚겠다."고 하기에 이를 믿고 빌려 주기로 하였습니다.

3) 고소인은 20○○ 3. 3.경 ○○은행에 있던 고소인의 예금 중 5천만 원을 100만원권 수표로 인출하여 그 날 14:00경 위 ○○음식점에서 피고소인과 차용증을 작성하고 대여하였습니다.

4) 그런데 그로부터 몇 달이 지나도록 이자도 지급하지 아니하고, 차용기간인 20○○. 11. 30.이 지나도록 연락이 없어 (주)○○로 피고소인을 찾아갔더니 그 회사에서는 피고소인이 근무한 바도 없고 전혀 모르는 사람이라고 하면서 이전에도 유사한 일로 문의전화가 여러 통 왔었다고 하였습니다.

5) 이에 고소인은 이건 고소에 이르게 되었습니다.

6. 증거자료

1) 차용증

2) (주)○○ 근무사실 없음 확인서

본 고소장에 기재한 내용은 고소인이 알고 있는 지식과 경험을 바탕으로 모두 사실대로 작성하였으며, 만일 허위사실을 고소하였을 때에는 형법 제156조 무고죄로 처벌받을 것임을 서약합니다.

20○○년 ○월 ○일

고소인 홍 길 동 (인)

○○지방검찰청 귀중

※ 유의사항 1. 피고소인의 특정
2. 고소사실의 특정
고소는 서면 또는 구술로써 검사 또는 사법경찰관에게 하여야 하며, 이 때 작성하는 것이 고소장임.

〈서식 14〉 구속적부심청구서

구 속 적 부 심 청 구

피의자 ○ ○ ○

20 . . 일생

주 거 ○○시 ○○구 ○○동 ○○번지

위 피의자는 (사기피의)사건으로 20 . . . 귀원에서 발부한 구속영장에 의하여 현재 ○○구치소에 수감중인 바 동 피의자의 구속적부심사를 청구하오니 청구취지와 같은 결정을 바랍니다.

청 구 취 지

피의자 ○○○의 석방을 명한다.

라는 결정을 구합니다.

청 구 이 유

1. 피의자는 이 사건 피해자 ○○○와는 7년 여 동안 상거래관계를 유지하면서 상호 신의를 지켜가면서 지내오던 처지인데 사건당일 두 사람은 모두 만취된 상태에서 사소한 말다툼 끝에 취중에 순간적으로 술병으로 피해자를 가격하여 6주간의 치료를 요하는 상해를 입힌 사실은 있으나, 그 후 그 상처는 완치되고 치료비도 모두 피의자가 부담한 바 있고,
2. 또한 피의자와 피해자는 원만한 합의를 하고 고소를 취소하고 관대한 처벌을 바란다는 서면까지 작성해 준 사실이 있습니다.
3. 더욱이 이건의 피의자는 주위의 상인들간에도 성실하고 법없이도 살 수 있는 사람이라는 평판이 있는 자라고 하여 피의자를 알고 있는 많은 사람들이 관대한 처벌을 바라는 탄원을 하고 있습니다.
4. 그리고 피의자에 대한 혐의사실은조사완료되어 증거인멸의 우려가 없고 ○○시장에서 성실하게 터잡고 있는 5인 가족의 가장으로서 도망할 염려는 전혀 없습니다. 그러므로 위와 같은 사실을 침작하여 석방의 은전을 베풀어 주시기 바랍니다.

첨 부 서 류

1. 구속영장사본 1통
1. 진술서
1. 합의서(또는, 고소취소장)
1. 탄원서
1. 치료비영수증
1. 주민등록등본

20 . . .

위 청구인 피의자의 처

○ ○ ○ ㊞

(또는 위 청구인 피의자의 변호인)

변호사 ○ ○ ○ ㊞

○○지방법원 귀중

〈서식 15〉 보석허가청구서

보 석 허 가 청 구

○○고단 ○○○ ○○피고사건

피고인 ○ ○ ○

위 피고사건에 관하여 피고인(또는, 피고인의 변호인 또는, 피고인의 처 ○○○)은 다음과 같은 이유로 보석을 청구하오니 허가 결정하여 주시기 바랍니다.

청 구 취 지

피고인 ○ ○ ○의 보석을 허가한다.

라는 결정을 구합니다.

청 구 이 유

1. 피고인은 형사소송법 제95조에 규정된 필요적 보석사유에 해당하는 즉, 사형, 무기 또는 10년 이상의 징역에 해당하는 죄를 범하지 아니하고, 피고인은 초범으로서 범죄사실에 관하여는 이미 충분한조사가 완료되어 증거인멸의 여지가 없고, 피고인은 5인 가족의 세대주로서 주거지에서 10년간을 살아오고 있는 사람으로서 주거가 분명하며 도망할 우려가 없는 등 그 요건을 모두 갖추고 있으며,
2. 또한 피고인은 자신의 범행에 대한 깊은 반성을 하고 있으며 피해자와는 원만한 합의를 보았으며, 이 사건이 있기 전의 피고인은 ○○○에 근무하는 성실하고 모범적인 청년으로서 주위의 칭찬이 대단하였습니다.

이상과 같은 제반사정을 참작하여 상당한 보석보증금과 기타 적절한 조건을 붙여 보석을 허가하여 주시기 바랍니다.

첨 부 서 류

1. 탄원서(또는, 진정서)
1. 합의서

20 . . .

위 피고인 ○ ○ ○ ㊞

(또는, 피고인의 변호인

변호사 ○ ○ ○ ㊞)

(또는, 피고인의 처 ○ ○ ○ ㊞)

○○지방법원 귀중

〈서식 16〉 항고장

항 고 장

피의자(피항고인)○ ○ ○

위 피의자에 대한 20○○년 제○○○호 사기피의 (고소)사건에 관하여 서울지방검찰검사 ○○○은 20○○년 ○월 ○일자로 혐의가 없다는 이유로 불기소처분결정을 한 바 있으나, 그 결정은 다음과 같은 이유에 의하여 부당하므로 이에 불복항고를 제기하는 바입니다.

항 고 이 유

검사의 불기소 이유의 요지는 ○로서 피의(고소)사실에 대한 증거가 없어 결국 범죄혐의가 없다는 것인바, 증인 ○○○의 ○한 진술과 압수한 증 제○호의 증거물 기타 제반사항을 종합검토하면 본건 고소사실에 대한 증거는 충분하여 그 증명이 명백함에도 불구하고 증거가 불충분하다는 이유로 불기소 처분한 것은 부당하다고 아니할 수 없습니다.

첨 부 서 류

1. 불기소처분통지서 1통
2. 불기소이유고지서 1통

20 . . .

위항고인 ○ ○ ○ ㊞

주소

○ ○ ○ ○검찰청

〈서식 17〉 배상명령신청서

배상명령신청

피고사건의 번호 : ○ ○고단 ○ ○ ○호
피 고 사 건 명: ○ ○피고 사건

신청인 : ○ ○ ○
주소 : ○ ○시 ○ ○구 ○ ○동 ○ ○번지
피고인 : ○ ○ ○
주소 : ○ ○시 ○ ○구 ○ ○동 ○ ○번지

신 청 취 지

1. 피고인 ○○○은 배상신청인에게 금 10,000,000원을 지급하라.
2. 이 명령은 가집행할 수 있다.

라는 배상명령을 구합니다.

신 청 원 인

피고인은 20 . . .에 피고인 소유의 건물 220평을 소외인에게 임대계약을 체결하여 임대하고 또 소외 갑을 병에게 2중으로 임대한 사실이 있고 피고인은 이건 부동산은 이미 임대되었으므로 임대차 계약의 목적물이 될 수 없다는 사실을 알면서 배상신청인으로부터 임대보증금을 편취할 목적으로 위와 같은 사실을 숨기고 그 사실을 모르는 배상신청인이 이에 속아 임대차 계약을 체결케 하여 20 . . .에 배상신청인으로부터 계약금 10,000,000원을 수령하여 편취한 사실이 있는 불법행위가 있었으므로 이 피해금을 배상받기 위하여 부득이 본 신청에 이르게 된 것입니다.

첨 부 서 류

1. 전세계약서 사본
1. 영수증 사본

20 . . .

위 배상신청인 ○ ○ ○

○ ○법원 귀중

〈서식 18〉 형의 실효선고신청서

형의 실효선고신청

신청인 ○ ○ ○
20 . . .
본 적
주 소

위 사람은 20○○년 ○월 ○일에 ○○지방법원에서 ○○죄로 징역 ○월을 선고받고 형이 확정되어 ○○교도소에서 위 형기를 마치고 출소하였으며 피해자에게 피해도 모두 변상하고 오늘에 이르기까지 다른 아무런 죄지은 바도 없습니다. 그러므로 형법 제81조에 의하여 형의 실효선고를 받고자 이 신청에 이른 것입니다.

첨부서류

피해변상영수증 1통

20 . . .

위 신청인 ○ ○ ○ ㊞

○ ○ 지방법원 귀중

〈서식 19〉 집행정지신청서

<table>
<tr><td colspan="4">집 행 정 지 신 청</td></tr>
<tr><td>① 사 건</td><td colspan="3">2007 행 심 ○○
건설업 면허취소처분 집행정지 심판청구사건</td></tr>
<tr><td>② 청 구 인</td><td>○○○건설주식회사
대표이사 ○○○</td><td>③ 피청구인</td><td>건설교통부장관</td></tr>
<tr><td>④ 신청취지</td><td colspan="3">20 . . .자 피청구인의 청구인에 대한 건설업 면허취소처분의 효력은 서울고등법원 ○○구 ○○○호 건설업 면허취소처분취소심판청구사건의 선고시까지 정지한다. 라는 결정을 구합니다.</td></tr>
<tr><td>⑤ 신청원인</td><td colspan="3">별지기재와 같음</td></tr>
<tr><td>⑥ 소명방법</td><td colspan="3">1. 건설업 면허취소처분 통지서 2. 건설공사 도급실적증명
3. 자재매입확인서</td></tr>
<tr><td>⑦ 근거법조</td><td colspan="3">행정심판법 제21조, 동법시행령 제19조 제2항</td></tr>
<tr><td colspan="4">위와 같이 신청합니다.
20 . . .
신청인 주소 서울 ○○구 ○○동 ○○번지
성명 ○ ○ ○건설주식회사
대표이사 ○ ○ ○ ㊞귀하</td></tr>
</table>

첨부서류	소명서류 또는 자료		수수료	없음

〈서식 20〉 상속의 한정승인신고서

상속의 한정승인신고

청구인(신고인) ○ ○ ○ 19○○년 ○월 ○일생
본적 및 주소
피상속인 망 ○ ○ ○(○○○) 19○○년 ○월 ○일생
본적 및 최후 주소 : 위와 같다.

청 구 취 지

청구인은 별지목록기재의 부동산 상속재산의 한도 내에서 피상속인의 채무를 승계한다라는 심판을 구함.

청 구 원 인

1. 청구인은 피상속인의 자로서 상속인인바, 피상속인은 ○년 ○월 ○일 최후 주소지에서 사망함으로써 상속이 개시되었습니다.
2. 그런데 피상속인은 사업실패와 장기간 입원으로 부채가 ○○○여 만원이나 되는데 상속재산은 별지목록기재 부동산인 시가 ○○○여 만원밖에 되지 않아, 청구인은 이를 전부 변제할 능력이 없으므로 민법 제1019조의 규정에 의하여 신고합니다.

첨 부 서 류

1. 가족관계등록부등본 및 제적등본
2. 주민등록표등본
3. 상속재산목록
4. 차용증서
5. 인감증명서
6. 납부서

20○○년 ○월 ○일
위 청구인 ○ ○ ○인

○○ 가정법원 귀중

※ 상속되는 채무가 상속재산보다 많을 때에는 그 사실을 안 날로부터 3월 내에 신고하여야 한다(개정됨).

저자약력

성균관대학교 법과대학 졸업
성균관대학교 대학원 졸업(법학석사)
성균관대학교 대학원 박사과정수료(법학박사)
대법원 판례심사위원회
인천대, 충북대, 홍익대, 순천향대, 건국대, 안동대, 전북대, 경기대 강사
성균관대학교 법과대학 강사 / KAIST대우교수
국민고충처리위원회, 국민권익위원회 수석전문위원/한국항공대학교 겸임교수

저서 및 논문

현대인의 생활법률(三潮社, 2018)
판례손해배상법(全 3卷) (白映社)
하급심판결요지집(全 8卷) (第一法規)
체계 손해배상소송실무(上,下)法院公報社)
벤처기업법론(三潮社)
회사법(三英社)
주주의 의결권에 관한 연구(석사학위 논문)
자동차대인배상책임보험법리에 관한 연구(박사학위 논문)외 다수

법과 현대생활 -사례식 법학개론-

1996년 2월 23일 1판 1쇄 발행
1997년 9월 1일 전정판 발행
1999년 2월 25일 제2전정판 1쇄 발행
2000년 8월 20일 제2전정판 4쇄 발행
2001년 2월 26일 제3개정판 발행
2010년 3월 1일 제8개정판 발행
2013년 3월 14일 제9개정판 발행
2015년 2월 6일 제10개정판 발행
2018년 2월 28일 제11개정판 발행

著 者 任 忠 熙
發行人 河 仁 雄
發行處 圖書出版 三 潮 社

서울특별시 종로구 교남동 47-2
등록 1994. 12. 13. 제11-410호(倫)
전화 733-4388 / FAX 733-4389

정가 30,000원

ISBN 979-11-5595-069-2 93360